제 7 판

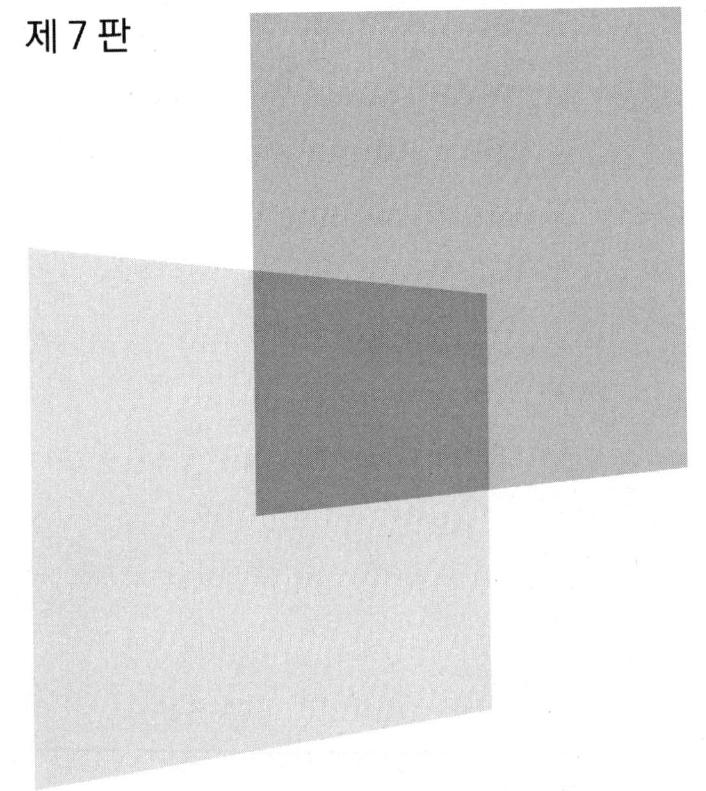

문학교육론

구인환 | 박인기 | 우한용 | 최병우

三 知 院

제 7 판 머리말

문학의 생태변화와 문학교육

이번에 내는 〈문학교육론〉 제7판은 초판이 나온 이후 꾸준히 변화를 거듭한 결과이다. 이런 변화에는 교육과정의 변화, 문학 자체의 변화, 사회변화로 인한 문학교육의 방향을 달리해야 하는 요구 등이 포함된다. 그 동안 이 책을 읽고 문학교육을 모색하고 실천한 독자들께 깊은 감사를 드린다.

책의 가치를 보증해 주는 이들은 결국 독자다. 진정한 독자는 책을 읽고, 거기를 출발점으로 삼아 자신의 책을 쓴다. 책을 쓴다는 것은 여러 측면의 실천을 뜻한다. 문학을 이해하고, 가르치고, 평가하는 것은 물론 새로운 문학교육론을 모색하는 작업이 모두 실천인 셈이다. 더구나 문학을 가르친다는 것은 문학문화의 층을 두텁게 하는 매우 특이한 형태의 실천이다.

문학교육 가운데는 문학의 이해와 창조, 그리고 소통은 물론 문학의 평가가 포함된다. 아울러 문학을 통해 자아를 정립하고 세계를 이해하는 것은 물론 미래비전을 마련한다. 이러한 과정에 문학교육이 총체적으로 관여된다. 아울러 문학을 가르친다는 것은 한 차원 높은 문학을 창조하는 행위이다. 이는 문학을 사이에 두고 교사와 학습자가 문학문화를 이루어내는 구체상이다.

문학은 사회의 변화를 반영한다. 한편 문학은 사회의 변화를 이끌어내기도 한다. 문학이 사회현상의 하나이기 때문이다. 널리 보면 문학은 문화의 한 분야다. 따라서 문학교육은 사회적 존재로서 인간의 사회화를 지향한다. 문학은 인간이 문화적 존재로서 자기를 확립하고 문화적 소통을 가능하게 하는 언어예술이다. 언어예술이기 때문에 형상화를 도모하게 마련이다. 이를 문학의 미학적 차원이라 할 수 있다. 문학교육은 우리들 삶을 미학적 차원으로 끌어올려준다.

한편 문학의 위기에 대한 우려가 널리 퍼져 있는 것도 현실이다. 그러나 위기는 역설적으로 문학의 생성력을 보증해 준다. '저자의 죽음'은 독자의 탄생을 촉발했다. '근대문학의 종언'은 포스트모던 시대 문학의 출발을 알렸다. 이처럼 문화현상으로서 문학의 죽음은 문학의 다른 탄생을 이끌어낸다. 이는 문화변이에 보편적으로 일어나는 현상이다. 문화는 단절적으로 변동하기보다는 점진적으로, 그리고 다맥락적으로 변이한다. 문화를 규제하는 여러 코드 가운데 몇몇 코드는 약화되고 새로운 코드가 강화된다. 혹은 어떤 장르는 점진적으로 세력을 잃어가고 어떤 장르는 서서히 활성화되어 주역으로 등장한다. 이러한 약화와 소멸, 강화와 성장을 반복하는 가운데 문화는 진전된다.

우리사회는 급격한 변화를 겪고 있다. 인공지능의 발달로 인간 인식의 한계를 능가하는 기계가 출현할 것을 염려하게 되었다. 인공지능이 작가들보다 소설의 플롯을 더 잘 구사할 수 있다는 예측도 있다. 자율주행 자동차와 드론이 상용화되면 산업구조의 변화가 불가피하다. 이에 따라 실업자가 대량으로 발생할 때 누가 문학을 읽을 것인가 염려가 되기도 한다. 생명공학의 발달과 인간의 수명 연장은 삶의 가치를 달리 평가하도록 압력을 가해온다. 문학은 기존의 것과 다른 차원에서 삶의 가치를 증명하지 않으면 안된다. 지구의 온난화는 인류 문명의 대재앙을 예견하게 한다. 또한 세계 각처에서 테러가 그칠 날이 없다. 테러의 방지와 평화의 구축은 세계적인 과제로 부각되었다. 이런 상황에서 문학은 어떻게 자기변신을 해갈 것인가 하는 문제가 문학의 위기를 이야기하게 된 외적 요인이다.

문학의 위기감은 문학교육의 위기감이기도 하다. 문학 내적으로는 이전의 장르개념이 해체되고 있는 것을 목도하게 된다. 기존의 문학 장르가 개편되는 것은 물론, 장르와 장르의 넘나들기가 일상화되어가고 있다. 문학의 허구성과 사실성의 경계가 희미해져간다. 근간 노벨문학상 수여자가 이런 변화를 상징적으로 보여준다. 소설가 대신 르포작가에게 노벨문학상을 수여하기도 하고, 팝송가수의 노래말을 수상 대상으로 삼기도 하였다. 이는 장르의 경직성을 염려해온 우리들 견해와도 맞아들어가는 점이다.

우리가 살아가는 이 시대에도 문학이, 문학교육이 가치를 가지는가 하는 반성이 여러 군데에서 일어나고 있다. 문학교육의 방법론이나 교수-학습 방법에 대한 모색 이전에 문학의 존재이유에 대한 성찰이 앞서야 하는 시대다. 문학교육의 철학이 긴요한 시대에 우리는 문학교육을 모색하는 것이다. 사회-문화의 변화가 인간의 전면적인 변화를 가져오지는 않는다. 문화주체인 인간은 여전히 언어적 존재로 살아갈 것이다. 문학의 양식과 감성의 변화가 격심해도 인간의 항존적 존재조건은 변하지 않는다는 점에서 문학과 문학교육은 여전히 인류의 귀중한 문화실천으로 자리를 지켜갈 것이다.

그러나 달리 생각해 보면 위기감은 새로운 모색을 하도록 하는 일종의 정신적 에너지이다. 위기감은 자성능력에서 비롯된다. 문학, 이대로 좋은가, 문학교육, 이렇게 나아가도 문제가 없는가 하는 자성은 문학의 비평적 본질이다. '위대한 문학'은 인간의 본원적인 문제에 자성을 촉구한 인간정신의 업적들이다. 문학의 위기는 문학의 자성력이 활발하지 못하다는 지적이기도 하다. 문학교육 편에서 시대를 짐져 나가는 문학에 주목해야 하는 이유가 여기 있다.

문학교육에 정전은 없다. 사회변화와 문학의 위기에 어떻게 대처할 것인가를 부단히 모색하는 문학교육이 가치를 인정받을 따름이다. 우리가 30년 가까이 〈문학교육론〉을 계속 개정해온 이유도 문학과 교육의 변화에 주목했기 때문이다. 변화 가운데 큰 흐름을 읽어내는 안목이 문학교육을 모색하는 이들에게 절실히 요구된다.

이 책을 구상하면서 전제했던 대로, 문학교육은 새로운 문학문화 창조의 교육이다. 문학문화를 이루어가는 교사와 학습자는 공동의 주체다. 문학 학습의 과정에서 이루어지는 교사와 학습자의 소통이 새로운 문학문화의 텍스트이다. 따라서 교사와 학습자는 문학문화 가운데 서로가 성장을 촉구한다. 이것이 문학연구와 다른 문학교육의 문화생산력이다.

이 책을 읽는 대학생, 대학원생, 문학을 가르치는 선생님들, 그리고 문학과 교육에 관심이 있는 여러분들에게 문학문화의 눈부신 성장이 있기를 바라는 마음 간절하다.

정유년(2017년) 정월
봄을 기다리며

초판 머리말

1. 문학교육에 대한 관심

문학은 인간의 정신적인 영역을 다루는 언어적인 작업이다. 역사나 철학, 사회학 혹은 심리학 등도 인간을 다루는 학문이지만, 문학은 예술이고 그들은 학문이라는 점이 서로 다르다. 문학은 인간을 다루되 구체적인 상황에서 구체적인 방법으로 다루어 리얼리티를 추구한다. 문학의 매력도 그러한 데서 온다. 문학작품에 매료되어 밤을 새워 본 사람들은, 일단은 인간의 문제를 두고 깊은 고민을 구체적으로 체험해 본 이들이다. 그 고민은 물론 환희를 더불은 것이고, 결과적으로는 인간의 성장과 인간의 가치를 확인하는 데에 이른다. 문학은 인생을 반영하고, 인간이 현실적인 맥락에서 넘어설 수 없는 영역으로의 초월을 가능하게 해 준다. 문학은 인간을 나락에서부터 천국에 이르는 체험을 하게 해 준다. 그러한 과정을 통하여 현실을 인식하고 감수성의 세련을 체험하게 된다. 이것이 문학의 매력이다.

그러나 문학을 가르친다고 분필을 들고 칠판 앞에 섰을 때, 우리들이 작품에서 받은 감동은 안개 속으로 자취를 감추어 막막해진다. 문학을 가르치는 일은 작품이라는 대상언어(對象言語)를 상위언어(上位言語)로 환원하여 전달하는 일이다. 그런데 문학교사의 상위언어와 학습자의 그것은 같은 레벨의 것이 아니다. 서로 이질적인 상위언어의 부딪힘에서 문학교사는 절망하기 쉽다. 문학의 매력과 문학을 가르치는 데서 느끼는 좌절이란, 두 절벽 사이에 위태롭게 걸린 무지개와도 같은 형국의 것이 문학교육이라고 한다면 얼마간은 과장일 것이지만, 이는 우리들이 확인한 실감이다. 우리들의 문학교육에 대한 관심과 모색은 거기에서 비롯되었다.

이 책의 집필자들은 현장에서 문학을 가르쳐본 공통의 경험이 있다. 사범대학에서 국어교육을 전공하였고, 중등의 현장체험을 거친 후, 연구기관으로 대학으로 자리를 옮겼다. 그 동안 문학을 공부하면서 문학교육(文學敎育)에 대한 관심을 지속적으로 지녀왔지만 집필자 각각의 관심 영역은 다양하다. 창작과 이론을 겸한 이도 있고, 문학의 교육에 대한 전문적인 탐구를 하는 이도 있으며, 문학의 이론을 깊이 추구한 이들도 있다. 문학을 가르치는 체험과 문학의 이론적인 측면에 관심이 깊어지면 깊어질수록 문학교육의 문제를 보다 깊이 탐구할 필요도 강하게 부각되어 왔다. 이는 주로 문학을 가르치는 과정에서 체험한 실패에 대한 반성에서 비롯된 하나의 출구이다.

시 한 편을 놓고 과거의 경험을 늘어놓기도 했고, 소설을 가르치는 단원에서는 인생이란 이렇게 살아야 마땅하다는 설익은 인생론을 전개하기도 했다. 혹은 소설 구성의 삼 요소, 구성의 단계, 시점과 문체를 분석하기도 했다. 우리들의 언어는 추상의 사다리 맨꼭대기 아스라한 곳에 맴돌곤 했다. 어디 그뿐이겠는가. 학생들을 부동자세로 앉혀놓고 시의 서정성을 설교하기도 했을 것이고, 소설의 지문에서 '무논'의 문법적인 사실을 설명하라는 문제를 내기도 했을 것이다. 이런 우를 반복하고 있을 수 없다는 생각은 문학교육에 대해 모색하는 동기가 되기에 충분했다. 거기다가 교육에 대한 무지로 말하자면, 교육과정(教育課程)이 어떻게 생긴 것인지도 모른 정도였다. 학습자의 자유로운 상상과 비판을 길러 주고 상상력을 계발해야 한다는 본래의 목표는 뒷전으로 물러선 형국이 되었었다. 이 책은 우리들의 이러한 경험을 생산적인 것으로 전환시키기 위한 시도의 일단이다.

인간 이해의 한 지름길이 교육에 대한 이해라는 생각에 이른 것은 오랜 시간 뒤의 일이다. 문학의 교육작용과 교육이 만나는 데서 현대의 인간이해도 가능하지 않겠나 하는 생각은 문학교육이 인문교육의 한 핵심이라는 점을 승인하게 했다. 현대사회는 교환가치(交換價値)에 의해 진정한 가치가 축출당하는 구조로 되어 있다. 우리들이 이러한 상황에 함몰하지 않고 살아가기 위해서는 현실원칙만으로는 안된다. 현실과 거리를 유지하면서, 현실의 문제를 제기하는 문학의 상상력이 아니고는 실현원칙의 질곡을 벗어나기 어렵다. 현실초월의 요구는 절박감으로 다가온다. 이는 상황에 대한 위기의식이다. 이 위기를 초극하는 방법에 대한 고려가 미친 곳이 문학적 문화(文學的 文化)이다. 이는 넓은 의미의 과학을, 의식인으로서 거머잡고자 하는 문제의식이고 초월에의 의지이다. 문학교육에 대한 관심은 위기감의 극복이라는 삶의 문제와 연관되는 것이었다. 이 책은 우리들의 그러한 관심과 모색에 대한 작은 결론이고, 그 보고서인 셈이다.

2. 공저의 의미

우리들의 문학교육에 대한 관심과 모색의 결과를 담는 책은 완벽한 의미의 공저라야 한다는 것이 우리들의 염원이었다. 어느 한 사람의 생각이 아니라 공동의 사고이었고 공동의 모색이었기 때문에, 책도 그러한 형태가 되어야 한다는 생각이었다. 그러한 작업은 대단한 인내력을 요하는 작업이었다. 실질적인 논의가 있었던 모임만 30차례가 넘는다.

실질적인 모임의 벽두에서 문제된 것은 문학이란 무엇이며 문학교육을 어떻게 개념규정할 것인가 하는 점이었다. 많은 문학원론은 뒤지고 이론을 섭렵하는 가운데 문학의 역동성과 개념의 개방성이 문학의 특성으로 드러났다.

우선 문학의 역동성은 문학을 물적 대상(物的 對象)으로 놓고 작품의 담론구조(談論構造)를 분석하는 것으로는 충분히 파악되지 않는다. 문학은 작가, 작품, 독자의 상호주관적이면서 역동적인 작용이라고 보아야 한다. 문학이라는 말 대신 문학현상(文學現象)이란 용어를 주로 쓰는 것은 이런 까닭이다. 문학이 살아 작용하는 인간적인 가치물이라는 것을 전제하지 않은 문학교육은 문학의 구체적인 작용적 본질을 포착할 수 없다. 문학현상은 문학의 역동적인 작용태(作用態)라 해야 한다는 데에 생각이 모아지게 되 었다.

문학현상은 개인내적인 동시에 하나의 문법[code, grammar]을 이루게 된다. 이를 넓은 의미의 문화라 할 수 있고, 문학교육은 결국 문학적인 문화의 문법에 익숙해지도록 하는 형식·비형식적인 계획－실천－평가의 과정이라고 정의할 수 있을 것으로 잠정적인 합의를 했다. 문학을 살아 작용하는 역동태로 보자는 것이 논의의 출발점이었다.

다음은 우리들의 실질적인 관심이 다름으로 해서 생기는 문학과 교육에 대한 시각을 조정하는 것이 문제로 부각되었다. 우리들 중의 둘은 창작을 하면서 문학의 이론에 관심이 있었고, 둘은 문학교육이 전공이었으며, 다른 한 사람은 문학이론에 관심이 집중되어 있었다. 영역으로는 대충 그런 분류가 가능하지만 개인의 방법론적인 관심은 또 각각 달랐다. 문학의 언어미와 예술성에 관심이 짙은 이가 있는가 하면, 수용이론, 기호학, 구조주의, 문학사회학 등 관심의 영역은 매우 다양했다. 관심의 다양성은 논의를 방만하게 하는 것이기도 했지만, 서로 시사를 할 수 있는 장처이기도 했다. 문예미학(文藝美學)과 문학사회학(文學社會學)은 문학을 탈이데올로기적으로 볼 수 있는 가능성과 문학의 이념성을 놓치지 않게 했으며, 구조론은 기왕 미국 신비평(新批評)의 영향에 대한 반성과 함께 문학성을 놓치지 않게 했다. 기호학은 문학이 기호적인 실천의 한 양상이라는 점을 고려하게 했다. 특히 교육학에 깊은 공부가 있는 이로부터는 교육의 과정에서부터 실천, 평가에 이르기까지 구체성을 띤 논의를 가능케 하는 시사를 받았다. 그리고 그것은 수용이론과 연관되어 시사의 폭을 넓혔다. 다양한 시각을 가진 이들이 모여 의미공유를 위해 애를 쓰긴 했지만, 시를 전공한 이가 없어 이 분야에 소략하거나 오류를 드러내지 않을까 저어되는 바 크기도 했다.

3. 작업의 과정

길고 다양한 논의를 통하여 기본개념을 확정하고 시각을 조정한 다음에는 문학교육 전과정에 대한 설계에 들어갔다. 논의를 거듭하면서 참신하고 확실성 있는 언급들이 속출하여 목차를 정하는 데에 여섯 달이 걸렸다.

전체 목차를 짜는 기본적인 원칙은 ① 문학은 문학으로서 가르쳐져야 한다는 것, ② 교육의 계획－실천－평가의 전과정이 드러나야 한다는 것, ③ 문학교육을 위한 문학의 이론과 실천이 구체적으로 제시되어야 한다는 것, ④ 문학교육과 현대사회의 관계가 점검되어야 한다는 것 등이다. 이러한 큰 원칙을 바탕으로 하여 세부항목들이 설정되었다. 전공과 관심의 방향에 따라 집필을 분담하여 원고를 작성하기로 했다. 부문별로 기본적인 개요 혹은 초고를 만들어 발표를 한 다음 토론을 거쳐 문제점을 점검하고 그 결과를 바탕으로 다시 원고를 작성하여, 필요한 언급을 곁들여 읽고 나가는 식으로 진행했다. 그 논의의 과정은 가히 살벌한 격론이었고 장장 5시간에 달하도록 이야기가 끝나지 않는 때가 많았다. 그 논의 중에서 미해결인 채로 남은 것은 본문에 여러 방식으로 제시할 것이나, 크게 정리하면 다음과 같은 것들이 된다.

우리는 문학교육을 '문학의 교육'으로 규정하였다. 그러나 문학의 매재가 언어라는 점, 문학은 의미의 예술이고 의미의 해석을 요한다는 점 등으로 하여, 문학은 이데올로기적인 성격이 강하다. 이러한 점에 근거하여 '문학을 통한 교육'이 강조되어 온 것도 사실이고, 그러한 교육은 오랜 전통을 가지고 있는 것이기도 하다. 이 두 시각을 어떻게 조정할 것인가 하는 문제에 결말을 보지 못한 채, 문학은 문학으로서 가르쳐져야 한다는 원칙론을 제시하는 데에 머물고 말았다. 문학의 이데올로기적인 가치가 중요시되고 리얼리즘에서 모더니즘으로의 전환이 논의되는 현실에서 양자의 통합은 쉬운 일이 아니다. 문학현상을 중심으로 논의를 하였지만 문학현상에 접근하는 방법과 시각에 따라 다른 이론의 여지는 충분히 있을 것으로 여겨진다.

문학을 물적 대상으로 놓고 분석하지 않을 경우, 문학의 작자와 수용자가 문제되지 않을 수 없다. 그러나 문학의 교재를 만들어야 한다는 현실적인 과제를 앞에 놓고 있을 경우, 수용자와 동질 차원의 작품을 어떻게 수용할 것인가하는 문제가 제기된다. 우선 학습자들은 나름대로의 수용구조(受容構造)를 가질 것이고, 그에 상응하는 작품들이 선정되어야 한다는 원칙을 세웠다. 이는 학습자들의 수용메커니즘과 발달단계(發達段階)가 밝혀질 때를 기다릴 수밖에 없는 것이기도 하다. 아무튼 우리들의 시각은 학습자들이 주체적으로 자신들이 바라본 세계를 작품을 통해 인식하고 자신들의 상상력이 독자적임을 깨닫기를 기대할 뿐이다.

현대는 총체성이 상실된 시대, 신이 침묵하는 시대로 그 특징이 규정된다. 그러면 문학교육을 통해 총체성(總體性)을 회복할 수 있을 것인가, 총체성의 체험이라는 것이 문학을 통한 현실의 초월이 아니라 문학으로의 도피가 될 것은 아닌가 하는 문제가 있다. 우리들의 삶은 통합적으로 이루어지지만 논리를 세우기 위해서는 영역을 구분하지 않을 수 없다. 따라서, 문학으로 모든 것을 해결할 수 있으리란 성급한 기대는 갖지 않는다. 다만 문학을 배움으로써 현실과의 거리를 유지하고 분편화되는 삶을 총체적으로 체험할 수 있는 쪽으로 지향할 수는 있을 것이란 가설적인 수준의 논의가 되지 않을 수 없었다. 문학은 문학만으로 존재하는 것이 아니라 사회제도와 물적인 토대와 상호전화의 관계 속에서 존재한다. 총체성의 체험은 사회적인 성격의 논의를 필요로 한다.

문학비평과 문학교육의 관계 혹은 두 범주의 연계성에 관한 것이다. 원칙적인 면에서 양자는 서로 다른 영역에 속한다 할 수 있다. 그러나 넓은 의미에서 문학교육은 비평의 한 양태라는 것을 상정했다. 비평과 문학교육은 문학적인 취미의 형성, 독자들의 장르의식형성은 물론 독자들로 하여금 비평적인 시각을 갖출 수 있도록 한다는 점에서 그 동질성은 깊은 천착을 요한다. 이 둘의 관계가 짚어져야 문학교사의 자리매김이 정상적으로 될 수 있을 것이란 판단이었다. 이는 뒤에 다시 언급하기로 한다.

문학교육은 공적인 교육의 형태를 띠기도 하고 비제도적으로 이루어지는 일종의 자기교육의 면모를 보이기도 한다. 우리들이 주로 다루는 것은 제도교육 내에서의 문학교육이다. 그러나 제도교육에서의 문학교육이 개인적인 차원과 사회교육적인 차원에서 어떻게 기여할 수 있을 것인가는 다른 모색을 요하는 작업이다. 여기에는 작품에 대한 각종의 평론이나 다른 매체를 통해 전달되는 준문학적(quasi-literary)인 조건들이 검토되어야 한다. 이는 사회교육(社會教育) 혹은 평생교육(平生教育)의 관점에서 논의가 더 깊어져야 함은 물론이다.

문학교육은 한국문학의 정통성을 드러낼 수 있어야 하며, 그것이 문학일반의 패러다임(paradigm) 안에서 이행될 수 있어야 한다. 그렇다면 한국문학의 정통성은 무엇인가 하는 문제가 생긴다. 이는 문학사에 대한 교육의 필요성을 논하는 정도로 논의가 제한되고 말았다. 문학교육의 현장에서 문학사에 대한 안목이 필요할 것이고 문학교육의 교재를 편집함에 있어서도 이러한 안목이 고려되어야 할 것이다. 그리고 한국문학의 이론이 폭넓게 전개되어야 하고, 이는 문학교육에서 수용되어야 한다.

우리들의 논의가 크게 진전되지 못한 것으로는 학습자들의 문학수용의 구조에 관한 문제였다. 학습자들이 문학을 수용하는 태도나 성향 등은 설문을 통해 확인할 수도 있고 다른 연구의 도움을 받을 수도 있지만, 작품수용−작품을 읽고 해석하고 자기 체험으로 가치화하는 지평의 융해−의 구조는 아직 막연한 상태에 있다. 학습자와 교사를 함께 수용자변인으로 볼 경우, 이들의 작품수용구조에 대한 연구는 수용이론의 보다 정치한 진전이 있어야 할 것으로 여겨진다. 이는 학습자의 스키마(schema) 형성과 그 활용에 대한 연구가 있어야 함을 뜻한다. 그리고 수용자가 활용하는 스키마는 개개의 작품에 따라 다양할 것으로 여겨지는데, 이를 어떻게 일반화할 것인가 하는 점도 문제였다. 일반적인 실용문에 적용되는 이야기문법(story grammar)을 문학에 그대로 적용시키기에는 한계가 있다. 그것은 문학의 정서와 구체성 때문이다.

문학교육의 논의에서 우리들이 크게 고충스러워한 것은 문학교육의 평가문제(平價問題)였다. 이는 문학의 지식을 구조화하여 가르친다고 해도 제한점이 크다는 것과 관련된다. 문학을 개념적인 지식으로 가르친다면 처음 전제한 것, 문학을 역동적 작용태인 문학현상으로 보는 우리들의 관점을 다시 부정해야 하는 모순에 빠진다. 즉, 문학의 텍스트만을 문제삼고 문학현상의 역동성을 고려할 수 없게 되는 것이다. 그런 방식의 평가는 자기모순을 드러내게 된다. 그리하여 문학교육의 평가문제도 가설적인 단계의 논의에 머무르게 된 셈이다. 이는 보다 깊은 이론의 천착과 실천적인 연구가 뒤따라야 할 영역이다. 문학교육의 평가를 위한 도구를 개발하는 데에 중요한 몫을 할 이 부분은 이 책의 논지를 바탕으로 지속적인 작업을 해 나가기로 한다.

논의의 과정에서 또 몇 가지 어려움이 노출되었다. 첫째는 현장의 소중한 실천과 체험을 담은 연구를 이용하기가 어려웠다는 점이다. 이는 현장연구가 연구를 위한 연구로 되어 버린 문학교육 현실의 안타까움이기도 했다. 둘째, 이론 모색에서 우리들의 전문성에 한계가 있다는 것을 들지 않을 수 없다. 우리들이 해결하기 어려운 데는 전문가를 초청하여 연수의 기회를 갖기도 했다. 한국교육개발원의 임선하 선생의 수업모형(授業模型)에 관한 조언과 토론은 많은 시사가 되었다. 그 외에 각자 많은 동도 동학들의 조언에 힘입었음을 잊지 못한다. 셋째, 문학과 교육학 혹은 교육과의 연계성에 어려움을 겪지 않을 수 없었다. 교육학 편에서 이의를 제기해 왔을 때, 최소한 합리적인 설명 가능성은 있어야 할 것이 아닌가 하는 고육책이 나오기도 했다. 교육학의 정교한 이론과 함께 다변화된 연구의 온축을 우리가 원용하기 위해서는 엄청난 독서가 필요했다. 연구결과를 충분히 이용하지 못한 때문에 많은 오류가 있을 줄 안다. 교육에 대한 이론과 함께 우리를 괴롭힌 것은 우리들의 교육철학의 황무함이었다. 글을 써가는 구석구석 우리는 그런 고충에 자괴로와하지 않을 수 없었다.

끝으로, 우리들의 작업과정에서 끊임없이 머리를 썩힌 것은 국어교육(國語敎育)과 문학교육(文學敎育)의 범주를 어떻게 설정할까 하는 문제였다. 문학교육을 국어교육에서 벗어나 독자적인 범주로 설정하는 것은 현실적으로 어려운 일이다. 문학교육을 국어교육의 하위범주로 설정해 온 기왕의 사고틀은 매우 검질긴 것이다. 어떠한 교과든 그것이 교육으로 구체화되기 위해서는 제도상의 문제가 선결되지 않으면 안된다. 문학교육은 아직 그럴만한 단계가 아니라는 현실은 알고 있으면서, 억지를 부릴 일은 아니었다. 문학교육을 하나의 독립된 영역으로 설정하되 그 수준을 이상적인 차원에서 논의를 진행하는 방식을 취했다. 국어교육의 하위 영역이나 예술교육의 한 영역으로 설정할 것이 아니라, 문학교육을 독립된 교과로 이상적인 수준에서 설정하고 논의를 하기로 했다. 이는 문학교육의 내적인 논리를 유지하기 위한 전략적 차원의 구상일 따름이다. 문학교육을 독자적인 영역으로 설정하고 진행하는 논의에서, 현행 국어교육 안에서 수행되는 문학교육을 그대로 수용하는 것은 모순이다. 그러나 중학교 이하의 수준에서는 그러한 범주의 오류를 감내할 수밖에 없는 것이 현실이다. 문학교과의 제도적 독립 여부는 우리들 관심사의 핵심은 아니다.

4. 논의의 활성화 기대

학문의 발전은 논쟁적인 논의구조를 통하여 이루어진다. 그러기 위해서는 문제를 제기하는 사람이 있어야 하고, 제기된 문제에 대해 열린 시각의 논의가 이루어져야 함은 물론, 논의의 결과는 겸손하게 다시 수용되어야 한다. 이러한 과정을 통하여 학문적인 발전은 가능해진다. 우리들의 문학교육론은 문제의 해결이라기보다는 문제제기의 성격이 짙다. 욕심으로는, 많은 논쟁이 있었으면 한다.

우선 문학비평과 문학교육의 관계는 미해결의 상태이기 때문에 더욱 논의가 활발해야 한다. 문학교육은 폭넓은 의미에서 비평활동이다. 문학교육은 작품에 대한 설명과 이해, 그리고 평가의 측면을 모두 포함(包含)하는 것이다. 이러한 일은 비평가가 작품을 읽고 평가하는 과정과 동일하다. 다만 문학교사에게는 비평가의 자기 삶을 건 결단의 평가를 수준조절하여 공적인 성격을 띠도록 해야 한다는 제약이 따른다. 학습자들의 경우 작품을 대하는 방식이 직접적인 부딪침과 문학교사의 중재를 통한 수용이 일어난다고 할 수 있다. 이는 범박하게 말해서 해설을 곁들인 독서라고 해도 지나치지 않다. 모든 교육은 자기교육(自己教育)이라고 말해지듯이, 문학교육은 일종의 자기교육의 길이 가장 넓은 영역이라고 하겠다. 문학교육의 영역을 비제도적인 것까지로 넓힌 이유도 여기에 있다. 독자 스스로 책을 골라 읽고 평가를 하는 과정도 일종의 문학교육인 것이며, 그들이 만들어내는 독서풍토 혹은 문학적인 취향도 문학교육과 무관하지 않다고 본다. 그런 뜻에서 비평과 문학교육은 상호 배타적으로 이질성을 강조할 것이 아니라 동질성을 찾아 나아갈 필요가 있다. 비평을 하는 이들로부터 논의를 제기해 온다면, 우리는 이를 성실하게 수용할 터이다.

우리는 이미 출간된 문학교육에 관한 논의를 주의깊게 검토했다. 문학교육이 삶의 논리와 분리될 수 없고 작문론과 직결된다는 논지의 방법론적인 탐색을 시도한 김인환의 『문학교육론』(평민사)에서는 우리들의 논지와 동궤의 논의를 볼 수 있었다. 『삶을 위한 문학교육』(연구사)에서는 교과서의 분석을 통하여 현행의 교과서가 잘못된 이데올로기를 상당부분 담고 있다는 시각의 날카로움을 볼 수 있었다. 창조적 시각의 비판이기는 하지만, 대안이 없다는 아쉬움이 있었다. 국민학교의 문학교육을 중심으로 집필한 『문학교육론』(집문당)은 논의가 구체적으로 되어 있는 장점은 있으나, 문학을 과도히 목적적으로 바라본 점은 우리와 생각을 달리하는 것이었다. 그밖에 김용성의 〈삶의 자리를 세우기 위한 소설교육론〉 도 많은 시사가 되었다. 물론 우리와 관점을 달리하는 것은 사실이다. 김윤식의 문학교육에 관한 논문들은 문제의 근원을 반추하게 했다. 이러한 선행업적들에 힘입어 우리들의 논의는 진행되었다. 앞으로도 서로 많은 논의가 오갈 수 있기를 희망한다. 그리고 문학교육론을 전공한 분들과도 더불어 지속적인 논의를 했으면 하는 것이 우리들의 바람이다.

문학교육을 예술교육의 일환으로 보는 시각이 있을 수 있다. 문학이 창조적인 작업이라는 데서는 다른 예술과 공통성을 지닌다. 그러나 문학의 매재가 언어라는 점이 고려되어야 한다. 잘 알고 있듯이 언어는 역사와 과학으로 접근하는 의미의 전달 수단이다. 언어는 이데올로기적인 속성에서 자유로울 수 없는 것이다. 이러한 점이 감안된다면 다른 예술의 교육과도 논의를 할 수 있을 것이란 기대가 있다. 문학교육은 과학교육과는 달리 도덕이나 역사교육에 근접하는 성격을 띤다. 인식과 감수성 그리고 내면화되는 행위를 함께 문제삼는 영역이기 때문이다. 이러한 점에서 다른 예술교육과 많은 논의를 교환할 수 있을 것으로 기대한다.

문학교육은 교육학(敎育學)과 학문적인 주고받음이 있어야 할 것이다. 교육은 어느 기능을 강조하느냐에 따라 달라질 수 있는 것이지만, 제도교육에서는 아무래도 문화유지와 전승에 역점이 놓이지 않을 수 없다. 그러나 문학은 자유로운 비판을 바탕으로 하는 자유의 정신에 더 무게가 놓이게 된다. 이러한 방향의 엇갈림은 물론, 문학은 교육학에서 말하는 인지영역(認知領域)과 정의적 영역(情意的 領域)이 분리되지 않은 상태에서 유기적으로 통합되어 있는 예술이다. 교육학에서도 인간의 정신영역을 통합적으로 보고 있다는 점을 감안한다면 의견의 교환은 폭넓게 이루어질 수 있을 것이다.

우리들은 우리의 연구가 문학교육의 실천의 장에서 유용하게 이용되길 바란다. 이 책에서는 이론과 실천의 두 측면을 동시에 고려하려 했지만, 실천의 측면은 추상적인 단계에 머문 감이 없지 않다. 이는 우리 스스로 후속하는 작업에서 보완하고자 하거니와, 그에 앞서 현장에서 문학교사들의 노력으로 보충된다면 더없이 좋은 일로 여겨진다. 실천적인 연구는 우리들의 설부른 논의를 구체적으로 세련시킬 수 있을 것이다. 그리고 그것은 문학교육이 보다 풍윤해질 수 있는 방법이기도 하다. 이 책에 개진된 의견들이 대학에서, 대학원에서, 선생님들의 연수의 장에서 활용되기를 기대한다.

특히 문학교육이 사범대학(師範大學)의 교육과정(教育課程)에 반영되기를 희망한다. 많은 사범대학에서는 문학교육이 경시되어 온 것이 사실이다. 국어교육과의 연계를 고려한 나머지 문학교육을 제한한 것이고, 학문적인 경향의 문제도 있을 것이다. 그러나 더욱 중요한 것은 문학을 교육하는 이들의 인식이 자라지 못한 때문이라고 여겨진다. 문학교육을 전공한 이들이 나와 연구를 확대하고 깊이를 더해가야 문학교육은 제 자리를 찾게 된다. 미술이나 음악이 독립된 교과를 이루고 있듯이 문학도 독립된 교과로 가르쳐질 필요가 있다. 이는 행정이나 제도의 문제 혹은 실질적인 제반 여건을 고려한 것이 아님을 다시 강조해 두고자 한다. 문학교육이 독립교과가 될 날은 아득할지 모른다. 그러나 학문적인 진전을 위한 모색은 쉬지 말아야 한다.

궁극적으로 문학교육은 하나의 학문으로 독립되어야 할 것이지만, 문학교육학(文學教育學)이라는 용어를 사용하기에는 아직 이른 감이 있다. 문학교육의 개념이 혼란을 거듭하고 있음은 물론 용어의 정립도 덜 되어 있는 현실을 감안한다면 더욱 그러하다. 그러나 이론의 모색과 실천이 뒤따르고, 문학교육에 대한 인식의 제고에 따라 문학교육이 '학'으로 성립되는 것이 요원하지만은 않으리라 본다.

학문의 발전을 위해서는 학문상호간(interdisciplinary)의 주고 받음이 있어야 함은 물론, 영역간의 열린 시각이 필요하다. 문학교육의 진전을 위해서는 여러 인접학문간의 논의가 있어야 하고, 서로 트인 시각으로 상대편 학문을 수용하는 자세가 절실히 요구된다. 문학교육에 대한 논의가 여러 방향에서 활발히 전개되기를 희망한다.

문학교육에 대한 논의는 현대의 위기상황에 관련된다. 문학이 위기의 시대의식과 관계가 깊듯이 문학교육 또한 현대의 위기적인 상황의 초극이라는 문제와 분리시켜 생각할 수 없다. 그것은 인간행위의 특징이 의미있는 전체구조를 지향한다는 골드만(L. Goldmann)의 기본 아이디어를 떠올리게 하는 것이다. 이는 현대의 위기를 극복하고 문학적인 문화와 과학적인 문화의 충돌을 최소화하는 문제에 연결되는 것이기도 하다.

5. 고마움의 말

우리들이 문학교육에 대한 논의에 빠져 주말을 토론과 집필에 몰두하고 있는 동안 아내들은 가장 비문학적인 일상에 함몰되어 있었을 것이며, 식구들은 문학의 유해함을 실증하는 우리들에게 마땅찮은 얼굴을 했을 것이다. 그러나 그렇게 시간을 견뎌 준 덕에 우리들의 작업은 일단락을 보게 되었다. 우리들이 이 책을 만드는 동안, 인간의 지극한 정성이 하늘을 움직여 생명(生命)을 건지는 체험을 보게도 되었다. 그것은 지고한 가치의 체험이었고, 문학의 인간적인 가치에 대한 생각을 달리할 수 밖에 없는 계기가 되기도 했다. 다시 찾은 생명이 훤칠하게 자랄 것을 우리는 믿는다.

우리들의 작업 과정에 폭넓은 조언을 해준 교육개발원의 노명완 박사, 대학원 논문을 준비하면서 우리들에게 많은 조언을 해주고 서지목록 작성에 수고한 박은영, 우리들 논의에 깊이 있는 이야기를 함께 나누어 준 강현재·김창원, 글의 문맥과 용어에 대한 비판과 현장의 체험을 전해준 복효근 등 여러분들의 고마움에 값하는 책이 되었으면 한다. 그리고 황악산 직지사의 새벽 미명이 어떻게 밝아오는가를 볼 수 있도록 해 준 소설가 심형준의 배려도 잊지 못한다.

이 책은 여러 가지 뜻에서 학문적인 삶의 현장이다. 이론과 실천이 괴리되지 않은 우리들의 추구는 계속될 것이다. 문학교육과 문학적인 문화에 관심을 갖는 분들의 질정을 기대한다.

차　　례

제1부　문학교육의 기초

제1장　문학교육의 성격

제2장　문학교육의 범주

제 3 장 문학교육의 의의

제 2 부 문학교육의 이론과 실제

제 4 장 문학이론과 문학교육

제 5 장 문학교육의 설계와 실천

제 3 부 문학교육의 지평확대

제 6 장 문학교육의 영역 확충

제 7 장 문학교육의 전망

부 록

1부

문학교육의 기초

제1장 문학교육의 성격

I ▸▸ 대화문화로서의 문학교육

문학교육은 문학 안에서 문학과 더불어 즐기면서 자아를 발견하고 세계를 인식하며 현실을 상상력으로 초월하여 가능한 모델을 구축하는 문화의 교육이다. 고전적 의미의 교육은 어떠한 형태로든지 강제성을 띠지 않을 수 없는 데 비해, 문학교육은 동기의 내발성으로 말미암아 일과 놀이가 통합된 자율성을 띤다. 문학교육을 통하여 이루어지는 일과 놀이의 통합은 일종의 대화적 양상을 나타낸다. 문학은 가장 내밀한 자기성찰을 수행하면서도 이중화된 자아와 대화의 관계에 놓이게 된다. 이 대화는 개인이나 사회적 계층 사이에서도 이루어진다.[1)]

대화는 자기개방을 기반으로 하며, 또한 문제의식을 바탕에 깔고 시작하게 된다. 어떠한 문제를 놓고 자기 자신과 그리고 다른 사람과 한 시대와 대화를 한다는 것은 문학적인 의미작용에 함께 참여함을 뜻한다. 문학을 살아서 작용하는 기호체계[2)]로 볼 수 있는 이유도 여기에 있으며, 문학을 물질적 차원(物質的 次元)의 대상으로 바라보기보다는 살아 움직이는 역동성을 지닌 작용태

---

1) 교육을 대화(對話)로 보는 입장은 부버(Martin Buber : 1878~1965)로 대표된다. 그는 예술적 체험의 대화적인 성격을 다음과 같이 지적한다.

"어두운 연주회장 안에서 모짜르트(Mozart)의 음악을 똑같이 열심히 귀 기울여 듣고 있는 서로를 모르는 두 청중간에는 거의 지각하지 못하나 기본적인 대화의 하나인, 또 불이 다시 들어오면 사라져버리는, 관계가 존재한다."

George F. Kneller, *Movements of Thought in Modern Education*(New York : Wiley & Sons, 1984) : 전경갑·이영계 역, 『교육과 현대사조』(성원사, 1987), p. 61.

문학의 대화적 성격을 중요하게 부각시키는 학자로는 바흐찐(M. M. Bakthin : 1895~1975)을 들 수 있다. *The Dialogic Imagination*(Texas U. P., 1981) 참조. Tzvetan Todorov, *Mikhail Bakhtine : le principe dialogique*(Paris : Seuil, c1981) : 최현무 옮김, 『바흐찐 : 문학사회학과 대화이론』(도서출판 까치, 1987)에는 바흐찐의 문학과 철학에 대한 이론이 상세히 소개되어 있다.

2) Julia Kristeva, *Desire in Language*(Basil Blackwell, 1980). 소쉬르의 언어학을 뛰어넘어 기호 사용의 주체와 사회를 함께 고려하는 '실천'의 측면을 강조하고 있다(p. 34).

(作用態)로 보아야 하는 이유도 문학의 대화적인 속성에서 찾을 수 있다.

문학교육은 문학적인 대화를 원활하게 해 줌으로써 문학적 문법에 익숙하게 하고 그것을 문화적인 차원으로 승화시키는 작업이다. 개인이나 사회 그리고 어느 시대든지 그것을 해결하지 않으면 안되는 문제상황에 놓이게 되는데, 이의 첨예한 의식은 위기감으로 드러난다. 그 위기감을 간접적인 방식으로 표현하고 해결하고자 시도하는 것이 문학이라 할 수 있다. 이러한 작용을 도와 문학적인 문화를 고양시키는 형식 · 비형식적인 일체의 모색이 문학교육(文學敎育)인 것이다.

인류가 황금시대를 지향해 나아가면서 맞았던 위기의 순간들에는 반드시 문학적 반성이 동반되어 있다는 점은 매우 의미 깊은 일이다. 그리스 시대에는 호머의 서사시와 비극이 있어 세계를 조명하고 인간존재의 본질을 규명하고자 했으며, 중세를 지나 인간성의 해방을 위해 몸부림쳤던 르네상스 시대에는 단테(A. Dante : 1265~1321)의 〈신곡〉이 버티고 있으며, 보카치오(G. Boccacio : 1313~1375)의 〈데카메론〉이 인간적 차원의 밑바닥을 철저하게 드러내 보여주고 있다. 서양근대의 여명기에는 세르반테스(M. de Cervantes : 1547~1616)의 〈돈키호테〉가 있어 인간욕망의 거짓됨을 밝혀내고 있으며,[3] 낭만주의 시와 사실주의 시대의 소설, 1차대전 이후의 서구문학에서 볼 수 있는 인간의 내면추구, 2차대전 이후의 부조리 문학 등도 위기의 시대를 극복하기 위한 인류정신의 투쟁의 증거들이다.

한국문학의 경우 유가(儒家)들의 철학을 정립하고 확대하는 데에 시조(時調)는 대단한 역할을 수행하였다. 사회와 개인의 관계가 반성을 요하게 된 시기에 〈금오신화〉, 〈홍길동전〉 등의 소설이 나타났다. 그리고 임진왜란이라는 7년전쟁을 겪으면서 활발히 나타나기 시작한 군담소설 혹은 영웅소설 등도 위기극복을 위한 노력의 산물이다. 인류사 위기의 시대에 위대한 문학이 출현하게 되는 것은 우연이 아니다. 문학은 정신적 산물로서 인류의 위기극복을 갈망해온 에너지원이었다.

---

3) René Girard, *Mensonge romantique et vérité romanésque*(Paris : Grasset, c1961) : 김윤식 역, 『소설의 이론』(삼영사, 1977) 참조.

문제의식 혹은 위기감은 대화를 요구해 온다. 엄청난 압력으로 압도해 오는 현실을 두고 현실에 대한 반성과 타개를 위해 뜻을 모으지 않을 수 없기 때문이다. 한편으로, 그러한 대화를 통해 인류의 꿈을 확인하게 된다. 문학적 대화는 현실과 함께 꿈을 확인하는 작업이다. 잃어버린 낙원의 회복과 미래의 낙원에 대한 꿈, 이 두 극점을 바라보면서 현실을 문제삼는 대화는 현실에 안주하고자 하는 정신의 나약함을 부단히 거부한다. 현실에 안주하기로 한다면 대화는 애초에 필요하지 않을지도 모른다. 문제의식의 결여 때문이다. 안락한 침대에 비스듬히 누워, 깔끔히 차려입은 하녀가 기사와 귀부인의 사랑이야기를 읽어주면 자신이 로맨스의 주인공인 줄 알았던 꿈을 일찍이 버릴 줄 알았던 이유도 이것이다. 실은 그러한 세계를 꿈꾸면서도 그것이 허위임을 깨달은 때문이다.[4] 이는 달리 말하면 현실이 요구해 오는 대화적 압력에 부응하기 위한 결단이라 해도 좋을 것이다.

문학적 대화는 기본적인 의미의 소통을 지향하는 의미론적(意味論的) 차원과 의미의 소통과 함께 의미의 형성과 그 체계를 만들어 내는 기호론적(記號論的) 실천의 두 차원을 지닌다. 이는 공적인 소통 차원과 개별적 인간의 자기형성의 차원으로 바꾸어 말해도 좋을 것이다.

문학적인 대화는 학식있는 몇몇 사람 혹은 특정 계층에 의해 전유물처럼 되는 것을 극력 배제하면서 폭을 넓혀왔다. 문학적인 전문어를 추방하여 문학의 보편화를 추구해 온 것이다. 많은 사람들이 글을 읽고 쓸 줄 알게 되었고 인쇄술의 발달과 함께 인쇄매체의 확대로, 문학적 대화의 폭은 놀랄 만큼 확장됐다. 또한, 문화권의 개방으로 세계의 모든 사람이 문학적 대화에 참여할 수 있게까지 되었다.

그러나 이러한 문학적 대화의 저변확대는 다른 한편으로 문학의 대중화와 아울러 저속화로 치달아 문학적 대화의 상대적인 가치저락현상을 보이게 된다. 현학적인 지적 속물근성은 마땅히 배격되어야 하는 것이지만, 문화상대주의의 미명 아래 저급문화의 미만을 초래한다면 이 또한 우려해야 할 일이다.

---

4) 서양 소설사에서 본다면, 이상주의적인 문학이고 현실의 문제에 대한 고민보다는 도피쪽으로 나아가는 로맨스(romance)가 이러한 소설(정확히는 소설 전단계)이다.

인류문화의 고도한 가치물로서의 문학이 수행해 왔던 교육적 가치를 상실한다면 문학은 감각적 도취와 흥분을 조장하는 자극제로 전락하고 말지도 모른다. 우리는 그러한 문학을 문화적인 가치물로 수용함에 있어 주저하지 않을 수 없다. 문학은 자기반성의 곤욕스런 참회를 통해 인간정신의 저락을 제어하면서 꿈을 확인해 온 위대한 대화이기 때문이다. 문학은 내적으로 끊임없는 자기변신을 수행하면서도 문화유지 작용을 지속해 온 문화양태의 하나이다.

문학이 학문과 예술의 두 영역에 양다리를 걸치고 있는 어정쩡한 것이면서도 가치물로 인정되는 이유는 그것이 문화양태의 하나이기 때문이다. "교육은 무엇인가 가치있는 것이 도덕적으로 온당한 방법으로 의도적으로 전달되고 있거나 전달되었다는 것을 함의하고 있다."[5] 문학의 가치는 한마디로 인류체험의 형상화라는 데에 있다. 그것은 윤리적 결단을 요구하는 실천을 양식화한 것이기 때문에 도덕적 보편성을 지닌다. '모든 교육은 자기교육'을 지향한다고 하듯이 문학은 공적 차원의 담론(談論)형태를 띠지 않더라도 교육작용을 자발적으로 수행하는 것이다. 문학이 교육적 자발성을 띠며 대화의 문화를 지향하게 된다는 것은 자연스런 일이다.

Ⅱ ▸▸ 문학전통의 계승과 창조

교육의 기능을 진보적인 측면과 보수적인 측면으로 갈라 설명하는 방식은 이미 상식화되어 있다. 다른 말로 한다면 교육을 통해 가치있는 문화를 전승하면서 동시에 새로운 문화를 창조하는 것이다. 이러한 면모는 인간 삶의 양태를 살펴보아도 쉽게 알아볼 수 있는 일이다.

인간의 삶은 새로운 문화를 끊임없이 창조해 나가면서, 그 새로움 속에는 늘 이전의 전통을 담아가지고 있는 가운데, 이 두 힘의 긴장 속에서 이루어지

---

5) R.S. Peters, *Ethics and Education*(London : Allen and Unwin, 1970) : 이홍우 역, 『윤리학과 교육』(교육과학사, 1986), p. 16.

는 것이다. 혁신을 갈망하면서도 혁신만 계속된다면 가치혼란의 소용돌이에 빠지게 된다. 다른 한편으로, 기존문화의 전통만 보존하고자 한다면 문화의 진보와 향상은 기대할 수 없다. 문학의 경우, 꿈이 이미 완성된 것으로 되어버리면 문학은 유토피아 지향의 본성을 상실하게 된다. 이것을 매너리즘 혹은 양식화라 할 수 있다. 매너리즘에 빠진 문학이나 양식화된 문학은 막강한 권위를 획득하여, 인간 자유의 숨통을 조르는 사슬이 되어 버린다. 그것은 현실에 대한 허위보고를 함으로써 인간이 행복을 추구하는 노력을 가차없이 짓밟는다.

반면에 문학의 형식이 끊임없이 쇄신되어야 한다는 요청을 도외시하지 못한다. 사실 문학의 역사는 문학형식(혹은 기법)의 자기부정의 전개과정과 다르지 않다. 문학을 어떠한 법칙으로 설명하고자 할 때 벽에 부딪치는 이유가 여기에 있다. 문학의 개념은 엄격한 법칙성을 띠기보다는 오히려 유족개념(類族槪念)에 속한다고 보는 것이 옳다.[6] 한 시대에서 문학으로 합의된 것이 다른 시대에는 문학 아닌 어떤 것으로 여겨지기도 하며 가치평가의 척도가 달라지기도 한다. 우리는 제갈량(181~234)의 「출사표(出師表)」를 양질의 문학으로 간주하지만 '표'라는 양식으로만 본다면 실용문의 성격이 짙은 것이다. 조선초에 쓰여진 「용비어천가(龍飛御天歌)」나 김구(1876~1949) 선생의 「백범일지(白凡逸志)」도 마찬가지 경우인데, 실용적 목적은 예술적 특성 혹은 문학성에 자리를 내주었다. 문학의 혁신성과 보수성을 보여주는 예이다. 이는 문학의 개념 규정이 대단히 어렵다고 지적한 에스카르피(R. Escarpit : 1918~2000)나 문학개념의 시대적 고려를 강조하는 이글턴(T. Eagleton : 1943~)에게서도 확인할 수 있는 사실이다.[7]

문학은 위기의 정신적 극복, 에너지 분출의 한 양상임과 함께 문학의 교육

6) 가족유사개념(family resemblance concept). 한 가족(家族)의 구성원은 서로 비슷비슷 닮았을 뿐 전혀 동일한 모습은 아니다. 그처럼 문학도 '소설'이라면 서로 닮은 공통점을 중심으로 그 개념을 규정할 수 있는 것이지, 조작적으로 정의하기는 어렵다.

7) Terry Eagleton, *Literary Theory : An Introduction*(Eynsham, Oxford : Billing and Sons, 1983) : 김명환·정남영·장남수 공역, 『문학이론입문』(창작사, 1986) 서론 및 John M. Ellis, *The Theory of Literary Criticism* (Berkeley, 1974), pp. 37~42 참조.

또한 위기의식의 해소와 새로운 질서 창조를 위한 노력의 일환으로 수행되어 왔다. 문학의 교육작용이 갖는 강력한 조직력은 종교의 그것만큼 정신적 일체감 형성에 작용하기 때문이다. 넓은 뜻에서 역사의 편찬도 이러한 작업의 한 양상이라고 할 수 있다. 조선초 「용비어천가」의 제작이나 「두시언해(杜詩諺解)」의 간행사업 등도 이러한 예에 속한다. 또한, 고전교육을 강조한 미국의 교양교육 프로그램도 이러한 맥락에서 이해될 수 있다.[8] 이 프로그램의 범위가 대단히 폭넓은 까닭은 문학을 단순한 상상적 문학에 국한하는 것이 아니라, 역사와 과학을 포함하는 정신적 산물 일반을 고려한 데 있다. 문학의 유족개념적 특성에서 온 결과이다. 서구문화의 정수를 교육함으로써 개별적으로 원자화된 분열의 세계를 극복하고자 하는 노력은 문화전통 속에 한 개인을 포함시켜 넣는 문화참여를 의도한 것이다.

그렇다고 해서 문학이 단순히 문화유지작용만 수행한다는 것은 물론 아니다. 문학을 문화유지의 한 수단으로 본다면, 이는 문학의 속성 자체에 어긋나 문학을 도구화시키는 결과에 이르게 되며, 교육의 본래적 속성으로서의 자기혁신적 기능에 부응해 갈 수 없게 된다. 문학교육이 강력한 정신적 조직력을 가지면서 동시에 자기혁신의 기능 혹은 자기회생력을 잃지 않는, 이 우월한 작용력이 지속되는 한, 문학교육은 영속성을 띨 수 있다.

현실과 물질세계의 현상과 그 뒤에 숨은 원리의 탐구만을 목표로 삼는 자연과학에 결여되어 있는 것은 유토피아 개념이다. 인간의 꿈은 현재의 굴레를 벗어나 초월할 수 있는 힘이다. 이를 뒷받침해 주는 것은 상상력이다. 이 상상력을 바탕으로 한 문학적 문화가 아니면 인간의 꿈은 어디에서도 실현될 수 없다. 과학적 문화의 결여부분을 보완할 수 있는, 문학적 문화의 한 위력이 상상력이다.[9]

---

8) 허친즈(Robert M. Hutchins : 1899~1977)가 주도한 '위대한 대화' 운동의 고전교육이 그 예에 해당한다.

9) 문학적 문화(文學的 文化, literary culture)란 인문적인 문화와 유사한 개념이다. 논리와 실용을 중심으로 하여 물질세계의 법칙에 따르는 문화를 과학적(科學的)인 문화라고 한다면 이에 대립되는 개념이다[C. P. Snow, *Two Cultures and a Second Look*(Cambridge Univ. Press, 1964) : 오영환 역, 『두 문화와 과학혁명』(박영사, 1978) 참조].

좁은 의미의 문학적 문화의 향상은 문학 자체의 질적 측면과 관련되는 것이다. 앞에서 말한 바와 마찬가지로 문학이 대중화되면서 소비적인 것으로 타락하는가 하면, 한편으로 문학이 전문화되면서 원시적 물신화(原始的 物神化)가 초래되어 스스로 소외현상을 나타내게 된다. 상업소설이나 무명시인의 시집이 팔려나가는 현상이 전자의 예라면, 앙띠로망(antiroman) 이나 부조리극, 전후의 난해시 등이 후자의 예가 된다. 이러한 현상은 분명히 바람직한 것이라 하기 어렵다. 문학적인 귀족주의에서 벗어난 결과가 문학의 고유기능인 자기혁신 기능을 상실한 것으로 된다면, 문학의 역할은 회복불가능한 괴물로 전락하기 십상이다. 거기 남을 수 있는 것은 황막한 사막의 문학이거나 외설과 낭비의 저속한 문학일 것이다. 여기에 문학적 문화의 향상이 절실히 필요하다는 점이 분명해진다.

문학교육에서 전통의 계승과 창조를 동시에 지향하는 역동성을 지녀야 한다는 관점은 문화의 양면적 속성에서 비롯된다.[10] 그리고 구체적인 문학교육의 원리나 방법도 이러한 조망을 바탕으로 해서 도출되어야 한다. 경직화에 빠지지 않은 문학적 문화를 유지하고 문화향상을 도모하는 문학교육은, 개인의 자아실현과 미래의 꿈을 문제삼는 교육이며, 한 사회가 가지고 있는 꿈을 자기변혁의 힘과 함께 방향지워 보는 노력의 소산이다.

문학교육은 문학을 교육하는 주체(교사)와 함께 문학의 수용주체(독자)로 하여금 자신의 존재를 확인할 수 있도록 하며, 자아와 세계 사이의 원융된 관계가 어떤 것인지를 유토피아로써 반성해 볼 수 있는 기회를 제공해야 한다. 이것은 작게는 수용자들의 개인적인 삶의 문제로 연결되며, 크게는 세계인식의 문제로 연결되는 것이다. 대학에서 문학교육이 필요한 이유도 여기에 있다. 대학생들은 중등학생들보다 세계인식의 문제에 대해 보다 심도있는 문제의식을 가질 수 있는 층이기 때문이다.

---

10) 문화교육의 개념은 슈프랑거(Spranger : 1882~1963)에서 반토크(Bantock : 1914~)로 이어진다. 반토크는 '문화는 사회의 사상과 행동에 대한 전체 경향이 아니라, 오히려 한 사회 안에서 생각되고 행동되는 최선의 경향'이라고 하여, 문화의 지향성을 강조하고 있다. Kneller, 앞의 책, pp. 253～254.

문학적 문화의 수준향상이라는 무거운 짐을 걸머지고, 논리와 정서의 영역을 함께 포괄하면서 프로메테우스(Prometheus)적인 혼신투구를 계속해야 한다는 것은, 분명 문학교사의 고난임에 틀림없다. 그러나 문화의 보존, 전승과 아울러 문화적 혁신과 창조를 담당한다는 것은 문학교사의 영광이다. 인류 황금시대의 꿈은 문학교사의 세련된 감수성과 인간에 대한 폭넓은 안목 속에서 무르익는 것이다.

Ⅲ 문학교육을 위한 전제

문학교육은 문학적 문화의 고양을 목표로 한다. 문학적 문화는 현실원칙을 바탕으로 한 과학적 문화와 달리 현실과 함께 현실의 초극을 함의한다. 문학에서 유토피아 개념이 중요한 이유와 상상력이 강조되는 까닭도 문학의 자기형성력에 그 일단이 놓인다. 문학적 문화는 현실 타개적이라기보다는 현실에 대한 인식과 함께 꿈을 형성하기 위한 대화의 문화라 할 만하다. 문학적 문화의 고양을 위한 문학교육에서는 다음과 같은 점들이 전제되어야 한다.

첫째, 문학의 자율성을 바탕으로 한 문학교육이어야 한다는 점이다. 기왕의 문학교육은 제도적 교육에서건 비제도적 교육에서건 문학을 통한 다른 덕목의 교육에 강조점이 놓여 있었다는 인상을 버릴 수 없다. 문학을 통한 미적 정서의 함양이라든지, 문학을 통한 세계인식의 지평확대 등이 그러한 예에 해당한다. 문학을 역사나 철학과 구분하지 않는 동양의 전통 때문이기도 하겠지만, 문학의 인간적 가치가 문학교육의 근거로 내세워졌던 것만은 사실이다. 문학이 그러한 기능을 가지는 것은 사실이다. 그러나 문학의 기능을 목적론적으로 국한하는 데는 문제가 있다. 문학은 형상적 사유(形象的 思惟)라는 점이 본질적 속성이다. 형상과 사유의 양측면이 함께 고려되어야 하고 문학의 작용적 본질이 도외시될 수 없는 일이다. 문학은 작자－작품－독자라는 구조 속에서 하나의 작용태(作用態)로 존재하는 것이다. 문학을 논리적 분석의 대상으로 보고 그 분석의 기술을 습득하는 것으로 문학교육이 끝난다면, 그것은 도덕적 판단의 근거만 분석하고 그것의 내면화는 도외시하는 형식적 윤리교육과 다를 바 없다. 문학교육은 문학을 즐기는 개인을 문학적 문화체험의 영역으로 입문시킴으로써, 가치를 실현하는 방향으로 수행되어야 한다.

둘째, 문학을 하나의 대상이나 도구로 볼 것이 아니라 작용태로서의 문학현상으로 보아야 한다는 점이다. 문학을 하나의 대상으로 두고 분석하는 것이나 그 기술을 익히는 것은 문학의 이론을 위해서는 법칙의 엄밀성을 확보한다는 점에서 유용한 방법일지도 모른다. 그러나 문학은 독자가 작품을 읽음으로써 그 의미가 형성되는 것이라는 점을 고려한다면 문학교육이 작품분석에 국한될 수 없다는 점을 쉽게 이해할 수 있다. 문학교육은 독자가 작품을 읽고 감상하는 기술을 전혀 도외시할 수 없는 일이지만, 문학적 상상력의 세련을 궁극의 목표로 한다. 이는 독자가 문학 속에 들어가 문학과 더불어 질문하고 그 답을 모색함으로써 한 시대의 문학적 관습을 익힘을 뜻한다. 문학교육의 시각은 '더불어(with), 그 안에서(on the inside of)'의 시각이어야 한다. 문학을 문학현상의 관점에서 보고자 하는 이유도 바로 문학의 이러한 역동적 통합성 때문이다.

셋째, 문학교육의 범위를 개방적 시각에서 설정해야 한다는 점이다. 문학교육은 제도교육 안에서 완성되는 것이 아니라 사회교육으로 확대되어야 한다. 다른 말로 하자면 평생교육의 면모를 띠는 것이다.[11] 문학적 감수성은 어느 단계에서 성장을 멈추는 것이 아니라 지속적으로 이루어지며 경험의 축적과 함께 그 질이 세련되고 확대·굴절되는 것이라고 해야 옳다. 이것은 마치 지능이 수련을 통하여 지속적으로 성장하는 이치와 같다. 문학적 체험은 오랜 기간의 잠복기를 가지기도 한다. 문학의 실용성을 중심으로 하는 도구성을 배제하는 이유가 이것이다.

11) "예술은 그 활동을 통하여 한 개인이 속한 사회의 과거(過法)와 접촉하는 수단으로서 뿐만 아니라 타인(他人)과의 의사소통(意思疏通)의 기본양식이 되고 있다." 『평생교육의 원리』(전북대학교 부설 사회교육연구소, 1984) 참조. 문학교육이 평생교육적 측면에서 '과거와의 접촉'과 '타인과의 의사소통'을 할 수 있도록 한다는 것은, 그 교육이 단기적으로 완수되지 않는 면의 지적으로 이해할 수 있다.

끝으로, 문학이란 것 자체가 보편성을 띤 가치있는 문화양태의 하나이며, 따라서 문화행위의 일종이라는 점을 전제할 필요가 있다. 인간을 매개로 하여 이루어지는 모든 의미작용은 상호주관성(intersubjectivity)을 띤다.[12] 문화의 전수가 그러하고 교육이 그러한 것처럼 문학현상 또한 상호주관적 속성을 벗어나지 않는다. 문학이란 대상의 구조가 다층적인 것이듯이 그 의미 또한 상호굴절적으로 전달되는 기호론적 실천의 면모를 띤다. 가치의 체험과 결단이 개인차원에 머물지 않는다는 인식을 통하여 세련된 문화에 동참함으로써, 주체로서의 인간이 환경과 동화(同化)와 조절(調節)[13]을 수행하는 문화는 세련된 것이라 할 수 있다. 이는 문학교육이 대화적(對話的) 속성을 구현한 예에 해당한다.

문학을 통한 자기인식과 세계와의 교섭작용(交涉作用)을 함으로써 수직적 전망을 확보하고 문학적 문화에 참여하는 작업은 삶의 어느 한 국면에서만 제한적으로 이루어지는 성질의 것이 아니다. 공적인 교육을 통해 받은 문학교육이 밑거름이 되겠지만, 공적인 교육을 떠난 다음에는 자발적인 자기교육의 형태로 지속적인 작용을 한다. 범박하게 말해서 평생을 문학과 더불어 삶을 모색하는 것이다. 이는 문학교육이 사회교육의 속성을 띠고 있음을 증거하는 것이다. 말하자면, 문학교육은 평생교육의 속성을 띠면서 사회교육으로서 실현되어야 하는 문화교육이다.

---

12) R. Wellek & A. Warren, *Theory of Literature*(Penguin Books, 1962) 참조.

13) 삐아제(Jean Piaget : 1896~1980)의 용어. '동화(assimilation)는 새로운 지각물이 자극 사건을 이미 가지고 있던 도식 혹은 행동양식에 젖어들게 하는, 즉 통합되게 하는 인지 과정'으로 규정되고, '조절(accommodation)은 새로운 도식을 만들거나 낡은 도식을 알맞게 고치는 일'로 규정된다[B.J. 와즈워드, *Piaget's Theory of Cognitive Development* (New York : Longman, 1989) : 정태위 역, 『삐아제의 인지발달론』(배영신서, 1976), pp. 22~37].

제2장 문학교육의 범주

I ▸▸ 문학교육의 개념

문학교육을 개념적으로 정리하기 위해서는 문학교육의 본질과 성격을 포괄적으로 드러내어 진술하여야 한다. 이는 문학교육을 하나의 교과적 구조(教科的 構造)로 파악한다는 의미를 지니는 일이다. 달리 말하자면 문학이라는 '특정한 영역' 그 자체가 갖는 교과로서의 지식 · 경험적 특성[1]을 바르게 파악하고, 이와 관련하여 '교육'의 개념을 논리적으로 타당하게 정리하는 데서 출발하여야 한다는 뜻이다. 문학을 교육한다는 것을 문학과 교육이라는 두 층위로 갈라 논의하는 것은 논의의 편리함은 줄지 몰라도 논리성을 확보하는 데는 문제가 없는 바 아니다. 문학교육이 단순한 '문학+교육'이라는 평면적 결합이 아니기 때문이다.

문학교육은 '문학'이라는 내용 변인('무엇을'에 해당)과 '교육'이라는 방법 변인('어떻게'에 해당)의 내적 · 질적 특성에 따라 단순한 '문학+교육'의 수준을 넘어서는 논의가 되지 않으면 안된다. '문학교육' 그 자체의 독자적 의미를 상정해야 한다. 이는 문학교육이 문학과 교육이 평면적으로 결합한 상태에서 한 단계 상승된 유기적인 연관을 지닌 개념이 되어야 함을 의미한다.

대체로, 우리의 문학교육에 대한 논의는 문학현상 혹은 문학교육현상의 입체적 위상을 드러내는 데에 충분한 논의가 이루어지지 못한 것으로 보인다. 문학교육의 내적 구조와 그것의 포괄적인 모습을 이론적 · 경험적으로 설명하

---

1) 대체로 지식위계가 비교적 분명하고 지식 자체의 구조적 속성이 명확한 자연 · 사회과학 영역의 교과의 경우는 교과특성을 지식특성에 의해서 추출하는 것이 가능하나, 문학의 경우는 그것을 하나의 교과적 대상으로 삼을 때 지식특성만으로 설명이 곤란하다. 이는 문학이 단순히 가르치는 교과가 아니라 문학적 경험을 바람직하게 돕는 것에 그 궁극적 목표를 두어야 하기 때문이다. 아울러 이 때의 경험은 과학교육에서의 관찰과 실험에 의한 인지적 경험과도 그 질적 성격이 다름은 물론이다.

는 데에 충분한 노력이 뒤따르지 못했던 결과라 할 수 있다.

문학교육 현장을 중심으로 한 문학교육의 논의는 대체로 교육방법적 측면에만 치중하여 수업상황의 구체적 국면에 대한 대증적 관심의 수준에 그치고 있다. 반면에 문학이론가들에 의한 문학교육의 논의는 문학적 지식의 교육내용화(教育內容化)에 따른 분류(分類)나 계열화(系列化)의 방면에만 치중되고 있는 실정이다. 최근에 이르러 문학 자체를 수용자의 현실적 · 사회적 · 역사적 삶의 모습과 총체적으로 대응시키는 문학교육의 중요성을 강조하는 논의가 활발해지고 있으나, 이 역시 주제론적 접근과 정신사적 문학사관에 집중되는 경향을 띠고 있어 포괄적인 문학교육[2]의 모습에는 미치지 못하고 있다.

그렇다면 문학교육의 개념을 보편성과 타당성을 갖춘 포괄적인 수준에서 어떻게 설정할 것인가 하는 점이 문제된다. 즉, 교육 내용(문학)과 방법(교육)을 각각 어떤 의미와 관점으로 파악하여 그 실제적 교육운영의 효과를 살릴 수 있도록 설정될 수 있는가 하는 점이 문제로 부각된다.

우리는 여기서 문학교육 개념의 논리적 토대를 보다 견고하게 하고 앞으로의 각 장에서 전개될 문학교육의 제반 요소와 국면들에 관한 관점들을 보다 효과적으로 통제하기 위하여, 문학교육에 대한 개념을 하나의 논리적 틀에 담을 수 있는 조작적 정의를 먼저 제시하고자 한다. 그리고 이 조작적 정의의 진술의 각 부분들이 갖는 세부 의미와 그 하위 개념을 분석적으로 고찰함으로써 문학교육의 개념을 설명해 보고자 한다.

앞에서 우리는 문학교육의 개념을 설정함에 있어 세 가지 기본요소를 제시하였다. 그것은 첫째, 문학교육에서 다루어야 할 내용으로서 문학이란 무엇인가의 문제였고, 둘째, 문학교육에서의 교육을 어떠한 작용(방법)으로 파악할 것인가의 문제였으며, 셋째, 이상 두 가지 항목의 결과적 사항으로서 문학교육 자체의 속성을 밝혀내는 것들이었다. 이러한 사항을 바탕으로 문학교육을 조작적으로 정의할 경우 다음과 같이 된다.

---

2) 문자행위가 가능한 모든 학령층(5 · 6세에서 노인층에까지) 및 사회적 · 경제적 · 계층적 배경이 다른 모든 대상에게 각자의 문학적 요구와 효과에 상응하는 문학교육을 상정하는 개념이다.

문학교육은 문학현상이 바람직하게 이루어지기 위한 일체의 의도적 모색의 과정과 결과이다.

위의 정의에서 문학현상(文學現象)은 문학교육에서 다루어야 할 내용으로서의 문학을 뜻한다. 문학현상이란 문학작품을 중심으로 작품의 생산, 작품 자체의 구조, 작품의 수용, 작품이 외적 세계를 반영하는 방법 등 작품과 관련된 일련의 작용 과정을 말한다. 이는 문학교육의 내용범위를 설정하는 데도 매우 타당하게 원용될 수 있는 개념으로서 문학 또는 문학작품 자체를 고형적 지식 또는 객관화된 산물로 보지 않고 하나의 작용태로 파악하려는 관점이다. 이른바 동적 구조(動的 構造)로서의 제재관에 입각하여 문학을 바라보는 관점이다.

문학현상을 생산, 구조, 수용, 반영 등의 네 가지 측면으로 구조화하는 것은 문학 자체의 이해를 매우 포괄적으로 통합시키는 데도 크게 유익하다. 즉, 작품생산의 측면은 작가론적 이해를 중심으로 시대나 환경 등 작품생산의 배경을 이해하는 것을 포괄한다. 그리고 작품구조의 측면은 문학적인 장치를 이해하여 문학과 비문학의 차이와 각각의 고유한 인식채널로서의 특성을 알고 그 문학을 사용하는 문화에 자신을 적응시키는 방식을 이해하는 일이 포함된다. 따라서 작품론적 · 장르론적 이해가 중심이 된다. 작품수용의 측면은 감상 및 내면화의 발달을 통해 문학적 문화의 맥락 속에 자신을 투여해서 반응적 힘을 얻는 영역이다. 반영의 측면은 삶의 총체적인 이해를 기하면서, 환경과 사회 · 역사에 반응하는 태도를 문제삼는 영역이다. 이는 피아제(J. Piaget : 1896~1980)의 용어로는 '조절과 동화'의 과정에 해당하는 것으로서, 문학을 통한 인간 삶의 조건을 이해하는 영역이며, 기왕의 문학교육 분야에서는 문학의 사회적 이해가 여기에 속한다. 그리고 이들 네 측면은 하나의 유기적 · 체계적 개념으로 인식되어야 하는, 즉 작용태의 개념으로 파악되어야 하는 것이기 때문에 이른바 교육활동에서 단편적 지식 중심의 단절성을 극복하는 데 매우 유익한 개념이라고 할 수 있다.

문학교육에 대한 이러한 규정에서 특별히 강조되어야 할 사항은 문학현상의 개념 속에는 이러한 현상의 주체가 인간이라는 점이 내포되어 있다는 사실이다. 피상적으로 관찰하면 문학현상의 주체가 마치 작품인 것처럼 보일 수도 있지만, 작품은 어디까지나 이러한 현상이나 과정 속에서 하나의 대상에 불과하다. 작품을 대상으로 그것의 생산, 구조, 수용, 반영에 주체적으로 관여하는 것은 문학을 생산하고 수용하는 주체로서의 인간이다. 이런 점에서 문학교육의 내용적 변인으로서의 문학을 문학현상의 개념으로 파악하고자 하는 것은 매우 중요한 관점의 전환이다. 문학이 교육과 관련되어 논의될 때, 교육이란 바로 인간의 발달에 관심을 가지는 분야라는 점과 관련되는 중요한 역할이 문학현상의 개념에서 나타나기 때문이다.

지금까지 우리는 문학교육의 내용요소를 이루는 문학은 문학현상의 개념으로 파악되어야 함을 살펴보았다. 그리고 그 이점으로서는 첫째, 문학교육이 고형적 객관적 지식의 습득이 아니라 인간의 삶과 세계의 구조를 경험할 수 있게 한다는 점, 둘째, 문학에 대한 연속적이고 유기적인 접근이 가능하다는 점, 셋째, 학습의 주체로서 인간을 강조할 수 있다는 점 등을 언급하였다. 이렇게 보면 문학교육의 내용을 문학현상에 두는 관점은 문학교육의 단순한 내용특성을 넘어서서 이른바 교육적 방법에 대한 시사를 드러내고 있음을 발견할 수 있다. 학습주체를 철저히 인간주체(학습자)에 두고 있다는 점이 그러하다. 일반적으로 교수–학습이론에서 내용이 방법을 결정한다는 논리나 방법이 내용에 우선한다는 이론들이, 문학교육의 영역에서는 얼마나 중요하게, 그리고 구체적으로 검토되어야 할 것인가를 보여주는 예라고 할 수 있다.

특히 문학교육에서는 문학 텍스트가 갖는 고유한 성질과 개성 그리고 제재 자체의 독립적이고도 완결된 세계관이 교수 · 학습의 전략과 방법을 매우 다양하고 독특하게 결정짓는다는 점에서 교육방법이나 교육내용 조직의 단선적 일반화를 경계해야 한다.

문학교육의 개념과 세 가지 요소 중 둘째 사항은 문학교육에서 '교육'을 어떠한 작용이나 방법으로 파악할 것인가 하는 문제이다. 앞에서 제시한 개념정의에서는 이에 해당하는 진술로서 "일체의 의도적 모색의 과정과 결과"라고 나타냈다. 이는 대체로 교육의 정의로서 두루 인정되고 있는 '교육이란 인간

행동의 의도적 변화를 위한 과정 또는 결과'[3]라는 관점을 원용한 것이다. 행동과학적 배경에 기초한 교육관이 문학교육과도 조화를 이룰 수 있을 것인가 하는 점에서 의문을 제기할 수 있으나, 문학교육의 일정기반이 정의적 가치변화적 요소를 지니고 있음에 비추어 크게 무리가 없는 보편적 개념으로 원용될 수 있다. 그러나 문학교육의 상당 부분이 교수자의 조작적 의도보다는 학습자의 자발적 의도(自發的 意圖)가 더욱 중시된다는 점에서 의도적 모색의 과정 및 결과에 대한 부가적 단서를 제시하고자 한다. 즉, 여기서의 의도적 모색의 과정 및 결과란 정해진 수업상황만을 전제하는 것은 아니라는 점이다. 학교외적 상황에서 학습자의 자발적 의도에 의해서 문학적 경험이 이루어지는 과정이나 결과도 문학교육이 이루어지는 과정으로 보아서 그 개념을 확장하였다.

가령 어떤 학생이 또는 어떤 개인이 스스로의 자발적 의도에 따라서 어떤 특정의 문학적 경험을 하고 그 경험에 의해서 인식이나 정서 또는 인격의 변화를 가져올 수 있었다면, 우리는 이를 문학교육이 이루어진 장(場)으로 인정해야만 할 것이다. 물론 이런 식의 제도교육적 상황이 아닌 상태에서의 문학적 경험과 그것의 지적, 정서적 고양도 대개는 그 앞뒤 단계에서 제도교육적 상황과 연결되는 것이 상례이다. 바로 이러한 점에서 문학교육의 장 개념은 확장되어야 한다.

한 독서실태 조사연구에 의하면, 이른바 문학적 감수성이 강한 청년기에 있는 우리 나라 청소년의 문학적 경험의 양은 수업외적 상황에서 축적되는 경우가 상당할 것으로 추정된다.[4] 이 경우 제도교육 외적 상황에서 겪은 문학적 경험을 학교에서의 수업의 장(場)에 연속적으로 연계시키는 상황(학습자 개인으로서는 어떤 형태로든 연계의 과정을 겪게 된다.)을 상정해야만 할 것이다. 따라서 가시적 수업상황의 틀 속에서 이루어지는 지식성취의 측정에만 치우친 평가관은 문학교육의 장에서는 상당부분 수정해야 한다. 인간이해의 평가철학

3) 이러한 관점은 행동주의 심리학의 영향을 받는 것으로 지적되기도 하지만, '인간행동'의 개념을 인지, 정의, 도덕, 사회의 차원으로 널리 확장하여 보더라도 보편적 의의가 유지되므로 그 타당성이 인정된다.

4) 미디어 소통의 환경이 일반화되면서 학생들의 문학 경험은 교실 밖의 경로와 공간이 더욱 중요하게 부각된다.

(評價哲學)에 기초한 보다 폭넓은 평가관이 도입되어야 한다.

문학교육의 개념에서 문학수용자의 자발적 의도에 의한 문학적 경험까지도 문학교육의 장에서 다루어야 한다고 보는 까닭은 문학교육의 궁극적 목표를 '문학적 문화의 고양'[5]에 두고 있기 때문이다.

제도교육에서 이루어지는 문학교육이 아니라, 수용자의 자발적 의도에 의해 문학교육이 이루어지는 경우, 수용자 자신은 그 스스로 잠재적 교사로서의 역할을 동시에 수행하게 된다. 수용자 자신이 잠재적 교사로서의 기능까지도 수행하게 되는 것은 수용자가 정규수업에서의 문학학습 과정을 통해 하나의 응용모델을 획득하였다는 것이 전제된다. 즉, 수용자(학생)는 학교수업에서 획득한 응용모델을 통해 수업외적 상황에서 문학을 강화하여 체험할 수 있는 것이다. 이때, 텍스트와 관계된 직 · 간접의 체험이 독서과정 전체를 통하여 자신의 자발적 의도와 호응을 이루면서 수용자의 내면화 과정을 돕게 된다. 자발적 의도에 의한 문학적 경험의 과정은 하나의 인지심리적 과정으로 볼 수도 있는데, 문학교사는 이러한 과정을 보다 정확하게 이해할 필요가 있다. 왜냐하면 수용자의 자발적 의도에 의한 문학적 경험은 어떤 형태로든 제도교육의 문학수업과 직 · 간접적 관련성을 갖기 때문이다.

문학교육의 개념과 관련된 기본요소 중 마지막 사항은 문학교육의 내용과 방법이 효과적으로 조직되어 문학교육의 독자적 영역이 구축되었을 때, 그 문학교육의 고유하고도 독자적인 속성을 추출하는 것이다. 앞에서 제시한 문학교육의 개념진술 중 "문학현상이 바람직하게 이루어지기 위함"이 바로 '문학교육' 고유의 독자적 속성과 관련되는 부분이다. 이 '바람직하게 이루어지도록' 하는 요소 속에 문학과 교육이 '문학교육'이라는 하나의 새로운 응용과학 영역을 형성하게 하는 것이다. 즉 '문학교육' 속에 두 영역 공통의 자질이 포함되게 된다. 이러한 설명은 매우 형식론적이고 지나치게 조작적이어서 문학교육의 내용이나 방법의 구체적 설계나 실천에는 별로 득이 없는 것처럼 보이는데 이는 '바람직하다'는 말이 갖는 막연함에서 더욱 그러한 인상을 주기 때문이

5) '문학적 문화(文學的 文化)'는 문학교육의 인문학적 가치와 본질을 구현하는 개념이다. 자세한 것은 이 책의 제3항 참조.

다. 따라서 좀더 깊이있는 논의가 필요하다.

문학교육의 목적과 관련해서 볼 때 '바람직하게'의 내용은 인간다움의 가치를 지향하는 것이며, 그것은 정서적 위안, 심미적 안정감, 전인성(全人性) 등으로 나타난다. 궁극적으로는 이념적 가치지향의 문제로 귀결되는 바 여기에는 이데올로기 자체의 비판기능까지도 포함하게 된다. 문학에서 '아이러니'를 배우는 교육적 본질은 아이러니 그 자체의 용법을 익히기 위함이 아니라 인간 삶의 부조리한 조건들을 이해하기 위함에 있다는 것을 문학적 가치의 예로 들 수 있을 것이다. 그리고 이러한 '바람직한'의 내용은 시대나 환경, 나아가 이데올로기의 변화에 따라 그 기준이 달라질 수 있다는 데에 문학교육의 고유한 기능이 자리잡고 있다고 하겠다.

문학교육을 조작적으로 개념화한 진술 속의 '바람직하게 이루어지도록'의 구체적인 내용이 무엇인가 하는 점은, 사실상 이제부터 문학교육을 연구하고 실천하는 사람들이 추구해야 할 과제라고 할 수도 있다. 여기에는 문학이론가, 심리학자, 교육학자들의 공동연구와 참여가 필요하다. 대체로 기왕의 논의들을 중심으로 문학교육의 내용과 방법에 걸친 바람직한 방향성을 정리해 보이면 다음과 같다.

첫째, 문학적 경험의 필요성 및 요구가 어떻게 교육과정적 차원에서 조직되어야 할 것인가 하는 문제이다. 이는 문학교육의 교육과정론적 의의와 연관되는 것으로 철학적 사회학적 검토가 요구되는 문제이기도 하다. 아울러, 문화양태로서의 의도적 문학체험이 이루어지는 범위를 설정하고 이를 구체적 교육과정 운영에 반영하는 문제도 문학교육의 바람직한 방향 설정에 중요한 관건이 된다.

둘째, 문학제재의 특수성에 따른 다양한 수업모형 개발 문제가 방향을 잡아야 한다. 문학제재는 장르 자체의 분화로 인해 특수한 성격을 띠지만 모든 제재가 언어적 구조물로서의 특성과 정신적 가치물로서의 이원적 속성을 지니고 있다. 이를 효과적으로 통합하는 방법, 또 이를 효과적으로 분리하는 방법 등을 모색해야 한다. 이를 통해 문학교육의 고유한 방법상의 영역을 확보해 나갈 수 있게 될 것이다.

셋째, 문학교육에서 내면화 과정에 대한 평가와 통제의 문제가 있다. 문학교육의 교육적 목표는 궁극에 있어서는 내면화의 과정으로 요약된다. 그러나 내면화의 핵심단계인 가치화, 인격화, 사회화의 과정은 가시적 과정으로 드러나지 않는 것이 보편적이다. 이러할 때 교수전략의 가능성을 모색하고 한계를 극복할 수 있도록 해야 할 것이다.

달리 말하자면, 결국 이상에서 제기한 시사점은 문학교육(文學教育)의 전제적 요소라고도 할 수 있다. 이러한 전제를 토대로 문학현상이 '바람직하게 이루어지도록 하기 위한' 개념적 기준은 다음과 같이 제시해 볼 수 있다.

첫째, 교육대상의 측면에서, 문학교육은 문학적 경험의 필요성 및 요구를 지닌 사람 또는 집단에게 행하는 교육이다.

둘째, 교육의 장의 측면에서, 문학교육은 문화의 유지와 보존양태로서의 문학에 대한 직·간접적인 경험이 이루어지는 모든 장소에서 수행된다.

셋째, 교육방법의 측면에서, 문학교육은 일정한 설계나 일관된 의도하에 문학수용자의 내면화를 돕는 방식으로 수행된다.

이러한 기준설정은 일단 광범성과 연속성을 그 특징으로 하고 있는데, 이는 문학교육 개념 논의의 균형적 시각과 합리적 전개를 꾀하기 위한 것이다.

특히 교육방법의 측면에서 문학교육의 개념적 기준으로 이야기한 '내면화'라는 것은 정의적 학습의 영역에서 설정하고 있는 '목표 유목' 개념에서 출발하고 있는 것으로서 문학교육의 중요한 개념의 한 축을 이룬다고 할 수 있다. 여기서의 내면화는 인지적·정의적 영역의 목표를 포괄하면서, 문학을 통한 보다 구체적인 세계 파악의 학습 과정이라고 볼 수 있다.

그것은 인간이 문학적 경험을 통하여 사회화되는 과정, 인간화되는 과정 모두를 목표로 하고 있음을 의미한다. 이는 우리가 서두에서 주장한 문학교육과 문학적 문화의 건설이라는 기본적 시각의 입장이 교육방법적 측면에서도 일관되게 추구되고 있음을 보여주는 것이다.

또한 교육이 의미하는 '인간행동의 바람직한 변화'가 '인간의 인간다움을 지향'하는 것이라고 본다면 교육의 하위적 한 국면을 이루는 문학교육의 방법이 내면화(內面化)라는 원리적 개념에서 구축된다는 것은 논리성과 타당성을 충분히 확보한 것으로 설명될 수 있다.

이상에서 살펴본 문학교육의 개념은 대체로 미시적 · 실용적 · 지식중심적 경향의 문학교육의 개념을 거시적 · 문화현상적 · 소통론적 경향의 개념으로 그 공간을 확충시키고 있으며 작용태로서의 문학현상의 성격을 강조하고 있는 것이다. 아울러 문학현상이 이루어지는 모든 장에 대해서 문학교육적 관심이나 노력이 경주되어야 한다는 당위적 명제에 그 토대를 두고 있다.

이렇게 될 경우, 종래의 문학교육 논의가 지녔던 교육공학적 편협성을 넘어설 수 있다. 즉, 제도교육내의 수업공간 속에서 이루어지는 문학교육, 제재중심의 문학교육, 수업공학의 기제에 갇혀버리는 문학교육을 극복하게 된다. 즉 문학교육론의 철학적 · 사회학적 당위와 방향을 문학적 문화라는 망 속에서 파악해 볼 수 있게 되는 것이다.

이러한 양상을 근간 2011년 교육과정과 2015년 교육과정을 통해 확인하기로 하자. 가령 2011년 개정 문학교육과정에서 '문학작품의 올바른 수용과 생산'에 중점을 두면서, 그 배경에 놓이는 다양한 사회–문화적 양상을 통시적 공시적 맥락에서 이해하도록 강조하고 있다. 아울러 문학활동에 능동적으로 참여하는 것을 강조하고 있다. 이는 문학교육에서 문학의 소통적 작용과 그 효과를 중시하는 의도로 이해된다.

한편 2015년 문학 교육과정의 성격을 규정하는 핵심 내용을 살펴보기로 한다. 문학과목의 성격은 문학에 대한 규정에서 출발한다. "문학은 인간의 체험과 상상력으로 이루어진 언어 예술이자 소통 행위이며 개인과 공동체의 생활 경험 및 미의식을 담은 문화의 한 양식"으로 규정하고 있다. 이러한 전제에서 학습자가 기를 수 있는 능력을 다음과 같이 구체적으로 적시한다.

> 학습자는 문학작품의 가치와 아름다움을 파악하는 활동을 통해 작품의 수용과 생산능력을 기리를 수 있다. 또한 문학활동에 참여하여 이를 자신의 삶과 연계함으로써 자아를 성찰하고 정서를 함양하며 창의적인 언어능력과 사고력을 기를 수 있다. 나아가 , 개안과 공동체의 생활 경험과 미의식을 파악하고 공유함으로써 세계관을 확충하고 삶의 질을 높이며 문화의

발전에 기여할 수 있다[6].

이어서 '문학'과목에서 추구하는 역량을 제시하고 있다. 추구하는 역량으로 "비판적-창의적 사고 역량, 자료-정보 활용 역량, 의사소통 역량, 공동체-대인관계 역량, 문화 향유 역량, 자기 성찰-계발 역량" 등을 제시하고 이에 대한 설명을 추가하는 방식으로 성격을 설명하고 있다. 문학의 성격과 이러한 역량을 직접 대응하는 방식은 문학을 목적에 봉사하게 하는 측면이 있다. 어떤 역량을 설정하더라도 그것은 문학적 형상화를 거친 것이라는 점을 유념해야 한다. 이러한 과목의 성격을 바탕으로 '문학'의 목표를 다음가 같이 제시하고 있다.

문학 작품의 수용-생산 활동을 통해 창의적인 문학능력을 기르고, 문학의 본질과 양상에 대한 이해를 심화하며, 타인 및 세계와 소통하며 자아를 성찰하고 문학문화의 발전에 기여한다.

가. 문학의 본질과 가치, 한국문학의 성격과 역사에 대해 체계적으로 이해한다.

나. 작품의 수용과 생산 활동을 중심으로 창의적- 심미적- 성찰적으로 사고하고 소통하는 능력을 기른다.

다. 문학을 통해 인간과 세계를 총체적으로 이해하고 공동체의 문화 발전에 기여하는 태도를 기른다[7].

이상에서 볼 수 있는 바처럼, 2015년 교육과정에서는 문학의 '활동'에 중점을 두고 있다. 문학 활동은 문학의 수용과 창작으로 요약된다. 이 두 영역의 활동에서 학습자의 자발적 참여가 필수적 요건이다. 즉 학습자는 스스로 작품을 읽고 감상해야 한다. 아울러 작품을 써 보는 경험을 해야 한다. 이 과정에서 자아를 성찰하고 정체성을 형성해 나가게 된다.

이전 교육과정과 달리 문학의 본질에 입각한 사고능력을 배양하고 문학의

---

6) 교육부, 국어과 교육과정, 고시 제2015-74호, p. 122.

7) 교육부, 국어과 교육과정, 고시 제2015-74호, p. 123.

'소통'에 직접 참여하기를 강조하는 것을 볼 수 있다. 문학의 본질에 입각한 사고능력은 창의적 사고, 심미적 사고, 성찰적 사고 등을 들고 있다. 이들은 문학의 창조성과 심미성을 실천의 장으로 이끌어들이려는 조치이며, 성찰을 통한 자아정체성 확립의 중요성을 강조하고 있는 것이기도 하다. 아울러 '소통'을 강조하는 것은 문학수행의 문화론적 특징을 드러내는 문제와 연관되는 사항이다. 이러한 강조점은 문학을 텍스트 중심의 지식체계로 보던 관점에서 문화론적 실천으로 관점이 이동한 것을 암시한다.

또한 소통이 강조되는 것은 비단 교육뿐만 아니라 문화, 사회 전반에 걸쳐 일반화된 현상이기도 하다. 매체의 발달로 소통이 활발하고 대화적인 언어문화가 수립되었다는 주장에 비추어 본다면 소통을 강조하는 것은 역설적으로 느껴지기도 한다. 따라서 소통을 강조하는 것은 개별화된 자아의 자기폐쇄적 문화에 대한 반성을 촉구한다는 의미를 지닌다.

이상에서 본 바와 마찬가지로 최근의 문학교육과정은 문학문화에 주체적으로 참여하고, 소통을 해나가기를 장조하고 있다. 이는 현대 사회의 문화적인 추이와도 연관되는 사항이다. 문학교육은 문학 아에서 문학과 더불어 즐기고, 자아와 세계를 이해하며 이상적 세계를 꿈꾸는 일이다. 향유와 이해, 그리고 전망을 공유하고 소통하는 가운데 문학문화를 이루어가게 된다. 이러한 문학교육은 시대와 지역을 넘어서 문학이 운용되는 곳이라면 어디서나 이루어지는 보편성을 띠는 교육활동이다. 문학교육은 이러한 현상을 이론화하고 실천의 방법을 마련하며 그 결과를 교육과정의 입안과 실천의 각 과정에 순환하게 하는 일련의 과정을 두루 포괄한다.

Ⅱ ▸▸ 문학교육의 범위

문학교육의 범위를 설정하는 문제는 문학교육의 개념과 분리하여 논할 수 없다. 앞 절에서 제시한 문학교육의 개념과 관련해서 문학교육의 범위를 설정해 보기로 한다.

문학교육의 범위라 함은 문학교육이 이루어지는 내용적 · 대상적 · 방법적 · 기타 운용적 차원의 총체적 범위를 의미한다. 문학교육의 범위에 대한 입체적이고 확장된 시각의 정립은 문학교육의 이론적 체계를 수립하는 데 토대가 되기 때문에 매우 중요하다.

구체적으로 설명하면, 문학교육의 범위를 내용적 차원에서 점검하는 일은 문학교육이 갖는 교과로서의 내용구조를 설계하는 일과 관련된다. 아울러 문학교육 교육과정을 독자적으로 구안하는 토대가 될 수 있다. 또한 문학교육의 범위를 대상적 차원에서 점검하는 일은 학습자의 발달과정적 특성을 고려한다는 점과 제도 교육적 과정이 아닌 상황에서 이루어지는 수용자의 문학적 경험들에 대해서 어떠한 교육적 배려와 관심이 기울여져야 할 것인가 하는 문제를 정리할 수 있다는 이점을 갖는다. 그리고 문학교육의 범위를 교육방법적 차원에서 검토하는 일은 문학제재 학습의 인지적 요인과 정의적 요인을 분석하고 이를 효과적으로 통합하는 관점을 정립시킬 수 있게 한다. 기타 잠재적 성격의 문학교육 범주, 예컨대 대중매체 등에 의한 문학교육에 대한 관심도 문학교육의 본질적 모습에 큰 영향을 주는 것으로 파악하여 이를 문학교육의 범위 개념에 포함하여 설정하였다.

문학교육의 범위에 대한 비교적 확장된 구조와 다양한 접근시각을 모두 범위의 개념 속에 포괄하고자 하는 시도는 이미 우리가 문학교육의 개념에서 밝힌 '문학현상의 바람직한 성취' 또는 '문학적 문화의 고양'이라는 관점과 상응하는 것이다.

앞에서 언급한 대로 문학교육의 범위를 논하는 문제는 다음 네 가지 관점의 접근시각을 통하여 그 모습을 포괄적으로 드러낼 수 있다. 그것은 대체로 ① 내용범위, ② 대상범위, ③ 방법상의 범위, ④ 기타 잠재적 교육과정의 범위 등으로 구분하여 접근하는 것이다.

1. 내용적 차원의 범위

문학교육의 범위를 내용적 차원에서 살핀다는 것은 문학교육에서 무엇을 가르칠 것인가 하는 문제를 범주화하는 것을 말한다. 문학교육의 내용범위 설계는, 문학교육의 내용을 문학현상으로 파악하는 관점에 선다면 [그림 1]과 같은 모형으로 나타낼 수 있다.

[그림 1]의 모형은 문학교육을 텍스트 그 자체로 인식하는 미시적 관점, 또는 단절적 문학수업 행위를 지양하고, 문학현상이라는 작용태(作用態)의 개념으로 문학교육의 내용을 파악하려는 관점에서 구안된 것이다. 즉, 현재 이루어지는 문학교육의 실제 모습을 반성적으로 검토해 볼 때, 문학수업에서 제재 자체가 가지는 '텍스트로서의 구조 익히기'에만 지나치게 편중된 성향을 극복해 보려는 데서 설계된 것이다. 따라서 위의 문학교육 내용 범위 모형은 제시된 작품을 구조 중심으로 분석하고, 작품의 각 국면적 특징과 관련되는 문학이론적 지식을 단순주입 암기하는 방식의 문학제재 교수–학습방식에 대한 실질적인 반성을 전제로 한다.

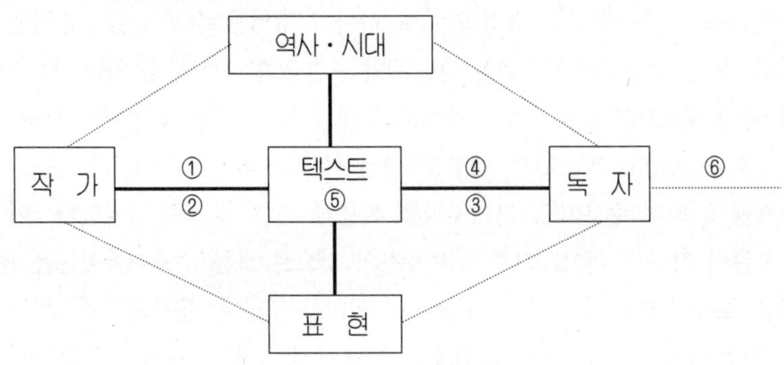

[그림 1] 문학교육의 내용범위 설계모형[8)]

8) 이 모형설계는 에이브럼즈(M. H. Abrams : 1912~)의 다이어그램을 원용한 것으로서 문학교육의 장에서는 독자의 수용적 관점을 고려한다면 표현(reality : 주제의 문학적 실천)의 요인을 함께 상정하게 되었다. 여기에 제시한 모형은 그 타당성에 있어 보다 정밀한 검증이 계속적으로 이루어져야 할 것이다.

문학교육에서 다루어야 할 그 내용범위는 우선 작가가 텍스트를 생산하는 과정과 관련된 내용범위, 즉 생산이론과 관련된 내용범위로, [그림 1]에서 ①, ②의 영역이다. 여기에는 작가와 텍스트를 중심으로 역사주의적인 것과 표현에 관련된 것이 이 공간의 기본축을 이룬다. 이 내용범주에 해당하는 구체적인 교육활동 자료로는 역사주의적 비평자료, 작가론적 탐구자료, 전기적 자료, 시대적 배경과 시대정신에 관련된 자료 등이 모두 포함된다.

문학교육 내용범위의 두번째 공간은 텍스트 그 자체의 구조에 관한 것이다. 이것은 [그림 1]에서 ⑤의 영역으로 나타난다. 대체로, 지금까지 우리의 문학교육은 이 점에 대해 매우 편중된 경향을 나타내고 있는데, 이는 뉴크리티시즘에 의한 우리나라 문학연구의 경향을 반영한 결과로 보인다. 그러나 이는 문학 경험 자체를 텍스트 구조 속에 가두어 두게 되고, 작품을 객관적 대상물로 바라보게 하는 결과를 초래하여 문학현상 또는 문학적 문화에 이르는 포괄적 교육효과를 기대하기에는 상당히 미흡하다. 이른바 삶을 총체적으로 이해하거나 시대적 상황에 대응하여 문학이 갖는 총체적 의미를 이해하고 내면화하기에는, 문학의 외적 조건을 고려하지 않은 이 방법만으로는 부족하다는 지적을 받는다.

문학교육의 내용범위를 결정하는 또 하나의 영역은 수용이론과 관련된 영역이다. 이는 앞의 모형상으로는 ③, ④의 공간으로 나타낼 수 있다. 즉, 작가가 산출한 텍스트를 수용자가 받아들이고 체험하는 과정이다. 수용미학에서는 텍스트와 작품(das Werk)의 개념을 구분하는데, 작품은 텍스트와 수용자의 상호작용에 의해 수용자의 기대지평을 확충해 가는 것으로 설명한다. 이 경우, 작품이 작가의 것이라기보다 수용자의 것으로 보는 수용미학이론은 문학작품을 교육의 장에서 접근할 때 중요한 의미를 지닌다. 문학교육이 궁극적으로 문학적 경험을 통한 자아의 확충과 세계의 발견 및 확장을 목표로 한다는 점에서 수용자의 개입으로 인한 텍스트의 의미화는 중요한 의미를 지니는 것이다. 아울러, 실제의 수업상황이나 교수전략 수립에 있어서도 어떠한 교수방법을 구사해야 할 것인가를 결정적으로 시사하는 측면을 지닌다. 또, 문학교육이 그 고유한 특성과 이론을 수립함에 있어 교육학, 심리학, 읽기(reading)

이론 등 인접학문 분야의 성과들을 주체적으로 수용할 수 있는 가능성을 내포하고 있다는 점에서도 의미를 지닌다.

문학교육의 내용범위를 결정하는 또 하나의 영역은 작가-텍스트-독자를 기본축으로 하면서 역사적 실천의 요소를 문제로 삼는 영역, 이른바 반영이론과 관련된 영역이다. 이는 문학현상이 실제로 이루어지는 실천, 즉 리얼리티와 연관되는 영역이다. 앞의 모형상으로는 ①, ④의 공간으로 나타낼 수 있는 영역이다. 반영이론과 관련된 내용을 문학교육의 장에서 구체적으로 설계할 때, 이것이 수용의 범위와도 내적 연관성을 밀도 있게 가진다는 점은 계속 검토되어야 할 문제이기도 하다. 또한, 이 반영이론 차원의 문학교육 내용범위가 단순한 모방의 기법론 수준을 넘어서서 문학사나 시대정신 등의 내용범위까지 포괄될 수 있어야 한다는 점을 고려해야 한다.

앞에서처럼 구분해 볼 수 있는 문학교육의 내용 측면의 범위는 교육실천의 과정면에서 언제나 미완성의 개념이다. 그것은 문학적 체험의 수용과 내면화라는 것이 일정한 시간적 틀 속에서 완결되는 것이 아니라 평생을 두고 수용자의 생체험(生體驗)과 관련되어 장기적으로 잠복하여 작용하는 것이기 때문이다. 이것은 수업상황에서 가시적으로 통제될 수 있는 것이 아니다. 이러한 내면화의 과정을 나타낸 것이 모형상 ⑥의 영역이다. 이 ⑥의 영역은 구체화시켜서 문학교육 실천의 장에 명시적으로 설정 · 통제하기에는 많은 어려움이 있지만, 이 영역에 대한 고려가 문학교육설계 및 실천에 의도적으로 고려되어야 함은 물론이다.

문학교육의 내용범위를 네 가지 영역으로 구분하여 그것을 개념으로 모형화하는 수준에서 제시해 보았다. 이러한 내용범위의 하위 요소나 내용이 각 학교급별 교육상황(또는 제도교육을 벗어난 교육상황)에 따라 어떻게 조직, 실천되어야 할 것인가에 대해서는 별도의 미시적 검토와 설계가 필요할 것이다. 이 점은 이 책의 본론 각 장에서 논의가 계속될 것이다. 다만, 여기서 구분한 문학교육의 4개 내용범위가 실제의 수업모형이나 교수전략을 구성하는 구체적인 단계에서는 구조적으로 긴밀하게 연관되어야 한다. 즉 일종의 내적 준거에 의해서 이들 네 국면이 교육적으로 통합되어야 한다는 점은 강조해 두고자 한다. 이들 내용범주가 학문적 구조나 문학이론상으로는 각개의 고유한 체계와 독립성을 갖지만, 이를 문학교육의 장(場)으로 전이시켰을 때는 이들 4개의 내용범위가 독립적 폐쇄적 단일국면으로서 작용하는 것이 아니라 수용자의 학습심리과정상 동시적이고 통합적인 형태로 진행되기 때문이다.

2. 대상적 차원의 범위

문학교육에서 대상적 차원의 범위는 현행 학교급별 제도에 따라 구분해 보는 것이 비교적 무난하고 타당할 것이다. 즉, 초등교육, 중등교육, 고등교육으로 나누어 볼 수 있다. 그러나 문학교육의 대상 범위를 이런 방식으로 설정하게 되면 기왕의 문서로써 조직된 '교육과정'[9]에 나타난 최소화된 제한을 창의적으로 뛰어넘기가 곤란한 점이 있다.

문학교육 운영에 있어서 문학현상적 개념에 보다 포괄적으로 충실하려면 기왕의 교육과정이 지향하는 문학교육의 설계를 포함하면서 보다 개방적이고 폭넓은 시각의 형성이 필요하다. 그러기 위해서 문학교육의 대상범위를 다음과 같이 조직화하고 이를 토대로 문학교육에 관한 논의를 체계화하려는 노력이 요구된다고 할 수 있다.

[그림 2] 문학교육의 대상 범위 분류[10]

9) 문서로서 정부가 고시하는 교육과정령상의 교육과정을 말함. 문학교육과정은 대체로 국어과 교육과정에 포함되어 있음.

[그림 2]와 같이 문학교육의 대상범위를 문학적 문화 고양에 기여하는 교육활동이 일어날 수 있는 영역을 모두 포함시킨 까닭은 문학과 관련되는 경험과 내면화(학습)의 과정은 교육제도 그 자체보다는 대체로 학습자의 자발성이 중요하다는 점을 고려한 데에 있다. 그리고 문학제재의 교육적 수용과정은, 비록 그것이 비제도적 교육상황이라도 제도적 수업공간을 통해서 이루어지는 경우 이상으로 강력한 교육효과를 발휘할 수 있다는 점을 고려한 것이다.

제도교육적 대상범위는 물론 가장 중요한 대상범위이기 때문에 이를 근간으로 논의를 전개하겠지만 이와 관련하여 비제도적 교육대상에 대한 문학교육의 문제도 꾸준히 탐색해나갈 것이다. 여기서 용어의 이해를 돕기 위해 부연하면, 사회교육은 정규학교 교육 이외의 모든 체계적이고 조직적인 교육활동으로서 평생교육의 가장 핵심적인 영역으로 간주된다. 각 대학이나 언론사 등이 의도적으로 설계 · 실시하는 단기적 사회교육 프로그램, 즉 '창작교실'이나 '고전의 이해' 등의 강좌가 이에 해당한다.

일반 교양교육은 성인, 학생 구분 없이 특정의 장소, 특정의 시간을 자발적으로 선택하여 참가할 수 있는 형태의 교육으로 각종 문학 강연, 시민학교의 문학교실 등이 이 범주에 속하는 것으로 본다.

그리고 잠재적 교육상황을 대상으로 삼은 것은 대중화되어 있는 신문, 방송, 인터넷, 디지털 매체 등을 통한 문학경험의 장을 하나의 문학교육 대상범위로 간주해야 한다는 필요성 때문이다. 이러한 잠재적 교육상황은 점차 증가하는 추세이다.

3. 방법적 차원의 범위

문학교육의 범위에서 방법적 차원의 범위는 내용적 범위나 대상적 범위와 같은, 어떤 실제로 눈에 보이는 범위와는 그 성격이 다르다. 따라서 문학교

---

10) [그림 2]의 용어들은 교육사회학 또는 평생교육 연구분야에서도 그 개념정립이 모호한 상태이나 문학교육이 이루어질 수 있는 현상을 중심으로 잠정적 분류를 시도한 것임.

육의 범위 중 방법적 범위가, 내용적 범위나 대상적 범위와 병렬적 위치에 놓이기에는 약간의 문제가 있다. 그러나 문학교육의 범위를 입체적으로 드러내기 위해서는 방법적 범위에 대한 고려를 포함시키는 것이 바람직하다고 본다.

방법적 차원의 범위란 내용적·대상적 차원의 범위를 보완하는 문학교육 실천상의 기술적 영역과 관련이 되는 것이다. 대체로 교수기술에 대한 배려가 문학교육의 내용에 압도되어 소홀하게 다루어져 온 경향이 있는데, 이는 문학교육을 지식위주의 경직성으로 몰고 간 한 요인으로 분석된다. 교수방법은 단순한 동작이나 언어구사상의 기술이 아니라 문학제재의 전달, 이해, 인식방법 등에 대한 기본원리와 관련된다. 그리고 이러한 방법적 각성은 문학교육론의 고유한 특성과 입지를 마련하기 위한 기본작업이 된다는 점을 유의할 필요가 있다.

교수·학습의 방법론은 기왕의 교육학 분야에서 이룩한 각종 수업모형의 이론과 철학들을 문학교육의 특성에 맞게 원용해 나간다면 상당히 중요한 성과들을 기할 수 있을 것으로 보인다. 교수방법론과 관련하여 문학의 장르론이나 주제론 등이 교수방법이나 수업모델에 유용한 단서들을 제공할 수 있을 것으로 판단된다. 또 수용자의 입장을 중시하는 수용미학적 관점에서 본다면 학습자와 교수자 사이에 일어나는 상호작용은 수용자의 문학수용 양상을 결정하고 방향 짓는 중요한 변인이 된다.

문학제재를 실제의 교수·학습 상황에서 다루어 나갈 때 문학제재의 수용이 갖는, 또는 교수·학습의 과정 자체가 갖는 학습영역상의 두 가지 영역이 고려되어야 하는데 그것은 곧 인지적 영역과 정의적 영역이다. 문학교육에 있어 이 두 영역에 대한 과제는 이 두 영역의 분리적 구조와 통합적 구조를 고려해야 한다. 작게는 학습의 효율성과 연관된 과제이며 크게는 문학교육의 목표와 관련하여 탐색해야 할 과제이다.

일반적으로 교육목표분류학이나 학습심리이론에서 이 두 영역에 대한 구체적이고 체계적인 연구결과들이 나와 있으나 이것을 특정의 교과, 특히 문학, 철학 등의 교육에 효과적으로 적용시키는 데는 아직도 적지 않은 문제들이 남아 있는 것으로 보인다.

문학제재에 대한 관점에 따라 문학교육 방법상의 범위는 상당한 융통성과 나름대로의 입론을 지니고 있다. 그러나 문학교육의 성격을 문학이론 중심의 인지과정적인 것으로 보고, 이를 주입 내지는 전달하려는 관점에서 인지적 영역의 범위에 치중하는 경우는 지양되어야 한다. 이는 대체로 현재의 중등과정 문학교육의 병폐로 지적되는 사항이다. 반대로 문학제재를 단순한 정서적 · 심미적 등가물로만 파악하여 학습과정상의 문학이론적 체계를 교수전략 속에 효과적으로 용해시키지 못한 채, 심미적 향수만을 강조하는 경우를 볼 수 있다. 이는 학습자의 비판적 · 창의적 사고과정을 오도하는 결과에 이르게 하는 감상지도 방법인데, 방법상 문학의 정의적 영역에만 치중하는 데서 오는 오류이다.

대체로 장르 일반의 기본 구조나 지식(이것은 초등교육의 경우 장르라는 명시적 형태로 나타나지는 않지만 그 내면적 구조에 있어서는 같다. 예컨대 이야기 구조, 반복 구조 등은 지식에 속한다.)에 관한 학습단계에서는 인지적 영역의 특성에 따른 목표 및 내용조직이 고려되어야 한다.

소설장르의 경우, 이야기 자체가 담고 있는 사실을 감상단계 이전에 표현된 그대로 인지하는 과정은 매우 중요하다. 시장르에서는 운율이라든지 이미지, 은유, 아이러니 등의 인지가 중요한 항목이 된다.

수용과정에서 내면화 이후의 단계는 정의적 영역의 속성이 강하게 드러난다. 또 문학 자체에 친화적으로 접근하게 하는 단계에 있어서도 정의적 방법에 의한 지도가 매우 중요하다.

이상 몇 가지 예에서 문학교육 방법상의 인지적 범위와 정의적 범위가 갖는 특성을 일별했으나 그 세부적 구조를 과학적으로 검증하고 체계화하는 일은 단순한 것이 아니다. 그리고 문학의 수용에서 어느 영역이 우선권을 갖는가 하는 문제는 여러 가지 이론이 있다. 그러나 문학을 지식으로 다룰 것이 아니라 체험으로 다루거나 정서적으로 수용하는 데에 중점을 두어야 한다는 것이 대체적인 이론의 흐름이다.

그러나 여기서 무엇보다도 중요한 관점은 문학교육의 전과정이 그 방법상에 있어서 정의적 영역과 인지적 영역이 효과적으로 통합되고 조화로운 대응을 이루어야 한다는 점이다. 종래의 고전적 관념으로 자리잡아온, 인지적 영역과 정의적 영역을 상호 별개의 학습체계, 발달체계로 인식하려는 생각은 문학교육에 있어서는 전면적인 재검토가 필요하다. 따라서 방법상 이 두 범위가 갖는 분리적 구조와 통합적 구조를 탐색 정립하는 문제는 문학교육의 교수·학습방법상의 새로운 과제이자 가능성이라 할 수 있다.

4. 잠재적 교육과정의 범위

문학교육이 다루어야 할 범위로서 위에 설명한 세 가지 기준 이외의 것으로 잠재적 교육상황과 관련되는 범위를 들 수 있다. 잠재적 교육상황을 잠재적 교육과정으로 규정하고 논의를 하기로 한다. 잠재적 교육과정의 특성상 이 범위에 해당하는 사항이 확연하게 드러나지는 않지만, 현대사회의 문화 현상의 복잡성과 그 다양한 교류 및 영향관계를 고려할 때, 문학교육이 하나의 고정된 공간에 한정되어 놓여 있을 수는 없다. 더구나 문학교육이 교육의 한 장면으로 존재한다고 볼 때 잠재적 교육과정의 요소를 적절하게 고려해야 하는 것은 당위적 요청이다.

문학교육 범위론에서 '기타 잠재적 교육상황의 범위'란 문학 그 자체는 아니지만 문학현상과 문학 경험에 주변적인 관계로 놓이면서 간접적인 영향을 주는 요소들을 말한다. 여기에는 각종 드라마 공연 및 감상경험, 문학적 수사(修辭)가 실용적 차원에 접합되는 상황, 문학원전의 다양한 변용과 그것에 대한 체험 등을 들 수 있다.

일반인들이 수동적인 상황에서 접하고 영향 받을 수 있는 간접적 문학 경험으로는 신문, 방송, 인터넷 등의 매체통로에 따른 경험과 만화, 다이제스트화된 자료, 그림책, 영화, 애니메이션 등 매체 변용에 의한 경우를 들 수 있다. 전술한 문학교육의 대상적 범위체계 중, 비제도교육적 대상의 하위사항으로 잠재적 교육상황은 이미 다루어져 중복의 느낌이 없지 않다. 그러나 대상적 범위에서는 단순히 비제도적 교육상황에서의 한 대상영역으로 분류상 설정된 것이기 때문에 오히려 별도의 문학교육 범위로 설정하여 정면으로 다루는 것이 바람직하다.

잠재적 교육과정으로서의 문학교육의 범위는 제도교육 속에서도 마찬가지로 중요하게 다루어질 수 있어야 한다. 제도교육 속에서 문학교육이 일정한 의도와 프로그램에 의해 운영되는 과정에서 잠재적으로 어떤 교육적 기능(그것이 순기능이든 역기능이든)을 드러내는지를 밀도 있게 진단해 낼 수 있을 때, 문학교육의 효과, 특히 내면화에 대한 원리와 효과를 보다 바르게 추구해 나갈 수 있을 것이다. 이는 문학교육이 명시적 목표의 달성만으로 완결되는 것이 아니라는 점과 연관된다.

Ⅲ 문학교육의 가능성

문학은 전통적으로 독립교과(獨立教科)로서 가르쳐져 왔고 지금도 가르쳐지고 있다. 그럼에도 문학교육의 가능성에 대한 입론이나 문학교육 방법론(文學教育方法論)에 대한 시도가 이루어진 것은 그다지 오래지 않다. 이는 문학을 예술과 등가의 것으로 놓고 교육불가능론을 펴는 주장과, 문학교육의 독자적 방법을 모색하지 않고 다른 교과와 동일한 방식으로 가르쳐 온 데에 그 원인이 있는 것으로 보인다. 이러한 양편의 주장을 엄정히 비판하여 문학교육의 가능성을 모색하고 방법론을 천착할 필요가 있다. 이는 현실적으로 체계적 방법론 없이 문학교육이 이루어지고 있기 때문이기도 하며, 문학교육을 본궤도에 올려놓기 위한 당위론으로서도 절실한 작업이다.

문학교육 가능성의 가부를 묻는 물음은 문학을 규정하는 방식에 따라, 그리고 교육을 정의하는 방법에 의해 그 답이 달라질 수 있다. 문학에 대한 개념 규정은 조작적인 것에서부터 정의 불가능론에 이르기까지 다양한 면모를 볼 수 있으며, 시대와 지역에 따라 개념이 달라진다는 상대주의로 가기도 한다.

교육도 그 규정방식의 폭넓음은 사정이 비슷하다. 문학교육의 개념은 앞 절에서 상세히 논하였거니와 여기서는 문학의 속성을 중심으로 하여 문학교육의 가능성을 검증해 보기로 한다.

1. 문학교육 불가능론 비판

문학교육 불가능론을 주장하는 이들은 대체로 문학의 예술성을 강조하는 관점에 서 있다. 문학은 예술이기 때문에 그것을 언어화하여 전달할 수 없다는 것이다. 음악이나 미술처럼 비표현예술(非表現藝術)의 경우는 정교한 방식으로 언어화하려고 해도 언어의 그물망을 빠져나가는 면이 더 많다. 다빈치가 그린 모나리자의 신비로운 미소를 어떻게 말로 표현해 가르칠 수 있으며 로댕의 조각작품 속에 형체로서 파악된 그 신비를 어떻게 언어로 전환하여 가르칠 수 있겠는가 하고 묻는다. 또한, 하이든 실내악의 우아한 선율과 부드럽고 감미로운 화음을 어떻게 말로 설명해 전달할 수 있으며, 베토벤 교향곡의 웅대한 스케일과 감동을 어떻게 언어화하여 보여줄 수 있겠는가 하고 예술교육의 가능성을 부인한다. 사실이 그렇기도 하다. 그러나 여기서 한 가지 고려해야 할 사실은 이러한 그림이나 음악을 제작하는 과정과 예술교육이 동일한 레벨의 것이냐 하는 점이다. 한마디로 예술교육은 작품창작이나 연행(演行; performance)의 교육에만 국한되지는 않는다.

이러한 데서 같은 방식으로 유추하다보면 문학의 경우도 사정은 비슷 해진다. 김소월(1902~1934)의 절창 〈초혼〉을 산문적인 어떤 다른 말로 설명할 도리가 없다. 한용운(1879~1944)의 〈님의 침묵〉에서 침묵의 문학적 의미를 풀이할 언어가 달리 있을 수 없다.[11] 염상섭(1897~1963)의 〈삼대〉나 채만식(1902~1950)의 〈탁류〉를 몇 줄 혹은 몇 페이지로 요약해 본다거나 혹은 본래 텍스트의 몇 배에 해당하는 분량으로 늘여 써서 설명한다고 해도 그것이 작품을 완벽하게 이해한 것이라 할 수 없는 일이다. 그러한 설명으로 문학교육을

11) 김윤식, 『한국근대문학과 문학교육』(을유문화사, 1984) 제1장 참조.

대신할 수 없음도 사실이다.

문학교육이 피아노 치기를 가르치는 것이나 데생과 구도잡기 혹은 물감으로 그림 그리는 것을 가르치는 것처럼, 시 쓰는 방법이나 소설 쓰는 방법을 가르치는 것만은 아니다. 그것은 실천을 통해 몸으로 익히지 않고는 얻어지지 않는 기술, 즉 예술인 것이다. 넓은 의미의 예술교육에는 그러한 교육이 필요하다. 그러나 예술가를 만들어 내는 것을 목적으로 하지 않는 문화교육(文化教育)으로서의 예술교육은 우선 예술을 수용하는 방식을 정당하고 원활하게 하여 그러한 문화에 참여하는 데서 출발한다. 그렇다면 문학교육도 그러한 레벨에서 수용되어야 한다는 것은 논리의 당연함이다. 앞에서 이미 암시적으로 지적한 터이지만, 가르친다는 것은 언어적인 전달의 영역에 속한다. 음운환경(音韻環境)에 따라 자음이 어떻게 동화된다든지 모음간의 충돌을 피하기 위해 어떠한 음소가 개입된다든지 하는 언어상의 법칙이나, 피타고라스의 법칙이나, 2차방정식을 푸는 법을 말로써 혹은 도표로써 설명하는 그러한 방식의 가르침은 예술의 기술에 관한 한 불가능하다. 판소리를 가르친다 할 경우, 가르치는 사람이 모범을 보이고 따라서 불러보도록 한다고 해도 그 결과는 가르치는 사람과 다른 것으로 나타날 수밖에 없다. 배우는 사람의 음정, 음색 혹은 호흡의 정도 등 물리적인 조건이 영향을 미치는 것은 물론, 세계 이해 방식이 근본적으로 달라짐으로 해서 또 하나의 새로운 세계가 창조되는 것이지, 엄밀한 의미에서 모사적으로 배웠다고 하기는 어렵다. 김안서에게 배웠다는 김소월의 시가 안서의 시와 같지 않은 이유가 바로 여기 있다. 문학에서의 영향은 국가간이건 시대적으로 선후의 관계에 놓이건 간에 창조적 굴절(創造的 屈折)이지 모사나 직접 모방은 있을 수 없는 것이다. 이는 모든 예술이 공유하는 창조적 독자성의 본질이다. 그러니까 문학의 예술성을 강조하고 문학교육을 창작교육과 동일시하는 한 그것은 가르쳐질 수 없다는 결론에 이르게 된다.

문학을 이해하는 방식, 감상하는 방법을 가르친다는 의미도 언어화하여 전달해야 한다는 점에서 제한적이기는 마찬가지다. 이육사(1904~1944)의 〈절정〉이란 시를 문학교사가 읽고 마음 속에 일어나는 느낌을 학생들에게 전달한다 해도 그것은 또 한 차원 다른 메타언어의 영역으로 차원이동을 하게 된다.

대상언어로서의 작품을 또 다른 언어로 환원시켜야 한다는 것, 그것은 개인적인 경험의 여하에 따라 이미 굴절된 의미가 전달되는 것일 따름이다. 또한, 작품으로부터 받는 정서적 충격이 언어로 표현된다고 할 때, 그것은 또 다른 하나의 굴절인 것이다. 한마디로, 문학교사는 자신의 감동을 감동 자체로 전달할 길이 사방으로 차단되어 있는 것이고, 실로 제임슨의 표현대로 '언어의 감옥'[12]에 갇힌 형국에 당도하게 된다.

이러한 측면을 강조하다보면 예술불가지론에 도달하고 만다. 그저 좋은 작품을 많이 읽고 체험하도록 하는 일 이외에는 문학교육의 다른 묘방이 없다는 데 이르게 된다. 그러나 이러한 사태는 문학 그 자체를 위해서도 문학교육을 위해서도 분명 바람직한 것이 아니다. 이러한 경우, 문학교육 무용론을 주장하는 쪽으로 기울게 되고 문학교육 방법론 모색을 포기하게 되어 버림으로써, 인류의 정신적 유산이면서 동시에 살아있는 호흡인 문학을 화석으로 만들거나 물신화(物神化)하여 예술의 소외현상을 빚을 것이기 때문이다. 이는 인간 보편의 능력에 대한 포기이며 동시에 문학교육을 무방비 상태로 방치하여 문학의 도구화 혹은 자동화를 초래하는 것이 된다.

이상에서 문학의 예술성을 강조하여 문학교육 불가능론을 주장하는 논지를 보았다. 여기에 문학의 속성을 살피고 교육의 정의를 새롭게 함으로써 문학교육의 가능성을 모색해야 할 당위성이 문제로 제기된다.

2. 문학의 속성과 교육가능성

문학의 속성은 여러 차원에서 논의될 수 있지만, 우선 다른 예술과 매재(媒材)가 다르다는 점에서 그 속성을 밝혀 볼 수 있다. 문학의 여러 속성은 매재가 언어라는 데서 도출될 수 있는 것들이다. 다른 예술과 달리 그 매재가 언어로 되어 있다는 점은 문학의 예술성과 비예술성을 동시에 드러내는 요인이

12) Frederic Jameson, *The Prison-House of Language*(Princeton, 1972). 이는 러시아 형식주의와 구조주의에 대한 비판적 연구서이다.

다. 누구나 다 아는 일이지만 언어는 음성, 영상과 의미를 그 구성요소로 가지고 있다. 언어의 의미는 음성이나 영상과 달리 역사성과 사회성을 지닌다. 모짜르트 시대의 피아노 소리나 현대의 피아노 소리는 다르지 않다. 얼어붙은 함성을 새긴 '라오콘'의 대리석이나 헨리 무어(Henry Moore : 1898~1986)의 모자상을 새긴 대리석이 본질적으로 다를 것이 없다. 또, 파가니니(Nicolo Paganini : 1782~1840)의 바이올린 소리와 정경화의 그것이 물리적 차원의 소리 자체로는 다르지 않다. 고흐(Vincent van Gogh : 1853~1890)가 〈까마귀가 나는 밀밭〉을 그릴 때 사용한 색채와 이중섭(1916~1956)이 〈까마귀와 달〉을 그리면서 사용한 색채가 다를 것이 없다.

그러나 의미의 표현과 전달을 일차적 목적으로 하는 문학의 매재, 즉 언어는 형편이 그와 다르다. 발레리(Paul Valéry : 1871~1945)의 〈해변의 묘지〉에 나오는 해변의 묘지 지붕을 아종대는 비둘기와 김광섭(1906~1977)의 〈성북동 비둘기〉에서 성북동 돌산에서 온기를 찾는 비둘기는 기본 의미는 차치하고라도, 그 사회문화적 맥락의 의미가 같을 수 없다. 하나는 발레리가 사람이 할 수 있는 일의 깊이를 탐구하는 절대지(絕對知)의 작업을 읽어낸 바다의 배경에 조용히 움직이는 날짐승이며, 하나는 김광섭이 메마른 삶을 헤쳐나가며 무엇이 바람직한 삶인가를 생각하게 해주는 비둘기인 것이다. 발레리의 비둘기는 20세기 초 불란서 사람들의 공통된 약속으로서의 그것이고, 김광섭의 비둘기는 20세기 후반 한국 사람들의 의미맥락 속에서 독특하게 인식되는 비둘기인 것이다. 이들은 또한 각자의 시인들에 의해 변용된 의미의 비둘기이기도 하다.

이처럼, 언어가 시대와 지역에 따라 시간적·공간적 구속성을 가진다는 점은 언어를 사이에 두고 사람들 사이에 이루어지는 약속이 자의적이라는 점을 암시한다. 언어를 사이에 두고 이루어지는 의미의 공유가 자의적이라는 것은 언어를 통한 작업이 이차적 상징의 성격을 띤다는 뜻이다. 예술의 본질이 감각적 소여 차원의 직접 전달을 목표로 한다는 점에서, 언어는 예술매재로서의 성격에 적합하지 못한 것임에 틀림없다. 그것은 자유로운 창조란 의미를 억압하는 것으로 작용할 수 있기 때문이다.

언어의 매재 특성이 예술적 전달력을 제한하는 한편, 그것은 문학의 전달력을 보다 확실하게 해주는 작용을 한다는 점에서는 문학만이 가지는 막강한 힘이 되기도 한다. 다시 말하면 피카소(Pablo Ruizy Picasso : 1881~1973)의 〈게르니카〉나 살바도르 달리(Salvador Dali : 1904~1989)의 그림들, 그리고 자코메티(Giacometti : 1901~1966)의 철사처럼 말라붙은 조각들이 무엇을 뜻하는지, 어떤 삶을 표현한 것인지는 사실 막연하다. 현상 차원만이 감각적 수용기관을 통해 다가오기 때문이다. 그러나 까뮈(A. Camus : 1912~1960)의 〈이방인〉에 나오는 뫼르소가 왜 죽음을 택하는지, 채만식의 희곡 〈당랑의 전설〉이 한 시대의 붕괴를 보여준다는 점은 언어의 의미차원으로 인해 한결 확실하다. 한마디로 문학은 어떤 예술도 지니기 어려운 강력한 의미전달력, 이데올로기 구성력을 지니고 있다. 언어적 의미체이면서 형상 차원을 포함하는 문학을 다시 언어화하여 전달하기는 다른 예술에 비해 비교적 쉬운 일이다. 이 점은 문학이 역사에 그리고 철학에 접근되는 소이이며, 의미의 예술이 되는 까닭이다. 다른 예술과 달리 유독 문학이 인생을 위해 봉사할 것을 요구당하는 것도 문학의 의미적 속성에 연유하는 것이다.[13] 문학이 인생을 제재로 한다는 점도 이러한 매재의 특징에서 비롯되는 것이다. 원론적인 의미에서 시가 마술의 언어이고 사물의 언어라고 하더라도 그것은 일반 언어의 속성에 비한다면 오히려 특수성이라고 해야 옳다.[14] 아무리 난해한 시라고 하더라도 그것이 도식이나 숫자의 나열 같은 주관적 형태로만 되지 않는다면, 고령토와 고려청자의 변용관계처럼 의미가 차단된 지경에서 헤매지는 않게 된다. 또, 아무리 난해한 소설이라고 하더라도 그것은 무의미하다기보다는 다양한 의미해석을 가능케 해준다고 보아야 할 것이다. 이러한 의미의 압력은 문학을 강

13) 이를 넓은 의미로 문학의 교육작용(propagandistic function)이라 한다. 문학의 이러한 속성을 강조하면 목적문학(目的文學)이 되기 쉽다. 프로문학의 경우에 비추어 고려해 볼 문제이다.

14) 시어(詩語)의 특성에 대해서는 Jean Paul Sartre, *Qu'est-ce que la littérature?* (Paris : Gallimard, 1948) : 김붕구 역, 『문학이란 무엇인가』(신태양사, 1959), pp. 22-28 참조. 그는 시를 산문과 구분하여 '시는 말에 봉사한다.', '말을 기호로서가 아니라 사물로 간주하는 시적 태도', '시인에게 있어서 언어는 외부세계의 한 구조물이다.', '시어는 그 자체가 하나의 소우주다.' 등의 언급을 하고 있다.

력한 교육작용 혹은 이데올로기적 기능을 가지는 것으로 만들어 준다. 이처럼 문학의 매재 특징에서 연유하는 의미전달력으로 인해 다른 어떤 예술보다도 교육 가능성이 높다. 문학교육의 가능성을 검증하기 위해 몇 국면을 더 예로 들어보기로 한다.

문학의 구조는 논리적 분석이 가능하고 객관적인 성격을 띤 지식으로 가르쳐질 수 있다. 이는 문학의 자율성을 강조한 신비평가들의 문학교육이 여기에 해당하는 것이다. 「시의 이해」, 「소설의 이해」, 「드라마의 이해」를 비롯하여 「근대수사학」으로 이어지는 일련의 저작들은 문학의 구조분석에 치중한 신비평의 교과서들이다. 시의 언어가 파라독스라든지 아이러니, 혹은 텐션의 언어임을 밝힌 것이라든지, 시의 결(texture)을 문제삼는 것 등이 신비평에서 시 교육에 동원하는 방법이다. 또한 소설에서는 성격, 플롯, 시점, 거리, 톤 등 형태 중심의 분석이 주도적인 영역으로 되어 있다. 이는 다시 리듬, 이미지, 비유, 상징, 신화 등의 층위에 따라 문학의 구조로 설명되기도 한다. 물론, 이러한 설명은 문학의 요소를 분리하여 가르치게 된다는 단점이 있지만, 구조주의적 사고에 입각한 부분과 전체를 함께 고려하는 구조개념만 도입된다면, 충분히 의미 있는 작업이 될 것이다. 문제는 이러한 구조분석이 문학의 향수(享受)에 얼마만큼 유기적으로 작용될 수 있는가 하는 데에 있을 것이다. 문학의 향수는 문학적 문화에 참여하는 것을 전제한다. 사랑도 앎을 바탕으로 한다는 지적처럼[15] 문학의 향수도 문학에 대한 개념적 지식을 바탕으로 이루어진다. 아울러 문학을 향유하는 데 구조에 대한 분석적 이해는 축구를 즐기는 데에 게임의 룰을 알 필요가 있는 것과 다를 바 없다. 문학에 대한 개념적 지식없이 교사의 감상을 나열하거나 설득력 없는 지식을 나열하는 방식으로 문학교육을 하는 것은 방법론적 미숙으로 말미암아 일정 수준에 이르기 힘들다.

문학의 속성에 비추어 보았을 때 문학교육이 가능한 두번째 근거는 문학만이 인생을 정면으로 문제삼으며 삶의 정체성(停滯性)을 벗어나기 위한 물음을 부단히 지속시켜 준다는 점이다. 물리학이나 화학은 사물을 다루는 학문이다.

---

15) Erich Fromm, *The Art of Loving*(New York : Bantam Books, 1956) : 황문수 역, 『사랑의 기술』(문예출판사, 1976) 참조.

금속공학은 금속을 자신의 영역으로 다룬다. 수학이나 논리학은 순수추상적인 논리영역을 다룬다. 이들 영역에 비해 문학은 인간을 다룬다. 인간을 다루는 영역으로는 의학, 심리학, 신학, 교육학 등을 생각해 볼 수 있다. 그러나 문학이 이들 영역과 다른 것은 현실적인 삶을 지향하는 실용성을 뛰어넘어 인간의 꿈의 세계를 다룬다는 점이다. 그리고 그 방식이 추상적 논리화의 영역이 아니라 구체적인 삶의 모습을 현상화 차원에서 문제삼는 것이 특징이다. 인간 외부에서 압력을 가하는 방식이 아니라 내부에서, 즉 삶의 주체가 되어 자신이 누리는 삶을 비판해 보고 새로운 세계의 꿈을 모색해 보는 그러한 삶을 다루는 것이 문학이라면, 이러한 삶의 다양성은 문학을 통해 교육 가능한 고유의 영역이라 하지 않을 수 없다.

여기 하나 첨언해 둘 것은 그렇다고 해도 문학을 삶의 도구로 이용하는 것은 아니라는 점이다. 문학의 자율성을 위해 삶을 희생한다든지 삶을 위해 문학을 도구화하는 것은 둘 다 바람직한 것이라 할 수 없다. 이 양자는 차라리 변증법적인 긴장과 고양의 관계에 놓이는 것이라 해야 옳다. 과학의 영역에서도 원리를 천착하고 그 원리가 삶의 질서를 잡아주는 쪽으로 전이될 수는 있다. 아인슈타인처럼 물리학의 지식이 질서를 중시하는 보수적 세계관 형성에 작용하는 경우를 상정할 수 있다. 그러나 이는 지식이 가치나 정서의 항목으로 전이한 것이지 문학처럼 직접적으로 삶을 문제 삼은 예라 하기는 어렵다.

문학이 인간을 제재로 하되 의학에서처럼 혹은 심리학에서처럼 실제의 인간을 대상으로 다루는 것이 아니라 상상의 세계에서 가능한 삶을 다룬다는 것은 문학의 독자성이라고 할 수 있다. 문학교육을 통해 상상력을 기른다고 하는 이유도 문학에서 다루는 인간이 상상 차원에서 다루어지기 때문이다. 문학교육에서 문제삼는 상상력은 단순한 기억의 재생에서 비롯되는 심리학적인 상상력의 범위를 훨씬 벗어난다.[16] 문학의 상상력은 과장되어 나타나기 마련인 과거의 기억에 안주함으로써 현실의 고통을 잊기 위해 추억에 매달리거나 백일몽의 세계로 도피하는 것을 의미하지는 않는다. 인간 보편의 상상세계에 주

---

16) R.L. Brett, *Fancy and Imagination*(London : Methuen & Co., 1969) : 심명호 역, 『공상과 상상력』(서울대 출판부, 1980), p. 61 참조.

체적으로 참여하여 자아실현(self-actualization)의 체험을 함으로써 자기확인의 기회를 갖는 것이 문학교육을 통한 상상력의 교육이다. 앞으로 자세히 언급하겠지만 이러한 상상력은 일종의 구성력의 성격을 띠는 것이다.[17] 단순히 서정의 세계에 몰입한다든지 허구의 세계에 접근한다든지 하는 의미는 아니다. 인간 정신영역의 작업에 구체적으로 참여하는 일이라면 상상력의 범위는 허구의 세계로 국한되지 않는다. 현실에 대한 조명에서부터 과거 세계의 재구성, 미래에의 꿈까지가 상상력에 의해 굴절되고 재구성되는 것이다.

상상력은 개인적 독자성을 요구하면서 동시에 그것은 시대적, 사회적인 보편성을 지닌다. 신라 향가에 나타나는 불교적 상상력이라든지 조선조 시조에 나타나는 유교적 세계관 혹은 1930년대 소설에서 한 시대를 개인과 사회라는 관계개념으로 파악한다든지, 한국 전후소설(戰後小說)의 황폐한 세계에 대한 증언과 고발 등은 문화적 상상력의 시대적 보편성의 예이다. 그런데 이러한 상상력은 문학적 장치를 통해 일관성을 유지하면서 지속적으로 작용함으로써 문화나 전통의 유지와 자아초월의 양 측면을 가능하게 해 준다. 이는 문화의 두 기본 방향이기도 하기 때문에 어느 시대를 막론하고 그 가치가 약화되지 않는다. 다만 구체적인 시대의 요청이 달라짐으로써 어느 한편이 강조될 수 있을 뿐이다.

이러한 상상력의 교육이 어떻게 가능할 것인가 하는 점을 검토해볼 차례다. 문학의 상상력은 문학적 혁신이라는 형태로 나타난다. 문학적 혁신은 문학의 자기반성적 본질과 결부된다. 또는 소설은 이전 소설의 형식파괴요 배반이라고 일컬어지거니와 시의 경우도, 서정주(1915~2000)의 〈국화 옆에서〉처럼 이제까지 선비의 지조나 군자의 풍도를 뜻하던 국화를 누님에 비유함으로써 이제까지의 국화에 대한 시각을 달리하는 것은 상상력의 작용이다. 조지훈(1920~1968)의 〈승무〉 한 구절 "세사에 시달려도 번뇌는 별빛이라"하는 데서 보듯이, 번뇌가 별빛으로 승화하는 초월을 맛보게 되는 것도 상상력의 힘이다. 또한 개성의 문학으로 지칭되는 수필을 통하여 자기의 세계를 정리해보고

---

17) N. Frye, *Developing Imagination*(Harvard University Press, 1963), pp. 34-35 및 우한용, 「문학교육론서설」, 『난대 이응백박사 회갑기념논문집』(보진재, 1983) 참조.

남과 다른 관점에서 사물을 바라볼 줄 아는 눈을 가지게 되는 것 또한 상상력이 아니고는 불가능하다.[18] 간단히 말하자면 사실조건, 신념조건, 증거조건을 벗어나는 문학의 세계에 접한다는 것만으로도 상상력의 교육은 한 고비로 접어든 셈이 된다.[19] 또한 위에서 간단히 언급한 바이지만 문학형식의 규범성을 통하여 상상력의 보편성을 깨달을 수 있다는 점도 문학교육에서 상상력 교육의 가능성을 시사하는 것이다. 시조는 3장 6구로 되어 있으며 4음보의 율격을 가진 간결한 형식의 문학이다. 이러한 문학이 최소한 500년 이상 지속되어 왔다는 점을 깨닫는 것, 그 형식적 견고성을 이해하는 것으로도 상상력 교육의 한 부분은 수행되는 셈이다.

상상력을 주입시킬 수는 없다. 다만 상상력이 뛰어난 작품을 체험하도록 함으로써 학생들로 하여금 상상하는 방법을 가르칠 수는 있을 것이다. 이 경우 상상이니 창조니 하는 것들은 무에서부터(ex-nihilo) 창조해 내는 그러한 것이 아니라 언어를 통한 간접적인 것임을 분명히 할 필요가 있고, 그것은 기존의 상상구조를 변형시켜 봄으로써 주체적 체험이 가능해진다는 겸손한 자기한정이 필요하기도 하다. 언어순화를 아무리 강조하고, 설령 그것이 교육을 통해 목표달성이 되었다고 하더라도 사회 · 경제적으로 순화된 언어의 장이 이루어지지 않은 곳에서는 공소한 논리에 지나지 않듯이, 상상력이 고도로 작용하는 방법을 가르쳤다고 하더라도 문학외적(文學外的)인 삶의 조건이 성숙하지 않는 한 그 상상력은 삶의 질을 높여주는 것이 되기 어렵다. 문학이 자율성과 함께 삶에 연결되어 복합적인 성격을 띠는 것과 마찬가지로 상상력 또한 그러하다. 문학교육에서의 상상력도 그것이 공적인 교육인 한에 있어서는 교육이념의 영향을 벗어나기 어려운 점이 있음은 사실이다. 그러나 그러한 교육의 자기탐조력 혹은 자기비판 기능을 활용하는 경우, 상상력의 교육이 가능한 범위가 어디까지인지를 유추적으로 생각해 볼 수 있다.

---

18) 이 책 제5장 '수필제재의 수업' 참조.

19) 상상력이 현실차원을 능가한다는 논지는 Jeanne Bernis, *L'Imagination* : 이재희 역, 『상상력』(탐구당, 1983)을 참조할 것.

3. 교육의 규정과 문학교육

문학교육을 예술교육과 동일시한다든지 수학이나 물리학 혹은 자연과학의 교육과 동열에 놓는 것은 잘못이다. 문학교육은 인문적 가치를 지향하는 문화교육이다. 인문교육은 실용가치보다는 오히려 삶을 전체적으로 조망하고 의미화하는 데에 일종의 준거틀을 마련해 준다는 점에 그 가치가 있다. 자동차를 만드는 기술이나 농업생산을 증진시키는 그런 종류의 실용교육과는 성격을 달리하는 것이 문학교육이다.

실용성을 따지기로 한다면 문학교육은 하등의 교육적 가치가 없을지도 모른다. 그러나 정신적인 가치가 대체로 그렇듯이, 문학교육은 이성과 정서를 동시에 육성, 함양시켜 지식보다는 지혜를 기르는 데 목적을 둔다. 여기에 교육에 대한 새로운 규정도 필요해진다. '인간행동의 바람직한 방향으로의 변화'를 유도하되 그 바람직함의 근거에 대해 스스로 반성해 보고, 그 가치를 검토하는 자기교육적(自己敎育的)인 기능을 강조할 필요가 있다. 교육에 대한 개방적인 규정 안에서만 문학교육은 정당한 수행이 이루어진다.

문학이 예술이라고 하더라도 언어를 매재로 하는 의미의 예술이란 점에서 의미해석의 방향은 작자와 독자 양편에서 상호굴절적인 것이다. 문학의 의미소통은 이른바 의미작용의 기호론에 해당하는 것으로, 의미전달을 목적으로 하는 소통의 기호론과는 구별된다.[20] 이는 교육이 단순한 코드에 의한 의미전달이 아니라 주체와 대상 사이의 상호주관적인 작용이란 점을 논하는 데에 중요한 참조사항이 된다.

다른 예술들도 내적인 법칙성을 띠어 나름대로의 문법[21]을 가지는 것이지만 그 문법이 전문적이고 의미상 명확성이 부족하다. 문학의 경우는 그 문법

---

20) 최현무, 「기호학자 쥘리아 크리스테바」, 김화영 편역, 『프랑스 현대비평의 이해』(민음사, 1984), p. 270 참조. 의미작용의 기호론은 sémiologie de la signification을 번역한 것이고 의미전달의 기호론은 sémiologie de la communication을 번역한 용어이다.

21) 문법(文法, grammar)은 언어학의 용어 범위를 뛰어넘어 인문사회적인 현상들의 내적인 법칙성을 뜻하는 것으로 의미가 확장되었다. 시학(詩學, poetics)이란 용어가 문학 일반의 내적인 법칙성을 지칭하는 경우와 같은 용법이다.

이 다른 예술보다 객관성을 띨 수 있어 도구로 이용되기가 쉽다. 그러나 문학도 예술의 반열에 드는 것이라면, 즉 자율성을 지니는 것이라면 도구로 이용되는 것은 문학을 오도할 우려가 있다. 문학이 의미의 명확성 때문에 도구로 이용된다면 문학 자체와 함께 인간을 비인간화하는 결과를 빚게 된다. 이는 교육에서 유용한 인간을 강조하는 관점과는 맥을 달리하는 논지이다. 인간이나 지성이 도구적으로 규정된다면 도구로서의 소임이 끝나면서 동시에 인간으로서의 가치를 상실하게 된다. 문학사에서 이데올로기가 강했던 문학들이 한 시대를 고비로 생명력을 상실하는 것도 이러한 도구성 때문이다. 문학은 인간이 도구가 아님을 보여줌으로써 인간존재의 존엄성을 증거하는 것이기도 하다. 여기에 문학의 위대성 혹은 문학의 고귀함이 스며 있다. 따라서 문학교육을 위한 교육의 규정은 문학의 속성과 교육의 속성 가운데 공유하는 부분을 중심으로 이루어지는 것이 바람직하다.

제3장 문학교육의 의의

Ⅰ 상상력의 세련

크게 보아 문학교육의 목적을 문학적 문화의 성취에 둘 수 있다. 문학적 문화(文學的 文化)를 규정하는 한 조건으로 상상력의 세련을 들어야 할 것이다. 그러나 문학에서 상상력을 논할 경우, 그 개념이 복잡하고 논리적으로 규정하기 어렵다는 점 등으로 인하여, 막연한 표현을 사용하거나 적용방법의 명료성이 결여된 경우가 대부분이다. 교육과정에서도 문학이 상상력으로 이루어지는 소통의 행위임을 전제하고 있기는 하지만[1] 그 속성이라든지 구체적인 적용방법, 내용항목 등은 명시되어 있지 않다. 전통적으로 우리의 문학교육의 목표는 문학작품을 즐겨 읽고, 아름다운 정서와 상상력을 기르게 한다는 데에 치중되어 왔다.[2] 이는 문학을 상상의 세계를 표현한 것으로 보는 관점이어서 문학의 사실성이 배제되어 있으며 문학적 정서를 아름다운 정서에 한정시킴으로써 문학의 영역을 지나치게 협소화한 감이 없지 않다. 문학은 대상의 속성만 가지고는 그 개념이 밝혀지지 않는다. 문학은 시대마다 다른 방식으로 규정되지만 공통적인 속성은 가지게 마련이고, 그것은 문학을 향수하는 독자편에서의 공의(共義) 혹은 공감(consensus)이 이루어졌을 때라야 가능하다. 그렇다면 교육과정상의 교과목표는 문학을 지나치게 대상의 속성 중심으로 규정

---

1) 교육과정에서는 이렇게 서술하고 있다. "문학은 인간의 체험과 상상력으로 이루어진 언어 예술이자 소통 행위이며, 개인과 공동체의 생활 경험 및 미의식을 담은 문화의 한 양식이다. 학습자는 문학 작품의 가치와 아름다움을 파악하는 활동을 통해 작품의 수용과 생산 능력을 기를 수 있다. 또한 문학 활동에 참여하여 이를 자신의 삶과 연계함으로써 자아를 성찰하고 정서를 함양하며 창의적인 언어 능력과 사고력을 기를 수 있다. 나아가, 개인과 공동체의 생활 경험과 미의식을 파악하고 공유함으로써 세계관을 확충하고 삶의 질을 높이며 문화의 발전에 기여할 수 있다." (2015년 국어과 교육과정 〈문학〉 과목 성격 진술에서 인용).

2) 초등학교의 경우 문학영역 교육과정의 이러한 현실태는 더욱 두드러진다.

한 감이 없지 않다고 해야 한다.

문학교육의 의의 가운데 하나가 문학적 상상력(文學的 想像力)의 세련이라고 한다면 먼저 상상력의 속성이 밝혀져야 할 것이다. 그리고 상상력 일반의 속성보다는 문학적 상상력으로 그 개념이 정련되어야 한다. 아울러 상상력이 세련된 결과로 기대되는 효과까지 밝혀져야 할 것이다.

1. 문학적 상상력의 속성

문학에서 상상력은 왕왕 이성에 대립되는 개념으로 규정되어 왔다. 이는 낭만주의 시대부터 내려온 전통이기도 하다. 문학을 순정한 개념으로 규정하고자 할 때, '상상적 문학(imaginative literature)'이라고 하는 것은 문학을 역사나 철학 등의 언어적인 작업에서 구별지어 문학의 자율성을 확보하자는 뜻이 담겨 있다. 그러나 문학과 역사, 철학의 구분이 그렇게 선명하기 어렵다는 점을 고려한다면, 상상력을 문학에만 국한하는 것은 무리를 수반하게 된다.[3)]

문학에서 문제되는 상상력은 한마디로 언어적인 상상력이라고 할 수 있다. 언어적 상상력이라면 이미지를 만드는 기술 혹은 이미지를 형성하는 심적인 능력을 떠올리게 되지만, 상상력이 그렇게 단순한 범위에 국한되지는 않는다. 언어적 상상력은 언어를 구성하는 제반 요소를 모두 포함하기 때문이다. 언어는 음과 영상과 의미의 층위로 구성되어 있다. 이 가운데 이미지를 중시하여 영상의 요소만을 중요시한다거나, 음악적인 측면을 고려하여 음의 요소만 중요시할 수 없다. 의미적인 속성이 배제된다면 문학으로서의 존립 자체가 불가능하게 된다. 상상력은 언어의 제반 층위에 드러난다고 해야 옳다.

또한 상상력을 시에만 국한시키는 예를 볼 수도 있으나 그것은 잘못이다. 문학적 대상 자체만을 놓고 본다면, 즉 언술형태(言述形態)만 놓고 본다면 시

3) M. H. Abrams, *The Mirror and the Lamp*(Oxford University Press, 1971), pp. 21~26. 상상적 문학이란 imaginative literature를 뜻하는 것으로 아름다운 문학을 뜻하는 belle littérature(순문학)와 유사한 개념으로 쓰인다.

와 시 아닌 것을 구분하기는 거의 불가능하다. '시적 산문'의 장르를 구분하기가 어려운 까닭이 여기에 있다. 상상력이 시에만 국한되지 않는다는 것은 시적인 언어가 따로 존재하지 않는다는 점으로 방증된다.[4] 담론의 부분을 따로 독립시켜 떼어 놓는다면 시적이라고 할 수 있는 요소는 메타포라든지 아이러니, 파라독스, 텐션 등이 될 것이다. 그러나 언어의 용법을 어떻게 나누든지간에 일상적인 언어 사용에 그러한 항목이 전혀 들어가지 말란 법이 없다. 비유는 과학논문, 일상적인 담화, 단편소설 어디든지 사용될 수 있는 것이다. 다만 문학의 양식 차원에서, 야콥슨(R. Jakobson : 1896~1982)의 방식대로 양식의 본질을 은유적, 환유적 등 담론의 양식과 결부시켜 설명한다면 시의 언어라든지 산문의 언어 등을 구별하는 일이 의미를 띨 수 있을지 모른다.[5] 문학적 상상력은 시에서만 나타나는 고유한 능력이 아니다. 더구나 최근의 동향으로 보면 시형(詩型)이 길어지고 산문적인 언어와 소재가 대폭 시에 편입되면서 장르의 변이를 가져오고 있다. 종래 소설에서나 유용하던 묘사나 스토리[myth]가 시에 들어가게 됨으로써 시적인 상상력을 따로 논할 수 없는 형편이다. 이는 사실적 상상력(realistic imagination)이 시적 언어에 간섭을 하는 일종의 보완작용이라 할 수 있다. 문학의 장르가 고정적이 아니고 변화한다는 점에서 쉽게 이해할 수 있는 일이다. 다만 시적인 언어를 따로 설정하기 어렵고 따라서 언어적 상상력의 범위를 설정하기가 어렵다는 점은 다시 환기할 필요가 있다.

문학적 상상력은 문학의 매재인 언어를 매개로 한 상상력이다. 낭만주의 시론에서는 상상력을 정서환기효과로 보아 이미지 형성력이라 규정하고 이성과 대립되는 작용으로 치부했지만, 언어적인 상상력은 이성과 정서를 함께 포괄하는 매우 폭넓은 것으로 규정되어야 한다. 순수한 추론을 바탕으로 전개되는 수학이나, 사실만을 다루는 기술과학에서는 제한적일지 모르지만 문학에서는

4) Mary Louise Pratt, *Toward a Speech Act Theory of Literary Discourse*(Indiana U. P., 1977) 제1장 "The Poetic Language Fallacy" 참조. 시를 언어적 텍스트, 즉 담론으로 규정하는 경우는 더욱 시적 언어의 특징을 따로 구분하기가 어렵다.

5) David Lodge, *The Modes of Modern Writing*(Edward Arnold, 1977), pp. 79~81. Lodge는 R. Jakobson의 이론을 인용하고 자세한 설명을 덧붙이고 있다.

역사와 철학을 포함한 인문과학(人文科學) 여러 분야의 상상력을 모두 포함한다고 해도 지나치지 않을 것이다. 상상력을 이렇게 폭넓게 규정해야 문학이 아름다운 정서를 함양한다는 목적론적 오류의 경직성에서 벗어날 수 있게 된다. 문학은 그 양식으로 보았을 때는 인식작용(認識作用)이 일차적 목적은 아니다. 그러나 매재인 언어의 속성을 보아서는 인식적 속성을 전혀 도외시할 수 없는 것이 실상이다.

2. 상상력의 종류와 기능

상상력이 이성과 정서 모두를 포함하는 종합적 정신능력이고, 그것은 언어의 속성에서 비롯된다면, 언어의 용법에 따라 상상력의 종류를 추론해 볼 수 있다. 프라이(N. Frye : 1912~1991)는 언어의 용법을 세 가지로 나누어 분류하고 있다. 즉, 인간이 자기가 처한 세계에 대한 의식과 자각을 표현하는 자기표현(自己表現)의 언어가 하나이고, 세계에 대한 작용 혹은 역할을 하면서 작업을 수행하는 언어로서 실용적 감각의 언어가 다른 하나이며, 마음 속의 비전 혹은 모델을 구축하는 언어인 문학적 언어가 마지막 하나이다.[6] 이러한 언어의 용법이 종합적으로 작용하여 상상력을 형성하는데, 그는 상상력을 구성적 능력으로 파악한다.

> 문학을 포함한 예술들은 있는 그대로의 세계에는 그다지 관련되어 있지 않다. 그것들의 관심은 인간이 자연을 재료로 하여 건설하려는 세계에 있으며 그들이 호소하는 상상력은, 비록 이성과 정서라는 두 요소를 다 포함하고 있으나, 이성도 아니고 정서도 아닌, 구성적 능력(constructive power)이다.[7]

이 인용은 상상력에 대한 설명으로, 상상력이 이성의 요소와 정서의 요소를

---

6) N. Frye, *Developing Imagination*(Harvard U. P., 1963), pp. 15~21.
7) 위의 책, pp. 34~35.

모두 포괄하는 구성적 능력이라는 점을 특징으로 들고 있다. 이 구성적 능력은, 사물을 있는 그대로 인식하며 행위규명의 표준을 정하는 능력인, 과학적 인식의 능력과 대립적인 뜻을 갖는다. 상상력의 핵심은 현실원칙을 초월하는 '의미의 구성적 능력'이라는 점이다.

상상력을 구성적 능력으로 규정하고 나면 그것이 어떻게 작용하는가에 따라 상상력의 종류를 구분해 볼 수 있게 된다. 우리는 언어를 통하여 다음과 같은 일을 한다. 첫째는 세계에 대한 인식이고, 인식을 통해 발견된 세계의 실상에 적응하기 위해서 세계와 조정작용(調整作用)을 한다. 그리고 세계와의 상호작용을 검토하면서 가능한 모델을 구축하는 지향적 단계에 이르게 되는데 이는 현실보다는 이상적 세계와 더 관련이 깊다. 언어와 상상력의 관계는 이처럼 복잡하게 얽혀 있다. 이러한 관계를 고려하여 상상력의 종류를 다음과 같이 구분해 볼 수 있다. ① 인식적 상상력(imagination of awareness)으로 세계에 대한 형식화 기능, 문학을 통한 세계 개시(開示)의 능력, ② 조응적 상상력(imagination of world ordering)으로 현실에 대한 비판 기능, 문학을 통한 세계와의 상호조정 작용, ③ 초월적 상상력(imagination of world making)으로 가능한 모델 창조의 기능, 세계에 대한 비전을 마련하는 일, 즉 세계를 재구성하는 능력 등이 그것이다.8)

(1) 인식적 상상력

인식적 상상력은 그 용어가 거부감을 줄 수도 있다. 상상이란 말 자체가 이성과 대립되는 것으로 보아 온 낭만주의적 전통 때문에 그러한 오해가 생겨나게 된다. 문학적 인식이란 철학에서 말하는 오성(悟性)과 대립되는 감성(感性)을 포함한다. 그러나 감성이나 감동은 사실판단을 근거로 한다는 점에서 인식적 상상력이란 용어의 사용에 무리가 없음을 알게 된다. 어떠한 대상을 독립된 사물로 파악하는 데는 형태화기능(die Gestaltungskraft)을 필요로 하며 여기에 상상력이 개입된다. 형태화기능은 인간의 언어사용능력 자체에 해당하

8) 상상력의 이러한 구분은, 우한용에 의해 제기된 것을 약간 수정하고 설명을 추가한 것이다. 「문학교육론 서설」, 『난대 이응백박사 회갑기념논문집』(보진재, 1983) 참조.

는 것이다. 평면 위에 네 개의 점을 찍어 놓고 그것을 사각형, 혹은 마름모꼴로 만드는 구성력, 그것은 무질서하게 주어진 소재를 의미있게 질서화하는 능력에 해당한다. 이러한 능력은 사물에 대한 명칭의 부여와 그 속성을 언명(言明)하는 형태로 나타난다. 개념화작용(conceptualization)은 세계에 대한 형식화이기 때문이다. 문학이 세계를 그대로 모사하는 것이 아님은 물론 그렇게 할 수도 없는 것이지만, 문학을 통해 대상을 인식한다는 것은 사실이다. 문학은 장르의 통제에서 벗어나 완전히 자유로운 형태가 될 수 있는 것이 아니다. 그러나 문학이 경험을 조직화한다면, 그것은 세계에 새로운 명칭을 부여하는 것이고, 속성을 규명하는 것과 다를 바가 없다.

이는 문학과 대립적인 영역의 과학에서도 상상력이 요청되는 것으로 설명이 가능하다. 상상력의 표현과정에 있어서 과학과 예술이라는 두 분야는 다같이 그들의 주제를 이해하는 데 있어서 감각적인 문제를 다루어야 한다. 다른 기능들을 수행하면서도 두 분야는 리듬과 패턴과 형식과 비율을 고려하여 통일과 조직의 원리에 대처한다. 그들이 다른 목적으로 그리고 다른 방식으로 작업을 수행한다는 것은 그리 중요하지 않고 이들이 동일한 구조적 질서에 의해 움직인다는 것이 중요하다. 시각적 현상이나 감각적 구별은 두 분야에 같이 내재해 있는 것들이다.[9)]

상상력이 구체화된 형상력이라는 점에서 구조와 원리를 찾는 도구로서 과학과 예술의 두 영역에 공통된다는 설명이다. 대상을 인식한다는 것은 언어를 통한 구체적인 재조직 혹은 질서화의 초기 양상이라고 할 수 있는 것이다. 다음과 같은 언급을 보더라도 마찬가지의 결론에 도달하게 된다.

> 상상력은 응용과학이나, 순수과학에 있어서도 분명히 없어서는 안될 요소이다. 경험의 모델을 만들고, 직관을 파악하고 그것을 최후까지 추구하고 가설을 세우고 자유롭게 전개하는 그러한 구성력(constructive power)이 머리속에 없다고 하면, 과학자는 아무런 일도 할 수 없을 것이다.[10)]

---

9) 서광선·소흥열 공편, 『과학과 상상력』(이대출판부, 1981), p. 341.
10) N. Frye, 앞의 책, p. 98.

상상력을 이성과 대립되는 정서와 연결짓는 경우도 있으나, 정서도 인지적 요인과 밀접한 관련을 가지며 문화적인 형태화의 압력에서 자유로울 수 없다.[11] 우리는 유발된 정서를 직접 기술하지 못하고 그 상황에 대한 평가를 하게 되는데, 그 평가가 정서 반응의 중요한 결정 요인으로 작용한다는 뜻이다. 즉, 정서는 인지적 요인과 생리적 흥분상태의 상호작용의 함수관계로 파악할 수 있다. 어떤 사람이 느끼는 정서는 그 사람이 흥분된 상태에 부여하는 '명칭'에 의해서 결정되며, 명칭의 부여는 인지과정(認知過程)에 관련된다. 사람들은 자신의 과거 경험과 현재 진행되고 있는 바에 대한 지각에서 오는 정보를 이용하여 평가하게 된다. 이러한 설명은 상상력이 인지적인 면과 무관하지 않음을 보여주는 것이라고 하겠다. 문제는 상상력 자체에 관한 논급보다 그것이 문학현상의 작용태 안에서 어떠한 방식으로 운용되는가 하는 데에 있을 것이다.

(2) 조응적 상상력

조응적 상상력은 문학을 통한 세계비판의 문제와 관련되는 구성적 능력이다. 이는 수사적인 상황을 대표하는 신화에 대한 반성작용으로, 현실과 이상의 대비를 바탕으로 작용하는 상상력이다. 삶의 '수사학적 상황'을 벗어나는 일이며, '선전'과 '신화'를 탈피하여 세계를 아이러니적으로 바라보는 능력이다. '하나를 말하여 다른 것을 의미하는' 방법을 분석적으로 재구성하여 보는 능력을 뜻하는 것이 조응적 상상력이다.[12]

이 아이러닉한 관찰법의 목적은 모든 선전을 거절하는 데 있지 않고 우리에게 주어진 사물 가운데서 자기가 필요한 물건을 선택하고, 다른 것을 버릴 수 있을 때까지 사회에 대한 자기 안목을 함양하는 데 있다. 그리고 우리가 선택하는 바는 그 사회에 대한 적응이기도 하다는 점에서 비판의 방향성을 지시한다.[13] 이는 선택을 강요하는 신화에 대한 반성으로 바꾸어 말할 수 있다. "현

---

11) Ernest Hilgard, *Introduction to Psychology*(New York : Harcourt Brace Jovanovich, 1975) : 홍대식 역, 『심리학개론』(박영사, 1981), p. 389 및 p. 402.

12) N. Frye, 앞의 책, p. 134.

재의 사회 기준이나 가치를 그대로 받아들이도록 하며 적응하도록 작용하는 신화"에 비판적으로 맞서는 상상력, 그러한 억압에 대한 반성으로 작용하는 상상력은 사회가 경직된 체제로 굳어지는 것을 방지하는 역할을 한다. 그러한 점에서 조응적 상상력은 사회적 성격을 지닌다.

프라이는 신화가 만들어내는 환상의 질곡에서 풀려나는 방법으로 상상력을 제시하고 있다. 질곡으로 작용하는 환상의 예로 도착된 상상인 선전, 상투적 문구(cliché)를 통한 사고의 고정화, 추상적이고 애매한 말, 과거지향적으로 몰고가는 목가(牧歌)의 신화, 도식적 사고의 틀을 마련하는 것 등을 들 수 있다. 일상의 삶은 이들 신화를 통해 현실과 자신을 동일시함으로써 상상력을 제한하고 있다는 것이다. 프라이는 이러한 속성의 언어를 '군중의 언어'라고 규정하고 자유사회의 언어와 대립적인 의미를 부여하고 있다. 자유사회의 언어를 구축하기 위한 것이 언어나 문학연구의 궁극적인 목적이 된다는 것이다. 자유는 훈련을 통해서 달성될 수 있고, 그 훈련은 상상력의 훈련을 통한 것으로, 사회에 대한 비전에 연결짓고 있다. 사회에 대한 비전은 이상을 지향하고 모색하는 작업인데, 아놀드(Matthew Arnold : 1822~1888)의 표현으로는 문화이다. 이 문화의 성취는 상상력의 교육에서 가능하다는 것이 그의 결론이다.

결국 이러한 상상력은 현실을 조명해 보는 비판적 성격의 상상력이라고 해야 할 것이고, 문학의 교육과 결부하여 이러한 상상력이 나타낼 수 있는 효용은 자신의 존재를 되묻는, 스스로의 문제를 찾아내는 일과 관련되는 것이라고 보아야 한다. 결국, 우리의 지향점으로서의 세계, 즉 당위의 세계에 대한 물음을 제기하기 위한 초석을 마련하기 위한 단계의 상상력이라고 할 수 있다. 구체적인 문학교육에서는 주로 산문 영역에서 작용하는 상상력이 이에 해당한다. 또한 시에서는 시대정신의 문제와 연관되는 상상력이다.

---

13) 위의 책, pp. 136~137.

(3) 초월적 상상력

현실세계는 늘 문제투성이이다. 우리는 그러한 문제를 해결하고 완벽하게 충족된 세계에 살고 싶어 한다. 현실에 대해 대타적 의미로 제시한, 비전이 완성된 세계가 있다면 그것은 당위의 세계이다. 그리고 당위의 세계는 현실세계를 상상력으로 초월했을 때 비로소 완성되는 세계로 자아와 세계의 결렬이 없는 세계일 것이다. 이러한 세계를 그릴 수 있는 힘, 인간이 꿈꿀 수 있는 힘은 문학의 허구적 능력과 관련되는 것이기도 할 터인데, 문학이 현실로부터 완벽하게 떠나야 모색이 가능한 세계이다. 문학이 실생활과 관련하여 현실을 조응하고 비판하는 것에서 그친다면 문학으로서의 소임을 다할 수 없게 된다. 그것은 문학이 상상적인 속성의 어느 한계를 너무 완강하게 고수하기 때문이다. 프라이는 '문학의 세계는, 인간의 상상력밖엔 현실이란 것이 없는 세계'라고 전제하고, 문학에서 현실을 다음과 같이 설명한다.

> 참된 현실이라는 것은 우리의 경험을 직접 상기시켜 주는 것이 아니라 아킬레우스의 격분이나 오델로의 질투와 같이 우리의 상상력 속에서만, 정작 그것을 통해서만이, 이룩될 수 있는 보다 크고 보다 강력한 경험인 것이다. 어떤 때는 희극의 해피엔딩이나 혹은 로맨스의 이상세계와 같이 우리가 정상적으로 알고 있는 즐거운 세계보다 더 좋게 보이며, 어느 때는 비극이나 풍자의 경우와도 같이 상상적으로 알고 있는 그 이상으로 고난에 충만된 혹은 부조리의 세계를 보고 있는 것처럼 느껴진다. 문학 속에서는, 우리는 언제나 위를 쳐다보거나 혹은 아래를 내려다보거나 하고 있다. 중요한 일은 실생활을 바라보는 수평적 전망이 아니라, 수직적(vertical) 전망인 것이다.[14)]

상상력이란 현실을 초월하는 문학 고유의 세계임을 지적하고 있다는 점에서 본질주의적 색채를 느끼게 한다. 그리고 현실을 초월한다는 것은 이상세계에 대한 지향이며, 앞에서 말한 표현을 다시 쓴다면, 현실에 대한 비전 혹은

14) 위의 책, pp. 100~101.

'가능한 모델'의 제시에 해당하는 것이 초월적 상상력이라는 설명이다. 이러한 면은 문학이 보편적 가치를 지향하는 것이라는 점을 반증해 주기도 한다. "모든 문학은 하나의 공통적인 특징을 가지고 있다. 즉, 현재의 분류로부터 몸을 물러나게 해서 '인생'에 대한 광범위한 일반론을 말하려고 하는 특징"이라고 하는 지적도 여기에 타당한 것이다.[15] 이러한 인생에 대한 광범위한 일반론은 현실을 벗어날 때에만 가능한 것이고, 그것은 상상력을 통해서만 가능하다. 결국 상상력은 가치평가와 관련된다. 가치판단이 '상상력의 원동력'이며, 상상력과 가치평가는 거의 같은 뜻으로 볼 수 있다는 것[16]도 현실을 떠나 수직적 전망을 갖는다는 말로 바꾸어 표현될 수 있을 것이다. 이는 "수학이 자연과학에 대해서 지니고 있는 관계는 문학이 역사, 철학, 사회과학, 법률, 신학 따위의 언어에 의해서 형성된 학문에 대해서 지니는 것과 같은 관계에 있다."[17]는 지적에서도 확인할 수 있는 사실이다.

비유적으로 표현하자면 사북이 하나 있는 합죽선을 양쪽으로 펼쳤을 때 사북 위에 서 있는 인간이, 부채의 위쪽 끝에 펼쳐지는 천국을 바라보고, 또 반대편 아래 끝에 전개되는 지옥을 내려다봄으로써, 현실세계의 위쪽과 아래쪽을 동시에 바라볼 수 있는 수직적 전망을 체험하는 것이라 할 수 있을 것이다.[18]

문학이 현실을 복사하여 너무나도 정말인 것처럼 보이고 실생활과 같아버리면, 어떤 종류의 자기파괴 과정, 수익체감의 법칙이라고 하는 이상한 작용이 일어난다. 즉, 현실의 축이 만드는 일차원의 세계를 벗어나지 못하고 거기를 맴돌게 된다. 그리고 현실세계에서는 경험의 폭을 넓히는 데에 여러 가지 여건의 제한이 가해지게 된다. 환락을 체험하거나 고통을 체험하는 데는 막중한 반대급부가 필요하게 된다. 천국[zenith]과 지옥[nadir]에 물리적 손해를 입음 없이 왕래하면서 경험의 세계를 초월하는 것은 오직 상상력을 통해서만

---

15) Colin Wilson, *The Strength to Dream* : 이경식 역, 『문학과 상상력』(범우사, 1978), p. 340.
16) 위의 책, p. 341.
17) N. Frye, 위의 책 및 『비평의 해부』 등 참조.
18) N. Frye, 앞의 책, p. 126.

가능하다. 이러한 점은 문학이 상상력을 통해, 분열된 인간을 초월하여 전체로서의 인간, 즉 전인을 형성해 준다는 점의 증거가 되는 것이다.

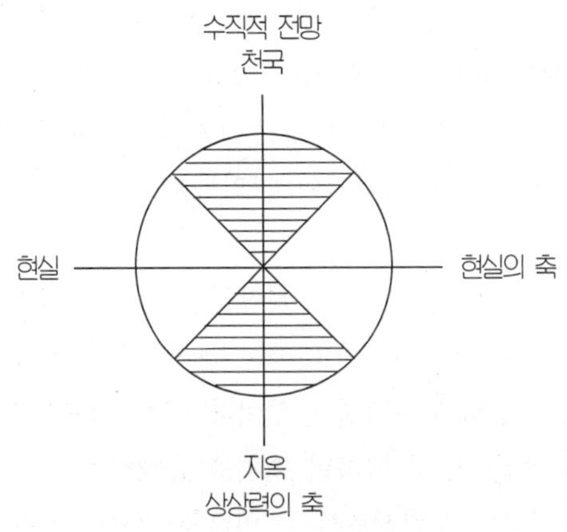

[그림 3] 상상력의 작용영역

문학은 인간정신의 가능성, 상상력의 높이와 깊이, 종교에서 말하는 천국과 지옥의 개념에 상당하는 지점까지 이르는 수직적 경험을 우리에게 부여한다. 그와 같은 근원을 가지고 바라보면, 어떤 대상을 대함에 있어서 자기가 좋아한다거나 싫어한다는 구별은 소멸된다. 왜냐하면 두 세계로 분열된 자기가 없어지기 때문이다. 문학작품을 읽고 있는 사람은, 전체로서의 인간의 입장에 선 하나의 인간으로서만 존재하게 된다.[19] 이것을 자기 동일성(identity) 회복이라고도 할 수 있다. 동일성과 그것을 거부하는, 이를테면 우리가 싫어하고 피하려고 하는 그러한 세계를 식별하는 역할을 문학이 할 수 있게 해 준다. 요컨대 문학은 관용(tolerance)과 거리를 두고 사물을 보는 눈을 길러준다는 것이다. 이렇게 구축된 '상상력의 세계'에서는 상상할 수 있는 것은 모두 이루어지며, 상상력이 미치는 세계는 곧 인간의 세계가 된다. 이 상상력의 세계에

19) 위의 책, p. 104. 우리는 그러한 예를 도스토예프스키의 <카라마조프가의 형제들>에서 볼 수 있고, 그 작품을 읽는 경험은 곧 전체로서의 인간에 대한 경험으로 전이된다.

서는, 우리의 의식을 최대한 확장하며 상실된 근원적 감각, 환경과 자기는 동일성이라고 하는 감각을 회복한다. 왜냐하면 거기서는 인간의 마음의 외부에 존재하는 것은 있을 수 없고 존재하는 것은 인간의 마음과 동체가 되어 있기 때문이다. 이러한 세계는 은유의 방법으로 구현된다. 은유가 시의 원리로 작용되는 것은 이 때문이며, 은유에 의해 만들어진 이미지 연구가 상상력의 연구로 통하는 이유도 여기에 있다. 이것은 또한 문학교육을 통해 맛볼 수 있는 소중한 창조의 경험이며 분열된 자아의 회복을 감당할 수 있는 문학 고유의 기능이기도 하다.

상상적 문화의 체험인 문학교육의 직접적인 목적을 '공감과 공평함이 혼합된 비평적 지성으로 문학작품을 이해하는 데 있다'고 한 것은 인식적 상상력과 조응적 상상력의 영역에 해당하는 것이다. 또 문학교육의 궁극적인 목적을 '정신의 상상적인 습관, 다시 말하면 옛것을 숭배하는 대신에 새로운 형식을 창조하는 본능을 문학의 실험실로부터, 인류의 생활로 옮기는 것'이라고 지적한 것은 문화를 창조해 내는 체험을 의미한다. 그것이 곧 초월적 상상력이다.

3. 상상력 세련의 교육적 함의

문학적 문화의 향상을 목적으로 하는 문학교육에서 상상력의 세련이 갖는 의미는 ① 작품해석의 심화, ② 인간적 가치의 체험과 실현, ③ 삶에 대한 비전의 발견 등으로 요약할 수 있다.

채만식의 〈탁류〉를 예로 들어 설명해보기로 한다. 이 소설을 읽고 식민지 치하 1930년대 한국의 경제현실과 궁핍화 등을 발견한다면 이는 인식적 상상력이 작용된 수준이다. 또한 초봉이, 고태수, 박제호, 장형보 등은 시대의 탁류에 휩쓸리는 인물로 형상화되어 있고 남승재, 계봉이 등은 시대의 질곡을 벗어나고자 하는 인물로 그려져 있다는 점을 발견하는 것, 소설의 지문에 작가가 직접 개입한다는 점을 알아내는 일, 토속어의 문체 효과 등을 찾아내는 것은 역시 인식적 상상력의 결과라고 할 수 있다. 그러나 독서가 이러한 단계에 머문다면 독서의 깊이와 독서를 통한 문학적 울림은 평면적임을 면하기 어렵다.

작품 〈탁류〉를 통하여 그 시대가 청류(淸流)의 시대가 아니고 혼탁한 시대, 오도된 근대라는 것을 감지하는 것은 조응적 상상력이 작용한 결과라고 할 수 있다. 정주사와 같은 희화적인 인물이 나타나는 사회·역사적인 원인을 캐고, 장형보와 같은 악인형의 인물이 작품의 골간을 형성하는 이유와, 한 시대가 무너짐의 전조를 그려 보여주고 있는 이유 등을 찾을 수 있다면 이는 조응적 상상력이 작용한 결과인 것이다. 또한 작품의 구조와 의미를 연결지어 해석할 수 있다면, 그래서 그 결과가 유기성을 띤다면 이는 조응적 상상력에 의한 독서의 결과라고 할 수 있다.

또한 불행과 좌절로 가득찬 〈탁류〉의 이야기를 읽고 그 속에서 작가가 지향하는 삶의 방향, 행복한 삶의 조건이 무엇인가 하는 점을 모색해 본다면 이는 초월적 상상력에 의한 독서 결과에 해당한다. 소설은 현실을 있는 그대로 묘사하는 데에 그 목적이 있는 것이 아니라, 현실이 인간의 꿈을 기준으로 비관해 보았을 때, 얼마나 부조리하고 모순으로 가득차 있는가 하는 것을 보여줌으로써 거기에 숨어있는 꿈의 결여부분을 보여주는 것이 목적이다. 이러한 점을 간파하고, 가능한 모델을 창조하는 쪽으로 독서가 심화된다면 이는 초월적 상상력이 작동된 결과라고 할 만하다.

이러한 단계의 상상력이 각각 분리되어 독자적으로 작용하는 것은 아니다. 이들은 독서과정 속에서 거의 동시적으로 작용한다. 다만, 개인에 따라 깊이의 차이가 있을 따름이다. 이렇게 상상력의 각 단계를 거쳐 독서의 깊이를 확보하고자 하는 노력은, 문학을 대하는 자세로 정의적인 목표에 의해 교육될 필요가 있고, 그러한 독서의 실제적인 방법을 터득시켜 주는 것이 문학교육의 목표로 설정되어야 한다.

상상력의 세련은 인간적인 가치를 체험할 수 있도록 해 주며 또 그 실현을 위해 노력하는 자세를 함양시켜 준다. 우리의 현실은 제임슨의 표현대로 '언어의 감옥'에 갇혀 있다. 그것은 자동화된 세계이며 자유를 속박하는 세계이다. 앞에서 살펴본 바 프라이(N. Frye)의 용어로 '군중의 언어'에 의해 지배되는 세계이다. 이러한 세계에서 벗어나 정신적인 자유를 누릴 수 있는 방법은 자동화된 상투어나 구호, 선전 등의 언어로부터 탈피하는 것이다. 이것이 프라이가 말하는 수사학적 상황의 탈피이다.

현대세계에서 인간들은 정체성의 위기에 봉착하게 된다. 현대의 정신적 상황을 위기로 몰아넣는 소이(所以)가 바로 그것이다. 인간의 소외란 물질로부터의 소외, 자기로부터의 소외, 조직으로부터의 소외 등 다양한 모습을 나타낸다.[20] 그러한 속에서 자아를 상실한다. 자아의 상실이란 환경과의 동화와 조절을 원활히 수행하지 못함을 뜻한다. 상상력은 이러한 결여부분을 메꿔주는 것이며, 이를 통해 인간의 자기 정체성을 회복하게 해준다.

상상력의 가장 핵심적인 역할은 가능한 세계의 모델을 창조해 준다는 데 있다. 17세기 이후 자연과학적인 사고의 팽배로 인간은 일차원화된 삶을 영위하게 된다.[21] 이는 현실원칙에 입각한 삶이며 앞에서 그린 도식의 현실축의 선상을 왕래할 뿐인 삶을 영위하게 된다. 여기에 상상력이 작용함으로 수직적인 전망이 가능해지고, 지옥을 통해 천국을 꿈꾸는 삶의 깊이가 확보된다. 이러한 삶을 통하여 인간은 전인(wholeman)으로서의 행복을 체험하게 되는 것이다. 일차원적인 논리의 질곡으로부터 인간을 해방시키는 것은 상상력의 이러한 힘말고는 달리 방법이 없다. 문학적 문화의 고양은 오로지 이러한 상상력에 달려있다고 해도 좋을 것이다.

2015년 국어과 교육과정의 '문학' 영역은 작품을 수용하고 해석하는 데 필요한 요건으로 심미적 상상력을 제시한다. 심미적 상상력은 작품을 학습자의 삶과 관련지어 보고, 이를 바탕으로 건전한 심성을 계발하고 바람직한 세계관을 형성하는 과정에 나타나는 메커니즘이라는 점에서 인식적 상상력, 조응적 상상력, 초월적 상상력 등을 모두 포함하는 것으로 보인다. 이는 2015년 선택

---

20) 정문길, 『소외론연구』(문학과지성사, 1979) 참조.

21) Herbert Marcuse, *One Dimensional Man* (Beacon Press, 1966) : 차인석 역, 『일차원적 인간』(휘문출판사, 1976) 참조. 이는 산업사회의 테크놀로지의 발달로 인하여 인간의 물질적인 충족에 기인하여 비판적인 사고를 잃고 지배체제의 수동적 도구가 된다는 논지를 담은 책이다. 이러한 상황에서는 예술마저 일차원화된다고 경고한다. 차원의 상승과 고양을 위해 상상력의 계발과 세련이 필요하다는 반증(反證)이 될 수 있을 것이다.

중심의 '문학' 교육과정에서도 강조하는 사항이다. '문학' 교육과정은 '문학은 인간의 체험과 상상력으로 이루어진 언어 예술이자 소통 행위이며, 개인과 공동체의 생활 경험 및 미의식을 담은 문화의 한 양식'[22]이라고 교과의 성격을 규정한다. 상상력은 작품의 수용과 생산 과정에서 경험의 구성, 세계관 형성, 문학적 문화의 고양 등에 관여한다. 따라서 교사는 학습자에게 상상력을 발휘하고 작품의 소통 과정에서 적극 활용하는 여건을 조성해 주도록 해야 한다.

Ⅱ ▸▸ 삶의 총체적 체험

1. 문학적 동일시와 총체성

우리는 소설을 읽으면서 작중인물의 삶의 방식이나 성격이 우리 자신과 너무 닮았다는 데 놀라는 경우가 있다. 그리고 그 닮음의 정도는 작품을 평가하는 척도가 되기도 한다. 이는 독자가 작중인물과 자신을 동일시하는 데서 생겨나는 체험이다. 정신분석학 용어인 동일시(identification)란 무의식적 혹은 반의식적으로 자기와 관계되는 자기 이외의 대상과 자신을 동일하게 보는 정신적 메커니즘이다. 그런데 동일시란 명확한 의식의 지각작용이라기보다는 잠재의식적인 반응의 결과이다. 그러한 동일시 대상은 부모, 교사, 친구 등 가까운 주위의 실재인물일 수도 있고, 신화나 허구적 작품의 등장인물일 수도 있으며, 때로는 추상적 개념이나 이미지로 대체될 수도 있다. 인간이 성인으로 성장한다는 것은 이러한 동일시 과정이 축적된 결과라고 심리학자들은 설명한다.[23]

그러나 자연상태에서 살아가는 인간의 동일시 과정을 분석하거나 통제하는

22) 교육부, 국어과 교육과정, 고시 제2015-74호, p. 122.
23) 정원식 외, 『현대교육심리학』(교육출판사, 1984), p. 94 참조.

일은 거의 불가능하다. 개개인들이 식사하고, 업무를 수행하고, 애인을 만나고, 어떤 특정한 사건에 동조하거나 거부하면서 취하게 되는 모든 행위 양상은 이전의 동일시의 결과이지만, 그 자신도 특수한 사례를 제외하고는 그 단초를 거의 기억하지 못한다. 우리가 유아기 시절 부모를 동일시 모형(同一視模型)으로 선택한 것을 어떻게 명징하게 의식할 수 있겠는가? 이처럼 삶의 과정에서 우발적으로 체험되는 동일시는 의도적인 인간교육의 설계 및 수행에 별다른 의미를 가지지 못한다.

한편으로, 현실적 삶의 경험을 통한 동일시는 단편성, 일회성을 벗어나기 어렵다. 친구나 교사와의 접촉은 그들이 동일시 주체와 떨어져 있는 동안의 가변성을 포착할 수 없게 한다.[24] 또한, 즉물적 사건이나 일면적인 지식 및 개념은 삶의 전체적 면모를 파악하는 데 한계를 가진다. 이러한 동일시는 그 개인의 특정한 부분을 설명할 수는 있지만, 그 행위양상의 전체적 메커니즘을 충분히 규명하지는 못한다.

이상과 같은 문제점들이 있음에도, 문학작품을 수용하는 과정의 동일시, 예컨대 작중인물과의 동일시는 의도적, 총체적 인간교육에 유효한 기능을 수행한다. 문학작품을 통한 체험은 통일성을 잃은 산만한 현실적 경험이나, 미분적(微分的)인 전문 학문의 경험과는 근본적으로 다르다. 또한, 문학작품은 특정한 문화적 맥락에서 의도적으로 현실적 삶을 반영한다. 그것은 한 개인이 살아가는 전체적 과정과 그가 처하고 있는 현실의 다원적 국면을 망라하고 있기 때문이다.

그리고 그 속에는 인간 삶의 토대인 사회 · 역사적 조건이 총체적인 구조로 그려져 있다. 그 사회 · 역사적 구조란 일상적 삶의 현실에서는 쉽사리 파악할 수 없는 것이지만, 그것은 우리 인간 존재를 근원적으로 규정하는 힘이다.

이처럼 문학은 우리의 유동적 삶을 구체적인 실체로 포착하면서, 삶의 본질적 구조를 총체적으로 반영한다. 그리하여 우리는 문학을 통해서 의도적, 계

24) J. S. Bruner, *(The) Process of Education*(Harvard University Press, 1960) : 이홍우 역, 『교육의 과정』(배영사, 1974), p. 200에서는 즉흥적 동일시의 부정적인 측면을 지적하고 있음.

획적으로 우리의 삶의 문제를 검증할 수 있게 된다. 이로 볼 때, 가장 실효성 있는 인간교육의 구체적 방안 가운데 하나가 문학을 통한 동일시라 할 수 있게 된다.

그렇지만 문학작품에 반영된 현실의 총체적 양상과 문학 수용에 나타나는 동일시를 수단으로 하는 인간교육은 그렇게 간단한 문제는 아니다. 그 첫째 문제는 문학이 반영하는 현실이 인간 삶의 공간 자체는 아니라는 점이다. 그와 더불어, 우리가 사용하고 있는 총체성의 개념도 다양한 관점을 내포하고 있어서, 어떤 관점에서 규정하는 총체성인가에 따라 달라진다. 중요한 것은 동일시 과정의 총체성 문제이다. 여기에서 총체성의 개념을 먼저 정리해 보기로 한다.

2. 총체성의 개념

인생의 축도인 문학작품은 텍스트 형태로 존재한다. 그러나 그것은 문학현상의 한 영역이다. 구체적 실천인 교육활동의 자료가 되어 왔던 것은 문학현상 자체이지만 우리는 주로 텍스트를 교재 차원에서 떠올린다. 그리고 텍스트를 문학작품으로 상정할 때 설명이 편리한 점이 있다.

문학은 동일시에 의하여 인간형성 기능을 수행하며, 나아가서는 현실의 구조를 총체적으로 드러낼 수 있다는 점에서 교육적 의의를 갖는다. 그러한 문학의 총체성은 다시 경험범위의 총체성, 경험의 유기체적 총체성, 사회 역사주의적 총체성으로 나누어 고찰할 수 있다.

(1) 경험범위의 총체성

문학은 인간이 경험할 수 있는 가능한 모든 세계를 다룬다. 상상 차원에서 가능한 세계라고 하더라도 가능한 모든 세계를 취급한다. 문학은 어떠한 행동의 원인이 되는 상황과 그것의 결과로 파생되는 것을 포괄적으로 보여준다. 역사가 역사적으로 의미있는 행위만을 선별적으로 체계화하는 데 반하여, 문학은 인간이 처하게 될 가능한 세계를 전형적으로 형상화한다.

문학이 경험의 전과정을 유기적으로 표출시키는 가운데, 보다 중요한 것은 그 경험이 삶의 전반적인 문제와 어떻게 관련되고 있는지를 동시에 보여준다는 점이다. 독일 해석학의 선구자 딜타이(W. Dilthey : 1833~1911)는 문학이 새로운 경험을 통하여 삶의 전체적 이해를 가능하게 한다고 주장한다.

> 문학작품은 재체험을 시키면서, 독자에게 적합한 심적 과정의 경과 속에 그의 온 자질을 활동하게 만든다. 이때, 그의 활동은 음향, 율동, 감성적인 관조성(觀照性) 등에 대한 기쁨에서 시작하고 끝에 가서는 사건을 삶의 전 진폭과의 관계에 의해서 가장 심오하게 이해하는 데에 이른다. 왜냐하면, 모든 참다운 문학작품은 그것이 표현하는 현실의 단면에 전에 보이지 않던 삶의 한 특성을 부각시키기 때문이다.[25]

우리는 문학작품을 읽고 갑자기 삶의 깊은 의미를 깨닫는 경우를 만난다. 무심코 흘려버린 일, 아쉬운 눈빛 하나, 작은 체험의 역사적 의미 등이 선명한 맥락으로 떠오를 때, 우리는 수동적인 삶에서 만들어가는 삶으로 전환하는 계기를 마련한다. 그리고 현실적인 삶을 능가하는 시각을 확보함으로써 새로운 이상과 미래를 꿈꾸게 된다. 이처럼 문학의 삶의 경험범위를 확장함으로써 총체성을 지향하게 된다.

문학작품을 통하여 현실에 대한 눈을 뜬다는 것은 문학적 경험을 통하여 자신의 삶을 체계화한다는 의미이다. 그것은 곧 문학이 타인의 삶에 대한 대리경험이며, 자신의 삶의 객관화 과정임을 뜻한다. 이런 문학적 체험은 무질서한 경험에 질서를 부여하고 의미를 생성시킨다. 이러한 삶의 발견이 없다면, 우리는 존재적 진실을 묻어두고 도착과 왜곡의 허상에 함몰되고 말 것이다.

인간의 실제적 경험은 흩어진 점처럼 단면적이고, 고립적인 것이다. 그러한 단편적이고 고립적인 점들의 무의미한 집합이 바로 현상적 삶이다. 거기에 비

25) W. Dilthey, *(Das) Erlebnis und die Dichtung*(Göttingen : Vandenhoeck & Ruprecht, 1970) : 한일섭 역, 『체험과 문학』(중앙신서 41, 1978), p. 46.

하여, 문학적 삶은 내적 법칙과 질서에 입각한 총체적 체계이다. 예컨대, 가치론적 합목적성에 따라 점들의 집합이 어떤 도형을 이루는 경우에 문학적 삶이 이루어진다. 하늘에 흩어져 있는 별들을 모아 별자리로 이름붙이고 거기에 전설을 만들어 의미를 부여하는 것처럼 문학적 경험은 의미를 구성한 구성체이다. 그런 의미에서 문학작품은 점들이 하나의 통일성을 가진 도형으로 구조화된 것과 같다. 이는 인간이 문학을 통하여 가치론적 방향성에 이를 수 있음을 보여준다.

그런데 문학을 통하지 않아도 경험의 통합이 가능하다는 반론을 제기할 수 있다. 그러나 인간의 경험은 비록 생존을 위한 합목적성을 가진다 하더라도, 자연상태에서는 가치론적 통합에 달하지 못한다. 그것은 인류가 원시상태를 벗어나 문명화한 과정을 생각하면 쉽게 이해가 간다. 문명화 과정이란 현실경험을 조직하여 하나의 질서에 이르는 과정, 즉 진리 발견의 노력이 축적된 결과라 할 수 있다. 그 노력은 학문, 종교, 도덕 등의 형태로 구체화되는데, 그러한 분야를 망라하여 삶의 질서화를 본령으로 추구하는 것이 바로 문학이다.

문학을 통한 경험의 총체화는 삶의 가치론적 종합이며, 경험의 전 범위를 조화와 법칙으로 질서화하는 것이다. 이때 경험의 총체성은 우리의 삶의 과정을 이해하고 그 방향성을 부여하는 중요한 의미를 내포하고 있다. 문학적 경험의 총체성은 우리 삶의 내밀한 질서를 발견하는 통로로 기능하는 것이다.

(2) 경험의 유기체적 총체성

문학작품은 인간의 가능한 경험의 단편을 유기적으로 집합시킨 것이며, 그 자체로 하나의 완결된 논리를 갖고 있다. 그것은 부분의 합이 유기체적 총체성으로 승화된 예를 보여주는 경우이다. 유기체학에서는 그것을 총체론(holism)이라 이름하는 바, 여기서 총체성이란 부분의 합이면서 전체로서 자족성, 법칙성, 목적성을 가진 작용태의 속성을 지적하는 것이다.

예를 들어, 팔과 다리 및 심장과 두뇌는 각기 신체의 중요한 부분이지만 그 모든 부분의 산술적 합으로 인간의 미묘한 정신적·육체적 활동을 해명할 수는 없다. 이것은 부분의 합이 총체성으로 이행될 때, 필연적으로 질적 비약의 단계를 거침을 보여주는 예이다. 우리가 인간이란 존재를 해명하기 위하여 여러 가지 논리적 과정을 동원하지만, 그 과정은 이러한 질적 비약을 충분히 해결할 수 없다. 문학 이외에는 이러한 유기체적 총체성을 체험할 수 있는 별다른 통로가 없는 것 같다. 가장 유용하고 감상적인 사실을 수합하여 컴퓨터로 조직하더라도 문학이 주는 감동을 재현할 수 없을 것이다. 문학의 속성으로 볼 때, 미래 사회에서 인간의 모든 인지적 활동을 컴퓨터가 대신한다 하더라도 위대한 문학은 끝까지 인간의 몫으로 남을 수밖에 없을 것으로 예측된다.

유기체적 총체성에 접근하기 위한 비교적 정치한 이론으로 구조주의와 변증법을 들 수 있다. 구조주의는 과학적 체계화가 안고 있는 단편성을 극복하는 내재적 통합성(內在的 統合性)을 가능하게 하지만, 질적 비약은 다루기 어렵다. 변증법은 양적 변화가 질적 변화를 이룩한다는 사실을 법칙화하여 가장 탁월한 개념틀로 인정받고 있지만, 질적 변화 자체의 메커니즘을 분명히 밝히는 단계에는 이르지 못한다. 그러나 우리의 삶은 근본 속성으로 논리단계의 질적 비약을 지향하고 있다는 점만은 인정해야 할 것이다.

물론, 문학을 설명하는 비평이론도 이러한 유기체적 총체성을 해명하지는 못한다. 문학이 형태심리학(gestalt psychology)과 해석학(hermeneutics), 현상학(phenomenology) 등을 이용하여 직관적 종합을 시도하지만, 이 총체성은 분석론과는 발생적으로 다르다. 이것은 오직 문학작품을 실제로 읽는 과정에서 달성될 수 있을 뿐이다. 물론, 그 읽기는 방법론적 전제를 필요로 할 것이다. 비유컨대 우리가 어떤 사람을 사랑할 때, 부분적인 정보만 가지고는 전적인 사랑이 불가능하며, 올바르게 사랑하기 위해서는 일정한 교제과정과 더불어 적정한 내면적 성숙이 요청되는 것과 같은 이치일 것이다. 문학에서 이성과 감성의 통합을 꾀한다든지, 언어를 가지고 작품을 만든다고 해도 형상성을 추구한다든지 하는 것은 유기체적 총체성에 도달하기 위해서이다.

문학작품은 우주의 유현(幽玄)한 구조나 인간의 미묘한 속성과 상동성을 갖는다. 논리가 닿을 수 없는 우주와 인간의 본체를 우리는 문학을 통하여 감득하게 된다. 현대의 단편적, 분석적 과학은 이것을 신비주의로 폄하할지 모른다. 그러나 과학이 수행할 수 없는 정신적 고양이 문학을 통하여 현실적으로 가능한 점에서 신비주의라고 깎아내릴 것이 아니라 문학의 고유한 능력으로 인정하는 자세가 필요하다. 자연과학이 파행적으로 발전할수록 문학교육이 더욱 필요한 이유가 여기에 있다. 문학교육을 통해 과학적 문화와 문학적 문화의 통합을 추구할 수 있기 때문이다.

(3) 사회 · 역사적 총체성

인간이 사회 · 역사적 존재이듯이 문학 또한 사회와 역사를 총체적으로 파악하고자 하는 의욕에서 출발한다. 사회 · 역사적 의미의 총체성은 사실주의 문학 이론과 관계가 깊다. 그것은 부르주아 자본주의 사회의 이론적 바탕이 되는 실증주의적, 분석적 사고에 대한 비판의 의미를 지니는 개념이다. 이 경우의 총체성은 현실적 사회문제를 고찰할 때, 역사를 중요한 요인으로 포함하고자 하는 논법이다. 인간 삶의 법칙이 과학적 방법이나 과학적 세계관으로 모두 해명되지 않는다는 의문을 제기하는 것이다.

여기서 말하는 역사 개념은 프랑스 대혁명을 염두에 두고 사용하는 것이다. 프랑스 대혁명은 역사상 부르주아의 모순이 드러난 계기이다. 대혁명 이래 부르주아는 혁명동맹자 제4계급에 대하여 피의 학살로써 배반하였다고, 영국의 마르크스주의 평론가 제임슨(F. Jameson : 1934~)은 주장하고 있다.[26] 이 계열의 이론가들은 계급대립의 역사적 맥락을 논의의 전제로 삼고 있다는 공통점을 보여준다. 그러나 이론의 양상은 각각 다르다. 마르크스(K. Marx : 1818~1883)와 루카치(G. Lukács : 1885~1971)는 제4계급을 역사과정의 실제적 주체 내지 담지자로 내세운다. 한편 레비-스트로스(C. Lévi-Strauss : 1908~1991)는 역사란 '편들기'로서, 역사의 이해가능성을 단순한 환상에 불과하다고 비판한다.[27] 그러나 이들은 계급대립의 역사적 맥락을 전제하고 논의를 한다는 공통점을 보여준다.

어쨌든, 서구의 리얼리즘 문학론은 이러한 부르주아에 대한 증오심을 배제하고는 올바르게 이해할 수 없다. 그 경우의 역사란 단어는 일종의 감정차원

26) F. Jameson, *Marxism and Form*(Princeton Univ. P., 1971), pp. 284~285.
27) 위의 책, pp. 262~264.

의 용례이다. 우리의 경우도 예외는 아니다. 임진왜란과 동학혁명, 그리고 일제강점 36년을 통한 일본의 우리 민족사에 대한 도전은 우리의 역사 의식을 규정하는 요소가 된다. 우리의 문학도 그러한 도전에 대한 응전과 극복의 노력의 소산으로 볼 수 있는 것이다.

그러나 과거의 역사는 시대상황의 변화에 따라 지속적으로 그 구조를 변화시킨다. 골드만(L. Goldmann : 1913~1970)은 총체성이 단순히 객관적으로 주어진 상태가 아니고, 역사진행과 함께 형성되는 것임을 주장한다. 인간의 조건이란 과거의 역사에서 발생한 특정한 사실이면서 미래 진보의 토대가 되는 방향으로 진행되는 것일 때, 그러한 인간 삶의 총체적 인식은 필연적으로 구조화의 과정에 놓이게 된다. 골드만이 발생론적 구조주의를 주장할 때, 그것은 이러한 총체성의 문학적 적용과 별로 다르지 않다. 그의 주장은 문학을 역사적 경험과 분리시키려는 기도와 역사를 불변의 실체로 고정시키려는 입장에 대립되는 것으로서 총체성의 역동적 의미를 중시하였다. 그리하여 그는 총체성을 변증법적으로 통일된, 집단의 사고 및 감정의 흐름 전체라고 규정한다.[28)]

한편, 사르트르(J. P. Sartre : 1905~1980)는 실존의 역사적 행위 또는 실천을 총체화라 부른다. 그는 변증법적 실천도 총체화로 규정하고, 그 부정 및 상호작용을 포함한 변증법적 전과정도 총체화로 규정한다. 그에 의하면, 인간이 자신을 상황에 던져넣음, 기투(projeter) 자체가 주체와 대상과 환경을 총체화한다고 한다. 이러한 총체성은 다시 새로운 구조를 형성하는데, 그것은 삶의 현장으로서의 역사와 주체의 경험 및 그에 따른 지적 과정으로서의 이해가 변증법적으로 통합되어 환경을 성공적으로 극복하게 한다.[29)] 이것은 우리가 고착된 상황을 부정하여 합에 이를 때, 역사가 중요한 변수로 작용한다는 것을 의미한다.

사르트르는 역사의 의미가 바로 총체성이라고 주장하기에 이른다.[30)] 그는

28) 윤혜주, 『문학연구방법론에 관한 일고찰』(이화여대 불문과, 1981), p. 20.
29) F. Jameson, 앞의 책, pp. 230~231 등 참조.
30) 앞의 책, p. 232.

총체성이 개별적인 '던져넣음'들의 총체화적 위계질서를 따지고, 그것들의 상대주의적 속성을 해소하여 삶의 총체화 과정을 가능하게 한다고 하였다.[31] 사르트르는 보다 정확한 삶의 이해에다 총체성의 의미를 두고 있다.

문학이론 분야에서 널리 인용되는 총체성 개념 가운데 하나가 루카치의 개념이다. 루카치의 총체성 개념은 그리스 시대를 연원으로 삼고 있다. 그리스 시대는 개인과 집단 사이에 원융된 관계를 유지하는 가운데 삶이 이루어졌는데 근대에는 그것이 깨졌다는 것이다. 근대는 개인과 사회, 가치와 현실, 예술과 삶의 괴리가 시대의 특징으로 지적되는 시대이다. 그는 현실과 문학이 역사적, 사회적 제약성에서 벗어날 수 없음을 강조하고, 그 윤리적, 심미적 문제의 해결책으로 역사 · 사회적 맥락에 대한 변증유물론적 인식을 통해 획득되는 총체성의 길을 제시한다.[32] 그는 '현대적 총체성'의 개념틀로서, 삶과 학문 · 철학이 총체성의 동경을 오히려 해체 · 분리시킴을 지적하고, 그 자체로 하나의 세계를 완성시키는 문학작품의 참다운 총체성을 중시한다. 학문은 총체성 구현과 과정에서의 움직임을 추상적인 요소들로 해체하고, 이 요소들 상호작용의 법칙성을 관념 속에서 파악한다. 반면에, 문학은 이러한 움직임을 그 생동하는 통일성 내에서 직접 체험하게 한다. 혼란스럽고 다양한 상태의 삶 그 전체, 즉 생동하는 '삶의 총체성'을 담을 수 있는 형태는, 체계적인 틀 속에 정리해 넣는, 또 그렇게 강요된 철학적 형태에서는 불가능하다. 그것은 오직 예술적 형태라야만 한다.[33] 이러한 주장은 총체성의 이상을 그리스 시대로 설정하고 있다는 점에서 낭만주의적 성격을 띠는 총체성이라고 할 수 있다.

3. 총체성 체험으로서의 문학

현대의 학문은 삶과 역사와의 연관성을 상실한 채, 전문화로 치닫는 경향이

---

31) 같은 곳.
32) 차봉희 편저, 『루카치의 변증-유물론적 문학이론』(한마당, 1987), p. 59 참조.
33) 위의 책, p. 37 참조.

있다. 현실의 삶은 단편적, 즉흥적 경험과 지식을 제공할 뿐이다. 세계는 해체되고, 이데올로기와 이데올로기, 사회와 개인, 개인과 개인 사이의 분열이 일반화되었다. 그 가운데, 인간도 자아상실과 불안, 좌절, 소외, 원자화, 왜소화 등을 면치 못하게 되었다. 이것은 현대 산업자본주의 사회의 심각한 문제로 지적되는 사항들이다.

우리는 앞에서 이러한 문제를 해결하는 방안으로 제시되었던 총체성 개념을 검토해 보았다. 그리고 삶의 총체적 체험을 가능하게 하는 것으로 문학을 들었다. 그런 의미에서 문학을 향유하는 것은 인간의 총체성 회복이라는 문제와 연관되는 작업이다. 문학작품을 수용하는 일은 총체성 구현이라는 점에서 중요한 의미를 지닌다. 프라이는, 정규교육을 받지 않고도 성서와 약간의 영문학 고전을 읽음으로써 본질적으로 교육받은 사람처럼 될 수 있다는 주장을 하였는데,[34] 이는 문학의 체험이 총체성 회복과 연관된다는 주장과 다를 바 없다. 특히, 동일시를 통한 문학의 인간형성 기능은 독자에게 엄청난 교육적 효과를 갖는다.

성장기 아동은 매우 높은 가소성(可塑性)을 지니고 있다. 그들의 정신은 일종의 백지(tabula rasa) 상태로서, 모방 가능한 모형에 대한 동일시의 경험이 축적되는 가운데 자아를 형성한다. 따라서, 아동의 성장단계에 따라 자아를 형성하는 데에 모델이 될 만한 작중인물을 발견하도록 하는 것은 중요하다. 이들의 현실 체험과 상상 차원의 체험이 총체성을 획득할 수 있도록 하는 배려가 문학교육 차원에서 이루어져야 한다.

이 시기의 청소년들은 문학의 교육적 효과에 가장 민감하게 다가간다. 즉, 문학 속에서 구체적 방법으로 동일시를 상정할 수 있을 것이다. 동일시는 사회화 과정에 있는 학생들에게 잠재적 고립감과 불안심리를 해소하는 작용을 하는 심리기제 역할을 한다. 모방자는 자기 개성이 수용할 수 있는 범위에서 사회적 공감의 공약수가 높은 인물을 동일시 대상으로 택할 것이다. 문학적 자료는 사회적 공감을 불러일으킬 수 있는 전형적 인물을 취급한다는 점에서,

34) N. Frye, *Developing Imagination*(Harvard University Press, 1963) : 김인환 역, 『문학의 해석』(홍성사, 1978), p. 181.

동일시의 대상이 될 만한 총체적이고도 다양한 모형을 제공한다. 또한 작품을 읽는 것은 타자인 작가의 내밀한 정신세계와의 접촉을 가능하게 한다. 독서란 곧 작가와 독자의 대화이며, 그 양자의 통합과정이다.[35] 여기서 동일시 대상으로 작용하는 작가의 속성을 살펴둘 필요가 있다. 작가는 사회화 과정을 이미 거친 개인이다. 또한 예외적 개인으로서 역사적 가치와 제도적 갈등에 대한 인간의 대응양상과 변화의 궤적을 집약적으로 재현하는 존재이기도 하다. 이러한 작가와의 대화는 독자의 사회화 과정과 개인의 사회적 통합에는 큰 도움이 될 것이다. 이 과정에서 작가의 전기적 사실과 작품의 관계를 정당하게 설명해 줄 수 있는 문학교사의 역할이 있어야 함은 물론이다. 작가와 대화를 한다는 것은 작품을 매개로 한 대화이기 때문에 그 과정이 매우 복합적이다. 이 점을 간과한다면 작가와 작중인물을 혼동하는 혼란에 빠질 우려가 있다.

이상으로 설정할 수 있는 높은 수준의 문학교육에서는 정치, 사회, 철학, 역사적 맥락에서 총체성을 모색하여야 할 것이다. 그것은 현대사회의 구조적 병폐를 근본적으로 해결할 인간교육의 핵심부에 자리잡는 가치가 될 것이다. 인간의 문화행위는 궁극적으로 유토피아를 지향한다. 유토피아 개념의 성립은 정치, 사회, 철학, 역사 등 여러 분야의 통합을 통해서 가능할 수 있다. 이러한 분야에서 추구하는 총체성은 인류의 이상과도 연관되는 것이다. 총체성 체험으로서의 문학교육이 중요한 까닭도 바로 여기에 있다. 우리는 앞으로 총체성 체험의 방법론을 적극 강구하여 문학교육의 장으로 수렴해야 할 것이다. 이를 위해서는 동일시의 전단계인 감정이입(empathy)의 메커니즘에 대한 정밀한 분석과 체계적 연구가 요청된다.[36] 또한 동일시의 반대편인 거리두기가 총체성 체험에 어떤 역할을 하는가, 그 미학적 구조는 무엇인가 하는 문제도 검토의 대상이 되어야 하리라 본다.

2015년 국어과 교육과정의 '문학' 영역은 작품의 수용과 생산 과정에서 발

---

35) Tzvetan Todorov, *Mikhail Bakhtine : le principe dialogique*(Paris : Seuil, 1981), 최현무 역, 『바흐찐 : 문학사회학과 대화이론』(까치, 1887), p. 54.

36) J. Gribble, *Literary Education : A Revaluation*(Cambridge Univ. P., 1983), p. 114 참조. 감정이입 과정을 지적·정서적으로 나누고, 비판적으로 접근하고 있음.

견한 다양한 가치를 인간의 보편적인 삶과 관련지어 성찰하고 내면화해야 한다는 점을 강조한다. 학습자는 문학을 통해 경험을 질서화함으로써 삶의 가치를 추구하고, 자신의 삶을 총체적으로 이해할 수 있다. 2015년 선택 중심의 '문학' 교육과정은 "'문학' 과목 내, '문학'과 국어과의 다른 과목 간, '문학'과 다른 교과 간, '문학'과 비교과 활동 및 학교 밖 생활과의 통합을 통해 문학 지식과 경험 요소를 심화·확장함으로써 삶의 총체성을 구현'[37]하는 데에 중점을 두도록 강조한다. 즉 교육과정은 문학과 타교과 및 생활과의 통합을 지향하는데, 이는 학습자에게 다양한 경험의 기회를 제공함으로써 문학을 통해 삶의 총체성을 확보하도록 한다는 것이다.

Ⅲ ▸▸ 문학적 문화의 고양

1. 과학적 합리주의의 의의와 한계

르네상스 이후 인간을 세계인식의 중심에 두는 인본주의가 등장하면서 인간과 자연에 대한 정밀한 분석이 시도되었다. 이는 전대의 신(神) 중심의 세계인식방법에 대한 비판으로, 인간과 사회와 자연의 연구에서 인간을 기본항으로 선택했다는 점에서 그 중요성이 인정된다. 이후 이는 17세기를 거치면서 데카르트(R. Descartes : 1596~1650) 등의 철학자에 의해 과학적 합리주의(科學的 合理主義)로 확립되어 전대와 근대의 정신을 구분하는 가름막이 되어 왔다. 데카르트에 의해 마련된 과학적 합리주의는 자연과 인간을 유추적인 관계망 속에서 파악하던 전대의 유기적인 사고체계의 비논리성을 깨뜨리고, 인과율적 사유를 통해 자연과 인간을 이해할 것을 강조한다. 그 결과 과학적 합리주의는 인간이 자연현상을 논리적으로 설명하고 이를 현실적으로 이용하게 해 주었다.

37) 교육부, 국어과 교육과정, 고시 제2015-74호, p. 132.

뉴튼(Isaac Newton : 1642~1727)과 파스퇴르(Louis Pasteur : 1822~1895) 등에 의해 과학적 합리주의의 논리적 타당성은 더욱 분명해졌으며, 그에 따른 산업혁명과 의학의 발전은 인간의 풍요한 삶을 가능하게 하여, 그것은 근대 이후의 한 패러다임으로 정착하게 된다. 인류역사상 가장 큰 불만요소이었던 기아와 질병과 자연적 재앙 등으로부터 인간을 해방시키는 이론적 근거를 제공해 주었다는 점에서 과학적 합리주의의 의의는 긍정적으로 평가된다. 또 이는 인간과 사회와 자연에 대해 체계적인 설명을 가능하게 해 주었다는 점에서 그 의의가 크다.

그러나 근대 이후 세계인식의 준거가 되고 있는 과학적 합리주의는 다른 세계인식의 방법들을 비과학적인 것으로 바라본다는 점에서 문제가 있다. 인간은 논리에 의해 세계를 바라보고 이해하기도 하나, 직관에 의해서 세계를 이해할 수도 있다는 점을 무시해 버린 것이다. 또 과학적 합리주의는 그 결과로 이루어진 자본주의적 사회구조의 발전으로 인해 인간의 삶에 부정적인 일면도 드러내고 있다는 지적도 받고 있다. 이런 점에서 현대의 불변의 패러다임으로 이해되고 있는 과학적 합리주의를 재조명해 볼 필요가 있다.

첫째, 과학적 합리주의는 세계를 인식하는 훌륭한 방법이기는 하나 그것이 유일한 방법은 아니라는 점에 대한 이해가 필요하다. 데카르트에 의해 제창되어 근대 이후의 패러다임으로 정착한 과학적 합리주의는 인과론적인 논리에 바탕을 두고 있다. 세계는 원인과 결과라는 두 요인으로 설명 가능하며, 이는 수식화하여 설명할 수 있다는 것이 그 기본 논리인 것이다. 이러한 인과론적 인식론에 근거한 과학적 합리주의는 자연현상의 설명에 있어 그 엄정한 법칙성의 적용을 가능케 했으며, 인간과 인간이 살아가는 사회에 대해서도 이를 이해의 준거로 사용해 그 타당성이 입증되었다. 엄정한 논리성과 실증가능성에 바탕을 둔 이 방법은 이전에 존재하던 막연한 직관과 유추에 의한 세계인식의 비논리성을 극복한 것으로 이해되었다.

그러나 카프라(F. Capra : 1939~)는 「새로운 과학과 문명의 전환」이라는 책에서 과학적 합리주의의 첨단에 이른 현대 물리학의 연구결과가 오히려 데카르트적 합리주의의 한계를 드러내 보인다고 지적한다. 그들의 인과론적이고 결정론적인 사고는 물질세계의 해명에 미흡하다는 것이다. 자연현상은 객관적으로 존재하지 않고 인간이 어떻게 바라보려 하는가에 따라 다르게 나타난다는 그의 지적은 물질의 구조해명에 오히려 인간의 의식이 깊이 관여함을 보여준다.[38] 현대물리학의 연구결과를 토대로 새로운 패러다임의 등장을 예견한 이 책은 과학적 합리주의가 완벽한 세계인식의 방법이 아님을 충분히 보여준다.

과학적 합리주의에서 볼 때, 인간은 자연과 마찬가지로 인과론적인 존재이다. 인간은 자극에 대해 반응하는 그러한 존재인 것이다. 따라서, 인간에 대해 어떤 결론을 얻고자 할 때, 그 자극의 방법을 개발하면 충분한 것이 된다. 그러나 인간은 무정물인 자연과는 달라서, 그 방법으로 인간에게 실험하면 충분한 결론에 이르지 못하고, 때에 따라 다른 결과를 낳게 되기도 한다. 이것이 과학적 합리주의 자체의 오류가 아닌, 검증방법 개발상의 오류로 파악할 수도 있다. 그러나 최소한 인간이 제거된 방법론이 지니는 이론의 오류로 봄이 타당하다.

과학적 합리주의는 자연을 정복하여 이를 이용할 수 있는 방법을 제공해 주지만 인간을 자연으로부터 유리시키는 결과를 낳는다. 인간이 자연을 이해함에 있어 이를 합리적 언어로 접근하는 과학적 합리주의가 있으나, 이러한 접근 이외에도 직관이나 유추와 같은 감성에 의한 접근도 존재할 수 있다. 그리고 박이문이 지적한 대로 인간의 의식과 대상 사이의 거리는 과학, 즉 지성에 의해 접근하는 것이 감성에 의해 접근하는 것보다 훨씬 더 멀어져, 대상이 지닌 진실과는 다른 것으로 나타나게 될 위험이 따른다.[39] 그것은 논리로 접근하기가 불가능한 정신의 세계를 파악함에 있어 인간의 상상력이 담당해야 할 영역이 있기 때문인 것으로 풀이된다.

둘째, 과학적 합리주의가 사회구조 속에서 과학기술의 발전을 가져오면서 파생된 인간의 소외현상을 들 수 있다. 인간은 자연 속에서 자연을 이용하여

---

38) F. Capra, *The Turning Point*(Simon and Schuster, c1982) : 이성범·구윤서 역, 『새로운 과학과 문명의 전환』(범양사 출판부, 1985), p. 77 이하.

39) 박이문, 『시와 과학』(일조각, 1975), p. 81 이하 참조.

인류의 생존에 필요한 여러 산물을 생산하고 소비하면서 삶을 영위해 왔다. 기술의 발전이 있기 이전에 인간은 생산기술의 부족으로 늘 생산이 소비에 미치지 못하거나 겨우 균형을 유지할 수 있었다. 이것은 자연계 속의 모든 생물이 먹이사슬 속에서 균형을 이루고 살아온 것과 동일한 양상으로 파악된다. 이때 인간은 자연과 조화로운 관계 속에서 균형잡힌 삶을 영위해 왔다. 생산과 소비가 균형을 이루는 사회에서 인간은 자신의 소비에 대한 생산 주체로서 존재한 것이다. 그런데 산업혁명 이후 인간은 분업과 생산주체의 기계로의 전환을 통해 물질의 풍요는 가져왔지만, 산물이 지닌 사용가치(使用價値)를 교환가치(交換價値)로 바꾸어 인식하게 되고, 인간이 산물의 생산에 있어 전과정에 참여하는 주체가 아닌 부품생산자로 전락하면서 극도의 소외현상(疎外現象)을 겪게 된다.[40)]

소외현상은 또 과학적 합리주의 자체가 지니는 속성이다. 인간성을 고려하지 않는 이론 자체의 문제점이 지적되기도 한다. 자연과학에 기초를 둔 합리주의는 부분이 유기적으로 모여 전체를 이룬다는 사물관을 특징으로 한다. 작은 단위의 원자가 모여 분자를 이루고, 이들 분자가 모여 하나의 사물이 된다는 인식태도가 그것이다. 이는 시계를 비롯한 수많은 과학적 산물의 발명에 기본적인 구조원리가 된다. 이러한 사물관이 자연이나 과학적 산물의 범주를 벗어나 인간에 그대로 적용될 때, 이 논리는 많은 문제점을 야기한다. 예컨대 이 논리에 따르면 인간은 여러 개의 부속품이 모여 만들어진 시계와 같은 존재로 파악된다. 그 결과 인간의 부속품에 고장이 생기거나, 이물질[병원체]이 끼어들 때, 인간자체가 질병이라는 현상을 보이는 것이라는 질병관이 생긴다. 따라서 의사가 질병을 치료하는 것은 고장난 시계를 고치는 것과 같이 되어버려, 의술에서 인간이 제외되고 의사와 환부가 직접 만나는 것이 되고 만다. 이것은 인간이 인간에 대해 인간을 소외시키는 것으로, 과학적 합리주의가 갖는 논리적 한계로 지적된다.[41)] 프로이트 이후 정신분석학(精神分析學)에서 해

40) 정문길, 『소외론연구』(문학과지성사, 1978), p. 83 이하 참조. F. Pappenheim, 「현대사회와 인간소외」, 『열린 세계 닫힌 사회』(새론기획 출판부, 1981), pp. 43~47 참조.

41) Capra, 위의 책, pp. 116~153.

명되고 있듯이, 인간의 정신과 육체는 유기적으로 결합된 것으로, 정신이 육체의 병을 유발시키기도 하고 육체가 정신의 병을 불러오기도 한다. 이에서 보듯이, 인간이 인간에 대해 고려할 때, 인간을 소외시킨다는 것이 지니는 논리적 한계가 분명히 드러난다. 인간중심의 사고를 회복하기 위해 과학적 합리주의 일변도의 세계인식의 한계를 이해해야 할 것이다.

2. 현대교육의 위기 극복으로서의 문학교육

제도적 교육은 그 본질상 보수적인 성향을 지니며 그 시대의 문화적 분위기와 깊이 관련을 맺을 수밖에 없다. 현대교육이 현대사회의 패러다임으로 존재하는 과학적 합리주의의 범주를 벗어나기 힘든 까닭이 여기에 있다. 17세기 이후 인류가 지향하는 바가 과학적 합리주의에 의한 기술개발에 그 목표가 주어졌음은 주지의 사실이다. 우리 나라의 경우 개화기 이후 서구의 지식체계를 받아들이는 데에 온갖 노력을 치중한 것도, 또 이를 근대화라 본 것도 세계적 보편화의 추세에 따른 당연한 귀결이라 하겠다. 현대사회가 지향하고 있는 교육은 미국 국립과학원이 추구하는 미국 교육의 미래상에 잘 나타난다. 세계가 급속히 변화하고 있고, 과학기술은 변화하는 세계 속에서 중요한 몫을 담당할 것이며, 과학기술에 대한 지식은 급변하는 미래사회의 자본이 된다고 강조한다. 이에 따라 그들은 미국이 21세기에도 세계적 강국으로 남기 위해 과학기술세계를 이해할 수 있게 하는 기초학문이 매우 중요하며, 각급학교에서 과학교육의 중요성은 더욱 강조되어야 한다고 결론짓고 있다.[42]

과학기술의 개발을 위한 기초학문의 교육은 국가적인 차원에서 그 중요성이 인정된다. 세계화시대 그리고 극도의 경쟁사회 속에서 한 국가가 살아남기 위해서는 현실적 당면의 문제를 도외시해 버릴 수 없는 노릇이다. 그러나 과학기술의 교육을 강조하기 위해 인간교육의 문제, 인간이 인간다움을 확보할

42) 미국 국립과학원 초·중등 수학·과학 및 기술교육위원회의 『21세기를 위한 미국 교육』 참조.

수 있는 교육의 문제가 교육의 기본 토양으로 자리잡아야 한다. 과학적 합리주의의 한계를 고려할 때, 이를 보완하는 문학교육의 가능성에서 그 해결의 방안도 고려되어야 할 것이다.[43]

최근 우리의 교육도 인지적인 영역보다 정의적 영역을 강조하는 경향이 있다.[44] 인간을 인간으로 키우려는 전인교육(全人教育)의 필요성에 의해 정의적 교육이 강조된 것이다. 이러한 교육과정상의 변화는 교육이 단순한 기능인의 양성이 아닌, 가치있는 삶을 영위할 수 있는 인간의 길러냄에 그 목적을 두어야 한다는 당위성에 비추어 당연한 귀결이다. 과학적 합리주의 일변도로 치달은 결과, 인간 소외현상이 사회문제화되었다. 이러한 현실 속에서 인간다운 인간을 육성하는 일은 중요하다. 이러한 인간다운 인간이란 단순한 지식교육의 차원이 아니라 가치개념이 개재된 것이고, 이는 정의교육 영역에서 비롯될 수 있음을 생각하면, 교육과정의 이같은 변화는 고무적인 사실로 받아들여져야 한다.

그러나 실제 교육의 현장에서는 정의영역의 교육보다 지식(知識)과 기능(技能)의 영역에 대한 교육이 여전히 강조되고 있다. 이는 교육에서 지적 영역의 교육이 전통적으로 강조되어 왔고, 학문의 분화 기능이 강조되어 온 것과 관련된다.[45] 또한 정의교육이 지식교육에 비해 갖는 모호성과 실제 교육 가능성에 대한 의문, 그리고 그것이 실제로 평가가 가능한가 하는 의문 등, 방법 · 기술상의 문제도 교육현장에서 정의교육을 포기하는 요인이 되고 있다.

예를 들어보자. 파스퇴르 이후 의학의 눈부신 발전을 배워 임상현장에서 잘 적용하는 완전한 기능인(技能人)으로서 의사를 배출하는 것이 현대의학교육이 지향하는 바이다. 컴퓨터 지식의 전수, 과학 현상과 원리의 전수, 언어학적 지

---

43) 미국 대학의 교양교육의 정상화를 위해 학문간의 균형과 인문학의 위상을 강조한 Daniel Bell, *(The)Reforming of General Education*, 송미섭 역, 『교양교육의 개혁』(민음사, 1994)은 좋은 참고가 된다.

44) 90년대 이후 일련의 열린교육운동, 학습자중심교육, 과정중심교육 등이 그 대표적 예이다.

45) 분업화 이후 교육은 사회화의 질과 정도에 따라 우열을 나누어 선택하는 교육의 기능이 강화되어 왔다(위의 책, pp. 25~27 참조).

식강조 등 지식의 교육은 현대교육이 행해 온 주된 방향이었다. 지식과 기능의 교육은 훌륭한 기능인을 양산해 사회에 기여할 수 있으며, 완전한 기능인이 되기 위해서는 자신의 분야에서 최고의 기능을 보유하는 것으로 가능하다. 그러나 이러한 기능인이 자신의 기능 속에 인간다움을 제거했을 때, 기능이 인간을 소외시키는 현상으로 나타난다. 인간은 인간들 속에서 인간으로서 고뇌하고 갈등을 겪으면서 인간으로서 가치를 추구하면서 살아간다. 하나의 기능인이 최고의 기능인이 되기 위해서는 기능만으로는 부족하다. 인간적 가치와 인간의 혼을 갖지 못했을 때, 그는 단순한 기능인으로 남을 뿐이다. 바이올리니스트가 최고의 경지에 이르기 위해서, 의사가 가장 뛰어난 의사가 되기 위해서, 법률가가 최고의 법률가가 되기 위해서는 해당 분야의 전수된 지식과 기능을 모두 습득하는 것만으로는 부족하다. 그들이 그들의 지식과 기능에 '인간'을 접목시켰을 때 비로소 각 영역의 최고 전문인이 되는 것이다.

정의교육(情意教育)의 목표로 탐구의 정신, 법과 질서의 존중, 예술작품의 심미안, 도덕적 자율성, 정직성 등을 흔히 들고 있다.[46] 이러한 개별 덕목들은 그것에 대해 알고 있다는, 지식의 차원에 머무는 것이 아니라, 그것들이 가치화되고 인격화되어야 한다는 점에서 지식영역의 그것과 구별된다. 정의의 영역은 결국 인간다움에 대한 이해와 그것이 각 개인에게 내면화되는 것으로 요약될 수 있다.

이러한 목표를 설정하는 것은 여러 교과에서 가능하다. 도덕 · 윤리 등도 정의교육을 위한 좋은 교과가 된다. 그러나 이러한 교과에서는 정의교육의 내용이 다시 지식 차원으로 환원될 우려가 많다. 그러한 덕목들을 내면화하기보다는 오히려 지적 항목으로 암기하게 하는 예가 허다하다. 그러한 점에서 또다른 추상적 지식을 추구하는 결과를 빚게 된다. 구체화된 삶의 모습 속에서 정의교육의 덕목에 도달하기 위해서는 문학 등과 같은 예술이 갖는 상상력에 의한 구체화가 이루어져야 될 것이다. 이는 인간의 본질적인 힘을 확증해 주는 인간적 감성이 교육적으로 중시되고 창조되지 않으면 안된다[47]는 지적과 직

46) 황정규, 위의 책, p. 515.
47) 정문길, 앞의 책, pp. 97～99.

결된다.

예술은 인간들이 인간다움의 본질을 직접 체험하게 해 주고, 논리가 아니라 감성으로 대상을 접해 내면화를 가능하게 해 준다. 음악의 아름다운 선율과 회화의 선과 색은 인간의 미감을 자극하고, 인간만이 느끼는 아름다움을 체험함으로써 인간의 인간다움이 무엇인지, 가치있는 삶이 어떤 것인지를 깨닫게 해 준다. 이러한 예술의 여러 영역 중에서 문학은 특히 삶과의 연계성이 강조된다. 문학은, 인간의 개인적 감정이나 인간 사이의 삶을 소재로 하고, 문학적 상상력을 매개로 하는 언어화된 예술로서, 인간의 삶에 대해 직접 해명하고, 새로운 가치를 부여하는 특이한 양식이다.

이러한 문학을 통해 인간은 인간다운 삶에 대해 고뇌한다. 그리고 세계에 대해 과학적 합리주의에 따른 인식보다는 인간본연의 상상력에 의한 투시를 더 앞세운다. 교육의 본질적(내재적) 목적은 단순한 기능인의 배출에 있지 않고, 삶의 총체적인 모습을 이해하고 인간의 가치를 내면화하는 존재를 기르는 데 있다. 문학교육(文學敎育)의 중요성이 강조되는 까닭이 여기에 있다.[48]

이러한 주장을 한다고 해서, 그것이 인간의 세계인식의 방법을 직관과 유추에만 의거하는 원시적 사고로의 회귀를 뜻하는 것은 아니다. 과학적 합리주의가 인간의 세계인식을 단면화시켜 극도의 소외현상에 직면한 현대사회의 위기를 가져왔으므로, 이를 극복하기 위해 인간의 의식에 자유를 주어야 함을 말하고자 한 것이다. 과학적 합리주의에서 볼 때 비합리적이고 비과학적인 문학, 그 문학에서의 세계인식이 역시 세계를 바라보는 하나의 창구일 수 있으며, 또 그것이 인간의 가치를 강조하는 교육의 중요한 일면임을 알아야 한다. 인간과 자연, 그리고 세계가 인간의 상상력 속에서 등가적 관계에 놓임을 전제하는 문학은 과학적 합리주의에 침윤된 인간이 지닌 원초적 세계인식의 통로이며, 따라서 문학교육은 인간정신의 중요한 한 부분으로 현대교육의 일방성과 현대사회의 소외현상을 극복케 해 주는 한 방안이 된다.

---

48) 3장 Ⅱ '삶의 총체성의 체험' 참조.

3. 문학교육을 통한 문학적 문화의 고양

교육이 인간의 변화를 도모한다는 것은 두루 아는 일이다. 인간행동 특성을 유의미하게 변화시키려는 노력49)을 '교육'이라고 할 때, 변화의 방향이 무엇인지는 주목해야 한다. 변화의 방향 속에는 가치지향성과 인간다움의 고양이라는 두 가지 사항이 포함되어야 한다. 우리 교육에서 지적 영역과 정의적 영역과 심리·운동적 영역이 심한 불균형을 이루고 있다.50) 이러한 불균형 속에서 교육의 목적을 만족시키지 못함은 자명하다. 교육이 가치지향적이고 인간다움의 고양이어야 한다면, 과학적 합리주의에 의해 세계를 인식하도록 가르치는 것에 대한 성찰이 있어야 한다. 인간의 인간다움은 자유와 개성적 자아의 확립에 그 중요한 한 부분이 놓일 것이기 때문이다. 이를 위해서 정의교육의 중요성은 강조되어야 할 것이다.

인간사회는 인간이 주체가 되어 살아가는 사회다. 인간이 사회 속에서 소외감을 느끼지 않고 살아가기 위해서 개개의 인간이 주체로서 인식하는 것이 중요하다. 따라서 교육은 분화의 기능보다는 한 공동체 속에서 동질감을 획득시키는 기능이 강조되어야 한다. 그러나 이러한 논리는 산업혁명 이후 분업체제화가 팽배하면서 망각되어 왔다. 인간 위에 신을 설정해 인간을 소외하던 시기가 지난 후, 인간은 과학적 합리주의에 의해 또 다시 인간을 소외시키게 되었고 그 결과 분화의 기능을 강조하고 지식의 중요성을 고조시켜 온 것이다. 세계를 인간중심으로 보아 삶의 전체성을 이해하고 사유하는 것은 과학적 합리주의가 노정한 한계를 넘어서는 길이다. 바로 이 곳에 문학교육의 필요성이 놓인다.

그러나 문학교육의 현실은 몇 가지 난점이 있다.

첫째, 문학의 저변이 확대됨과 병행한 더불어 나타난 상업주의의 팽배다. 현대사회에서 문학이 소수의 전유물에서 대중의 것으로 전이한 것은 문학교육

---

49) 정범모, 『교육과 교육학』(배영사, 1971), pp. 17~27.

50) 황정규, 앞의 책, p. 38. 지적 영역 : 정의적 영역 : 심리·운동적 영역은 대개 7 : 1 : 2의 비율을 보여준다고 한다.

을 위해 고무적인 사실이다. 그러나 이와 더불어 각종 대중매체에 의해 문학이 상업주의화되고, 그 결과 소비적 대중성의 문화는 문학 자체의 존재 의의마저 왜곡시키는 지점에 이르렀다.

둘째, 문학의 전문화 현상이 문학을 대중과 멀어지게 한다는 점이다. 고도의 정보화사회이면서 첨단기술이데올로기가 지배하는 문화환경 속에서 극도의 실험적인 문학운동(文學運動)들이 분화되는 양상을 보이는 가운데, 일부 문학은 소수의 전문가만이 이해할 수 있는 전문화 경향을 보인다. 이는 문학교육이 보편의 미학과 공동선의 교육적 가치를 다루어야 한다는 점을 고려할 때, 한계로 남는다.

셋째, 문학의 양극화 현상이다. 문학의 예술성과 사상성[정론성]의 문제는 오랜 동안 문학연구에 있어 중요한 논쟁점이 되어 왔다. 제1차 세계대전 이후 이러한 양극화 현상은 점차 심화되어 문학에 대한 논의뿐만 아니라 문학교육에 어려움을 가중시킨다.

넷째, 실제 문학교육의 상황과 관련된 것으로 문학교육을 지식교육으로 일관하거나, 정의적 영역과 지적 영역을 별개의 것으로 보는 태도도 문제이다. 문학은 제재의 특성상 인지적인 영역과 정의적인 영역이 공존한다. 자연과학이나 사회과학의 여러 제재와는 달리 정의적 영역이 더불어 강조되어야 한다는 점에서, 이 두 영역은 유기적으로 조화되어야 할 것이다.[51]

문학교육이 상상력을 고양시키고 삶의 총체성을 체험케 하고, 도구적 이성의 극복을 지향하는 것이라면, 위의 네 가지 문제점은 선결되어야 할 과제이다. 상업주의에 의한 문학의 오락화와 극도의 전문화는 문학 교육의 정상화를 방해한다. 문학은 상상력에 의한 세계의 독특한 이해 방식이며, 삶에 대한 진정성을 바탕으로 인간의 본질적 가치를 추구한다. 이렇게 볼 때, 문학의 오락화는 오히려 문학을 상품화하는 것이며 삶의 가치에 대한 진지한 탐구의 포기이다.[52] 문학의 전문화는 문학의 끊임없는 새로움의 추구로 문학의 본질이며

51) 박인기, 「국어교육에서의 정의교육의 향방과 재개념화」, 『국어교육학연구』 11집, 2000. 12. 참조.

52) 이에 대해서는 7장 Ⅲ에서 상론됨.

순기능으로 파악할 수도 있다. 그러나 문학이 끝없는 폐쇄회로로 치달을 때, 문학은 대중을 떠나게 되고, 극단적으로 말해 주술(呪術)의 경지로 나아가게 되어버릴 위험이 따른다. 문학현상이 작자와 독자 사이의 작용태로서 존재하는 것이라면, 작자와 독자가 작품이라는 공간 속에서 다양한 커뮤니케이션을 이룰 수 있을 때, 비로소 문학이 문학으로 기능할 수 있으며, 이 속에서 문학의 교육과 문학을 통한 교육이 가능할 것이다.

문학의 양극화 현상을 벗어나기 위해서는 단순논리에서 탈피하여 양자를 수용하는 자세로 나아가야 한다. 문학은 그 본질상 예술성과 사상성을 내포하며 이들 양자는 상호보완적일 수밖에 없다. 문학이 문학일 수 있는 것은 문학의 구조적 특성에 연유하는 문학성 혹은 예술성에 있다. 문학이 삶에 대한 새로운 이해를 도모하는 것은 그것이 지닌 세계인식의 독창성에 기인한다. 예술성과 세계인식성 이 둘의 연계가 필연적이라는 점은 재론의 여지가 없다. 문학을 통해 배워야 할 것이, 앞에서 말했듯이 세계인식의 자유와 관련된다고 한다면, 문학에 대한 단순논리는 극복되어야 마땅하다.

문학교육의 중요한 의의는, 문학 교육을 통해 세계 인식방법에 있어 자유를 획득하여, 과학적 합리주의 일변도의 현대문화가 지닌 한계를 극복하여, 마침내 문학적 문화로 나아가는 데 있다. 영국의 물리학자이며 소설가이기도 한 스노우(C. P. Snow : 1905~1980)가 경계했듯이, 현대문명이 한편으로 고도의 과학화로 치닫고 있는데 한 쪽에서는 태고적 정념에 안주하고 있는, 문화의 극단적 분리현상은 인류 전체의 손실이다.[53] 따라서 이 양자의 조화와 통일을 기할 때 현대사회와 문화의 올바른 개념이 정립될 수 있다. 이 양자의 조화는 스노우가 강조하듯 현대의 상황에 기대어 과학적 합리주의를 중심으로 하든, 리비이스나 트릴링처럼 문학적 문화를 중심으로 하든, 새로운 변모를 요하는 것만은 틀림없다.[54] 그러나 여기서는 문학적 문화를 세계인식 방법의 다양성을 강조하는 것으로 한정한다. 현대사회는 교육이 과학적 합리주의를 따를 것을 강요한다. 상상력의 산물인 문학조차 분석적이고 과학적인 체계로

53) 김윤식, 『한국문학사논고』(법문사, 1973), p. 433.
54) 위의 책, pp. 432~436 참조.

고정시키는 상황 속에서 문학교육의 난관은 한둘이 아니다. 그러나 문학은 상상력을 통해 세계를 독특한 방식으로 이해하며, 이러한 비과학적이고 미신적으로까지 보이는 방식이 인간의 인간성을 확보하는 한 방식임을 제시하고자 하는 것이다.

한 가지 전제해야 할 점은 문학을 바라보는 시각에 있어서도 가치를 다양하게 인정해야 문학교육이 올바로 문학적 문화의 고양으로 나아갈 수 있다는 점이다. 거칠게 말해 이것은 낭만주의적인 문학관과 고전주의적 세계관의 다양한 조화를 의미한다. 즉, 인간 개인의 무한한 가능성을 전제한 자아중심의 사고와, 인간이란 한정된 동물이며 불변하는 것으로 보는 단절적 세계관에 놓인 고전주의적 사고[55]의 조화로운 극복을 지향하는 것이다. 이 양자는 문학을 바라보는 대표적 관점으로 보인다. 그러나 그 각각이 극단으로 나아갈 때, 전자는 그 엄청난 정열로 인한 일대 혼란을, 후자는 단절적 세계관으로 인한 전체주의에로의 함몰을 보여 준다. 문학적 문화란 이러한 양 극단을 조화시키고 인간의 본성과 인간다움과 인간의 가치를 최대한 고려하고 발휘하는 문화를 뜻한다. 이러한 문화의 정립을 통해 인간은 인간성이 소외되는 현실을 넘어서고, 인간존재에 대한 극도의 혼란을 벗어날 수 있다. 문학교육은 이러한 문학적 문화를 고양시킬 수 있을 때 그 존재 의의를 갖는다.

2015년 국어과 교육과정의 '문학' 영역은 시대적 배경과 문화에 따라 각기 문학에 다르게 나타나는 가치를 발견하는 활동을 강조한다. 동시에 시대적 배경에 따른 인식의 변화 속에서도 오늘날까지 변하지 않고 있는 가치를 발견하는 활동 또한 강조한다. 이는 인간다움과 인간의 가치를 중시하는 문학적 문화의 실천 방법이라 할 수 있다.

2015년 선택 중심의 '문학' 교육과정은 '문학에 대한 태도' 영역에서 문학적 문화의 실천 방법과 그 의미를 제시한다. 우리는 문학을 통해 자아를 성찰하고 타자를 이해하는데, 이 과정에서 자아와 세계의 관계 속에서 인생의 가치를 파악한다. 또한 공동체 구성원과 정서적으로 교류하면서 상호 존중감과 유

55) T.E. Hulme, *Speculations*(Routledge & Kegan Paul, 1924) : 김재근 역, 『사색록』(정음사, 1967), pp. 144～145.

대감을 높일 수 있다. 이처럼 문학적 문화는 문학 활동을 통해 학습자 스스로 자존감을 높이고 상생과 공존의 문화를 발전시키는 힘이 된다는 점을 확인하게 한다.

2부

문학교육의 이론과 실제

제4장 문학이론과 문학교육

Ⅰ ▸▸ 문학현상의 본질

1. 문학본질 논의의 현황

문학교육이 문학의 본질에 입각하여 이루어져야 한다는 데는 의문의 여지가 있을 수 없다. 이는 문학을 여타 영역의 가치실현을 위한 도구로 환원하여 가르칠 수 없음을 뜻한다. 문학의 본질에 충실한 문학교육을 모색하자면 문학의 본질이 우선 규명되어야 한다. 문학의 개념, 문학의 형식, 문학의 내용, 그리고 작용태로서의 문학현상 등의 항목들이 갖는 기본적 속성들이 밝혀져야 이들에 터한 문학교육이 가능해진다.

기존의 문학교육론에서는 문학교육론을 위한 입론을 제시한 다음 문학의 본질이라는 항목에 장르별로 개론서를 요약한 내용을 포함시키는 요식적 절차를 택하고 있는 예들이 발견된다.[1] 이러한 방식은 문학의 개념을 직재적으로 열거하는 방식을 택함으로써 문학교육에 참고할 수 있는 자료로 활용될 수 있을지는 모르지만, 저술 본래의 목적에서 벗어난다. 그 결과 문학교육론이라는 이름에 적합하지 않은, 본래의 의도와는 빗나간 저서가 되고 마는 경우를 목도하게 된다. 문학의 본래적인 속성이 문학교육의 바탕으로 수용되자면 문학과 문학교육의 상호관계가 정당히 밝혀져야 한다.

또한 문학을 고정된 대상으로 바라봄으로써 문학의 역동적인 작용력을 함양하지 못하고 지식의 차원으로 저락시키는 현상을 자주 발견하게 된다. 문학의 지식이 문학을 수용하고 향유하는 데 있어서 전혀 불필요한 것은 물론 아닐 터이나, 문학의 개념적인 지식을 전달하는 것만으로는 문학교육의 정당한

1) 본격적인 문학교육론을 시도한 저서에서도 그러한 예는 나타난다. 최운식 외, 『문학교육론』(집문당, 1986)이 그러한 경우이다.

수행을 도모하기 어렵다. 문학은 작자－작품－독자 사이의 역동적인 작용을 수행하는 작용태(作用態)[2]로 존재하는 것이며, 문학교육도 그러한 작용을 돕는 일련의 과정으로 규정되기 때문이다.

문학교육에서 발견되는 또 하나의 문제점은 문학의 기능을 과장적으로 강조하는 목적성의 오류이다. 문학을 통하여 미적 정서를 기르고 아름다운 꿈을 갖게 한다든지 인간관계를 이해하도록 한다는 교육과정상의 목표들이 이러한 예에 해당한다. 문학의 기능은 사람의 신체 부분들의 기능에 비유될 수 있다. 피아노를 치기 위해 손이 있는 것이 아니라 손이 있음으로써 피아노를 칠 수 있는 것이다.[3] 도덕이나 이념을 전파하기 위한 수단으로 문학이 존재하는 것이 아니라, 문학을 수용한 결과로 도덕적 판단력이 길러지는 것으로 보아야 옳다. 문학의 인간적인 기능을 과장적으로 강조하다 보면 문학 외적인 교육 의도가 부각되어 문학이 타교과로 환원되어 문학의 자율성을 잃고 만다. 이렇게 되면 문학교육의 존립의미는 사라지는 결과에 도달하게 된다.

문학교육에서 문학이론을 적용함에 있어서 장르를 고려하지 않는 일반화의 오류가 지적될 수 있다. 시 중심으로 발전된 이론인 미국의 신비평이론으로 같은 문학의 영역에 속한다고 장편소설을 설명하고자 한다든지, 근대장편소설을 중심으로 성립된 장르개념으로서의 장편소설의 이론을 단편소설에 그대로 적용시킨다든지 하는 예를 흔히 보게 된다. 장편소설의 구조를 5단구성으로 분석한다든지 단편에서 문제적 인물[4]을 찾는다든지 하는 예들이 그러한 오류에 해당한다. 이는 기본장르와 변종장르의 레벨을 무시하거나 구분하지 못하는 데서 비롯되는 오류이다.

이러한 오류들은 문학을 가르치는 장에도 나타나며, 문학 교육을 논하는 자

---

2) 문학을 역동적인 작용태(作用態)로 보아야 한다는 관점은 김용성·우한용 공편, 『한국근대작가연구』(삼지원, 1986), p. 4에 제시되어 있음. 문학의 수용과 생산이 상호작용을 하며 새로운 문화를 형성하는 데 기여한다는 점을 강조할 필요가 있다.

3) John M. Ellis, *The Theory of Literary Criticism : A Logical Analysis*(California U. P., 1974) 제2장 참조

4) 장편소설에서 문제적 인물(問題的 人物)은 루카치의 개념이다. 세계의 불합리함을 깨닫고 세계의 방향성을 감지한 결과를 개념화하기는 하지만, 세계를 개선하려는 적극적 행동은 보여주지 못하는 인물이다.

리에도 답습되고 있어 문학교육의 정당한 발전을 장애하게 된다. 이러한 오류를 불식하고 문학현상의 정당한 모습을 밝힘으로써 문학교육의 터는 확고해질 수 있다.

2. 문학의 개념과 문학현상

문학의 이론을 수립하고자 하는 학자의 수만큼이나 많은 문학의 정의가 있을 수 있다는 것은 문학현상의 복잡함을 반증한다. 문학의 성격규정이 이처럼 걷잡을 수 없이 혼란스런 이유는 문학을 고정된 대상으로 놓고 보는 데에 있다. 문학을 고정된 대상으로 놓고 볼 때 문학의 형식과 내용을 양분적으로 고려하거나 도무지 종잡을 수 없는 혼란상을 보여준다. 그런 중에도 문학을 정의하는 방법으로 형식과 내용을 함께 고려한 예도 적지 않다. 비교적 포괄성을 띤 예로 다음과 같은 것을 들 수 있다.

문학은 가치있는 체험의 기록이다.[5)]

문학의 형식조건인 언어(기록)와 내용조건인 가치있는 체험을 함께 포괄하여 형식논리상 결루가 없는 명제로 문학을 정의하고 있다. 그러나 이러한 정의는 여러 국면에서 정련되지 않으면 안된다. 우선 문학을 고정된 관점, 즉 텍스트 중심의 관점에서 바라본 데에도 문제가 있다. 또한 문학언어라고 하는 언어의 속성은 무엇인가 하는 점이 해명되어야 한다. 체험이란 무엇이고, 가치란 어떻게 결정되는가 하는 물음들도 해명되어야 한다. 또한 언어, 체험, 가치 등이 시대마다 달리 규정될 수 있는 가변성을 띠기 때문에 문제의 복잡성은 더해진다. 이러한 문제점을 고려하여 문학을 규정한다면 다음과 같이 될 것이다.

5) 최재서, 『문학원론』(춘조사, 1963), p. 11.

문학은 언어로 형상화된 체험의 소통이다.

이러한 규정을 바탕으로 문학교육과 연관된 문학이론을 살펴보기로 한다. 이는 문학의 언어적 조건, 문학의 형상화, 문학의 소통 등을 고려하여야 한다. 이 가운데 문학의 언어적 조건과 소통의 측면을 집중적으로 고려해 보기로 한다. 이들의 영역과 연관된 문학이론의 양상을 검토하기로 한다.

문학의 언어적 조건을 중심으로 전개되는 문학이론은 형식론 혹은 구조론을 지향하게 된다. 미국의 신비평(新批評), 프랑스의 구조주의(構造主義), 러시아의 형식주의 등이 이러한 예에 해당한다. 이는 문학을 미적 구조물로 보아 형식적 조건에 의해 설명하는 일원론적인 접근방법이다. 그러나 이러한 관점은 문학의 내용조건을 소홀히 하여 문학을 형식론적으로 치중하여 탐구할 가능성을 지닌다. 반면 문학의 '가치있는 체험'이란 내용조건을 강조하는 입장은 이른바 연속적 문학관(連續的 文學觀)으로 문학의 인간적 가치를 강조하게 된다. 작가의 심리표현, 작품이 반영하고 있는 사회구조, 작품의 구조와 사회구조 사이의 상동성(la homologie)[6]의 추출 등을 강조하는 문학이론들이 이러한 부류에 해당한다. 우리 문학사에서 형식미를 추구한 작가로 김동인(1900~1951)이나 이상(1910~1937)을 들 수 있다. 문학과 사회의 연관을 고려한 경우는 이광수(1892~1950), 염상섭(1897~1963), 채만식(1902~1950) 등이 대표적 예이다. 그러나 양자는 상호배타적인 관계에 놓인다고 하기보다는 오히려 상보적인 관계에 있다고 보아야 할 것이다.

이 양자의 긴밀한 관계를 고려하여 문학을 의미작용의 실천으로 보는 관점을 택할 필요가 있는 것이다. 이는 앞에서 언급한 바 있지만 문학을 역동적인 작용태, 혹은 기호론적 실천논리(記號論的 實踐論理)에 입각하여 바라봄을 뜻한다. 문학이 언어적인 구조물로 여겨질 소지는 그 매재가 언어임으로 해서 충분한 것이다. 그러나 문학의 매재로서 언어는 언어학에서 대상으로 하는 언

---

6) 상동성(相同性, homologie)은 동족성(同族性)으로 번역되기도 한다. 이는 골드만(L. Goldmann)이 「소설의 사회학을 위하여」에서 발전시킨 개념으로, 작품의 구조와 사회의 구조 사이에는 일정한 상응관계가 있다는 것이다. 자세한 것은 「문학사회학방법론」(『현상과 인식』, 1984)의 머리논문을 참조할 것.

어체〔la langue〕에서 한걸음 나아가 그 언어를 사용하는 주체와 상대자가 고려된 담론(discours)의 차원에서 실현되는 것이란 점을 염두에 둘 필요가 있다.[7)]

문학은 고도로 세련된 언어적 전달의 양상을 띠는 것이 사실이다. 그렇기 때문에 문학적인 언어는 의미론자들의 유혹의 대상이 되어 왔다. 그러나 문학의 의미는 단의적인 것이 아니라 복합성을 띠는 것이며, 언어외적인 전달 혹은 의미작용의 도움없이는 의미수행(意味遂行)이 이루어지지 않는다는 점에서 언어학의 대상을 뛰어넘는다. 바흐찐 같은 학자들이 문학을 대상으로 하여 초월언어학(超越言語學)을 수립하고자 했던 이유도 여기에 있는 것이다. 바흐찐은 언어상황을 다음과 같은 도식으로 설명한다.[8)]

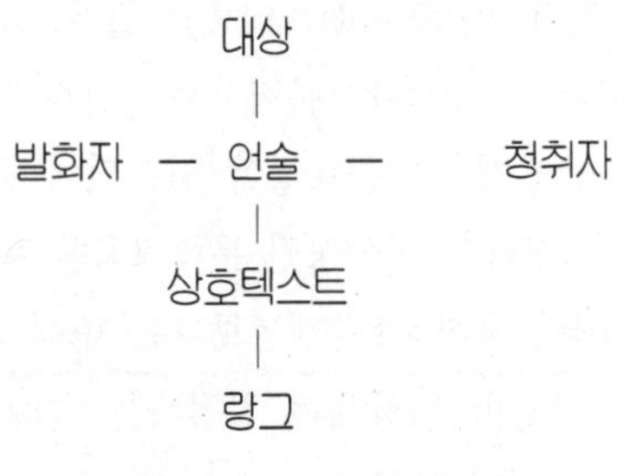

[그림 4] 언어상황모형도

위 도식에서 알 수 있는 사항은 담론의 문법을 성립시키고자 하는 의도와 함께 야콥슨(R. Jakobson)의 언어상황 모형에 대한 비판의 의미도 띠는 것이다. 또한 양면적 대립(binary opposition)을 그 사고의 기본으로 하고 있는 소쉬르(F. de Saussure : 1857~1913) 언어학에 대한 비판과 지양(止揚)의 의지를 표명하는 것이기도 하다. 문학의 언어를 논하는 자리에서 문학언어의 작용을 중시해야 하는 이유는 문학의 언어가 기호론적 실천의 양상으로 수행되

7) Tzvetan Todorov, *Mikhail Bakhtine : le principe dialogique*(Paris : Seuil, 1981) : 최현무 옮김, 『바흐찐 : 문학사회학과 대화이론』(까치, 1987), p. 39.

8) 위의 책, p. 85.

기 때문이다.

문학을 대상으로 바라보아 그 구조를 밝히고자 하는, 넓은 의미의 구조주의적인 작업은 그 나름의 의미를 평가받을 수 있다. 문학연구에 객관성을 부여함으로써 비평적 편견과 독단에서 벗어나고자 하는 노력을 해 온 것이기 때문이다. 그러나 문학의 기호론적인 실천의 측면을 동시에 고려하지 않는다면 그러한 이론은 그 체계가 정치하면 할수록 추상성을 면하기 어렵게 된다. 이는 문학연구에 있어서 형식주의와 문학사회학(내용주의)을 동시에 포괄해야 할 필연성의 반증이 된다.

문학현상(文學現象)을 규정함에 있어서는 극단론을 배제한 열린 시각이 요청된다. 한 사회에서 문학으로 간주되던 작품이 다른 사회에서는 그 중요성을 인정받지 못하기도 하며, 시대의 진전에 따라 비문학이던 것이 문학의 장르로 편입되기도 한다. 제갈량의 〈출사표(出師表)〉 같은 경우, 원래는 임금에게 올리는 출정보고서이지만 탁월한 문학으로 인정되어 왔으며, 보고문학(reportage)은 근래에 와서 그 중요성이 인정되어 문학의 중심적인 장르로 편입되는 경향이다. 그러니까 정상적인 문학교육을 위해서는 웰렉 식으로 문학을 '상상적인 문학에만 국한하는' 개념보다는 현재 문학으로 통용되고 있는 대상에 대한 가치를 평명한 입장에서 점검하는 성실성이 요구된다고 할 수 있다.

어떠한 대상을 문학으로 인정하고 하지 않는 것은 일종의 컨벤션이라고해도 좋을 만큼 개방성을 띠는 것이다. 그렇기 때문에 에스카르피(R. Escarpit)처럼 문학을 정의할 수 없다는 극단론에서부터, 비트겐슈타인(Ludwig Wittgenstein : 1889~1951)의 개념을 빌어 유족개념(類族概念)[9]으로 문학을 규정하고자 하는 시도도 나오게 된다. 이글턴(T. Eagleton)의 경우는 문학을 정의함에 있어서 개방적인 성격을 강조하기도 한다. 이러한 개념상의 궁색함

9) 비트겐슈타인(Ludwig Wittgenstein)의 유족개념(類族概念, family resemblance concept)은 가족들이 정확하게 일치하는 것은 아니지만 얼굴모양, 몸맵시, 분위기 등으로 보아 한 가족이라는 것을 알 수 있는 것처럼, 엄격하게 규정되지는 않지만 그 범위는 알 수 있는 그러한 개념을 뜻한다.

을 뛰어넘을 수 있도록 해 주는 것이 문학을 의미작용의 실천인 작용태로 보는 관점이다. 이는 문학의 창작(생산)과 독자의 주체적 수용을 동시에 고려하는 관점을 뜻한다

3. 형식과 내용의 본질

다른 예술과 달리 유독 문학에서 형식과 내용이 판연히 구분되는 듯한 느낌을 갖도록 하는 것은 문학의 매재인 언어의 의미적인 속성 때문이다. 애초에 사회성과 역사성을 본질로 하는 언어로 작업을 하는 문학은 다른 예술에 비해 더욱 선명한 이데올로기적 속성을 띠지 않을 수 없다. 그러나 문학의 형식·내용을 예술 일반의 그것으로부터 연역하여 양자의 비분리성을 주장하는 논지와 만나게 되기도 한다. 예술의 형식과 내용은 다음과 같이 규정된다.

> 예술작품의 후경(der Hindergrund)에 나타나는 소재를 보통 내용이라고 한다. 내용은 형성된 소재를 말한다. 아직 형성되지 않은 소재는 내용이라고 할 수 없다. 그러기 때문에 내용은 언제나 본질적으로 형식 속에 존재하는 것이다.10)

예술 일반에서 내용은 형식과 분리하여 말할 수 없다는 것이다. 예컨대 춤을 추는 무용수에게서 무용이라는 것을 구분할 수 없는 것과 마찬가지로 예술의 내용과 형식은 구분되지 않는 것이 원칙이다. 문학에서의 형식·내용 또한 유사한 논리로 설명됨을 볼 수 있다.

> 내용과 형식은 동일한 창작정신 중부에서 동시에 잉태되어 유기적으로 서로가 융합하면서 전적인 작품을 형성한다. 우리는 작품을 읽을 때에 형식 속에서 내용을 체험하고 내용을 통해서 형식을 지각할 수밖에 없다.11)

10) 조요한, 『예술철학』(경문사, 1980), p. 62.
11) 최재서, 앞의 책, p. 381.

이러한 논의는 비표현예술이라면 몰라도 표현예술의 경우는 하나의 이상으로 받아들여질 따름이다. 그래서 형식을 사물 · 현상의 불변요소로 규정하려는 시도를 하게 된다. "형식은 구체적인 사물의 속성소를 가리키는 것이 아니라 한 사물의 현상이나 행위를 구성하는 여러 가지 요소들 간의 관계를 지칭하는 것이 된다."[12] 소재를 형성시키는 방법에 따라 의미가 달라지는 것도 형식이 강요하는 바이다. 〈진달래꽃〉을 시로 읊었을 때와 수필로 썼을 경우, 각각 시 형식의 의미와 수필형식의 의미를 드러내게 되는 것이다.

문학의 요소들간의 관계를 구조라 한다면, 그 구조는 웰렉의 지적대로 '구조의 구조'이며 다층성(多層性)을 특징으로 한다. 인가르덴(R. Ingarden : 1893~1970)은 문학작품의 층위를 다음과 같이 구분하고 있다. ① 단어음 및 그것을 근거로 조성되는 보다 높은 체계의 음성현상들의 층, ② 상이한 계제의 의미단위들의 층, ③ 다양한 도식화된 시점들과 시점 연속체 및 시점 계열의 층, 그리고 마지막으로 ④ 표시된 대상성(對象性)들과 그것들의 운명들의 층이 이것이다.[13]

이러한 층위들은 층위내적으로 그리고 층위간에 서로 관련을 맺는다. 이를 다성악적(la polyphone) 층이라 한다.[14] 이러한 형식의 역동성과 유기성은 통일적인 리듬 형성, 성장과 쇠멸의 변증법을 나타낸다고 설명된다.[15] 이들 관점은 구조론적인 사고를 밑에 깔고 있는 것이지만, 문학형식의 유기성을 설명하는 데는 참고가 된다. 문학의 형식이 이처럼 독자적인 생명을 가진 것으로 설명됨에도 불구하고 내용의 문제가 분리적으로 돌출되는 것은 사실이다.

문학의 내용이란 말에서 우선 연상되는 것은 문학 속에 들어 있는 인간적인 이미지들, 즉 작품의 내용이라고 불리우는 삶의 모습들이다. 한 인간이 사회생활을 하면서 부딪히는 문제들을 비롯하여 심리적인 갈등, 사상 혹은 사회상

12) 박이문, 『예술철학』(문학과지성사, 1983), p. 47.
13) Roman Ingarden, *Das Literarische Kunstwerk*(Tübingen : Niemeyer, 1960) : 이동승 역, 『언어예술작품』(민음사, 1985), p. 50.
14) 위의 책, p. 51.
15) Susan K. Langer, *Problems of Art*(New York : Scribner, 1957) : 곽우종 역, 『예술이란 무엇인가』(문예출판사, 1977), p. 74.

같은 것들이 문학의 내용항목으로 떠오르는 것이다. 그런 인간적인 이미지를 문학의 내용이라고 할 만큼 문제가 단순한 것은 아니다.

문학의 내용은 문학에서 출발하는 내용과 문학 밖에서 오는 내용으로 대별할 수 있다. 문학에서 출발하는 내용이란 문학의 자기한정적 속성에 해당하는 것이다. 여기에는 허구성이라든지, 상상력, 정서(emotion) 등이 포함된다. 이들 항목은 각각 내적인 구조를 가지고 있으며 그 구조는 시대와 지역에 따라 독특한 양식을 드러낸다. 또 이들의 관계는 상호관련성을 띤다. 이러한 속성을 텍스트 상호성(intertextuality)이라고 한다. 이들은 자신이 문학의 내용을 형성하면서 문학 밖에서 오는 내용을 규제하는 작용을 한다. 그 방향은 일방적인 것이 아니라 상호적이다. 달리 말하자면 문학에서 출발하는 내용이 문학 밖에서 오는 내용을 형식화하는 힘이라고도 할 수 있는 것이다.

문학 밖에서 오는 내용은 인간적인 용어 일체를 포함한다. 중요한 것들을 예로 들자면, 현실, 이상, 가치 등이다. 문학에서의 현실은 작중현실과 사회현실 사이의 대응관계 속에서 논의되게 마련이다. 이들 양자 사이의 관계는 내용동일성(內容同一性)이 아니라 구조동일성(構造同一性)으로 특징지워진다. 구조동일성이란 사실차원의 정확성, 즉 자료적인 수치나 양의 동일성이 아니라 작품구조와 현실구조의 동일성을 말한다. 이는 골드만(L. Goldmann)의 구조발생론의 기본적인 개념이다. 이처럼 문학작품의 내용을 현실로 번역할 수 있는 것은 현실의 차원과 예술〔작품〕의 차원이 상이한 데서 비롯되는 것이다.

문학에서 논의되는 사상은 사상사나 철학에서 대상으로 하는 개념적 차원의 사상이 아니라 형상성(die Bildlichkeit)을 통하여 구체화된 사상이 문제된다. 그러나 문학에서 사상을 논하는 경우 문학에 대한 사상이나 발상법으로서의 사상보다는 문학에 수용된 사상을 주로 거론하게 되는 것이 현실이다. 이처럼 문학에서 사상을 독립항으로 구분하고자 하는 외적인 요구—그것은 문학을 현실차원으로 환원하려는 안이한 독자들의 요청이기도 하다—가 문학의 자율성과 길항하며 문학이 타교과의 성격과 넘나들게 되는 소이이다. 이는 문학 작품이 선별적 독서(selective reading)가 가능한 데서 오는 결과이기도 하다. 독자들은 작품을 유기적인 관련 속에서 읽는 것이 아니라 흥미있는 부분 혹은 관심이 가는 부분만을 골라서 읽을 수 있는 것이다. 또한 문학을 사상과 동일시하는 비평적 관습의 영향을 고려할 수도 있다. 문학이 인생에 끊임없이 봉사하기를 요구받는 소이도 여기 있는 것이다. 문학에서 사상을 다루지 말라는 법은 없다. 다만 앞에서 언급한 바와 마찬가지로 사상은 풍속, 개성, 구체적인 행위 등으로 형상화되지 않으면 안되는 내용이다.

문학에서 문제삼는 가치는 윤리성을 지닌 것이라야 한다는 점만을 언급하기로 한다. 문학의 윤리는 문학작품에 나타난 행동지침이라든지 윤리적 주제를 뜻하는 것이 아니라, 인간의 자기증명과 연관되는 제반 물음과 답을 뜻한다. 이는 인간이 인간으로서 존재해야 하는 존재근거에 대한 물음과 답으로 이루어지는 창조적인 대화라고 바꾸어 말할 수 있는 성질의 것이다. 이 점은 문학의 윤리가 규범적이기보다는 생성적이고, 결과론적이기보다는 과정적인 것임을 뜻한다.

문학의 형식과 내용은 공변적인 것이다. 문학의 매재가 언어임으로 해서 양자가 구별되는 듯한 인상을 짙게 풍기는 것도 사실이지만, 문학은 허구성과 상상력과 정서를 통하여 그러한 내용과 형식의 이분법을 극복한다. 이것이 문학교육에서 형식론이나 내용론 어느 한 이론으로 문학을 설명하여 가르칠 수 없는 까닭이다.

4. 문학현상-작용태로서의 문학

문학의 구체적인 양태를 상정할 경우 가장 먼저 머리에 떠오르는 것은 책의 형태로 된 작품이다. 책은 도자기나 그림과 달리 물질적 차원에서 가치를 부여받지 못한다는 특성을 지닌다. 책은 독자가 그 속에 들어와 읽어 주기를 스스로 원하는 개방성을 지니고 있다. 책이 책으로서 의미를 가지는 것은 책의 질료를 통해서가 아니라 책 속에 투여되어 거기 존재하는 타아(他我)와 만나는 나의 가장 깊숙한 내적 자아에 의해서인 것이다. 나의 의식에 의해 책 속의 타아 혹은 대상은 주관적으로 의미화된다. “내가 문학을 추구함으로써 나의 의식과 그 대상 사이의 일반적으로 인식되는 불가양립성에서 자유스럽게 된다.”[16] 책을 읽음으로써 나는 책이라는 대상과 의식적으로 동화되어 ‘타인의 사유를 사유하게’ 되고 나의 주관 일부를 타인에게 양도하는 것이다. 즉 ‘타인의 사고들에 의하여 나의 인격이 침해됨으로 해서 나는 나에게 낯선 타인의 사고를 사고하는 경험을 허락받게 된다. 나의 의식은 마치 타인의 의식인 것처럼 행위하는 것이다.”[17] 이렇게 되면 나는 타인에 기대어 존재한다. 결론적으로 문학은 독자의 독서를 통하여 완성된다. 뿔레(G. Poulet : 1902~1991)는 이 점에 대하여 다음과 같이 지적하고 있다.

> 책은 독서행위를 통하여 활력소를 얻게 되어 생명력을 획득하게 되고 하나의 인간적 존재가 된다. 그리하여 책은 그 스스로를 인식하고 그 자신의 대상물에 대한 주체로서 내 안에 자신을 만들어 내는 정신적인 것이 된다.[18]

이러한 설명은 문학의 존재방식이 물적 차원을 뛰어넘는 것임을 시사한다. 문학을 다른 인접학문의 방법론에 의해 이해하거나 문학외적인 가정들로 문학을 재단하는 환원주의의 오류를 벗어나기 위해서는 문학텍스트의 성격을 분명히 이해할 필요가 있다. 그러나 앞에서 누차 강조했듯이 문학을 이루는 언어의 속성이 역사·사회적이며, 문학을 수용하는 주체가 순수직관(純粹直觀)의 의식으로 되어 있는 존재일 수 없다는 점에서 현상학적인 방법으로 문학에 접근하는 것도 한계를 갖는다. 문학을 수용하는 독자는 사회·역사적인 존재이며 그 시대의 문화적 자아로 존재하는 것이지 현실을 괄호친 순수의식의 존재일 수 없다. 더구나 문학을 교육한다는 입장에서는 독자를 그런 순수의식의 존재로 규정할 수 없다. 그렇게 되면 문학은 다시 한번 개방성을 잃고 자

---

16) Georges Poulet, *Phenomenology of Reading* : 김진국 편역, 『문학현상학의 이론과 실제』(명진사, 1980), p. 126.
17) 위의 책, p. 127.
18) 위의 책, p. 131.

폐적인 존재로 환원되어 상호텍스트성을 상실하여 지마(P. Zima)가 말하는 단의미의 신화로 후퇴한다.[19] 이러하기 때문에 문학을 자아실현의 문화체험 혹은 문화활동이라는 관점에서 바라보아야 문학의 실상을 온당하게 파악할 수 있다.

문학은 현상학적 관점에서 주장하는 것처럼 작품을 통한 자아와 타자의 행복한 결합의 유희만도 아니며, 극단적인 리얼리즘의 관점에서 프로파간다를 위해 봉사하는 이데올로기 전파의 도구만도 아니다. 문학은 이들 양극을 함께 포괄하면서 그를 뛰어넘는 초월적인 역량을 가지는 것이다. 달리 말하자면 문학은 행위론적인 관점 혹은 기호적인 영역에 속하면서 인간정신의 고양을 도모하는 문화적 실천이라고 해야 옳다.

인간의 삶은 환경과의 조정을 지속해 나아가야 한다는 점에서 불안정하고 위협적인 것이다. 삐아제(J. Piaget)의 지적대로 삶을 유지하는 데는 동화와 조절의 두 작용을 계속하지 않을 수 없다. 이 위협을 적절히 조정하지 못한다면 삶은 위기에 봉착하게 된다. 위기의 해결에 있어서 현실원칙에서 요구하는 보상을 피해 문학 고유의 간접적인 방식으로 조정을 수행함으로써 불안한 평형작용을 이루는 것이 문학의 교육작용이기도 하다.

> 문학은 우리 사회의 안정을 위협하는 현실적인 갈등과 폭력없이, 우리에게 극적이고 격렬한 경험들을 제공할 수 있으며, 더욱 발전적인 용어로 말하자면 만일 우리가 이러한 잠재적으로 위험한 사회집단 속에 함께 살아야 한다면 겪지 않을 수 없는 환원(reduction)에 대한 보상으로써 우리 경험내용을 증가시킬 수 있다.[20]

문학은 이처럼 경험내용을 증가시키되 간접적인 방식에 의존하는 것이다. 이는 문학적인 인식이 단순히 이성적인 깨달음이라는 완료형의 성격을 띤다기보다는 반성이라는 진행형의 특질을 드러낸다는 점에서 분명해진다. 즉, 문학

---

19) Pierre Zima, *Pour une sociologie du texte littéraire* : 이건우 역, 『문학텍스트의 사회학을 위하여』(문학과지성사, 1983) 제3장 참조.

20) John M. Ellis, 앞의 책, p. 224.

적인 앎은 감동과 깨달음을 동반하는 것〔connaître〕이지 기억재생의 앎〔savoir〕은 아닌 것이다.[21] 여기서 문학의 치유기능 혹은 문화형성기능이 생겨난다고 할 수 있다.

> 문학적인 경험은 개인의 특권을 손상시킴 없이 상처를 치유한다. 상처를 치유하는 많은 정서들이 있지만 그것은 개인의 특권을 파괴시킨다. 그러한 정서 안에서 우리들 각자의 자아(自我)들은 한 곳간에 들어가게 되고 타인하(他人下)로 침몰한다. 그러나 위대한 문학을 읽으면서 자아는 수천의 인간이 되지만 그러나 나의 자아로 그대로 남는다. 희랍 시에 나오는 밤하늘처럼, 나는 수많은 눈으로 바라보지만 그 바라보는 행위를 하는 것은 여전히 나 자신이다. 여기에 신앙, 사랑, 도덕적 행위, 그리고 깨달음에 있어서와 마찬가지로 나는 나의 자아를 초월한다. 그리고 나는 이전의 나였던 그러한 나일 수 없게 된다.[22]

자아를 손상시킴 없이 자아를 초월하는 것은 분명 형성적인 개념이다. 그러나 분명히 알아야 할 것은 그 방법이 간접적인 연유로 하여 문제를 직접 해결하는 것은 아니라는 점이다. 다만 문제를 제기하고, 은폐된 형식화의 압력을 벗어나 자유롭게 되는 체험을 통해 스스로가 물음을 갖고 답을 모색하는 대화적인 존재로 차원변환을 하는 것이다.

이러한 차원변환은 개인내적으로 그 범위가 국한되지 않는다. 문학을 수용하는 개인은 그가 소속되어 있는 사회에 관련을 갖지 않을 수 없다. 이는 문학내적인 텍스트와 문학외적인 텍스트 사이의 관계이다. 그러니까 개인독자가 글을 읽는 것도 사회와 필연적으로 관계를 맺지 않을 수 없는 사회적인 활동을 하는 것이다. 이러한 과정을 통하여 문학은 작품을 읽는 독자들의 사회적 응집(cohesion)에 대한 감각을 창조해 준다.[23] 이러한 응집은 문학을 이루는 담론의 사회, 역사성을 바탕으로 하여 가능해진다. 문학이 만일 주체와 대상

21) C.S. Lewis, *An Experiment in Criticism*(Cambridge U. P., 1961), p. 139.
22) 위의 책, pp. 140~1.
23) 김현, 『한국문학의 위상』(문학과지성사, 1977), p. 224.

간의 단선적인 의미전달만을 문제삼는다면 이러한 역동적인 작용은 일어날 수 가 없다. 문학의 담론, 그 중에도 특히 소설의 담론은 다원논리적이어서 주체와 대상의 의미작용을 역동화시켜 준다. 이러한 역동성을 통하여 독자로 하여금 자아 속에 들어 있는 타자를 체험하게도 하고, 사회적 존재로 존재변환을 시키기도 하며, 문화체험을 하도록 하여 문화 속에 입사(入社)시키는 것이다.

문학교육은 문학연구〔비평〕가 마무리되는 자리에서 또다른 출구를 모색하여 문학을 역동화시키는 작업이다. 문학에 대한 개념적인 지식의 축적과 전달로 문학교육이 소기의 성과를 거둘 수 없는 이유가 여기에 있다. 문학은 그것을 수용하는 주체와 문학의 요소들 간에 상호주관적인 역동적 작용을 함으로써 개인의 상상력을 세련시키고, 총체성을 체험하게 하며, 문학적 문화를 고양시키는 문화적 산물로 볼 때라야 제 모습을 오롯이 드러내는 것이다.

Ⅱ ▸▸ 문학관의 교육적 방향

1. 문학관과 문학교육

문학을 보는 관점은 문학의 어떠한 측면에 초점을 두느냐에 따라 몇 가지로 나뉘어질 수 있다. 가장 보편적인 방법은 형식에 초점을 두는 경우와 내용에 초점을 두는 경우가 있다. 그러나 문학을 내용과 형식으로 나누는 것은, 문학현상의 본질에서 벗어날 염려가 있다. 여기서는 문학이 이루어지는 제반 국면을 몇 가지로 나누어 각각 대응되는 이론을 검토하기로 한다.

문학현상은 문학의 생산, 독자의 문학수용, 문학 속에 반영되어 들어오는 세계, 그리고 문학 자체의 구조라는 측면으로 구분된다. 그리고 각 국면에 따라 다른 시각으로 문학현상을 바라볼 수 있다. 이들은 각각 표현론(表現論), 효용론(效用論), 반영론(反映論), 구조론(構造論) 등으로 규정하는 에이브럼즈(M. H. Abrams)의 도식과 약간의 차이를 보이기는 하지만 문학현상의 요소

전반을 포괄할 수 있다는 점에서 타당성을 지닌다.[24)]

표현론은 개인의 상상력과 감정의 표현이라는 측면을 강조한 것이지만, 작가의 사회적인 계층이나 작품이 생산되어 나오는 사회적인 요청 등을 고려한다면, 생산이론의 범위에 포괄될 수 있는 성질이다. 그리하여 표현론을 문학 생산의 이론으로 대치하고 논의를 전개하고자 하는 것이다. 그러면 문학관의 유형에 연관되는 문학이론의 종류는 문학의 생산과 표현에 연관되는 생산이론, 수용자들이 문학을 수용하는 수용방식에 대한 수용이론, 문학과 시대 현실과 역사를 문제삼는 반영이론, 문학의 텍스트 자체의 언어적 조직과 체계를 중시하는 구조이론 등으로 구분된다.

문학이론이 이렇게 분류되는 것은 각각의 강조점에 따라 문학관이 달라질 수 있기 때문이다. 문학교육에서 문학관을 문제삼는 이유는 문학을 어떠한 관점에 따라 설명하는가에 문학의 의미가 상당히 다른 면모를 보이기 때문이다. 문학작품을 내용 위주로 해설하거나, 형식에만 집착하여 기계적으로 분석함으로써 생겨나는 폐단에 대한 반성을 필요로 한다. 이러한 환원주의는 문학을 편협한 관점으로 오도할 염려가 있다. 문학을 바라보는 관점의 편협성으로 말미암아 종래의 문학교육은 상당부분 오도된 것이 사실이다. 문학을 언어의 구조체라고 단정하고 언어학적인 방식에 따라 작품을 분석하고자 하는 시도를 하기도 했으며, 문학작품을 도덕교과서처럼 해설하는 방식으로 가르치기도 하였다. 이러한 오류는 문학에 대한 관점이 정리되지 않은 교사에 의해 문학을 자의적(恣意的)으로 해석함으로써 문학에 대한 편견을 심어준 것이라고 해도 과언이 아니다. 문학은 정신의 자유로움을 지향하는 정신적 과정이다. 편협한 관점에서 문학을 다룰 경우 문학을 물신화하는 결과를 빚게 되고 문학을 통해 정신의 자유와 해방을 추구하는 문학교육의 본래 목적과는 달리 인간의 정신을 질곡으로 몰아넣을 수도 있다. 여기에서 문학교육을 위해 문학관과 문학 해석의 관계가 면밀히 검토될 필요가 생겨난다.

---

24) M.H. Abrams, *The Mirror and the Lamp*(Oxford University Press, 1958), 제1장 참조 ; 이상섭, 『문학이론의 역사적 전개』(연세대출판부, 1975) 참조.

2. 두 가지 문학관

문학을 자율적인 구조체로 보느냐, 아니면 삶의 구조와 연관지어 보느냐에 따라, 크게 두 개의 문학관으로 대별된다. 이들은 앞에서 말한 문학현상의 국면에 따라 다시 세분될 수 있음을 전제로 한다. 문학을 자율적인 구조체로 보는 이론을 일괄하여 형식론(formal theory)이라 하고, 문학을 인생의 삶과 관련된 연관성을 중심으로 규정하는 이론들을 일괄하여 도덕론(moral theory)이라 한다. 형식론은 다른 말로 비연속적 문학관이라 하고, 도덕론을 연속적 문학관이라고 한다. 또한 미학주의(aestheticism)와 역사주의(historicism)라는 용어로 바꾸어 쓸 수도 있다. 소설에서는 형식론을 자동성이론, 도덕론을 모방이론이라는 용어로 지칭하기도 한다.

형식이론은 문학을 그 자체의 절차와 자체의 목적을 가지고 있다는 다소 자치적인 영역으로 보는 견해이다. 이에 비해 도덕이론은 문학을 인간의 총체적인 활동에 대하여 공헌하는 한 부분이라고 보고, 이 총체성과 관련하여 문학을 평가하고 설명하는 이론들이다.[25] 이러한 양립적인 이론의 근원은, 서양의 경우 각각 아리스토텔레스(Aristoteles : B.C 384~B.C 322)와 플라톤(Platon : BC 428~BC 348)으로 소급된다. 시인추방론을 제창한 플라톤은 도덕론적인 관점에 서는 것이며, 비극의 양식적 자율성과 카타르시스 효과를 가지고 플라톤에 맞선 아리스토텔레스는 형식적 관점에서 문학의 자율성을 정당화한 것이다.

이러한 두 관점의 존재양태는 다음의 세 가지 경우를 생각할 수 있다. ① 서로 상대방을 의식하지 않고 따로따로 존재할 수도 있으며, ② 상호 반작용 없이 무기력하게 공존할 수도 있으며, ③ 심한 적대상태에서 공존(共存)할 수도 있다. 1920년대의 비평사에서 프로문학과 민족주의 문학의 관계가 적대적 공존의 양태를 증거해준다.[26] 동양에서는 대체로 도덕적 관점이 우세를 보였

25) Graham Hough, *An Essay on Criticism*(Norton, 1966), 김화자 역, 『문학비평론』(이대출판부 1982), p. 24.

26) 김윤식, 『한국근대문예비평사연구』(일지사, 1976), 제1장, 제2장 참조.

으며, 형식적 관점이 논의된 것은 용사(用事)와 신의(新意)에 대한 논의에서 그 시발을 볼 수 있다.[27]

〈용비어천가〉를 지어 역성혁명의 타당성을 역설한 것이라든지, 유교윤리에 투철한 두보(杜甫)의 시를 번역하여 그 교육작용을 보급시켰다든지 하는 것들은 도덕적 관점의 문학관이 실현된 실례이다. 송강 정철(1536~1593)의 〈훈민가〉나 노계 박인로의 가사도 도덕적 관점의 문학관이 짙게 드러나 있는 예이며, 서포 김만중이나 연암 박지원(1737~1805)의 소설작품들, 그리고 이광수의 소설을 통하여도 그러한 문학관의 면모는 확인된다.

그러나 이러한 문학관의 문제는 단순히 작가의 문학관에 따라 결정되는 것이라기보다는 문학연구자나 비평가의 관점과도 깊이 관련된다. 비평가의 작품해석의 관점에 따라 두 가지 문학관의 어떠한 한 측면이 보다 크게 부각될 수 있기 때문이다. 어느 이론이 작품을 설명하고 가치매김을 하는 데에 보다 적합할 것이냐 하는 문제는 있지만, 근본적으로 어떠한 작품도 두 방향에서 설명이 가능하다. 이는 문학이 형식과 내용의 유기적 통합체이고, 분리되는 것이 아니므로 어느 편에다 무게를 두느냐에 따라 양편 모두 가능성을 갖기에 그러하다. 그러니까 이들 두 관점은 상보적인 관계, 혹은 변증법적인 관계에 놓이는 것이라 함이 옳다. 인간적인 가치를 배제한 문학은 빛깔 현란한 독용(毒茸)과 같은 존재라서 쓸모가 없고, 형식을 배제한 문학은 홍수 뒤의 어수선한 수재 현장처럼 비참함만 드러나 미적 속성을 잃게 된다.

3. 문학관과 작품평가

일상생활의 가치기준으로 문학작품을 평가하는 것은 문학을 도덕적 관점에서 평가하는 것이 된다. 예컨대 황순원(1915~2000)의 〈움직이는 성〉에서, 과거는 있지만 그것을 뼈저리게 참회하는 인물 성호가 용서되지 않는 것을 기독교의 윤리나 한국의 종교적 윤리가 완고성을 지니기 때문이라고 한다면, 그것

27) 전형대 외, 『한국고전시학사』(홍성사, 1979), 제1부 2장 참조, pp. 73~86.

은 작중인물을 현실의 인물로 환치시켜 놓고 보는 입장을 택한 것이라고 할 수 있다. 또한 약간의 지적인 시니시즘을 지니고 있으면서 지연과의 사랑을 성취시키지 못한 채 죽음에 이르고야 마는 준태를 통해 한국인의 정신세계에 자리잡고 있는 샤머니즘의 깊은 뿌리를 찾아낸다든지 한다면, 그것은 작중현실을 역사 · 문화적인 현실로 환원하여 인물을 평가하는 관점이다. 같은 윤선도(1587~1671)의 작품중에서 〈어부사시사〉보다 〈오우가〉에 높은 점수를 매긴다든지, 김동인의 〈광화사〉나 〈광염 소나타〉보다 〈붉은 산〉이 민족주의적인 색채 때문에 학생들에게 읽힐 가치가 크다는 주장을 한다면, 그러한 주장의 밑바탕을 이루고 있는 것은 도덕적인 관점이라고 하겠다. 또, 톨스토이(Tolstoy, Leo, 1828-1910)의 〈부활〉에 나오는 카추샤가 파스테르나크(Pasternak, Boris Leonidovich, 1890-1960)의 〈의사 지바고〉에 나오는 라라보다 도덕적으로 건전한 인물로 판단한다면, 그러한 관점도 도덕론의 관점임은 말할 것도 없는 사실이다. 도덕적 관점이란, 한마디로 인생을 위한 예술을 강조하는 입장이다. 이러한 관점은 문학이 삶의 모범을 보여줄 것을 요구하게 되며, 인간의 도덕적 경험을 확대시켜 주길 원하며, 사상(事象)의 자연성(nature-본질)을 보여주어야 한다는 데로 기울어지는 것이다. 인생을 위해 봉사하는 문학이 되길 원하는 것이며, 그것이 극단화될 경우 참여문학의 양상을 띠게 된다.

이러한 관점과 대립적인 입장에 서는 것이 형식론적인 관점이다. 문학을 자기충족적인 구조물로 보고, 문학은 자체의 구조와 질서를 가지고 있기 때문에, 작품의 평가기준도 마땅히 문학 내부에서 찾아지는 그러한 것이어야 한다는 주장이 나오게 된다. 미국의 신비평이나 프랑스의 구조주의비평[28] 등이 형식론의 관점을 분명히 보여주는 예이다.

이러한 관점에서 소설을 평가할 경우, 그 기준은 플롯이 얼마만큼 필연성을

28) 구조주의는 거시적인 관점과 미시적인 관점으로 구분된다. R. Girard, L. Goldmann 등은 거시 구조주의자(macro structutralist)로, R. Barthes, G. Genette 등은 미시 구조주의자(micro structuralist)로 구분된다. 이 가운데 문학의 형식론에 기울어지는 것은 미시 구조주의자들이다.

띠고 있는가, 그리고 그것은 얼마만큼 독자의 지적인 호기심을 만족시킬 수 있는가, 시점(視點)은 통일되어 있고 거리의 문제와 상치되지 않는가, 문체는 제재를 형상화하는 데에 효과적인가, 인물의 성격화 방법은 어떠한 것이 활용되고 있는가 하는 등의 항목이 기준으로 채용된다. 또, 작품의 시간 구조나 공간 구조를 분석해 볼 수도 있으며, 소설에 사용된 상징의 기법을 고려할 수도 있고, 인물 상호간의 기능을 검토할 수도 있는 것이다. 시에서라면, 시행과 연으로 나타나는 외면적 구조와 리듬의 형태, 이미지의 구조 등을 검토하여 평가의 기준으로 삼을 수 있을 것이다.

이를 보다 추상적인 방법으로 정리하자면, 다음과 같은 항목들이 형식론의 요점이 될 것이다. ① 유기적 형식으로서의 완전성(integrity) 혹은 주제와 분위기의 통일성, ② 일관성과 균형에 대한 요구로서 '그 자체 속에 그렇게 된 이유를 담고 있는' 조화(consonance), ③ 문학을 문학답게 해준다고 생각되는 문학 언어의 자질로 규정되는 것의 요구로서 광휘(radiance) 등이 그것이다.

일견 형식이론이 도덕이론보다 세련되고 전문적인 인상을 준다. 그러나 문제는 그렇게 간단히 잘라서 말할 수 없다는 데에 있다. 문학이 언어를 통한 형상화 작업이고 따라서 의미의 예술[藝術]이라고 한다면 형식론만으로 문학의 본질을 드러낼 수 없다는 것은 자명하다. 더구나 소설과 같은 산문예술(散文藝術)에서 의미전달력은 매우 큰 비중을 차지하는 것으로 만일 형식적 관점 일변도로 작품을 평가한다면 플롯의 구조가 주는 스토리 진전의 박진감이나 언어미에 속하는 문체 등에 집착하게 되어 서사문학의 본질적 국면은 가려지게 된다. 시에서라면 이러한 관점은 보다 유용성을 띨 수도 있다. 그 이유는, 모든 예술은 음악을 지향한다는 쇼펜하우어(A. Schopenhauer : 1788~1860)의 지적처럼 시의 형식적 요건이 보다 확실하기 때문이다. 문학을 평가하는 기준이나 관점은 어느 하나도 완벽한 것일 수 없다. 다만 그러한 관점으로 얼마만큼 깊이 있게, 그리고 전체적인 구도에 모순이 없이 작품을 보는가 하는 점이 문제인 것이다. 문학평가의 응용 국면이라 할 수 있는 문학교육에서, 여러 관점의 득실을 간파할 수 있는 문학교사의 양식이 절실히 필요하다. 형식

일변도로 작품을 분석하는 방식이나, 내용 중심으로 작품을 해설하는 폐단은 이제 지양되어야 한다.

문학작품을 평가하는 기준은 밖에서 가지고 들어가는 경우와 작품 자체의 내적 기준을 적용하는 경우를 생각할 수 있다. 그 가운데 어느 기준이 더욱 타당한가 하는 점은 잘라서 말하기 어렵다. 작품이 요구하는 기준이 있다고 하는 것이 보다 타당할 것이다. 문학평가의 기준은 어떠한 길이라도 잴 수 있는 그러한 자(尺)가 아니다. 물건의 속성에 따라 자가 필요한 경우도 있고, 되나 말(斗)이 소용되는 경우도 있는 것과 마찬가지로 작품의 성격에 따라 기준이 달라져야 한다. 이러한 평가 기준의 분별은 문학교사의 양식에 따르는 것이지만, 문학교사의 문학관에도 영향을 받게 된다는 점을 고려하여, 문학교사의 문학관과 작품평가 사이의 상호관계가 면밀히 검토되어야 한다.

4. 의미와 형식

구체적인 작품을 예로 들어 문학관에 따라 작품을 보는 방법이 어떻게 달라질 수 있는 것인지 보기로 한다. 서정주의 〈추천사〉를 예로 든다.

향단아 그넷줄을 밀어라.
머언 바다로
배를 내어 밀 듯이,
향단아.

이 다소곳이 흔들리는 수양버들 나무와
베갯모에 놓이듯 한 풀꽃더미로부터,
자잘한 나비새끼 꾀꼬리들로부터,
아조 내어밀 듯이, 향단아.

산호도 섬도 없는 저 하늘로

나를 밀어 올려다오.
채색(彩色)한 구름같이 나를 밀어 올려다오.
이 울렁이는 가슴을 밀어 올려다오!

서(西)으로 가는 달같이는
나는 아무래도 갈 수가 없다.

바람이 파도(波濤)를 밀어 올리듯이
그렇게 나를 밀어 올려다오.
향단아.

〈추천사(鞦韆詞)〉 전문

사랑의 고뇌를 체험한 젊은이가 이 시를 읽었다고 하자. 독자는 제목의 한자어가 다소 벽스럽기는 하지만, 〈춘향전〉과 관련이 있는 내용이라는 것을 향단이라는 이름과 그네에서 쉽게 짐작할 수 있다. 그리고 이 시의 주인공(서정적 자아)[29]이 춘향이라는 것도 쉽게 알 수 있다. 사랑의 고뇌를 체험했다는 공통성으로 인하여 독자는 시의 주인공과 자신을 쉽게 일치시켜 놓고 그 상황 속에 들어갈 수 있다. 춘향과 이도령이 사랑의 고뇌에 빠져 있는 상황으로 되어 있다. 번민을 더불은 사랑의 국면이기 때문에 독자는 자신의 상황과의 일치감을 보다 크게 느낀다.

이 시의 처음 연에서는, 사랑의 고뇌에 빠진 주인공이 자신의 고뇌를 혼자 감당하지 못하고 누군가의 힘을 빌지 않으면 안되는 안타까운 심정이 드러나 있다. 사랑의 고뇌에서 나를 밀어내 보내 달라는 소망이 힘찬 리듬으로 되어 있는 것은 간절한 소망의 강도와 시의 형식이 밀착되어 있다는 점을 알 수 있게 한다.

사랑의 성취를 위해서는 현실적인 제약을 벗어나야 한다. 사랑을 장애하는 요인들은, 일상의 평온함을 상징하는 수양버들, 베갯모에 수놓인 일상화된 전

29) 시적 화자(詩的話者)란 용어를 사용할 수도 있을 것이나, 서사문학(敍事文學)의 서술자(narrator)와 혼동을 피하는 용어가 바람직하다.

통, 나비나 꾀꼬리의 관능적인 유혹 그러한 것들이다. 새로운 존재의 태어남은 한 존재의 죽음을 전제한다는 역설에서 벗어날 수 없는 운명적 존재라고도 할 수 있다. 그러니까 사랑의 날개를 타고 도달할 수 있는 곳은 산호도 섬도 없는 하늘로 표상되는 허무이고, 육신의 존재로서는 불확실과 미완성의 구름일 것이다. 그러나 나는 사랑을 통하여 새로운 존재로 태어나지 않으면 안되고, 가슴은 고통으로 인하여 파열 직전에 있다. 존재의 변신에 대한 욕구가 강렬하면 강렬할수록 인간존재의 한계 또한 더욱 선명해진다. 그러니까 '서(西)으로 가는 달같이'는 아무래도 갈 수 없다는 인식에 도달하게 된다. 여기에 이르면 인간존재의 한계에 달하게 되고, 보다 강렬한 열망이 살아나게 된다. '머언 바다로 / 배를 내어밀듯이' 나의 존재를 밀어올려 달라는 열망은 '바람이 파도를 밀어 올리듯이'하는 역동성을 얻게 된다. 이러한 역동성은 결국 사랑의 의지에 대한 강렬한 표현이라고 해야 할 것이다. 〈추천사〉는 사랑의 갈등을 승화하고자 하는 의지의 강렬한 표현으로 이해할 수 있게 된다. 이러한 방식으로 〈추천사〉를 이해한다면, 이는 도덕이론, 혹은 연속적인 문학관으로 작품을 이해하는 것이 된다.

사랑의 고뇌를 체험한 젊은이만이 이 시의 독자가 되라는 법은 없다. 또 그래서는 이 시의 보편성이 확보되기 어렵다. 이러한 설명과 감동으로 작품의 이해가 충분한 것은 되지 못한다. 시를 하나의 연극적 상황으로 설정하고 그 안에서 인물의 심리를 추리한 것에 지나지 않는 것이기 때문이다.[30)]연극적 상황을 형상화한 방식에 대한 고려, 다시 말하면 시적인 구조나 자율성을 문제삼아야 하는 이유는 내용과 형식의 역동성을 위해서이다. 그러한 점에서는 이 시를 형식론의 관점에서 다시 검토할 필요가 있다.

넓은 의미에서 형식에 해당하는 항목들과 관련하여 이 시를 다시 검토해 보기로 한다. 첫째, 이 시는 5연으로 구성되어 있다. 시의 연(stanza)은 다시 행

30) 시(詩)를 행위자적(行爲者的) 입장에서 해석하는 Charles Altierie는 Williams의 'This is just to Say'란 시를 일상적 맥락에서 하는 발언을 상정하고 읽어 나간다. 그 시를 우선 아이러니적인 방식으로, 다음은 명민한 변명(apology)의 형태로, 끝으로 극적 상황(dramatic situation)으로 읽는 방식을 제시하고 있다. Charles Altierie, *Act & Quality* (Massachusetts U. P., 1981). pp. 160~175 참조.

(line)으로 구분된다. 1, 2, 3연은 각각 4행으로 되어 있고, 4연은 2행, 5연은 3행으로 되어 결국 5연 17행의 구조를 이룬다. 여기서 우리가 주목할 수 있는 것은 제1연과 마지막 5연이 변형 반복되어 있다는 점이다. 5연의 '바람이 파도를 밀어 올리듯이'는 1연의 '머언 바다로 / 배를 내어밀듯이' 2행을 한 행으로 변형시켜 호흡의 안정성을 도모하고 있다. '그렇게 나를 밀어 올려다오'는 '향단아 그넷줄을 밀어라' 하는 시행에 대응한다고 할 수 있으며, 첫연과 마지막 연의 '향단아' 하는 돈호형은 그대로 반복되고 있는 것이다. 1연에서는 4행으로 처리한 것을 5연에서는 3행으로 처리했을 뿐 형식상의 무게는 거의 같은 비중으로 반복되어 있음을 알 수 있다. 이러한 수미(首尾)의 반복적인 대응은 2, 3, 4연의 갈등적인 내용을 완결된 형식미의 구조 속으로 끌어들여 감정상의 여분을 허락하지 않는 시적인 통제라는 의미를 지닌다. 그리고 1연에서 제시한 내용을 마감하는 효과를 자아내게 한다. 4연을 2행으로 처리한 것은, 나머지의 각 연이 청유형이나 명령형의 어미에 의존하여 간절함을 표현하고 있는 데 비해, 하나의 진술로 되어 있어서 독립성이 강하기 때문이다.

둘째, 시의 한 본질인 리듬을 생각해 볼 수 있다.[31] 리듬은 시를 음악으로 접근시키는 요소이다. 음악은 형식상 리듬과 함께, 처음, 중간, 끝이라는 구성을 갖는다. 리듬은 반복양식의 특징을 지닌다. 이는 모든 예술이 요구하는 형식요건이기도 하다. 음악은 물론, 회화에서도 음영의 반복형태의 리듬을 고려할 수 있고, 소설에서는 모티프나 문체의 반복을 통한 리듬을 문제삼을 수 있다.[32] 예술적 질서라는 폭넓은 개념으로 리듬을 이해할 수도 있다. 최재서가 질서의 문학을 내세우는 것도 작품에 내재한 리듬을 전제한 것이며,[33] 프라이(N. Frye)가 「비평의 해부」에서 장르론에 리듬의 개념을 적용시킨 것이라든지,[34] 랭거(S.K. Langer : 1895~1985)가 리듬을 중심으로 예술의 형식을 설명한다든지 하는 것[35] 등은 예술의 형식에서 리듬개념이 중요함을 증거하는

31) 서우석, 『시와 리듬』(문학과지성사, 1983) 참조.

32) E.K. Brown, *Rhythm in the Novel*(Nebraska U. P., 1978).

33) 최재서, 『셰익스피어 예술론』(을유문화사, 1963), 서론 「질서로서의 문학」 참조.

34) N. Frye, *Anatomy of Criticism* (Princeton U. P., 1957)의 네번째 에세이 「수사비평 장르의 이론」을 참조할 것

예이다. 이러한 리듬이 깨어졌을 때 느끼는 불유쾌감을 병이라 하고, 리듬감의 회복을 통하여 예술은 치유효과를 드러내기도 한다.

리듬이 예술적인 구조를 이루자면, 일정한 형식으로 완결되어야 한다. 음악의 일반적인 형식이 서곡, 주곡, 종곡으로 되어 있다든지 아리스토텔레스가 비극의 형식을 처음, 중간, 끝을 갖는 형식을 취한다는 설명을 하는 것은 유사한 지적이다. 한시의 기승전결의 구성도 형식상의 완결미를 뜻하는 것으로 이해된다. 이러한 형식적인 완결성은 극의 경우에서도 볼 수 있다.

〈추천사〉의 경우 반복을 통한 리듬과 형식적인 완결미가 구성의 원리로 되어 있다. 앞에서 본 바와 마찬가지로, 1연과 5연은 반복의 양식이며, 부분적으로도 반복은 나타난다. '향단아'라는 호격의 반복이 그렇고, 직유법의 수사적 반복이 또한 그렇다. 1연 내용의 상세화가 2연을 구성한 것으로 본다면 이는 하나의 단락으로 묶일 수 있다. 3연은 '밀어 올려다오'라는 어구가 세번이나 반복되는 데서 암시받을 수 있는 것처럼 2연과는 다른 내용이 다양하게 전개되어 있다. 그리고 4연은 3연에 대한 대전제 역할을 한다. 5연은 1연의 반복이라는 점에서 4연에 대한 장식음의 효과와 아울러 라이트모티프의 형식적 전개란 성격을 띤다. 이는 고조된 감정이 정리되는 종곡의 효과를 나타낸다. 그렇다면 이 시의 구조는 리듬과 완결미가 확고한 것이라고 할 수 있다. 〈추천사〉의 감동은 이러한 숨겨진 구조의 힘에 의존되어 있다고 하겠다.

셋째, 이 시의 주제에 관한 문제이다. 주제란 한 작품이 택한 의미영역을 말하는 것으로 이해된다. 이 시의 주제는 한마디로 초월에의 의지와 현실적 애착이 교차되는 인간의 비극적 상황이라 할 수 있다.[36] 미적 범주를 숭고(崇高), 우아(優雅), 비장(悲壯), 골계(滑稽)로 나눈다면, 존재적 현실과 당위적 초월지향의 의지가 결렬되어 '있는 것'과 '있어야 할 것'이 상반되어 융합을 이루지 못하는 것이다.[37] 이러한 주제는 지상과 하늘 혹은 바다와 하늘 같은 상

35) S.K. Langer, 앞의 책, 제4장「산 형식」참조. pp. 71～74에 리듬과 형식의 관계가 압축되어 있음.

36) 김종길, 『시론』(탐구당, 1970) 참조.

37) 조동일, 「미적범주」, 『한국사상대계 I』(성대 대동문화연구원, 1973), p. 478.

반된 이미지를 통하여 표출된다. 상징적인 그네를 통하여 이를 융합하고자 하나, 끝내는 '서으로 가는 달같이는 아무래도 갈 수 없다'는 인식에 도달한다. 춘향이 그네에 앉아 향단에게 하는 말을 통해 삶의 한 진실, 사랑을 통한 초월에의 의지와 그것이 지상적 존재로서의 존재조건에 좌절되는 비극성을 이 시는 드러내고 있는 것이다.

넷째, 폭넓게 보았을 때 문학내적으로 수렴되는 전통을 고려할 수 있다. 시적인 주인공이 춘향으로 되어 있다는 것은 고전으로 형성되어 있는 〈춘향전〉의 주제에 이 시의 뿌리가 닿아있음을 뜻한다. 〈춘향전〉은 한국인의 문화체험 혹은 상상력과 분리시켜 논의할 수 없는 것이다. 춘향을 시로 쓴다는 것은 한국문학의 질서 속에서 사랑을 바라본다는 의미이며, 인간존재의 비극성을 형상화해 보겠다는 의지의 표명이다.

보다 구체적인 단계로 간다면 불교와도 관련지을 수 있겠으나 그 또한 한국문학의 전통과 연관되는 사항이다. 김소월의 〈진달래 꽃〉이나 서정주의 〈국화 옆에서〉 혹은 이육사의 〈절정〉 같은 작품도 이러한 시각에서 이해할 수 있을 것이다. 작품의 주제도 문학사적인 구조, 혹은 형식개념으로 이해할 수 있다는 점은 깊이 음미되어야 한다.

문학을 바라보는 관점은 여러 가지일 수 있고, 그들 관점에 따라 작품의 해석도 다양해질 수 있다. 그러나 공적인 교육에서라면, 문학교사는 여러 관점 중에서 작품이 요구해 오는 관점으로 깊이 있는 해석을 해낼 수 있도록 문학적 소양을 갖춰야 함은 물론이다.

Ⅲ ▸▸ 문학이론의 교육적 연관

1. 생산이론

(1) 문학생산이론의 본질과 특성

(가) 문학작품 생산의 주체 문제

문학은 단순히 물적 대상으로 바라볼 것이 아니라 작가-작품-독자의 구도 속에서 역동적으로 구체화되는 문학현상으로 보아야 한다. 이러한 구도에서 작가는 개인의 차원에서만 논의될 수 없다. 문학현상이 하나의 제도로 존재하고, 작가는 제도 속에서 구체적인 활동을 통해 의미를 구현하는 주체이기 때문이다. 문학작품을 창작하는 개인은 개별성과 집단적 속성을 아울러 갖는 것이기 때문에 논의도 양편에서 전개될 수 있다. 즉, 문학작품의 생산을 창조와 제작이라는 두 관점에서 볼 수 있도록 해 준다.

문학작품은 개인의 의식과 감수성을 구체화하면서 개인적인 차원의 작업으로 이루어지는 면이 있다. 시인의 개인적인 능력과 천재성을 중시하는 사고는 낭만주의적인 문학관에서 그 예를 확인하게 되는 바, 표현론이란 이름으로 그 요체가 드러난다. 주관성을 본질로 하는 개인의 체험을 겉으로 드러내는 방식을 표현이라 하거니와, 표현론은 시인이 자신의 내부에 가지고 있는 영감(inspiration) 혹은 천재성을 밖으로 유출시킨 것이 예술품이라는 주장이다. 이는 창조론으로 전환된다. 시인의 특출한 자질을 인정하는 입장에서, 시란 시인이 그 특출한 능력을 가지고 만들어낸 결과물이라는 설명이다.

비평사에서 볼 때, 시인이 창조자라는 생각은 16세기 영국의 낭만주의 시인 필립 시드니(Sidney, Sir Philip : 1554~1586)에 와서 구체성을 얻는다. 그는 자연의 불완전함을 시인은 초월적 사려로 보충하고 완성한다고 〈시의 옹호〉에서 주장한다. 이러한 생각은 워즈워드(W. Wordsworth : 1770~1850)에 와서 '모든 좋은 시는 감정의 자연발생적인 유로(流露)'라는 명제로 확립된다.

'문학은 개인의 사상과 감정의 표현'이라는 규정의 원초형태를 이루는 것은 이러한 창조론이다.[38)]

외부적인 자극 없이도 스스로 생겨나는 시인의 자율적인 감정을 시로 형상화하기 위해서, 시인은 회상된 정서를 묵상하고 그 결과 처음 묵상의 대상이 되었던 정서와 닮은 제2의 정서가 생겨나서 마음 속에 자리 잡으면 시인은 그것을 시로 정착시킨다는 것이다. 이러한 논의는 시인의 창작심리와 관련되어 창작품 자체에 대한 관심을 약화시키기도 한다. 그리하여 창조물로서의 시(poem)에 대한 논의보다는 시정신(poesy)에 대한 논의로 집중된다. 이러한 관점은 독일의 쉘링(F.W. Schelling : 1775~1854), 영국의 코울리지(S.B. Coleridge : 1772~1834)로 이어지면서, 인간의 자율적인 정신작용이 대상을 구성한다는 사고로 진전되어 상징론으로 발전한다. 즉, 시인이 우주와 정신적인 교감을 이루는 지점에서 순간적으로 포착하는 것이 상징이라는 견해를 바탕으로 한 상징론은 상상력론(想像力論)으로 발전하고, 코울리지는 상상력을 '잡다한 사물로부터 통일과 조화를 이루는 창조력'으로 규정하게 된다. 이러한 상상력론은 상상력을 교감적, 공감적 능력으로 규정하는 해즐리트(W. Hazlitt : 1778~1830)를 거쳐 존 키이츠(J. Keats : 1795~1821)의 몰개성론, 즉 소극적 수용성(negative capability)이라는 개념을 낳게 된다. 사실과 이치를 철두철미하게 추구하지 않고 불명확, 불가사의, 의심에 그냥 안주할 수 있는 사람의 정신상태를 소극적 수용성으로 규정한다. 이처럼 표현론이 작가 개인의 자발성을 강조하는 것만은 틀림없다. 개인을 창작의 주체로 보는 관점은 프로이트(S. Freud : 1856~1939)의 심리학을 바탕으로 한 이론과 연관되어 사회결정적 생산론의 문학론과 대립하는 양상을 보이게 된다.

표현론의 양상이 개인 중심에서 민족이나 국가의 집단을 고려하기 시작한 것은, 문학은 사회의 표현이라고 주장하는 보날드(Bonald : 1754~1840)에서 비롯한다. 민족이나 국가를 내세운 것은, 민족이나 국가를 결국 개인의 확대된 양태로 본다는 의미이다. 헤르더(Herder : 1744~1803)는 개인의 천재적

38) 이상섭, 앞의 책, p. 141.

감정을 강조하는 한편, 한 민족사회의 정신사(精神史)와 문학의 연관성에 관심을 집중시킨다. 이러한 방법은 스탈부인(Mme de Staël : 1766~1817)의 경우도 유사한 논지를 전개한다. 또한 쉴레겔(Schlegel : 1772~1829)이나 쉘링의 경우에도 문학이 사회의 표현이라는 주장은 지속적으로 나타난다.

민족정신을 표현하기 위해서는 민족의 생활을 반영하는 방법을 취하지 않을 수 없는 것이고, 이는 모방론과 표현론이 맞닿을 수 있는 국면이다. 이렇게 하여 개인을 문학작품의 창작주체로 보는 관점은 폭을 확대하게 된다. 그러나 이러한 이론도 보편성이나 집단의 조직성을 염두에 둔 것이라기보다는 민족 단위의 개성을 전제한 점에서는 낭만주의적 표현론의 한계를 벗어나는 것은 아니다. 문학작품 창작의 주체가 집단이라는 사고는 인간 삶의 방식을 연대적인 관계 속에서 이루어지는 것으로 보는 문학사회학적인 시각의 확산을 기다려서야 가능해진 것이라고 할 수 있다.

문학작품의 창작주체가 개인이 아니라 집단이라는 논리가 가능하기 위해서는 작가의 위상이 달라지지 않으면 안 된다. 이는 문학을 사회적인 현상으로 바라보는 관점을 뜻한다. 문학작품의 창작주체로서의 개인적인 실존을 부정하지는 않지만 작가의 순수한 상상력으로 세계를 창조하는 것이 아니라, 그는 사회 안에 제도로 주어진 것 그리고 이미 만들어진 언어체에서 작품을 구성하는 것이라는 입장도 가능하다. 창작주체를 주관을 가진 인물로 보는 것이 아니라 현실을 반영하는 매개적인 존재로 보는 관점이 성립될 수 있다는 것이다. 골드만은 작품의 주체가 개인적인 의미를 넘어서는 존재라는 점을 다음과 같이 지적한다.

> 작품이 한 사상가나 천재적인 작가의 표현물일수록 그것은 더욱 더 그 자체로서 역사가가 작가의 의향이나 전기에 의존할 필요가 없이 이해될 수 있다. 빼어난 강한 개성이란 정신적인 삶, 곧 그런 삶의 능동적, 창조적 측면에 있어서 사회적 의식의 본질적 추진력과 가장 잘 동일시하는 존재이다.[39)]

39) William Q. Boelhower, *Lucien Goldmann ; Method in the Sociology of Literature*

문학작품을 창조하는 주체는 개인이면서 집단을 대변하는 초개인적 주체이기도 하다. 집단의식을 반영하는 주체를 초개인적인 것으로 규정하는 것은 그들이 삶의 '의미 있는 전반적인 구조'를 밝혀 낼 수 있는 존재라는 점을 전제한다. 이러한 발상은 작가를 한 집단의 의식을 드러내는 예외적인 개인으로 보는 입장이다.

문학사회학적 관점에서는 인간의 행위를 의미있는 전반적인 구조(significant global structures)를 지향하는 것으로 보는데, 이는 인간행위의 이해가능성의 근저를 이루는 것이다. 인간의 행위가 일관성을 유지하지 못하고 개인의 천재성이나 독특한 기호같은 것에 따라 행동한다면 의미있는 전반적인 구조를 형성하지 못하고, 따라서 문학연구에서도 분편화된 작가의 개별성을 다루게 된다. 그러나 세계관에 접근하지 않는 작가의 취향이나 기호 따위는 연구의 대상이 되기 어렵다.

역사적인 현실 속에서 의미있는 구조를 이루는 초개인적인 주체의 행동은 다음과 같은 특성을 드러낸다. ① 스스로를 그가 처해 있는 상황에 적응시키려는 인간의 경향, 따라서 그 상황에 관계된 인간행위가 지닌 의미있고 합리적인 성격, ② 일관성 및 전체적인 구조화 과정을 향하는 인간의 경향, ③ 인간 행위의 역동적 성격 그리고 인간의 일부분을 이루는 구조의 발전경향과 더불어 그것의 수정 경향 등이 그것이다.[40] 이러한 점들은 인간의 행동을 리비도적인 충동으로만 설명할 수 없는 초개인적인 주체로서의 일관성을 드러내게 된다. 그러나 그러한 일관성이 개인을 온전히 부정한 것이 아님에 유의할 필요가 있다.

> 상상적 수준에서의 예술적 문학적 창작물의 가장 중요한 기능은 개인적인 수준에서 꿈과 정신장애와 상상이 실제로 소유할 수 없었던 객체나 그 대체물을 조달하는 것과 똑같이 인간이 실제생활에서 얻는 데 좌절한 일

(St. Louis : Telos, 1980) : 박영신·오세철·임철규 옮김, 『문학사회방법론』(현상과인식사, 1984), p. 32.

40) 위의 책, p. 18.

관성에 기여한 것 같다.[41)]

실제생활에서 얻을 수 있는 일관성이란 가능의식(possible consciousness)을 뜻하는 것으로 이해할 수 있다. 이러한 가능의식은 역사·사회적인 맥락의 규정을 받는 것이기 때문에 개인의 심리차원에서 논의되기 어렵고, 세계관의 문제로 환원하여 이해할 수 있는 것이다. 세계관의 문제라고 했지만, 작가가 가지고 있는 세계관과 작품에 나타난 세계관의 일치－괴리의 문제가 또 등장하는 데서 문제는 더욱 복잡해진다. 이는 이른바 창작방법론으로 전개되는 논의이기 때문에 간단히 논의하기 어렵다.[42)]

골드만의 이론은 루카치의 사고를 수용하면서 삐아제의 상호교섭적 인식론(interactionist epistemology)을 결합하여 방법론을 세운 것이기 때문에 주체와 객체[대상]의 상호작용을 함께 고려하는 통합주의가 되는 것은 당연한 귀결이다. 문학창작의 주체를 초개인적인 존재로 규정하는 것은 문학현상의 텍스트상호성(l'intertextualité)을 증가시키는 방법이 되기도 한다. 하나의 문학텍스트는 다른 문학텍스트와 연관되어 의미를 형성하는가 하면, 문학외적인 텍스트와도 연관작용을 하는 것이다. 하나의 텍스트가 제도적으로 존재한다면 다른 텍스트가 그 텍스트와 맺는 관계도 제도적인 것이라고 해야 논리의 일관성이 유지된다.[43)]

문학작품의 창작주체가 개인이면서 집단이라는 사실은 문학의 현상이 개인적이면서 사회적이라는 인식을 가능케 해준다. 이러한 관점으로 문학을 바라보는 것은 문학교육을 통하여 개인을 문학적으로 사회화하는 길을 여는 일이다.

(나) 문학작품 생산의 두 가지 의미

문학작품은 개인의 창조물이면서 동시에 사회문화적인 맥락 안에서, 제도 속에서 초개인적인 주체에 의하여 만들어지는 면도 동시에 드러낸다. 이러한

---

41) 위의 책, p. 154.
42) 김휴 엮음, 『사회주의리얼리즘』(일월서각, 1987), 제1부, 제2부 참조.
43) Julia Kristeva, *Desire in Language*(Blackwell, 1980), p. 15 및 John Frow, *Marxism and Literary History*(Harvard, 1986) 제6장 Intertextuality 참조.

점에서 문학작품의 생산은 개인적인 창조(creation), 초개인적인 주체의 제작 혹은 생산(production)이란 두 가지 의미를 갖는다. 창조는 개인의 영감이나 내적인 충동을 전제로 하는 것이기 때문에 평가의 기준이 개인적 영감의 우월함이나 충동의 강렬함으로 되기 쉽다. 그러한 기준의 최고지점에 놓일 수 있는 것은 이상적인 존재로서의 예술가, 다시 말하자면 신적인 존재로서의 인간이다. 이러했을 때 인간의 주관성에 의하여 세계는 임의로 변형이 가능하다는 인간적인 이데올로기에 얽매이게 된다. 창조주로 환원된 인간이라는 것은 기실 환경과의 상호작용을 배제한 그 자체가 절대의 세계이고, 따라서 예술 혹은 작품은 절대화되어 인간으로부터 소외된다. 이러한 모순적인 상황은 인간과 환경의 상호교섭적인 작용을 고려하지 않은 결과라고 할 수 있다.

그와 대극적인 입장에서 작품이 집합적 주체에 의해 생산되어 나온다는 입장을 극단으로 밀고 나가면, 환경 혹은 세계에 의하여 작품이 생산된다는 논지에 다다르게 된다. 제도를 형성하고 움직여 나가는 인간에 의해 만들어진 작품은 개인의 욕구나 이상을 배제한 관점이 되어 주체로서의 인간이 배제됨으로써 예술 혹은 작품은 인간으로부터 소외되는 양상을 나타내게 된다.

이러한 양자의 극단적인 양상을 극복하기 위해서, 상호교섭적인 인식론의 관점을 도입할 필요가 있다. 인간의 삶은 주체와 객체의 상호교섭을 통하여 이루어지기 때문이다. 여기에 발생론적 구조주의의 관점이 놓인다. 이는 하부구조가 상부구조를 규정한다는 마르크스주의의 관점을 수정하는 것이고 결정론으로부터 벗어나려는 방법론적 모색을 담고 있다.

> 예술작품은 극단적인 풍부성(곧 지나치게 광범위한 소여와 현존하는 세계 자체, 그리고 직접적으로 지각된 것들)과 극단적인 통일성(이는 행동과 변형, 요컨대 가능한 것들과 연관된다.)이라는 양극단 사이의 극복된 긴장의 결과이다.[44]

44) William Boelhower, 앞의 책, p. 170.

이러할 때 개인적인 창조성의 요소는 풍부성을 부여해 줄 수 있을지 모르지만 예술이 되기에는 충분한 조건을 갖춘 것이라 하기 어렵다. 그렇다고 마르크스주의에서처럼 통일성만을 강조하다 보면 과학적인 수준으로 물러나 예술이 되기 어렵다.

이들 양자의 통합을 지향하면서, 작품의 개인적인 측면과 초개인적인 측면이 함께 논의될 때라야 창조와 제작의 의미는 본래의 뜻을 드러낼 수 있게 된다. 작품을 쓰기 위해 책상 앞에 앉아 있는 사람은 구체적인 개인이지만, 그가 하고 있는 작업은 장르를 전제한 제도적인 틀 속에서 이루어지는 집단적 성격을 띤 행위인 것이다. 그리고 그가 만든 작품은 각종의 제도를 통하여 보급되고 장르적인 의식이 전제된 채로 읽히는 것이 사실이다.45)

중요한 점은 앞에서도 말한 바이지만, 주체와 객체 사이의 상호작용을 고려한 관점에서 어느 한 편에 극단적으로 치우치지 않는 일이다. 특히 문학교육에서는 작품의 성격이 개인적인 창조의욕이 두드러지는 것인가 아니면 초개인적인 생산주체의 제작의 성격이 강한가를 판별하는 문학적인 감수성과 안목이 중요함은 물론이다. 이상(李箱)의 작품이 개인적인 창조의 경향이 강한 것이라면, 채만식이나 염상섭의 작품은 제작물 혹은 생산물로서의 성격이 강하다고 할 수 있다. 이는 채만식이나 염상섭이 개성을 가지고 있지 않다는 의미가 아니고, 그들의 작품에 보다 보편화된 시대정신이 들어 있다는 뜻이고, 그들의 작품을 해석하고 교육하는 데는 그러한 전제가 긍정적으로 수용되어야 함을 뜻한다. 이는 채만식이나 염상섭의 작품이 리얼리즘의 계열에 속한다는 의미이기도 하다. 리얼리즘은 표현론보다는 반영론(反映論)의 입장에 서 있음으로 해서 개인의 상상이나 창조성보다는 개인을 둘러싼 세계의 문제가 더욱 중요한 항목으로 여겨지는 것이다. 이상의 경우 넓은 의미의 모더니즘에 속하는 작가이기 때문에 세계관을 문제삼는다고 하더라도 당대의 역사 · 사회적 상황보다는 개인적인 주관의 측면이 보다 부각되어야 할 것이다.

---

45) Robert Scholes, *Structuralism in Literature*(Yale Univ. Press, 1974) : 위미숙 역, 『문학의 구조주의』(새문사, 1987), pp. 136～137. 이 책에서는 generic criticism을 '일반비평'으로 번역하고 있으나 '장르적 비평'이라고 하는 것이 맥락에 맞는다.

문학교육은 교육 일반에서 지향하는 것이 그러하듯이, 개인을 사회화하고 사회를 인간화하는 양 측면을 함께 아울러 어느 한 편으로 편향되는 것을 막고 질높은 문화를 수립하기 위한 평형추를 마련하는 일이다. 그렇기 때문에 개인의 상상력이나 창조성과 함께 사회적인 규칙성이 동시에 문제되는 것이고 따라서 작품생산의 주체를 개인적 측면과 초개인적 측면의 양편에서 동시에 이해할 필요가 있는 것이다.

(2) 생산이론의 교육적 함의

(가) 작가의 창조성

한 작가가 글을 쓰는 과정을, 다시 말하여 창작과정을 이해하는 것은 때로 작품해석에 크게 도움이 될 수 있다. 이광수의 〈무정〉에 영어를 가르치는 가정교사가 나온다든지, 기차를 타고 여행하는 기차모티프가 자주 등장한다든지, 혹은 그의 다른 작품에 간호원이 등장하는 것 등은 이광수의 개인적인 체험과 깊은 관련이 있다. 이광수의 전공이 영문학이었다든지, 간호원 허영숙과 결혼을 했다든지 하는 것은 소재 차원을 넘어 작품이해의 관건이 될 수 있다. 작품은 개인체험의 의도적인 과장이라는 속성을 지니기 때문이다. 소재차원의 요소들이 의미차원으로 상승되어 보편성을 획득할 때 그러한 체험적인 요소를 '작가론적인 상관물'이라고 한다.[46] 이러한 문제는 〈문학교육과 작가론〉에서 상세히 논의하고자 한다. 다만 여기서는 작가의 창작과정에 대한 이해가 작품해석의 관건이 되기도 한다는 점을 지적하고, 그러한 이해가 문학의 물격화(物格化)를 넘어 인간화하는 데에 어떠한 역할을 하는가 하는 점만을 살피기로 한다.

창조론적인 관점에서 보았을 때, 작가는 개인체험을 이끌어내어 작품으로 형상화시킴으로써 개인체험을 보편적인 의미차원으로 상승시키는 작업을 하는 존재이다. 이 과정은 창작동기와 그 결과인 작품을 비교해 보면 쉽게 이해가 된다. 의외로 단순한 창작동기가 위대한 작품으로 형상화되는 경우가 있는

46) 우한용, 「작가론의 방법」, 『한국근대작가연구』(삼지원, 1986), p. 21 참조.

것이다. 〈무정〉은 한국 근대화 초창기의 시대상을 그린 허구적인 소설이지만 동시에 고아로 자라 교사에까지 이른 춘원의 빈틈없고 정직한 자서전이라고도 할 수 있다. 그 자서전은 그대로가 당시 지식인 청년들의 자서전으로 연결되는 것이기도 하다.[47] 이러한 자서전적인 측면은 사제관계, 누이콤플렉스, 한 등의 문제로 드러난다. 이러한 점을 단지 이광수의 개인체험으로 이해한다는 것은 무리를 수반하게 마련이다. 다른 예를 들어보기로 한다.

도스토예프스키(Dostoyevsky, Fyodor : 1821~1881)가 〈죄와 벌〉을 쓴 것은 처음부터 인간의 구원문제를 가지고 출발했다거나 초인사상을 형상화하기 위한 것은 아니다. 신문에 대학생이 노파를 살해하고 돈을 탈취해 갔다는 간단한 기사가 실렸었고, 그것을 소재로 작품을 쓸 만하겠다는 생각을 한 데에서 불후의 명작은 시작된 것이다. 괴테(Goethe, Johann Wolfgang von : 1749~1832)의 〈파우스트〉도 그러한 경우에 해당한다. 여성적인 것이 인간을 구원한다는 사상은 작품이 쓰여지는 과정에서 형성된 것이라고 해도 지나치지 않다. 이는 작품이 작가의 사상을 설명하거나 계몽의 수단으로 만들어지는 것이 아니라는 지적이다. 소위 주제라는 것도 처음부터 작가가 가지고 들어가는 것이라기보다는 작품의 창작과정을 통하여 형성되는 것으로 보아야 하는 까닭이 여기에 있다. 시의 경우도 마찬가지로 설명할 수 있다. 한용운의 〈님의 침묵〉을 연애시로 읽을 가능성은 열려있는 터이고, 한용운의 연애감정에서 촉발되는 정서가 그러한 시를 만들게 했다면, 작품의 모티베이션은 지극히 간단하고 일상적이라고까지 할 수 있는 것이다. 그러나 그러한 사소한 체험이 다층적인 의미를 머금은 작품으로 형성되는 과정은 간단한 것이라 하기 어렵다. 그것은 복잡미묘한 심리적인 과정을 거치기 때문이다. 그리고 그러한 과정은 일반화하여 설명하는 것이 아무런 의미를 가지지 못하는 경우가 대부분이다. 서정주에게 〈국화 옆에서〉의 창작 동기를 묻는다면, 마포에 살 때 뜰에 피었던 국화의 기억을 더듬는 데서 머뭇거릴지 모른다. 그러나 우리는 그러한 창작배경을 몰라도 그 작품에서 감동을 느끼는 것은 사실이다. 이러한 창작의

47) 김윤식, 『한국근대문학사상사』(한길사, 1984), p. 37.

비밀을 소상히 적은 글로 조지훈의 〈승무〉 창작과정을 볼 수 있다.[48] 그러나 이 글도 시의 창작이 어떠한 과정을 거쳤는가 하는 과정은 보여주고 있지만, 심리적인 분석은 이루어지지 않았다. 다만 '승무'라는 사상(事象)을 시라는 다른 차원의 형상으로 옮기기 위해 얼마마한 애정을 쏟았고 한 줄의 이미지를 얻기 위해 얼마나 깊은 사색과 모색의 과정을 거쳤는가 하는 점은 충분히 알 수 있다. 한 편의 시가 이루어지는 과정 자체가 인간정신의 높이를 잴 수 있도록 해주는 근거란 점을 증거한다.

개인의 체험이 작품으로 형성되는 과정과 그 의미를 추구하는 방법론으로 주제비평(la thématique)을 들 수 있다. 이는 원형비평(原型批評)의 방법과 연관됨으로써 인간의 개별성보다는 보편성을 강조하는 인상을 주는 것은 사실이지만 개인체험이 어떻게 보편성을 띨 수 있는가 하는 점을 설명하는데 도움이 되기도 한다. 객관적인 현실을 주요한 요소로 보는 것이 아니라 주관성을 강조하기 때문이다.[49]

작품창작의 사회성은 배제할 수 없지만, 창작의 현실적 · 상식적 차원에서는 개별성이 다소간 보장되는 것이라 해야 옳다. 그러한 개별성의 실현을 통하여 문학은 인간이 환경에 얽매이지 않는 자유를 보증해 주는 것이다. 창작과정에서 발휘될 수 있는 작가의 창조성을 이해하는 것은 문학을 통하여 얻는 인간의 창조력에 대한 신념과 다르지 않다.

(나) 작가의 사회성

문학교육은 개인을 문학적으로 사회화하여 문학적 문화의 문법에 익숙해지도록 돕는 형식적 비형식적인 과정이라고 할 수 있다. 사람이 살아가는 데는 개인차원의 주관과 취향에 따라 행동하고 욕구를 실현하기 위해 자신을 투구할 수도 있지만, 그 삶이 보다 큰 맥락에서 의미가 규정되자면 남과의 관계 속에 자신을 끼워넣지 않을 수 없다. 개인이 타인과 더불어 행동하기 위해서는 반드시 의미공유가 이루어지지 않으면 안된다. 이렇게 공유된 의미의 체계

48) 조지훈, 『시의 원리』(신구문화사, 1963), pp. 229~235.
49) 이형식, 「주제비평」, 『현대문학비평의 방법론』(서울대출판부, 1983) 참조.

를 문법(grammar)이라고도 하고 규약(code)이라고도 한다. 한 집단 안에서 요구하는 문법이나 규약을 이해하고 거기에 따라 행동을 조절하는 작용을 문화적인 사회화 혹은 문학의 경우 문학적인 사회화라 할 수 있다. 문화적인 사회화를 거치지 않는다면 문화적으로 단독자로서 고립된 개인으로 남을 수밖에 없다. 작품을 쓰거나 읽는 과정이 장르적이라는 것의 의미는 문학이라는 문법을 통하여 작품을 쓰고 그러한 문법을 통하여 작품을 읽음으로써 의미를 공유한다는 사회적인 행위를 한다는 것이다.

작가가 작품을 쓰는 일은 개인의 취향이나 능력 혹은 욕구만으로 되는 것이 아니다. 그가 처한 역사적인 현실을 작품으로 구성하는 것이라고 하는 관점에서 이해해야 한다. 이러한 관점은 작가를 초개인적인 주체로 보도록 한다. 인간의 행위는 의미있는 전반적인 구조형성을 지향하고 있기 때문에 일관성을 형성하게 되고 그 일관성으로 인해 개인의 행동은 이해가 가능해진다. 그러니까 작가가 작품을 쓴다는 것은 의미있는 전반적인 구조속에 자신을 투입하는 행위가 된다. 이러한 행위를 통하여 작가는 문화적인 실천의 주체로 자리잡는다.

한 개인이 의미체계 속에 포함되어 들어가자면, 주위환경에 자신을 적응시키기도 해야 하며 다른 한 편으로는 환경을 자신에게 맞도록 변화시키는 노력도 아울러 하지 않으면 안된다. 이를 각각 동화(同化)와 조절(調節)이라고 한다.[50] 이는 다른 용어로 구조화와 탈구조화 과정이라고도 한다. 결국은 인간이 스스로 자신의 환경과 평형을 이루고자 하는 근원적인 성향이 있음을 드러내는 것이다.

작가가 작품을 쓰는 과정이 사회적인 성격을 띠며, 환경과의 교섭작용을 하는 일이란 점을 이해하는 것은 작품의 생산이 사회적인 맥락에서 이루어진다는 사실의 깨달음이다. 거기다가 작품을 읽는 행위 또한 그러한 과정의 하나란 점을 알고 용납하는 것은 문학현상 속에 자신이 투여되어 들어감을 뜻한다. 이러한 과정은 문학적인 실천을 의미하고, 그 속에서 자신의 의미를 전반

50) Jean Piaget의 심리학 참조. L. Goldmann, *Hidden God*(R.K.P., 1976), p. 15 참조. 동화는 assimilation의 번역어이고 조절은 accommodation의 번역어이다.

적인 문법에 비추어 보는 것은 단순한 개인의 차원을 넘어 사회적 존재로서의 개인임을 깨닫는 일이다. 이는 고독한 단독자의 위치에서 벗어나 소외를 극복한다는 의미를 지니는 것이기도 하다. 이는 문학교육이 근본적으로 지향하는 목표이기도 하려니와, 문학생산의 과정을 이해함으로써 보다 쉽게 납득할 수 있는 삶의 방식에 대한 교육이 되기도 한다.

(다) 생산과정의 의미규제

작품창작의 주체를 개인과 초개인으로 나누어 그의 교육적인 함의를 검토해 보았다. 그러나 생산과정의 이해는 작품의 의미해석을 규제한다는 점도 중요한 의의를 지닌다. 그것은 작품이 제기하는 문제의식의 방향을 규제하며, 주제의 폭과 깊이를 규정하기도 하기 때문이다. 또한 문학생산의 원리는 작품의 수사학적인 조건, 다시 말하자면 장르의 압력을 이해하도록 하며 수용자의 인식지평을 확대하는 역할을 할 수 있다는 점에서 그러하다.

작가가 처해 있던 사회문화적인 맥락을 고려하는 비평을 역사주의비평이라고 하는 것은 상식화되어 있는 이야기이다. 초기에는 동반자작가로 출발하여 짙은 사회의식을 보이던 이효석(1907~1942)이 후기에 가서는 인간의 본능에 집착한다든지 자연에 몰입하는 경향을 보이는 것을 이효석 개인의 취향이나 성향이라고 설명한다면 논리상 미흡한 점이 있다. 그러한 변화의 원인을 설명하지 않았기 때문이다. 그러나 인간이 현실에서 패배했을 때 그가 패배한 현실과는 전혀 반대 방향으로 나아가고자 하는 성향이 있고, 당시의 사회상황이 그러했다면 이효석을 그러한 논리로 설명할 수 있을 것이다. 인간의 이러한 성향을 헤겔(F. Hegel : 1770~1831)의 용어로 낭만적 아이러니(romantische Ironie)라고 하는 것은 잘 알려진 일이다. 이효석을 이해하는 이러한 방법은 이효석을 초개인적인 주체로 이해하는 방식을 통해서만 가능하다. 일제 말기 시인들의 자연지향도 이러한 방식으로 설명이 가능할 것이다. 즉, 이들의 작품 생산과정에 작용한 사회 · 역사적 여건이 그러한 작품을 낳도록 한 것이라고 이해할 수 있다.

문학에서는 의식과 함께 기법이 중요한 의미를 띠게 된다. 이는 과학이 아니라 예술－그것이 소설처럼 반예술(halb Kunst)이라고 하더라도－이기 때문이다. 마르크스주의자들조차도 문학의 기본요건으로 사유〔Ideologie〕와 함께 형상성〔Bildlichkeit〕을 강조하는 까닭은 최소한의 예술적인 조건이 갖추어지지 않는다면 문학은 예술의 영역을 벗어나기 때문이다. 문학이 문학일 수 있는 조건은 문학의 장르적인 법칙성에 말미암는 것이다. 창작과 독서가 양편에서 장르적인 행위라고는 하지만 그 장르는 시 · 공(時 · 空)을 따라 양태를 달리한다. 어떤 시대에는 내용이 강조되고 어떤 시대에는 기법이 강조되기도 한다. 70년대의 소설이 주제편향성을 띠는 것이었다면 80년대의 소설은 새로운 기법의 창출을 위하여 고심하고 애쓴 것을 볼 수 있다. 이러한 경향에서 작가가 완전히 자유로울 수는 없다. 초개인적인 주체로서의 작가는 시대의 산물이라는 성격을 지니기 때문이다. 작품이 만들어지는 이러한 조건에 관한 이해는 작품에 대한 수용자의 기대지평을 확산하는 에너지로 작용한다. 작품의 시대적 조건은 넓은 의미에서 작품이해의 스키마(schema) 혹은 전이해(前理解)를 형성하는 요인이라고 할 수 있다. 물론 이러한 능력은 폭넓은 문학적인 실천을 전제로 한다. 좀더 설명하자면, 80년대에 와서 중산층의 두께가 두꺼워진 사실과 작품의 경향, 장르의 수사적인 조건 사이에는 일종의 대응관계가 생긴 것이라고 하겠다. 소설의 장르적인 구속성, 다시 말해 기법의 변화는 창작의 외적 여건 변화와 관련되면서 작가의 창작과정에 영향을 미치고 그것이 작품의 의미를 규제하는 것이라는 점을 알 수 있다.

여기에서 논의한 작품의 창작과정은 심리내적인 것과 사회적인 것을 함께 포괄하는 것이다. 작가의 작품 생산과정에 미치는 외적인 영향이 작품의 의미를 규제한다는 것은, 문학교육이 단순한 작품의 구조해명이나 언어적인 규칙 해설로 끝날 수 없음을 시사한다. 문학현상을 문화적인 것으로 파악하는 것이나, 문학적인 사회화를 논하는 것은 문학교육의 학제적 성격을 드러내기 위함이다. 문학교육은 사회 · 윤리 · 종교 등 횡적인 연대를 맺으면서 문화적인 고양을 통해 인간화를 구현하는 방법이다.

아무튼 작품의 창작과정을 이해하는 것은 작품의 이해에 커다란 역할을 하는 것만은 틀림없는 사실이다. 이러한 능력을 교사가 추상적인 방법으로 지도

할 수도 있을 것이지만, 바람직한 것은 학생 스스로 탐구하도록 하는 것임은 두말할 나위가 없다.

(3) 생산이론의 발전적 전망

문학의 생산이론이 문학교육에 유용한 역할을 하기 위해서는 다음의 몇 가지 점들에 대한 고려와 진전된 연구가 수반되어야 할 것이다.

첫째는 방법론적인 문제이다. 문학작품을 개인의 창조로 본다고 하더라도, 그것은 보편성을 획득해야 한다는 점에서 개인체험이 보편화되는 구조를 밝히는 작업이 필요하다. 창작심리의 깊이있는 탐구를 기다려야 하는 것이기도 하지만, 작가의 개인적인 체험이 경험적인 상관물이 되어 보편성을 획득하는 구조가 밝혀져야 한다. 이러한 연구는 베베르(J.P. Weber)의 주제비평, 모롱(Charles Mauron : 1899~1966)의 심리비평(la psychocritique)의 도움을 받을 수 있을 것이며 '원형비평'(archetypal criticism)의 방법이 원용될 수도 있을 것이다.[51] 또한 작품의 사회적인 실천이라는 측면에서 문학텍스트의 사회학이 깊이 추구되어야 할 것이다.[52] 이는 작품이 생산되어 나오는 과정의 외적인 조건에 대한 탐구이다. 문학적인 제재로 선택되는 작품들이 결정되는 외적인 조건이 이론적으로 밝혀지지 않으면, 작품해석이 의도(意圖)의 오류(誤謬)에 얽매이거나 주관적인 가치혼란의 상태로 떨어질 염려가 있다.

둘째는 생산자의 위상이 작품의 의미를 어떻게 규제하는가 하는 문제이다. 인문사회과학은 연구자가 연구의 대상 속에 포함되어 있다는 것이 다른 영역의 학문과 다른 점이다. 따라서 문학연구도 연구자가 대상과 관계를 맺음으로써 작품의 의미를 일정한 방향으로 편향되게 할 가능성이 있다. 즉, 작품의 생산자를 어떻게 설정하는가 하는 문제는 연구자의 의미해석을 규제할 수밖에 없다. 생산자와 연구자는 작품을 객관적인 매개로 하여 연구가 이루어지는 것이 아니라 포함되어 들어감으로써 연구 혹은 분석의 차원을 넘어 공감적 실천

---

51) 김현 외, 『현대문학비평의 방법론』(서울대 출판부, 1983) 참조.
52) Pierre Zima, 앞의 책 참조.

(共感的 實踐)의 양상으로 확산되기 때문이다.

셋째, 작품생산 주체로서의 학습자, 학습자와 동렬에 놓이는 생산자들에 대한 고려가 필요하다. 문학교육의 학습자료를 성인들의 작품으로 모두 충당하는 방식은 지양되어야 한다는 것을 전제로 할 때, 학습자와 동렬의 생산자를 고려하지 않을 수 없다. 쉽게 말하자면, 문학교육의 대상인 수용자가 만들어 내는 '문학'을 생산 차원에서 어떻게 다루어야 하는가 하는 문제이다. 학습자－창작자의 창작심리에 대한 해명이 있어야 할 것이고, 이들의 창작외적인 조건들을 고려해야 한다. 지나친 교훈적인 목적의식을 깔고 있는 아동문학관은 원론적인 면에서는 반성되어야 한다. 그들의 상상력 패턴을 밝혀 발달심리학에 의거한 해명을 한다든지 하는 것이 바람직한 일이다. 교육적인 의도만이 살아 있고 자신의 삶을 반성하고 그에 대한 의미매김을 배제하는 방식은 생산이론을 준거틀로 하여 검토한다면 지양될 수 있을 것이다.

넷째, 작가와 교사의 역학적인 함수관계가 고려되어야 한다. 문학교사의 자리는 다른 영역의 교사와 같은 위상일 수 없다. 다른 교과의 교사는 지식을 전달하고 학생의 행동을 바람직한 방향으로 변화시키는 일로 소임을 다했다고 볼 수 있다. 그러나 문학교사는 지식의 전달을 통한 이해만으로도 안되고 행동의 변화만으로 소임이 끝나지도 않는다. 문학의 본래적인 속성이 개방성을 요구하는 것이어서 전달하는 지식이 분명하면 할수록, 행동의 변화가 확실하면 확실할수록, 문학으로부터는 멀어지는 결과를 초래하는 딜레마에 빠지게 된다. 교사의 작가에 대한 이해, 곧 창작과정의 주체에 대한 이해는 교사가 학습자와의 관계를 설정하는 데에 도움을 줄 수 있을 것으로 기대된다.

문학생산의 이론은 문학교육을 평생교육으로 수용하는 단계에 와 있는 수용자들에게는 더욱 중요한 의미를 띤다. 이들은 우선 문학현상의 오롯한 주체의 위치에 설 수 있다. 문학을 문자텍스트 차원의 작품으로 한정하지 않을 경우, 일상 언어를 활용하는 가운데 드러나는 문학성을 실현할 수 있는 주체가 된다는 점을 정당하게 인정해 주어야 한다. 이 과정에서 사전학습의 효과, 즉 스키마가 능동적으로 작동하게 된다. 문학교육에서 그 잠복기가 길기 때문에 실효가 없는 듯이 보이는 스키마가 실제적인 교육효과를 나타낼 수 있다. 문학교육에서 단순히 작품의 수용만을 문제삼을 것이 아니라 문학의 생산과 수용에 대한 통합적인 교육이 필요한 이유도 이러한 데에 있다. 구체적인 작품을 읽고 느끼는 감동은 단발적이고 단시적이지만, 구체적인 작품을 감상하는 과정에서 습득한 추상적인 구조는 한결 오래 지속된다. 그렇기 때문에 문학이론의 교육은 텍스트 상호성을 증진시키는 방편이 될 수 있다. 다른 말로 하자면 문학작품 이해의 기본틀인 문학수용의 스키마를 확충시키는 방법으로서, 작품의 제시와 함께 작품해석의 방법과 기술을 이론적 차원에서 교육하는 것이 바람직하다. 여기에서 문학교육에서 문학적인 지식을 교육할 필요성이 제기된다.

2. 구조이론

(1) 구조이론의 본질과 특성

(가) 문학연구와 문학성

문학의 구조이론에서는 문학작품이라는 개별적 사상(事象)이 지닌 의미와 그 해석을 다루는 것이 아니라 개별적 사상이 지닌 법칙을 탐구한다. 구조이론가들은 작품의 해석에 전제될 수 있는 시학의 수립에 그 목표를 둔다. 토도로프(Tz. Todorov : 1939~2017)에 의하면 시학(詩學)은 개별적인 작품의 생산을 지배하는 일반적인 법칙을 알아냄을 그 목적으로 하며, 따라서 시학의 대상은 문학작품 자체가 아니라 문학적 진술이라는 특이한 진술양식의 본질이 된다.[53] 토도로프의 견해는 문학의 구조이론에 해당하는 연구의 기본방향을 잘 지적한 것이기는 하나, 그들이 초기에 내세운 내용과 형식의 양분론을 부정하는 주장에 비하면 논리적 간극이 보인다. 구조주의자들의 문학연구에 큰 영향을 미친 러시아 형식주의자 중의 하나인 아이헨바움(B. M. Eikhenbaum : 1886~1959)이 밝힌 그 자체 안에 어떤 내용을 지닌 구체적이고 역동적인

53) Tz. Todorov, *Qu'est-ce que le structualisme?: Poétique*. 곽광수 역, 『구조시학』(문학과지성사, 1977), p. 19.

전체를 형식이라 본 주장[54]과 비교해 보면 토도로프의 견해는 형식의 의미를 축소시킨 감이 있다. 그러나 형식의 의미를 축소시킨 것은 구조주의자들의 한계이기보다는 러시아 형식주의자들 자신이 지니고 있었던 한계이며 토도로프는 이를 적절히 정의한 것이라 하겠다.

토도로프의 견해가 보여주듯 구조이론에서 문학의 연구가 지니는 근본 목표는 하나의 텍스트를 문학이게 하는 진술방식상의 특징을 해명하는 데 있다. 소위 문학이 문학이게끔 하는 요인, 즉 문학성(littérarité)이 무엇인가를 해명하는 것이 문학연구〔시학〕의 목적이라는 것이다. 문학연구를 이렇게 바라보는 견해는 문학이 지닌 주제적 · 사상적인 측면을 도외시하기 쉽다는 한계를 지니나, 문학과 비문학을 구분할 수 있게 해 준다는 논리적 강점도 있다. 산문으로 씌어진 여러 글 중에서 왜 어느 것은 문학이라 하고 어느 글은 문학이 아니라고 하는가에 대한 해결이 없이는 문학을 연구하는 길이 열리지 않기 때문이다. 만약 하나의 문학장르를 이루는 규칙이 언어의 법칙처럼 규범화될 수 있다면, 그것은 그 자체로서 문학의 평가에서 한 기준으로 사용될 수 있고, 적어도 문학교육의 수준에서는 쓰임새 있는 도구로 사용할 수 있을 것이다.

(나) 언어의 기능

문학의 구조이론은 언어학에 힘입은 바가 매우 크다. 구조이론가들이 개별 작품에 대한 비평과 평가에서 문학성을 연구하는 쪽으로 바꾼다는 전제부터 소쉬르(F. de Saussure : 1857~1913)가 밝힌 언어기호의 형식과 내용을 구분하는 양분법을 모델로 한 것이다. 또 러시아 형식주의자들이 일상적 언어와 시적 언어를 구분한 방법도 언어학이론과 관련이 깊다.

쉬클로프스키(V. B. Shklovskii : 1893~1984)는 시적 언어란 이미지에 의한 언어라는 전래의 생각을 비판하면서, 시의 이미지란 최대한의 인상을 만드는 방식의 하나일 뿐이며 언어의 음, 색채(figure) 등 여러 요인과 대등하다고 본다. 그는 언어의 경제성을 중시하는 것은 일상적 언어의 속성이며 시적인

54) Tz. Todorov 편, *Theorie de la littérature*, 김치수 역, 『러시아 형식주의』(이대출판부, 1981), p. 40.

언어는 그 나름의 법칙에 의해 생성되며 그 결과 자동화된 일상적 언어에 충격을 준다는 것이다.[55]

시적 언어의 기능과 특징에 대해서는 야콥슨(R. Jakobson : 1896~1982)이 상론한 바 있다. 그는 시적 언어가 대상과의 등가성(equivalence)에 기반을 두고 있으며 수사학의 기본적인 두 종류의 비유인 은유(metaphor)와 환유(metonymy)는 이와 깊이 관련된다고 본다. 환유는 문자 그대로 원관념〔대통령〕과 그것과 인접하는 보조관념〔청와대〕 사이에 인접(contiguity)한다는 연상에서 나타난다. 반면에 은유는 원관념〔내마음〕과 보조관념〔호수〕 사이의 유사성(similarity)과 유추관계에 의해 나타난다. 이를 근거로 그는 언어의 시적 기능은 등가관계를 만들어내는 수단으로 인접과 유사에 의존한다고 주장한다. 그리고 이러한 비유들 중에서 은유는 시에서, 환유는 산문에서 효용성이 짙다는 제안을 하고 있다.[56] 또 야콥슨은 언어의 여러 기능이 세밀히 연구되어야 언어의 시적 기능을 말할 수 있다는 전제에서 언어의 전달상황을 여섯 국면으로 나누고 이들 각각의 어느 하나를 강조하는 언어의 기능을 대입시키고 있다.[57]

	관련상황 전언			지시적 기능 시적 기능	
발신자	···········	수신자	감정 표시 기능	···········	능동적 기능
	접촉 신호체계			친교적 기능 메타 언어적 기능	

야콥슨은 이들 여섯 가지 기능 가운데 어느 하나만으로 이루어지는 언어활동이란 상상할 수 없고, 이들 기능이 통합적으로 작용하면서 텍스트를 이룬다

55) 앞의 책, pp. 78~85, 자동화에 대해서는 다음 절에서 상론한다.

56) R. Jakobson, 『언어학과 시학』 : 이정민 외편, 『언어과학이란 무엇인가』(문학과지성사, 1977), pp. 173~183 참조. 이에 대한 해설적 요약은 T. Hawkes, *Structuralism & Semiotics*(University of California Press, c1977) : 오원교 역, 『구조주의와 기호학』(신아사, 1982), pp. 104~113을 참조할 것.

57) R. Jakobson, 위의 글, pp. 144~155.

는 점을 강조한다. 물론 각 기능 가운데 어느 기능이 주도적인 역할을 하는가에 따라 텍스트의 양식이 달라진다는 점을 지적한다. 언어의 시적 기능이란 전언(傳言), 즉 메시지의 물리적 차원에서 빚어지는 기능을 뜻하는데, 의미의 전달이나 감정의 표현, 친교 등을 목적으로 하는 것이 아니라 수행되는 언어의 음상 등이 빚어내는 쾌적감을 시적 기능이라고 설명한다. 예컨대 이육사의 〈청포도〉에는 "내 고장 칠월은 청포도가 익어가는 시절"이라는 시구가 나온다. 고장과 시절에서 추출할 수 있는 'ㅈ'음이라든지, 칠월과 청포도의 'ㅊ'음이 가져다주는 청신감 등이 언어의 시적 기능에 해당한다. 문학텍스트의 경우도 시적 기능이 지배적일 따름이지 시적 기능만으로 구성되는 경우는 거의 없다.

(다) 문학의 기법과 낯설게 하기

시적인 언어의 본질에 관한 연구에 초점을 맞춘 형식주의자들은 문학적 기법의 포괄적 설명이 가능한 예로 '낯설게 하기'를 들고 있다. 우리가 처음 접하게 되는 사물은 매우 신기하며 우리에게 벅찬 감동으로 다가온다. 그러나 그것이 우리와 자주 접하게 되면서 처음 느낀 감동의 새로움이 점점 희미해지고 어느 순간부터 그 사물은 우리 의식 속에서 자동화되어 새로운 느낌이 사라지고 일상적 감수성으로 편입되어 들어온다.

우리의 언어사용에 있어서도 이것은 예외가 아니어서, 우리가 일상적으로 사용하고 있는 언어는 이미 자동화되어 버린 언어다. 따라서 문학에서는 자동화되어 버린 일상적 언어를 새롭게 사용한, 즉 낯설게 한 언어를 사용함으로써 인간의 의식에 충격을 가하게 된다. 즉, 무카로프스키(Jan Mukarovsky : 1891~1975)가 주장하였듯이 시적 언어란 언어 자체를 초월하는 어떤 내용이 아니라 단지 그 자체와 그 자체의 용도를 의미하기 위해 기능하도록 낯설게 만든 것이다.[58]

문학의 언어에 있어 낯설게 하기나 전경화(前景化)[59]라는 개념은 문학의

---

58) P.L. Garvin, *Prague School Reader*(Georgetown Univ. Press, 1964), pp. 19~21.
59) 무카로프스키는 '낯설게 하기'란 용어 대신 '전경화(前景化 ; foregrounding)'란 용어를

기법과 관련지을 수 있다. 원래 은유 · 상징 등의 시적 언어가 일상적인 언어에서도 그대로 사용되고 이해된다. 일상언어가 시에서 낯선 표현으로 전경화되는 것은, 시의 여러 기법을 통해서이다. 이는 서사의 경우도 마찬가지이다. 서사체에 있는 스토리를 플롯화할 때 낯설게 하기 효과를 얻을 수 있다. 서사체를 예를 들어 설명한다면, 독자가 어떤 유형의 이야기에 대해 이미 선지식을 가지고 있으므로 작가는 이야기를 낯설게 변형시킨다는 것이다. 도미부인의 이야기는 어느 정도 나이가 든 한국인이라면 이미 그 내용〔스토리〕은 알고 있다. 같은 스토리를 가지고 작가는 이를 새로운 형태〔플롯〕를 부여하여 소설화하고 그 결과 그 이야기는 낯선 형태로 독자들에게 다가오는 효과를 발휘한다.

신화비평가에 의해 밝혀진 바 있듯이 문학의 제재는 이미 신화에 그 원형이 드러나 있다. 그러나 문학작품은 계속 새롭게 창작되고 있으며 그것은 동일한 내용을 낯설게 하여 전경화함으로써 가능한 일이다. 그렇다면 문학의 연구는 문학이 문학되게 하는 낯설게 하기의 방법을 연구하는 것이 된다. 즉, 문학연구는 문학과 비문학의 구분점을 찾는 것이며, 그것은 낯설게 하기라는 문학적 장치의 특성을 해명하는 일인 것이다.

(라) 서사체의 구조

구조주의자들은 문학의 규범을 다양한 방향으로 접근해 가고 있다. 문학적 기법인 낯설게 하기의 방법을 야콥슨은 은유와 환유를 그 준거로 하여 찾고 있으며, 브리크는 음의 반복현상 자체가 미학적인 역할을 담당하는 것으로 해명하고 있는 등, 이 분야에 많은 업적이 축적되어 있다. 그러나 그들의 연구는 서사체에 있어 구조의 해명이 주된 관심사가 되고 있다. 토마체프스키나 쉬클로프스키에 의해 창안된 모티프의 개념은 프로프(V. Propp : 1895~1970)를 거쳐 구조주의자들에 이르기까지 서사체 구조의 분석에서 중요한 규범이 된다.

쓰고 있다. 전경화는 일상언어를 배경으로 하여 미적 왜곡을 함으로써 겉으로 두드러지게 하는 방법을 뜻한다.

토마체프스키는 작품에서 더 해체할 수 없는 의미의 단위를 모티프라 부르고 이들이 모여 작품 테마의 기둥이 된다는 가설을 세운다. 이들 모티프는 그것을 제거하여도 이야기 내용이 변하지 않는 독립 모티프와 그 모티프를 제거하면 테마가 바뀌는 결합 모티프로 구분되고, 상황을 변화시키는 역동적 모티프와 상황을 변화시키지 않는 정태적 모티프로 구분된다.[60] 이러한 모티프의 설정은 서사체를 분석하는 데 있어 중요한 단위개념이 된다. 하나의 이야기는 여러 모티프로 나뉘므로 그 모티프들의 기능과 결합관계를 살핌으로써 하나의 이야기가 지닌 구조적 특징을 확인할 수 있고, 또 이러한 구조유형에 의거하여 이야기의 유형을 설정하고 이야기의 문법을 정리할 수 있기 때문이다.

프로프는 이들의 모티프 개념에 의거 러시아 민담을 분석한 결과 민담은 다양한 인물들에게 흔히 동일한 행위를 부여한다는 사실을 밝혔다.[61] 즉, 그는 민담의 표면적인 면에서는 그 형식이 매우 다양하지만 그 구조상 단순성을 지니고 있음을 밝힌 것이다. 그는 민담을 분석함에 있어, 인물의 다양성에도 불구하고 그가 행위의 진행에 있어 어떠한 의의를 지니는가 하는 기능(function)에 초점을 맞추어 분석하여 민담에는 31개의 기능만이 존재하며 그 기능의 배열 순서는 항상 일정함을 밝힌 것이다. 그리고 그는 31개의 기능이 다시 7개의 행동권으로 분류된다고 하여 ① 악한, ② 제공자, ③ 조력자, ④ 왕녀와 그의 아버지, ⑤ 파견자, ⑥ 영웅, ⑦ 가짜영웅 등의 인물범주를 설정하고 있다.[62]

프로프의 이러한 기능과 행동권의 설정은 하나의 이야기를 분석하고 그 구조를 해명함에 있어 간결한 준거틀로 사용할 수 있다는 점에서 매우 유익하다. 그리고 이들 각각을 기호화함으로써 한 이야기의 구조를 단순화시켜 그 유형을 설정하는 편리한 방법을 제공해 주고 있다.

브레몽(1929~)은 프로프의 이론이 기능들 간의 일직선적인 연쇄라는 점

---

60) Tz. Todorov 편, *Théorie de la littérature*, 김치수 역, 『러시아 형식주의』(이대출판부, 1981), pp. 209~211.

61) V. Propp, *Morphology of the Folktale*(Univ. of Texas Press, 1968), p. 20.

62) 위의 책, pp. 79~80.

을 비판하면서 설화는 기능들이 이중 삼중으로 연쇄되어 진행하는 것이라는 가설을 세운다.63) 이는 프로프가 이야기 구조가 단순한 민담의 분석에서 얻은 결론이므로 스토리와 플롯의 구분이 필요가 없었으나, 브레몽에 이르러 복잡한 구성을 가진 플롯의 분석이 시도되었음에 기인한다. 그러나 그의 이러한 접근은 철저한 이야기의 분석 가능성에도 불구하고 구체적인 텍스트로부터 멀어져 추상성으로 함몰하고 만다.64)

그레마스(1917~1992)는 프로프의 인물들의 행동권을 구조주의 특유의 이항대립에 의거하여 새로운 정리를 시도한다.65) 그는 탐색의 주체와 그에 대립하는 대상을 설정하고, 프로프의 ②, ④, ⑤의 행동권의 부적절함을 지적하여 발신자와 수신자를 설정하며, 프로프의 ①, ②, ③을 정리해 협조자와 반대자라는 항을 설정한다. 그는 이러한 여섯 가지의 행위자 항목을 바탕으로 행위자 모델을 만들었는데, 이는 이야기의 구조를 하나의 도표 속에 넣어 간결하게 이해하는 가능성을 제시했다. 원래 이 모델은 설화, 그 중에서도 탐색담 분석을 위해 만들어진 모형이나 서사체 일반, 나아가 소설의 분석에도 좋은 모델이 되어 작품의 구조나 세계관의 분석을 위한 틀로 사용되고 있다.

(마) 문학의 진화에 대하여

문학연구가 문학적 진술의 구조와 가능태에 대한 연구라고 보는 구조이론에 의하면 문학사(文學史)란 문학적 진술의 기원과 그 변화, 즉 문학작품의 계열의 변화에 관한 연구가 된다. 티니아노프에 의하면, 문학사는 취하는 견해에 따라 문학현상의 발생에 관한 연구와 문학적 진술의 변화에 관한 연구로 대별되며, 이 중 전자는 문학 외적인 것으로 간주된다.66)

문학의 발생과 변화의 차이는 양자 사이에 존재하는 문학 내적인 차이에 있

---

63) C. Bremond, “설화가능성의 논리” : 최상규 역, 『현대소설의 이론』(대방출판사, 1983), pp. 137~163.

64) Kunne-Ibsh & Fokkema, 윤지관 역, 『현대문학이론의 조류』(학민사, 1983), p. 22.

65) A.J. Greimas, *Sémantique structurale*(Libraire Larousse, 1966), p. 176 이하.

66) Tz. Todorov 편, *Théorie de la littérature*, 김치수 역, 『러시아 형식주의』(이대출판부, 1981), p. 135.

는 것이 아니다. 그것은 형식 · 구조주의자들의 견해에서 볼 때, 변화하는 것은 개별적인 작품이나 장르가 아니라, 전체적인 문학적 진술-계열이며, 문학의 발생문제는 순전히 개별적인 작품의 문제이기 때문이다. 따라서 문학사에서 연구되어야 할 것은 독특한 개별작품이나 작가의 발생이 아니라, 한 시대의 문학적 진술의 특징과 그것들의 변화를 연구하는 것이어야 하는 것이다.

구조이론의 입장에서 문학의 변화란 형태와 기능의 재배치로 이루어진다. 이것은 '형태에 대한 기능의 변화', '형태에 대한 기능의 새로운 출현', '형태와 기능의 상호작용' 등 초역사적(超歷史的)으로 존재하는 문학적 진술-형식-이 기능과 결합하고 변모하는 양상을 연구하는 것이 문학사라는 뜻이다. 예컨대, 한국시의 역사를 연구하기 위해서는 장르체계의 연구에 앞서 한 시기의 시적 진술의 형태적 요소의 변모와 그것의 기능이 새로운 변화를 갖게 되는 규칙을 연구해야 하는 것이다.

토도로프 역시 형식주의자들의 문학사 연구 태도를 수긍하면서, 문학사 연구에 대해 다음과 같이 전망하고 있다.[67] 문학사의 첫번째 작업이 문학적 진술의 각 범주들의 변화성을 연구하는 것이라면, 두번째 작업은 바흐찐의 방법론으로 같은 유형의 종속적 변양태들을 연구함으로써 통시적 연구를 하고, 동시에 장르들 사이의 관계를 바탕으로 공시적으로도 연구하는 것이다. 그리고 세번째 작업으로 다른 시기에로의 이행에 관계되는 변화성의 법칙을 알아내는 것이다.

토도로프의 견해는 형식주의자들의 논리에서 한 걸음 더 나아간 것이라고 하겠다. 구조이론에서 볼 때 문학사의 연구는 형태와 기능에 관한 연구이어야 하며 이들의 통시적 연구를 통해 문학의 진화와 관련되는 법칙성을 확인하는 작업이어야 한다. 이러한 인식이 전제될 때 문학교육의 면에서 문학사를 바라보는 새로운 시각이 정립될 수 있을 것이다.

---

67) Tz. Todorov, *Qu'est-ce que le structualisme?: Poétique*, 곽광수 역, 『구조시학』(문학과지성사, 1977), p. 121 이하.

(2) 구조이론의 교육적 함의

문학교육은 문학작품을 통해 문학적 상상력을 계발하고, 삶의 총체성을 체험하도록 하며, 나아가 문학적 문화를 고양시킴에 그 의의를 지닌다. 이에서 나아가 구조이론의 관점에서 본다면 문학교육은 학생들에게 문학을 이해시켜 문학작품을 읽을 수 있는 능력을 길러주고 문학작품 사이의 구조동일성을 인지시켜야 한다. 이는 문학교육이 문학의 특성 곧 문학성에 대한 인식을 전제해야 함을 뜻한다. 문학교육은 문학에 대한 교육일 수도 있고 문학을 통한 교육일 수도 있다. 그러나 양자는 모두 문학교육의 본령에서 약간씩 벗어난 것으로 보인다. 이보다 먼저 문학교육은 문학적 진술의 특징을 이해하고 그것의 기능을 알며 삶의 실천으로 유도되어야 한다. 그리고 이를 바탕으로 문학의 구조원리를 이해하고 텍스트상호성으로 발전되어 나가는 것이 문학교육의 바른 방향이다. 이렇게 볼 때 구조이론(構造理論)은 문학교육의 중요한 한 방향을 제시해 준다.

(가) 문학적 언어에 대한 이해 확대

많은 경우 문학교육은 전통적인 서지 주석적인 내용과 역사주의적인 방법에 의해 얻어진 문학적 결론, 그리고 미국의 신비평에 의한 분석적인 지식의 복합적 전달로 이루어지는 감이 있다. 즉, 〈상록수〉라는 소설에 대해 교육할 때, 작가에 대한 이해, 브나로드 운동과 관련된 사상적 배경, 일제강점기의 농촌 실상 등을 선지식(先知識)으로 제공하여 작품을 이해하게 한다. 또 그 작품의 구성이라든지 시점, 인물의 유형을 분석하고 문장 속에서 사용된 수사적 장치에 대한 이해가 〈상록수〉를 가르치는 최종 목표로 인식되고 있는 것이다. 이러한 현상은 시의 경우보다 심한 양상을 보인다. 〈모란이 피기까지는〉을 가르치면서 시문학파, 언어의 조탁, 수미쌍관, 여성적 어조, 4단 구성, 모순 형용, 도치, 은유 등 부분적이며 분석적인 사항을 암기하는 것으로 끝내고 주제를 몇 단어로 정리해 버린다. 이러한 방법으로 문학을 가르치는 것은 미국 신비평의 분석적이고 기능적인 이론을 받아들인 1950년대 말 이후에 정립된 것으로, 사지택일식의 입시 제도의 비호를 받으며 기능적인 문학교육 방법으로 고착되었다. 작품의 이해를 위한 선지식에 해당하는 작가와 작품의 배경 등에 관한 내용과 분석적인 문학적 장치에 대한 내용은 서로 유기적인 연관도 없이 단편적인 지식들로만 가르쳐지고 있는 실정이다. 이는 작품에 대해 요약적인 해설과 주석으로 끝나던 이전 시대의 문학교육을 철저히 비판하고 등장한 신비평의 문학교육 방법을 비판없이 수용하였던 결과로 보인다.68)

구조론적 시각으로 본다면 문학은 독특한 언어적 진술방식을 지닌 자족체로, 시적 기능 중심의 '메시지' 전달을 강조한다. 그것은 메시지의 전달과정에서 자동화된 일상적 언어를 포기하고, 미학적 의도를 낯설게 만든 언어로 전경화시킨다는 의미이다. 문학의 언어가 생경하게 느껴지고 원래적 의미가 아닌 유추적인 의미를 지니는 것은 이러한 이유에서이다.

우리가 문학적 언어를 이해한다는 것은 한 텍스트에서 어떠한 수사적 기교를 사용하고 있는가를 아는 것을 뜻하지만은 않는다. 하나의 시적 언어가 음(音)이나 행(行)을 반복한 경우 그것이 어떠한 메시지의 전달을 위해 사용된 것인가를 아는 것, 은유(隱喩)나 환유(換喩)의 쓰임이 어떻게 일상적 언어와 차이가 나며 그러한 언어의 사용은 어떤 효과를 지니며 메시지의 전달에 주는 효과가 무엇인가에 대한 이해가 수반되어야 한다. 예컨대, 김영랑(1903~1950)의 〈모란이 피기까지는〉에 사용된 수미쌍관은 그것 자체로서 하나의 결구를 이루려는 시적 장치이면서 서정적 자아의 극도의 슬픔과 그 슬픔을 딛고 일어서려는 처연한 의지를 표상하기 위해 선택된 것이며, 이상화(1901~1943)의 〈빼앗긴 들에도 봄은 오는가〉의 구조상의 기법은 절망적인 현실에 대한 인식의 표출이면서 그래도 기다림을 포기하지 않는 시인의 강인한 정신의 드러냄이다. 이육사의 〈절정〉에서는 절대절명의 위기의식 속에 살아가는 독립지사로서의 불안의식과 일제에 대한 처절한 대결의식이 "겨울은 강철로 된 무지갠가보다"라는 강렬한 비유를 선택케 한 것으로 이해된다. 박두진(1916~1998)

68) 이 책이 처음 발간된 1988년의 시점에서는 이러한 진단이 문학교육의 실상이었다. 지금도 이러한 방법이 유지되는 사례가 없지 않으나 문학교육의 내용과 방법 면에서 많은 변화가 있었다. 현재에 와서는 수용자의 체험을 중시하는 경향, 문학의 텍스트연관성을 중시하는 교육 태도, 연관적 사고를 유도하는 교육방법 등 바람직한 방향으로 문학교육이 진전되는 면모를 볼 수 있다.

은 〈해〉에서 분단된 조국에 대한 슬픔과 통일에의 염원을 '해'에 비유하면서 조국의 미래에 대한 그리움을 격렬한 어조와 반복을 통해 형상화하고 있다. 이것은 소설에서도 마찬가지여서 한 소설가가 선택한 어조와 방언의 사용 등은 작가 자신이 전하고자 하는 메시지의 전달에 적절하기에 선택된 것이다. 이처럼 문학의 언어는 한편으로 문학의 형식개념을 지탱해주는 미학적 기능을 하며, 다른 한편으로 작가의 정신을 형상화하는 이념적 기능을 수행한다.

문학작품을 읽으면서 그 문학작품에 사용된 수사적 장치를 찾도록 한다면 이는 단순한 지식의 교육에 지나지 않는다. 그러한 표현이 갖는 효과와 그러한 표현의 발상법이 무엇인지를 이해하는 방향으로 나아가야 한다. 그리고 일상적 언어를 파기하고 그러한 시적 언어로 나아가지 않으면 안되었던 작가의 고뇌를 이해해야 한다. 그리고 이러한 노력을 통해 문학적 언어의 쓰임에 대한 이해를 넓히고, 텍스트 상호성이 확대되고 나아가 자신이 그러한 언어적 표현을 할 수 있고 그러한 발상을 자신의 체험으로 수용할 줄 알아야 한다. 문학의 언어를 언어 차원과 정신 차원 그리고 이념 차원에 이르기까지 폭넓게 이해하도록 하는 것이 문학교육의 본령이며, 문학언어의 특성을 폭넓게 이해하도록 하는 길이다. 이러한 모색은 국어문화의 질을 높이는 데에 크게 기여한다.

(나) 형식과 내용의 역동성 이해

흔히 문학작품을 이해하면서 작품의 창작배경을 검증하고 이를 바탕으로 작품을 해석하는 방향을 찾는다. 이러한 접근방법을 역사주의적 방법이라 함은 두루 아는 사실이다. 문학에 대해 이러한 방식으로 접근하는 것은 작품에 대한 선지식을 얻어 그 작품을 이해하는 단서로 사용할 수 있다. 그러나 이 방법은 문학 외적인 데에 작품을 이해하는 근거를 둔다는 점에서 문학을 문학답게 이해하는 데에는 한계가 있다. 구조이론에 의하면 이 방법은 자칫 작품을 잘못 읽는 결과를 가져오게 된다. 즉, 문학의 형상성을 제쳐놓고 주제 중심으로만 읽게 할 염려가 있다는 점이다.

예를 들자면, 이광수의 〈흙〉을 당시 팽배하던 브나로드 운동의 소설로서

선편을 보인 것이라는 점을 바탕으로, 이 소설을 브나로드 운동의 관점에서 해명해 볼 수 있다. 이러한 방법을 전혀 틀렸다고 할 수는 없다. 〈흙〉에서 허숭이 보여주는 행위는 농촌을 이해하고 농촌의 현실을 보다 나은 방향으로 개선하기 위해 노력을 경주하는 것이 사실이다. 그러나 이는 철저한 의식에 의한 출발이라기보다는 다분히 낭만적이고 현실도피적인 동기에서 농촌으로 되돌아가고 시혜적인 입장에서 계몽사업을 추진하다가 몇 차례나 이농을 한다는 점에서 진정한 의미의 농민소설이 되지 못한다는 비판이 가능하다. 이러한 비판이 가능하기 위해서는 농민소설의 구조적 조건에 대한 인식이 밑바탕이 되어야 한다. 또 〈그 먼 나라를 알으십니까〉의 '먼 나라'를 이 작품이 일제 강점기에 씌어졌다는 사실만으로 '해방된 조국'으로 처리하는 것은 시의 함축성을 포기하는 것이며 역사 전기적인 사실에만 매달려 작품을 잘못 이해할 소지가 있다는 지적도 가능해진다.

흔히 문학을 내용과 형식으로 양분하여 설명한다. 이는 지극히 편의적 인 방법이며, 문학이 이들 가운데 어느 하나의 조건에 의해서만 이루어질 수 없다는 점에서 논리적 한계를 갖는다. 문학을 예술로 보자면 문학의 내용 차원, 즉 사상성의 깊이만을 따질 수 없다. 형상성을 도외시하고는 문학이 예술로 성립하기가 불가능하다. 만약 사상성의 깊이만이 문학을 문학답게 하는 요건이라면 철학적인 글이나 역사적인 글들과 문학 작품 사이의 차이를 설명할 방법이 없어진다. 반면에 형식 기법적 장치만으로 문학을 설명할 수도 없다. 하나의 작품이 지니는 미적 자질은 그 작품의 내용적 측면을 무시하고 이루어질 수 없는 것이기 때문이다. 이야기의 구성원리를 가장 철저하게 지켜서 플롯 구성의 완벽성을 보이는 추리소설을 예술성 높은 문학이라 칭하지 않는다. 오히려 기법적인 허술함마저 발견되는 도스토예프스키의 소설이 예술성을 인정받는 것은 내용과 형식에 관한 새로운 시각정립을 요구한다. 아이헨바움이 형식이란 개념을 '그 자체 안에 어떤 내용을 지니는 구체적이고도 역동적인 전체'[69]라 정의한 것도 이러한 맥락에서이다. 형식 · 구조주의자들의 논리에 따

---

69) Tz. Todorov 편, *Théorie de la littérature*, 김치수 역, 『러시아 형식주의』(이대출판부, 1981), p. 40.

르면 형식이란 내용과 대칭되는, 즉 내용을 포장하는 외피라는 경직된 개념을 벗어난다. 그리고 이러한 외피에 해당하는 개념으로 기법 또는 장치(device)라는 용어를 사용하고 있다. 즉, 기법 또는 장치는 문학작품을 낯설게 해주는 동인으로서 문학을 문학이게 하는 힘이다. 소위 주제가 기법에 의해 형상화된 것이 바로 문학의 형식－구체적인 텍스트이기 때문이다.

우리는 플롯을 통해 전경화(前景化)된 이야기를 접하게 된다. 이때 플롯이란 일반적으로 알려져 있는 또는 알 수 있는 사건을 낯설게 배치해 두는 행위이다. 시간의 역전, 인과적 배열 등으로 설명되는 플롯은 인간이 지닌 스토리－경험적 사건－의 의도적 배열이다. 이러한 플롯에 의해 독자는 문학작품을 읽음에 있어 지속적인 관심의 투여가 가능해지고 작자가 의도한 방향으로 이끌려 들어가게 된다. 소설에서 강조되는 기법의 하나인 시점도 유사한 설명이 가능하다. 동일한 이야기도 1인칭으로 전개하느냐 3인칭으로 전개하느냐에 따라 소설 내의 언어적 수준의 차이는 물론 이야기 전체가 전혀 다른 작품으로 느껴지게 되기도 한다. 또 이광수의 〈단종애사〉와 김동인의 〈대수양〉에서 보듯, 동일한 역사적 사건이 작가가 어느 인물을 초점화하였는가에 따라 전혀 다른 작품으로 나타나게 되는 것이다. 이는 문학의 기법이 단순한 이야기 전개방식의 차이가 아니라 작품의 내용－서사성까지 완전히 바꾸게 되고 만다는 점을 보여주는 예이다.

문학에 있어 기법은 내용과 다면적이고 역동적으로 관련된다. 우리가 흔히 말하듯이 '형식이 내용을 결정'하기도 한다. 문학을 이해함에 있어 이러한 형식과 내용의 역동적 관련성을 이해하는 것은 매우 중요하다. 한 작품의 구성이나 시점이 어떤 특성을 지니는가 하는 사실을 아는 것이 중요하기보다는 그렇게 전경화된 형식이 그 작품의 주제적 측면과 어떻게 상호역동성을 지니는가 하는 점을 파악하고, 문학은 형식과 내용의 상호역동성을 바탕으로 예술로 형상화된다는 점을 이해하는 일이 중요한 것이다.

(다) 문학작품의 구조 동일성 인식

문학교육은 문학의 수용 차원과 지식 차원으로 구분된다. 문학의 수용은 선지식을 바탕으로 개별작품의 내용을 이해하고 감상하여 내면화하는 일이다. 문학의 지식은 하나의 작품이 문학작품이게 하는 문학성에 대한 이해를 포함한다. 문학을 지식으로 이해하는 것은 문학의 구조에 대한 이해를 전제로 하는 것으로, 문학작품 사이의 구조 동일성을 인지하는 일이라고 설명할 수 있다. 우리가 시조(時調)에 대해 언급할 때 율곡 시조의 주자학적 세계관, 황진이 시조의 자유 분방한 인간성 강조, 개화기 시조의 현실참여적 속성, 현대 시조의 개성존중의 경향 등은 서로 이질적인 것으로 파악될 수 밖에 없다. 그러나 이들을 하나의 장르로 묶어주는 것은 그들이 지닌 문학적 장치, 즉 형식의 동일성이다. 율격(律格)이라고 명명되는 문학적 장치를 고려하지 않고는 이들의 동일성이 설명되기 어렵다. 문학적 장치의 공통성은 장르적 완고성 혹은 장르적 지속성이라고 바꾸어 말해도 좋은 개념이다.

우리가 문학교육에 임하면서 이러한 작품 사이의 구조적 동일성을 운위하는 것은 기존 업적에 바탕을 둔 이론적 지식의 전수를 통해 가능할 수도 있고, 귀납적인 노력을 통해 접근해 갈 수도 있다. 그러나 어떤 방식을 사용하든 하나의 장르 또는 양식이 지니는 구조 동일성의 이해는 문학교육의 중요한 일면이 된다. 소설의 경우에도 장편과 단편이 단순한 길이의 차이에서 기인하는 것이 아니라 그 구성방식 사이의 차이에서 구분된 개념임을 알아야 한다. 인간의 삶과 세계의 인식에 있어 부분성과 전체성의 인식이라는 차이에서 출발한 단편과 장편은 서로 독특한 기법상의 특질을 개발해 나갔다. 이러한 두 장르간의 차이를 분명히 이해시킬 수 있는 가능성은 그들 각 장르의 구조를 분석하고 해명하는 데서 비롯될 것이다.

이러한 구조동일성을 적용하는 일은 하위장르들 사이에서도 가능하다. 조선소설을 전기소설(前期小說)과 후기소설(後期小說)로 양분하고 이를 신성성(神聖性)과 세속화(世俗化)라 명명한 이상택의 글[70]에서 보듯이, 이들 장르

---

70) 이상택, 『한국고전소설의 연구』(중앙출판, 1981), pp. 237~257 참조.

사이의 구분점을 극명히 구분해 내는 것은 그 이야기 구조상의 차이점에서 출발해야 하는 것이다. 염정소설, 몽자류소설, 군담소설, 판소리계 소설 등 제재, 기원, 형식, 내용 등 다양한 기준에 의해 소설을 하위구분하는 것은 별 의미를 지니지 못한다. 만약 우리가 소설에서 그 하위구분을 시도한다면, 제재나 기원에 의해서가 아니라, 하나의 소설이 지니는 모티프 배열상의 특징을 전제로 해 이를 유사구조끼리 묶어 정리해야 할 것이다.[71] 이러한 작업을 통해 설화와 소설의 구조상 차이를 설명할 수 있을 것이며, 시에 있어 그 하위구분도 율격, 언어사용의 특징 등 그 구체적인 시적 장치의 차이에 따른 구분도 가능할 것이다.

이러한 구조동일성 곧 장르 구분의 법칙을 문학교육에 직접 이용할 수 있는 구체적 방법은 아직 제시되어 있지 않다. 그러나 구조이론의 연구결과를 토대로 문학교육에서 이러한 방법을 원용하는 것은 가능해질 것이다. 문학교육이 문학에 관한 교육이나 문학을 통한 교육이 아니라 문학의 교육이라면, 문학의 지식 차원의 이해는 문학교육의 본질적 국면이다. 문학의 구조 동일성과 같은 문학지식은 문학과 연관된 다른 지식이나 문학과 연관된 제반 사항과 텍스트 연관성을 지니는 것이고, 텍스트연관성 증대를 위한 문학교육에서 텍스트 이해의 역동성을 이루어내는 데에 구조론적 방법은 크게 기여할 것이다.

(라) 문학사 교육의 가능성

문학교육의 중요한 목표 가운데 하나로 문학적 전통에 대한 이해와 확장을 들 수 있다. 한 시대의 문학적 양태를 이해하여 문학에 접근할 수 있는 능력을 함양하는 것과 동시에 시대의 흐름에 따라 문학이 어떻게 변모해 왔는가 하는 통시적인 이해 또한 문학의 이해를 위해서는 중요한 요건이 된다. 인간은 각 시대적 상황에 따라 독특한 문학적 장치를 개발하고 시대의 변천에 따라 새로운 장치의 문학적 관습을 익히면서 문학적 문화에 참여한다. 문학적 관습이나 전통은 상상력 차원에서 이해할 필요가 있다. 상상력은 문학의 형식

---

71) 고소설(古小說)의 모티프 배열을 고려하여 영웅소설(英雄小說)이란 하위 장르를 설정한 것도 좋은 예가 된다.

적 요건과 함께 문학의 전통을 형성하는 요건이 된다. 따라서 문학사에서 고려해야 하는 필수 요건이라 할 수 있다.

문학사교육은 흔히 장르의 발생과 소멸에 초점이 맞추어져 왔다. 신라에 향가가 있었으며, 이는 고려시대까지 계승되다가 속요로 대치되었고 다시 시조의 형식으로 바뀌었고 조선조 후기에 평민의식의 등장으로 사설시조가 나왔다는 식으로 장르의 발생과 소멸을 설명하는 것이다. 이러한 장르의 발생에 대해서 유기적인 연관은 고려하지 않고 시대상황 또는 개인의 능력에 의해 그렇게 된 듯이 설명한다든지, 해당 장르의 최초 작품과 마지막 작품이 무엇이며 그 장르적 특성이 무엇인지 가르치는 것으로 일관하는 예를 보게 된다. 예컨대, 조선조의 양반시조(兩班時調)는 정형을 지니고 주자학적 세계를 노래했고, 조선조 후기에 평민시조(平民時調)인 사설시조가 등장해 현실 세계와 인간적인 감정을 노래했다고 단절적으로 기술하고 있다.

그러나 장르의 변환, 즉 문학의 진화 또는 변화에 관한 논의는 장르의 발생에 관한 것일 수만은 없다. 문학사는 문학적 진술의 변화에 대한 연구로 형태와 기능의 상호작용으로 파악되어야 한다. 이런 관점에서 시조의 변화에 대해 설명하는 것은 문학사교육의 새로운 시각을 제공해 준다. 흔히 얘기되듯 불교사회에서 유교사회로의 변화과정에서 사대부의 세계관을 반영하는 새로운 형태의 시가로서 시조라는 형태가 등장한다. 이 시조는 그것이 지닌 창(唱)이라는 형태를 통해 주자학적 세계관을 표현한 것이다. 이러한 시조는 황진이 등에 의해 새로운 기능을 갖게 되는데, 이는 '인간의 진솔한 감정의 표현'으로 평가된다. 이러한 변모는 형태의 불변 속에서 이루어지는 기능의 변화에 해당한다. 이것은 황진이 등이 창이라는 형태에 대해 전혀 낯설지 않은 계층이었음에 기인하는 것이다. 그러나 조선조 후기에 이르러 평민들이 시조를 향유하려 했을 때, 일부 전문가객은 창을 알았으므로 그 형태를 계승했으나 대다수 평민들은 이에 익숙하지 않아 자신들의 향유물인 잡가 등과 결합시켜 새로운 형태를 창조하여[72] 그들의 세계를 노래한다. 이 과정에서 그들은 시조형식의

72) 이를 시조의 산문화(散文化) 양상이라고 설명하는 것은 널리 수용되는 관점이다.

일부를 계승해 사설시조라는 파행적 형태를 생산해 낸다. 이러한 사설시조의 등장은 문학의 '형태와 기능의 동시 변화'로 설명할 수 있게 해 준다. 이후 현대시조는 가까운 시기의 사설시조의 전통을 떠나 전대의 정형시조를 계승했으나 그들이 노래한 것은 시인의 개성 또는 포에지였다. 시조 본연의 형태인 창이 소멸된 마당에 주자학적 세계관의 표현이라는 기능마저 변질된 것이다. 이는 '형태의 부분적 계승과 기능의 변화'로 설명되며 어떤 의미에서는 조선조의 정형시조와는 이질적인 형태와 기능의 등장으로 파악되어야 한다.

문학사교육이 심정적 차원에서 이루어져서는 안된다는 점과 구조론의 방법을 원용할 수 있는 방안을 모색해야 한다는 점을 다소 구체적으로 살펴 보았다. 문학사 교육은 시대의 변화에 따른 장르의 발생과 소멸에 대한 지식을 기계적으로 주입하는 교육이어서는 안된다. 문학사의 변화가 문학적 진술의 변화이며 이는 형태와 기능의 역동적 변화라는 점이 고려되어 문학적 전통의 변화에 대한 올바른 이해를 전제해야 한다. 그것은 장르와 같은 거시적인 구조만이 아니라 지배적 심상(dominant image)의 변화, 관습적으로 사용되는 어휘(cliché)의 기능 변화 등 미시적인 부분까지 포괄하는 것이 될 때, 비로소 문학적 진술의 변화에 대한 올바른 인식과 문학적 변화의 문학사적 인식이 가능하게 될 것이다.

(3) 구조이론의 발전적 전망

문학작품에 대한 구조이론은 문학교육의 기본사항으로 문학의 문학성에 대한 교육의 가능성을 열어 준다. 이것이 문학교육의 장에서 보다 의미있는 것이 되기 위해서는 다음 몇 가지 점에 대한 고려와 심화된 연구가 필요하다.

첫째, 문학의 문학성에 대한 심화된 연구가 필요하다. 현재까지의 구조이론은 문학이 문학일 수 있는 특징에 관한 연구가 주를 이루었으며 그에 대한 다양한 이론이 소개되었다. 그러나 이러한 연구는 대체로 서사물에 대한 구조분석과 운문의 시적 장치에 대한 분석적인 연구에 치중되어 왔다. 그들의 연구결과를 수용할 때, 어디까지가 문학인가 하는 문학의 경계문제는 추상적 수준에 머무를 뿐이며 문학성 자체에 대한 명쾌한 결론에 도달하지 못하고 있다.

근래에는 문학의 문학성이 매우 임의적이고 기준이 불분명하다는 점을 들어 문학성을 찾고자 하는 노력을 비판하는 시각이 없는 바 아니다. 문학이 지닌 고도의 다양성을 일면의 논리로 재단함은 논리적 비약과 오류를 면하기 어렵다. 그러나 최소한 문학교육의 수준에 필요한 범위 내에서나마 합의는 필요하다. 가변성을 지니고 있기는 하지만 시대마다 무엇이 문학이라는 의미공유는 있어 왔다는 것이 사실이다. 이러한 합의에 도달했을 때 문학의 구조동일성에 대한 교육이 가능할 것이기 때문이다. 이는 문학연구가뿐만이 아닌 오히려 문학교육 연구가와 문학교육 담당자 측에서의 본격적 연구와 범주설정의 노력을 요한다.

둘째, 사회교육 프로그램 차원에서의 문학교육의 범주설정이 구조이론의 차원에서 정리되어야 한다. 학교교육에서와는 달리 교수자와 학습자의 구분이 엄밀하지 않고 심한 경우 교수자와 학습자가 동일한 주체가 되어 버리는 사회교육에서 문학의 문학성을 교육하고 문학작품의 구조동일성을 인식시킬 수 있는 방안이 마련되어야 한다는 뜻이다. 이를 위해 문학작품을 구조이론의 입장에서 체계적인 작품집을 편찬하거나 해설서를 마련할 수 있다. 예컨대, 유명작품을 망라한 문학전집체재를 탈피한 구조상의 유사성, 문학적 장치의 상관성 등에 따라 편찬한 선집 속에 그러한 의도를 파악할 수 있는 적절한 해설을 첨가하는 등의 방법을 모색할 수 있다. 이것은 사회교육의 프로그램뿐만 아니라 학교교육의 차원에서 보다 폭넓은 독서 체험을 위해서, 교재위주의 문학교육을 벗어나기 위해서도 필요한 작업이다. 이러한 작업이 이루어질 때 문학교육은 정상적인 방향으로 한걸음 진전되리라 믿는다.

셋째, 문학의 사상성 혹은 이념성에 대한 고려가 병행되어야 한다. 문학의 미적인 구조를 지닌 자족체라 하여 그 구조상의 요건만 살피는 방법은 문학의 형해만 만지는 도로에 함몰할 위험이 따른다. 문학은 사상성과 형상성의 역동적 결합에 의해 그 가치가 발현된다. 구성상의 완벽함을 지닌 추리소설이 문학적이라거나 가치있다고 하지 않는 것은 그것이 인간에 대한, 또는 삶에 대한 심오함을 수반하지 않기 때문이다. 따라서, 작품의 기법과 함께 내용을 포괄한 형식－구조를 해명할 수 있는 이론의 정립이 필요하다. 형태적 · 기법적 장치에 치중하던 미시적 구조이론이 사회학 · 심리학 등과 결합하여 문학의 구조와 삶의 구조를 통괄해 보려는 거시적 구조이론으로 변모해 가는 것은 이런 점에서 의미있는 방향전환이라고 생각된다. 그레마스가 이야기 구조 속에서 세계관을 운위하거나, 사회구조와 문학구조의 상동성(相同性)을 찾는 골드만 등이 문학연구에서 설득력을 지니는 것은 바로 이런 점 때문이다. 문학교육에 있어 구조이론도 이러한 거시적 구조이론을 적극 수용하여 문학이 삶과 깊은 관련을 지닌다는 사실을 망각하지 말아야 할 것이다.

넷째, 교수자의 입장에서 이론과 그 실제에 대한 폭넓은 이해가 선행되어야 한다. 문학교육에서 교수자는 학습자에 대한 일방적인 지시를 하는 감독이 아니라 그들을 동반자적 위치에서 이끌어가는 안내자다. 학습자의 왕성한 의욕과 다양한 의문을 수용 · 조화시키면서 교수자는 그가 생각하는 방향으로 폭넓게 접근해 가야 한다. 그러기 위해서 교수자는 제재에 대한 심화된 이해가 선행되어야 한다. 염상섭의 〈취우〉를 가르칠 경우, 그 제목이 노자에서 인용한 것으로, 이것이 일과성(一過性)을 뜻함과 결국 작가가 6 · 25의 일시성을 전제했음을 알 필요가 있다. 이는 〈도덕경〉과 〈취우〉라는 두 작품 사이의 구조적 상관성을 발견하는 일은 아니지만, 염상섭의 〈취우〉가 지닌 구조를 이해함에 있어 중요한 단서가 된다.

문학교육은 제재로 주어진 작품을 분석하고 이해하는 데서 끝나거나 감상에서 마무리할 수 없다. 교육의 장에서 주어진 제재로서의 작품은 학생들의 문학에 대한 구조동일성의 이해, 상호 텍스트성의 증진을 위한 자료일 따름이다. 주어진 텍스트를 통해 문학의 문학성과 구조를 이해시키는 것은 문학교사의 몫이다. 이 점에서 문학교사는 늘 문학이론에 대한 이해를 강화하고 그 실천적 방안에 대한 숙고가 필요한 것이다. 아울러 문학의 문화적 실천의 측면을 다면적으로 고려하지 않으면 안된다.

3. 수용이론

(1) 수용이론의 본질과 특성

수용이론은 문학현상 가운데 독자의 적극적이고 역동적인 역할을 중심으로 개발된 이론이다.

현대 문학이론이 역사적으로 변모해 온 양상은 문학 현상의 요소 중 어느 것에 관심을 두느냐 하는 데에 따라 크게 세 시기로 나누어 검토할 수 있다. 그 첫째는 낭만주의와 19세기를 지배했던 작가에 대한 관심이며, 둘째는 20세기 들어 신비평, 구조주의로 대표되는 텍스트구조 자체에 대한 관심이다. 그리고 셋째는 근자에 와서 점증되고 있는 독자에 대한 관심이다. 이와는 별도로 현실반영으로 문학을 조망하는 현대 문학이론도 있다. 이상의 네 가지 관심 영역은 많은 비평분야를 열었지만 개괄하여 생산이론, 구조이론, 수용이론, 반영이론이라 이름할 수 있을 것이다.

이 중에서 수용이론(受容理論)은 우선 수용자, 즉 독자가 문학현상에 관여하는 문제에 관심을 기울인다. 그런데 이 '독자의 문학 텍스트의 수용에 대한 관심'은 현대사회의 사회구조 및 개인의식구조의 변화에 기인하고 있으며, 현대 산업기술 발전과도 그 맥락을 같이하고 있다. 각종 매스 미디어와 정보수용 체제의 발달은 종래의 문학관 및 문예학이 지닌 확고한 관념에 상당한 변화를 요청하게 되었다. 그것은 곧 문학의 형성과 작용에는 독자도 작자 못지않게 중요하다는 의식이 대두되었음을 뜻한다.

문학연구에서 독자의 수용과정을 중시하는 이론을 포괄하는 수용이론은 다양한 이전 비평의 영향을 받고 있다. 비평사적 패러다임으로 본다면, 러시아 형식주의, 프라그 언어학파, 인가르덴(R. Ingarden : 1893~1970)의 현상학, 가다머(H.G. Gadamer : 1900~2002)의 해석학, 그리고 문학사회학 등이 모두 이 이론의 전조적 자리에 놓일 수 있다.[73] 그러나 수용이론의 본격적인 출발은 야우스(H.R. Jauß : 1921~1997)나 이저(W. Iser : 1926~2007)로 대

73) R.C. Holub, *Reception Theory*(New York : Methuen, 1984) : 최상규 역, 『수용이론』(삼지원, 1985), p. 32.

표되는 독일의 수용미학이다. 수용이론의 교육적 함의(教育的 含意)를 살피고 그것의 새로운 가능성과 발전적 지향점을 모색하기 위하여서는 먼저 이러한 독일 수용미학의 본질과 특성을 검토할 필요가 있다.

(가) 텍스트와 작품의 구별

1960년대 말, 야우스 등에 의하여 주장된 수용미학은 작가 · 작품 위주의 해석태도를 지양하고 지금까지 텍스트 내재적 의미만을 중요시해왔던 전통적 문학연구에 도전하는 새로운 이론이다. 수용미학에서는 한 예술작품의 역사적 본질은 그 생산과정을 고찰하고 그것을 기술하는 것만으로는 설명될 수 없다고 주장한다. 그들에 의하면, 오히려 문학은 작품을 생산하는 주체(작가)보다 그것을 소비하는 주체(독자)를 통해서 그 특성과 역사적 의미를 규명할 수 있게 된다는 것이다.

이는 야우스가 그의 「도전으로서의 문학사」에서 밝히고 있는 새로운 문학 이해의 관점이다. 그런데 문학과 예술을 소비주체〔수용자〕에 의하여 파악하고 의미를 부여하는 수용미학적 관점의 기초는 텍스트와 작품에 대한 명확한 구별로부터 시작된다. 이것은 이저에 의하여 더욱 구체화된다. 그는 문학작품은 두 개의 극을 갖고 있다고 설명하는데, 그 하나는 작가에 의하여 생산된 텍스트 측면이며, 다른 하나는 독자에 의해 이루어진 텍스트의 구체화[74]이다.

이저에 의하면 문학작품은 텍스트에도, 또한 텍스트의 구체화에도 일치되지 않는다. 왜냐하면, 작품은 텍스트 이상의 것으로 독자에 의하여 구체화될 때에야 비로소 생명력을 얻을 수 있는 것이기 때문이다. 또, 특정의 독자에 의해서 일어나는 텍스트의 구체화는 그 독자의 성향, 견해, 입장으로부터 완전히 벗어날 수 없다. 따라서, 특정의 독자에 의한 텍스트의 구체화만으로 그 문학작품을 일치시킬 수도 없다. 결국, 텍스트와 독자가 일치하게 되는 곳이 문

74) 차봉희 편저, 『수용미학』(문학과지성사, 1985), p. 19 참조, 문학텍스트의 구체화(Konkretisation)는 기존의 '작품해석' 혹은 '문학비평'이라는 용어의 수용미학적 표현이다. 독자의 능동적 수용행위는 곧 불확정한 텍스트를 구체화한다.

학작품의 현장이 된다. 이것은 문학작품이란 텍스트의 실재로 환원될 수도 없고 마찬가지로 독자의 성향적 차원으로도 환원될 수 없기 때문에 어쩔 수 없이 잠재적이고 미확정적인 허상의 성격을 띤다는 것을 의미하기도 한다. 이러한 작품(das Werk)의 허상성(die Virtualität) 때문에 작품의 역동성이 생겨난다. 따라서, 작품은 오직 독서과정에서만 이루어질 수 있는 하나의 과정으로서의 그 원래적인 성격을 발휘할 수 있다. 요컨대 수용미학은 '텍스트'와 '작품'을 구분한다. 우리가 종래 사용해 온 문학작품은 '문학텍스트'의 뜻으로 쓰이며, 이러한 문학텍스트를 이해하고 평가한 논문이나 비평은 '수용텍스트'라 불리며, 문학텍스트가 수용자에 의하여 수용되는 과정 및 결과가 '작품'에 해당된다고 할 수 있다.[75]

요컨대, 작품이란 텍스트가 독자의 의식 속에서 재정비되어 구성된 것으로 정의될 수 있다. 또, 문학텍스트의 구체화는 독자의 독서행위(讀書行爲)를 통하여 이루어진다. 이 경우 독자의 독서행위는 하나의 경험구조로서 이해되어야 하며, 이러한 독서과정을 통해서 독자는 문학텍스트 내의 상상적인 것을 살아 있는 것으로 체험하게 된다. 특히 이저는 작품 자체가 자율적 영향력을 갖고 있다는 고전주의적 작품관을 비판하고 이때의 '작품'이란 말은 '텍스트'라는 말로 보충되어야 한다고 주장한다.[76] 작가가 쓴 텍스트는 수용자와의 소통과정을 거쳐서 비로소 작품으로 탄생하기 때문이다.

텍스트와 작품을 구분함으로써 독서행위, 즉 문학의 수용과정을 독자중심의 열려진 공간으로 설명하려는 수용이론의 관점은 문학교육의 방향 모색에 많은 시사점을 제공한다. 수용이론은 문학을 고형적 지식 내지는 단순한 인류문화유산의 양식으로서 그 교육적 적합성을 발견하려 했던 재래의 문학교육 자체에 큰 반성을 요구하고 있다.

(나) 수용자 중심의 문학연구

수용미학에서 말하는 수용자(der Rezipient)는 단순한 독자의 의미를 넘어

75) 위의 책, 같은 곳.
76) 위의 책, p. 23.

서는 매우 포괄적인 개념이다. 이러한 의미의 수용자는 텍스트에 접촉하는 행위자, 즉 그것을 읽거나 평가하거나 이에 관여하는 행위를 하는 모든 사람으로, 예컨대 독자, 비평가, 문학이론가, 문학교사, 매스컴을 통한 해설가, 또는 영화 연극 등의 연출자, 연기자, 관객 등등을 총망라한다.[77] 이러한 수용이론에 따르면 독자의 개념도 변화하고 작품수용 행위도 그 영역을 더욱 확장하게 된다.

독자의 개념은 텍스트의 수동적 이해자에서 능동적 참여자로 확대된다. 독자가 읽지 않는 문학텍스트는 존재의 의미가 없다. 텍스트는 독자가 그것에 접촉할 때 비로소 그 존재이유가 생성되며, 그 읽는 방향성에 따라 새롭게 이루어진다. 수용자의 위상이 생산자의 그것을 능가하게 되었으며, 수용자의 주체적 '수용'이 텍스트의 발생적 '영향'(die Wirkung) 이상의 의미를 갖게 되었다.[78] 수용자는 영향의 축에서, 즉 작가나 텍스트의 의도를 찾아내기 위해서만 책을 읽는 것은 아니다. 수용자는 그가 읽는 텍스트의 구체적 국면에서 스스로 반응하고 그것을 그의 의식 속에서 그의 경험세계와 대응시키면서 하나의 이해를 조직해 낸다. 이로 본다면, 독서행위는 텍스트의 구조와 독자의 경험구조가 얽혀 짜이는 상호행위(相互行爲)인 것이다. 그 중에서도 수용이론이 작품이해 현장을 독자의 독서과정(der Lesevorgang)에 더 비중을 둠은 물론이며, 그것은 문학연구 및 이론사에 획기적인 패러다임을 제공하였다.[79]

현대사회는 구조적으로 다층화되었고 그것은 다시 고도의 정보체계에 의하여 통합되거나 굴절된다. 거창한 명분일수록 죄악도 서슴지 않고 관리되는 사회에서 진실을 옹호하는 길은 무엇보다 자기의식의 확충이었다. 정보의 일방적 전달과 조작에 대항하기 위해서 수신자는 주체적 · 능동적으로 그 약호를 읽어야 할 필요를 느낀 것이다. 독자와 수용의 개념이 중요성을 확장한 것은 이런 문제와 관련이 깊다. 이렇게 본다면, 수용자 중심 문학관의 대두는 현대문명의 병폐 속에서 참다운 문학적 문화를 유지 · 발전시키는데 매우 유용하고

77) 위의 책, p. 29.
78) 위의 책, pp. 28~30 참조.
79) Holub, 앞의 책

의미있는 현상이다. 수용이론은 독서행위가 단순히 고답한 패쇄적 교양주의에 머물지 않고 수용자가 체험하는 삶의 구체적 정황에서 역동적 힘으로 작용할 수 있는 가능성을 열어준다. 이것은 문학이 구체적 현실문제를 중요하게 고려하게 됨을 암시하며, 문학교육의 목적인 문학적 문화의 고양을 위한 토양을 마련하는 데 큰 도움이 될 것이다. 그리고 그것은 학습자 중심의 교육이론과 개별화 학습원리 및 그에 따르는 바람직한 평가모형 등에 많은 고려점과 아울러 새로운 시각을 부여하고 있다.

(다) 수용과정과 기대지평

문학텍스트의 수용과정은 “수용되는 것은 무엇이든지 수용자의 상태에 따라 받아들여진다.”[80]는 해석학적 원칙을 근거로 한다. 여기서 수용자의 상태는 기대지평(die Erwartungshorizont)이란 용어로 대체될 수 있다. 기대지평은 만하임(K. Mannheim : 1893~1947)이 사용했던 용어인 바, 야우스는 그 개념을 빌어서 독자의 기대가 창작 텍스트의 구성요소가 되는 구조를 설명하고 있다.

모든 수용자는 각기 자기 나름의 기대지평을 가지고 있다. 그 기대지평의 개념 속에는 어떤 작품을 수용할 때 수용자의 이해를 구성하는 모든 요소, 예컨대 본능적 요소, 선험적 요소, 경험적 요소, 의식·무의식적 요소 등이 다양하고 복잡하게 포괄되어 있다. 이 기대지평은 수용자가 지닌 텍스트에 대한 이해범주(理解範疇) 및 한계를 규정한다. 이리하여 텍스트의 이해는 수용자의 기대지평과 텍스트의 기대지평이 일치할 때 가장 효과적으로 달성된다고 할 수 있다.

야우스는 텍스트 수용과정에서 수용자가 이미 가진 선행의 경험요소로부터 영향을 받게 되는 것을 수용자의 심리적인 작용으로 보고 이것을 수용자의 ‘일차적 지평’이라고 불렀다. 이 일차적 지평을 형성하는 수용자의 심리작용은 그가 수용하는 텍스트의 지시 내지는 암시에 의하여 객관적으로 조정된다. 야우스는 이러한 과정을 작품수용 및 이해의 과정으로 파악하였다.

80) H.R. Jauß, *Rezeptionsästhetik*(München, 1975), p. 383.

그런데 실제 작품수용은 이러한 개념적 차원의 가정과 원리보다 복잡하다. 우리가 수용자를 이해하고 파악한다는 것은 바로 수용자의 기대지평을 이해하고 파악하는 것이다. 그러나 선지식을 포함한 실제 독자의 기대지평은 인식행위(認識行爲)를 할 때마다 각기 다른 기대지평을 형성할 것이다. 우리의 현재 인식행위는 행위가 이루어지는 그 순간 행위 그 자체로 수많은 기대지평을 가질 수 있는 것이다. 그리고 문학텍스트는 수용자의 그때그때 변화된 사회 · 문화적 조건에 따라 계속 다르게 수용될 수 있다. 앞에서 살펴본 대로, 수용자의 1차 지평은 텍스트의 내용이나 지시에 반응, 융합하면서 새로운 기대지평을 형성 · 확장해 나간다. 이것은 문화적 역사적 국면에서 작품생산 당대 수용자의 기대지평들을 재구성하는 것을 전제로 한다. 그런데 당대의 기대지평은 역사단계를 거치면서 지속적으로 변화 · 확장되기 마련이다. 이로 본다면, 기대지평은 수용자의 독서과정이나 역사단계 진행에 따라 지속적으로 확충되며, 따라서 문학텍스트도 항상 새롭게 구체화된다고 할 수 있다. 이러한 과정은 문학텍스트 수용뿐만 아니라 그 작품을 비평 · 해설한 수용텍스트를 수용할 때도 동일한 양상을 보일 것이다.

(라) 심미적 경험과 텍스트의 구체화

수용미학은 문학작품의 역사성과 예술성이 수용자의 작품체험 속에 내재해 있다는 통찰 아래, 문학 텍스트 이해의 기준을 수용자의 심미적 경험(Ästhetische Erfahrung)에 두고 문학작품의 역사적 · 심미적 연관성을 성찰하여 작품의 예술성을 해명하고자 한다.[81] 수용미학에서 말하는 심미적 경험(審美的經驗)은 단순한 감각적 미감을 향수하는 수준의 분절된 경험을 의미하는 것이 아니라 문학적〔예술적〕 경험이 갖는 경험의 총체성을 의미하는 것으로 보아야 한다. 이 심미적 경험의 특성을 야우스는 '근원적인 불복종성'(fundamentale Unbotmäßigkeit)으로 정의하고 있는데, 이는 고도의 자유정신에 해당하는 것으로, 이를테면 정치사회적 지배 억압이나 이데올로기에서 언제든지 벗어날 수 있는 '특허권'(die Lizenz)과 같은 것으로 파악된다.[82] 심미적 경험

81) 차봉희, 앞의 책, p. 44.

은 역사적 · 사회적 제약을 초극하려는 인간의 종합적 정신 기능과 관련되며, 예술 인식의 근본을 이루고 있다.

이런 전제에서 심미적 경험을 작품해석의 바탕으로 파악하려는 태도는 텍스트 수용의 역사성, 연대성을 중시한다. 야우스는 인간의 의식 혹은 무의식에서 일어나는 '심리적 작용'을 심미적 경험, 일차적인 요소로 파악한다. 그러나 그는 이 심리적 작용이 완전히 주관적이 아님을 강조한다. 심리작용은 작품이해의 과정에서 일어나는 주관적 인상의 연속이 아니라 텍스트 자체의 객관적 지시에 따라 조정되기 때문이다. 또한, 수용시의 의식작용도 주체의 인식자세와 새로운 인식대상 사이에 일정한 객관적 필연성을 갖고 있다. 새로운 인식대상이 극히 주관적, 감성적 특성을 갖고 있더라도 수용자의 선행지식과 완전히 독립되고 절대적으로 새로운 것일 수 없다. 문학적 경험이란 텍스트 상호성과 연결되면서 독자의 선행지식과 경험적 유대성을 확보함으로써 의미를 갖는 것이다. 이러한 심미적 경험은 예술지상주의에서 말하는 예술의 자율성인 미적 향수(美的 享受) 그 자체를 절대시하는 것과는 근본적으로 구별된다.

작품의 수용자 또는 독자의 수용과정에서 일어나는 심미적 경험의 개방적 의미는 작품－독자 사이의 소통과정으로 이어진다. 작품－독자 사이의 소통과정은 텍스트의 영향과 독자의 수용문제와도 관련이 깊다. 이저는 독자의 '심미적 독서행위'도 작품－독자 사이의 소통행위로 파악한다. 그리하여 독자는 단순히 읽고 있는 개체로서 홀로 존재하는 것이 아니라 책을 읽음으로써 전달되는 경험을 통해서 소통적인 과정에 참여하게 되며, 픽션인 문학텍스트는 이 소통과정에서 텍스트 바깥 세계와 유대관계를 얻게 된다. 무엇보다도 문학텍스트가 갖는 특수성, 즉 실제 세계에 없는 상상의 것을 표현하고 있는 점으로 인해 문학과 사실의 환원과정이 왕성하게 일어나게 된다. 이른바, 텍스트 내에 개방된 빈 자리가 있기 때문에 문학적 소통이 일어나는 것이다. 독서과정에서 텍스트의 빈 자리를 계속 축소시켜 나가는 심미적 독서행위는 곧 문학적 소통의 기본조건이 되고 있다.

---

82) H.R. Jauß, *Ästhetische Erfahrung und Literarische Hermeneutik*(München, 1977), p. 22.

이와 같이 문학텍스트의 수용과 영향의 상호작용을 중시하는 수용미학적 견해는 소통적인 과정에 의한 작품해설 및 텍스트의 구체화를 주장하고 있다. 문학텍스트를 읽고 구체화하는 행위가 텍스트 중심의 의미구성으로 종결된다는 관점, 즉 예술작품을 진리의 발현양식으로 보고 작품 속에 감추어진 하나의 의미를 발견하고자 하는 고전적 작품이해의 태도는 수용미학에 의하여 거부되고 있다. 그들은 수용자의 의식 내에 일어나는 심미적 경험을 근거로 의미구성이 이루어져야 함을 강조한다. 요컨대, 이저가 주장하는 '심미적 경험에 의한 텍스트의 구체화'는 텍스트 효과구조(效果構造)와 독자반응구조(讀者反應構造) 간의 상호작용이며, 문학텍스트의 구조는 언어구조와 효과구조로 이루어지는 바 그 심미적 반응을 전제로 하고 있다. 그리고 문학작품의 내용은 텍스트 속에 감추어진 의미가 아니라 그 구조가 발휘하는 힘이며 문학텍스트의 구체화는 의미구조(意味構造)만이 아니라 그 구조적인 힘을 경험하는 것이다.[83)]

(마) 수용과 해석

수용미학에서 말하는 수용과 해석의 개념은 문학교육과 연관되어 특별히 시사하는 바가 있기에 간단히 정리할 필요가 있다.

해석은 상상적인 것의 형태를 의미론적 차원으로 옮겨 놓는 번역이다.[84)] 그리고 해석의 목적은 텍스트의 의미구성에 있다. 그러나 문학텍스트의 의미구성은 해석이나 이론적인 것에 의해 고정될 수 없다. 문학텍스트 이해의 마지막 지평은 오히려 상상적인 것에 직면해 있으므로 이 수용 자체를 다시 해석할 필요가 있다. 해석은 텍스트의 패러프레이즈가 아니라 텍스트의 수용과정을 다시 해석하여야 한다.

수용은 의미론적인 과정이 아니라 상상적인 것이 텍스트 내에서 어떻게 형태화되고 있는가를 경험할 수 있는 과정이다. 이 수용과정에서 텍스트에 주어진 구조적, 기능적 지시를 거쳐 수용자의 의식 내에 텍스트라는 상상에 따른

83) 차봉희, 앞의 책, p. 83.
84) W. Iser, *Auf den Weggebracht*(Konstanz, 1979), p. 372.

대상이 나타나게 되고, 그럼으로써 비로소 텍스트의 경험이 이루어지며 이것이 곧 수용자의 심미적 경험이 된다. 이렇게 볼 때, 수용은 허구적인 것을 의미화하는 해석보다 더 적극적으로 상상적인 것을 경험할 수 있게 해준다. 그래서 이저는 수용된 것 자체를 해석의 대상으로 삼을 수 있다고 하였다.[85]

한편으로, 수용 지평변환(地平變換)과 해석학에서 말하는 해석학적 순환론(解釋學的 循環論)은 상통하는 측면도 없지 않다. 가다머는 해석의 과정을 이해의 역사적 순환과정으로 설명한다. 그는 독자의 자기존재의 역사적 현실에 바탕을 둔 긍정적 부정적 선입관을 해석의 출발점으로 삼고, 독자의 지평이 텍스트 지평과 혼융하는 방법을 작품의 정당한 해석방법으로 삼았다. 이러한 지평혼융(die Horizontverschmelzung)은 수용이론의 지평변환과 상통한다.[86] 요컨대, 수용이론에서 말하는 해석이나 해석학적 해석은 고래의 문헌학적 해석과 그 개념을 달리한다.

(2) 수용이론의 교육적 함의

수용이론은 20세기 후반에 와서 생성된 문학이론으로서 이른바 탈산업사회로 일컬어지는 현대사회에서 새롭게 요구되는 인본주의적 각성과 접근을 그 바탕으로 한다. 따라서, 그것은 발생적으로 현대사회의 인간성 몰락을 극복할 수 있는 교육성을 띠고 있다. 그러나 아직도 그 세부적인 사항에 대해서는 논의와 비판이 왕성하게 진행되고 있으며, 야우스를 중심으로 한 독일에서는 주로 이 이론이 기존 문학사기술(文學史記述)에 대한 각성 및 반작용의 성격을 강하게 드러냄으로써 이 이론 자체를 문학 또는 문학교육의 일반이론으로 보편화하기에는 많은 무리가 따를 것으로 예상된다.

그러나 한편으로 이저의 '독서행위론' 등에 이르면 비교적 정교한 실천적 지표가 제시되기도 한다. 또한, 이러한 수용이론은 이에 부응되는 인지심리학적

85) 차봉희, 앞의 책, p. 90.

86) H.G. Gadamer, *Wahrheit und Methode*(Tübingen, 1975), 임홍배 역, 『진리와 방법2』, 문학동네, 2012. pp. 192~193. "이해라는 것은 서로 무관하게 존재하는 것처럼 보이는 상이한 지평들의 상호융합 과정이다."(p. 192)

(認知心理學的) 연구결과들과 더불어 획기적인 문학교육의 방향 및 방법론을 수립할 것으로 기대되기도 한다. 그리고 수용이론이 새로운 패러다임으로 작용하여 문학을 인식하고, 향유하고, 평가하는 시대적 방식으로 의미를 갖는다면, 새로운 문학교육은 이 이론의 교육적 의의에 더 큰 관심을 기울여야 할 것이다.

(가) 인간중심의 교육 지향

대체로 교육과정론적, 교육철학적 당위가 요구되는 특정한 교과영역의 설치는 시대적 여건과 구조가 필연적으로 그 교과의 출현을 요구하게 된다. 과학기술 문명의 시대에 즈음하여 오늘날 정규제도교육은 내용상으로 지식정보의 확충에 골몰하며, 방법상으로 결과중심 교육 및 대량화, 집단화 체계를 고집하게 되었다. 여기에 인간교육이 비집고 들어갈 틈은 보이지 않는다. 더욱이 개인을 둘러싼 사회의 구조도 비인간화 경향으로 치닫는다.

이러한 상황에서 현대사회를 바르게 이끌어가는 인간을 길러냄에 있어 교양교육 내지 인문교육의 필요성은 사실 그 어느 전문교육 또는 과학기술교육 못지 않게 중요하다고 할 수 있다. 그럼에도 불구하고, 교양 인문교육에 대한 인식은 그것이 비실용적 · 비효율적이란 이유로 인하여 교육내용 계획상의 전체적인 지도를 그리는 데 있어서 항상 주변적이고 부차적인 위치를 차지해 왔다. 교육의 정책적 형식과 관계없이 문학교육 등 인문교육이 실천 차원에서 뒷전에 밀려난 것은 사실이며, 그것은 과거의 교육이 눈앞의 이익에만 연연하여 실용성에 편중한 결과였다. 오늘날 일반의 의식이 고양되고 인간성 회복이 강조되면서 교육관도 변화를 보인다. 그간의 교육과정이 경험중심, 학문중심의 과정을 거쳐 인간중심 교육과정으로 지향 변화한 것은 바로 이러한 시대적 사회적 요청에 부응한 것이다. 따라서, 인간 삶의 본질적 요소와 경험을 현재적 의미로서 탐구하고 이를 고양시키기 위하여 문학교육이 강화되어야 한다는 입장이 대두되고 있다.

수용이론은 이러한 맥락에서 문학교육이 교육과정적 가치를 지니고, 바람직한 교양교육 또는 인문교육에 기여할 수 있는 가능성을 마련한다. 무엇보다도 우선 수용이론은 텍스트 중심의 문학관을 인간중심의 그것으로 바꾸었다. 수용이론의 모든 설명기제는 물적 대상으로서의 텍스트가 아니라 수용주체(受容主體)로서의 인간에 초점을 맞추고 있다. 이것이 인간중심 교육과정 구성의 철학적 기저와 맥이 닿아 있음은 물론이다. 동서양 교육사를 통해서 볼 때, 문학 또는 문학적인 내용은 교육의 내용범주의 중핵을 차지해 왔다. 그러나 그것을 다루는 방법은 교조적이며 주입적이었다. 이렇게 문학을 가치있는 문화유산으로 파악하여 교육의 내용범주에 끌어넣은 것은 좋지만, 문제는 그것을 절대적인 대상으로 우상화한 것이다. 이를테면, 그들은 문화재로부터 가치를 배우는 것과 문학작품을 받아들이는 것을 동일하게 생각한 것이다. 수용이론에 의하면, 문학은 수용자의 의식경험 세계를 중시함으로써 세계와 자아의 인식에 있어서 인간중심 가치관의 바탕이 가장 중요함을 강조하고 있다. 이것은 후기 산업사회의 인간소외 현상에 대한 참다운 인문교육의 본질과 기능이 어떠해야 하는가에 대한 해답을 마련한다. 현대교육은 제도적, 내용적으로 학습주체인 학생을 소외시키고 있다. 우리 교육도 학습자 소외로 인하여 심각한 부작용을 초래하고 있다. 수용이론 및 그에 의한 문학교육은 학습자의 능동적 참여로써 이 문제를 해결하는 열쇠를 제공한다. 보잘것없다고 여겨졌던 일개 독자가 역사상 위대한 명작과 대문호 이상의 비중을 갖게 된 것은 인간중심 문학교육을 위해서 획기적 발전이 아닐 수 없다.

그리고 수용이론은 인간의 해방과 완성을 지향한다. 수용이론에 의하면, 문학교육은 텍스트의 세계와 수용자의 세계가 하나의 살아있는 의미를 형성하면서 그 상호작용 속에서 새롭게 열려진 지평을 향해 나아간다. 수용미학은 작품의 이해단계를 둘로 나누어 설명한다. 그 일차 단계는 심미적으로 '감지하는 이해'(ein wahrnehmendes Verstehen)이며, 이차 단계는 '성찰하는 해석'(ein reflektierendes Auslegen)이다. 이 일차 단계는 앞을 내다보는 진행지평(進行地平)이며, 이차 단계는 심미적 감지에 의하여 수용된 것을 되돌아보는 후행지평(後行地平)이다.[87] 전자는 고정되고 억압된 자신의 의식을 개방

87) 차봉희, 앞의 책, p. 147 참조.

적으로 부단히 형성해 가는 과정이며, 후자는 다시 그런 자아의 성찰과 확인이다. 이에 따른 문학교육은 자기연마적이고 자아발견적이며 세계관과 신념을 확충하는 계기인 것이다. 또한, 독자는 능동적 수용으로 개체가 가진 정신 및 상상력을 자유롭게 해방시킴으로써 지적, 정서적, 인격적 확충을 기할 수 있다. 이러한 과정과 효과는 곧 교육이 추구하는 본질, 인간의 해방과 완성에 부합된다고 하겠다.

(나) 심미적 경험 지향의 교육

인간중심의 차원이 교육의 목표 관련이라면, 이 심미적 경험의 교육적 의의는 내용범주의 문제이면서 전항의 구체적 방법론에 가깝다고 할 수 있다. 문학을 접하고 받아들이고 내면화하는 일련의 과정이 단순한 교양적 가치에 머무는 것이 아니라면 개인의 심미적 경험과 기대지평을 확충해 가는 과정은 현실에 직면한 살아있는 교육으로서의 가치를 가질 것이다.

수용이론은 작가에 해당하는 예술적 경험과 수용자 측면의 심미적 경험이 만나는 곳에 문학의 참다운 이해가 이루어진다고 본다. 심미적 경험이 텍스트를 접하면서 발동하는 특성을 가진다면, 우리는 수용자가 평상시에 이미 형성하고 있는 경험, 즉 일상적 경험도 가정할 수 있다. 여기서 작가의 예술적 경험과 독자의 일상적 경험 사이에 일정한 거리를 상정하게 되는데 그것을 심미적 차이 혹은 심미적 거리(die Ästhetische Distanz)라고 부른다.[88] 이 심미적 차이가 새로운 작품을 접촉할 때, 일단 이루어져 있는 경험을 부정하거나 의식화함으로써 지평전환을 가져오는 것이다.

이저(W. Iser)에 의하면, 텍스트의 심미적 구체화도 독서의 경험구조가 텍스트 효과구조(效果構造)를 이끄는 데서 가능해진다. 우리가 문학텍스트를 읽으면서 실제 울고 웃고, 실감하는 경험에서 알 수 있듯이, 독서과정은 실제 세계에서 일어나는 경험의 구조를 지니고 있기 때문에 픽션 속에 표현된 상상적인 대상은 사실적인 살아 있는 존재로서 체험된다.[89] 만약 어떤 작품이 수용

88) H.R. Jauß, 앞의 책, p. 133.
89) 차봉희, 앞의 책, p. 20.

자의 경험세계와 전혀 관련이 없을 정도로 기대지평을 벗어난다면, 그것은 다시 새로운 기대지평이 유효할 때라야 비로소 수용될 수 있다. 우리는 소년기에 의미있는 수용을 이루지 못한 작품의 의미를 장년이 되어 경험이 확충되었을 때 비로소 확연히 깨닫게 되기도 하는 것이다.

예컨대 까뮈(A. Camus, 1913~1960)의 〈이방인〉을 읽고 별다른 흥미를 느끼지 못한 학생이 차츰 성장하면서 인간의 파행적 행동을 유발하는 현대사회의 분열적 메커니즘을 찾게 된다든지, 혹은 태양빛의 강렬함을 핑계로 사살한 아랍인의 민족적 차원을 발견하여 제국주의적 관점에서 의미를 부여하게 되는 것은 수용자의 현실인식경험(現實認識經驗)의 확충으로 설명할 수 있다. 이것은 수용이론이 수용자경험의 지속과 변화에 개방적 탄력성을 보이며, 기본적으로 수용자와 경험유대적임을 강조하는 이유이다. 또한, 실제 문학교육에서 이것은 교육내용의 계열화, 구조화의 길을 제시한다. 현재 문학 교육은 어린 연령의 학생에게 어려운 고전을 강요하는 반면, 일정한 수준의 독자에게는 그 단계에 합당한 문학을 제공하지 못하고 있다. 수용자의 경험중심으로 문학교육을 단계화하는 데 수용이론은 그 교육적 의의를 지닌다.

수용이론은 수용자의 독서과정 자체에 경험확충의 교육적 의의를 부과한다. 수용미학은 예술작품을 진리의 현현양식이 아니라 경험의 매개로 이해한다.[90] 이에 따르면, 문학텍스트의 특성은 그것이 가지고 있는 본질적인 빈자리에 있다. 그리하여, 수용자는 이전의 독서경험과 일상적인 경험, 곧 기대지평으로써 그 빈 자리를 메꾸어 가는데, 이것이 바로 심미적 경험의 확장이며 그 자체 교육적인 구조를 갖게 된다. 수용이론은 종래의 고정된 장르개념으로 문학을 정리하는 것을 지양한다. 문학적 언술은 전달하는 정보나 경험에 본질적인 빈 자리를 가지고 있는 점에서 비문학적 언술과 구별된다. 문학텍스트를 수용한다는 것은 수용자가 구체적으로 이 빈 자리를 메꾸어가는 과정과 다르지 않다.

90) 위의 책, p. 66.

(다) 수용의 역사성과 사회성

수용이론은 일단 개인의 경험과 독서과정을 중시하지만, 그것의 역사성 및 사회성을 배제하지 않는다. 야우스 등의 독일의 정통 수용미학은 오히려 수용의 집단적 · 사회적 측면을 더 중시한다. 문학을 소통적, 사회구성적인 과정으로 보는 점에서 야우스는 특히 무카로프스키(J. Mukarovsky : 1891~1975)의 심미기능 이론에 많은 영향을 받았다. 무카로프스키는 심미기능은 개인의 힘으로 좌우될 수 없으며, 단지 집단에 의하여 확정된다고 하였다. 그의 심미기능, 심미가치, 심미규범 등에 관한 미학이론은 근본적으로 심미적인 것의 사회학에 의거하고 있다.[91] 그에 따르면, 심미기능은 오직 어떤 특정한 상황, 즉 특정한 사회적 맥락 내에서만 나타날 수 있으며, 심미적인 영역과 심미 외적인 영역은 완전히 구분되거나 각기 독립적인 것이 아니라 끊임없이 역동적인 유대를 맺고 있으며, 예술내에서의 심미적 영역과 심미 외적 영역은 상호 변증법적인 관계를 맺고 있다. 이에 따라 야우스는 문학의 소통적 기능을 강조하면서 그 소통의 사회형성적 기능을 중시한다.

> 심미적 입장의 태도에서는 오히려 더 이상 의식되지 않거나 혹은 아직도 의식되지 않고 있는 기대의 잠재적 지평이 주체화되며, 이와 더불어 고독한 독자에게 '다른 사람이 살고 있는' 어떤 세계를 받아들일 수 있는 가능성이 열리게 된다. 예술의 소통적 기능, 따라서 사회형성적 기능은 고독한 독자가 똑같이 노력하는 다른 개체들과 동화함으로써 역사적 힘이 되는 그곳에서 뿐만 아니라, 기대와 규범의 내포된 인수와 더불어, 그러나 또한 그 사회적 태도를 배태시키고 동기화하며 변화시킬 수도 있는 다른 사람들의 경험과 역할에 대한 통찰로부터 이미 시작하는 것이다.[92]

그런데 타인과 더불어 규범형성적 혹은 규범파괴적으로 사회형성에 참여하는 것은 결국 수용하는 주체인 인간이다. 생산적 측면이 사회발전과정의 포괄

---

91) J. Mukarovsky, *Kapitel aus der Ästhetik*(Suhrkamp, 1970) 참조.

92) H.R. Jauß, *Literaturgeschichte als Provokation*(Suhrkamp, 1970) : 장영태 역, 『도전으로서의 문학사』(문학과지성사, 1983), p. 321.

적인 계기라 할지라도, 이 과정에서 예술작품에 주어지는 의미의 인식은 오로지 수용의 측면에 의해서만 얻어진다. 야우스에 의하면, 인식의 대상은 예컨대 마르크스주의에서 가정하는 이름 모를 발전의 본질성이 아니라, 발전의 사회적인 담당자이자 주체인 수용자여야 한다는 것이다. 이러한 수용의 사회적 의미는 이데올로기의 기계적 반영이 아닌 본질적으로 인간적이며 인간해방적인 것에 있다.[93] 본래적 의미에서의 사회형성적 기능은 자연적, 종교적 및 사회적인 계약으로부터 인간을 해방시키는 것이다.

이것은 개인의 주체적 역할이 기초가 되어 다시 사회적으로 확대되는 바람직한 방향성을 암시한다. 문학의 정전(canon)이나 이데올로기는 문화의 유지 전승만 강조하여 물신화된 채, 정작 그 주체이자 목적인 인간을 소외시키고 있다. 이것은 실제 문화교육에 두 가지 함의를 둔다. 그 하나는 자칫 교육이 개인의 사회적 존재성을 망각하지 않도록 경계하는 것이며, 다른 하나는 현행 교육이 유일 절대의 단답을 가정하고 요구하는 인식적 지양(認識的 止揚)을 요구하는 것이다. 바람직한 문화교육은 지침서에 의거하여 답을 가르치는 것이 아니라 독서의 새로운 창조적 이해를 수렴하고 검토하여 학습자가 공유하고 다시 다음 단계의 수용에 준거를 마련해 가는 역동적 구조가 되어야 할 것이다.

야우스는 상이한 여러 시대의 독자들에 의하여 텍스트가 계속 다르게 수용되고 해석되어 왔던 역사적 과정을 재구성하는 데 수용이론의 과제를 부여했다. 한 작품의 현재적 영향이 그 작품경험의 전사에 맞춰져야 한다면 그 작품의 수용텍스트의 변화도 교육과정에서 고려하여야 할 것이다. 예컨대, 이광수의 〈흙〉은 창작 당대에는 김동인과 같은 민족주의파와 민병휘, 홍효민(1904~1975) 등 카프계열의 평론가들에 의하여 혹평을 받았지만, 해방 후 백철과 조연현에 의해서 그 민족적 휴머니즘을 인정받았다. 이어 〈흙〉은 70년대에 와서 김현(1942~1990), 염무웅(1941~) 등에 의하여 다시 혹평을 받았으나, 80년대 구인환을 비롯한 강단비평가에 의하여 그 구조적 가치를 인정받

93) 위의 책, p. 310.

고 있다.[94] 작품해석이 어느 일방적 기준에 의하여 굴절 왜곡되지 않기 위해서도 수용이론의 교육적 함의는 더욱 강조되어야 할 것이다.

(3) 수용이론의 발전적 전망

수용이론은 마르크스에 의한 기계적 반영이론과 작품의 확정적 구조를 가정하는 형식주의를 비판하면서 출발했다. 그러나 그것은 작품을 해석하고 평가하는 독자적인 방법론을 아직 마련하지 못하고 있다. 수용이론은 수용과정을 이론화하는 데 성공하고 있지만 수용자가 구체적으로 누구인지 제대로 밝히지 못하며, 끝없는 작품의 불확정성(不確定性)을 주장한 나머지 수용자의 일차 확정의 단계마저 거부하는 인상을 준다. 만약, 수용이론이 수용자 특성이나 수용현상의 변화구조를 정확하게 분석하지 못한다면, 그것은 미국의 스키마이론, 에스카르피(R. Escarpit)의 독자사회학, 뒤셰(C. Duchet)의 사회비평, 데리다(J. Derrida : 1930~2004)의 해체주의 등에 의해 극복·지양될 처지에 놓여 있다. 이러한 상황을 참조하면서 수용이론의 문학교육에 대한 발전적 전망을 몇 가지로 항목화하기로 한다.

첫째는 수용이론이 그 학문적 맥락은 다르더라도 인지심리학적 접근에 의하여 발전된 독서이론(reading theory)과 연결 심화될 수 있느냐 하는 문제이다. 수용자의 기대지평과 텍스트내적 지시의 상호작용을 수용 과정으로 보는 수용이론은 선행지식체계〔스키마〕가 새로운 텍스트를 이해하는 데 도움이 되며 그것이 텍스트 구조나 지시 내용 못지 않게 독서의 과정과 결과를 결정한다는 독서이론과 상통되고 있다. 그들은 텍스트 구체화의 결정요인을 독자의 기대지평 혹은 선행지식으로 보는 점에서는 서로 일치한다. 물론, 인지심리학의 선행지식 및 스키마와 수용이론의 기대지평이 완전히 일치하는가 하는 문제는 보다 세밀한 검토가 필요하다. 그렇지만, 이러한 수용자 중심의 인식이 현대 인문과학의 중핵인 문학과 심리학 분야에 공통으로 나타난다는 것은 의의있는 현상이 아닐 수 없다. 인지심리학은 수용미학에 비추어 보다 실용적

94) 임영환, 『1930년대 한국농촌사회소설연구』(서울대박사논문, 1986) 참조.

경험주의적 차원에서 발전해 가고 있다. 수용이론은 인간의 탐구, 즉 인간의 심리학적 · 사회학적 구조를 파악하는 노력을 병행하여야 할 것이며, 아울러 최근에 연구되기 시작한 이야기 문법[95]과 스키마 이론의 과학적 연구방법도 적극적으로 수용하여야 할 것이다.

둘째는 수용이론이 교육학이론과 접맥할 수 있는 가능성의 모색이다. 이것은 현재 우리의 문학교육이 파행적 성격을 벗어나지 못하는 상황과 관련하여 문제해결적으로 검토하여야 할 것이다. 교육이론에서의 학습자변인에 대한 관심은 두 가지 측면으로 접근할 수 있는데, 그 하나는 발달심리적 측면에서 교육 또는 학습이 효과적으로 이루어지기 위하여 학습자의 발달수준을 밝혀 교육의 과정에 반영시키고자 하는 시도이고, 다른 하나는 교수학습이론적 측면에서 교수방법과 학습자 변인과의 상호작용을 밝혀 교육방법을 다양화하려는 시도이다. 특히, 후자는 개별화학습을 위한 교수 · 학습전략개념으로 논의되고 있는 바, 수용이론과의 구조동일성을 보인다. 이들 이론을 토대로 문학교육의 학습접근방식은 교육심리학자들의 기왕의 연구를 원용함으로써 강구될 수 있을 것이다. 마튼(Marton) 등의 학습대상에 접근하는 의도분류 중의 심층적 학습과정, 파스크(Pask) 등의 학습양식분류 중의 이해형 학습양식, 빅스(Biggs)에 의해 분류된 학습경향성이론 중 본질주의적 경향성(internalizing) 등은 특히 문학교육방법에 시사하는 바가 크다.

셋째는 텍스트 빈 자리 메꾸기에 해당하는 것으로서 문학교재에 관한 문제이다. 이저는 텍스트의 본질적인 불명료성이 문학의 요건이라고 하면서, 18세기 이래 문학은 점차 이런 불명확한 빈 자리를 많이 만들어 왔다고 주장한다. 이에 준해서 문학교육은 문학적 교재선정의 준거를 마련해야 할 것이다. 특히, 교과범주로 문학이 뚜렷하게 분화되지 않은 초등학교에서는 이런 것이 중요한 문제로 등장할 수 있다. 예를 들어, 정서와 의식이 미발달된 아동 수준에서 수용자가 비교적 문학적 구조가 미약한 작품을 문학적 성향이 강한 기대지평으로 접촉, 내면화할 경우, 그것의 문학적 텍스트성을 어떻게 부여할 것인

95) 이야기문법은 영어의 story grammar에 대응하는 용어인데, 인간의 인지기능과 서사(이야기) 사이의 관계에 대한 탐구가 그 연구 내용이 된다.

가? 이러한 문제는 기본장르에 대한 하위장르(sub genre)로 해결할 수도 있겠지만, 문학교재로서의 적합성 문제는 보다 깊은 연구가 필요할 것이다.

텍스트 문제에 결부하여 부연할 것은 수용이론의 빈 자리 메꾸기, 즉 텍스트 구체화는 구조이론이나 스키마 이론도 함께 관심을 갖고 있다는 사실이다. 구조이론에서는 그것을 현동화(現動化) 혹은 자연화(自然化)의 개념으로 파악한다. 현동화는 어떤 객관적 대상을 역동적 자기 체험화하는 것을 의미하며, 자연화는 독자의 경험과 스키마에 의해 텍스트의 스토리를 현실적 체험구조로 바꾸어 인식하는 과정이다. 한편, 스키마 이론의 홈(slot) 메우기도 이와 유사한 개념이다. 이러한 이론은 실제 같은 상황을 전제하더라도 그 발상과 접근법이 다르므로 그 발전된 부분을 수용하되 그 이론의 전체적 맥락을 상하게 하지 말아야 함은 물론이다.

4. 반영이론

(1) 반영이론의 본질과 특성

(가) 반영론과 문학

문학은 단순히 가공적인 창조나 생산이 아니라 어떤 심적 · 물적 실체를 가공하여 형상화한 것이다. 이때, 물적 · 심적현상은 작품에 반영되는 현실의 토대가 된다. 문학의 생산이 일정한 현실을 반영하는 과정이라면 그 문학의 해석과 수용도 작품이 반영하고 있는 토대, 즉 현실을 이해하며 수용하는 과정인 셈이다.

문학의 생산이론은 창작주체인 작가의 개인적 혹은 집단적 의식을 중시한다. 구조이론은 아무래도 텍스트의 형태 및 양식에 치중한다는 점에서 이와 변별되는 사항이다. 그리고 수용이론은 수용자의 개인적 역사적 변인을 검토한다. 이들 방법론은 어느 한 분야로 고립되지 않고 서로 일정한 관련을 맺고 있다. 반영이론도 현실과 작품을 연결하는 속성상 구조나 수용의 분야와 깊이 결부되어 있지만 굳이 따진다면 그것은 현실의 문제에 더욱 큰 관심을 가진다. 문학이론이 현실에 깊은 관심을 가지고 해당 학문영역을 문학연구의 장에 끌어들이는 것은 바로 이러한 이유에서이다. 현실과 연관된 학문 영역을 문학연구에 끌어들이고자 하는 것은 전통적 이론은 물론이고 문학사회학, 역사주의 비평, 마르크스주의 비평, 사회비평(la sociocritique), 지식사회학, 리얼리즘론 등 이 분야의 중요한 비평유파들에서 볼 수 있는 현상이다.

문학의 생산과 수용 및 그 구조는 문학의 생산과 소비라는 축으로 볼 때 하나의 체계 속에 포함된다. 앞에서 살펴본 대로, 그것은 종래에 텍스트 자체만 문학으로 규정한 좁은 의미의 관점을 시정할 수 있다. 그런데 반영론에 따르면 문학은 현실을 반영하는 데서 나아가 현실 그 자체를 포괄할 수 있는 보다 넓은 의미의 영역으로 확장된다. 문학의 토대가 되는 현실과 그 반영인 문학작품은 나누어 생각할 수 없는 영역이다.

반영론의 관점에서 문학을 연구하는 것은 이처럼 문학의 현실성을 중시한다. 따라서, 반영론은 문학을 통하여 현실에 대한 의식과 감각을 교육할 수 있는 가능성을 열어준다. 그런데 문학이 반영하는 실체 혹은 현실은 다양한 각도로 접근할 수 있다. 문학에 반영되는 현실은 이데아에 대한 모방, 인간 내적 구조의 투영, 사회 역사적 현실의 재현 등 매우 다양하다.

(나) 좁은 의미의 반영이론

반영이론의 범위가 매우 넓기 때문에 넓은 의미의 반영이론과 좁은 의미의 반영이론으로 구분하기도 한다. 좁은 의미의 반영이론은 전반적으로 마르크스주의 이론을 전제로 한다. 그들은 하부구조가 상부구조를 결정하며, 상부구조는 그것을 반영한다는 이론으로 학문의 기반을 마련하고 있기 때문이다. 여기서 상부구조는 의식 혹은 제도이며, 하부구조는 존재 또는 물질적 생산관계를 지칭한다. 이것은 유물론적 결정론이라 할 수 있는 바, 존재가 의식을 결정한다는 명제에서 출발한다. 서양철학은 물질과 의식의 이원론을 바탕으로 출발하는데, 마르크스와 엥겔스는 「정치 경제학 비판」(1859)에서 기존의 유명론(唯名論), 관념론(觀念論)을 전적으로 거부하고 나선다.

삶의 사회적 생산 속에서 인간은 그들의 의지와는 독립된, 필수적인 일정한 관계들, 즉 그들의 물질적 생산력 발달의 일정한 단계에 상응하는 생산관계들에 들어가게 된다. 이런 생산관계들의 총체가 사회의 실질적 토대인 경제구조를 형성한다. 그리고 이 토대 위에서 법적, 정치적 상부구조가 생겨나며 이 토대에 사회의식의 특징형태들이 상응하게 된다. 물질적 삶의 생산양식은 사회적, 정치적 및 지적 삶의 과정 전반을 조건짓는다. 인간의 의식이 그들의 존재를 결정짓는 것이 아니라 반대로 인간의 사회적 존재가 인간의 의식을 결정짓는다.[96)]

이는 "나는 생각한다. 고로, 존재한다"는 데카르트의 관념철학을 부정하는 논리이다. 위의 논지에 따르면, 관념철학의 중요한 맹점은 철학적 기본원리로 '나'와 사유를 선행시키는 것이다. 플레하노프(G.V. Plekhanov : 1856~1918)에 의하면, 모든 진실한 철학의 출발점은 '나'가 아니라 '나와 너'이어야 한다. 나는 나 자신에 대해서는 '나'이고 동시에 타인에 대해서는 '너'이다. 나는 주관이며 동시에 객관이다. 또한, 나는 관념철학에서 말하는 추상적인 존재가 아니다. 나는 하나의 현실적 존재이고 나의 신체는 나의 본질에 속한다. 사유하는 것은 추상적 존재가 아니라 바로 이 현실적 존재, 즉 나의 신체일 뿐이다. 이리하여, 관념론자의 주장과는 반대로 현실적, 물질적 존재가 주어이고 사유가 술어라는 사실이 증명된다.[97)]

르네상스 이래 인간은 관념적 추상적 절대존재로서의 신을 떠나왔다. 철학은 인간과 물질로써 그것을 대신하였다. 그런 점에서 관념철학은 유신론과 유물론을 잇는 과도기적 발상으로 지양 극복될 여지를 가지고 있다. 그리하여 인간의 물적기반(物的基盤)과 의식을 중심으로 하는 반영이론이 과학적 이론으로 인정받게 된다. 문학에서의 반영이론도 이 범주를 크게 벗어나지 않는다. 그러나 문학은 변화하는 현실 속의 보다 세부적인 경험을 대상으로 삼기

96) T. Eagleton, *Marxism and Literary Criticism*(Methuen & Co, 1976) : 이경덕 역, 『문학비평 : 반영이론과 생산이론』(까치, 1986), pp. 13~14 재인용

97) G.V. Plekhanov, *Fundamental Problems of Marxism*(International Publishers, 1969) : 민해철 역, 『맑스주의의 근본문제』(거름, 1987), p. 33 참조.

때문에 이론적 결론이 기계적으로 문학에 적용될 수는 없다. 문학이 반영하는 현실이 끊임없이 변화하며 다양하고 복잡한 요인의 영향을 받기 때문에, 문학의 반영이론은 많은 쟁점을 내포하며 항상 새로운 이론들을 모색해야 할 과제를 안게 된다. 그리고 반영이론은 하부-상부의 작용과 반작용을 포함한다. 1890년 블로흐(Bloch : 1880~1959)에게 보낸 편지에서 엥겔스(1820~1895)는 상부구조(上部構造)의 영향력과 역할을 다음과 같이 강조하고 있다.

> 유물사관에 따르면 역사에서 결정요인은 궁극적으로는 실제생활의 생산과 재생산이다. 마르크스도 나도 그 이상의 것을 주장한 적은 없다. 그러므로 만일 누군가가 이 주장을 경제적 요인만이 유일한 결정요인이라는 말로 왜곡시킨다면, 그는 그것을 무의미하고 추상적이고 부조리한 문구로 변형시키는 것이다. 경제적 상황이 토대이기는 하지만, 상부구조의 다양한 요소들-계급투쟁의 정치적 형태들과 그 결과들, 투쟁에서 승리한 계급이 설정한 제도들 등(법률형태들), 그리고 이 모든 실제적 투쟁이 투쟁한 사람들의 의식에 반영된 것들, 즉 정치적, 법률적, 철학적 이론들과 종교적 이념들 그리고 독단체제로의 발전 형태까지도-역시 역사적 투쟁 과정에 영향력을 행사하며 또 많은 경우에는 투쟁들의 형식을 결정하는 데 보다 지배적이기도 하다.[98)]

이것은 유물론적 반영구조의 변증법적 성격을 강조하는 것이지만 한편으로 인간의 의식, 심리상태, 이데올로기 등 상부구조가 현실의 문제를 규제할 수 있음을 암시한다. 이것은 현실을 반영한 문학이 다시 그 현실을 검증할 수 있는 가능성을 열어준다.

현실과 문학의 이러한 작용 반작용은 우리에게 필연적으로 문학이 과학적 인식과 이론적 틀로써 접근되어야 함을 강조한다. 그리하여 지금까지 반영이론은 사회, 역사적 견지에서 다양한 이론을 수립하여 왔다. 반영이론의 교육적 함의(教育的 含意)를 논하는 데 있어서 이러한 이론적 전개를 경시할 수는 없다. 그러나 문학교육의 입장에서는 단순한 이론사를 정리하는 것은 큰 의미

---

98) T. Eagleton, 앞의 책, pp. 19~20 재인용.

가 없다. 오히려 그런 반영이론의 교육적 의미와 함께 현실을 반영하고 있는 문학을 통하여 다시 현실을 인식할 수 있는 방안을 모색하는 것이 더욱 중요한 과제이다.

(2) 반영이론의 교육적 함의

(가) 미메시스의 교육성

미메시스(mimesis)는 모방·반영의 뜻을 가진 플라톤의 용어이다. 플라톤의 미메시스는 본원적 존재자, 즉 이데아의 모방이다. 그에 의하면 시적 모방은 이데아로부터 3단계 떨어진 것으로 불완전한 재현이며 단지 현실의 가상(假像)만을 보여 줄 뿐이다. 에이브럼즈(M.H. Abrams)는 이 문제를 다음과 같이 요약한다.

> 첫번째 범주는 영구불멸의 이념이라는 범주이며, 두번째는 이것을 반영하는 자연적인 혹은 인위적인 감각성의 세계이며, 세번째는 다시 이 두번째 범주를 반영하면서 물이나 거울 혹은 예술 속에 존재하는 그림자 영상 등의 사물들을 포함하고 있다.[99)]

그러나 아리스토텔레스는 "인간적 생산활동의 구조속에는 자연적 생성의 구조가 반복된다."[100)]고 주장하여 플라톤과는 반대의 견해를 표명한다. 그에 의하면 자연계의 물질에는 그 자체 속에 형상으로서의 사물의 고유한 본질이 내재하고 있다. 이데아에 종속되지 않고도 스스로 가치를 발현하는 자연계의 물질처럼 그 모방인 문학작품도 그 자체 생성논리를 가질 수 있다.

이로 본다면, 플라톤은 이데아, 이상주의, 낭만주의 등의 속성에 가깝고, 아리스토텔레스는 현실계, 현실주의, 리얼리즘에 관계가 깊다. 그리고 이 두 경향은 시계추 현상처럼 서양사의 역사단계에 따라 교차 반복하여 왔다. 이것은 문학이 이상성과 현실성을 이원적으로 가지고 있음을 암시하지만, 엄밀한

---

99) M.H. Abrams, *The Mirror and the Lamp*(Oxford, 1953), p. 8.
100) Aristoteles, *Physika Ⅱ*, 2, 194a.

의미에서 이데아를 모방하는 미메시스는 현실을 기축으로 하는 반영이론과 구별될 수도 있다. 플라톤이 〈국가론〉에서 교육사업을 국가의 최우선적 과제로 보면서 문학에 의한 교육을 도덕적으로 무가치하다고 본 것은 이러한 한계를 드러내는 것이다.

반면, 아리스토텔레스는 "시인은 모방의 도움으로 야기되는 연민과, 두려움이 주는 즐거움을 제공하여야 한다."[101]고 주장하여 연민에 의한 동일시(同一視) 및 그에 따른 카타르시스 효과를 강조하며, 한편으로 즐거움에 의한 교육적 효과도 배제하지 않는다. 그는 종교의식적, 음악적 카타르시스와 함께 문학적 카타르시스를 중시하며, 생물학적 체액의 배설에 의한 의학적 요법에 선행하여 정신적 유사요법으로서 문학적 카타르시스를 높이 평가하였다. 그런데 아리스토텔레스의 미메시스는 단순한 현실의 모방 이상으로 그 구성의 차원을 중시한다. 이때, 행위의 세세한 모방은 고대 그리스의 풍자극 미무스(mimus)의 세부적 장치와 상통하며, 구성은 서사의 줄거리를 뜻하는 미토스(mythos)로 설명할 수 있다.

미무스는 일상적인 극적 장면에서 특정한 신분이나 직업을 가진 인물 혹은 전형적 대변자의 행동을 재현하는 풍자극(諷刺劇)으로서 현실의 직접적 모방, 대중적인 음란한 표현, 민중의 일상용어 사용 등을 특성으로 삼았다.[102] 이것은 바흐찐(M. Bakhtin)이 말하는 카니발 문화[103]나 우리의 탈춤문화에 연결될 수 있으며, 현실 삶의 직접모방과 그 풍자는 지배문화에 파괴적 중핵으로 기능하여 현실을 이해하고 비판 극복할 수 있는 추진력을 가지게 된다.

그러나 보다 중요한 문학적 반영은 미토스로써 설명할 수 있다. 미토스란 신들이 자신의 이야기를 언어로써 구성한 것이다. 미토스는 현재 신화(myth),

---

101) P. Brunel et al., *La critique littéraire*(Presses Universitaires de France, 1977) : 정기수 역, 『문예비평』(탐구당, 1984), p. 22.

102) S. Kohl, 여균동 역, 『리얼리즘의 역사와 이론』(한밭출판사, 1984), p. 20

103) M. Bakhtin, *Rabelais and His World*(MIT, 1968), p. 207. 라블레의 <Gargantua et Pantagruel> 연작은 16세기 프랑스 민중의 페스티발(카니발)에 중요한 의미를 부여하는데 그것은 즐겁고 자유로운 민중의 놀이였으며 풍자와 광소를 특징으로 하였다. 그리고 그것은 우스꽝스런 행동에 깊은 의미를 담고 있었으며 낡은 권위를 깨뜨리고 새 문화를 창조하는 기능을 담당하였다.

구성(plot), 서사(narrative) 개념을 포괄하는데, 그것은 문학이 현실을 반영하되 그것을 재구성하는 데 보다 큰 가치가 있음을 암시한다. 아리스토텔레스가 비극은 단순한 모방이 아니라 본질적으로 구성이라고 한 것은 비극〔신화〕이 실제 비극적 사건을 전달하는 것이 아니라 어떤 사실을 비극적으로 구성한 것임을 뜻한다. 실제 외디푸스나 아가멤논, 그리고 리어왕은 현실의 부귀영화를 누린 사람인지도 모른다. 중요한 것은 그것을 비극적으로 구성한 것이며, 또한 그 구성방식인 것이다. 반영론에 입각하여 문학의 구성방식, 즉 문학성을 검토하는 것은 우리의 삶과 현실의 구성방식을 이해하는 길인 것이다. 현실을 재구조화하며 그 과정을 통하여 인간의 존재론적 가치를 탐구하는 것은 문학을 통하여 삶의 방식을 교육할 수 있는 근거를 마련한다. 구성의 문제를 중시한다고 하여 반드시 직접적 창작을 고집할 필요는 없다. 문학적 구성을 이해하는 것, 그것이 바로 문학교육의 지향점 가운데 하나이다.

아우에르바하(E. Auerbach : 1892~1957)는 「미메시스」에서 서양문학을 그것이 반영하고 있는 서양사회의 변화발전에 맞추어 문체론적으로 분석하고 있다. 이러한 방법은 당대의 문학을 통하여 그 시대와 삶의 방식을 탐구하는 작업이 된다. 문체를 중심으로 문학작품을 분석하는 것은 문학이 현실의 복사가 아니라 현실의 형상화라는 점에서 문학적 방법이 된다.

(나) 반영의 역동성

근대에 오면서 반영이론은 마르크스주의 이론을 받아들여 문학이론의 과학성에 한결 다가간다. 마르크스주의가 하부-상부구조의 결정론(決定論)에서 출발하였지만 현실의 변화양상을 발전적으로 수용하는 과정에서 보다 역동성을 띠게 된다. 고대적 미메시스론은 두 가지 구체적인 인식을 더함으로써 반영의 구조를 더욱 다원화시킨 것이다.

그 첫째는 작가도 그가 속한 현실에서 완전히 자유로울 수 없으며, 반영의 대상은 필연적으로 작가를 포함하기 마련이라는 생각이다. 이로써 반영이론은 자연의 모방에서 현실의 반영으로 그 개념을 바꾸게 된다. 현실은 작가인 인간과 그의 환경인 자연을 포함한다. 현실을 반영한다고 할 때는 필연적으로 반영하는 주체인 작가 자신의 능동적, 주관적 측면이 강조된다. 〈홍길동전〉에서 서자 출신인 홍길동이 봉건적 신분제의 폐해를 따진 것은 작자 허균이 그러한 현실에 귀속되어 있음을 뜻한다. 〈한중록〉의 혜경궁이 일인칭적 문체를 사용한 것도 이와 무관하지 않다. 근대 리얼리즘 작가들은 얼마간 작중상황에 적극적으로 개입하게 되는 바, 이것은 리얼리즘과 자연주의의 중요한 차이이기도 하다. 작가가 행동으로 혹은 작품을 통하여 현실에 자신을 던져넣는 것은 이러한 반영의 역동성, 혹은 반영의 이중성 때문이라 할 수 있다.

한편, 객관적 현실 자체도 새롭게 개념화되었다. 주로 변증법적 입장에 서는 논자들은 현실을 정태적으로 파악하는 것을 거부한다. 일찍이 헤라클레이토스(Heracleitos : B.C 540~B.C 480)는 동일한 강을 두 번 건널 수 없다고 주장하였고, 그의 제자인 크라틸로스(Kratylos)는 한 번조차도 동일한 강을 건널 수 없다고 하였다. 강을 건너는 사이에 강은 쉬임없이 흘러가기 때문이다. 강이 일정한 형태를 유지하는 것은 강이 흘러가는 변화를 소거하고 하나의 특수한 개념으로 포착했을 때일 뿐이다. 종래의 형식논리학은 연속적으로 움직이는 현실의 특수한 경우에 불과한 정지의 시점을 절대화하는 한계를 보였다. 실제에서 움직이는 물체는 동일한 순간에 어느 장소에 있으면서 동시에 그 장소에 없다.[104] 그렇다면 형식논리학은 비실체적인 가상만을 다루고 있는 셈인데, 이렇게 현실을 역동적으로 규정하고 그 변화성을 고려하는 것은 역사에 대한 진정한 비판과 전망을 가능하게 한다.

반영의 역동성이라는 관점에서 보았을 때, 작가가 반영되는 현실의 중요한 인자가 될 수 있다는 것은 문학교육 측면에서 그 의의가 자못 크다. 문학읽기의 친화력은 인물동일시로 강화되며, 독자는 등장인물 및 작가가 속해 있는 상황에 자신을 주체적으로 던져넣게 된다. 지금까지의 독서는 독자와 무관한 인물들을 추상적 상황 맥락에서 단순한 흥미거리로 치부해 온 경향이 없지 않다. 이광수의 〈흙〉은 제국주의 수탈구조를 몰각 혹은 용인한 개량주의적 작품으로 비판받고 있다. 그러나 당시 일제의 탄압을 고려한다면 동아일보사의 브

104) G.V. Plekhanov, 앞의 책, p. 61.

나로드 운동이 정치적, 사상적 차원을 결사적으로 배제한 전략도 이해할 수 있다. 만약, 이광수가 당시 우리 사회를 프롤레타리아혁명을 수행할 만큼 생산력이 발달하지 않은 단계로 규정하였다면 그러한 전략은 일단 유용한 것이었다. 물론 문제는 전략의 치밀성과 목적의 순수성에 있지만, 독자가 〈흙〉을 수용할 때 자신을 그 상황에 함께 투입해 보는 경험은 매우 유용하다. 그것은 독자가 1930년대 당시 현실을 보다 총체적이고 정확하게 파악하는 데도 도움이 되지만 독자가 현재 처한 현실의 문제를 조망하고 자신의 삶의 방식을 모색하는 데 지표를 제공한다.

반영구조의 역동적 변화를 강조하는 입장에서 본다면, 문학사의 정신과 양식은 과학적 법칙에 의하여 사회경제사의 발전에 상응하는 변화를 보이는 것으로 파악된다. 루카치(G. Lukács, 1885~1971)가 소설은 자본주의의 융성 쇠퇴와 그 운명을 같이한다고 한 것은 널리 알려진 이야기다. 우리 문학사에서도 사설시조의 발생, 〈인현왕후전〉 등 여성문학의 대두, 이기영(1895~1984)의 〈농부 정도룡〉, 한설야(1900~1963)의 〈과도기〉 등 경향적 문학의 융성은 그에 상응하는 생산관계의 변화를 반영하는 것으로 설명된다. 그리고 그 발전 단계들은 상호작용 속에 일정한 인과관계를 맺고 있다. 그것이 인과관계라는 것은 문학이 경제적 토대 위에 발생한 사회적, 정치적 체계에 의해 규정된 사회구성원의 심리구조를 드러낸다는 뜻이다. 인간의 삶에 대한 의지의 결과 생산력이 발달하고 그것은 다시 인간의 심리를 규정하며 그것은 다시 그에 합당한 정치적 혹은 문화적 제도를 선택한다. 여기서 문화적 제도란 곧 장르나 양식으로 바꾸어 부를 수 있는 것인데, 이렇게 선택된 제도는 다시 새로운 생산력과 사회심리를 억압하게 된다. 그렇게 되면 새로운 제도의 모색이 불가피해진다. 이러한 과정의 일환으로 학문을 이해하는 것은 문학을 통한 총체적 현실인식에 이르게 하는 교육적 기능을 행사한다. 문학은 현실을 반영하면서 그 현실과 동일한 구조로 변화 발전하는 것이다. 이러한 문학의 사적 전개는 우리 삶의 선사(先史)라는 의미를 지닌다.

(다) 반영의 목적성

문학의 반영이론은 유물론적 반영의 구조를 설명하는 데 만족할 수 없다. 그것은 현실과 그 물적 토대를 과학적 인식으로 접근함으로써 그 현실을 적극적으로 변화시키고자 하는 강한 자의식을 포함하기 때문이다. 물적 토대는 곧 생산의 문제로 이어지고, 따라서 생산력과 생산관계가 중요한 의미를 갖는다. 생산력과 생산관계는 구체적 현실을 분석하는 하나의 이론틀이며 앞으로 새로운 개념화가 필요한 부분이지만, 그것은 일단 프롤레타리아 계급의 문제를 중핵으로 삼는다. 그들은 생산의 주체이면서도 생산관계에서 착취와 소외의 대상이 되어왔다. 반영이론은 이 계급의 구조적 문제를 인식하고 혁명성, 당파성의 개념으로 그 문제를 해결하려고 노력한다. 여기에 이르면 반영이론은 리얼리즘론의 성격 가운데 유토피아 실현의 이념과 연계된다. 리얼리즘은 현실의 핵심적 구조를 문학적으로 재현하고 반영하되 현실의 극복과 지양을 지향하기 때문이다.

현실과의 관계를 고려할 경우 리얼리즘을 자연주의, 낭만주의, 모더니즘과 뚜렷이 변별시키는 것은 쉬운 일이 아니다. 자본주의를 표방하는 사회에서는 사회주의 리얼리즘의 유토피아 지향성을 구체적으로 성취하기 어렵다. 마찬가지로 비판적 리얼리즘의 목적성을 성취하는 것은 더욱 어렵다. 일반적으로 비판적 리얼리즘은 ① 부르주아 사회의 병폐 폭로, ② 그 모순구조 비판, ③ 민중과의 연대감 등을 특징으로 한다. 발자크(H. de Balzac : 1799~1850), 토마스 만(Thomas Mann : 1875~1955), 톨스토이는 비판적 리얼리즘의 대표적인 작가로 인정받고 있지만 그들의 문학을 일관하는 궁극적 목적성은 추출하기 어렵다. 또한, 이상의 세 항목은 리얼리즘의 특성일 뿐 그것이 곧 그 목적성이라 단정하기는 어렵다. 그리하여 루카치는 계급의 가능의식을 중시하면서 프롤레타리아를 역사발전의 주체로 규정함으로써 유토피아 지향성의 가능성을 추구한다.

> 프롤레타리아는 진리와 역사인식을 향해 육박할 수 있는 역사 속의 유일한 계급이다. 부르주아적 의식은 한계에 봉착하고 이율배반에 빠지게 되

는 것이다. 왜냐하면, 이 의식은 극단적인 진보와 현상유지를 동시에 추구하기 때문이다. 이에 반해, 프롤레타리아는 현실을 이해하고 파악할 수 있다. 왜냐하면, 이 계급은 혁명적 행위를 지향하고 사회변혁을 추동시킬 수 있는 능력이 있기 때문이다. 프롤레타리아의 계급의식의 특수성은 프롤레타리아가 자기 자신의 지양을 자신의 목적 및 관심과 동일시할 수 있는 역사 속의 최초의 사회계급이기 때문이다.[105)]

이것은 프롤레타리아 계급의 개념정의에 따라 동어반복하는 느낌을 주지만 루카치가 사회주의 리얼리즘의 물결에 휩쓸리지 않고 자신의 비판적 리얼리즘을 고수한 근거가 되었다. 그러나 L. 골드만은 사회속에서 자기 존속과 지위를 추구하는 모든 집단 가운데 프롤레타리아도 예외일 수 없다고 주장하면서, 이를 바탕으로 루카치 계급분석의 취약점으로 지적한다. 그는 사회주의 혁명이 농민, 중산층, 인텔리겐치아의 공동참여 아래 실현되었음을 상기시키고 역사의 진실이 어느 한 계급의 전유물일 수 없음을 강조한다.

반영(反映)의 목적성에 따르는 이러한 문제는 반영이론의 끝없는 개방적 특성을 암시한다. 그러나 비록 한 가지로 목적성을 규정할 수 없다고 하더라도, 이러한 범주내에서 반영의 목적성은 검토되어야 한다. 이러한 맥락에서 반영의 목적성, 반영이론의 유토피아 지향성을 검토하는 것은 그 자체 독서와 토의로써 총체적으로 현실을 인식하고 세계관을 확립하는 인식의 기능을 수행한다. 이러한 교육기능은 개방적인 방법으로 수행되어야 한다. 확정된 단 하나의 목적성으로 해당 작품을 재단한다거나, 교사가 다시 거기에 따르는 편향된 방향성을 주입식으로 강요한다면 그것은 창조적으로 역사를 열어가는 문학교육이 될 수 없다.

그러나 한편으로 문학의 이러한 목적성을 인식하는 문제는 우리 문학교육에서 강조될 필요가 있다. 예컨대, 김동인의 〈감자〉와 현진건(1900~1943)의 〈고향〉, 최서해(1901~1932)의 〈홍염〉, 김유정의 〈만무방〉 등과 이기영의

105) L. Goldmann, *Lukács et Heidegger*(Boston : Routledge & K. Paul, 1977) : 황태연 역, 『루카치와 하이데거』(까치, 1983), p. 167.

〈제지공장촌〉, 이북명(1910~ ?)의 〈질소비료공장〉 등을 자연주의와 리얼리즘으로 나눌 때, 이상의 목적성은 가장 중요한 준거로 작용할 수밖에 없다. 단순한 의미의 기법과 작가가 선택한 이데올로기는 반영론의 목적성, 유토피아 지향성에 비하면 부차적인 준거일 따름이다. 더구나 작가가 임의로 선택한 심정적인 가치관계나 목적의식은 그것이 아무리 거창한 명분으로 강조되더라도 개인 차원의 의욕을 벗어나지 못한다.

(라) 반영의 전형성

문학의 반영은 현실의 형상적 재현이다. 역사가 생산관계에 의하여 진행하든 중요한 가치체계가 정연한 이론으로 수립되든, 결국 그것은 인간의 삶의 모습으로 드러나며 가장 대표적인 상황에서 가장 대표적인 인간의 행위를 통하여 예술적으로 형상화된다. 문학은 현실의 모든 사건을 빠짐없이 기록하는 것이 아니다. 그리고 문학은 그 형상화 · 매개화에 의하여 철학적 반영보다 더욱 효과적으로 현실을 인식하게 한다. 그것은 문학이 전형의 창조에 의하여 현실을 가공함으로써 가능하다.

> 예술적 형상은 현실의 반영이다. 그러나 현실은 형상 속에 직접 재현되는 것이 아니라, 예술가의 의식 속에서, 즉 일정한 사회적 계급적인 경향의식 속에서 현실을 가공하는 매개적 과정을 거쳐서 재현되는 것이다.[106)]

엥겔스는 1888년 마가레트 하크네스에게 보낸 편지에서 "리얼리즘이란 디테일의 성실성 외에도 전형적인 환경에서 전형적인 성격을 충실하게 재현하는 것을 의미한다."[107)]고 주장하였다. 여기서, 전형이란 무엇인가 하는 점의 규정이 요청된다. 전형은 간단히 말하면 한 시대, 한 집단의 핵심적 문제구조를 대변하는 인물이다. 루카치의 표현을 빌면, 그것은 〈적과 흑〉의 줄리앙 소렐처럼 특정한 역사적 국면을 결정하는 요인이 집약된 모습을 보여주며, 그의

106) M. Rozental 외, 김휴 편역, 『사회주의 리얼리즘』(일월서각, 1987), p. 20.
107) Marx, Engels, *On Literature and Art*(Progress P., 1978), p. 90. 엥겔스는 전형적 인물이더라도 전형적 상황에 놓이지 못하면 충분히 리얼리즘적이지 못함을 강조한다.

전일한 인간성으로 그 시대의 생활양식에 저항하는 존재이다.[108] 그에 의하면 전형은 단순한 기법상의 인물이 아니라 그 자체 특정한 세계관의 표현인 것이다. 이런 점을 고집할 때, 루카치는 조이스(J. Joyce : 1882 ~1941) 등의 소설에 나타나는 범속하고 개인주의적인 인물의 전형성을 부정하게 된다.

이와 같이 전형이 반영의 역동성, 목적성을 포함하는 개념이라면 전형성의 교육적 함의도 앞에서 살펴본 반영이론의 교육성과 유사할 것이다. 〈홍길동전〉의 홍길동, 〈무정〉의 이형식, 〈서화〉의 돌쇠를 두고 각 시대의 전형성 여부를 검토하는 것은 곧 당대 현실의 총체적인 인식이라는 문제와 연관된다.

말하자면 전형은 교육적 모델이다. 전형은 역사적 삶을 살고 있는 우리에게 시대의 모순을 총체적으로 인식하고 이를 해결하기 위해 헌신 투구한 전범이 된다. 〈삼대〉의 조덕기, 〈상록수〉의 박동혁은 고난의 시대를 살아가는 지식인의 전형이다. 문학교육은 이들 모델을 다시 검증모델과 준거모델의 두 부류로 나눌 수도 있다. 검증모델은 텍스트상호성으로 그 현실타당성을 가늠하는 과정에서 중요하며, 준거모델은 그 전형을 실제 현실과 동일시하는 과정에서 현실을 극복하기 위한 방법론적 측면을 포함할 것이다. 그러나 실제 교육상황에서는 전형의 반영이론적 특성에 주목하게 되고, 모델로서의 의미는 주목의 대상이 되기 어려운 점이 있다. 문학교육은 전형을 무조건 답습하도록 하거나 삶의 지표를 작중인물 가운데서 발견하여 실천하도록 하는 경직된 의미의 도덕교육은 아니기 때문이다.

현대에 올수록 전형적 상황과 전형적 계급은 불투명해지고 있다. 제임슨(F. Jameson : 1934~)은 루카치의 전형을 도식적, 우의적으로 보고 어떤 계급의 고정된 원형은 상상할 수 없다고 하였다. 그는 발자크의 인물도 계급과 같은 고정된 사회요소의 전형이 아니라 바로 역사적 순간의 전형임을 강조하였다.[109] 현상적으로 본다면, 지금도 계급의 대립과 불평등은 엄연히 존재한다. 그러나 그 구체적 계급집단은 구획하기 어렵게 되었다. 일단 프롤레타리아와

---

108) G. Lukács, *Realism in Our Time*(Harper & Row, 1971), p. 122.

109) F. Jameson, 여홍상·김영희 역, 『변증법 문학이론의 전개』(창작과비평사, 1984), p. 201.

부르주아는 동일한 매체로써 동질의 문화에 접촉한다. 프롤레타리아 계급의 의식이 반드시 여타 계급의 의식을 앞서간다고 할 수도 없다. 더욱이 현대는 일괄적으로 부르주아 계급이라 이름할 집단이 불명확하다. 오히려, 산업사회의 지배관료와 민중의 대립이 보다 가시적이다.

이로 본다면 루카치적 개념의 전형은 보다 일상적 삶 속에서 다양화할 필요가 있다. 다양한 일상적 삶의 문제에서 전형성을 획득한 인물, 그들과 폭넓게 접촉하는 것이 현대의 살아있는 교육이 될 것이다. 그러기 위해서는 최근에 쓰여진 문학자료가 문학교육에 활용되어야 한다. 이 문제는 제도의 차원에서 해결할 수 있도록 연구되어야 할 것이다. 한 가지 덧붙여 말할 것은 오늘날 우리의 교육은 너무 시대와 동떨어진 전형－고정된 유형적 인물을 기계적 모방의 대상으로 강요하고 있다는 점이다. 우리의 교육이 시대변화에 따르는 전형을 교육적 모형으로 제시하기를 기피하는 것은 문화적 맥락에서 이해한다 하더라도, 무턱대고 〈훈민가〉나 〈유충열전〉에 나오는 충신효열을 고집하는 것은 시정되어야 한다. 문학을 통하여 역사성을 가지면서도 살아 있는 전형(典型)을 제시하는 것, 그것이 바로 문학교육의 가장 중요한 교육적 의의가 될 것이다.

(마) 심적 구조의 반영

문학이 인간의 무의식 구조를 반영한다는 것은 이론의 여지가 있지만, 그런 반영도 교육적 함의를 지니고 있다. 인간의 무의식을 개인무의식(個人無意識)과 집단무의식(集團無意識) 둘로 나눈다면, 그 반영의 교육적 함의도 이러한 범주에 따라 둘로 나누어 살펴볼 수 있다.

개인무의식은 일단 프로이트의 자아개념을 이론적 근거로 삼는다. 프로이트는 이드(Id)로써 개인의 심리구조를 파악하였으며 근친상간의 컴플렉스로 문화를 설명하였다. 그에 의하면, 외디푸스 신화는 부(父)컴플렉스의 표현이다. 이처럼 부컴플렉스로 작품을 해석하는 방법은 꾸준한 진척을 보이는 바, 존스(E. Jones : 1879~1958)에 이르면 〈햄릿〉도 외디푸스 컴플렉스의 변형으로 보고 있다. 그는 햄릿이 자기 어머니를 가로챈 삼촌 클로디어스를 처단

하지 못하는 것은 어머니와의 근친상간을 놓고 보았을 때, 삼촌은 곧 그 자신이며 삼촌을 죽이는 것은 곧 자신을 죽이는 것이기 때문이라고 분석한다.[110] 한편, 영웅신화의 모험탐색 모티프는 인간내면의 욕망추구와 동일한 구조로 보기도 한다. 그리고 황순원의 〈일월〉에서 다같이 백정 출신이면서 정반대로 행동하는 본돌영감과 상진영감은 아들러(Alfred Adler : 1870~1937)의 우월 컴플렉스와 열등 컴플렉스라는 개인 심리의 특수한 국면을 적용하지 않고는 설명이 어렵다. 개인적 차원의 무의식이론은 리샤르(J.P. Richard)의 주제비평, 모롱(Ch. Mauron)의 심리비평으로 발전하고 있다. 이러한 방법은 포개기 방법으로서 작가의 내면과 무의식에 편향적으로 작용하는 요소를 추출하는 특징을 지니고 있다.

집단 무의식은 융(C. G. Jung : 1875~1961)의 원형 혹은 집단 무의식개념을 근거로 한다. 융의 원형은 인간의 심리 속에 인류가 기원적으로 가지고 있는 심리적 형상(形象)으로서 원시적, 집단적, 초역사적 특성을 갖는다. 그리고 그것은 역사적 삶의 집적에 의해 집단 무의식의 상태로 인간에게 내장된다. 〈움직이는 성〉의 준태처럼 끊임없이 유랑만 거듭하는 행동양식은 우리 민족의 유랑민으로서의 집단 무의식을 드러내는 보기이다. 상대적으로 타민족과 교섭이 적었던 우리 민족은 고유한 집단 무의식을 많이 지닐 수 있다. 과다하게 집단 무의식에 정초하는 것은 현대인으로서 폐쇄된 인상을 주지만 한편으로 그것이 우리 민족공동체의 특장일 수도 있을 것이다. 이런 차원에서 우리 문학에 반영된 집단 무의식을 찾아내고 그로부터 현대를 사는 우리의 생존방식을 되돌아보는 것은 문학을 통한 민족주체성의 탐색이라는 교육적 의의를 갖는다. 이러한 집단 무의식은 바슐라르(G. Bachelard : 1884~1962)에 이르면 문학적 컴플렉스로 정리된다. 그는 요나 컴플렉스, 오필리어 컴플렉스, 스윈번 컴플렉스 등의 용어를 만들어 인간의 심리 속에 내장된 전시대(前時代)의 문화적 기억을 문학에서 찾아낸다.

이러한 특수한 심리구조의 반영은 학습자의 일상적 삶과 구체적 경험에 의

110) 김시태 외, 『문예비평론』(고려원, 1984), p. 142 참조.

해 보다 직접적으로 감지될 수 있는 장점을 갖는다. 고아체험을 반영한 문학은 비슷한 심리적 외상(外傷)을 가진 학습자에게 가장 절실하게 수용될 것이다. 여성 특유의 심리를 반영한 작품은 여성에게 친화력을 갖게 할 것이다. 이것으로 본다면, 문학은 학습자의 연령, 직업, 성별, 거주지역 등의 요소를 직접 성찰할 수 있는 작품을 대상으로 하는 것이 보다 효과적이다. 문학교육에서 모든 학습자에게 거창한 가치를 들고 나오는 정전(正典)을 가르치는 것은 무리이다. 물론 인간 가치의 보편성을 위해서는 그러한 작품이 의미있는 대상이 될 것이다. 그러나 동시대인의 체험을 개인적 집단적 무의식의 차원에서 수용할 수 있도록 하는 것 또한 문학교육에서 중요한 의의를 지니는 일이 된다.

(3) 반영이론의 발전적 전망

반영이론은 문학을 두 방향에서 인식해 왔다. 그 하나는 문학이 이 세계의 모든 현상을 모방하여 형상화하였다는 입장이며, 다른 하나는 그것이 역사진보의 필연적 과정을 반영하고 있다는 입장이다. 이 두 입장은 일견 전자가 후자를 부분집합으로 포함하는 것이라고 볼 수 있지만, 실제는 전혀 다른 세계관을 전제하고 있다. 전자에 따르면 반영이론이 문학논의에서 특별히 두드러지는 의미를 지닐 이유가 없다. 문학이 으레껏 현실을 반영하여 성립하였고 그 현실은 자연적으로 눈앞에 펼쳐지는 것이라면 굳이 그 현실을 왈가왈부할 이유가 없을 것이다. 반영이론의 대부분이 마르크스적인 관점에서 논의되는 것은 반영을 정태적인 모사로 보는 한계 때문이다. 이런 문제에 관련하여 반영이론은 몇 가지 고려할 점과 연구의 과제를 갖고 있다.

첫째, 반영이론은 현실을 보는 과학적 태도를 바탕으로 확립되었다. 따라서, 반영이론으로 문학을 조망할 때 과학적 접근은 필수적이다. 여기서 과학적이란 말은 곧 하나의 법칙성을 뜻하는 바, 유물론과 생산양식의 이론이 현실의 법칙 혹은 이론으로 평가받아 왔다. 그런데 우리는 정치적 역사적 특수성으로 인하여 이 문제를 기피해 온 감이 없지 않다. 우선 이러한 문제가 문학을 정당하게 조망하는 한 방법론으로 수용되어야 할 것이다. 1990년대 동구의 현실사회주의의 붕괴와 더불어 반영이론의 현실적 정당성은 의혹의 대상이 되었다. 그리고 현실에서 이념은 불투명해졌고 역사의 전망을 내세우는 것 또한 의미를 잃게 되었다. 그러나 문학이 현실과 역동적인 관계에 놓이는 것이라는 점, 인간의 유토피아 지향성을 지워버릴 수 없다는 점을 생각한다면 인간 삶의 규칙을 찾아나서는 일은 여전히 의미있는 지적 작업이 될 것이다.

둘째, 문학교육은 반영이론을 통하여 공동체 문제를 해결하는 적극적 방안을 모색해야 한다. 한 예로 우리 교육은 민족공동체 최대의 강박인 분단의 문제에 대하여 소극적이었다. 분단의 문제는 심정적 차원으로 해결될 수 없음은 물론 어느 당파의 당리당략에 좌우될 수 없는 일이다. 그렇다면 이러한 현실을 반영이론의 측면에서 어떻게 해명할 것인가 하는 문제를 제기하고, 그 문제를 해결하는 방법을 반영이론의 시각에서 모색해 보아야 할 것이다. 만약, 분단의 결과 반영논의가 제한되었다면, 반영논의의 활성화로 분단의 문제를 전면에 내세우는 작업도 필요하다. 반영은 일종의 자기반영이라는 의미를 지니기 때문이다. 반영의 대상에 자신이 포함될 수 있다는 이중성을 인식해야 한다. 비코(G. Vico : 1668~1744)는 자연계는 신이 만들었기 때문에 신만이 안다고 하더라도, 근대국가나 시민사회는 인간이 만들었기에 인간이 알 수 있는데도 불구하고 학자가 근대국가 및 시민사회에 대한 연구를 게을리함은 무책임하다고 지적한 적이 있다.[111] 문학교육적 관점에서 세계관 확립과 역사모순 해결을 위해서 반영이론의 정치한 연구를 계속해야 할 것이다

셋째, 반영이론은 문학을 통한 현실변혁의 가능성을 열어야 한다. 하부구조가 상부구조를 결정하고 다시 상부구조가 하부구조를 변화시킬 수 있듯이, 현실을 반영한 문학은 역으로 그 현실을 변혁할 힘을 내장한다. 물론, 문학의 반영이 형상화와 감동에 의하여 간접적으로 이루어지듯이 그 현실변혁도 직접적인 물리력으로 가시화하지는 않는다. 그러나 문학적 인식을 통한 현실의 재편은 사회변혁의 추진력이 된다. 특히, 그것이 제도교육을 통하여 광범위한 학습자의 총체적 인식의 폭을 확대할 때, 그 실효성은 더욱 높다고 할 것이다. 물론, 문학교육이 사회변혁을 추진함과 함께 그 바람직한 방향을 검토할 수

111) G. Vico, *The New Science*(Ithaca, 1968), p. 96.

있음도 잊어서는 안되겠다.

넷째, 현단계 반영논의에서는 그 절실함이 덜하지만 독자의 구체적 경험을 반영하는 문학의 교육적 적절성도 동일한 비중으로 연구되어야 한다. 이것은 초보적 문학교육에서 더욱 중시될 필요가 있다.

끝으로 문학의 반영논의는 어디까지나 문학현상을 떠나서는 성립되기 어렵다는 점을 강조해 둔다. 문학현상을 떠난 반영논의나 현실문제 해결의 방법을 모색하는 것은 공소한 관념의 유희로 빠지거나, 혹은 단순한 사회과학적 이론에 불과할 것이다. 이 문제를 해결하기 위해서, 문학교육은 작품을 통하여 현실을 구조적으로 분석할 수 있는 방법을 끊임없이 연구하고 모색하여야 할 것이다.

제5장 문학교육의 설계와 실천

I ▸▸ 문학교육의 교육과정

1. 문학교육의 교육과정론적 의의

교육과정의 개념에 대한 논의는, 교육과정을 교육경험의 총체로 보는 매우 확장된 논의에서부터, 교육당국이 문서로써 고시하는 일련의 계획된 교육의 목표와 내용만으로 한정시키는 좁은 의미의 개념에 이르기까지 매우 다양하다. '교육'을 보는 인식론적 관점이 무엇이며, 또 그 실천적 지향이 무엇이냐에 따라 교육과정 개념의 범주와 함의가 달라진다.

교육과 사회·문화 현상과의 교섭이 점차 활발해지면서 교육과정의 사회·문화적 측면이 강조되어 왔다. 즉, 교육도 사회·문화현상의 한 국면이라는 점에서 사회구조나 문화현상과 분리되어 생각할 수 없다는 시각에서 교육과정을 논의하는 경향이 나타나하고 있다.

총론적 수준, 또는 인식론적 수준에서 추상화된 교육에 관하여 논의하는 교육과정이론은 교육 일반의 총체적 속성과 당위를 반영한다. 이것이 실제로 특정 교과교육의 장에 효과적으로 조화되기 위해서는 교과의 개별성과 특수성에 기반을 두는 교과의 교육과정이론이 개발되어 나가야 한다. 이렇게 될 때 비로소 교과 교육과정은 바람직한 실천태와 더불어 발전가능성을 모색해 볼 수 있을 것이다. 우리의 경우는 교육과정 일반 이론가와 교과교육학 전공자, 그리고 배경학문 전공자 사이에 대화가 부족하다. 문학교육의 교육과정의 철학을 모색하고 방향을 설정하는 데는 관련 학문 상호간의 깊은 이해를 바탕으로 하는 것이 바람직하다. 문학교육과정의 실제를 구안하는 데는 문학교육의 실제적인 지식(경험 내용)과 학교라는 교육 공간의 장이 전제됨으로써 비로소 구체성을 띨 수 있는 것이다.

교육과정과 교과서와 교수·학습활동이 일정한 연속성의 원리 속에서 유기적으로 연계되는 것을 이상적인 교육활동이라고 볼 때, 우리의 현실적 모습은, 즉 실현된 현상으로서의 교육과정[1]은 이상적인 교육과정 운영과 얼마나 큰 거리를 가지고 있는가. 문학교육의 경우도 의도된 교육과정과 실현된 교육과정 사이에는 여러 가지 괴리가 드러나고 있다. 이러한 문학교육과정의 문제를 부단히 제기하고 극복하는 노력이 문학교육의 각 주체와 운영 층위마다 있어야 할 것이다. 여기에는 물론 교육과정의 설계·개정 메커니즘, 교육과정 운영의 실제적 여건 등이 주요 원인으로 놓여있기도 하다.

그러나 이보다 더 중요하게는 교육과정 자체에 대한 연구가 양적으로 빈약했다는 점을 들지 않을 수 없다. 그리고 문학교육과정을 직접 운영 실천하는 과정에서 나타나는 문제점에 대한 분석·비판 등이 문학교육 전문가집단 및 교육과정 실천자들 사이에 활발하게 소통되지 못했다는 점을 간과할 수 없다. 근자에 문학교육과정의 이론적 조명과 바람직한 방향모색을 위한 학문적 연구들이 이 분야에 대한 가능성을 보여 주는 것은 의미있는 일이다.[2]

이러한 문제인식에 기초하여 문학교육의 교육과정 문제를 우선 기왕의 교육과정론과 관련하여 검토해 보기로 한다. 이는 문학교육과정의 이론화에서 어떠한 당위를 확인해야 하며, 실천상 어떤 방향을 모색해 보아야 할 것인지를 살펴보기 위해서이다. 여기에서의 '당위'란 문학교육과정의 철학적, 이념적 의의를 정립, 확인하는 문제와 결부되며, '실천상의 방향'이란 문학교육 교육과정이 담아야 할 교육의 구체적 내용과 방법에 관한 문제와 결부된다. 그리고 이것이 바로 문학교육 교육과정의 포괄적 의미망이 될 수 있을 것이다.

태너(Daniel Tanner)와 태너(Laurel Tanner)는 교육과정 개념의 변천을

---

1) 교육과정이 존재하는 층위는 ① 계획된 교육과정(envisioned curri.), ② 전개된 교육과정(enacted curri.), ③ 실현된 교육과정(experienced curri.) 등으로 그 개념 층위를 구분한다. 이는 각각 계획된 문서 차원의 교육과정, 교사가 운용한 교육과정, 실제로 이루어진 교육과정의 수준을 나타낸다.

2) 박인기, 『문학교육과정의 구조와 이론』(서울대학교 출판부, 1997), 우한용 외, 『문학교육과정론』(삼지원, 1997), 최지현, 『문학교육과정의 탐구』(2007), 김창원, 『문학교육론 ; 제도화와 탈제도화』(한국문화사, 2011) 등 참조.

그들 자신의 것을 포함하여 10가지의 정의군(定義群)으로 제시하고 있다.3) 아래 표의 10개군의 개념은 교육과정 개념의 변천을 중심으로 제시된 개념들이다.

교육과정의 개념	기능 및 특성
① 전통적으로 누적된 지식	문화존속, 전문적 지식의 생산, 숙련된 학습자
② 사고양식	학문적 사고, 탐구 반성적 사고, 전문적 지식 생산, 개인적·사회적 문제의 해결
③ 종족의 경험	사고와 행위를 지배하는 문화적 규범, 문화적 동화
④ 학교지도하의 조직	지역사회 생활, 효과적인 삶, 자아실현
⑤ 계획된 학습경험	교육과정의 개선
⑥ 인지적·정의적 내용과 과정	지식취득, 정의적 발달 과정의 변화
⑦ 수업계획	수업의도의 진술
⑧ 수업의 결과(목표)	특정의 가능한 목표달성, 상세화된 목표의 확인
⑨ 공학적 생산체계	구체적 성인활동의 준비, 목표행동의 관리, 상호작용수단의 동원, 효과적 생산을 위한 구체적 요소의 양적 분석
⑩ 지식과 경험의 재구성	지식과 경험의 통제, 개인적·사회적 문제해결과 성장

이들 개념은 교육과정 총론 수준에서 추상화되어 있어서 일종의 이념태(理念態)로 존재한다고 볼 수 있다. 특정교과의 교육과정 개념으로 이들 개념을 수용할 때는 그 교과의 특수성에 조회하여 재개념화하는 이론화 과정이 필요하다. 문학교육과정의 경우도 마찬가지이다.

그러나 교육과정을 정의하고 일반화하는 관점이 여기에 모두 포괄되어 있다고 본다면, 문학교육과정은 교육과정 일반의 인식론과 실천양상에 비추어

3) Daniel Tanner and Laurel N. Tanner, *Curriculum Development ; Theory into Practice*(New York : Macmillan,1975) : 이경섭·이홍우 공역, 『교육과정』(교육과학사, 1982).

어떻게 그 자신의 정체와 당위를 확보할 수 있을 것인가를 파악할 수 있을 것이다.

앞의 표에서 문학교육과정의 존재 의의와 직접적으로 관련되는 관점은 ①, ②, ③, ⑥, ⑩이라고 볼 수 있다. 그 밖에 ④, ⑤, ⑦, ⑧은 문학교육과정의 실제적 운영과 관련이 되며, ⑨는 문학교육 운영을 하나의 체제(system)로 파악할 때 고려될 수 있는 것으로 볼 수 있다. ①, ②, ③, ⑥, ⑩을 간략히 살펴본다.

전통적으로 누적된 지식의 조직(①)은 인류가 오랫동안 축적해 온 문화의 각 영역으로 구분되며, 문학은 전통적으로 누적된 지식 안에서 고유한 자리를 차지해 왔다. 문학교육이 문화존속(文化存續)의 중요한 기능을 수행하는 것은, 이른바 '교육과정'이란 개념이 명시적으로 등장하기 이전부터 동서양의 교육에서 문학이 중요한 자리를 점해 왔던 자취에서 입증된다.

그리고 문학교육에 관련되는 문화전승의 양상은 전래되는 문학의 지식을 하나하나 익히는 차원이 아니라, 가치있는 문학유산을 통하여 인간과 시대의 구체적 삶에 종합적으로 문학의 정신이 작용하는 차원으로 드러난다. 즉, 문학교육은 문화의 총체적 모습을 전승할 수 있는 가능성을 지닌다는 점에서 그 교육과정론적 입지를 확보한다고 할 수 있다.

교육과정을 '사고의 양식'(②)으로 보려 할 때, 문학교육과정은 어떤 의미를 가지는가. 이 때도 문학을 배운다는 것은 마땅한 가치를 확보한다. 즉, 문학교육이란 다르게 말하여 '인간경험에 대해 사고하기'에 대한 의도적 기제라 할 수 있기 때문이다.

문학교육에서의 사고는 수학적 사고나, 과학적 사고와 질적 차이를 가지는 점이 있을 것이다. 이것은 문학교육의 고유한 특성으로 설명될 수 있을 것이며, 실제로 이러한 문학에 내재하는 사고의 양식이 인간의 삶과 그 삶의 조건을 개선해 나가는 하나의 중요한 방법으로 작용하고 있다. 문학교육의 목적으로 상정한 문학적 문화의 고양이란 구체적으로 어떤 것인가. 그것은 문학교육이라는 통로를 통해서 인간경험에 대한 탐구적, 반성적 사고의 과정을 경험하는 것이다. 이렇게 볼 때 문학교육의 교육과정론적 당위성은 문학교육이 이루어지는 내적 과정면에서도 드러난다. 그것은 문학교육이 그만큼 교육의 과정면에서 독자성과 탄력성이 강한 교과임을 말해 주는 것이라 할 수 있다.

종족의 경험으로서 교육과정(③) 개념은 학습자의 문화적 동화를 강조하는 교육과정이라 할 수 있다. 종족의 경험이란 곧 그 종족의 사고와 행위를 지배하는 문화적 규범으로 해석할 수 있기 때문이다. 문학교육이 문화교육의 한 축과 연결될 수 있는 논리를 교육과정 이론이 제공해 주는 한 측면이라 할 수 있겠다. 그래서 종족의 개념을 '민족'으로 바꾸어 보면, 우리에게 한국문학교육은 한국 민족으로서의 한국문화에 동화를 이루어 나가는 의의를 지니는 것임을 인정하게 된다. 이렇게 보면 외국 문학을 배우는 교육과정론적 의의 중의 하나로 외국문화에 대한 이해를 내세울 수 있는 근거가 마련되는 셈이다. '종족의 경험'을 우리 민족의 경험차원으로 해석할 때 무엇보다도 그 경험의 통시적 이해가 우선적으로 전제된다. 바로 이 자리에 고전문학의 교육내용적 의의를 강조하는 교육과정론의 가능성을 볼 수도 있다. 민족의 경험을 공시적으로 문제삼을 때는 마찬가지로 현대문학이 갖는 교육내용적 의의가 거론된다. 종족의 경험으로서 교육과정 개념은 문학교육의 내용과 기능의 범주를 분명하고 정당하게 드러나게 하는 논리의 거점을 제공한다.

인지적 · 정의적 내용 및 그 발달과정으로서 교육과정(⑥)을 보는 관점에 있어서도 문학교육은 타당하고도 독자적인 커리큘럼 영역을 가진다. 문학, 특히 소설이나 희곡은 그 존재양식이 인지적 · 정의적 요소의 복합구조로 이루어져 있고, 이러한 구조는 이른바 문학적 형상화라는 문학 고유의 내적 질서에 의해 구현되는 것이다. 우선 문학이론은 그 자체가 인지적 대상이다. 문학작품 역시 비록 그것이 예술적 형상화에 의한 것이지만 '언어'에 의해서 형상화된 의미의 구조물이기 때문에 인지의 대상이고 인지적 특성을 갖는다. 또한 문학작품은 작품의 사상성이라는 면이 강조된다. 모든 문학의 주제가 형이상학적(形而上學的) 차원으로 응축되기 때문에 문학교육의 내용과 과정은 인지적 내용과 과정으로서의 모습을 지닌다.

한편으로 문학은 지식 그 자체를 추구하는 것이 아니라 인간 삶의 고양화된 모습과 그 의미를 추구한다. 고양된 인간 삶의 모습과 의미가 문학 텍스트에 드러나고 수용되는 양태는 주로 인간의 정의적 기제(情意的 機制)를 통해서이다. 시가 형상화되는 모습도 인간감정의 주관적 표출에 의존하며, 소설에서 인물이 세계에 대해서 갖는 갈등과 대립은 정의적 차원의 모티프를 수반함으로써 구체적 삶의 리얼리티를 확보하는 것이다. 또한 이 문학의 정의적 속성으로 인하여 수용자에게는 문학이 문학다움의 모습으로 향유되는 것이다. 따라서 문학교육의 내용과 과정은 이러한 정의적 내용과 과정을 필연적으로 수반하게 된다. 그리블(James Gribble : 1845~1922)이 그의『문학교육론』에서 문학의 정서와 삶의 정서를 대응시키면서 교육의 목적이 인지적/정의적 목표로 이원화되어 분리되는 것을 비판한 것은 문학교육의 본질에 대한 바른 인식의 표명이라고 볼 수 있다.[4)]

인간발달을 설명할 때, 이론 전개의 편의를 위해, 인지의 영역과 정의의 영역을 구분할 수는 있으나, 실제로 한 개체에게서 일어나는 발달의 현상은 이 양자가 동시에 이루어지는 것이다. 예컨대 전인교육에 대한 기본 인식으로 우리는 인지적 · 정의적 · 신체적 · 도덕적 발달을 통합된 차원에서 다루어야 한다고 믿는다. 문학교육도 이와 같은 차원에서 인간의 전인 발달에 기여하는 교육이 되어야 한다.

문학교육은 이러한 원리에 바람직하게 부응한다. 지식과 경험의 재구성(⑩)으로서 교육과정을 설명하는 관점에서 보면 문학교육은 그 교과 정체성이 매우 강하다. 이른바 전인적 '삶의 교육'이라는 성격을 강하게 드러내기 때문이다.

지식과 경험의 재구성이란 달리 보면 반성적 사고(reflective thinking)의 과정이다. 그리고 기능상으로는 개인의 문제와 사회적 문제들에 대한 해결 안목을 쌓으면서, 전인으로서의 성장을 목표로 하는 것이다. 모든 문학작품은 어떤 의미에서 그것 자체가 지식과 경험인 동시에 기존의 개체가 갖고 있는 지식과 경험을 재구성하게 하는 매개로서 작용한다. 이것은 문학교육 방법에 있어서 매우 큰 의의를 지니는 것이다. 물론 다른 교과영역의 제재도 이와 유

4) James Gribble, *Literary education*(Cambridge University Press, 1983), 나병철 역, 『문학교육론』(문예출판사, 1987), pp. 167~188.

사한 특징을 갖지만, 문학 제재의 경우는 학습자가 가진 기존지식과 경험의 체계에 더하여 온갖 종류의 상상력으로 다가간다는 것이다.

예컨대 한 편의 소설이 그 독자의 기존 지식이나 경험에 작용하는 것과, 과학 단원 하나가 그 학생의 기존 지식이나 경험에 작용하는 것은 분명히 차이가 있다. 학생들이 어떤 문학작품을 수용할 때는 이것이 이전의 지식과 경험에 단순 누가되는 상태로 축적되는 것이 아니라, 이전 지식과 경험체계 전체에 변화를 주는 방식으로 기능을 수행한다. 그러면서 계속 문학경험 자체를 의미있게 구성해 나간다는 것이다. 그리고 문학 경험이란 본질적으로 삶의 경험이라고 볼 수 있다. 그렇기 때문에, 어떤 계열화된 지식 · 경험체계, 예를 들면 과학이나 수학 등에서 있을 수 있는 지식의 양적 변화와는 달리, 작품의 수용 그 자체로 지식과 경험이 재구성되면서 질적 변화를 가져올 수도 있다. 즉, 작품경험이 바로 학습자의 생체험(生體驗)에 대응되어 지식과 경험체계의 재구성을 강화하고 또 그것의 질적 변화를 요청하게 되는 것이다.

문학교육은 제재〔문학작품〕의 수용을 통하여 학습자의 지식과 경험을 재구성하고, 그것을 학습자의 삶에 다양하고도 총체적으로 투사시킨다. 그래서 학습자로 하여금 자신의 삶의 장면에서 구체적 세계관을 형성하게 하고, 그 세계관에 바탕을 둔 태도를 기르게 한다.

이상 교육과정 일반 이론에서 밝혀 온 여러 가지 교육과정 개념들에 조회하여 문학교육과정의 존재 의의, 그 정체성 구축을 위한 입론 가능성, 문학교육과정의 독자성, 문학교육과정의 타당성 등을 살펴보았다. 교육과정 일반 이론이 절대적 준거는 아니지만 교육과정을 총론의 차원에서 어느 정도의 보편적 근거를 모색해 볼 수 있는 참조 준거로 생각해 본 것이다. 이렇게 함으로써 문학교육과정의 이론적 토대와 그 당위를 확인하고 목표와 내용과 방법을 하나의 커리큘럼으로 설계할 수 있는 철학적 안목을 조금씩 마련해 나갈 수 있을 것으로 생각된다.

2. 문학교육과정의 적합성

교육과정이 살아있는 영향력을 지니면서 교육실천의 모든 국면과 과정 속에 작용하기 위해서는 그 적합성을 확보해야 한다. 교육과정의 적합성은 교육과정 주체인 교사, 학생, 학부모, 교과 학문 등의 요구와 수요에 부응함으로써 확보되는 것이다. 따라서 '적합성'은 교육과정 설계와 실천에서 주체들의 지향과 현실의 여러 조건을 바람직하게 수렴했을 때 가능해진다.

교육과정의 적합성은 교육과 관련되는 여러 가지 차원의 요구(need)들을 어떻게 조화시켜서 수용하는가에 따라 결정된다. 이러한 요구는 교육과정의 개발이나 설계에 있어서 가장 중요한 토대(resource)가 되는데, 이 요구를 범주화하여 생각해 보기로 한다. 문학교육과정도 이러한 원리에서 벗어날 수 없으며, 문학교육과정의 적합성 확보를 위해서는 다음과 같은 근원적 요구들이 충분히 검토되어야 한다.

첫째, 철학적 요구에 부응함으로써 문학교육과정의 적합성을 갖추어야 한다. 문학교육은 무엇이며 문학교육의 실천 의미는 무엇인가를 검토함으로써 문학교육 교육과정의 토대를 마련하고자 하는 접근이 있을 수 있다. 이를 철학적 수준에서의 요구와 접근이라 한다.

둘째, 문학교육에 임하는 학생들이 개인적 수준에서 갖는 요구가 고려되어야 한다. 이는 문학교육과정이 개인의 심리적 요구에 부응함으로써 그 적합성을 확보하는 것을 말한다. 즉, 문학을 공부하는 학습자 개인의 경험이나 심리적 사항들이 문학교육과정 설계에 있어 중요한 요소로 작용함을 말한다.

셋째, 문학교육에 대한 사회·문화적 요구를 어떻게 반영할 것인지에 따라 생겨나는 문학교육과정의 사회·문화적 적합성의 문제를 들 수 있다. 문학교육과정 연구에서도 문학 또는 문학교육과 관련된 사회 및 현실의 여러 문제, 그리고 그것에 대한 의식 등을 중요하게 고려한다. 이러한 관심과 탐구는 교육과정의 문제를 사회 상황적인 것으로 파악한 애플(M. Apple) 등의 관점에서도 두드러진다.[5] 우리 사회·문화 현상의 한 부분으로서 교육현상이 있고 그것의 구체적 실체가 교육과정이라면 이러한 전형에 문학교육과정은 매우 근접되어 있다. 따라서 우리 시대 우리 사회의 현실과 지향 요소들을 문학교육과정이 반영해야 한다는 주장은 문학교육과정의 사회 · 문화적 적합성을 강조하는 주장이다.

넷째, 문학교육과정은 문학교과가 갖는 학문성에 기초한 요구가 적절하게 고려되어야 한다. 문학의 학문성은 이른바 작품 현상으로서의 문학과는 구별되는 것으로, 작품 현상에 대한 설명 체계 내지는 메타 이론들에 관련되는 것이다. 문학의 학문성은 19세기 중반 이후 인문분야 전반의 과학주의적 방법론의 발흥과 더불어 '문예비평'이 생겨나면서 자리를 잡아 왔다. 이후 형식주의나 신비평을 거치면서 학문으로서의 문학에 관한 원리나 지식은 문학교육과정의 중핵 내용을 이루어 왔다. 특히 현대 교육에서 교육과정 개념이 분화 · 발전되기 이전에는 실제로 이 학문적 요구로서의 교육과정이 교육과정의 전체적 내용을 지배하는 경우가 많았다. 우리 나라 문학교육 전통에서도 문학교육과정은 이러한 학문적 요구에 의한 적합성 고려를 우선하는 성향을 띠어 왔다.

문학교육의 교육과정 설계에서 그 적합성을 확보하기 위한 이상의 네 가지 수준의 문제들을 간략히 언급해 보기로 한다.

(1) 철학적 적합성

문학교육이란 무엇이고, 그 교육과정을 만든다는 것은 무엇이며, 그것을 통해 인간은 어떤 발전을 기할 수 있는가 등의 물음에 대한 관심과 인식은 문학교육과정의 철학적 기저가 된다.[6] 물론 더 일반적으로는 교육철학 차원의 관심이기도 하지만 문학교육이라는 장에 들어왔을 때는 다시 문학이란 무엇인가에 대한 물음 및 태도가 철학적 적합성에 관련된다. 관점이 어디에 서 있느냐에 따라 문학교육은 이데올로기 교육이라는 입장에 설 수도 있으며, 반대로 문학교육은 언어미의 감수성을 기르는 교육이라는 입장에 머물 수도 있다. 문

5) Michael W. Apple 편저, *Cultural and economic reproduction in education* (Routledge & Kegan Paul, 1982) : 배종근 역, 「교육과정의 이데올로기적 재생산」, 『교육의 재생산 이론』(성원사, 1987), pp. 269~282.

6) 교육과정의 본질에 관한 물음은 철학적 인식과 관련한 물음이 될 수밖에 없다. 문학교육과정의 철학적 인식에 관한 구체적 논의는 본서 제2장 Ⅰ절을 참조.

학교육에 대한 철학적 인식이 어떤가에 따라 문학교육과정의 방향은 그 성격을 달리할 수도 있는 것이다. 문학교육과정의 철학적 접근과 관련해서 교육에 대한 다음 두 가지의 철학적 인식은 문학교육과정 설계에서 주목할 만하다.

그 하나는 피터스(R. S. Peters : 1919~)나 허스트(P. H. Hirst) 등의 자유주의 교육철학자들이 바라보았던, 교육이란 인간으로 하여금 가치있는 활동에 입문시키는 것이며, 이는 곧 '지식의 형식'에 입문하는 것이라는 인식이다. 그리고 이러한 지식의 형식으로는 인류가 전통적으로 가치를 인정해 온, 문학을 비롯한 일곱 가지 지식의 형식을 들었다.[7] 이 때의 지식이란 실용 가치에 의해서보다 그 내재적 가치에 의해 결정되는 것으로 보았다. 이 경우 교육의 목표와 내용은 지식을 통한 도야적 성격이 강하게 부각된다.

다른 하나는 애플(M. Apple)이나 프레이리 등의 관점으로서 지식과 사유의 생산은 특정한 시대의 역사적 구성물로 간주되어야 한다는 인식이 그것이다. 지식과 문화는 그 인간을 둘러싸고 있는 자연 및 사회세계와의 상호작용의 산물이며, 시대와 공간이 변화함에 따라 인간은 기존의 것을 변형시키거나 새로운 것을 창출해 나간다는 것이다. 이런 교육 관점을 토대로 삼을 경우 문학교육과정의 목표와 내용은 반영론적 영역으로 치중하게 된다.

이 양자의 관점은 문학교육의 장에서는 각각 어떻게 그 자리매김을 해야 할 것인가. 이러한 관점은 선택적인가, 아니면 보완적인 것인가? 선택적 관점에 섰을 때 문학교육의 목표와 내용은 문학을 문학으로서 가르친다는 원론적 입장과 어떤 거리를 가지는가?

우리는 앞에서 문학교육이 문학적 문화를 고양하여 문화적 존재로서의 주체적 인간을 기른다는 목적에서 문학현상을 바르게 이해하고, 문학현상의 바람직한 발전을 가능케 해야 한다는 점을 이야기했다. 이러한 관점은 우선 문학교육의 목표나 내용을 어떤 고형적(固形的) 대상으로 설정할 것을 거부하는 것이다. 또 문학을 실용적 수준의 인지발달을 위한 교과로 보지 않으며, 아울러 지나친 엄숙주의로 문학의 교조성을 드러내는 것도 지양되어야 한다는 관

---

7) Paul H. Hirst, *Knowledge and the Curriculum*(London RKP, 1974), p. 46. 일곱 가지 지식의 형식은 문학(예술), 수학, 물리, 인문과학, 역사, 종교, 철학 등을 말함.

냐에 따라 크게 좌우되기 때문이다.[8]

앞에서 예거한 학생들의 문학교육에 대한 심리적(개인적) 요구분석은 국가 · 사회 차원에서는 교육과정 개발을 담당한 전문 연구기관이 수행해야 되겠지만, 학교 및 학급 단위에서는 문학교사의 전문성 발휘에 의해 얼마든지 검토가 가능하다. 이렇게 볼 때 문학교육과정의 적합성을 확보하는 문제는 문학교육과 관계된 각 문학교육 주체들의 적극적 참여와 관계된다고 할 수 있다.

(3) 사회 · 문화적 적합성

문학교육에 대한 사회 · 문화적 요구를 문학교육과정이 적절하게 반영해 내는 성질을 사회 · 문화적 적합성이라 일컫는다. 이는 교육과정 연구에서 범하기 쉬운 오류 중의 하나로 '탈맥락적 시각의 오류'가 지적되면서[9] 강조되기 시작하였다. 탈맥락적 시각의 오류란 교육과정을 이해함에 있어서 문화적 · 사회구조적 차이를 고려함이 없이 교육과정의 문제를 단순히 학교 안의 문제로 국한시켜 오로지 심리학 이론과 경영체제 이론을 바탕으로 교육과정을 기능주의적으로 접근하고자 할 때 발생한다.

특히 인간의 사회 · 문화적 삶이 더욱 복잡다단해져 가는 현대 사회에서는 이를 소홀히 하고서는 어떤 교육도 실질적 힘을 발휘하기 어렵다. 특히 문학교육과정이 살아있는 교육력을 생성시키는 것이 되기 위해서 사회 · 문화적 적합성 확보에 노력하지 않으면 안된다. 교육 자체도 사회구조의 한 국면이며, 따라서 사회구조나 사회현상과 분리될 수 없다는 관점에서, 교육과정은 단순한 학교상황을 넘어서는 사회 · 문화적 차원의 요구와 지향성을 확보해야 하는 것이다.

교육과정의 사회 · 문화적 적합성 문제는 문학교육과정에서는 본질적 의미를 갖는다. 문학교육은 단순한 기능주의적 접근에 의해 그 총체상이 설명될 수 없다. 이는 문학현상의 이해와 발전을 문학교육의 목적으로 설정한 우리들의 관점에서는 더욱 명확해진다. 특히 문학을 하나의 교과로서 설정했을 때의

---

8) 곽병선, 『교육과정』(배영사, 1986), p. 424.
9) 위의 책, pp. 19～20.

문학교과의 교과 개념은 다른 지식 교과의 그것과는 상당한 차별을 가진다. 예컨대 다같이 교과라는 점에서 문학 교과를 과학 교과와 동일한 수준에서 파악했을 때, 과학은 이른바 '지식의 구조' 모형으로 설명될 수 있는 여지가 많지만, 문학 교과를 설명하기가 어렵다는 것을 발견할 수 있다. 이것은 곧 문학교육이 삶의 교육으로서의 속성을 가진다는 것을 의미한다.

이때의 삶은 사회적 구조 속에 조건화되는 삶이다. 개체로서의 자아가 자아 외적 세계와 대결하기도 하고, 자아는 자아 외적 세계를 주관화하기도 하는 것이 문학의 세계이다. 이러한 문학의 세계를 이해하는 과정은 역시 문학 텍스트를 통하여 삶의 간접체험화로 나아가는 과정이다. 이와 같은 과정을 통해서 문학교육은 은연중에 텍스트 체험에 참여하는 사람들로 하여금 '세계관 형성'을 돕고 그들의 '사회화'(socialization)를 돕는다. 이러는 과정 자체가 교육인 것이다.

세계관 형성과 사회화의 과정으로서 의의를 갖는 것이 문학교육이라면 문학교육과정은 사회가 요구하는 지향성을 고려하고 반영해야 한다. 이 점은 문학사회학 분야에서 이룩된 성과들을 원용함으로써 문학교육과정의 사회·문화적 적합성을 강화하는 접근방식을 모색해 볼 수도 있을 것이다. 문학작품이 사회를 반영하고 이 양자가 상호성을 가진다고 보는 입장이 문학연구의 한 패러다임으로 드러나는 상황에서는 문학교육과정의 사회·문화적 적합성은 더욱 중요한 문제로 등장한다. 이러한 인식은 우리 문학교육과정에서도 점차 중요하게 인식되기 시작하였다. 민족문화, 세계화, 다문화사회, 미디어문화, 대중문화 등등의 조건들이 문학교육의 사회·문화적 적합성에 관여한다.

(4) 학문적 적합성

문학교육과정의 학문적 적합성은 문학교육 내용의 타당성, 내용수준의 적절성 등과 관련되는 것이다. 이는 교육과정 개발에서 그간의 새로운 학문적 성과나, 패러다임의 변화 등을 교육과정이 수용함으로써, 문학학을 위시하여, 문학교육의 학제성(學際性)에 관여되는 학문들의 문학교육에 대한 요구에 효과적으로 대응함을 의미한다.

여기서 한 가지 주목할 사항은 교육과정에 대한 학문적 요구가 학계 일반의 보편적 승인 내지는 일반적 합의를 전제로 해야 한다는 점이다. 즉, 특정 학문 집단의 독점적 사항으로서 결정되어서는 안된다는 것이다. 학문 그 자체는 끊임없이 발전하고 방법론 또한 부단히 새롭게 모색되어지지만 교육과정은 그것이 국민 일반의 교육 실천과 관련된 속성을 갖는 만큼, 보편성, 절충성, 이해 공유성을 고려해야 하는 경우가 많다. 교육은 보편적 가치를 추구하고 이미 공동체 전반에 보편적 가치로 합의된 문화를 전승하는 역할을 수행하기 때문이다.

문학교육과정의 학문적 적합성을 위해서는 두 단계의 노력이 필요하다. 그 하나는 문학교육과정론을 하나의 독립된 하위 연구 분야로 자리잡도록 하는 것이 중요하다. 문학교육과정에 대한 열린 논의의 마당이 있어야 하기 때문이다. 그 다음으로는 교육과정 내용 선정을 위한 절차의 합리성을 학문 토대를 중심으로 확립하는 것이다. 그러니까 우선은 문학교육과정을 위해 학문의 여러 층위, 여러 관점에서 문학교육과정에 대한 요구를 왕성하게 개진하도록 하는 풍토를 마련하는 것이고, 다음으로는 요구의 검증을 합리적 절차 속에서 마련하는 것이다. 이렇게 되면 학자집단과 교육과정 개발 주체 사이의 거리를 좁힐 수도 있고, 교육 내용의 진보성과 보수성에 대한 합리적 균형을 도모할 수 있을 것이다. 이 경우 문학교육과정 관련 학자집단은 기존의 학문 내용 가운데 교육의 장으로 적용할 수 있는 것들을 검색하고, 그것의 보편성 · 타당성에 대한 기준에 대하여 연구를 해 나가야 한다.

이와 비슷한 문제로 문학교육과정이 문학이론 중심으로 기울어지는 문제가 있다. 대체로 문학연구가들은 문학을 인문과학의 대상으로 보면서 그 이론 연구에 있어 학문적 정밀성을 지향한다. 학문 이론의 수준에서 고답성은 학문의 속성에 해당하는 일이나, 이것이 문학교육 실천과의 괴리를 조장해서는 안된다. 문학학의 내용이 교육방법적 여과없이 문학교육과정 설계에 그대로 적용되는 것은 바람직하지 않다. 교육은 대상(對象)과 방법(方法)에 병행하여 내용(內容)이 고려되는 것이므로 학문적 고답성과 문학이론지향적 경향은 교육의 장면에서는 질적으로 변환시켜야 한다.

요컨대 문학교육의 배경학문이라 할 수 있는 '문학학'(Literaturwissen-schaft)과 문학교육의 관계정립이 명료해져야 하며, 그런 바탕 위에서 바른 역할분담이 있어야 한다. 문학교육과정의 학문적 적합성은 학문내용 자체의 타당성, 내용수준의 변별, 학문내용의 보편성의 정도, 기타 교육대상인 학습자, 그리고 교육대상방법 변인과의 호응 등에 의해 확보된다.

3. 문학교육과정 구성의 접근방식

문학교육과정의 내용 구성은 가르쳐야 할 내용으로서의 '문학'을 무엇으로 어떻게 타당하게 조직할 것인지를 다루는 것이다. 문학교육의 내용을 무엇으로 보느냐에 따라, 내용 구조화의 접근방식도 차이를 갖는다. 문학교육이 실제로 이루어지는 실천 현상 속에서 문학교육 내용을 선정하고 조직할 때, 우선되는 변인을 문학텍스트로 할 것인가, 문학을 배우는 학습자로 할 것인가, 문학을 소통시키는 사회·문화적 맥락을 중시할 것인가에 따라서도 달라진다.[10]

문학교육과정 구성에 대한 접근방식은 그것을 포괄적 수준에서 논의할 때는 구성의 전략을 총체적으로 파악한다는 점에서 이점이 있다. 반면에 구체적인 상황을 문제삼아 실제의 예를 들어가면서 미시적으로 논의할 때는, 논의의 방향과 내용이 현장성을 띤다. 이렇게 되면 교육과정 내용 구성의 문제를 실제의 문학교육 자료 또는 교수·학습 속에서 바라봄으로써 명료하게 검증할 수 있는 이점이 있다. 대체로 우리는 '교육과정 구성'이라는 문제를 실천적이며 미시적인 성격의 작업으로 다루는 것을 흔히 볼 수 있다.

문서로 된 문학교육과정은 문학을 가르치기 위한 하나의 강령에 해당하는 것이며 그것은 대체로 목표, 내용, 방법, 평가 등의 요소로 구성되어 왔다. 그

---

10) 우한용 외, 『문학교육과정론』(삼지원, 1997). 이 책은 문학교육과정의 내용 체계를 거시적으로 조망하고 살핀 연구서로서의 의의가 있다. 이 책에서 제시된 대로 문학교육과정의 내용 구성의 축을 이와 같은 3요소로 보려는 관점이 일반적이다.

중에도 내용의 조직이 문학교육과정 구성에서 가장 중요하고도 실제적인 영역으로 간주되고 있다.[11]

문학교육과정 구성은 문학 자체가 갖는 내적 질서, 이를테면 장르론이나 주제론 등에 의해서 접근하는 방식이 있는가 하면, 문학교육의 입장, 예를 들면 수용자의 태도 변화에 관심을 두는 방식 등이 있다.[12] 그간 주로 장르론의 토대에 근거한 문학교육과정의 내용 구성이 주류를 이루어 왔으나, 7차 교육과정에 이르기까지에는 문학의 생산과 수용의 현상을 문학교육과정 내용 범주 속에 대응시켜 보려는 노력이 시도되었다. 이는 문학 현상의 이해와 경험을 강조하는 문학교육 철학에 근거를 둔 것이다. 그러나 모든 교육과정의 진화가 그러하듯이 문학교육과정의 내용 구성도 새로운 지평과 도전이 기존의 교육과정 전통과 교섭 · 절충하는 과정을 거치면서 점진적인 변화를 기해왔다고 말할 수 있다.

(1) 장르론적 구성체제

일반적으로 문학교육과정의 내용이 장르론의 체계를 중심으로 구축되면, '학문으로서의 문학'이 상대적으로 강하게 반영된 문학교육과정의 구성체제를 가지게 된다. 이러한 구성체제는 학생들로 하여금 문학의 다양한 형태(forms)에 대한 관심을 일차적으로 반영하고, 이를 바탕으로 문학이 생겨나고 존재하는 외적 양식에 대한 이해를 증가시킨다는 데에 목적을 두고 있는 것이 특징이다. 따라서 문학 텍스트를 자발적으로 선택하고 접근할 수 있는 스스로의 기준 안목을 기르도록 하고, 문화적 유산으로서의 문학 작품들에 대한 친숙감을 갖게 하며, 그럼으로써 장르가 문화의 한 양식임을 알게 하는 데로 나아가

11) '목표-내용-방법'으로 구성되는 교육과정의 형식은 타일러(Tyler)의 교육과정 이론(1949) 이래, 비판과 보완이 있었음에도 불구하고, 거의 항존적 형식으로 받아들여져 왔다. 근자에 와서는 방법의 비중 못지 않게 '평가'를 중시하는 경향을 띤다. 우리의 경우 교육과정 개정이 여러 차례 거듭되면서 평가의 중요성은 교육과정론적으로 더욱 중요하게 고려된다. 이는 필연적으로 평가의 개념에 대한 변화와도 연결된다. 문학교육과정에서는 이 점이 의미를 가진다.

12) Alan C. Purves, "Evaluation of Learning in Literature", *Handbook on Formative and Summative Evaluation of Student Learning*(McGraw-Hill, 1971) 참조.

게 한다.

장르 중심의 문학교육과정 구성에서는 장르 이론의 지식에 대한 학습내용이 큰 비중을 차지하게 된다. 그리고 텍스트의 배경적 사항(contextual information), 문학과 문화 일반의 관련사항(cultural information)은 상대적으로 배제되는 반면, 장르를 설명하는 작품 전형에 대한 학습이 강화되는 성향을 띤다. 그리고 학습행동 차원에서는 장르 자체를 아는 것, 특정 텍스트에 장르적 지식을 적용하는 것, 문학용어를 적용하는 것 그리고 텍스트의 부분을 장의 특성과 관련하여 이해하는 것, 부분과 전체 사이의 관계를 이해함으로써 장르의 구조를 이해하는 것 등이 강조된다. 장르 중심 문학교육과정 내용 구성에서는 학습자가 텍스트 수용과정에 능동적으로 참여하여 반응하고 만족하고 그 의미를 내면화하는 행동은 상대적으로 소홀해진다.

장르 중심의 교육과정 구성체제는 문학교육과정 체제상 전통적인 방식으로서, 80년대까지만 해도 교과서 집필자나 일선교사들에게는 거의 잠재화된 정형으로 남아 있어서, 문학교육 실천의 중요한 토대가 되면서도 문학교육 발전의 장애요소로도 작용하는 일면을 가지고 있다. 특히 60년대 이후 신비평 이론에 영향을 받은 일선 교사들의 고정된 관념으로 장르 중심의 교육과정이 자리잡고 있다는 사실은 반성적으로 검토되어야 할 문제이다. 이 문제 해결을 위한 접근은 문학교육의 내용을 '문학현상의 역동성'에서 찾는 방향으로 발상을 전환하는 데 있다. 아울러 문학교사 양성과정의 커리큘럼이 장르론적 토대에 의한 학문중심적 지향에만 의존하는 것을 벗어나 어떠한 변화를 추구할 필요가 있다.

(2) 주제론적 구성체제

문학교육과정에서 주제론적 구성체제도 상당한 전통을 가진다. 주제론적 입장에서 문학교육과정의 구성체제에 접근하는 방식은 일차로는 텍스트의 의미에 대해서 배우는 것을 강조하며, 궁극적으로는 텍스트의 해석을 중시한다. 이 때의 해석은 일차로는 텍스트 자체가 강조되는 해석이지만 이는 곧 수용자의 현실과 문화가 개입하는 양상을 띤다. 따라서 텍스트의 해석은 주지적 학습에 머무는 것을 넘어서서 가치지향적 학습(價値指向的 學習)으로 확장된다. 주제론적 교육과정(thematic curriculum)을 설계하는 데 앞장섰던 스타인버그(E. Steinberg)[13] 등은 '문학'을 '언어적 예술형태로 표현된, 살아있는 인류의 기록'으로 정의하면서, 문학의 보편적 관심사를 중시하는 것보다는 그것이 미국의 독특한 문화패턴에 의해서 어떤 변화상으로 드러나는가를 강조해야 한다고 주장하였다. 그리고 이러한 문학교육이 미국의 고등학교 과정에서 이루어지도록 하는 커리큘럼을 개발하였다. 여기에서는 미국의 청교도적 정신의 양상이라든가, 세계를 향하는 미국인의 포부, 미국적 낙관주의, 미국인의 사회적 양심 등이 미국문학과 관련하여 교육되어질 수 있도록 배려하였다. 예를 들면 프랭클린(Benjamin Franklin : 1706~1790)의 자서전을 문학 텍스트로 읽으면서 프랭클린의 '성공' 개념을 논구하게 한다든지, 〈위대한 개츠비〉를 통하여 주인공의 성격을 발견하게 한다든지, 소설 속에 나타난 미국인의 물질주의를 비판하게 한다든지, 켈러와 개츠비가 비극적 주인공으로서 보여주는 행동 특질을 이해하게 한다든지 하는 것들이 그 예이다. 이렇게 본다면 주제론적(主題論的) 구성체제는 장르론적 체제에 비해 문학교육의 기본성격에 상당한 변화를 추구한 것으로 볼 수 있다.

주제론적 구성체제의 입장에 서면 문학교육의 내용 영역은 드라마나 소설, 수필, 전기 등 특정 장르의 비중이 다소 불균형할 정도로 강화될 수 있다. 특히 문학텍스트와 문화, 사회, 정치, 역사 등 현실의 제반영역과의 상관성이 강조된다. 또한 학습행동 차원에서는, 장르 일반에 대한 기초지식을 토대로 문학을 인간 삶의 장에 전이하여 적용하는 능력을 강조하게 되며, 텍스트 분석에 많은 노력을 기울이게 한다. 또한 주제론적 구성체제는 텍스트 중심의 가치지향적 교육과 연관되기 때문에 문학 외적 이데올로기와 무관할 수 없다. 이념적 자아를 확장해 주기 위한 문학교육에 주제론적 문학교육과정이 유효한 국면을 보여주는 것은 바로 이 때문이다.

---

13) E. Steinberg, R. C. Slack, B. W. Cottrell, L. Joseph, A *Senior High School Curriculum in English for able College-bound Student*, Alan C. Purves, 위의 책 참조.

(3) 태도적 접근에 의한 구성체제

태도적 접근에 의해 문학교육과정을 구성하는 의도는, 문학수용자인 학생들에게 작품수용의 객관적 기준(norm)을 강요하지 않고 그들 자신의 삶의 상황이나 실제적 체험의 내용과 관련시켜 문학 텍스트를 자유롭게 수용하여, 문학과 문학세계에 대한 자발적이고도 적극적인 태도의 변화를 구하려는 데 있다. 이 경우 수용자인 학생들이 텍스트를 해석하는 과정은 수용자의 자발적 감응(自發的 感應)을 전제로 수용자 고유의 해석과 가치화를 상당히 강조하는 방향으로 문학교육 커리큘럼을 추구한다.

우화로부터 도덕성의 교훈을 교조적으로 주입하는 방식이 전통적인 주제론적 문학교육의 원형이라면, 텍스트를 수용자 중심으로 의미화하는 문학교육으로 가려고 한다는 점에서 주제론적 지향과 차이를 가진다. 텍스트 속의 인물을 실재 인물로 상정하고 인물에 대한 판단을 스스로 해내며, 수용자 자신을 작품상황에 대치하여 감상함으로써 문학적 사고와 내면화를 추구한다. 그러한 사고와 내면화 과정 모두가 어떤 '태도상의 성장'과 연관이 있다고 보는 관점이 내재해 있다. 이렇게 함으로써 수용자의 삶의 공간과 텍스트 공간이 왕성한 상호교섭을 하여 수용자의 태도를 고양하는 경지에 이른다고 보는 것이다.

또 단순한 작품의 내용을 규범적 해석에 의존함으로써 수용 주체가 경직되게 놓이는 문학교육보다는, 학습자가 문학을 읽고 그것이 자기의 삶에 관련되는 의미를 스스로 획득하게 하는 문학교육을 이상적으로 본다는 것이다. 그리하여 문학 자체에 대한 태도변화는 물론이고 문학을 통해서 인식의 변화를 얻게 되는 경지를 지향한다. 이는 어찌보면 태도를 통해, 인격의 총체가 고양되는 것을 문학교육의 본질로 보는 것으로서, 문학교육의 이상적 경지인지도 모른다. 그러나 이는 달리보면 태도 성장의 수단으로 문학을 다루는 관점이 들어있기도 하다. 이는 문학의 존재론이나 가치론을 논하는 장면에서 자주 등장하는 문제이고, 미학의 중심 과제이기도 하다.

태도적 접근에 의해 문학교육 교육과정을 구안할 경우 그 내용영역은 소설이나 드라마 장르의 텍스트가 중시되며, 그밖의 장르들은 상대적으로 배제될 가능성이 높다. 또 인문적 지식 그 자체의 가치를 담고 있는 것들, 예를 들어 문학사적 연속성과 관련한 교육내용 등은 이런 교육과정 구성 체제에서는 상대적으로 소홀해지기 쉬운 면이 있다. 수용자의 삶과 대응되는 일차적 효과를 위해서 고전문학 텍스트보다는 지금 당대의 문학텍스트를 상대적으로 더 많이 고려할 가능성이 높다. 또 학습행동차원에서는 문학지식이나 용어를 알고 이를 텍스트 속에서 적용하는 기초적 학습활동은 중시되지 아니하거나 배제되기 쉽다.

태도적 접근방식에 의한 문학교육과정의 설계는 수용미학이론에서 말하는 수용자 중심의 문학이론과도 일맥상통한다. 문학교육의 작용을 어떻게 보느냐에 따라서 앞으로의 문학교육에 중요한 모습으로 부각되고 있다. 그러나 태도적 접근에 의한 문학교육과정은 교육의 내용 자체를 문제삼는 것이라기보다 오히려 문학교육의 방법면에 전환을 요구하는 측면이 더 강하다고 할 수 있다.

(4) 문학교육과정의 지속과 변화

앞에서 살펴본 문학교육과정의 구성체제들은 논의를 명료하게 드러내기 위해 문학교육과정 구성에 대한 특정의 인식과 성향을 각기 구분해 보인 것이라 할 수 있다. 여기에서 언급하지는 못했지만, 지배이데올로기를 비판적으로 인식하고 세계관을 학습하는 것으로 문학교육과정을 보려는 이른바 비판론적 성향, 현재의 학교 체제에 대한 강력한 대안으로서의 자유주의적 진보관을 담고 있는 교육과정 철학 등이 있다. 그러나 현실적으로 존재하는 문학교육과정은 이들 여러 개의 성향을 전체로서 포괄하고 절충한다. 그 포괄과 절충은 문학교육과정을 만들어 내는 우리의 사회적, 이념적, 문화적 구조라고 보아야 할 것이다.

결국 현실의 문학교육과정은 이들 각 성향의 문학교육과정 패러다임들간의 힘과 균형에 의한 타협으로 나타난 결과이다. 문학교육과정 구성과 관련한 각각의 패러다임은 문학교육 실천의 한 과정에서 의도적인 프로그램으로 조직됨으로써 그리고 일정한 성과를 얻음으로써 전체로서의 문학교육과정에 영향을 미치고 또 받는다. 그리하여 문학교육과정에 영향을 주고 변화를 주고자 하는 패러다임들 간의 상호교섭이 왕성하게 될 때, 현실의 문학교육과정이 질적인 변화를 서서히 일으키게 되고, 새로운 문학교육과정에 대한 내적인 요구를 점점 집적시켜 나가게 되는 것이다.[14)]

이러한 변화를 짧지만 우리의 문학교육과정사에서 일별해 보기로 하자. 문제의 초점을 명료하게 보기 위해서는 고등학교 '문학' 과목의 교육과정을 중심으로 살펴본다.

독자적인 교육과정 및 독립된 과목으로 '문학'이 자리잡은 것은 4차 교육과정기(1982-1989)였다. 4차 교육과정에서 '현대문학'과 '고전문학' 과목의 교육과정이 신비평과 구조주의에 토대를 둔 내용중심으로 드러난 것이 장르론적 접근과 연대기적 접근으로 일관된 내용들이었다. 문학텍스트의 이해와 감상이란 것은 지도상의 유의점에서만 고립적으로 드러나고 있을 뿐이다. 또 4차 교육과정은 '내용'에 있어서 지나치게 상세화되어 있어 그것 자체가 '문학' 또는 '문학교육'의 작용태적 속성을 살리지 못하게 하는 점이 있었다.

이러한 점을 비판하는 관점에서 5차 문학교육과정이 설계되었다. 5차 교육과정의 '문학'이 문학현상에 관심을 가지고 개방적 구조를 지향한 것은 진일보한 설계였다. 문학교육의 이념적 작용을 공인하는 대표적인 사례로 '총체성'이란 용어가 문학교육과정상에 반영된 것도 의미있는 일이었다. 이처럼 문학교육과정의 경우는 내용과 방법의 상세화가 반드시 바람직하지만은 아니하다는 교육과정론적 각성을 해나가면서, 그러한 유형의 전통을 새롭게 쌓아가는 모습을 보여 준다.

6차 문학교육과정의 경우는 주제론적 접근과 태도론적 접근을 효과적으로 배합하는 쪽으로 노력한 모습이 보인다. 또 장르나 문학사에 대한 학습도 교조적이고 주입적인 방법을 개선하려는 노력을 보이고 있다. 수용자 변인을 상당 부분 강조한 것이라든지, 세계문학의 개념을 보다 유연하게 수용하고 있다든지 하는 것이 그 예에 해당한다. 그러나 여전히 형식주의 미학에 근거를 두

---

14) 실제로 Alan C. Purves의 논문에서도 장르적 접근에 의한 커리큘럼은 10학년 과정에 적용하고 주제론적 접근에 의한 커리큘럼은 11학년 과정에 부과하는 것으로 계획하고 있다.

고, 구조주의적인 문학관과 연대기적 체제에 의거해서 교육 내용을 조직하는 방식에서 벗어나는 획기적인 변화를 보여주지는 못한다.

7차 문학교육과정은 문학현상의 구체적 작용에 대한 이해를 문학교육의 주요 내용으로 하려는 노력을 일층 강화하였다. 문학 활동의 실제성과 통합성을 강조하기 위해 '문학의 수용과 창작'이라는 내용 범주를 고려하였으며, 문학 환경에 대한 관심을 강조하였다. 이와 관련하여 문학의 문화적 작용 및 문학과 문화의 관련성을 문학교육의 주요 내용으로 고려하였다. 적어도 교육과정 개정의 발상 차원에서는 '형식주의 미학에 근거를 두고, 구조주의적인 문학관과 연대기적 체제'에 순응하는 문학교육에서 일대 변화를 구하려 하였다. 아울러 문학의 창작과 수용을 동시에 고려함으로써 문학교육의 총체성에 접근할 수 있게 한 것은 문학의 본질에 다가가는 문학교육과정이라는 의미를 지닌다.[15)]

2011 개정 교육과정은 2009년부터 개정 작업을 거쳐 2011년에 고시된 교육과정이다. 7차 교육과정기까지는 문학교육의 내용으로 '문학현상'을 주목하는 경향이 일반적이었지만 2011년 개정 문학교육과정은 학습자의 문학 활동을 보다 강조하면서 '문학의 수용과 생산'을 핵심적인 교육 내용으로 제시했다. 문학 작품이 내용과 형식으로 짜인 언어 예술이라는 점을 전제로 한 뒤 문학의 수용과 생산 활동은 주제적 내용과 언어적 표현의 긴밀한 연관성을 고려하는 방향에서 이루어지도록 했다. 그리고 문학 작품이 소통되는 다양한 매체를 고려하여 지도하도록 한 것도 눈에 띈다. 이 교육과정은 학습자의 심미적 체험은 문학 작품의 내용뿐 아니라 전달 매체의 특성도 함께 고려해야 한다고 강조한다. 이는 다매체 시대의 특성을 반영하는 방향으로 문학교육이 이루어지도록 한 조치이다.

2015년 교육과정에서 문학교육은 다음과 같은 교육과정 내용 체계를 구축하여 제시한다. 교육부에서 고시한 내용에 포함된 내용체계[16)]는 다음과 같이 되어 있다.

---

15) 한국교육개발원 교육과정개정연구위원회, 제7차 국어과 교육과정 개발 연구, 연구보고 CR 97-23, 1997.

16) 교육부, 국어과 교육과정, 고시 제2015-74호, p.124.

〈2015년 문학교육과정 내용체계〉

영역	핵심 개념	일반화된 지식	내용 요소	기능
문학의 본질	• 언어 예술 • 진 · 선 · 미	• 문학은 언어를 매재로 한 예술로서 인식적 · 윤리적 · 미적 기능이 있다.	• 인간과 세계의 이해 • 삶의 의미 성찰 • 정서적 · 미적 고양	• 작품 선택하기 • 맥락 이해하기 • 몰입하기 • 보조 · 참고 자료 활용하기 • 이해 · 해석하기 • 감상 · 비평하기 • 성찰 · 향유하기 • 모방 · 개작 · 변용하기 • 창작하기 • 공유 · 소통하기 • 점검 · 조정하기
문학의 수용과 생산	• 문학 능력 • 문학문화 • 작가와 독자 • 작품의 내재적 · 외재적 요소 • 문학의 확장	• 문학 활동은 다양한 맥락에서 작품을 수용 · 생산하며 문학문화를 향유하는 행위이다.	• 작품의 내용과 형식 • 작품의 맥락 • 문학과 인접 분야 • 작품의 수용과 소통 • 작품의 재구성과 창작 • 문학과 매체	
한국 문학의 성격과 역사	• 한국 문학 • 문학사와 역사적 갈래 • 문학과 사회 · 문화	• 한국 문학은 공동체의 삶과 시대 상황을 담고 있는 민족 문화이다.	• 개념과 범위 • 전통과 특질 • 갈래별 전개와 구현 양상 • 문학과 시대 상황 • 한국 문학과 외국 문학 • 한국 문학의 발전상	
문학에 대한 태도	• 자아 성찰 • 타자의 이해와 소통 • 문학의 생활화	• 문학을 통해 삶의 다양한 문제의식을 타인과 공유하고 소통할 때 문학 능력이 효과적으로 신장된다.	• 자아 성찰, 타자 이해 • 공동체의 문화 발전	

2015년 교육과정의 문학 과목의 내용 영역은 '문학의 본질', '문학의 수용과 생산', '한국문학의 성격과 역사', '문학에 대한 태도' 등으로 구성되었다. 그리고 각 영역은 '핵심 개념', '일반화된 지식', '내용 요소', '기능' 등으로 나누어 세부 내용을 제시한다. 2015년 문학교육과정의 네 영역을 차례로 살펴본다.

첫째, '문학의 본질'은 '언어 예술'과 '진 · 선 · 미'를 핵심 개념으로 한다. 또한 '문학은 언어를 매재로 한 예술로서 인식적 · 윤리적 · 미적 기능이 있다.'를 일반화된 지식으로 규정하고, 이에 대한 내용 요소로 '인간과 세계의 이해, 삶의 의미 성찰, 정서적 · 미적 고양'을 제시한다. 이처럼 2015년 교육과정은 이전에 비해 문학의 기능과 가치에 대한 이해를 특별히 강조하는데, 이는 학습자들에게 문학의 본질을 심도 있게 이해하고 문학을 자발적으로 향유할 수 있는 기반을 마련해 주려는 의지를 표명한 것이라 여겨진다. 다만 문학의 기능과 가치에 대한 이해가 구체적으로 내용체계의 '기능'의 각 활동과 어떻게 연결되는가 하는 부분은 여전히 문제로 남는다.

둘째, '문학의 수용과 생산'은 '문학 능력', '문학문화', '작가와 독자', '작품의 내재적 · 외재적 요소', '문학의 확장' 등을 핵심 개념으로 한다. 또한 '문학 활동은 다양한 맥락에서 작품을 수용 · 생산하며 문학문화를 향유하는 행위이다.'를 일반화된 지식으로 규정하고, 이에 대한 내용 요소로 '작품의 내용과 형식, 작품의 맥락, 문학과 인접 분야, 작품의 수용과 소통, 작품의 재구성과 창작, 문학과 매체'을 제시한다. 이전 교육과정과는 달리 '문학문화'와 '문학의 확장'이라는 개념, 그리고 '수용과 소통', '재구성과 창작'이라는 지식 등이 새로 추가되는 것으로 보아 작품의 문화적 수용과 생산의 실천적 국면을 강화한다는 점을 알 수 있다.

셋째, '한국 문학의 성격과 역사'는 '한국 문학', '문학사와 역사적 갈래', '문학과 사회 · 문화' 등을 핵심 개념으로 한다. 또한 '한국 문학은 공동체의 삶과 시대 상황을 담고 있는 민족 문화'를 일반화된 지식으로 규정하고, 이에 대한 내용 요소로 '개념과 범위, 전통과 특질, 갈래별 전개와 구현 양상, 문학과 시대 상황, 한국 문학과 외국 문학, 한국 문학의 발전상'을 제시한다. 이전 교육과정의 '한국 문학의 범위'는 '한국 문학의 성격'으로 바뀌었다. 이는 다양한 한국 문학의 주체나 시공간의 문제를 명확히 규정짓는 것이 어려울 뿐만 아니라 그렇게 하더라도 교육적인 가치와 효용 면에서 더 많은 것을 기대하기 힘들다는 판단 때문인 것으로 보인다. '범위' 대신 '성격'이라고 할 경우 '한국 문학'의 경계나 한계보다는 '한국 문학'이라는 현상의 본질적인 측면을 더 강조하기 때문에 광범위한 한국 문학을 다양한 관점에서 포용할 수 있는 장점을 지닌다.

넷째, '문학에 대한 태도'는 '자아 성찰', '타자의 이해와 소통', '문학의 생활화' 등을 핵심 개념으로 한다. 또한 '문학을 통해 삶의 다양한 문제의식을 타인과 공유하고 소통할 때 문학 능력이 효과적으로 신장된다'는 점을 일반화된 지식으로 규정하고, 이에 대한 내용 요소로 '자아 성찰/타자 이해, 공동체의 문화 발전'을 제시한다. 이전 교육과정에서 볼 수 없었던 '타자 이해'가 추가되었다. 이는 문학을 통해 자아뿐만 아니라 타자에 대한 이해 과정을 거쳐야 진정으로 공동체 문화의 수용이 가능하다는 것을 말한다.

2015년 문학교육과정은 이전과는 다르게 '기능' 항목을 추가해 영역별 핵심 개념과 일반화된 지식, 그리고 내용 요소의 통합적 작용을 강조한다. 즉 상황에 따라 기능과 전략을 융통성 있게 선택하도록 되어 있다. 특히 '작품 선택하기, 맥락 이해하기, 보조·참조 자료 활용하기' 등을 제시함으로써 맥락에 따라 작품을 해석하고, 상호텍스트성을 고려한 작품의 심층적 수용을 강화한다. 그리고 '문학' 과목 내, '문학'과 국어과의 다른 과목 간, '문학'과 다른 교과 간, '문학'과 비교과 활동 및 학교 밖 생활과의 통합을 명시함으로써 이전 교육과정에 비해 '통합성'을 좀 더 강화한다. 따라서 '문학'은 공통 교육과정·선택 중심 교육과정(공통과목)으로서 '국어' 과목뿐만 아니라 선택 중심 교육과정의 일반 선택 과목인 '화법과 작문', '독서', '언어와 매체' 등의 과목, 그리고 선택 중심 교육과정의 진로 선택 과목인 '실용 국어', '심화 국어', '고전 읽기' 등의 과목과 연계하여 통합성을 구현할 수 있도록 구성했다.

한국의 문학교육이 새로운 21세기를 맞아 오늘의 문학교육과정으로 발전해 오는 과정에서 교육과정 내용구성에 대한 철학과 방식도 점진적으로 변신을 겪었다. 앞서 살펴본 대로 7차 교육과정기까지는 문학교육의 내용으로 '문학 현상'을 주목하는 경향이 일반화되어 있는 모습을 확인할 수 있었다. 그러나 2011년 개정 문학교육과정 이후 '문학의 수용과 생산'을 위한 다양한 방법을 제시한다. 2011년 개정 문학교육과정이 문학의 '수용'에 중점을 두었다면 2015년 문학교육과정은 문학문화를 향유하는 행위로서 작품의 수용뿐만 아니라 창조적 재구성도 함께 강조한다. 또한 교육과정은 주체적 관점에서 작품을 창작하는 능력을 기를 수 있는 방법을 제시하는데, 이는 기초적인 문학 생산 능력뿐만 아니라 문학적 표현의 동기를 신장하는 것도 중요한 목표로 삼는다는 것을 말해준다.

문학현상의 개념과 실체를 교육과정 내용체계로 구체화하기 위해서는 더 많은 연구와 노력이 있어야 한다. 여기에는 문학현상 개념을 더욱 교육과정론적으로 재개념화하는 노력이 있어야 하며, 문학현상의 차원에 구체적인 문학 텍스트가 어떻게 존재하고 작용하는지에 대한 텍스트 차원의 탐색과 정립이 요청된다. 또한 학습자의 텍스트 수용과 생산 능력이 문학에 대한 태도와는 어떻게 관련되며, 그것을 구체화할 수 있는 실천적인 방법을 모색하는 일도 필요하다. 이러한 노력이 지속될 때 문학교육과정은 보다 진일보한 모습으로 개발될 것으로 기대된다.

4. 문학교육과정 운영의 실제

문학교육과정은 그 설계와 개발 못지않게 실제 운영과정이 중요하다. 아무리 좋은 커리큘럼이라도 실제의 운영에서 효과를 얻지 못하면 그것은 실패한 교육과정이기 때문이다. 문학교육과정 운영의 실제와 관련하여 유념해야 할 것들을 제시해 보이면 다음과 같다.

첫째, 문학연구의 성과나 경향들, 또는 문학연구의 방법들을 문학교육의 장(場)에서 어떻게 수용해야 할 것인지에 대해서 생각해 보아야 한다. 모든 연구 내용은 학문 그 자체로서는 제각기의 무게나 위치를 차지하지만, 그것이 교육의 장으로 들어올 때는 일정한 재개념화의 원리 속에 수렴되어야 하는 것이다. 즉, 문학연구의 방법이나 성과를 어떤 기준과 범위 내에서 문학교육의 내용과 방법으로 가져 올 것인지를 살펴야 한다. 물론 문서로 공식화된 문학교육과정이 어떤 일정한 범위와 계열을 시사하겠지만, 결국 이를 탄력성 있게 운영하는 교사의 교육과정 실천 기술이 중요한 것이다. 이것이 훌륭하게 연마되어 있는 문학교사는 공식화된 문학교육과정을 교실 상황에서 창조적으로 재구성하고, 문학수업의 역동성을 기할 수 있기 때문이다.

둘째, 문학교육에서의 '지식의 구조를 파악하는 문제이다. 일찍이 브루너는 교과(教科)를 곧 '지식의 구조'로 설명하였고, 교과 중심의 교육과정 전통이 강한 우리나라에서는 이러한 일반론에 의거하여 교과의 보편 원리를 접근하고 교수·학습의 방법을 논구하기도 하였다. 그런데 문학교육에서는 그 교과 내용을 '작용태로서의 문학현상'으로 보려고 한다. 이럴 경우 문학 교과에서의 '지식의 구조'란 타교과의 그것처럼 그렇게 명료하지는 않다는 것이다.

다만 문학 텍스트의 수용과정에서 '지식의 구조'와 유사한 학습 패턴을 유추해 볼 수 있는 가능성은 없겠는가 하는 문제를 제기해 본다. 즉, 성숙된 독서 역량을 가진 이상적 수준의 독자—이를테면 비평가—가 문학 텍스트를 읽고 그것의 미적, 정서적, 이상적 가치를 수용하는 일련의 과정을 학생들도 그와 마찬가지로 어떤 이상적 패턴으로 경험할 수 있도록 학습의 과정을 조직해 줄 수 있도록 하는 가능성은 계속 탐구해 볼 문제이다. 만약 이것이 가능하다면 어떤 조건에서 어떤 수준으로 가능할 것인가에 대한 점이 꾸준히 검토되어야 한다. 실제적 유용성과 관련해서 볼 때 문학 전반을 통괄할 수 있는 지식의 구조는 사실상 곤란할 것으로 보인다. 왜냐하면 문학에서는 장르 그 자체가 사물과 세계를 문학적 방식으로 인식하는 독특한 구조를 나타내 보이는 것이기 때문이다. 그렇다면 장르마다 다르게 상정될 수 있는 지식의 구조를 구체화해 보는 과제가 남는다. 이는 문학의 기초이론이나 용어에 대한 지식들을 잘 위계화하고 구조화하여 각 장르별 문학을 학습하는 데에 유기적으로 연계시킴으로써 장르 학습의 원리를 개발하는 것과 밀접한 관련을 가진다. 이러한 노력들은 모두 문학교육과정의 실제적 운영에 정교화를 기하는 것들이라 할 수 있다.

셋째로는 문학교육과정 운영에서 평가에 관한 문제이다. 문학교육에서의 평가체제는 문학의 본질과 호응하는 평가철학을 요한다. 그간에 학교 교육평가의 주류를 이루어 온 공학적 체제(engineering system)의 교육관에서 비롯되는 관리지향적 평가, 계량적 평가, 객관도 우선의 평가, 등급 매기기의 평가 등으로부터 과감한 탈출을 해야 한다. 이 점이 현장에서 실제로 개선되지 아니하면 좋은 문학교육과정의 운영은 기대하기 어렵다. 최근 질적 평가, 포트폴리오 평가, 수행평가 등 학생 개개인의 실질적 수행을 중시하고 인간 이해를 목표로 하는 평가들이 문학교육과정 운영의 중심에 놓여야 한다.

넷째로는 문학교육에서 수용자인 학생들의 문학수용을 효과적으로 돕기 위해서, 또 수용자의 삶의 체험과 문학 체험의 상승적 대응과 발전을 기하기 위해서 문학교육은 개별화학습(個別化學習)의 방법과 원리들을 원용해야 할 것이다. 문학교육에서 기대할 수 있는 개별화학습의 조건과 가능성은 목표와 상황에 따른 다양한 프로그램 개발 여부에 달려 있다. 문학교육에서 개별화학습의 필요성을 인정하고 개별화학습의 조건을 검토하는 것은 결국 '지금 여기'(here and now)의 정신을 강조하는 것이라 할 수 있다. 그런 점에서 개별화 지향은 문학교육과정 운영 실제의 매우 중요한 과제이고, 그 가능성을 살피고 개선하는 것은 현실적인 문학교육여건을 개선해 나가는 과제에 해당된다.

끝으로 우리 문학교육과정이 지니고 있는 운영 실제상의 과제 중에 문학교육에서 창작지도를 어떻게 다루어야 할 것인지 하는 문제가 있다. 6차 교육과정기까지의 문학교육과정은 문학교육 운영을 '작품의 이해와 감상'으로 국한시키는 모습을 보였다. 창작 교육의 일부 파행상과 더불어 학생들 모두가 전문창작인이 되기를 기대하는 것은 아니라는 이유에서 그렇게 제한을 했던 것이다. 7차 교육과정에서는 이 문제를 무어라고 제한하기보다는 좀더 개방적으로 다루는 방향을 취하고 있다. 2007년 개정 교육과정에서는 창작교육의 개념을 더욱 효과적으로 확충하여 '문학의 생산'이라는 개념을 사용하고 있다. 2011년 문학교육과정에서도 '작품을 재구성하거나 창작'하는 활동을 제시한다. 하지만 '재구성'과 '창작'을 명확히 구분하지도 않았고, 그 구체적인 방법도 제시하지 않아 선언적 수준에 그치는 것 같다. 2015년 문학교육과정에서도 문학의 생산 활동을 제시하는데, 특히 창작에서 학습자의 '주체적인 관점'을 강조한다. 이것이 실천교육(Pedagogical)의 위상을 지닐 수 있도록 문학교육현장의 노력이 요청된다. 전문작가가 되고 안 되고와 상관없이 학생들의 문학 생산 욕구 발생은 문학교육 운영의 자연스런 귀결점이다.

문학생산 욕구란 탁월한 문예 감수성을 전제로 하는 것이 아니라, 문학을 배우는 학생 집단의 일반적인 표현 욕구에 해당하는 것이다. 또 그 표현활동은 꼭 시나 소설을 짓는 것으로 한정되는 것도 아니다. 단순한 감상이나 간략한 평문을 쓰는 경우도 주체의 언어적 수행이라는 점에서 문학생산에 해당된다. 보통교육에서 발달기 학생들의 창작 욕구는 일반 교양을 추구하는 것과 크게 다르지 않다. 그리고 교육과정 운영에서 문학생산 지도를 의도하지 않았다 하더라도, 학생들에게서 문학생산물이 나왔을 때, 그에 부응하는 지도가 있어야 함이 당연하다. 문학교육과정 운영에서 생산 지도는 닫혀진 상태가 아니라 열린 상태로 두어야 한다. 그렇게 함으로써 생산 지도의 의의와 한계, 작문 과목과의 상호보완성 등이 더욱 구체적인 의미를 가지게 되며, 이는 모두 문학교육과정 운영의 내실을 도울 수 있는 실천 통로로 작용하게 된다.

그런 점에서 본다면 2015년 문학교육과정은 이전 교육과정과는 다르게 매체의 변화에 따른 문학의 확장성을 염두에 두고 다양한 생산 활동을 강조하지만 여전히 문학 생산의 본질에 충실한 성취기준을 제시하지 않은 느낌이 든다. 이는 교육과정 운영의 실제 현장에서 보완되어야 할 사항이다.

Ⅱ ▸▸ 문학교육의 교수·학습자료

1. 문학교육의 교재관

문학교재는 의도적 또는 잠재적으로 이루어지는 문학교육활동의 모든 상에서, 문학현상을 온전히 이해하고 동시에 문학현상에 참여할 수 있는 주체를 기르기 위해 효과적으로 작용할 수 있는 모든 형태의 매재이다.17) 이러한 정의에 따르면 문학교재의 범주는 상당히 넓어진다. ① 자료(material)로서의 교재 층위, ② 문학 텍스트로서의 교재 층위, ③ 단원(unit)으로서의 교재 층위로 구분될 수 있기 때문이다. 우리가 학교교육의 통념상 문학교과서를 문학교재로 보는 것은 ③의 경우에 해당한다. 문학교재를 교과서나 문학 작품에 국한하지 않고 확장적으로 보려는 발상은 문학교육의 내용과 방법을 확충하고

---

17) 문학교재의 개념에 대해서는 박인기, 「문학교과 교재론의 이론적 접근과 방향」(『운당 구인환선생화갑기념논문집』, 한샘, 1989)을 참조할 것.

개선할 수 있게 한다는 점에서 필요하다.

문학교재는 교육과정과의 관련에서 보면 문학교육과정을 실현하는 수단적 자료이며 도구이다. 교수학습자료를 교과서, 보조교과서, 목표별 프로그램자료 등으로 범위를 정할 경우 교과서에 싣는 문학텍스트는 자연 상태의 텍스트와는 존재 방식에서 차이를 가진다. 교육이 요구하는 제약과 변형을 거쳐서 교과서에 단원화되기 때문이다.

다양한 배경 맥락을 지닌 문학교재의 중심이 되는 현상적 실체는 무엇이라고 해야 할까? 그것은 아무래도 문학텍스트일 것이다. 그러니까 문학교육은 문학텍스트를 사이에 두고 문학교사와 학습자가 이루는 상호작용이다. 그러한 의미에서 문학교육의 교재는 일차적으로는 문학텍스트가 된다. 문학교육의 장에서, 교과서 제재로 등장하는 문학텍스트는 문학교육과정의 여러 조건과 지향에 따라 단원화된 것이다. 우선 교육이념에 따라 문학교재의 기본 성격이 결정되고, 문학교육과정상의 목표에 영향을 받아 일정한 방향으로 작품들이 선정되게 마련이다. 문학교육의 교재는 이미 그 것을 산출한 사회 · 문화 공동체의 어떤 지향과 밀접한 연관을 가진다는 것이다. 바람직하기로는 양자의 부단한 상호교섭과 합의에 의해 문학교재가 정립되는 것이다. 그러나 그러한 사회 · 문화 공동체를 지배하는 이데올로기로부터 자유로울 수 없다는 데에 우리의 비판적 안목이 꾸준히 요구되는 것이다. 문학교육 운영의 기본 질료가 이른바 정전으로 일컬어지는 문학텍스트이기 때문이다. 이렇게 보면 문학교재는 단순히 수업 운영의 미시적 자료에 그치는 것이 아니라, 문학교육이 현실의 정치 · 사회적 이데올로기와 상호작용하는 것임을 알 수 있게 해 준다.[18)]

이런 관점에서 보면 문학교육의 교재를 국정이나 검인정의 교과서로만 그 범위를 한정하는 것에서 다소 유연해질 필요가 있다. 앞에서 우리는 문학교육의 범위를 형식적인 교육과 비형식적인 교육을 함께 포괄하는 것으로 설정한 바 있다. 이러한 관점에서라면 문학교육의 교재도 고정된 교과서 개념에서 벗

---

18) 정재찬은 「현대시 교육의 지배적 담론에 관한 연구」(서울대학교 박사학위 논문, 1996)에서 우리 시교육의 정전화의 과정에 작용하는 지배 이데올로기의 양상을 분석함으로써 문학교육의 교재론이 정치 · 사회학의 거시 수준에서 조명될 수 있음을 보여 주었다.

어날 필요가 있는 것이다. 넓은 의미의 문학교육을 위한 교육자료는 그 범위가 보다 확대되어도 좋을 것이다. 이는 수용자 또는 인지 주체의 이해 및 감상 능력 역동화, 개별화에 초점을 두는 '열린 교재관'[19]과도 부합되는 것이다.

문학 의식 혹은 문학 장르의식은 자유로움을 그 기본적인 속성으로 한다. 장르의 변화를 보면 한 시대에 주도적인 장르이던 것이 다음 시대에는 주변적인 장르로 물러나기도 하고 새로운 장르가 생겨나기도 한다.[20] 그러한 변이를 고려할 경우, 문학의 개념은 열려있다는 것을 알 수 있다. 문학의 개념이 유동적이고 열려있기에 문학교육의 교재 또한 그 유동적이고 열려있는 정신의 본질을 살려나가는 것이 바람직하다. 교조적(敎條的)인 교과서관으로 문학 교재를 규정하는 풍토는 극복되어야 할 것이다. 문학 교재를 현재와 같은 교과서로 묶음으로 인하여 문학에 대한 인식의 범위를 한정하는 것은 문학의 다양한 양상을 보기 어렵게 한다는 일부의 주장에도 그 나름의 이유가 있다.[21] 이는 교과서에 실린 작품들이 무수히 많은 교과서 밖의 문학텍스트를 이해하는 데 필요한 선지식(先知識)을 만들어 주는데 그 범위나 특징이 한정되기 때문이다.

문학교육의 교재를 폭넓은 관점에서 보아야 할 필요는 문학의 전달 통로가 다양하다는 데서도 찾을 수 있다. 문학텍스트는 교과서로만 주어지는 것은 아니다. 학습자들 스스로 문학텍스트를 택해 읽기도 하고 문학텍스트에 대한 각종의 평론이나 해제(解題)를 본래의 문학텍스트보다 먼저 읽는 경우도 있다. 문학텍스트의 수용양태가 일정한 것이 아니라 매우 다양하다는 것이 문학의 특징이라고 할 수 있다. 이런 현상 때문에도 문학교육의 교재를 교과서로 한정하려는 고정 관념은 극복되어야 한다. 문학교육의 교재는 그 전달의 다양한

19) 김창원, 「국어과 교재 체제」, 최현섭 외, 『국어교육학개론』(삼지원, 1996), p. 98 참조.

20) Dmitrij Cizevskij, *Comparative history of Slavic literatures*(Vanderbilt University Press, 1971) : 최선 역, 『슬라브문학사』(민음사, 1984), 여기서는 문학사(文學史)를 양식사로 보고 시대별 특정양식의 대두와 교체, 그리고 전이단계의 양식에 대한 검토를 하고 있다(제1장 참조). 양식의 대체(substitution)에 의한 문학사구성(文學史構成)에 대해서는 일찍이 티니아노프(J. Tynianov)에 의해 방법론으로 언급된 바 있다(Tzvetan Todorov, *Mikhail Bakhtine : le principe dialogique*(Paris : Seuil, 1981 : 김치수 역, 『러시아 형식주의』(이대출판부, 1981) 제5장 "문학의 발전에 관하여" 참조).

21) 송무, 「문학교육과 정전 논의」(『문학교육학』 창간호, 1997 가을), p. 313.

통로를 고려하여 그 다양함이 모두 교육적 의미를 발휘하는 데 기여할 수 있도록 하는 것이 바람직하다. 문학의 전달 통로 또는 소통 통로는 우리 생활 주변의 매체 환경이 매우 급속도로 바뀌어 감에 따라 매우 다양화, 역동화되고 있다. 멀티미디어 시스템 등의 첨단 과학 기술에 의한 소통 통로의 질적인 변화가 일어남에 따라 이것이 문학 현상의 본질 측면에까지 영향을 줄 수 있게 된 것이다.[22)]

문학교육의 교재를 넓은 범위에서 보아야 한다는 요청은 문학의 교육방법을 다양화하며 정교화하기 위하여 필요한 것이기도 하다. 문학교육의 교재를 명작을 중심으로 한정할 경우, 그것이 문학을 교조적으로 한정하는 결과를 가져오게 된다.[23)] 문학은 그것을 수용하는 개개인의 생체험(生體驗)의 양상에 따라 매우 다양한 의미 양태를 띤다. 그뿐 아니라, 작품의 특성에 따라 교육의 방법 또한 일정할 수 없는 것이다. 따라서 막연히 문학을 가르친다는 것보다는 문학교육에서 요청되는 주요 목표별 교수모형을 개발하여, 문학 일반의 교재가 아니라 전략화된 목표를 수행하기 위한 교재가 달리 필요한 것이다.

2. 문학 수용의 구조와 문학 교재

오늘날 문학의 일차적인 존재형태는 문자로 된 기록이라 할 수 있다. 물론 구비문학의 경우 구술되어 내려오면서 부동성(浮動性)을 띠기도 한다. 그러나 이제 순전히 구비에 의존하는 문학이 없다고 본다면 글로 기록된 문학은 문학 텍스트의 보편적 모습이라 할 수 있다. 글로 기록된 문학은 수용미학 이론에

---

22) 이에 대한 언급으로는 박인기 「매체환경과 독서」(『독서연구』 제2호, 1996)를 참조할 것. 문학의 전달통로(傳達通路)에 대해서는 문학사회학적 연구가 있어야 할 것이다. 문학의 독서대중이 문학을 수용하는 실질적인 통로에 대한 연구, 도서상, 출판인, 도서관 사서의 역할 등에 대한 연구가 필요할 것이다〔허창운, 『현대문예학개론』(서울대출판부, 1986), pp. 260~265〕.

23) 우리의 실정에서는 명작(名作)이 '서구의 위대한 작품'으로 한정되는 경향이 있어 우리 문학에 대한 수용상의 왜곡을 촉발할 수도 있다. 서구의 명작에 대해서는 문화론적(文化論的)인 검토가 있어야 할 것으로 생각된다.

따라 보다 정교한 개념을 적용할 경우, 텍스트와 작품으로 구분된다.

수용주의 미학에서는 글로 기록되어 객관적이고 물리적인 실체로 제시되는 언어 구조체를 '텍스트'(Text)라는 용어로 지칭한다. 텍스트라는 용어는 그 의미 내포가 상당히 폭넓다.[24] 문학텍스트를 독자가 읽고 그의 의식 내부에 형성되는 울림을 우리는 흔히 평범한 말로 감동이라고 한다. 그런데 이 감동이라는 것은 텍스트가 제시하는 객관적인 조건을 다 만족시킴으로써 일어나는 것은 아니다. 독자들의 창의적인 독서결과에 따라 문학텍스트는 독자의 수용 공간 속에서 어떤 변용을 겪게 된다. 그 변용의 양상을 포함하여 독자들이 이루는 창조의 몫을 작품(Work)이라고 한다.

문학텍스트는 문학교육의 매재(媒材) 역할을 한다. 같은 문학텍스트를 가지고 문학교육을 하더라도 교사의 텍스트 해석 방향이나 학생들의 수용경향 또는 학생들의 생체험에 따라 그 텍스트는 달리 해석될 수 있다. 이러한 해석을 입기 이전의 상태를 텍스트라고 한다. 문학교육은 텍스트에 대한 반응을 정상화하는 것이라고 규정해도 좋다. 정당한 방법으로 텍스트를 수용할 수 있게 도와주고 길잡이를 마련하는 계획, 실천, 평가의 과정이 문학교육이다. 이처럼 교사와 학생을 매개하는 매재로서, 텍스트는 문학교육의 중요한 과정변인(過程變因)으로 자리를 잡게 된다.

문학텍스트는 독자의 독서를 통하여 비로소 '작품(werk)'으로 구체화된다. 즉, 독자들이 그 문학텍스트에 대해서 처음에 형성되었던 의미의 기대를 책을 읽어나가는 과정 속에서 점점 넓히고 변전시키는 것이다. 이를 두고 수용미학론자들은 기대지평(Erwartungshorizont)의 전환이 일어나는 것이라고 말한다. 독자의 지평과 텍스트의 지평 사이에 지평의 융해가 일어나는 것, 이것이

---

24) '텍스트'라는 용어는 언어학(言語學), 기호학(記號學), 문예학(文藝學) 등에 두루 쓰이며, 영역에 따라 의미내포도 달리 규정된다. 가장 넓은 의미로는 문법(文法, grammar)을 내포한 대상을 지칭한다. 예컨대 소설에 반영된 사회를 지칭할 경우 소설외적인 텍스트라고 하는 경우가 그러한 예이다. 그리고 '원문'을 뜻하는 것이 일반적인 용법이다. 독자의 해석을 거치지 않은 대상을 지칭한다. 텍스트에 독자(讀者)의 해석(解釋)이 가미되어 구체화된 것을 작품(作品, das Werk)이라 한다. 자세한 것은(약간 특수한 관점이지만) Roland Barthes, "From Work to Text" Vosué V. Harari편, *Textual Strategies* (Cornell U. P., 1979)을 참조하기 바람.

바로 문학 읽기의 과정이며, 이 과정 속에는 텍스트에 대한 이해와 설명, 그리고 평가의 과정이 모두 포괄되는 것이다. 결국 텍스트의 구체화라는 것은 독자들의 작품에 대한 체험이라고 말할 수 있다. 그 체험은 독자가 기존에 가지고 있었던 의식과 정서에 변용을 가져오고, 그 결과 문학 능력과 더불어 문학을 보는 안목이 자라게 된다. 작품의 문학적 가치를 내면화하는 것도 거기서 이루어진다. 이는 문학교육의 목표에 해당하는 것이다.

그러므로 학습자들이 문학을 체험하는 결과는 텍스트가 아닌 '작품'이다. 이렇게 되면 '작품'이란 개념은 텍스트를 구체화하여 학습자들이 수용하는 것이 되며, 이를 문학교육의 한 목표에 해당하는 것이라고 설정해도 무방할 것이다. 이런 점에서 수용이론은 문학교육에 의미있게 호응되는 이론이라 할 수 있다.

또 문학교육의 교재는 문학에 대한 스키마(schema)를 형성시켜 주는 역할을 한다. 스키마는 인간이 가지고 있는 지식(경험)의 구조적 총체이다. 즉 인간이 지식(경험)을 얻고 유지하고 활용하는 메커니즘을 가시적 구조로 개념화한 것이다. 이 스키마는 어떤 텍스트를 해석하고 수용하는 데에 필요한 작용을 하는 사전지식(事前知識)의 구조체로서 역할을 한다.[25] 문학의 경우 일반 실용성의 글과는 달리 스키마의 양상은 해명하기 어려울 정도로 복잡하다. 문학은 논리와 함께 정서를 문제삼고, 대상을 상징으로 재현하는 일종의 메타진술이면서, 그 진술의 문법이 곧 형상화의 원리를 이루는 복잡다단한 것이기 때문이다. 그래서 문학 이해의 가장 유력한 스키마는 이전에 읽었던 문학 작품이 된다는 점은 중요한 문학교재론의 원리가 된다.

우리의 교과서 전통으로 보면 학습자들에게 교과서의 위력은 거의 절대적이라고 해도 좋을 것이다. 교과서를 통하여 배운 작품은 다른 작품을 이해하는 데에 하나의 준거를 이룬다. 그것은 학교에서 작품을 가르치는 방식이 규범적 해석에다 반복학습을 가미한 데에 원인이 있을 것이다. 또한 지적 · 정서적 감수성이 예민한 때에 학습한 교과서 작품들이기 때문에 오랜 잠복기를 거

25) 스키마의 개념에 대해서는 노명완, 「이해, 학습, 기억 : 독서과정에 관한 인지심리학적 연구분석」, 『국어교육론』(도서출판 한샘, 1988) 참조.

친다고 하더라도 쉬 감동이 약해지지 않는다. 이러한 점으로 미루어 학습자의 스키마로 작용하는 교과서 작품은 결과적으로 문학교육 효용상 전형성과 대표성을 띠게 된다.

3. 문학교재의 내용체계 구성원리

문학교재의 내용체계 구성은 원론적으로 이미 앞에서 말한 문학교육과정 내용구성과 궤를 같이하는 안목에서 보아야 한다. 교재나 교과서는 교육과정 구현의 수단적 장치라는 관점에서 그러하다. 그런 점에서 보면 내용체계 구성이 어떤 유형으로 가능한지에 대해서는 이미 언급이 된 셈이다. 그러나 여기서는 문학교재의 문학 내용 구성문제를 좀더 구체적으로 짚어보고, 문학교재와 학습자 관련 조건을 살펴보는 데 주안을 두고자 한다. 여기서의 교재 개념은 교과서 개념과 같은 것으로 사용하기로 한다.

앞에서도 말한 바이지만, 문학교육의 교재는 문학의 체계를 일차적으로 고려하지 않을 수 없다. 그것은 우리가 문학교육을 문학을 통한 논리나 윤리의 교육이 아니라 '문학의 교육'으로 규정하고, 문학에서 출발하여 문학의 속성으로 요구되는 요소들을 문학교육에 수렴시키고자 하는 의도에서 출발한 것이기 때문이다.

문학의 체계는 달리 문학의 구조라는 말로 설명이 가능할 것이다. 문학의 구조라는 말은 문학의 형식적인 조건만을 지칭하는 것은 아니다. 문학작품은 문학내적인 논리를 갖는 것은 물론 문학외적인 요소와의 상관관계 속에서 그 논리가 규정되는 것이다. 문학적인 실천이란 이 두 차원의 상호작용을 가리키는 것이다. 문학을 체계의 체계(system of systems)라고 하는 이유도 여기에 있다.[26] 이미지나 은유가 나타난다고 해서 모두 좋은 시가 되는 것은 아니다. 마찬가지로 소설 속의 인물이 독특하게 그려졌다고 해서 잘된 소설이 아닌 것이며, 플롯이 완벽하게 짜인 모든 소설이 소설의 모범은 아니다. 이들 요소들

26) R. Wellek & A. Warren, 앞의 책, p. 28.

사이에 상호관계를 맺으면서 구조를 형성하고 유기적인 성격을 띠면서 문학 전체는 '체계'를 이룬다. 문학 교재에는 이런 체계가 기본 토대로 상정된다. 그것은 문학 교재로서의 안정성을 확보해 주는 것이기도 하고, 문학교재의 보이지 아니하는 문학 정체성을 마련하는 것이기도 하다.

문학의 체계를 이해하는 방식 중의 하나는 장르의 체계를 고려하는 것이다. 문학이 체계를 이루어 존재한다는 것은 상식선의 이야기이다. 기본양식으로 크게는 서정과 서사, 그리고 극을 설정한다.[27] 이는 시간과 공간의 제약을 받지 않고 보편적으로 나타나는 언어적인 인간표현의 기본 구조이다. 이들은 지역과 시대에 따라 다른 양상을 보이면서 강화와 약화를 거듭하기도 하고 생성과 소멸을 하게 된다. 이러한 장르의 체계 속에서 개개의 작품은 자리를 잡는다. 문학교재에는 이런 장르체계가 반영된다.

문학교재의 내용체계 원리로서 문학의 장르론적인 체계가 하나의 준거로 적용될 수 있다. 주제론적인 내용체계 원리보다 장르론적인 원리를 앞세우는 것은 '문학성이 우선하는 문학교육'을 강조하는 우리들의 관점에 기인한다. 그러나 문학이 체험의 한 양상이라는 것을 고려하여 주제론적인 방법이 포괄되어야 한다.

문학의 교재를 개발함에 있어서 문학의 체계를 고려한다는 것은 장르의 공시적(共時的)인 차원에 한정되는 것은 아니다. 장르의 통시적(通時的)인 변이 또한 고려해야 한다. 이는 교재 내용체계를 문학사적인 관점으로 접근하게 하는 것이다. 문학교재에는 공시적이든 통시적이든 문학의 변화하는 유동적이고 개방적인 체계가 반영되어야 할 것이다. 이는 문학의 실상이기 때문이다.

다음으로 문학교재의 내용체계를 구성하는 데 관여하는 주요 변인으로 학습자 변인을 중시해야 한다. 우선 문학학습자들의 문학에 대한 전반적 감수성 체계를 고려해야 한다.[28] 이는 교육 일반의 원리이기도 하지만, 이러한 원리

---

27) 기본장르를 사분법(四分法)으로 설명할 경우 서정, 서사, 극, 교술(敎述, didactic)이 된다. 조동일, 『한국소설의 이론』(지식산업사, 1977), pp. 101～102 참조.

28) 학습자의 문학적인 감수성이 어떠한 단계를 거쳐 발달하는가 하는 데 대한 실증적 연구가 절실하다. 이는 교과서의 개발뿐만 아니라 평가(評價)를 위해서도 의의있는 작업이 될 것이다.

가 문학의 경우 그 중요도가 더한 것은 문학적인 감수성이 문학의 장르 및 주제와 일정한 대응을 이루어 발달하는 것이고, 그것은 일종의 유형론적 원리를 가능하게 하는 것이기 때문이다.

문학적 감수성의 발달이라는 측면과 아울러 문학교육의 사회·문화적 실태와 조건을 문학교재는 고려해야 한다. 일례로 일반 문학 출판에서 중등학교 학생들이 읽을 수 있는 작품들이 나오지 않는다는 것이 하나의 문제점으로 지적될 수 있다. 성인문학과 아동문학은 있지만 청소년문학은 없는 셈이나 마찬가지이다. 그러니까 아동문학기에서 성인문학기로 급격히 단계상승을 하면서 청소년기의 문학은 공백으로 남는 것이다. 청소년기의 문학 교재가 공백을 보임으로써 청소년 학습자들은 성인문학을 수용하면서 그 심리적인 부담과 영향을 감당하지 않을 수 없게 된다. 이러한 공백을 문학교육의 교재가 충족시켜 주어 수용자의 요구를 중심으로 한 문학교재가 되도록 해야 할 것이다.

문학교재 내용체계와 관련하여 미시적인 측면 하나를 보기로 하자. 문학교재는 교육활동(learning activity)의 방향까지 보여주는 것이라야 한다. 문학과목의 교육활동이 교재와 동떨어진 것이어서는 소기의 목적을 달성하기 어렵다. 교재의 성격과 교수·학습의 형태는 상응(相應)하는 것이 되어야 한다. 문학교재가 교수·학습 활동의 지표를 설정함에 있어서는 기능적 세련성에 들기 전에 문학교육의 이념과 목적에 대한 의식을 튼튼히 깔아 놓아야 한다. 예를 들면 학생들로 하여금 '문학적 문화'를 향해 주체적으로 나아갈 수 있는 인식과 능력을 기르는 방향으로 교수·학습 활동을 개발해 준다든지 하는 것이다. '문학적 문화'의 성취를 통하여 과학·기술이 지배하는 현대 문명에 대응하고, 인간적인 가치의 실현을 할 수 있도록 하는 것을 문학교육의 궁극적인 목표로 보는 경우에 그 일관성을 문학교재의 학습 활동 차원에서도 유지하라는 것이다.

문학교육은 문학의 가치를 내면화(內面化)하는 데서 완성된다. 문학적인 가치는 아무런 조건없이 그대로 수용되지 않는다. 작중인물이 독자의 내면에서 동일시(同一視)되기도 하고, 어떤 작중 인물에 대해서는 독자의 내면이 반발하기도 하면서 학습자의 문학적인 지평을 확대·융해하는 것이다. 이러한 과정을 통하여 학습자들은 문학적인 문화의 문법에 익숙해진다. 이와 같은 원리는 한국문학을 배울 때 한국문학의 문법, 나아가 한국문화의 문법을 배울 수 있게 한다는 것을 보여준다. 이러한 작용이 원활하게 수행될 수 있도록 문학교재는 만들어져야 한다.

4. 문학교재 개발의 실제

학생들에게 문학교재를 해설하고 학생들의 문학 수용을 평가하는 것으로 문학교사의 역할은 끝나지 않는다. 문학교사는 초·중·고등학교 단계에 각기 적합한 문학교재에 대해서 수동적으로만 이끌려 가서는 안 된다. 문학교사는 문학교육의 주체로서 역할을 다하기 위해 교재를 스스로 설계하고 선택하는 능력과 안목을 갖추고 있어야 한다.

문학교재를 개발하기 위해서는, 우선 개발하고자(또는 설계하고자) 하는 문학교재를 어떤 문학교육의 철학에 기초할 것인지를 살펴야 한다. 구체적으로는 국가가 고시한 교육과정(教育課程)을 토대로 삼는다. 그러나 대체로 문서 교육과정은 내용과 방법의 대강만을 규정한 것이므로 개별 학교나 개별 문학교사 차원의 문학교육 철학이 반영될 수 있는 탄력성을 얼마든지 허용하고 있다고 할 수 있다. 따라서 '지금 여기'의 특성을 반영하여 문서 교육과정을 그 나름대로 해석하고 재개념화하는 과정이 필요하다. 즉, 교재 개발의 실제 주체들의 문학교육에 대한 철학적·이념적 인식이 문학교재 개발에 작용하게 된다. 교과서는 교육과정을 가시적이고 실천적으로 전환한 것이므로, 그 전환의 과정에서 각 문학교육 현장의 개별적 요구와 관련되는 개발자의 문학교육 방식이 문학교재 속에 다양한 색깔로 자리잡게 되는 것이다. 또 이를 통해 문학교사는 문학교육 실천자로서의 고유한 몫을 구사할 수 있다.

문학교육과정의 해석방법은 다음 두 가지를 고려할 수 있다. 그 하나는 실제로 적용하고 있는 문학교육과정을 이념과 철학 수준으로 환원해 봄으로써 그 교육과정의 정신과 지향을 발견하는 것이다. 즉, 문학교육의 이념과 목적에 대한 분명한 지향을 거시적으로 발견하라는 것이다. 다른 하나는 원리와 강령의 수준으로 주어진 교육과정을 더 상세화하고 더 실제화하여 문학교육의 내용과 방법을 구체적 국면으로 설정해 보는 것이다. 특히 구체적 문학 제재의 배열과 타당성을 정교하게 대입해 보는 것이다. 요컨대 주어진 교육과정을 상위 인지하는 방식으로 추상화하는 노력과, 주어진 교육과정을 구체적 제재(작품)의 수준으로 상세화하는 것이다. 이 양자가 모두 문학교재 내지는 문학교육프로그램 설계를 위한 문학교육과정 해석의 필요 조건들이라 할 수 있다.

앞에서 문학의 자율성을 위해 장르론적인 원리를 강조한 바 있다. 그러나 문학을 학문으로 공부하기 위한 경우와 교양있는 시민으로 자라기 위해서 문학을 접하는 보통교육의 차원과는 구분해서 생각해야 한다. 문학교재를 만들 때, 지나친 학문중심의 체계에 집착하는 것은 지양해야 한다. 특히 초·중등학교의 문학교육에서는 작품을 체험하는 실천적인 측면이 강조되어야 할 것이다. 이는 문학을 객관적 지식으로 대상화하는 데서 벗어나야 한다는 관점을 강조하는 것이라 할 수 있다.

문학교육과정의 해석에서 문학연구집단과 문학교사집단이 갖는 문화의 차이 또한 고려해야 한다. 여기서 문학연구집단이란 문학연구가, 교육과정연구가, 창작가 등 문학 분야의 전문 엘리트그룹을 뜻한다. 이들이 문학현상에 중심 역할을 하고 있는 것은 틀림없지만, 교육의 장에서는 이들의 문화가 전달되는 것이 아니라 교사들의 문화가 전수된다. 문학교육의 장에서는 교사들의 문화가 일차적으로 학생들에게 전수되어 그들 나름의 독특한 문화적 기반을 형성한다. 이는 문학현상의 일부분이 되기도 하고 교육현상의 일부분이 되기도 한다. 이 현상이 지니는 의미를 문학교육 담당자들은 늘 섬세하게 포착해야 한다. 바로 그 토대 위에서 문학교재나 문학교육 프로그램이 의미를 지니기 시작하기 때문이다.

문학교재를 개발하기 위해서 교육과정이 공언하는 교육목표, 교육내용, 교육방법, 평가 등을 균형있게 그리고 유기적으로 해석해야 한다. '교육내용' 자체에만 고립적으로 치중하게 되면 이론해설서의 성격이 강한 문학교과서를 만들게 된다. 그런가하면 '목표'를 거시적으로 해석하는 데 중점을 두고 만들어진 교과서는 감상 자료집의 성격을 띠게 된다. '방법'에 중점을 둔다면 교수기술을 실험하는 활동(activity)을 부과하는 데 주안을 두는 문학교과서가 되기 쉽다. 우리의 고등학교 '문학' 과목 교육과정의 경우, 목표와 내용의 분화가 그다지 투명하게 드러나 있지 않다. 내용의 상당 부분이 목표개념과 동궤(同軌)에 놓여 있으며, 내용을 반드시 구체적인 수준까지 상세화해야 한다고 생각하고 만든 것 같지는 않다. 이는 문학교과서를 만들 때, 교육과정의 여러 요소를 균형성 있게 확보할 수 있게 한다는 측면에서 바람직한 면을 지니기도 한다.[29)]

다음으로는 문학교재의 구체적인 조건을 고려해야 한다. 문학교재의 조건은 두 가지 측면에서 따져 보아야 한다. 하나는 작품 내적 측면이고 다른 하나는 작품 외적 측면이다. 이를 정리해 보면 다음과 같다.

작품 내적인 조건에서 문학성이란 문학 제재와 문학작품이 얼마나 문학 본질에 충실한 것인지를 논하는 조건이고, 완결성이란 제재가 하나의 작품으로서 완성된 구조를 가지고 있는지를 문제삼는 것이며, 상호성이란 제재가 교육의 여러 기능에 상호 관련될 수 있는지를 따지는 것이다.

작품 외적인 조건에서 대상적 차원의 조건이란 교육대상, 즉 학습자의 상황에 맞는 교재이어야 함을 말하는 것이고, 가치적 차원이란 가치론적으로 의미 있는 작품이 되어야 한다는 것이다. 물론 여기서 말하는 가치는 인문적 가치를 전제로 한다. 마지막으로 공동체 차원의 조건이란 국가·사회·민족·인류 등 공동체의 공동선, 또는 합목적과 조화를 이루는 것과 관련된다. 이러한 범주는 보통교육의 공교육적 성격을 고려하는 데서 나온다. 문학교육은 민족교육의 역할과 더불어 문화교육의 역할도 담당해야 한다. 이를 통합적으로 고려할 때 문학교재의 조건은 정당화될 수 있다.

---

29) 이는 어떻게 보면 문학 분야의 한 속성인지도 모른다. 내용 상세화를 보였던 4차 문학과목 교육과정이 5차 교육과정에서 크게 지양(止揚)된 이후, 현재의 2007년 개정 교육과정에서 2015년 교육과정에 이르기까지 문학교육과정은 목표, 내용, 방법, 평가 등이 상세화된 조직보다는 유연하고도 개략적인 조직에 의존해 오고 있다는 점을 주목해야 할 것이다. 또 이러한 개방성으로 인해 교사가 문학교육에 주체적으로 참여할 소지가 증대될 것이다. 소위 문학교육과정 존재 방식상의 탄력성이 강조되는 성향이라 할 수 있다. 교육과정기별로 강조점이 달라진다는 점에 유념하여 교육과정 운영의 방향을 잡아야 할 것이다.

작품 내적 측면
1. 문학성(文學性) 2. 완결성(完結性) 3. 상호성(相互性)

↑↓

작품 외적 측면
1. 대상 차원 2. 가치 차원 3. 공동체 차원

〈문학교재의 조건〉

문학교재의 기획단계에서는 교과서 관련집단의 문학교육 요구가 우선 분석되어야 한다. 문학연구가, 문학교사, 학생 등의 문학에 대한 요구가 무엇인지에 대한 분석이다. 이를 위한 요구분석은 필수적이다. 아울러 현행의 문학교과서에 대한 분석이 뒤따라야 한다. 그 분석에서 거론된 문제점이나 비판사항들이 수렴되어야 한다. 학생들의 지적 · 정의적 준비도(readiness)에 대한 분석이 필요하다. 문학의 경우 지식의 체계성(體系性)이 약하고 정의적인 반응이 주관성을 띤다고는 하지만, 넓은 의미의 스키마는 형성되어 있으므로 이에 대한 분석은 필요하다. 다음에는 교육과정의 상세화와 해석이 있어야 한다. 그래야 거기에 맞는 작품을 선택할 수도 있고 내용을 한정할 수 있다. 기획단계의 마지막은 교과서의 체제에 대한 연구이다. 장절(章節)의 구분이나 원리와 작품의 비중, 배열의 순서 등이 결정되어야 할 것이다. 이는 집필단계로 이어진다.

집필의 단계에서 우선 할 일은 내용을 상세화(詳細化)하고 선정하는 것이다. 그 다음에는 자료를 계열화한다. 자료의 계열화에서는 문학 내적인 체계성이 고려되어야 한다. 그 다음은 모델이 될 만한 단원을 선정하여 검토하는 작업이 있어야 한다. 모델 단원의 시안을 작성한 다음, 학습활동(學習活動)의 전략을 조직해야 한다. 여기에서는 문학교육 내용뿐 아니라 학습활동의 구조와 절차와 방법이 동시에 드러날 수 있도록 해야 한다. 아울러 기획단계에서 검토한 사항들이 유기적으로 연계성을 띠도록 해야 한다. 이러한 과정을 거쳐 만들어진 교과서는 실험 작용을 거쳐 그 결과를 검토하고 보완한 다음 활용의 단계에 들어간다.

교재의 개발에는 기술적인 측면의 고려도 있어야 한다. 현장에서의 활용 편의를 위해 단원조직의 명료성, 단원간의 유기성, 그리고 유용성 등이 고려되어야 할 것이며, 문학교재에 적합한 진술의 적절성을 고려해야 한다. 그리고 보조교재와의 유관성도 함께 고려되어야 한다. 중요한 것은 감상 및 평가의 영역에서 감수성을 포함한 수용자의 문학능력을 고려해야 한다는 점이다. 그밖에 삽화, 원고 지정, 활자의 크기 등 기술이 고려의 항목이 될 수 있다. 문학교과서는 역동적이고 자발적인 학습과정(學習過程)까지도 제시해 줄 수 있는 체제로 나아가도록 해야 한다.[30)]

5. 문학교재의 범주 확장

어떤 특정의 문학교재를 개발한다는 것은 그 자체가 문학관의 반영이고, 문학적인 실천에 해당한다. 문학의 장르가 양식화의 성향과 더불어 동시에 다른 한편으로는 그 고정화된 양식으로부터 벗어나려는 지향을 가진다. 문학교재도 문학 장르의 생태와 상동적인 모습을 가진다. 원론적으로 말한다면 문학에 공식이 없는 것처럼 문학교재에 어떤 고정된 양식이 있을 수 없다. 문학교재는 내용의 다양성과 더불어 역동적인 학습 활동이 가능하도록 자유로운 체제가

30) 문학교과서의 개념 속에 활동책(워크북) 체제의 도입이 기대되기도 한다. 활동책의 기본 기능이 학습자의 자발성을 전제로 한 것이기 때문에 문학교육 교재에서는 교과서와 더불어 그것의 이원적 통합운용이 요청된다. 학생들의 문학텍스트 감상 과정은 그 속성상 자발적(自發的) 학습과정이기 때문이다. 감상의 실천적 가이드라인이 개방적으로 조직된 활동책은 단순 보조교재의 의의를 넘어설 수도 있다.

허용되어야 한다.

그러나 문학교재의 현실은 그렇지 못하다. 문학교과서로 대표되는 현재의 문학교재는 다분히 획일적이고 그 형태가 고정되어 있다. 교육과정의 개정 방식, 교육과정 기술체제(記述體制), 교과서 검인정 방식, 교과서의 체제 등에서 탄력적 유연성이 그다지 많지 아니한 듯하다. 이는 문학의 본질과도 어울리지 아니한다. 문학이 자율성과 독자성을 생명으로 한다는 것은 누구나 아는 일이다.

문학교재는 문학의 속성상 현재의 물리적 체제의 교과서로부터 얼마간 자유로울 수 있는 것이 되어도 무방할 것이다. 필요에 따라서는 한 편의 소설이 문학교재가 될 수도 있고, 또는 한 시인의 시집이나 앤솔로지가 문학교재의 역할을 할 수도 있을 것이며, 평론이나 해설 혹은 문학의 이론이 문학교재로 유용하게 활용될 수 있는 것이다. 이는 물론 문학교사의 전문성과 교육과정 재구성 능력을 전제로 하는 것이다.

어떤 형태로든 문학교재라는 개념을 상정했을 때는 그 교재에 실리는 내용(작품)들의 계열화가 이루어져야 한다. 교재의 계열화(sequence)는 교재 조직의 내적 준거를 반영하여 작품을 어떤 질서하에 배열함을 의미한다. 작품에 대한 각종의 해설이나 연구, 그리고 평문(評文)들이 이 자료로 활용될 수 있기 위해서는 계열화가 이루어지지 않으면 안된다. 문학교육 내용의 계열화는 분석(分析)의 차원과 종합(綜合)의 차원을 함께 포괄하는 것이어야 하는데, 종래에는 일반적으로 분석에 치우치는 경향이 강했다. 작품수용에서 종합력은 학생들의 자발적인 참여를 통해 텍스트가 구체화되고 그것이 어떤 일정한 문학연구(감상) 패러다임에 조회됨으로써 가능한 것인데, 왕왕 분석을 위한 감상에 그침으로써 문학 이해의 본질을 놓치고 있다.

달라지는 매체 환경으로 인해 문학교재에 대한 우리의 인식과 발상을 바꾸어야 할지도 모른다. 디지털 매체와 인터넷 공간이 확장됨으로써 소통의 형질과 문화의 역동성이 빠르게 변화되고 있다. 문학도 이런 환경을 생태로 지니고 있고, 문학교육 또한 마찬가지이다.

이러한 매체의 발달은 문학텍스트의 존재 방식과 소통 패턴을 바꾸어 놓는다. 문학작품이 영상매체로 변용되기도 하고, 첨단 디지털 매체와 인터넷 등을 통하여 텍스트 소통의 방식을 바꾸기도 한다. 아울러 작가와 독자의 문학적 소통 행태에도 변화를 준다. 예컨대 작가와 독자의 소통 패턴이 질적으로 달라졌다. 발신자(작가)와 수신자(독자)의 상호작용 양상도 달라졌다. 이런 현상을 정통문학의 이름으로 매도되어서도 안되며, 상업화된 매체에 문학이 끌려가는 것이 되어서도 안된다. 상호보완적으로 문학적인 문화에 기여할 수 있어야 한다. 그러기 위해서는 문학이 매체에 따라 다양하게 변용되고 소통되는 구조와 그 효과에 대한 연구가 있어야 할 것이다. 다른 매체로 변용된 문학은 본래의 문학과 어떤 면에서 감동이 다르고, 문학을 변용시키는 이들 매체의 긍정적인 면과 부정적인 면은 어떠한 것인지가 함께 고려되어야 할 것이다. 이들은 문학교재의 범주 확장이라는 측면에서 연구·검토되어야 할 것이다. 아울러 학교의 공식 교재 범주 이외에 일반 출판 시장의 비공식 문학교재의 위상과 기능에 대해서도 문학교육연구 차원의 의미 탐색이 있어야 할 것이다.[31]

6. 문학교재의 활용

다른 교과의 교재와 달리 문학의 경우 교과서는 문학작품을 중심으로 구성되는데, 그 작품이란 것이 정전일 수도 있고 그렇지 아니할 수도 있다. 요컨대 전범성(典範性)에 있어서 문학교과서는 어떤 절대율을 가지는 것은 아니다. 수학이나 물리학의 경우 교과서에 실리는 이론은 여러 측면의 검증을 거친 확고한 것이라고 할 수 있다. 이론(theory)으로 정립되지 않은 것은 교재에 실리기 어렵다. 그러나 문학의 경우 형편은 다르다. 한마디로 어떤 절대 검증의 결과라는 것이 그렇게 확연하지 않다. 각자 그 나름의 개성과 의의를 지닌 작

31) 이 점은 유독 문학교재만이 가지는 현상인지도 모른다. 문제는 앞으로의 문학 소통이 문학교실을 중요한 통로로 하지 않는 성향이 더 강해질 것이라는 데에 있다. 사이버 공간에서 만나는 문학 텍스트들, 이 모두가 청소년들에게 영향력 강한 문학부교재의 역할을 할 수 있다는 것이다. 학교가 공식적으로 사용하는 문학교과서에도 변화가 아니 올 수 없다. 문학교육과 매체의 관계에 대해서는 최병우, 「문학교육에서의 다매체 활용」, 『다매체 시대의 한국문학 연구』(푸른사상, 2003) 참조.

품이 문학교재의 대부분을 차지한다.

문학은 어떤 작품이 얼마나 이론에 잘 들어맞는가에 따라 가치의 평가를 받는 것이 아니다. 그렇다면 교과서에 실린 작품들을 모든 국면에서 절대적 완결성을 갖춘 작품으로 전제하는 것은 바람직하지 않다. 문학 교과서의 작품들이 학습자에게 문학 감상(이론 적용 능력을 포함한)의 스키마를 만들어 준다는 것이 먼저 인식되어야 하고, 그런 정도의 역할을 할 수 있는 대표적 작품들이 실린다고 보는 태도가 필요하다. 따라서 문학교과서를 무오류의 정전들이 모여 있는 것으로 볼 필요가 없다는 것이다. 소설의 경우 교과서에 실린 단편이 소설장르를 대변하는 것으로 가르쳐져서는 안되며, 시의 경우 분석적 목표에 부합되는 제재를 우선적으로 고르는 것이 교과서의 시라는 것도 알아둘 필요가 있다.

문학교육의 교재와 관련하여 교사용지도서(教師用指導書)의 활용에 대한 고려가 있어야 한다.[32] 문학교사는 일종의 비평을 하는 사람이다. 학습자들로 하여금 문학에 대한 기본적인 개념을 이해하도록 함은 물론, 작품의 텍스트 상호성을 증대시켜 주고, 작품 이해의 길잡이 역할을 한다. 그리하여 학습자들의 문학수용이 정당하게 이루어질 수 있도록 도와주는 역할을 하는 것이 문학교사의 일이다. 문학교사의 그러한 일을 수월하게 돕기 위하여 여러 형태의 교사용지도서가 만들어진다.

지도서의 활용방안은 여러 측면이 고려되어야 할 것이지만, 무엇보다도 문학현상에 주체적으로 참여하고 있는 존재로 문학교사가 있다는 점을 깊이 인식할 필요가 있다. 그러니까 교사용지도서는 교사가 부리는 어떤 수단이다. 교사는 학습자들이 문학에 대한 편견을 갖지 않도록, 자신의 견해를 강요할 것이 아니라, 그들 나름의 안목을 세울 수 있도록 열린 시각을 마련해 주어야 한다. 이 점에서 지도서는 큰 기능을 담당하여 교사를 도울 수 있어야 한다. 또한 학습내용의 편향을 통어할 수 있는 준거로 지도서는 활용되어야 할 것이다.

---

32) 국가가 검인정하는 '교사용지도서'의 범위를 넘어, 문학교사가 실제 수업에 활용할 수 있는 각종의 자료(資料)를 뜻한다. 문학교육 전문가 집단별로 다양한 교사용지도서를 일반 연구도서의 차원에서 개발 보급하는 것이 이상적이다.

실제로 학생들의 문학 수용은 교과서의 범위를 한결 능가한다. 학생들 스스로 문학작품을 골라 읽는 양태가 다양한 것은 물론 감상의 수준 또한 다양할 것이다. 이러한 점을 교과서를 통하여 통제하는 것은 바람직하지 않고, 가능하지도 않다. 다만 교과서에서는 하나의 모델을 제시하는 것 일 따름이다. 그것도 문학 이해·감상 모델이기 때문에 비교적 약한 규범성을 지닐 뿐이다. 앞에서에도 언급한 바이지만 문학은 규범성보다는 개별성이 더욱 중시되어야 하는 것이기 때문에, 교과서의 어떤 한 작품이 다른 작품을 이해하고 평가하는 데에 절대적 전범이 되기 어려운 것이다.

이런 의미에서 학습자들이 자발적으로 문학작품에 접근하는 것은 문학에 대한 일종의 결단이라는 의미를 지닌다. 그러한 점에서 문학을 수용하는 양태 가운데, 문학교육적인 가치가 더 높은 국면은, 제도교육의 장면을 넘어서서 이루어지는 개인들의 문학수용이라고 할 수 있다. 이 경우 학습자 개인이 선택하는 문학교재를 교사가 인위적으로 통제하기는 어려운 일이다. 문학교사는 학습자들의 문학 독서 및 사고가 더 유연하고 개방적이 되도록 교재선택의 다양성과 진지성을 점검해 줄 필요가 있다. 그리고 이러한 프로그램을 위하여 문학교사는 학습자의 문학적인 환경에 세심한 주의를 기울여야 한다. 미칠 수 있다면 적절한 작품선정의 기준을 만들어 주고 문학수용을 위한 프로그램을 개발할 수도 있을 것이다. 여기에는 교사의 문학에 대한 전문가로서의 이해와 안목이 필요함은 물론이다.

문학교육은 제도적인 교육에서만 이루어지는 것이 아니라 평생에 걸쳐 자기교육(自己教育)으로 수행된다. 문학 본연의 작용이 이루어지는 곳에는 문학교육이 존재한다. 이러한 경우 문학교육의 교재는 아무런 제약이 없이 무한정 개방되게 마련이다. 이러한 개방성은 문학의 속성상 정당한 것이다. 그러나 이 경우에도 어떤 생산성을 향한 노고를 수반하는 독서가 되어야 함은 물론이다. 시간을 보내기 위한 독서라면 그것은 독서라고 할 수 없을 것이다. 헤겔의 지적대로, 예술이라는 것이 단순한 즐김이 아니라 노고를 통해 정신을 자유롭게 하는 것이기 때문이다.[33] 평생교육을 위한 문학교육 프로그램이 요청되는 소이(所以)와 그에 대한 질적 기준의 필요성이 바로 여기에 있다.

권위적인 교과서에 대한 집착을 벗어나기만 하면, 문학교육의 교재는 매우 다양하다. 문학교육의 교재는 다른 영역과 달리 일회성(一回性)을 띠지 않는다. 동일한 작품을 읽고 후에 다시 읽었을 경우 그 감동의 질과 양은 항상 동일한 것은 아니다. 따라서 다시 읽을 의욕을 어떤 계기에 새롭게 가지게 된다. 이러한 개방성이 강조될수록 문학교재를 활용하는 문학교사에게는 문학텍스트의 홍수 속에서 문학 독서의 조건과 필요를 전략화하고 가치 판별의 준거를 만들 수 있는 능력이 반드시 포함된다.

문학교육의 교재는 문학현상(文學現象)의 구체적인 체험을 매개하는 역할을 한다. 그리고 그것이 독자의 이해와 수용을 통하여 작품으로 구체화되고 다른 작품을 읽는 데에 스키마를 형성시켜 준다. 문학교육의 교재는 살아 작용하는 문학의 구체상이다. 따라서 문학교육의 교재가 어떠한 틀에 얽매이는 것은 바람직한 일이 아니다. 문학교사의 문학에 대한 안목과 지식을 통하여 문학교재는 수용자의 조건에 맞도록 늘 새롭게 개발될 필요가 있다.

Ⅲ ▸▸ 문학제재와 문학수업

1. 문학수업의 일반 모형

(1) 문학수업의 조건

수업모형을 설계하고 적용하는 목적은 수업의 효율화에 있다. 수업의 효율화를 위한 수업모형의 구안은 대체로 수업을 '공학적 체제'(engineering system)로 보는 전제가 깔려 있다. 일반적으로 수업모형은 두 가지 측면에서 접근되고 있다. 그 하나는 수업의 일반적인 절차에 관해서 그 모형을 탐색하는 것이고, 다른 하나는 어떤 고유한 교육적 상황이나 교육목표를 중심으로 수업을 모형화하는 것이다. 전자는 흔히 수업과정 일반절차모형이라 하고 후자를

---

33) F. Hegel, *Aesthetics Ⅱ*, 영역판(Oxford, 1975), pp. 1236~1237.

목표별 수업모형이라고 한다. 그 밖에 근자에는 수업을 보다 미시적으로 접근하여 수업의 역동적 과정을 중심으로 교사의 교수활동(教授活動)에 초점을 맞춘 이른바 교사행동모형(教師行動模型)이 논의되고 있다. 그러나 교사행동모형은 수업과정 일반절차모형이나 목표별 수업모형에 부분적으로 또는 과정적으로 포괄될 수도 있으며, 일종의 교수기술적 성격을 띠고 있어 절차모형이나 목표별 수업모형과 동일차원에서 논할 성질이 아니므로 여기서는 생략하기로 하고 제재별 각론에서 교수방법과 관련시켜 언급하기로 한다.

소박하게 보면, 문학수업에서 문학제재 자체는 교육내용의 기본 질료가 되고 '모형'을 통해 통제되는 일련의 과정은 교육의 방법으로 전이된다. 다만 이 양자를 이분법적으로 파악할 것이 아니라, 상호작용의 관련이 있는것으로 파악하는 눈이 필요하다. 또 수업모형이 절차모형이든 목표별 모형이든 제재가 무엇이냐에 따라, 또 이 제재를 통해 무엇을 학생들에게 형성해 줄 것인가에 따라 모형은 그 구체성을 드러내게 되는 것이다.

이러한 인식을 토대로 수업상황에서 '문학제재가 무엇인가'를 검토하는 것은, 문학제재의 수업조건을 따져보는 작업에 해당하는 것이며 이는 문학제재 수업모형 논의의 시발점이 될 수 있다. 문학수업이 갖추어야 할 조건을 원론적인 차원에서 점검해 보면 다음과 같다.

첫째는 텍스트의 존재방식(存在方式)과 관련된 것으로, 제재로서의 문학 텍스트는 작품의 구조가 완결된 상태, 즉 전체성을 구비한 것을 상정해야 한다. 작품의 내적 구조 및 장르적 원리가 오롯이 드러날 수 있는 완결된 작품이 다루어져야 함을 의미한다. 설혹 문학지식을 얻기 위한 학습에서 텍스트의 일부분이나 한 국면을 편의상 원용하는 경우가 없지 않지만, 이 경우는 이러한 제한적 요소의 결점을 충분히 고려한 수업설계가 강구되어야 한다. 이러한 원칙과 관련해서 볼 때 현행 교과서가 장편소설 작품을 일부분만 수록하는 것은 교과서의 분량상 불가피하다고 하더라도, 문학수업의 적절한 국면에서 작품의 전체성을 경험하도록 유도해 주어야 한다. 아울러 교사용 지도서 활용 등의 단계에서 텍스트의 전체성을 드러낼 수 있는 방안을 모색해야 할 것이다.

둘째는 수업 지도단계에서 텍스트 수용과 관련된 것으로 수용의 개방성(開

放性)이 강조되어야 한다. 작품을 수용하는 일차적 과정이 일단 '독해'의 과정에서 시발하고 있음을 주시할 필요가 있다. '독해'는 단순한 기호의 일차적 인식이 아니라 학습자의 생체험(生體驗), 선행지식(先行知識)과의 상호작용적 과정이다. 문학수업에서 개방성을 강조하는 것은 문학이 속성으로 하고 있는 다의성의 원리에 접맥되는 것이다. 문학언어가 현실에 대한 메타언어로 되어 있다는 것, 그리고 그것이 본질적으로 예술적 형상화의 방식에 의존한다는 점이 문학수업의 원리 속에 녹아들어야 하기 때문이다. 이 분야에 대한 문학교육 고유의 교수이론의 개발과 정교화가 당면한 과제라고 할 수 있다.

따라서 문학을 수용하는 학습자에게 수용의 공간을 보다 넓게 개방하고 열려진 사고공간을 제공하는 노력은 문학수업모형 설계의 중요한 기본축이 되어야 한다. 또 이 문제는 문학교육평가에서 우선적인 고려사항이 되어야 하며, 학생들이 작품 수용 후 보다 폭넓은 비평 및 해설서와의 만남을 효과적으로 제공하는 수업전략의 포인트가 되어야 한다. 아울러 이러한 노력은 주입적 방식이나 교사의 재단적 · 교조적 교수방법의 개선을 필연적으로 요구하고 있음을 뜻한다.

셋째는 문학수업은 학생들의 문학적 체험과 현실적 체험과의 연속성을 교육적으로 고려해야 함을 그 원리로 한다. 이는 문학제재의 수용 후 장기간에 걸쳐서 학습자에게 일어날 것으로 예견되는 내면화과정의 충실도를 높이는 것과 관련된 것으로 텍스트의 '연속성'을 어떻게 잘 살려주느냐 하는 문제이기도 하다.

이른바 체험으로서의 문학교육을 염두에 둔 것인데, 이는 실제의 상황에서 교사의 교육적 노력만으로는 통제하기 힘든 요인들이 너무도 많이 개재되어 있다는 것이 제한점이다. 그러나 이러한 '연속성'의 조건을 수업사태 속에서 어느 정도 의도적으로 추구해 보기 위해서는 텍스트 상호성에 의한 문학교육 설계를 고려해야 한다. 이러한 문제 역시 향후 문학교육, 특히 교과서 및 보조교재 개발의 영역에서 감당해야 할 과제가 아닐 수 없다.

이상에서 열거한 세 가지 조건들은 각기 ① 텍스트의 존재방식, ② 텍스트의 전달 · 수용, ③ 텍스트의 내면화(가치화) 등 각 과정별로 적용될 수 있는 문학수업의 조건들이다. 동시에 어느 일방적 요건만을 강조하는 것은 의미가 없는 일이 된다. 가령 전체성의 조건만 치중하는 것은 형식론적 문학관에 기울어진 문학교육으로 떨어질 위험이 있으며, 개방성의 조건을 일정 준거없이 무한정 허용할 때 수업의 내용 준거가 취약해지고, 수업설계 자체가 어려워질 수도 있다. 마찬가지로 연속성(連續性)의 조건에만 몰두한다면 문학이 갖는 미학적 본질을 제대로 이해시키기가 어려워질 것이다.

(2) 문학수업의 모형화 가능성

수업모형이론은 근본적으로 교육관 내지는 교육과정이론의 철학적 기저에서 출발한다. 수업모형 자체를 단순한 수업기술의 차원에서 파악하려는 태도는 바람직하지 않다. 따라서 문학수업모형의 가능성을 밝힘에 있어서 문학수업이 교육과정 이론상의 근본이념들과 어떻게 부합되는가를 인식해 두는 것이 필요하다.

거시적 모습으로 보아 교육이론의 기본 흐름은 인간중심교육관(人間中心敎育觀)과 학문중심교육관(學問中心敎育觀)이 상호지양과 상호보완을 거듭함으로써 발전해 왔다. 또한 인간 이해의 심리학적 패러다임은 행동주의 심리학, 형태주의 심리학을 거쳐, 인지심리학의 개화를 보았고, 근자에는 인지에 관여하는 사회성의 요소를 강조하는 경향으로 나아가고 있다. 이러한 것들이 오늘날의 '학습'을 설명하는 중요한 토대가 되어 왔다. 여기에서 분화된 관심으로 '수업설계' 분야가 교육학의 한 연구 영역을 이루고 있는데, 수업모형이론은 대체로 체제접근적 방식을 강조하는 교육공학적 관점 등이 주류를 이룬다. 문학교육은 그 생태면에서 인간주의 교육관과 호응한다. 인간중심 교육관은 인간의 주관적 인식을 중시한다. 그리고 그 가치를 '자유 · 행복'에 두고 학습의 의의를 '의미의 획득'에 둔다. 교육내용은 인간발달을 촉진시키는 내용, 정서적인 것을 다루게 되며 학생들이 선호하는 교육내용을 중심으로 내용선정상 학습자의 요구를 일정부분 감안하려 한다. 교육의 방법은 개별화, 자유화, 감성화, 주관화를 그 특징으로 하며 이에 따라 평가의 방법은 수행성 자체를 평가하는 것을 중시한다.[34] 요컨대 인간의 인간다움과 올바른 인간성 고양을 이념적 토대로 하고 있는 교육이론이다.

이러한 교육관에서 보면 문학교육은 매우 중요한 영역이다. 그것은 문학이 일종의 '인간학(人間學)'으로서의 성격을 강하게 지니고 있으며, 반인간적 요인에 맞선 인간발견 및 회복의 주제를 기본 명제로 하고 있기 때문이다. 이러한 관점이 문학수업모형에 시사하는 바는 다음과 같다.

첫째, 문학교재의 조직 및 구성에서 주제론적 전개의 중요성을 감안해야 될 필요가 있고, 둘째 인식의 주관성을 중시하고 그것에 의미를 둔다는 점에서 교수의 방법이 개별화 · 자유화되어 수용자의 입장을 중시하는 과정이 되어야 할 것이며, 셋째 문학교육의 다양한 목표 또는 '지금 여기'의 상황을 반영하는 목표별 수업모형의 구안이 비교적 용이하고, 넷째 인간의 정서적 활동을 중시하고 문학 수용에서 정서 요인을 고려하는 모형이 되어야 하며, 다섯째, 교육심리학, 윤리, 철학 등의 분야에서 각기 이룩한 '자아(自我)' 개념, 도덕성 발달, 가치론의 범주 등과 상호성이 일어날 수 있도록 인접 분야의 성과들을 문학교육에 원용 · 수렴하는 노력이 요구되고, 여섯째 평가방법의 개선을 필수적으로 고려해야 하며, 일곱째 지식의 단순한 수용보다는 의미의 발견에 초점을 두는 수업설계를 생각해야 할 것이다.

학문중심 교육관은 문학이론 및 문학에 관한 지식을 가르치는 영역과 관계된다. 학문중심 교육관에서는 합리적 추리에 의한 인식의 방법을 강조한다. 인간본성을 이성적 존재로 파악하는 이 관점은 이성적인 삶을 최고 가치로 두며, 따라서 지식과 합리적 사고능력의 획득을 학습의 대상으로 하며, 학문을 통한 합리성의 계발(啓發)을 목적으로 한다. 그리고 그 교육내용은 전통적 학문과 지식의 구조이다. 교육방법은 학습자의 탐구 및 발견을 자극하는 데 초점을 맞춘다.

학문중심 교육관과 관련하여 문학교육의 문제를 생각해 본다면, 문학이론이나 문학에 관한 지식을 어떻게 '지식의 구조' 개념으로 설정하여 제시할 수

---

34) 교육과정 패러다임의 분화와 각 패러다임의 상대적 조명에 대해서는 William H. Schbert, *Curriculum-Perspective, Paradigm and Possibility*(N.Y. : MacMillan, 1986)의 제1 · 2장 부분 참조.

있을 것인가를 면밀히 검토하는 문제가 선행한다. 즉, 학문으로서의 지식을 가르친다고 했을 때 그 지식의 내용을 지식 자체의 속성과 체계에 맞추어, 그리고 학습자의 각 발달단계에 맞추어 계열화 · 구조화할 것인가를 검토해야 하는 것이다. 지식의 구조가 구명된다면 그것을 가르쳐야지, 교과서에 수록된 진술이나 개별적 문학텍스트 경험을 교육내용의 전부인 양 다루어서는 안된다는 것이다. 문학 텍스트를 중심으로 생산 · 구조 · 수용의 영역에서 작가와 비평가가 문학을 각각 생산하고 해석하는 과정을 학생들도 똑같이 밟게 하는 과정을 설계해 볼 수 있다. 이른바 '지식의 구조'개념에 의해서 문학교육이 이루어질 수 있는 가능성을 모색해 볼 수 있다는 것이다.[35]

수업모형 설계는 교육공학적 이론(敎育工學的 理論)을 그 토대로 삼는 것이 일반적이다. 교육공학은 공학적 도구 그 자체에 초점이 있는 것은 아니다. 단순한 시청각기재의 활용을 강조하기보다는 그것을 통하여 수업운영절차를 유기적으로 조직하고 수업 운영의 통합적 체제를 구축하는 것을 의미한다. 즉, 인간학습에 포함된 모든 문제점들을 분석하여, 수업과 관련되는 사람, 이념, 조직, 장치 등을 하나의 유기적이고도 합리적인 체제(system)로 구안하여 '복합적이고도 통합된 과정'(process)으로 수업을 파악하는 것이다.

교육공학이론에 의하면 인식의 방법은 인간의 '감각적 경험'을 축으로 하고 있다. 학습은 행동조건화(行動條件化)의 상태를 상정하고 있으며, 교육내용은 명확히 세분화된 행동목표에 의해 설정되는 것을 원칙으로 하고 있다.

공학적 원리에 기초한 교육방법은 목표의 가시화 및 상세화, 분화된 단계별 지도, 기능의 반복을 통한 자동화, 강화를 통한 행동형성 등을 중시한다. 그리고 평가방법은 행동목표에 대한 객관적 평가와 양적 통제를 강조한다. 이렇게 보면 교육공학적 원리는 문학교육의 본질적 속성과는 다소 거리가 있는 듯이 보이지만, 수업의 효율화에 시사하는 점을 아주 무시할 수는 없다. 무엇보다

---

35) 텍스트 이해 · 감상의 과정에서 문학을 지식의 구조 · 개념으로 보아, 이에 따른 교수학습 원리를 적용할 수 있는가의 문제는 실험적 · 경험적 연구에 의해 논의와 검증이 계속되어야 한다. 또한 이해 · 감상 과정을 다루는 방식은 '지식의 구조' 이외의 것들, 예컨데 정서, 맥락, 역사와 같은 다양한 요소들이 동원될 수 있다.

도 우리 일선 학교의 평가 문화가 이러한 방식의 교육과정 전통과 연결되어 있다는 점을 간과할 수 없다.

현재 일선학교에서 이루어지는 문학교육의 실태 중에는 문학교육의 본질인식이 잘못된 점도 없지 않지만, 대부분은 문학교육의 본질을 구체적으로 구현하는 수업설계 및 운영에 대한 다양한 모델을 갖고 있지 못한 점이 있다. 이와는 성격이 다르지만 학교에서의 수업상황이 갖는 한정적 과정과 틀을 효과적으로 살려나가기 위해서는 문학수업의 절차 체제를 보편화할 수 있는 모델을 효과적으로 상정할 필요가 있다.

그러기 위해서는 먼저 문학수업이 갖는 특수성에 따라 '수업절차 일반모형'을 어떻게 변용하고 조절할 것인가를 검토해야 한다. 여기에는 물론 문학이론, 학생들의 발달단계, 학생들을 둘러싸고 있는 문학적 환경 등을 정밀하게 진단 · 적용하는 연구가 병행되어야 한다.

이상에서 우리는 문학제재수업의 모형화 가능성을 현대 교육과정이론들과 관련하여 살펴보았다. 현대 교육이론의 흐름에 비추어 문학제재수업의 모형화 가능성과 그 고려 요인들을 개괄적 수준에서 정리해 보았다. 이러한 논의를 전제로 문학제재의 수업모형을 두 가지 측면에서 일반화해 보기로 한다.

(3) 문학수업의 일반 절차모형

수업절차 일반모형은 수업의 여러 가지 특성 중에서도 일반적 운영원리, 즉 수업의 운영절차만을 정립시킨 모형이다. 수업의 일반적인 절차원리를 밝힌다는 것은 일련의 수업활동에서 수업을 어떤 절차와 단계에 따라 이끌어 가며, 수업의 각 단계에서 당면하게 되는 문제들을 어떻게 처리해 나갈 것인가에 관한 보편적인 원리를 세우는 것을 말한다.

수업의 일반 절차모형 가운데 가장 널리 알려진 것으로 글레이저(R. Glaser)의 4단계 절차모형이 있다. 글레이저의 4단계 모형은 ① 수업목표, ② 투입행동 진단, ③ 학습지도, ④ 학습성과 평가로 되어 있는데, 이는 다분히 개별화 처방에 중점을 둔 수업절차로 받아들여진다.

한국교육개발원의 새수업체제 수업모형은 수년간에 걸친 현장 적용을 통하여 우리나라 최초로 일반화시킨 수업절차모형이다. 이는 종래에 일선학교에서 적용하던 〈계획 → 지도 → 평가〉의 3단계 모형의 절차과정을 변형 · 세분화시킨 것으로, 다음 5단계의 절차로 모형화되어 나타난다.[36]

한국교육개발원의 수업절차모형은 학교현장의 제약조건을 충분히 고려하고 현실성, 적용 가능성, 그리고 개선의 수준 등을 감안한 것이어서, 현장에서의 효과성이 높이 평가되었다.[37] 이러한 실정을 근거로 문학수업절차모형도 교육개발원 수업절차모형을 원용하여, 이를 특징화시키는 접근을 꾀해 보기로 한다. 문학수업은 물리적 시간으로 구분한 한 차시의 개념도 중요하지만, 다루는 작품을 수업의 단위로 상정하는 발상도 중요하다. 왜냐하면 문학수업의 가시적 틀(frame) 속에서 개별 문학작품 수용의 전과정이 포괄될 수 있도록 하는 것이 바람직한 문학교육의 모습이기 때문이다.

문학교육의 본질적 목표는 물론 작품의 이해 · 감상이다. 이는 수용자의 인격적 차원의 성숙과 변화를 기대하는 내면화의 과정을 전제로 한다. 즉, 일반교과 지식수업에서는 마지막 평가단계의 설정이 가능하지만 문학수업의 경우에는 극히 제한적인 수준에서만 가능할 수 있다는 점이다. 다시 말해서 문학작품을 수업과정을 통해 의도적으로 수용한다고 할지라도, 그것이 학습자에게 내면화(內面化)되는 과정은 수용자의 생체험(生體驗)과 대응되어 매우 장기적으로 작용하여 나타난다. 그렇기 때문에, 이른바 이해와 감상의 심화된 수준을 단기간의 수업활동의 틀 속에서는 평가하기가 곤란하다는 것이다. 이는 문학자체가 지니고 있는 정의적 특성에 기인하는 것으로, 내면화의 심화단계인

36) 한국교육개발원, 『초 · 중학교 교육발전사업종합보고서 1981』, 제Ⅳ장 "대안으로서의 새 교육체제" 참조.

37) 학교 현장의 수업체제 개선노력은 수업을 일정한 이론에 근거한 전문적 기술로 보아야 한다는 인식을 높이는 데 크게 기여했다. 이 일반절차모형은 주로 초등학교를 중심으로 적용 · 일반화에 성공하였다. 교과별 내용주의가 강한 중등학교의 경우는 상대적으로 이 모형에 대한 수용이 초등학교에 미치지 못하였다.

'가치의 조직화', '인격화' 등의 단계는 단순한 수업절차상의 평가 단계로는 통제가 불가능하다는 점이다. 그렇다고 해서 문학수업의 계획과 설계에서 이러한 요소를 배제한다면 이는 기계적인 수업운영으로 전락하여 문학교육의 본질을 포기하는 수업설계가 된다.

이러한 점에서 보면 문학수업에서의 평가는 제한적 성격을 지닐 수밖에 없고 평가 단계 이후에 나타날 수도 있는 장기적 내면화의 과정을 별도의 학습단계로 설정해야만 문학수업의 이론적 당위를 가질 수 있다. 이는 물론 수업설계의 틀을 어떤 범주로 설정하느냐에 따라 달라질 수 있다. 예를 들어 시에서 비유적 표현을 학습하기 위한 매우 미시적 차원의 수업설계라면 위에서 제시한 5단계의 절차모형의 적용이 가능하다. 그러나 문학에서의 학습목표(또는 학습요소)를 포괄적인 문학현상의 일반 원리 습득으로 설정했을 때, 일반 절차모형을 어떻게 적용해야할지 그 기준마련이 쉽지 않다. 요컨대 수업설계에서 내용요소의 범위(또는 내용 범주의 기본단위)를 어떤 수준에서 결정할 것이냐가 중요하다. 문학수업에서는 온전한 구조를 갖춘 문학작품 자체가 수업설계의 기본 단위가 되는 것이 바람직하다. 이는 문학교육의 본령이 작품의 이해·감상에 있다는 기본관점과 부합되는 것이다. 작품차원 이하의 분석적 요소를 대상으로 하는 수업은 하나의 완결된 문학수업으로서 구조적 완전성을 갖지 못하기 때문이다. 따라서 문학제재수업의 일반 절차모형을 다음과 같이 설정하였다.

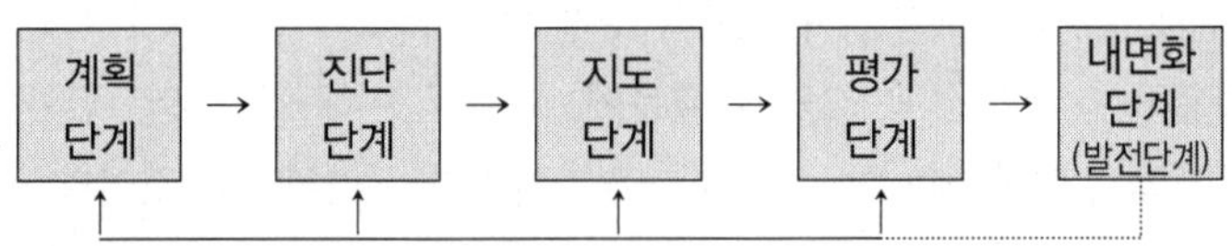

[그림 1] 문학제재 수업의 일반 절차 모형

[그림 1]에서 →표시는 수업활동 및 운영의 시간적 전개를 나타내는 것이며 ↑ 표시는 피드백(feed back) 효과를 나타내는 선이다. '내면화 단계'를 전치

(前置)한 수업의 각 단계와 점선으로 연결한 것은 수업사태 속에서 가시적으로 파악하기가 곤란하고, 수업의 물리적 여러 조건(시간적 · 공간적 제약) 속에서 의도적으로 통제하기가 어렵다는 점을 설명하기 위한 것이다. 그러나 그렇다고 해서 '내면화 단계' 자체를 이전의 각 수업단계에서 전혀 고려하지 않거나 또는 의도적으로 배제하는 것은 바람직하지 못하다. 바로 이 점을 고려해서 위와 같은 모형구조로 제시하였다. 여기에서 몇 가지 유의점을 점검해 보기로 한다.

이 일반절차모형에서 평가단계 이후의 내면화 단계가 구체적으로 어떠한 교수 · 학습활동을 포괄해야 할 것인가에 대해서는 정립된 의견을 제시하기가 쉽지 않다. 우선 어떤 문학작품을 배우느냐의 문제가 있다. 그리고 학습자의 내면화 양상은 심한 개인차를 드러낼 수도 있고, 내면화 과정 자체가 어떤 양적 변별에 의해서 부각되기보다는 다분히 질적 성격을 갖는다. 그렇기 때문에 내면화 단계에서 이루어져야 할 구체적 활동을 어느 정도 제시하기가 어려운 것이다. 그러나 문학학습의 경우 내면화 작용이 일어남으로써 비로소 학습의 발전을 온전하게 이룩한 것을 볼 수 있다.

블룸(Benjamin Bloom : 1913~1999)이 교육목표분류학에서 시도한 교육목표 분류설명에 따르면 내면화 과정은 정의적 영역의 속성과 밀접한 관련을 갖는 것으로서, 학습자가 수용한 가치를 개념화(conceptualization)하고, 학습자가 가지고 있는 가치체계(value system)를 내적으로 조직화하고 그것을 자신의 인격 속에 용해시키는 과정(characterization)이다. 그렇다면 이 단계는 이미 교실공간에서의 교사와 학생간의 단순한 소통작용만으로는 한계가 있다. 그리고 이 모형이 당초에 전제로 한 단위작품의 교수 · 학습과정을 벗어난다고도 볼 수 있다. 즉, 해당 텍스트 자체의 범주만 가지고는 효과적인 교육활동의 전개(내면화과정의 심화)를 기대하기는 곤란하다.

소박하게 생각해 본다면 이 단계에서의 바람직한 활동으로 두 가지를 상정해 볼 수 있다. 그 하나는 '텍스트 상호성'에 대한 배려가 절대적으로 필요하다는 점이다. 작품을 통해 향수된 특정가치를 수용자의 전인격적 가치체계 속에 자연스럽게 녹여들 수 있게 하는 방법으로서, 해당 텍스트를 그것과 밀접한 연관을 가지는 관련 텍스트와 상호 연결하여 읽음으로써, 내면화 과정의 조화로운 형성을 기대해 볼 수 있다. 그러기 위해서 문학교사는 수용자(개인이 되든 유형별 집단이 되든)에게 맞는 텍스트 상호성의 연결망을 조직 · 제시해 줄 수 있는 능력을 갖추어야 한다. 이는 상당 수준의 전문성을 요하는 것으로 개개 문학작품에 대한 충분한 섭렵과 그에 상응하는 비평적 안목을 갖출 것을 요구한다.

텍스트 상호성의 원리를 수업활동의 장에 적극적으로 투입하는 것이 내면화 단계에 대한 텍스트 측면에서의 접근이라면, 이와 병행해서 수용자의 실제적 자아의식(自我意識)이나 생체험(生體驗)의 질과 양은 어떤 형태로든 연계지는 내용상의 텍스트 상호성도 고려해야 한다. 이러한 내면화 과정에서 작용하는 것을 관찰하고 통제하는 활동은 수용자 측면에서의 접근이라 할 수 있다.

이 경우 수용자 개개인의 자아개념이나 생체험의 특성을 교사가 온전하게 파악한다는 것은 우리의 교실환경에서는 어려울 수도 있다. 그렇다면 현실적으로 이 단계에서 이러한 목적의 교수 · 학습활동을 도울 수 있는 방안은 무엇인가? 그것은 인성, 자아개념, 심리적 환경분석, 개별체험의 가치형성유형, 문학체험의 태도변용 등을 측정할 수 있는 각종 표준화 검사도구(標準化 檢査道具)의 개발과 활용이다.

이러한 도구의 도움이 없이는 사실상 내면화단계의 수업활동은 모형상의 개념 수준에서 더 이상 구체화되기가 곤란할 것이다. 그리고 이러한 도구는 기왕의 교육학, 심리학 분야에서의 연구결과들이 문학교육 운용에 효과적으로 도입되어야 하며, 이러한 도구의 개발과 적용은 문학교육 연구의 한 분야로서, 그리고 문학교육 연구자들이 현장과의 연계 속에서 개척해 나가야 할 중요한 과제라고 할 수 있다. 아울러 교육연구 방법론에 대한 지평의 개안이 문학교육 연구에도 절실하다고 하겠다.

다음으로 이 일반절차 모형에서 문제가 되는 것은 '평가단계'이다. 이 평가단계의 구체적 활동은 여타 주지과목의 지식습득, 탐구력신장 등을 평가하는 것과는 그 속성이 다르기 때문이다.

물론 문학교육에 있어서도 작품과 관련된 장르 일반적 사항, 문학사적 연대지표 등 기본 공리적 수준(公理的 水準)의 지식들은 그것이 인류의 문화사적 정신유산으로 인정된다는 점에서 기존의 평가개념에 의한 지도를 무시할 수 없을 것이다. 그러나 수용자 변인을 중시하고 개방성의 원리를 견지할 때, 문학수업에서 평가활동은 작품감상의 총화적 산물(product)이 평가될 수 있도록 해야 한다. 그러기 위해서는 현실적으로 기술적(記述的) 자료에 의한 평가방식이 타당성을 갖는데, 학습자의 말하기, 쓰기의 과정을 통해 그것이 이루어질 수 있다. 이렇게 함으로써 최소한 평가단계의 지도는 그에 후속하는 '내면화 단계'와 연결되면서 동시에 그 이전의 '계획', '진단', '지도' 단계와는 피드백 시스템을 유지할 수 있게 된다. 평가에 대해서는 뒤에서 다시 상술하기로 한다. 다만 여기서는 문학수업의 일반절차모형에서 각 단계가 갖는 위상과 모형 틀 속에서의 유기적 관련망을 이해하는 수준에서 언급하였다.

끝으로 문학수업의 일반 절차모형을 앞에서 제시하였으나 이는 어떻게 보면 가설적 수준을 벗어나지 못했다고도 볼 수 있다. 왜냐하면 완벽한 적용과 검증을 통하여 그 타당성을 과학적으로 확립한 수준은 아니기 때문이다. 다만 그간의 논의와 경험치들에 기초하여, 그리고 문학자체가 갖는 내적 원리들에 의하여 연역적으로 설정된 것이라는 점을 강조하고자 한다. 문학교육 연구에 있어 수용자(인간)를 축으로 한 수많은 실험연구의 수행이 갖는 중요성을 인식하는 계기로 삼아야 할 것이다.

(4) 문학수업의 목표별 모형

일반 절차 모형에 따라 이루어지는 문학수업은, 그 수업이 고유하게 추구하고 있는 목표를 가지고 있다. 특정의 상황에서 문학수업을 해 나가는 데는 특정의 목표가 요구되는 경우가 있다. 문학을 지도하는 교사는 문학 수업의 역동성, 문학수업의 개별화를 위해서 자기의 문학수업이 어떤 특정의 상황에 있는지를 발견할 수 있어야 한다. 그래야 목표별 문학수업 모형을 구안하게 된다. 목표별 모형은 각 학습과제를 학습하는 데 요구되는 학습조건 또는 학습과정의 차이에 따라 그 수업의 고유한 목표를 설정하고 이를 모형화하는 것이다. 따라서 전술한 일반 절차모형이 다소 도식적 틀을 지닌 것이라면 이 모형은 수업설계자의 창의적 의도와 수업전략 집중의 효과가 잘 드러날 수 있는 모형이라 볼 수 있다.

'지금 여기'(now and here)의 내가 가르치는 아이들에게 보다 효과적이고도 필요한 문학교육은 어떤 것이 되어야 할 것인지를 심각하게 고민하는 가운데 문학 교수-학습의 목표별 모형이 생성되기 때문이다. 그것은 물론 내용을 중심으로 접근하는 모형이 될 수도 있고, 방법을 중심으로 접근하는 모형이 될 수도 있다. 또 문학교육 그 자체를 위한 접근일 수도 있고, 다른 교과 영역과의 상호 작용을 고려하는 접근이 될 수도 있다.

문학수업의 전략상 목표는 학습과제가 갖는 조건과 과정에 따라 다층적(多層的)으로 설정될 수 있다. 따라서 이 모형의 적용은 매우 광범위하게 나타날 수 있다. 목표별 수업모형을 적용하기 위한 문학제재수업의 경향을 학습과제의 조건이란 측면에서 살펴보면 다음과 같다.

〈문학의 개념 습득을 위한 목표별 수업모형의 예〉

◦문화전승의 양식으로서의 문학의 개념 습득을 위한 수업모형
◦문학의 정의 개념 습득을 위한 수업모형
◦문학사의 개념 요소 습득을 위한 수업모형
◦문학텍스트의 언어 작용 이해를 위한 수업모형

〈문학 현상을 이해하기 위한 목표별 수업모형의 예〉

◦단위 텍스트의 구조를 분석하는 과정으로서의 수업모형
◦단위 텍스트의 구조를 종합하는 과정으로서의 수업모형
◦문학현상의 한 주체로서 작가를 이해하기 위한 수업모형
◦문학현상의 한 주체로서 독자를 이해하기 위한 수업모형
◦문학현상의 한 요소로서 현실(반영)을 이해하기 위한 수업모형
◦문학현상의 한 요소로서 텍스트의 표현성을 이해하기 위한 수업모형
◦문학현상의 유기적 작용태를 이해하기 위한 수업모형

〈텍스트 상호성을 확충하기 위한 목표별 수업모형의 예〉

○ 주제에 의한 텍스트상호성 확충 수업모형

○ 문학사적 흐름에 의한 텍스트상호성 확충 수업모형

○ 작가에 의한 텍스트상호성 확충 수업모형

○ 수용자 개인의 체험을 중심으로 한 텍스트상호성 확충 수업모형

○ 이념에 의한 텍스트상호성 확충 수업모형

〈내면화 과정을 돕기 위한 목표별 수업모형의 예〉

○ 인물의 해석을 위한 역할놀이 수업모형

○ 텍스트에 관한 비평적 자료 집단탐구모형

○ 텍스트에 관한 재해석 토론수업모형

○ 텍스트 반응과정 중심 수업모형

○ 텍스트와 삶의 상호성 탐구모형

○ 텍스트의 가치화 과정 모형

이상은 텍스트 자체의 학습이나 문학의 문학다운 본질에 관한 것을 습득하는 데 초점을 둔 본질주의적 교수관을 바탕으로 하는 목표별 수업모형이라 할 수 있다. 그와는 대비적으로 문학 수용자를 중심축으로 하는 목표별 수업모형을 생각해 볼 수 있다. 주로 문학에 대한 태도와 문학학습을 흥미있게 운영하기 위한 운영 효과면에서의 목표를 강조하는 경우이다. 몇 개의 예를 들어 보이면 다음과 같다.

* 문학 제재에 친화감을 가질 수 있도록 하는 데 목표를 두는 모형
* 문학 경험의 절대 결핍을 보완하는 데 목표를 두는 모형
* 일상적 언어 속에서 문학적 요소를 발견하는 데 목표를 두는 모형
* 문학적 표현 욕구를 고무 강화하는 데 목표를 두는 모형
* 문학적 수사를 쓰기 훈련과 연결짓는 데 목표를 두는 모형
* 영상 매체에 의한 문학 수용을 강화하는 데 목표를 두는 모형

* 문학과 도덕적 경험을 연결짓는 데 목표를 두는 모형
* 공상적 경험을 문학적 상상력으로 전이하는 데 목표를 두는 모형
* 문학 경험을 학급 구성원끼리 공유하는 데 초점을 두는 모형
* 구비문학을 직접 수집하고 전달하는 데 목표를 두는 모형
* 문학의 효용성을 직접 발견하게 하는 데 목표를 두는 모형
* 문학 속의 인물을 현실 속에서 해석하는 데 목표를 두는 모형
* 일상의 경험을 문학적 상징으로 바꾸어 보는 데 목표를 두는 모형
* 타분야의 지식과 경험을 문학 감상과 연관짓는 데 목표를 두는 모형

목표별 수업모형의 층위가 매우 다양하기 때문에 일반화된 모형을 구축하기가 쉽지 않지만, 포괄적인 수준에서나마 [그림 2]와 같이 구조화해 볼 수 있다.[38] 수업설계의 미시적 접근과 전략화된 목표설정을 통하여 문학수업을 효율화하는 목표별 수업모형은 문학수업에서는 대체로 부분적인 효과를 도모할 수 있을 것으로 기대된다.

이 목표별 수업모형은 수업자체의 생동감, 흥미유발, 그리고 참여도 강화를 위해서 문학수업의 조건과 과정에 맞게 탄력적으로 활용할 수 있는 장점이 있다. 특히 학교급별로는 초등학교, 중학교 단계에서 그 효과가 기대되며, 특별활동 프로그램으로서의 문학교육운영과 관련해서도 새로운 수업아이디어를 시사받을 수 있을 것으로 보인다.

문학교육과 가장 친밀한 관계를 가지는 모형은 '창의적 사고의 수업모형'이라고 볼 수 있다. 대상 및 관계에 초점을 맞추어 작품 세계를 파악하게 되는 감상 활동은 그 자체가 열려진 수용 태세를 전제로 하는 것이며 무한한 창의적 반응을 허용하는 것이 되어야 한다. 학생들 자신의 가정을 텍스트 속에 항시 투입해야 하는 것도 창의성을 기반으로 하는 수업에서 강조되는 것이다. 낯선 것을 친밀한 것으로, 친밀한 것을 낯선 것으로 바라보는 활동을 이 수업모형은 강조하고 있는데, 이는 문학 작품의 형상화 원리인 동시에 문학 작품

38) 이 표는 Joyce & Weil, *Models of Teaching*(1982)의 수업모형이론을 원용하여 문학수업 상황과 대응가능성이 있는 것을 중심으로 각 모형의 하위 해당 내용을 구성하였음.

의 해석 원리이기도 하다.

상호작용 수업모형은 원래 사회과 수업의 모형으로 그 적합성이 인정되고 있으나, 문학 수업의 모형으로도 전용할 수 있는 많은 이점을 가지고 있다. 독후감 쓰기 등의 고식적인 작품 감상 활동을 참신하게 극복할 수 있는 방안으로 상호작용 수업모형의 가능성을 고려해 볼 필요가 있다. 감정이입을 실제적으로 구현해 보고, 작품 세계의 진전을 직접 그려내 보이는 매우 적극적인 감상 활동을 구안해 볼 수 있는 것이다. 그런 점에서 연극적 활동의 문학 교수-학습 방법론적 변용을 적극적으로 시도하고 개발할 필요가 있다. 이 경우 자료의 치밀한 조직과 높은 준비도의 구축이 수업 성패에 직결된다고 하겠다.

태도모형은 사회과나 도덕과의 수업모형으로 인정되어 왔으나, 문학수업에서도 그 적용이 부분적으로 가능하다. 즉, 자신의 문학 경험을 아동들 개개인이 정리하여 계열화할 수 있도록 수업을 운용해 나가는 것이다. 그리고 이런 활동을 문학읽기 속에서 지속적으로 실천하게 되면 일정한 성과를 거둘 수 있다. 문학 경험과 일상 경험의 내용을 대응하여 생각해 보게 하는 과정도 태도모형의 원용으로 적절할 것이다. 이른바 문학 속의 내용과 일상 생활에서의 경험 내용을 대응시켜 보는 과정을 통해서 감상의 단계에 자연스럽게 입문할 수 있게 되는 것이다. 이 경우 이른바 독자 반응 중심의 문학교육이론이 문학 수업모형의 이론적 기저로 동원되는 이점을 취할 수 있을 것으로 보인다.

개념수업모형은 문학에 대한 개념을 길러주는 데 유용하게 고려할 수 있는 모형이다. 학생들에게 '문학의 개념'은 어떤 모습으로 제시되는 것이 바람직한가를 먼저 검토해야 할 것이다. 물론 문학학에서 정의된 개념들을 그대로 주입하는 모습이 되어서는 아니될 것이다. 적절한 경험적 사례와 예시를 효과적으로 습득한 뒤에 문학이라는 개념의 지도를 마음 속에 그려 보일 수 있는 방향으로 수업의 설계와 활동이 이루어지는 것이 바람직하다. 진정한 의미에서 개념을 안다는 것은 문학의 구체적 현상들을 일관하는 어떤 원리를 터득한다는 것을 의미한다. 이렇게 본다면 문학 수업에서의 개념수업모형은 경험수업모형과 상호보완적인 관계에 놓이게 됨을 알 수 있다.[39)]

39) 최현섭 외, 『국어교육학개론』(삼지원, 1996), pp. 391~395.

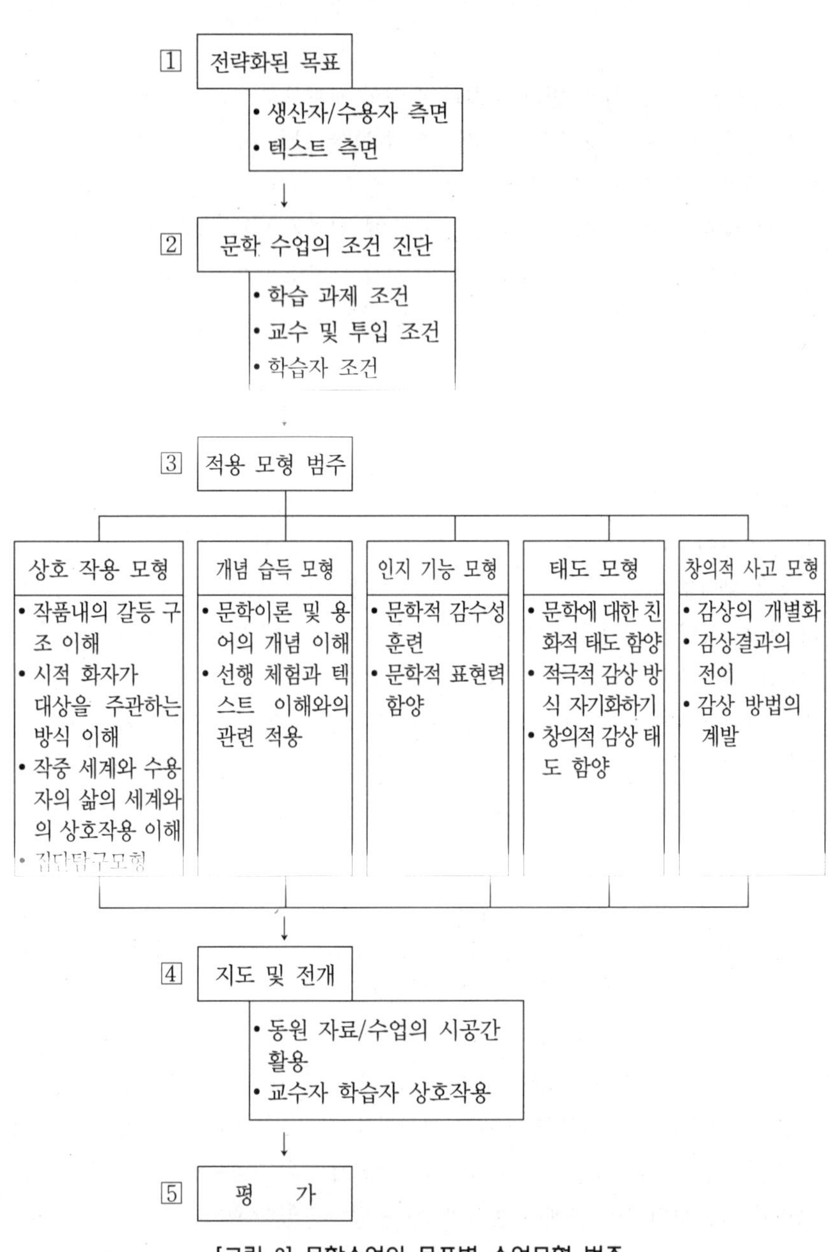

[그림 2] 문학수업의 목표별 수업모형 범주

이 표가 보여주는 수업모형 범주는 범교과적 모형을 가능한 대로 문학수업에 대응시켜 본 것이다. 이렇게 함으로써 문학교육 내에서 어떤 수업 가능태를 만들어 갈 수 있을지 생각해 보아야 한다. 예를 들면 '상호작용모형'을 소설수용의 과정과 관련해서 살펴보는 일, 시적 화자와 독자의 자리를 전환해 보는 일, '태도모형'을 극양식 이해의 과정에서 원용하는 일, 개념획득모형을 장르 일반론 학습과 관련시켜 보는 일, 선행조직자 모형을 스키마 이론과 결부하여 '문학적 인지기능'의 향상 방법으로 삼아 보는 일, 창의성 계발 모형을 문학적 사고력의 계발과 관련시켜 보는 일 등등은 문학교육의 수업설계 영역에서 꾸준히 연구하여 이론화 · 실용화시켜 나가야 할 과제이다.

이러한 기존 수업 모형 이론들을 문학교육에 적용하는 데는 모형의 본질과 한계를 바르게 인식하고, '나의 모형'을 재구성한다는 인식이 절대로 필요하다. 모형에 종속되는 교사가 아니라, 수업을 기획하는 한 주체로서 교사는 여러 종류의 수업모형을 확실히 장악하고 부리는 자리에 서야 한다.

2. 시 제재의 수업

(1) 시 제재 수업모형을 위한 전제

(가) 시의 장르적 특성

문학교육은 문학 본질에 충실해야 하고 문학으로부터 출발해야 한다는 전제는 시의 경우에도 일관성있게 적용된다. 그것은 시가 문학의 핵심적인 장르라는 점에서도 그러하거니와 시가 가지고 있는 문법체계(시학)가 비교적 완벽하다는 의미에서도 그러하다. 즉, 문학으로서의 자율성을 가장 잘 구현하고 있는 것이 시라는 의미에서 그러하다. 시를 교육한다는 전제가 가능하기 위해서는 시의 장르적인 특징이 우선 밝혀져야 할 것이다.

그러나 이러한 논의가 시의 일반론을 전개하는 것으로 범위를 확대할 경우 지나치게 방만한 논의가 되어 실제 수업에는 도움을 주기 어려운 점을 감안할 필요가 있다. 시론(詩論)을 참고한 시의 일반론은 교사가 수업에 사용되는 제재를 해석하고 수업을 설계하는 데에 이용할 수 있을 것이다.

언어적인 측면에서 시를 규정한다고 할 경우, 시는 내포적인 언어로 이루어진 자율적인 구조로 설명할 수 있을 것이다. 시어의 이중성을 시적인 언어의 가장 중요한 특징으로 들고, 그것이 시의 구조를 형성한다는 관점에서 특징을 지적하자면 시어와 이미저리, 은유, 상징, 원형(archetype), 아이러니 등을 들 수 있을 것이다. 그리고 이들 항목은 각각 나름의 법칙성을 띠는 것이다. 이들이 세분되어 설명될 수 있음은 물론이다. 그러나 이러한 항목들을 모두 설명하기는 또 하나의 책을 써야 할 만큼 많은 이론과 논리가 전개되어야 하고 작품의 분석이 뒤따라야 한다. 그리고 시를 보는 관점에 따라서는 시를 체험으로 본다든지 삶에 대한 비평으로 본다든지 할 수 있고, 이러한 관점에 따라서는 시가 언어의 자율적인 구조체라는 규정이 의미를 띠기 어려운 경우도 있으므로 시 수업에 임하는 교사는 어떠한 전제에서 시를 해석하고 수업을 설계할 것인가를 판단할 수 있도록 해야 한다.

시의 장르적인 특성을 고려하여 시 수업에서 전제가 되어야 할 점을 몇 가지 지적하는 것으로 논의를 전개하고자 한다.

첫째, 시작품을 정신적인 가치물임과 동시에 언어적인 자율성을 띤 미적인 대상으로 수용할 수 있다는 점을 고려해야 한다. 이는 문학 일반의 이론과도 상응하는 논리인 셈인데, 문학을 '가치있는 체험의 기록'으로 정의할 경우, 체험과 기록 양 편을 모두 포괄함을 뜻한다. 예컨대 김수영(1921~1968)의 〈풀〉을 가르친다고 할 경우, 풀이라는 소재에 집착하여 그것을 민초를 뜻하는 것으로 한정하고 민중들의 억압과 고통을 읊은 시로 설명한다면, 그 시가 가지고 있는 언어적인 조건은 무시되기 쉽다. 물론 그러한 해석이 전혀 무의미하다는 것은 아니다. 다만 정신적인 가치라는 것을 현실적인 삶으로 환원하여 시의 도구화를 초래해서는 안된다는 뜻이다. 이육사의 〈청포도〉를 가르친다고 할 경우도 마찬가지이다. 이육사의 다른 작품들이 시대적인 배경을 알지 않으면 잘 해석되지 않는 작품들이라고 해서 같은 방식으로 설명하는 것은 무리가 된다. 〈청포도〉의 경우 시적 화자(話者)가 여성으로 되어 있음을 알아야 한다. 여성으로서의 그리움이나 기다림은 그 나름의 의미를 지니는 것이지,

그것을 초인사상(超人思想)이라고 할 이유가 달리 있는 것은 아니다. 〈광야〉를 읽는 방식으로 〈청포도〉를 읽었을 경우 그러한 편향성을 면하기 어려운 것이다. 정신적인 가치물로서의 시를 강조하더라도 그 시가 가지고 있는 구조적인 의미는 소홀히 다루어질 수 없는 것이다. 형식개념을 벗어난다면 그것은 이미 예술일 수 없기 때문이다.

둘째, 시의 경향을 고려한 수업이 이루어질 수 있도록 개개 작품에 대한 개별화의 원리가 적용되어야 한다. 한 작가의 시를 어떠한 경향으로 분류하는 것은 문학연구의 결과로 얻어진 추상화된 개념이라고 할 수 있다. 유치환의 경우 의지의 시인으로 규정되는 것이 일반적인 평가이고 그 의지라는 것이 허무의지라는 보다 상세한 규정을 받기도 한다. 그러한 지적은 〈바위〉, 〈깃발〉, 〈침묵의 서〉 등의 경우라면 무리가 없는 지적이라 할 수 있다. 그러나 〈춘신〉 같은 경우는 의지보다는 언어로 설명되지 않는 봄의 정서를 그려내고 있는 것이다. 한 작가의 작품이 다양한 것은 너무나 당연하다. 작가의 성장과 시적인 체험의 증가에 따라 다른 성향의 작품을 쓸 수 있는 것이기 때문이다. 시적인 경향은 한국시 전체를 살필 때에도 나타난다는 점을 유념할 필요가 있다. 김윤식은 한국 근대시를 심혼시(心魂詩), 정신시(精神詩), 기교시(技巧詩)로 나누어 설명하고 있다. 시인과 시가 밀착되어 있는 경우와 작품은 작품으로서의 자율성을 지녀 시인으로부터 독립된 객체로 존재하는 경우를 상정하여 작품의 경향을 분류한다. 우선 사람의 심적인 영역을 혼, 마음, 정신으로 구분하고 혼을 생명의 근원적인 것, 생명의 알맹이에 해당하는 것으로 상정한다. 그러할 경우 혼은 지적인 통제가 형식개념으로 파악되지 않는 특성을 지닌다. 그러한 세계를 읊은 시를 심혼시라고 명명한다. 심혼시의 예로 김소월의 〈무덤〉이나 〈초혼〉 같은 작품을 들고 있다. 거기에 비해 정신은 인간의 의지와 지적인 통제의 영역에 드는 심리영역으로 보아 사회성을 지니는 것으로 본다. 소월의 경우 이러한 경향을 띠는 작품으로 〈산유화〉, 〈진달래꽃〉 등이 거론된다. 정신시의 경우 시인 자신이 비극의 주인공으로 되는 것으로 시와 시인의 비분리원칙(非分離原則)이 지켜지나 심혼시와 다른 점이 있다면, 지적인 통제가 가해지고 삶의 지표〔사회성〕로 시가 드러날 수 있다는 점이다. 심훈(1901~1936)

의 〈그날이 오면〉, 윤동주의 〈십자가〉 그리고 매천 황현의 시편들과 이육사의 시들에서 그러한 예를 확인할 수 있다. 그런가 하면, 시인으로부터 시가 분리되어 만들어진 것으로서의 시를 상정할 경우 그러한 시를 기교시라 하고, 한국의 근대시는 기교시라는 점을 밝히고 있다.[40)]

시의 이러한 경향 속에서 시 낱낱의 작품들은 해석의 방향을 잡을 수 있는 것이기 때문에 시의 경향을 고려하여 작품별 개별화를 지향하는 일은 매우 중요한 의미를 띠는 것이다. 그리고 이러한 고려는 작품을 독립된 개체로 놓지 않고 문학사적인 맥락에서 이해할 수 있도록 해 준다는 이점이 있기도 하다.

셋째, 교사는 작품해석을 위한 방법이나 기술에 숙련되어 있어야 한다. 이는 문학교사가 학생들의 시 수용에 큰 영향을 미친다는 점에서 뿐만이 아니라 교사의 작품해석이 학생들의 작품해석을 위한 하나의 모델이 된다는 점에서 그 중요성을 소홀히 할 수 없는 것이다. I. A. 리차즈는 「실제비평」에서 시를 가르치는 방법을 정교히 실험한 뒤, 시해석의 어려움을 다음과 같이 지적한다.[41)]

① 학생들이 시의 표현적인 측면이나 진술적인 측면을 이해하지 못함으로써 시의 명백한 의미를 파악하지 못한다.
② 시적인 언어가 환기하는 감각적인 감동을 이해하지 못한다.
③ 이미저리 수용에 제한점이 크다.
④ 시와는 무관한 개인적인 심적 잔재들이 시의 이해를 장애한다.
⑤ 시의 세계를 바로 행동의 세계와 동일시함으로써 시적 경험의 특수성을 받아들이지 않는 태도의 문제가 있다.
⑥ 시에 대한 태도가 어느 한 편으로 치중된 감상성의 문제가 있다.
⑦ 감상성의 반대편인 억압(inhibition)이 시의 해석을 장애한다.
⑧ 시의 가치를 신념의 진위(眞僞)에 따라 논하려는 태도의 문제가 있다.
⑨ 시의 기교성에 집착하여 시를 평가한다면 시의 수단들을 목적보다 중시하는 결과를 빚는다.

---

40) 김윤식, 『황홀경의 사상』(홍성사, 1984), pp. 312～316.
41) I. A. Richards, *Practical Criticism*(Routledge & Kegan Paul, 1973) 제Ⅵ장 참조.

⑩ 이론에 따라 시가 쓰여진다는 비평적 선입견이 시해석을 장애한다.

이러한 시해석의 오류를 극복하고 시를 올바로 해석하는 방법을 소상히 제시하고 있으나, 여기서는 휠러가 제안하는 시해석의 기술에 대해 언급함으로써 참고할 수 있도록 한다.

① 훌륭한 한 편의 시는 자율적인 세계이다. 시의 자율성은 독자들에게 해석의 지평을 제공한다. 해석의 지평에 증거를 투입하고 그것은 시의 장치 속에서 기능적으로 역할을 하여 시의 의미를 드러내게 된다.

② 훌륭한 시는 내적인 수미일관성의 세계이다. 중심적인 의미를 향하여 다양한 요소들이 통합되어 있는 유기체임을 뜻한다. 잡다한 요소들은 그들 나름으로 일관성을 지향하도록 되어 있다.

③ 시의 전체는 전체를 형성하는 부분들의 총합이 아니다. 그러니까 시의 매혹적인 부분을 중심으로 시를 해석하는 것은 잘못이다.

④ 시의 전체는 전체를 형성하는 부분들의 총화 이상이다. 시의 한 부분이란 그 부분에 기능을 부여하는 거대한 문맥이 없다면 존재할 수 없다. 전체로부터 가치를 유도하고 전체에 가치를 부여하는 부분은 전체와 호혜적인 관계를 나타내지만 대상적(代償的)인 관계는 아니다. 가치의 상호교환성을 가지지 않는다.

⑤ 독자는 전체에 관한 가설들을 기초로 하여 부분들을 평가해야 한다. 시의 윤곽이 파악되면 하나의 가설이 형성되고 그 가설을 기초로 하여 부분들을 검토한다. 부분의 검토가 가설과 들어맞지 않으면 가설을 수정하여 다시 부분들을 검토해야 한다.

⑥ 시는 가장 훌륭한 방법에 의해서만 가장 쉽게 해석된다. 유일한 방법이 있는 것이 아니라 작품에 가장 어울리는 방법을 선택해야 한다.

⑦ 시와 해석은 별도의 세계이다. 시인이 시에 동원한 장치들을 이해하고 그것을 중심으로 시를 해석하는 것은 시를 놓고 하나의 다른 의미체제를 만드는 일이다.

⑧ 훌륭한 한 편의 시는 수없이 많은 해석을 가해도 끝끝내 소멸되지 않는다. 시가 담고 있는 내용은 그릇과 내용물과의 관계가 아니다. 독자가

다양한 의미를 읽어 낼 가능성이 늘 남는다.

⑨ 언제나 가능한 한 축어적으로 시를 읽어야 한다. 낱말의 일차적인 의미를 무시하면서 시적인 장치에 집착하지 않도록 하는 것이 좋다. 표면적인 의미로부터 심층적인 의미를 발굴해야 한다.

⑩ 시인이 제공하는 도움말들을 모두 수용해야 한다. 고유명사, 헌사, 제사, 표제 등으로 나타나는 시인의 말들로부터 도움을 받을 수 있다.

이러한 일반적인 원칙들을 모두 수용하여 시를 해석하기는 어렵다. 다만, "해석의 방법은 해석하려는 재료의 본질에 의하여 결정된다."[42]는 것을 유념하여 시의 해석에 임해야 한다.

넷째, 시의 텍스트상호성을 증대시켜 줄 수 있는 독서자료 보강을 위한 교사의 준비가 있어야 한다. 동일 시인의 다른 작품들을 제공한다든지, 동일한 소재나 기법이 나타난 시작품을 제공하여 시적인 안목을 넓힐 수 있도록 해야 할 것이다. 또한 동일한 시대의 작품들을 제공하여 문학사적인 맥락 속에서 작품을 읽을 수 있도록 하는 일도 중요하다. 동일한 모티프의 통시적(通時的)인 변화를 고려한 작품을 읽도록 준비해 주는 것도 같은 맥락에서 의미있는 일로 여겨진다. 이는 문학교사의 교육과정 재구성 능력과도 관련되는 것으로, 문학교사는 교과서에 주어진 작품을 해설하고 가르치는 것으로 소임이 다 끝나지 않는다는 인식이 필요하고, 교육과정 재구성에 적극성을 띨 필요가 있다.

(나) 시 수업의 구체적인 목표

시는 여러 갈래의 문학장르 중의 하나이다. 그렇기 때문에 시수업의 목표는 문학교육의 의의와 분리하여 생각할 수 없다. 문학교육의 일반적인 목표를 바탕에 깔고 거기에다가 시장르의 특수성이 고려된 목표들이 설정되어야 할 것이다.

문학교육의 목표는 문학을 배움으로써 상상력이 세련되고 삶을 총체적으로 체험할 수 있으며, 그 결과나 과정으로 문학적인 문화를 고양할 수 있다는 것이 문학교육의 궁극적인 의의라고 한 바 있다.[43] 이러한 포괄적인 의의는 보

42) 이승훈, 『시론』(고려원, 1979), p. 314.

다 상세화된 목표로 구체화될 필요가 있고, 문학의 장르에 따라서, 그리고 해당 장르 내에서도 작품에 따라 세분된 목표로 설정되어야 할 것이다. 이러한 점을 유념하여 시 수업의 일반적인 목표를 설정해 보기로 한다.

첫째, 세련된 언어감각의 형성이 시교육의 한 목표가 된다. 문학 일반이 그러한 속성을 지니는 것이지만, 특히 시의 경우 언어운용의 방식이 고도로 세련되어 있어서 시를 읽고 감상하는 동안 의미론적으로 해명하기 어려운 언어의 감각을 구체적으로 기를 수 있다. 내포적(內包的)인 언어의미의 역설은 물론 은유를 통한 언어의 확장까지를 체험할 수 있는 것이다. 또한 추상적인 단계의 언어가 아니라 운율을 가지고 있는 언어와 언어 본래의 속성이 주는 감동을 체험할 수 있기도 하다. 이러한 점은 산문적이고 분석적인 의미를 추구하는 이성적인 분석의 방법으로는 도저히 따를 수 없는 시의 효용이다.

둘째, 시의 음악성과 구조를 통한 정서적 위안감도 목표의 하나가 될 수 있다. 이는 시의 정서적 치유 기능에 해당하는 것이다. 일상적인 삶은 여러 가지 내적 외적인 여건으로 말미암아 감성의 평형을 유지하기 어려운 것이 사실이다. 예술적으로 조정되고 형상화된 시의 세계에 침잠하는 체험을 통하여 일상에서 깨어진 리듬을 회복할 수 있는 것이고 이는 치유기능에 해당하는 것이다.[44] 치유기능이 제대로 이루어졌을 때 느끼는 위안감은 오락이나 쾌락을 훨씬 능가하는 예술의 고유한 기능인 것이고, 이는 시교육의 한 목표로 설정됨이 마땅하다.[45]

셋째, 위 항과 연관이 있는 것으로, 시적인 감동을 통하여 혹은 시인의 감동을 독자의 감동으로 내면화함으로써 내적인 충일감을 맛보는 것도 목표가 될 수 있다. 이는 다른말로 시적인 충일감(充溢感)의 체험이라고 할 수 있다. 시 한 편을 읽고 거기서 잊고 있었던 지난날을 발견한다든지 독자가 그리고 있는 꿈을 확인한다든지 하는 것은 물론 오늘의 삶 속에서 희미한 영상으로 떠오르던 것이 빛을 발하는 체험을 한다면 그것 자체가 시를 통한 내적인 충

43) 같은 책, 제3장 참조.
44) 장영수, 「시의 음악성연구」(서울대 석사논문, 1981) 참조.
45) 김윤식, 「문학을 어떻게 가르칠 것인가」, 『한국근대문학사론고』(법문사, 1973).

일감의 체험이다.

넷째, 시를 읽음으로써 상상력을 세련시킬 수 있다는 점도 중요한 목표가 된다. 이는 시의 가장 강력한 힘이다. 시적인 상상력은 은유의 형태를 통해 드러난다. 은유(隱喩)는 긴장과 생성의 논리 속에서 형성되고 사물의 숨은 의미를 드러낼 수 있는 방법론이 되며, 현실원칙이 작용하는 세계를 초월할 수 있는 가능성을 마련해 주는 것이기도 하다. 조지훈의 〈승무〉에 나타나는 '세사에 시달려도 번뇌는 별빛'이라는 은유나 박재삼(1933~1997)의 〈추억에서〉 같은 작품에 한을 형상화한 〔울엄매의 마음은〕 '달빛받은 옹기전의 옹기들같이/말없이 글썽이고 반짝이던 것인가'하는 은유를 통하여 상상력을 세련시키고 현실을 초월할 수 있도록 하는 것이다.[46)]

다섯째, 시를 읽음으로써 체험을 확대할 수 있다는 점도 시교육의 목표로 설정되어야 한다. 시를 체험의 양식(様式)으로 보는 입장을 옹호하기 위해서가 아니다. 고도로 세련된 문화적 장치인 시를 통하여 체험을 확대할 수 있다는 것은 이론의 여지가 없다. 인간의 성숙이 자아의 각성과 역사적인 존재로의 탄생과 궁극에는 신적인 존재로의 존재전환을 지향하는 것이라면, 이러한 단계에 시가 닿을 수 있는 것이다. 서정주의 〈국화 옆에서〉, 〈꽃밭의 독백〉, 심훈의 〈그날이 오면〉, 이육사의 〈절정〉, 김현승(1913~1975)의 〈눈물〉, 한용운의 〈님의 침묵〉과 같은 작품들을 열거할 수 있을 것이다.

여섯째, 사물에 대한 애정회복을 목표화할 수 있다. 이는 시를 통하여 분열되고, 파편화된 생의 감각을 회복하는 것을 의미한다. 사물이 사물로 존재하면서 인간과 인간의 연맥을 갖지 못하는 것은 감수성의 분열이라 할 수 있다. 이러한 분열은 사물에 대한 애정을 회복함으로써 극복할 수 있는데 이는 시정신(詩精神)과 맞닿아 있다.

일곱째, 사물을 수용하는 태도의 변화를 목표화할 수 있다. 일상 속에서 관념적이고 추상적으로 사물을 인식하는 태도가 시를 읽고 수용하는 가운데 구상적으로 인식할 수 있도록 전환된다. 이는 시의 작용이 통합적으로 이루어질

---

46) 이승원 외, 『한국현대시의 이해와 감상』(대방출판사, 1982), pp. 55~56.

때, 다시 말하자면 시를 체험으로 환원할 때 가능한 일이다.

일반적인 수준에서의 시교육 목표들은 시작품의 특성과 구체적인 수업을 위해서 다시 세분화되어야 함은 물론이다. 그리고 수업의 절차모형이 의미를 갖기 위해서는 목표모형과의 관련을 고려해야 한다는 뜻에서 이러한 모색이 필요함을 상기할 필요가 있다. 기실 수업의 절차모형은 지극히 일반적이고 개념적인 차원의 것이라서 해당 제재의 구체적 교육장면에서의 목표모형이 함께 고려될 때 그 효과를 얻을 수 있다.

(2) 시수업의 절차모형

수업모형 일반론을 고려하면서 시장르의 특성을 감안하여 모형을 구성해 본 다음, 각 단계에 필요한 언급을 하기로 한다.

1. 계획 단계
   (1) 수업목표의 설청
   (2) 학습과제(시 텍스트) 선정
   (2) 평가요목의 작성
2. 진단 단계
   (1) 시와 관련한 선행의 지식, 체험, 감수성 등의 진단
   (2) 학습 과제인 시 텍스트와 수용자들과의 제반 상호성 진단
   (3) 간략한 진단 검사 도구
3. 지도 단계
   (1) 시작품의 전체적 접근
      ① 낭독 및 윤독
      ② 관련 경험의 재생과 경험 교환
   (2) 시작품의 부분적 접근
      ① 시작품의 상황 파악
      ② 시적 화자의 톤 이해
      ③ 시의 이미지 파악-은유의 원리

④ 시의 율격 이해

⑤ 시의 구성 〔구조〕 이해

(3) 시감상의 종합적 재구성

① 의미의 다의성과 함축성 이해

② 말맛과 의미의 어울림

③ 내용과 형식의 어울림

4. 평가 단계

(1) 지도 내용과 호응되는 평가 목표

(2) 인지와 정의의 통합 평가

(3) 시적 수행에 대한 평가

5. 내면화 단계

(1) 시적 체험의 수평적 확대

(2) 시적 체험의 수직적 심화

(3) 시작품 쓰기

앞에 제시한 절차에 따라 실제 수업을 진행할 경우 각 단계와 항목마다 유의할 사항들이 있다. 간단히 언급하고 넘어가기로 한다.

첫째, 시수업의 계획단계에서는 우선 수업목표가 설정되어야 한다. 수업목표를 설정할 때, 교육과정상의 목표를 참조하여 교사가 작품을 해석한 결과에 따라 탄력성 있는 수업목표를 설정할 필요가 있다. 다른 교과와 달리 문학은 자율성과 교사의 작품해석 방향이 수업목표 설정에 결정적인 작용을 하기 때문이다. 또한 이 단계에서 평가계획이 수립되어야 하는 이유는 평가의 성격이 수업목표의 달성 여부를 확인하는 것이기 때문이다.

둘째, 진단단계에서는 실제 수업에서 다루게 되는 시를 이해하기 위한 준비도의 진단이 있어야 한다. 시에 대한 지식이 어느 수준에 와 있는지, 시의 소재나 분위기를 수용할 수 있는 체험은 축적되어 있는지, 시적인 감수성은 어느 수준에 와 있는지 하는 점들이 진단되어야 한다. 그리고 이러한 진단(診斷)을 위한 도구가 표준화되어 있지 않은 한, 교사의 창의적인 도구 마련이 요청되며, 그러한 노력이 축적되어야 진단단계에서 어려움이 감소할 것이다. 이 과정에서 학생들로 하여금 시험을 당하고 있다는 억압적이거나 강박적인 분위기가 형성되지 않도록 유념할 필요가 있다. 가급적 열린 시각으로 시를 대할 수 있도록 하는 수용적인 분위기 형성이 되어야 한다.

셋째, 지도단계는 앞에서도 언급한 바이지만, 작품에 대한 전체적 접근과 부분적 접근의 방법을 거쳐, 다시 종합할 수 있는 과정을 상정한다. 이는 지나치게 분석적인 방법이 갖는 파편성을 극복하기 위한 배려이다.

시수업 지도단계의 맨 처음 과정은 작품의 낭독에서 시작된다. 현대시는 낭독이 수월치 않고 내재율로 되어 있다는 이유로 낭독을 소홀히 하는 경우가 있으나, 이는 시장르의 본질상 잘못된 일이다. 시의 구체적인 감동은 운율적인 언어의 구체성에서 비롯되는 것이기 때문이다. 시낭독의 필요성을 강조하는 입장으로 섀턱(R. Shattuck)의 견해를 참고할 필요가 있다. 그는 분석으로 인해 인간이 배제되는 현대비평을 비판하면서 구연(口演, oral performance)의 전통을 이어갈 것을 제안하고 있다. 구연(낭독)을 함으로써 텍스트에 생명력을 부여할 수 있고, 비평의 논리적 찬탈을 방지할 수 있다고 주장한다. 말소리 효력 중심의 중요성의 인식을 제고할 수 있으며, 표현적이고 듣기 좋은 대화의 목소리 개선 기회를 제공할 수 있다는 것, 낭독을 통해 목적을 발전적으로 수행할 수 있다는 점 등을 들고 있다. 그렇기 때문에 교사는 작품의 연행자(performer)역할을 해야 한다는 점을 강조하고 있다.[47]

낭독은 시에 직접적으로 접근하는 가장 빠른 길이다. 시를 낭독하는 동안 시의 분위기와 리듬을 파악할 수 있고 시어의 구체성을 체득할 수 있는 방법이다. 시의 낭독은 문자언어를 단지 음성언어로 전환하는 것이 아니라 낭독 자체가 작품에 대한 구두 차원의 해석〔oral interpretation〕이며 동시에 텍스트를 총체적으로 재표현하는 표현행위의 일종이라는 점을 염두에 둘 필요가 있다.

---

47) Roger Shattuck, "Viva Voce : Criticism and Teaching of Literature", Paul Hernadi ed., *What is Criticism* (Indiana University Press, c1981) : 최상규 역, 『비평이란 무엇인가』(정음사, 1984), pp. 129～148.

시작품의 낭독은 학생들을 시킬 수도 있고 교사가 시범을 할 수도 있다. 그리고 이미 나와 있는 시청각자료를 활용할 수도 있다. 낭독은 낭독으로 그칠 것이 아니라 학생들이 시를 암기하는 데에 도움이 될 수 있도록 하는 것이 시적 감동의 지속성을 위해 필요하다.

시의 낭독에서 작품 자체의 비표현적인 요소를 처리할 때는 작품에 드러난 시적인 체험을 개인의 체험으로 환원하여 구체화할 수 있는 과정을 거쳐야 한다. 시를 분석하여 설명하기 이전에 시의 상황이나 내용과 연관된 학생들의 체험을 환기할 수 있도록 질문을 하고 그에 대한 답이 시의 주제방향과 어떠한 연관이 있는 것인가를 교사는 정리해 주어야 한다. 이 과정에서 연상(聯想)의 조직망(組織網)을 이용한 반응의 적절성을 서로 토론할 수 있으면 효과를 증대할 수 있다. 교사의 개인적인 체험을 학생들에게 강요하는 느낌을 주지 않아야 한다. 만일 그런 수업이 진행된다면 시의 체험을 제한하고 학생들의 시적인 체험을 제한하는 결과를 가져오게 된다.

전체적인 접근이 일단 끝나면, 시작품의 부분에 접근하여 전체적인 접근의 효과를 상호관련적으로 상승시킬 수 있도록 해야 한다. 이 과정에서 맨먼저 해야 할 일은 시의 상황을 파악하는 것이다. 이는 시를 하나의 연극적인 상황(dramatic situation)으로 설정하고 보는 방법이다.[48] 시도 소설과 마찬가지로 일종의 허구의 양식이라는 점을 고려한 것이고, 둘째는 시에 나타나는 시적 화자의 태도에 따라 시의 의미가 달라지기 때문이다. 시적인 화자는 시의 톤(tone)을 결정한다. 같은 이별이라는 모티프를 수용하고 있는 두 작품, 김소월의 〈진달래꽃〉과 박목월(1916~1978)의 〈이별가〉가 각기 다른 의미와 감동을 불러오는 것은 그 작품에 설정된 시적 화자의 양상이 다르고 따라서 톤이 달라지기 때문이다.

다음으로는 시의 이미지를 파악해야 한다. 이미지는 은유(隱喩)의 원리에 의해 형성되는 것이 대부분이다. 은유의 원리는 상상력을 촉발하고 독자로 하여금 시적인 상황으로 적극적인 참여를 할 수 있도록 유도하는 긴장력을 가진

---

48) C. Altieri, *Act & Quality*, pp. 160~175 참조.

다. 이미지는 낱낱으로 존재하는 것이 아니라 작품 안에서 구조를 이룬다는 점도 고려하여 시의 유기성(有機性)을 드러낼 수 있도록 해야 할 것이다.

그 다음은 시의 율격(律格)을 이해하고 그 율격이 시의 의미를 어떻게 받쳐주고 있는가 하는 점의 설명이 있어야 한다.

끝으로 시의 구조를 이해하도록 하는 것이 중요하다. 시는 리듬과 이미지들이 구조를 이루고 그 구조는 상징의 차원을 거쳐 원형성을 띠다가 고층적인 구조를 형성하는 것이 일반적이다. 의미의 다층성(多層性)을 이해하는 것이 시의 구조를 파악하는 일에 해당한다.

시의 부분들에 대한 접근과정을 거친 다음에는 다시 감상을 종합하면서 시적인 감동을 재구성하는 절차가 필요하다. 이러한 과정은 부분과 전체를 상호 관련짓는 구조적인 사고를 전제한 것이다. 이 과정에서는 내용과 형식의 어울림이 살펴져야 하고, 말맛과 의미의 어울림이 살펴져야 한다.[49] 시의 의미가 다의성을 가지고 있으며 함축적으로 되어 있음을 이해하고 그것이 사물과 새로운 관계를 맺는 방법이며, 사물의 의미를 해석하는 방법임을 이해하여 시감상을 심화하는 단계로 실질적인 지도단계는 마무리된다.

요컨대 시작품에 접근하는 방식은 전체-부분-종합-내면화의 과정을 거치는 것이라야 한다. 이는 시의 수업이 시에 접근하는 방식과 같은 흐름을 타야 한다는 점을 전제로 한 것이다.

넷째, 평가단계에서는 시수업에 대한 평가를 실시한다. 문학교육의 다른 영역도 마찬가지이지만 시수업의 평가는 여러 가지 어려움이 가로놓여 있다. 문학의 자율성을 해치지 않으면서 시수업을 평가해야 하기 때문이다. 문학교육의 일반적인 평가원리를 고려해야 한다. 또한 시교육의 평가방법이 개발되어야 할 것이지만, 시장르의 특성을 고려한 평가가 이루어져야 한다. 이러한 점들을 고려하여 시수업의 평가에 유의할 사항들을 들어보면 다음과 같다.

① 평가의 지문은 완결된 형태의 작품을 제시하는 것이 바람직하다. 시적인 체험과 감상은 작품전체를 읽고 음미하는 과정이라야 하기 때문이

49) I.A. Richards, *Principles of Literary Criticism*(R.K.P., 1970), p. 90.

다. 그리고 분석적인 방법의 피해를 최소화하는 방법도 된다. 시 한 연을 제시하고 문법과 수사법을 함께 묻는 평가 방법은 재고되어야 한다. 이와 아울러 한 지문을 놓고 지나치게 많은 문항을 설정하는 쇄말주의적인 방식도 지양되어야 한다.

② 시의 평가를 위한 문항들은 그 반응의 개방성을 유지해야 한다. 정답의 범위를 지나치게 통제하는 것은 바람직하지 못하다. 학생들의 반응이 엉뚱한 것이라고 하더라도 학생들의 독서체험을 고려하여 늘 다시 검토되지 않으면 안된다. 서정주의 〈동천〉을 읽고 이중섭의 그림 〈까마귀〉를 연상하는 것이나 어머니의 눈썹을 떠올리는 경우 가치의 높낮이를 재기는 어려운 점이 있다.

③ 시의 평가에서 필답식(筆答式)에만 의존하는 것은 바람직하지 않다. 토론의 형식을 취할 수도 있고, 학생으로 하여금 구두발표를 하도록 할 수도 있다. 또한 필답식을 원용한다고 하더라도 시의 내용을 산문으로 풀어 쓰도록 하는 방법을 고려할 수도 있을 것이다. 이때 시의 운율적인 감동은 낭독을 통하여 약화되지 않도록 해야 함은 물론이다.

④ 시에 대한 개념적인 지식을 물을 때는 구체성을 띨 수 있도록 배려를 해야 한다. 은유에 관한 물음일 경우 은유 자체에 대한 설명을 요구할 것이 아니라, 그것이 시에 쓰인 효과를 물을 수도 있을 것이고 시작품에서 그러한 시적 장치를 찾도록 하는 방법도 가능할 것이다.

⑤ 시를 분위기에 맞게 낭독할 수 있는가를 확인하는 수행평가의 방식을 고려할 수 있다. 앞에서 말한 바와 마찬가지로 낭독은 그 자체가 시에 대한 해석이기 때문이다. 낭독과 관련하여 시를 암기하고 있는가 하는 점을 평가할 수도 있다. 암기하고 있는 시는 다른 시를 이해하고 감상하는 데에 일종의 스키마 역할을 할 수 있기 때문에 문학적인 체험의 상승적인 확대를 위하여 결정적인 작용을 할 수 있는 것이다.

⑥ 시인의 시각, 혹은 시적인 화자의 태도에 대한 비평을 하도록 하는 방법을 고려할 수 있다. 이는 시를 내면화하는 과정에서 시에 대한 능동적인 반응을 측정할 수 있는 좋은 방법이 된다. 다시 말하자면 문학의 상호주

관적(相互主觀的) 속성을 바탕으로 한 평가의 방법이 되는 것이다.

⑦ 서술식 문항의 평가를 위해서는 평가의 기준을 미리 제시할 필요가 있다. 시에 대한 반응을 제한하지 않도록 하는 배려가 필요한 것은 물론이다.

⑧ 시 학습 활동의 체험적 측면을 강화하고 수행성을 높이기 위해서 '포트폴리오'식 평가를 시도해 보도록 한다.

시교육의 평가가 올바로 이루어지기 위해서는 문학교사의 문학에 대한 소양과 자질이 요청되며, 평가방법에 대한 새로운 안목과 기술은 부단히 개발되고 수용자의 시학습 환경에 맞게 조정 · 적용되어야 한다.

다섯째, 시 지도의 마지막 단계는 내면화(內面化)단계이다. 개념적인 지식의 영역이라면 내면화단계를 거친 이후에 평가를 하는 것이 합리적일지도 모른다. 그러나 문학일반이나 시는 결국 삶의 문제와 연결되는 일종의 가치결단적(價值決斷的)인 특징을 지니는 것으로, 평가의 객관성과 타당성을 벗어나는 속성을 지닌다. 따라서, 내면화단계를 마지막에 설정할 수밖에 없다.

이 단계에서 고려할 사항은 시적인 체험의 수평적인 확대를 우선 들 수 있다. 서로 연관되는 여러 가지 시를 다양하게 읽고 감상하는 체험을 말한다. 그리고 시를 이해하는 데 필요한 개념적인 지식의 확대도 이 영역에 들어간다. 다음으로는 시적인 체험의 수직적인 심화를 필요로 한다. 이는 시를 자신의 체험으로 환원하여 감수성을 세련시키고 상상력을 키우며 삶을 풍요롭게 하는 일련의 작업에 해당한다.

이 단계의 마지막으로 시를 쓰는 체험을 고려해야 한다. 문예작품 쓰기 교육, 이른바 창작교육을 두고는 상당한 기간 논쟁이 있었다.[50] 창작교육 반대론자들은 문학교육이 문사(文士)를 기르기 위한 것이 아니라는 당위론을 내세우기도 한다. 학교에서 문학을 공부하는 모든 사람이 작가나 시인이 될 필요는 없다. 그리고 그러한 강요를 할 수도 없다. 다만 그런 당위론으로 인해 창

50) 이러한 논쟁은 창작교육 자체의 본질과 기능을 논하는 방식을 취했다기보다는 '국어과 교육'이라는 현실 교육과정의 한 영역의 정체(正體)와 기능을 논하는 구조 속에서 이루어진 감이 있다. 이러한 논의를 발전적으로 수렴하면서 앞으로 마련되는 교육과정에서는 문학적 글쓰기의 영역이 적극적으로 그리고 더욱 포괄적으로 다루어져야 할 것으로 기대된다.

작을 통하여 구체화될 수 있는 자연스러운 시적인 체험을 의도적으로 배제하지는 말아야 한다. 글을 써 봄으로 해서 시인이 겪은 언어적인 체험을 자기화할 수 있음은 물론, 문화적인 장치로서의 시에 대한 체험을 깊게 할 수 있다는 점에서 창작적 글쓰기는 매우 중요한 문학교육적 의미를 가진다. 특히 창작체험은 일상 속에서 자기존재의 계발을 도모하려는 평생교육적인 차원에서는 매우 중요한 의미를 가진다.

(3) 수업운용의 실제

시 제재의 수업모형을 수업사태에서 효과적으로 운용하기 위해서는 위에서 말한 수업의 절차모형이 갖는 일반적 흐름을 파악·적용함은 물론이고, 목표별 수업모형을 고려한 창의적 수업설계가 고려되어야 한다.

수업설계의 기본축은 그 시간적 전개를 통제하는 절차모형과, 시 제재의 특정한 수업목표를 내용적 차원에서 심화하는 목표별 모형이 각각 수업의 시간축(時間軸)과 공간축(空間軸)으로 놓일 수 있도록 하는 것이 바람직하다. 목표별 모형에 대한 특별한 고려없이 절차모형에만 의존해서 수업을 설계한다면 모든 시 제재가 지나치게 단선화(單線化)된 수업전개방식에 의해 다루어질 수밖에 없는 약점을 안게 된다.

효과적인 시수업 운용을 위해서는 개개의 시 제재가 가지는 제재 자체의 문학 특성에 대한 세밀한 분석과 그것의 교육적 특성을 면밀히 검토하는 수업설계가 전제되어야 한다. 대체로 문학제재의 경우 제재(작품) 단위로 소단원화되는 것이 보편적인데, 제재의 속성이 수업의 목표를 상당부분 함의(含意)하여 드러내기 때문에 목표별 수업모형의 적용이 시학습에서는 비교적 용이하게 시도될 수 있다.

시교육의 실제 모습은 다분히 분화된 목표를 강조하는 성향을 띠어 왔다. 즉, 시 제재 전체를 배운다기보다는 시의 특정 요소들에 대한 의도적 강조(목표)에 의한 수업과정(授業過程)을 운영하도록 되어 있다. 이렇게 본다면 교수·학습 활동의 창의성이 강화되는 목표별 수업모형은 분화된 시학습 요소들을 적재적소의 방법들과 연관지을 수 있다. 즉, 심상이나 상징에 대한 개념을 익히는 것을 목표로 할 때는 기법상 김광균이나 정지용의 시처럼 이미지즘의 경향이 강한 시 제재가 효과적이다. 또 시의 음악성을 내용목표로 해야 하는 단계에서는 그러한 목표를 구현하기에 적합한 시 제재가 고려된다. 목표를 시 학습 요소와 유기적으로 통합하면, 분절하여 배운 시 학습의 여러 내용을 나중에 종합적으로 감상할 수 있게 된다. 그러나 삶이나 체험의 총체적 모습을 진정성 있게 시적으로 감수하고 의미화하는 시교육의 중요성을 놓치지 않아야 한다. 이는 '지금 여기'의 요구를 시 교육의 목표로 추구함으로써 시와 삶의 전체성을 동시에 맛볼 수 있는 효과를 얻게 한다.

시의 종합적 감상을 이끌어가기 위한 감상의 방법을 익히는 과정에서는 서정적 자아의 모습이 비교적 선명하게 드러나는 제재들을 학습전략면에서 효과적으로 배열할 수 있는 노력이 필요하다. 어조나 분위기를 맛보게 하는 데에 단위수업의 목표가 정해진 수업이라면 이육사, 유치환(1908~1967) 등 남성적 어조의 군을 이루는 시들, 김소월, 한용운 등 여성적 어조의 군을 이루는 시들을 역시 의도적으로 계열화하는 수업 전략이 필요할 것이다. 또 경우에 따라서는 작가론적 배경을 통하여 제재의 외연적(外延的) 의의나 특성을 살피고자 하는 목표로 시 제재수업을 전개해 나갈 수도 있을 것이다. 또 수용자(학습자)의 수용과정을 특별히 개별화하고 강화하고자 할 때는 완전 자유토의식의 수업설계도 가능하다.

그리고 이러한 목표별 모형수업을 기본적으로 설정할 때, 수업의 목표는 그것이 내용목표일 경우, 교육과정이나 교과서의 내용조직체계에서 자연스럽게 따올 수 있다. 다만 그 내용목표를 어떤 규모의 수업단위 속에 녹여넣을 것인가에 대한 배려만 하면 된다. 이 경우 배려의 기준사항으로는 교실공간의 물리적 조건, 학생들의 준비도 및 동기수준(動機水準) 그리고 교사의 역량 등이 열거될 수 있을 것이다.

그런데 시교육의 전체 과정에서 일정하게 조직배열된 내용목표(內容目標)들의 경우는 목표별 모형적용의 수업전개 틀(frame)을 결정하기 쉬우나, 시교육의 행동목표 또는 정의적 목표들을 목표별 수업모형에 의해서 수업사태 속에 효과적으로 설계하기 위해서는 보다 창의적인 교수방법과 수업활동과 관련한

시 제재의 특성분석이 보다 정밀하게 고구되어야 한다.[51] 몇 가지 실제적 예를 들어본다.

가령 시 장르에서의 장르적 장치에 해당하는 용어나 개념을 익히게 하기 위한 목표의 수업이라면 귀납적 정신과정과 학문적 추리능력의 상호작용적 발달을 도모하기 위한 타바(Taba)의 귀납적 교수모형을 시수업의 장(場)에서 원용해 보는 노력이 요청된다.

또 삐아제(Piaget)의 지적 발달모형과 더불어 콜버그의 도덕성 발달 모형을 시적 감수성 발달에 조응하여 이들 양자의 상관관계를 그 나름대로 정립한 수준에서 시 제재 수업모형으로 원용할 수 있을 것이다. 이러한 수업의 결과로 시 제재의 발달 수준별 적합성을 추출해 낼 수도 있을 것이며 그것을 시교육 전체 과정에 피드백시킬 수 있는 이점을 지니기도 한다.

또한 시와 관련된 선행체험이나 선지식이 시 학습과정에서 의미있게 작용하고 체험의 세계와 작품 속의 세계가 하나의 관계망으로 형성될 수 있는 그러한 감상작용에 목표를 두는 수업이라면 오스벨(Ausbel)의 선행조직자 모형(先行組織者 模型)에 대해 관심을 가지고 접근해 볼 수도 있을 것이다. 특히 이러한 모형은 수용자 중심의 문학교육이론과 어느 정도 대응될 수 있는지를 살펴보고, 일반화하는 데 많은 시사를 줄 것으로 기대된다.

텔렌(Thelen), 듀이(Dewey : 1859~1952) 등에 의해서 주장된 집단탐구 모형의 시수업 적용은 시사(詩史), 텍스트의 시대적 배경, 작가분석 탐구 등의 과정에서 효과가 기대되는 학습방법이다. 시학습의 경우 시 텍스트 감상단계 이전에 교사가 탐구 · 조사 과제로서 부여하고 이를 수업상황에서 그룹별로 발표하게 하는 방식이라면 일정효과를 기대할 수 있을 것이다. 집단탐구의 과정이 일단 교사에 의한 주입식 교수방법을 배제한다. 그런 점에서 감상결과를 발표하는 과정에서도 이 모형의 적용은 유용하다.

---

51) 교육학 분야에서 정립한 분화된 수업모형이론이 문학수업의 실천적 場에서 본격적 의도적으로 적용된 사례에 대한 보고는 거의 없는 실정이다. 모형별 타당성은 다양한 차이를 보이겠으나 시수업전략의 정교화, 탄력성 확보를 위해 관심이 모아져야 할 분야이다(주로 Brace 등의 *Theory of Teaching Model* 참조).

그밖에 텍스트와 수용자의 상호작용을 통해 수용자의 자아의식이나 자아개념을 강화하는 것으로서 시 수업의 목표가 설정된 단계에서는 슈츠(Schutz : 1899~1959)의 의식훈련모형도 적절한 원용이 가능하다.

일반적으로 S-R이론에 의한 행동수정은 지나치게 조건화된 방식에 의한 교육으로 비판받기는 하지만, 시 자체에 대한 친화적 태도가 전혀 형성되어 있지 않거나, 오히려 거부감을 갖고 있는 학습자들에게 시에 대한 친화적 태도를 형성케 해 주는 것을 목표로 하는 수업일 경우, 스키너(Skinner : 1904~1990)의 자동적 조건 모형을 원용할 수도 있다. 이 경우 보상과 강화 그 자체를 시적인 것과 무관하지 않도록 설계하는 것도 하나의 아이디어가 될 수 있다.

밀러(Miller)의 정의적 수업모형은 정의적 교육을 강조하는 입장에서 17개의 정의적 교수모형을 제안하고 있는데, 이들 모형 역시 시 수업의 목표모형으로서의 원용 가능성을 지닌다.[52] 그 중 몇 가지의 가능성을 살펴본다.

시가 위안의 기능을 일차적으로 가진다는 점에 착안하여 정서적으로 자아위기를 드러내는 학습 집단에게 에릭슨(Erikson : 1902~1994)의 자아발달모형(自我發達模型)을 적용함으로써 시학습을 통한 정서적 자아위기의 극복을 시도해 볼 수도 있다. 이 경우 선정될 제재의 내용과 테마에는 각별한 선정 의도가 작용해야 한다. 윤동주(1917~1945)의 〈서시〉는 어려운 시대를 살아가는 인간의 성찰의 자세를 보여줄 것이다.

또 시적 사실(詩的 事實)과 진술을 통하여 타인의 필요와 느낌을 자기화(自己化)하고 그것을 다시 시적 방식으로 타인에게 전달해 보이는 청소년기의 독특한 감수성 구조에 착안하여 이른바 맥파일(McPhail)의 감수성·사려성 모형을 적용해 보는 방법도 좋다. 일정 단위의 시 제재학습을 마치고 시로써 친구에게 편지쓰기 활동을 부과하는 방식 등이 고려될 수 있을 것이다. 이 경우 메시지의 상징성이나 불확정성 등이 타인의 감수성을 이해하려는 공간으로 남게 되어 이른바 내면화(內面化) 훈련의 한 과정으로 작용할 수 있을 것이다.

---

52) 곽병선, 『교육과정』(배영사, 1986), pp. 342~344.

다음으로는 수용자의 시에 대한 반응과정을 온전하게 심화시킬 수 있는 방법으로 오른시타인(Ornstein)의 명상모형(冥想模型)을 고려해 볼 수도 있다. 이 모형은 개체의 의식을 확장시키는 데 유용하므로 시적 진술을 스스로 감지하고 그것을 향해 수용자의 정신을 집중시키는 데 목적이 있다. 대부분의 학습활동이 공개성, 자유토의식으로만 일관하게 될 경우 이른바 발표를 위한 발표의 역기능도 수반하게 되는 것이다. 시수업의 경우 명상적 과정을 어떤 형태로든 또 어떤 단계에서든 부과하여 학습자가 이에 참여하도록 하는 수업방법은 효과를 기대할 수 있다. 특별히 주제상으로 추상적 이상을 지향하거나 형이상학적 모티프가 개재된 제재, 또 기법상으로 관념적 표현이 두드러진 시제재에서 효과가 기대된다. 예컨대 〈검은 빛〉, 〈견고한 고독〉 등 김현승(1913~1975)의 시는 이러한 모형으로 접근하는 것이 효과적일 것이다.

그밖에 집중성을 통한 사유 및 정서의 통합이 시 감상의 최종적 단계에서 특별히 목표화될 필요가 있을 경우, 역시 의식확장의 작용면에서 아사지올라(Assagiola) 등의 심리적 통합모형을 고려해 볼 수도 있을 것이다. 유치환, 김수영 등의 시는 사유와 정서가 잘 조합된 예를 보여준다.

요컨대, 시 제재 수업모형에 있어 텍스트, 수용자(학생), 수업활동의 시공적 조건 등을 역동적 변화상태로 파악하여 그 정황에 맞는 수업모형을 그때그때 탄력성 있게 구사해야 한다. 이론상으로 정립된 기왕의 모형개념이 절대성을 갖는 것은 아니라는 점을 인식하고 그것의 시 수업상황으로의 전이가능성(轉移可能性)을 부단히 모색해 보는 것이 필요하다. 그 가능성을 향한 조건들은 그대로 시교육 실천의 준거들로 파악되어야 함은 물론이다.

3. 소설제재의 수업

(1) 소설제재의 수업모형을 위한 전제

(가) 소설의 장르적 특성

소설은 인물과 인물이 어울려 사회 내에서 살아가는 모습을 구체적으로 서술해 나가는 것을 본질로 하는 장르다.[53] 이것은 시나 수필이 개인의 체험을 바탕으로 독백(獨白)의 형태를 취함에 비해 소설이 인간의 삶, 특히 사회내적 존재로서 인간의 삶을 구체적으로 그려냄을 뜻한다.[54] 따라서 소설교육은 예술적 체험의 확대라든가 문학적 향유능력의 배양이라는 목표와 함께, 사회적 존재로서의 인간이 살아가는 모습에 대한 이해와 인간적 삶이란 무엇인가에 대한 이해 또한 교육의 목표로 수반된다. 문학교육의 목적으로 삶의 총체적 체험을 제시한 것은[55] 문학 각 장르의 속성으로 보아 특히 소설교육의 경우에 깊이 관련된다.

소설교육이 소설의 미적인 여러 규약과 함께 인물의 삶의 의미가 함께 논의되어야 한다는 점에서 소설수업에 임하는 교사는 어떠한 전제에서 소설작품을 이해하고 수업을 설계할 것인가를 판단하는 능력을 지녀야 한다. 이 점에서 소설제재의 수업모형 논의의 전제가 되어야 할 소설의 장르적 특성을 간단히 고찰하기로 한다.

첫째, 소설은 서사문학(敍事文學)의 하위 장르로서 서사성을 바탕으로 하고 있다는 점이다. 서사란 사건이나 연쇄를 이야기하는 것[56]으로 간단히 설명할 수 있다. 즉, 인간과 인간이 주어진 현실 속에서 살아가는 모습을 서술한다는 것을 본질로 한다는 것이다. 〈페스트〉에서 보듯이 인간이 흑사병에 오염된 극한상황으로서의 현실을 살아가는 모습을 통해 인간이 어떻게 살아야 한다는 것을 보여준다거나, 〈사하촌〉에서 보듯이 소작제도와 가난이 인간의 삶을 얼마나 황폐화시키는가를 보여주는 것 등이 그것이다. 소설이 이처럼 구체적인 현실을 살아가는 인간의 모습을 제시한다는 점에서 그것은 순수예술적인 미의

53) 서사양식(敍事樣式)의 하위 장르인 장편소설과 단편소설은 상당히 이질적인 장르다. 여기서는 일반적으로 학교교육에서 장편보다는 단편이 주류를 이루며 장편이 제재로 선택될 때도 그 일부만 수록되어 장편으로서의 의미가 약화되는 점을 고려하여 장르 구분없이 서사장르로서 소설로 묶어 사용한다. 문학교육 방법론의 엄정성을 위해서는 장편과 단편의 교육에 따르는 특수국면에 대한 연구가 필요하다.

54) P. Hernadi, *Beyond Genre* : 김준오 역, 『장르론』(문장, 1983), p. 182 이하.

55) 이 책, 제3장 Ⅰ 참조.

56) G. Genette, trans. J.E. Lewin, *Narrative Discourse*(Ithaca, Cornell Univ. Press ; 1980), p. 25.

추구에서 벗어나 역사와 현실에 대한 작가의 의식을 우위에 두는 양상을 띠게 된다. 이 점은 소설을 미적인 대상으로만 보려는 견해의 한계를 분명히 해 준다. 일찍이 아리스토텔레스는 「시학」에서 시는 역사쪽보다 철학에 가깝다고 하였지만, 소설은 역사와 철학을 동일한 거리에 두는 문학장르로 파악이 가능하다. 소설이 시대와의 관련 아래서 그 시대를 살아가는 인간의 모습을 그리는 점에서는 역사와 비슷하다. 그러나 그것이 인간의 보편적 삶의 가치를 추구하고 있다는 점에서 철학에 수렴하는 것이다.[57] 이는 이야기를 표현의 수단으로 하는 소설이 지니게 되는 장르적 특징이라 하겠다. 소설 장르가 지니는 이같은 장르적 특징은 소설교육에 있어 교사가 반드시 고려해야 할 전제사항이다.

둘째, 소설은 사실이 아닌 것을 사실같이 만들어 낸 이야기, 즉 허구(虛構)라는 점이 고려되어야 한다. 소설은 현실에서 취재한, 즉 사실에 바탕을 둔 이야기다. 그러나 이때 염두에 두어야 할 것은 그것이 작가에 의해 새롭게 해석되거나 재정리된 이야기란 점이다. 바로 이 점에서 소설은 현실이 아닌 허구인 것이다. 허구의 양식을 만든다는 것은 작가가 자신의 의도에 맞는 소설적 현실을 만드는 것이며, 자신이 의도한 주제를 형상화하기 위한 소설적 공간(小說的 空間)과 그 속에서 살아가는 인간을 그려낸다는 뜻이다. 그런데 리얼리즘 이후 허구란 전대와는 달리 상상력에 의해 현실감 있는 이야기를 만들어내는 예술적 장치로 이해된다.[58] 이때 현실감이 있다는 것은 사실의 재생이 아닌 진리와 진실의 전달을 위한 의도적 행위의 결과로 보아야 한다. 우리가 보통 리얼리티라 부르는 소설의 중요한 한 국면은 허구에 의해 가능하다. 실상 순연한 의미에 있어 소설적 리얼리티란 인생과는 거리가 먼 것으로 이해가 가능하다. 실제의 인생은 소설적 플롯의 완결성과는 달리 우연에 의해 지배되기도 하고 실제 지금 일어나는 일과 과거의 어느 일 사이에는 인과성없이 진행되기도 한다. 그러나 소설 속에서 사건이 그렇게 진행될 때 우리는 그것이 현실감이 없다고 한다. 그것은 우리가 소설을 읽으면서 소설적인, 즉 허구적

57) 조남현, 『소설원론』(고려원, 1982), pp. 109~115 참조.
58) 위의 책, p. 86.

인 약속을 전제하고 있음을 보여주는 것이다. 인간이 허구를 만들어내는 힘, 즉 허구적 상상력이라 명명할 수 있는 인간의 능력은 현실을 새롭게 재조직하고 이해하는 힘이 된다. 봉건적인 사회의 질곡을 〈홍길동전〉이나 〈춘향전〉 같은 허구적 상상력에 의해 내적인 극복이 가능했으며, 임진왜란이라는 현실적인 치욕과 절망을 〈임진록〉을 통해 극복했던 것이다. 이러한 허구적 상상력에 의한 현실의 극복은 그것이 현실 내에서의 일이 아니라는 한계를 지니기는 하나, 현실의 어려움을 정신적으로 초극해 내는 원초적인 힘도 될 수 있다. 또 인간이 경험하지 못한 어떤 현실 속에서 어떻게 살아가고 어떻게 극복해 낼 것인가 하는 문제도 허구적 상상력에 의해 예견이 가능하다. 예컨대 극한상황 속에서 인간이 어떻게 살 것인가 하는 문제는 〈페스트〉와 같은 허구적 상상에 의해 가능하다는 것이다. 소설교육에 있어 이같은 허구적 상상력이 지니는 힘에 대한 이해는 반드시 전제되어야 할 사항이다.

셋째, 소설은 플롯이라는 소설적 장치에 의해 이루어진다는 점이다. 이는 앞에 말한 두 사항과 밀접한 관련을 지니는 것으로, 우연에 지배되고 시간의 순서로 나열된 사건을 인과성에 의해 재배열하여 필연성을 부여하기 때문이다. 소설은 인간의 삶 중 어느 한 부분을 강조해 그것을 의미있고 고양된 삶의 형태로 바꾸어 준다. 인간의 분절점이 없는 일상적 삶을 시작과 중간과 끝이 있는 삶의 형태로 바꾸는 과정에서 플롯은 기본적인 장치가 된다. 따라서 허구적 상상력에 의해 꾸며진 플롯의 구조에 대한 이해는 소설이해의 중요한 열쇠로 취급된다.

그러나 소설교육에 있어 이러한 플롯의 중시 경향은 재검토되어야 한다. 소설에서 플롯의 완벽한 조직이 그 작품의 우수성을 결정지어 주는 충분한 조건인가 하는 의문은 얼마든지 제기될 수 있기 때문이다. 플롯은 이야기를 이야기의 수준이 아닌 소설의 수준으로 바꾸어 주는 힘이 되며, 소설작품에 소설적 재미를 부여해 준다. 하지만 완벽한 플롯이 소설의 우수성을 결정지어 주지는 못한다. 일반적인 플롯의 원칙에 가장 잘 따르고 있는 소설로 추리소설을 든다. 이것은 사건이 발생하고 현장에 남은 몇 가지 단서에 의해 수사가 진행되어 결국 주어진 단서에 의해 사건이 해결되는 플롯을 지닌다. 그러나

이 경우 플롯의 완벽성에도 불구하고 우리는 그 작품의 소설적 위대성(小說的偉大性)에 대해서는 회의적인 시각을 보낸다. 오히려 지리멸렬한 플롯을 보여주는 도스토예프스키나 염상섭의 소설에 그 위대성의 의미를 부여한다. 이것은 소설에서 플롯의 중시가 한계를 지님을 보여주는 예이다. 소설에서 이야기는 주인공과 인물의 행동과 사건만으로 이루어지는 것은 아니다. 여러 인물의 사고가 함께 진행이 되는 바, 이러한 사고의 과정에 수반되는 사상성의 깊이와 작품 속의 사건과 사회적 현실 사이의 상호관계성 속에 나타나는 주제의식이 작품의 위대성을 결정짓는 것이기도 하다.

소설이 인간의 정신적 가치의 산물이라면, 소설교육에 있어 소설이라는 언어예술의 미적인 체계의 이해 뿐만 아니라 그 사상적 측면의 이해 역시 중요성을 지닌다. 소설교육의 장에서는 플롯을 중시해 작품 속의 인물간에 일어나는 갈등과 그 심화와 해결 과정을 이해하는 것만으로는 불충분하다. 그 이외에 인물 사이의 대화와 작중화자(作中話者)의 목소리에 포함된 사상적인 면과, 배경이 된 시대와 그 시대 속을 살다간 인간들의 삶의 모습에 대한 심도있는 이해가 필요하다. 위에 지적했듯이 소설교육에 임하는 교사는 플롯의 절대시에 대한 회의적 시각을 유지하면서, 동시에 플롯이 소설을 소설답게 해주는 중요한 장치의 하나라는 점을 알아야 한다. 이 점이 소설이해의 중요한 한 방법이 됨을 전제해야 한다.

(나) 소설수업의 목표

소설교육의 목표는 상상력의 세련, 삶의 총체적 체험, 문학적 문화의 고양이라는 문학교육의 일반목표의 범주를 벗어날 수 없다. 그러나 소설교육의 목표는 문학교육의 일반목표와 함께 소설이 지니는 장르적 특이성을 고려해 보다 구체적인 목표를 설정하기로 한다.

첫째, 인간의 삶에 대한 심화된 체험이 목표화되어야 한다. 인간은 자신에게 주어진 시대에 시공간적 · 계층적으로 제약되며, 허용된 범주내에서 체험하며 살아간다. 그들에게서 체험 영역은 극도로 제한되어 있으며 실제로 허용되지 않은 범주의 체험을 시도하는 일은 불가능하다.

그러나 인간은 사유하는 존재로서, 가치를 지향하는 존재로서 가능한 폭넓고 가치있는 체험을 시도한다. 소설은 인간의 이러한 욕망에 잘 부합되는 장르다. 소설은 구체적인 현실 속에서 살아가는 인간들의 모습을 그리고 있다. 그들은 주어진 현실에 타협하기도 하고, 극복해 나가기도 하고, 좌절해버리기도 하면서 살아간다. 소설은 독자로 하여금 그러한 작중인물을 바라보게 할 뿐 아니라 독자의 의식 속에서 작중인물(作中人物)의 삶을 간접적으로 체험하게 하며, 그 결과 소설내의 인물에 대한 동화와 조절을 가능하게 한다. 소설교육에서 소설이 지닌 이러한 특징은 잘 활용되어야 한다. 특히 감수성이 예민한 청소년을 대상으로 하는 제도교육에 있어 문학교육은 이 점을 도외시해서는 안될 것이다. 〈페스트〉에서의 의사 류의 삶을, 〈상록수〉에서의 영신의 삶을 단지 읽고 이해하는 것으로 끝나지 않고 그것이 내면적 체험으로 승화되어 자신의 삶의 방향에 연결고리가 될 때, 소설교육은 그 목표에 도달했다고 할 수 있다.

이를 위해 문학교사는 보다 개방적인 자세로 학생들의 작품 접근을 유도하고, 학생들 스스로의 발견화과정(發見化過程)을 활성시켜야 할 것이다.

둘째, 허구적 상상력을 통해 형성되는 현실 초극의 힘이 소설교육의 목표가 된다. 현행교육은 자연과학적인 합리주의에 기초한 실용주의적 교육으로 일관하고 있다. 자연과학으로 대표되는 이러한 교육은 세계를 분석적으로 바라보고 인과적 법칙에 의해 이해할 것을 가르친다. 이러한 자연과학적 세계인식의 방법은 근대 이후 세계인식의 주된 패러다임이 되어 그 몫을 충분히 다해 왔다.[59]

이러한 세계인식의 방법에 기댈 때, 인간의 경험에 가치판단의 단초가 주어진다는 한계를 갖는다. 인간은 경험하지 못한 사실을 예상할 수도 있고 그런 현실에 대한 결단을 요구받는 상황에 접하기도 한다. 이러한 상황에서 인간이 효과적으로 대처해 나가는 것은 허구적 상상력에 의해서다. 한 개인의 입장에서 상황에 대해 예견하고 결단을 내리는 것은 유사한 체험에 기댈 수밖에 없

59) 이 책, 제3장 Ⅲ 참조.

고, 그것은 허구적 세계의 독서를 통해 상상적으로 그 영역이 확대될 수 있다.

이 점에서 문학교사는 소설을 가르침에 있어 소설적 상황과 이에 대한 인간의 대처 양상을 이해시켜야 한다. 즉, 〈페스트〉의 이야기는 극한상황의 상징이며 인간이 극한상황에 대처하는 모습을 보여주는 것임을 학생들에게 이해시켜 허구적 상상력을 통한 현실초극(現實超克)의 체험이 가능하도록 유도해야 할 것이다.

셋째, 소설의 텍스트상호성을 소설교육 운영상의 목표로 설정함직하다. 문학교육의 장에서 교육되는 실제는 문학을 이해하기 위해 필요한 최소한의 자료를 제공하고 그를 통해 문학이라는 거대한 실체에 접근할 수 있게 해주는 것으로 나타난다. 따라서, 소설교육도 주어진 텍스트를 통해 소설을 이해시킨다는, 즉 텍스트상호성이 전제되어야 한다. 소설의 기법적 장치에 대한 교육으로 소설의 규칙을 이해하고 작품을 통해 확인하여 소설의 형식을 내면화하게 한다거나, 시대별 · 주제별 · 모티프별 텍스트의 접근을 통해 그러한 요소들이 문학적으로 어떠한 의미를 지니는가가 해명되어 학생들이 이를 자기 스스로 다른 작품에 적용할 수 있게 하는 것이 중요하다. 텍스트상호성의 강조는 문학교사가 교과서에 수록된 작품을 분석하고 해설하는 것만으로 그 소임이 끝나지 않음을 강조함과 함께 문학교육에 대한 능동적인 자세를 지닐 것을 요구한다.

넷째, 소설의 재미를 이해하고 향유하는 것을 목표화해야 한다. 소설은 가치있는 인간의 삶을 제시한다는 점에서 도덕이나 윤리와 근접성을 지닌다. 그러나 교육의 상황에서 도덕이나 윤리는 추상적인 문맥으로 가치를 직접 전달하는 면이 강하다. 따라서 정의적 자질을 지닌 것들의 상당 부분이 인지적인 영역으로 수렴된다. 이에 비해 소설의 경우는 구체적인 인간의 문제로 치환되기 때문에 즐거움 속에 이를 접하고 가치를 내면화하게 된다. 소설에 있어 재미란 표피적 재미, 감동적 재미, 발견적 재미로 나누어 볼 수 있다. 표피적 재미가 저급한 재미로 말초신경을 자극하는 것이라면 감동적 재미란 문학 작품이 지닌 가치의 세계에 동화(同化)되는 데 따르는 재미이며, 발견적 재미는 독자가 능동적으로 문학텍스트의 세계에 참여하여 독창적으로 텍스트의 진정한 의미와 고양된 가치의 세계를 발견해 내는 재미다. 즉, 소설의 재미란 독자가 소설적 세계에 대해 감염되는 현상이다. 이 재미가 저급한 표피적 재미에서 발견적 재미로 이동해 가는 것은 결국 문학텍스트에 대한 감상의 충실도와 관계된다. 소설의 교육은 소설적 장치에 대한 교육과 함께 인간적 가치에 대한 교육도 이루어져 소설적 재미, 즉 소설 속에서 고양된 삶의 의미를 찾아내는 발견적 재미를 느낄 수 있도록 해야 한다. 이것은 저질 소설로부터 학생들을 보호한다는 면에서도 매우 중요하다.

다섯째, 민족어의 감수성을 계발하고, 민족어에 대한 사랑을 갖게 하고, 민족어의 사용 능력을 신장해주는 목표를 상정할 수 있다. 소설은 문학의 여러 장르 중에서 다양한 언어적 형태가 가능한 장르다. 시가 주로 독백에 기대고 있고 수필이 개인적 체험의 진술형식을 취하여 언어적 단면성을 면하지 못하나, 소설은 대화, 독백, 서술, 묘사 등 다양한 언어 진술 방식이 가능하며, 또한 작품내에서도 많은 방언이나 계층어(階層語)의 사용이 가능하다.[60] 이렇듯 소설에 나타나는 문체의 다양성은 소설이 언어교육의 장에서 긴요하게 사용될 수 있으며, 민족어의 체험을 극대화시킬 중요한 자료가 됨을 확실히 해준다. 시의 언어는 정제된 언어이며 고급스러운 표현이나, 소설의 언어는 당대의 삶을 살아가는 서민들의 언어이며 그 속에서 소외된 계층의 삶의 전체적 모습을 보여준다. 소설교육이 민족어의 체험을 위한 중요한 장이 될 수 있음은 바로 소설의 언어가 이같이 온갖 일상적인 언어의 집합체임에 있다. 조야하기까지 한 일상어의 체험을 동해 민족어의 풍요함과 다양함을 이해하게 되고 그 결과 민족어의 사용 능력이 신장될 것이며, 나아가 민족의 삶에 대한 이해도 가능해질 것이기 때문이다. 더욱 폭넓은 민족어의 체험을 통해 민족어에 대한 이해와 감수성을 획득하는 것은 소설교육의 중요한 일면이 된다.

60) 바흐찐(Bakhtin)은 소설에 있어 언어사용의 다면성을 다성악적(polyphonic)이라 명하고 소설문체의 가장 중요한 특성으로 파악하여 이를 세밀히 분석하고 있다. 이에 대해서는, 바흐찐의 『소설미학』(열린책들, 1988), 『도스토예프스키의 시학』(정음사, 1988)등 바흐찐의 저서를 참조할 것.

(2) 소설수업의 절차모형

수업모형(授業模型)에 대한 일반론을 고려하고 소설 장르의 특성을 감안하여 아래와 같이 소설수업의 절차모형을 구안해 본 다음, 각 단계에 필요한 고려 사항을 언급하기로 한다.

여기에 제시하는 소설수업의 일반절차모형은 50분 단위의 물리적 수업을 단위로 하는 것이라기보다는 하나의 소설 제재(텍스트)를 하나의 수업 단위로 대응시키는 것을 전제로 구안한 것이다. 따라서 짤막한 단편소설은 1차시분의 수업 설계로 다음 다섯 단계의 절차를 모두 수용할 수 있기도 하지만, 비교적 복잡한 구성의 긴 장편소설의 경우에는 이러한 소설수업 일반절차모형에 따라 3-5차시의 수업 설계가 이루어질 수도 있다.

Ⅰ. 계획 단계
  1. 수업목표 설정
  2. 교육내용으로서의 텍스트 분석
  3. 부수자료 선정(비평텍스트, 감상텍스트, 텍스트 배경자료)
  4. 평가 목표 설정
Ⅱ. 진단 단계
  1. 소설에 대한 사전 지식 진단
  2. 텍스트와 관련된 선체험 진단
    (1) 내용과 관련된 생체험 진단
    (2) 양식과 관련되는 미적 체험 진단
Ⅲ. 지도 단계
  1. 텍스트에 대한 개괄적 접근
    (1) 작품 읽기
    (2) 인물 · 사건 · 배경의 파악
    (3) 관련 경험의 재생과 경험의 교환
  2. 텍스트에 대한 분석적 접근

(1) 텍스트의 창작배경 파악
(2) 플롯과 스토리의 관계 파악
(3) 텍스트의 갈등구조 파악
(4) 서술방식과 주제와의 관련성 파악
(5) 소설의 제요소간의 관련성 파악
(6) 소설적 세계와 인물에 대한 심화된 이해

3. 텍스트의 종합적 재구성
(1) 소설 내 · 외적 세계의 상호 관계 파악
(2) 작가와 작중인물의 삶에 대한 자세 이해
(3) 허구적 세계의 간접체험

Ⅳ. 평가 단계
1. 소설교육 목표와 관련하여 평가 내용범주 정하기
2. 텍스트 본질과 관련하여 평가 방법범주 정하기
3. 평가결과 송환하기

Ⅴ. 내면화 단계
1. 텍스트상호성의 확대
2. 가치화의 지속 및 인식 확충
3. 간단한 소설작품 쓰기 및 텍스트에 대한 평문 쓰기

이 모형에서 제시하는 다섯 단계의 소설수업절차 가운데, 학생과 교사가 문학교실에서 직접 상호작용하는 단계는 Ⅱ단계-Ⅳ단계 과정이다. Ⅰ단계 과정은 실제적 수업이 이루어지기 전에 교사가 수업을 설계하고 준비하는 단계이므로 학생의 직접적 참여가 있는 것은 아니다. Ⅴ단계는 교사의 직접적인 교수 활동이 이루어지는 단계가 아니라, 학생들이 이미 배운 문학 작품 또는 문학 수용을 자기의 내면으로 가치화, 인격화해 가는 과정이다. 그리고 이러한 내면화 과정은 오랜 기간 그들의 의식과 정신 속에 잠복하는 방식으로 나타난다. 이를 굳이 소설수업의 모형체제 속에 포함시키는 것은, 소설수업을 단순한 기술이나 처방의 차원에서 개념화하지 말아야 한다는 것을 강조하기 위한

것이다. 그리고 그 전단계의 수업 운영에서 '내면화 단계'를 알고 전제하는 문학교사의 수업과 '내면화 단계' 자체를 전제하지 아니하는 문학교사의 수업은, 눈에 쉽게 뜨이는 것은 아닐지라도 질적으로 엄청난 차이를 가진다.

이 모형이 가지는 이러한 특성을 이해하면서, 위의 수업절차모형에 따라 실제 수업을 진행할 경우, 각 단계마다 세부적으로 유의해야 할 사항들에 대해서 각 단계 별로 하나씩 살피기로 한다.

계획 단계에서는 우선 소설수업의 수업목표(授業目標)가 설정되어야 한다. 원론적이지만 목표는 수업의 범위와 방향을 규정하는 가장 중요한 수업 운영 요소이다. 실제 수업상황에서 수업목표를 설정하는 것은 교육과정의 정신과 내용을 살리는 범위 내에서 얼마든지 교사의 창의적 의도가 작용할 수 있다. 수업목표는 제재단위의 목표와 시차단위(時次單位)의 목표가 계열을 이루도록 되어 있다. 이런 형식적 목표계열은 물론 교사의 창의적 목표 설정 노력에 따라 융통성 있게 변용(變容)될 수 있다. 소설교육의 수업목표설정을 위해서는 교육과 문학교육의 일반목표를 늘 기본 토대로 해야 하며, 교육적 측면을 염두에 둔 텍스트 분석의 결과를 반영해야 한다. 여기에는 물론 제재 자체의 속성, 교사의 비평가적 안목 등이 고려되어야 한다. 그 결과 교사는 소설수업의 구체적인 수업목표를 개방적이고 탄력적으로 설정할 수 있게 된다. 다음으로는 해당 제재를 더욱 밀도있게 학습할 수 있는 관련 자료들을 입체적으로 준비한다. 작가와 작품의 배경이 되는 실증적 자료라든지, 학생들의 작품 이해를 도울 수 있는 전문 비평가들의 유효한 비평적 관점이 드러난 글이라든지, 학생들의 감상 활동에 참조될 수 있는 같은 또래들이 산출한 감상 텍스트 같은 것들이 계획단계에서 준비되는 것이 바람직하다. 물론 이들을 교실에서 효과적으로 펼쳐 보일 수 있는 시청각 기자재의 활용도 이 단계에서 계획되어야 한다. 계획단계에서는 이 수업의 전반적인 평가 계획에 대한 것도 함께 고려되어야 한다. 왜냐하면 평가는 목표와 대응되는 수업의 산출에 대한 것을 규정하기 때문이다. 평가계획은 평가를 위한 일반적 수준의 항목을 설정하는 것으로 수업목표가 수업의 실제를 통해 달성되었는가를 확인하는 척도가 되며, 수업의 진행을 일관성 있게 해 주기 때문에 필요하다.

진단 단계에서는 해당 수업에서 다루게 되는 작품에 대한 사전지식이 점검되어야 한다. 수업목표를 고려해 학생들의 사전지식의 수준이 점검되어야 하며 특히 소설의 내용과 관련된 학생들의 생체험(生體驗), 소설 양식과 관련된 미적 체험의 정도가 진단되어야 할 것이다. 이는 교사가 이후의 지도단계의 진행 및 운영에 대한 구체적 교수활동의 내용과 방법을 구안하게 해 준다는 이점을 지닌다. 그러나 진단을 위한 표준화 도구(標準化 道具)도 중요하지만, 구체적 문학교실의 개별성이 더 중요하다고 판단될 때는 그 문학교사의 창의적인 발문이나 설문지의 활용이 기대된다. 진단평가를 위한 표준화된 도구의 마련은 문학교육이 학생들의 발달정도와 제재에 따라 체계있는 교육을 가능하게 해준다는 이점이 따른다. 앞으로 문학교육의 진단활동을 위한 도구가 마련되어야 할 것이다. 그리고 이 단계에서는 학생들이 수업의 제재가 되는 특정의 소설 텍스트에 대한 폐쇄적인 선입견이 형성되지 않도록 유의할 필요가 있다.

지도 단계에서는 '개괄적 접근 – 분석적 접근 – 종합적 감상'에 이르는 과정이 상정되어야 한다. 이는 소설을 분석적 시각에서 다루어 작품의 형해(形骸)를 건드리는 작품이해의 미시성이나, 소설을 주제적인 입장에서 다루어 소설교육을 이데올로기 또는 이념의 교육의 도구로 보는 추상성을 넘어서게 해준다. 문학교육이란 문학의 교육으로서, 그 과정 속에 문학에 대한 교육과 문학을 통한 교육이 동시에 이루어지며 나아가 삶의 자세와 관련되는 인간교육을 전제하기 때문이다.

소설수업의 지도단계는 작품읽기에서 시작된다. 소설은 자족적인 예술작품으로 완결된 구조를 지닌다. 따라서 소설교육에 제재로 사용되는 텍스트는 원작의 일부가 아닌 전작(全作)이 선택되어야 한다.[61] 소설 전작을 제재로 삼아 소설교육에 임할 때, 지도단계의 시작인 작품읽기는 어려움을 수반한다. 시나 수필의 경우 그 길이가 짧기 때문에 수업시간을 이용한 낭독이 가능하나, 소설의 경우 낭독을 한다면 작품의 방대함으로 인해 읽는 데만도 엄청난 시간이

61) 현재 학교교육에서 흔히 소설 작품은 발췌 수록하거나 학생들의 수준에 맞춘다는 취지로 변개하여 수록된다. 장편소설의 한 부분이 수록된다거나 단편소설도 일부분을 축소하거나 하는 것이 그것이다. 그러나 소설이 올바로 교육되기 위해서는 전작의 수록이 필요하다.

소요되기 때문이다.[62] 소설교육에 있어 작품읽기는 실제 수업의 장에서 반드시 실시할 필요는 없다. 미리 가정학습의 형식으로 학생들에게 읽어오게 하고 수업상황에서는 학생들의 줄거리 발표로 대치할 수 있다.

작품읽기를 과제로 처리할 경우 텍스트에 대한 개괄적 접근을 위한 방안으로 인물 · 사건 · 배경 등의 파악, 즉 줄거리의 파악이 우선 필요하다. 소설구성의 삼요소인 인물 · 사건 · 배경은 소설의 줄거리를 이루는 기본사항이다. 소설수업의 장에서 작품의 줄거리를 효과적으로 파악시키기 위해서는 상호작용모형의 집단탐구모형을 적용할 수 있다. 학생들은 개인별 과제로 텍스트를 요약해 오고, 각자 정리한 내용을 상호 발표함으로써 이해를 확대해 가는 것이다. 이 과정은 텍스트의 개괄적 이해에 매우 큰 도움을 준다. 학생들이 각자의 관점에 따라 다르게 요약한 텍스트를 서로 대조함으로써 자신이 빠뜨린 부분까지 보게 되어, 텍스트에 대한 개괄적이고 깊이있는 이해가 가능해지는 것이다. 이 과정의 끝단계에서 학생들의 텍스트에 대한 이해를 돕기 위해 전문가가 잘 손질한 텍스트 요약도 참고할 수 있을 것이다.

텍스트의 줄거리가 정리되면 소설내적 세계와 학생들의 생체험을 관련시켜 작품을 이해한다. 이는 텍스트의 감상 공간을 실제화하고 텍스트 의미화를 위한 것으로서, 학생들의 선행 체험과 관련시키는 정보처리모형의 적용이 고려될 수 있다. 소설 텍스트의 심화된 이해를 위해서는 텍스트가 학생들의 생체험과 관련있어야 한다. 텍스트의 내용에 대한 생체험이 없게 되면 텍스트의 이해가 어렵기 때문이다. 멜빌(H. Melville : 1819~1891)의 〈백경〉이 해양체험이 없는 독자들에게는 이해하기 곤란한 것이 그 좋은 예가 된다. 따라서 소설교육에 사용되는 제재는 가급적 학생들의 생체험과 유관한 것이 바람직하다. 또 학생들의 생체험이 텍스트에 이르지 못할 경우 집단탐구모형에 의한 수업전개를 고려할 수 있다. 예를 들어 〈상록수〉를 가르치기 위해 식민지 농

---

62) 섀턱(R. Shattuck)은 문학교육에서 작품읽기를 강조하여 소설을 한 학기 동안 그 어감에 맞춰 낭독하고 간단한 해설을 하는 수업의 효용성을 강조하고 있다. 이는 대학수준의 전문교육을 전제한 것으로 현행 중등교육에서는 실효성이 의심스럽다. 섀턱의 "목소리로" 〔P. Hernadi, *What is Criticism?*(Indiana University Press, 1981) : 최상규 역, 『비평이란 무엇인가』(정음사, 1984), pp. 129~148〕 참조.

촌현실과 브나로드 운동에 관해 집단별로 탐구시키는 것이다. 교사가 이를 직접 조사하고 구조화하여 학생들에게 일반전달의 방식으로 제시하는 것은 효과적이지 못하다. 문학현상에 대한 탐구와 자기발견의 과정을 텍스트 읽기와 병행함으로써 문학수업의 지도단계에서 역동성 있는 수업 활동을 만들어 갈 수 있는 것이다.

개괄적 접근이 끝나면, 소설작품을 분석적으로 접근한다. 이 단계에서 우선 고려되어야 할 것은 텍스트의 창작배경의 파악이다. 이는 개괄적 접근과 분석적 접근의 연결고리로 필요한 것으로 개괄적 접근의 성격도 강하다. 작가는 시대적 상황과 그의 세계관 등을 바탕으로 소설을 창작하므로 독자의 입장에서 작품의 올바른 이해를 위해서는 창작배경에 관한 이해가 요구된다. 〈상록수〉가 일제하 브나로드 운동과 관련이 있으며, 〈탁류〉는 1930년대 식민지현실을 혼탁한 시류로 파악한 작가의식이 개입되어 있음을 아는 것은 작품 이해에 유용하다. 이는 과제만 잘 부여한다면 집단탐구모형을 적용하여 효과를 볼 수 있을 것이며, 교사가 구조화된 내용을 제시하는 것도 가능하다.

다음으로 텍스트의 플롯에 대한 이해가 필요하다. 소설은 하나의 이야기를 소설적으로 재구성한 것으로 이의 근간이 되는 플롯의 이해는 소설적인 장치의 이해란 면에서 매우 중요하다. 흔히 이 단계를 지도하면서 발단에서 결말에 이르는 플롯의 단계를 텍스트에서 찾아보는 것으로 끝내는데 이것으로는 미흡하다. 소설이 일상적인 삶의 모습과는 달리 시작과 끝이 있는 고양된 삶의 모습을 취하고 있음을 아는 것은 소설의 이해라는 점에서 의의가 있긴 하나, 이러한 접근이 모든 소설의 경우 거의 동일하게 적용되어 개별 텍스트의 특수성을 해명해 내지 못하기 때문이다. 따라서 플롯은 이야기를 소설로 바꾸는 여러 형태의 장치들, 즉 시간순서나 주된 스토리와 부수적인 스토리의 조직관계 등 소설적 완결을 위해 텍스트가 취하는 방식으로 이해되어야 한다. 이런 관점에 설 때 개별 텍스트의 플롯상 특징과 플롯의 효과를 고려할 수 있다. 문학교사는 플롯구조의 파악을 위한 분석의 틀을 학생들에게 제공하고 학생들은 그러한 지식을 작품에 적용하여 발견하는 기쁨을 느낄 수 있어야 한다.

플롯 구조의 이해는 작품 갈등구조(葛藤構造)의 파악으로 이어진다. 소설은 허구적으로 조직된 이야기로 갈등이 수반된 고양된 삶을 보여주므로 소설의 이해를 위해 갈등이 고조되고 해결되는 과정에 대한 이해는 필수적이다. 인물 간의 갈등, 인물과 사회구조와의 갈등, 인물과 운명 사이의 갈등 등 다양한 갈등이 소설 내에서 어떻게 제시되는가를 아는 것은 소설을 입체적으로 이해하는 관건이 된다. 소설교육에서 이의 파악을 위해서는 상호작용모형의 소설에서의 갈등 이해가 적용된다. 〈홍길동전〉이 홍길동으로 대표되는 신분이 사회 내에서 일으키는 신분갈등의 구조를 보인 것으로 당대의 사회구조와 상동성(相同性)[63]을 보이고 있음을 안다거나, 〈역마〉가 역마살이라는 운명과 그것을 극복하려는 인간 갈등과 운명의 승리라는 구조를 보임으로써 인간 삶의 구경적 모습을 제시한 것임을 이해해 가는 것은 텍스트의 줄거리를 입체적으로 이해하는 것이 된다.

흔히 시점으로 일컬어지는 소설 서술방식(敍述方式)에 대한 파악이 필요하다. 소설은 이야기라는 방식으로 주제를 드러내므로 소설의 서술방식은 작품의 구조를 결정하고 작품의 주제와 깊이 관련된다. 소설교육에 있어 서술방식의 이해는 그 유형을 도식적으로 이해하는 데서 끝나서는 안된다. 하나의 소설이 지니는 서술방식상의 특징이 어떠하며 그것이 작품의 주제를 얼마나 효과적으로 드러내는가가 동시에 고려되어야 한다. 채만식의 〈치숙〉의 화자가 지닌 서술방식은 역설적인 것으로 화자의 조카에 대한 비난이 되고 있다거나, 이상 소설의 자기분석적이며 희화적인 서술방식이 일면 자신을 드러내 보이는 듯하지만 오히려 철저히 자신의 비밀을 강화하기 위해 사용되고 있음을 아는 것이 중요하다.

텍스트에 대한 분석적 접근이 진행되면 분석된 요소들 사이의 상호효과에 대해 살펴보아야 한다. 플롯 · 갈등구조 · 서술방식 · 인물 · 사건 · 배경 · 주제 등이 서로 어떻게 유기적으로 조직되어 효과를 나타내는가에 대한 심화된 이해가 필요한 것이다. 이를 효과적인 학습경험으로 조직해 주기 위한 수업모형으로 집단탐구모형이 적용될 수 있으며, 도구적인 성격의 보조자료를 최대한

---

63) L. Goldmann, *Pour une sociologie de roman*, 조경숙 역, 『소설사회학을 위하여』(청하, 1982), p. 20 이하 참조.

활용해야 한다. 문학교사는 학생들에게 개인별 혹은 소집단별로 소설 텍스트의 각 요소 중 어느 하나만을 집중 연구하여 발표시키고, 그것을 상호검토하게 한다. 그렇게 함으로써 학생들 스스로 소설 각 요소에 대한 이해를 깊게 한다. 그리고 이러한 바탕 위에서 소설 텍스트의 각 요소들 사이의 상호유기성(相互有機性)을 이해하도록 지도해 나간다. 그리고 이 과정에 전문가들, 즉 비평가 등의 글은 이러한 지도 활동의 내적 밀도를 더하는 보조자료로 활용할 수 있다.

다음 단계로 집단탐구를 통한 소설적 세계와 사건에 대한 간접체험이 이루어져야 한다. 이는 분석적 접근의 최종단계로서 소설내적 구조에 대한 이해로 요약할 수 있다. 소설 내의 여러 요소에 대한 심화된 이해는 텍스트 내적 감상의 최종단계이다. 여기서는 텍스트의 요소 상호간의 유기성, 인물성격과 갈등구조의 조화 여부, 갈등해결 과정의 논리성, 소설적 세계와 인물의 상관성 등을 비판적 시각으로 바라보아 소설 작품의 형식적인 면에서의 평가로 이어질 수 있다. 이같은 심화된 분석적 접근을 통해 소설내적 세계와 인물의 간접체험이 소설외적 세계와 이어질 수 있다. 이와 같이 분석적 접근을 심화시켜 효과적으로 달성하기 위한 수업모형개념에 따른 정제된 도구의 개발이 기대된다.

소설제재의 지도단계의 최종단계로 감상의 종합적 재구성이 이루어져야 한다. 소설 텍스트의 종합적 재구성은 분석적 접근에서 이루어진 소설 표면구조에 대한 이해를 바탕으로 인간 삶의 보편성을 의미화하는 것이라 할 수 있다. 문학의 구조가 사회의 구조와 상동성을 지닌다[64]고 한다면 소설내적 세계는 허구의 세계이면서 동시에 인간 삶의 보편성을 보여주는 것이 된다. 따라서 소설작품의 이해는 소설의 구조파악으로 끝나서는 안되고 그것이 지니는 진리의 측면을 이해하고 그것이 당대의 사회구조와 깊이 관련되며 인간의 보편적 삶의 구조로 치환될 수 있음을 이해해야 하는 것이다. 이것은 작가와 작중인물의 삶에 대한 자세의 이해에서 출발한다. 작가와 작중인물의 삶에 대한 자세는 세계내적(世界內的) 존재로서 인간이 살아가는 모습이며, 인간의 보편적

64) L. Goldmann, 위의 책 참조.

인 삶의 진실이다. 따라서 소설교육에서는 작품의 세계가 단순한 허구의 세계가 아니며, 우리 인간의 삶의 실제모습이며 고양된 가치의 세계임을 학생들에게 이해시켜야 한다. 이때 비로소 소설적 세계가 자신의 체험의 영역으로 확대되어 자신의 삶을 풍요롭게 해준다. 그리고 이렇게 소설적 삶이 자기체험으로 간접화될 때 문학교육의 목표인 인간의 삶에 대한 총체적 체험이 가능해질 것이다.

평가 단계에서는 계획 단계에서 설정한 평가계획에 의거 평가를 실시한다. 소설교육의 평가는 문학교육 평가의 일반적 고려사항인 평가의 개방성이 지켜져야 한다. 하나의 정답을 요구하는 평가관은 소설교육의 평가에서 지양해야 한다. 학생들의 선지식과 생체험에 의거한 다양한 시각이 모두 평가의 차원에서 긍정적으로 고려되어야 한다. 이를 위해서는 사지선일(四枝選一)의 방식이 아닌 논술형이나 교사에 의한 누가기록, 포트폴리오 평가방식을 원용한 독서일지의 평가적 관리, 독후감상의 수행성(遂行性)을 강조하는 수행평가의 방식, 그와 관련하여 학생들의 문학독서토론 능력평가 등이 모두 평가의 방안으로 선택되어야 할 것이다.

소설교육 평가의 특수한 몇 가지 문제를 살펴보기로 한다.

첫째, 시의 경우 완결된 형태의 작품을 지문으로 제시하여 평가하는 것이 가능하나 소설의 경우에는 거의 불가능하다. 그러나 소설도 완결된 형태의 작품이므로 작품의 어느 한 부분만을 절단하여 지문으로 활용하는 것은 그 한계가 분명하다. 따라서 소설교육 평가에 있어 지문선택의 효과적 방안이 검토되어야 한다. 소설의 일부를 평가의 지문으로 사용할 경우, 평가요목을 검증할 이상적인 지문이 선정되어야 한다. 예컨대 분석적인 접근에 대한 이해를 평가하기 위해서는 그 항목이 표준적으로 사용된 작품의 한 부분이 지문으로 선정되어야 한다. 그리고 이 경우 하나의 지문에서 여러 사항을 평가하는 것은 매우 위험하다. 작품의 한 부분이 분석적 여러 요소를 모두 갖추고 있는 경우가 드물기 때문에 지문의 양이 늘어나더라도 적절한 지문의 선정은 필수적이다. 또 지문을 사용하지 않는 평가문항의 개발도 필요하다. 평가요소나 목표가 포괄성이 커져서 다소 막연한 설문[문두]이 될 위험이 따르나 문제설계 자체에 적절한 조건 장치를 개발한다면 새로운 문학 평가문항으로 발전될 수 있을 것이다. 예컨대 "소설 〈학〉에서 성삼이가 덕재를 풀어주는 행위에 대해 비판적인 입장에서 서술하되 자신의 주장을 정당화할 논거를 두 가지 이상 들도록 하라."는 식으로 제시한다면 소설교육 평가의 타당성을 높이고, 이른바 총체적 반응을 수렴할 수 있는 가능성을 개발해 갈 수 있을 것이다.

둘째, 소설에 대한 지식영역(知識領域)의 평가는 지식 자체의 측정이 아니라 그에 대한 이해력의 평가로 되어야 한다. 플롯이나 시점에 대한 설문에 있어 그 용어나 추상적인 용어 설명의 암기 여부가 아니라, 작품 속에서 그것이 지니는 효과의 면이나 주제표출과의 관련 등을 이해하는가의 여부가 평가되어야 한다. 소설을 분석하는 것은 분석 그 자체에 의미가 있는 것이 아니라, 분석을 통해 소설의 구조를 파악하고 소설적인 약속(code)을 이해하고자 함이며 나아가 소설의 종합적 감상을 위한 중간 과정인 것이다. 그러므로 소설의 분석적 요소의 이해를 묻는 평가문항은 단순한 지식이 아닌 소설의 총체적인 이해와 관련될 때 효과적이다.

셋째, 수업 중의 탐구과정(探究過程)도 평가의 대상으로 삼아야 한다. 교사는 소설 수업상황에서 수시로 탐구모형을 적용하는 바, 교사는 이 과정을 세밀히 관찰하고 기록하여 평가의 자료로 삼아야 한다. 교사가 개인별 · 팀별로 탐구과제를 수행하도록 하거나 스스로 탐구과제를 수행하여 발표하게 하는 것은 소설을 이해시키기 위한 방안으로도 중요하나, 학생들의 문학에 대한 이해의 정도나 문학적 감수성 등을 파악하고 또 그들의 문학적 성장 태도를 확인하는 좋은 방법이다. 이는 평가의 객관성을 유지하기 어렵다는 점이 그 한계로 지적될 수 있으나, 교사가 평가 결과를 규준지향적(또는 관리지향적)으로만 사용하지 아니한다면, 즉 개인의 문학 학습태도나 전략이 무엇인지를 이해하고 송환하는 데 사용한다면 이야말로 교육적 의미가 살아 있는 평가가 될 것이다.

소설수업의 마지막 단계는 내면화 단계다. 문학교육이 인간교육(人間教育)의 성격을 지니며 단순한 지식의 교육이 아닌 '정서를 포함하는 가치의 문제'를 다루는 교육이란 점에서 이 내면화 단계는 중요한 의미를 지닌다. 이 단계에서 우선 고려할 사항은 텍스트상호성의 확대이다. 이는 수업상황에서 선택된 제재를 교육한 이후에 구조적으로나 주제적으로 연관되는 많은 작품을 감상하는 체험의 중요성을 지적한 것이다. 또 소설을 이해하는 데 필요한 문학사 등 개념적 지식도 이에 포함된다. 다음으로는 작품을 통해서 학습자의 내면에 가치 형성해 나가기와 인식의 지평 확장해 나가기이다. 텍스트의 체험이 개인의 세계인식을 돕고 새로운 가치를 접하고 창조하는 방향으로 발전되기를 기대하는 것이다. 이는 달리 말하면 소설교육이 체험의 심화와 확대에 기여하고 허구적 상상력을 키울 수 있어야 한다는 것을 의미한다. 내면화 단계는 지도단계의 끝 단계를 강화해 나가는 것으로 소설을 통한 내면세계의 풍요로움의 획득으로 요약된다.

소설작품에 대한 평문을 쓰도록 하는 것이 소설 지도의 내면화 최종 단계가 된다. 문학적 체험의 최종단계에는 본인의 창작체험을 놓을 수 있다. 그러나 시나 수필과는 달리 소설은 현실적으로 창작에 많은 시간이 소요된다는 점과, 다소 전문성을 요한다는 점에서 창작을 강요할 수는 없다. 소설교육에서는 창작의 어려움을 고려하여 소설의 독서체험의 평문(評文)으로 쓰게 함으로써 소설에 대한 내면화를 이룰 수 있게 된다.

학생들 스스로 소설을 창작하는 경우 교사는 충분한 관심을 갖고 지도해야 할 것이다. 또 가능하다면 학생들에게 꽁트 등 소설적인 글의 창작을 과제로 주어 실제적인 창작경험을 하게 함으로써 문학에 대한 친밀감과 적극적 감상 행위를 강화할 수도 있다.

(3) 수업운용의 실제

소설수업의 일반절차모형은 수업절차를 일반적 공식으로 규범화한 것이다. 이 모형을 실제의 교실수업에서 운용할 때는 그 소설수업의 구체적 조건들을 검토해야 한다. 예를 들면 ① 학교급별 조건, ② 교육과정에서의 요구, ③ 학습자들의 특수성, ④ 제재의 친숙도, ⑤ 교사의 문학교육관, ⑥ 기타 교실의 물리적 · 심리적 조건 등을 고려해서 교사가 수업의 절차를 창의적으로 조정해야 한다. 수업상황의 여러 조건을 고려하여 제재를 분석하고 수업목표를 결정하고 계획을 수립하는 주체는 교사이다. 이때 교사는 수업의 목표모형(目標模型)을 구안해야 한다. 목표모형이란 절차모형의 도식적인 틀을 벗어나 수업 설계자, 즉 교사의 창의적 의도와 수업전략 집중의 효과를 잘 드러낼 수 있는 모형이다.65)

목표모형을 계획하기 위해서 교사는 해당 제재의 학습 조건을 고려해 제재별[또는 차시별]로 목표를 설정해야 한다. 예컨대 소설수업에서 분석적인 접근에 치중할 경우가 있고 그런가하면 주제론적인 접근에 치중할 경우가 있다. 이때 두 유형의 문학수업은 각기 다르게 목표가 설정되고, 그 목표에 따른 수업모형이 구안되어야 한다는 것이다. 특히 하나의 대단원 하에 여러 개의 소설 텍스트가 조직되어 있을 때는 대단원 목표와 호응을 이루도록 하면서 각 소설텍스트가 지닌 교육내용으로서의 특성을 목표별 모형 속에 담아내는 것이 중요하다. 대체로 작품의 경향 알기, 장르 특성 이해하기, 플롯과 주제의 긴밀성 이해하기, 종합적 감상과 내면화 등을 주요 소설교육 내용으로 삼으면서 각 제재의 수업목표를 설정하고 그에 따른 수업모형을 구안한다. 그러나 목표모형이란 반드시 제재(작품)별로만 설정되는 것은 아니다. 한 제재를 중심으로 수업목표를 결정했다 하더라도 그 제재를 배우는 데 소요되는 각 차시별로 하위목표를 설정해 차시별 수업모형이 구안될 수 있는 것이다. 또 한 차시 내에서도 교사는 몇 개의 목표별 모형을 구사하여 실제 수업을 입체적으로 운영할 수 있다. 그러면 소설수업에 있어 일반절차모형과 목표모형이 함께 운용될 수 있는 가능성을 살피기로 한다.

일반절차모형에 있어 계획단계는 수업의 목표를 수립한다는 점에서 이후의 수업단계를 결정하는 중요한 의미를 지닌다. 수업의 목표설정에 있어 학교급별 조건, 대단원 내에서의 제재의 위치 등이 우선 고려되어야 한다. 소설 장르를 비교적 처음 접하는 중학교 저학년의 경우 소설의 장르적 특성이나 소설의 개괄적 이해, 주제의 파악 등에 그 목표를 둘 수 있다. 저학년의 경우 소설 장르를 직접 구체적으로 접함으로써 소설이란 어떤 것이라는 구체적 체험을 강

65) 이 책, 제5장 Ⅲ 참조.

화할 필요가 있으며, 소설제재 내에서 드러난 내용을 그 자체로 이해하는 것이 중요할 것이다. 그러나 소설수업을 다년간 받은 고학년의 경우 소설의 이론에 대한 이해를 통해 소설 텍스트를 논리적으로 비평할 능력을 함양시키거나, 소설을 종합적으로 감상하는 능력을 신장시키는 데 목표를 두게 된다. 이렇게 목표를 달리 설정하게 되면 자연히 수업모형이 달라지게 된다. 물론 어느 경우에서나 절차 모형에 제시된 각 지도단계가 실제수업에서 완전히 무시될 수는 없고, 정해진 목표에 의해 어느 특정의 내용요소가 강조되며 여타의 내용요소는 간결히 처리하게 된다.

소설텍스트의 성격에 따라 어떤 수업목표를 설정할 것인가 하는 점이 결정되어야 한다. 이효석의 〈메밀꽃 필 무렵〉이나 이상(李箱)의 〈날개〉, 염상섭의 〈삼대〉, 최서해의 〈홍염〉 등을 두고 보면 이들 각각의 작품이 요구하는 수업목표는 달라지기 마련이다. 앞의 두 작품의 경우 소설의 언어나 현대적 기법 등 분석적 접근에 치중해야 한다면, 뒤의 두 작품은 허구적 세계와 현실과의 상동성 또는 현실인식과 그 대응방식 등에 관심을 가질 것을 요구한다. 소설수업이 소설의 종합적 이해에 그 목표를 둠은 사실이나, 각각의 소설텍스트는 그 종합적 이해의 방향을 달리할 것을 요구한다. 예컨대 김동리(1913~1995)의 〈황토기〉나 〈역마〉가 인간의 구경적(究竟的) 삶의 모습이라 일컬어지는 '운명과 인간의 갈등양상의 파악'을 종합적 이해의 주된 내용으로 할 것을 요구한다면, 채만식의 〈탁류〉 등은 '당대의 삶과의 관련성 파악'을 종합적 이해의 주내용으로 할 것을 요구하고, 그런가하면 카프 계열의 소설들은 종합적 이해의 주된 내용으로 '사회주의적 이데올로기와 전형성 파악'을 요구하는 것이다. 이렇듯 소설수업의 실제의 장에서 교사는 주어진 소설텍스트를 전문가적 시각에서 분석하여 수업을 계획할 수 있어야 하는 것이다.

그러면 여기서는 제재(소설텍스트)에 따른 목표설정의 예를 구체적인 작품을 통해 항목화하여 본다. 소설교육에 있어 목표설정은 교사의 창의적 노력에 의해 다양화될 수 있을 것이다. 예컨대 소설구조상의 특징파악, 문체의 이해, 현실인식의 양상과 그 대응양식 이해, 가치갈등의 경험 등이 거론될 수 있다. 소설구조상의 특징을 이해한다는 것은 매우 다양한 항목으로 세분될 수 있을 것이지만, 김동인(1900~1951)의 〈광염 소나타〉나 김동리의 〈등신불〉을 통해 액자소설의 구조를, 이상(李箱)의 〈날개〉나 최명익(1903~ ?)의 〈심문〉을 통해 심리주의 소설의 구조를 이해시킬 수 있을 것이다. 소설문체의 특성을 이해시키기 위한 제재로는 이효석의 〈산〉이나 〈들〉의 서정적 문체, 채만식의 〈태평천하〉, 〈치숙〉에 보이는 풍자, 김유정(1908~1937)의 〈동백꽃〉이나 〈만무방〉에 보이는 해학 등을 들 수 있다. 또 최서해의 여러 작품이나 카프계열의 소설에서 현실인식과 대응방식을 목표로 설정할 수 있다. 염상섭의 〈만세전〉이나 채만식의 〈레디메이드 인생〉, 〈탁류〉, 하근찬의 〈수난2대〉 등에서도 이러한 목표의 설정이 가능할 것이다. 가치갈등의 경향을 목표로 설정하기에 적절한 예로 김동리의 〈을화〉에서의 샤머니즘과 기독교의 가치갈등, 최인훈(1936~)의 〈광장〉에서의 이데올로기 선택의 갈등 등을 들 수 있다. 이외에도 이광수의 〈무정〉이나 심훈의 〈상록수〉에서는 당대 현실의 반영양상을 파악하는 것을 수업목표로 설정할 수 있다. 전광용(1919~1988)의 〈꺼삐딴 리〉나 김동리의 〈사반의 십자가〉에서 현실을 살아가는 인간의 자세를 가르칠 수 있으며, 안수길(1911~1977)의 〈북간도〉나 박경리(1926~2008)의 〈토지〉에서 일제하의 민족의 삶의 모습을 이해시킴을 소설교육의 목표로 정할 수도 있다. 이러한 제재(소설텍스트)에 따른 목표의 설정은 앞에서도 밝혔듯이 텍스트의 특성과 학습자의 요구를 파악하는 교사의 창의적인 능력과 제재의 성격에 따라 결정된다.

소설수업의 지도단계에서 교사는 계획단계에 설정한 목표를 바탕으로 하여 각 차시별로 목표를 설정하면서 구체적인 교수·학습의 상호작용을 해 나간다. 차시목표들은 그 소설텍스트를 종합적으로 이해하는 데 기여할 수 있도록 설정되는 것이 바람직하다. 소설의 플롯을 이해시킨다는 목표를 설정하고 김동인의 〈배따라기〉를 가르칠 때, 플롯의 단계, 액자(額子)의 개념, 액자가 소설의 분위기와 주제에 미치는 영향 등을 살펴 소설의 플롯을 학생 스스로 체득하여 이해하는 것과 함께, 오해로 빚어진 인간의 비극적 삶이나 제재 자체가 지닌 미적 구조에 대한 이해도 이 차시내의 목표로 설정하여 소설텍스트를 종합적으로 이해할 수 있도록 하는 길을 마련해 준다. 또 그 반대의 경우로 최서해의 〈홍염〉을 통해 일제하의 농민들의 삶과 그 극복의 의지를 이해하는 것을 수업의 목표로 설정할 경우에도, 소설의 구성을 살펴 민족주의계열의 소설과 신경향파(新傾向派)의 소설이 형식과 내용상 어떤 방식으로 구분되며, 카프계열의 소설과는 또 어떻게 다른가를 이해할 필요가 있는 것이다.

소설수업의 정상화를 위해서는 위의 여러 사항을 전제한 소설수업의 목표모형의 적용이 필요하다. 예컨대, 상호작용모형(相互作用模型)과 정보처리모형(情報處理模型)의 적극적인 활용이 요구된다. 문학교육 현장이 장르론적, 문학사적 지식을 가르치는 데 치중하여 소설제재의 분석적 접근으로 빠져들 때는, 이들 모형을 사용함으로써 그 한계를 극복할 수 있다. 문학의 이해를 위해 문학용어나 중요개념을 이해하는 것도 중요하다. 그러나 올바른 문학교육은 문학작품에 대한 친밀감의 확보에서 시작될 수 있고 이를 바탕으로 한 문학작품의 구체적 체험을 통해 인간과 세계를 문학적으로 이해해 가는 것이다. 그러기 위한 과정으로 문학이론의 추상적 개념이 체득되어야 할 것이다. 즉, 용어의 추상적 이해를 바탕으로 텍스트에서 그러한 요소를 확인하는 위에서 아래로(top-down)의 방법보다는 구체에서 추상을 지향하는 아래에서 위로(bottom-up)의 방법이 더 유용하리라는 것이다. 학생들은 문학작품의 독서체험과 다양한 수업상황을 통해 문학학습의 이러한 특징을 이해하게 되면 문학교육에 대한 흥미와 문학을 더 적극적으로 이해하려는 태도를 강화해 나갈 것이다.

소설수업에서 소설의 특징의 하나인 서술방식(敍述方式)으로서의 시점(視點)을 가르치고자 할 때, 교사가 시점에 관한 추상적인 지식을 제시하고, 작품을 통해 시점(point of view)의 원리를 확인시키는 것이 일반적인 지도방법이다. 그런데 이러한 방법이 소설의 시점에 대해 학생들이 구체적이고 구조화된 지식을 가지게 해 줄 수 있는지는 의문이다. 학생들이 여러 작품을 탐구하여 다소 불투명하지만 학생 스스로 시점을 의미있게 경험하게 하고, 적절한 시기에 교사가 이를 구조화된 지식으로 정리해 준다면 훨씬 효과적일 것이다. 이러한 상호작용모형과 정보처리모형의 활용은 소설수업에 있어 지도단계의 거의 모든 국면에서 적극 활용되어야 한다.

소설텍스트(제재)에 내재된 고유한 특성은 소설수업의 평가단계에도 중요하게 영향을 미친다. 문학교육의 개방성을 고려할 때 소설수업에 있어 평가는 완성형이나 논술형의 중요성이 충분히 고려되어야 한다. 이와 함께 제재에 따라 수업목표가 설정되는 현상은 소설교육평가에서도 그 정신이 그대로 강조되어야 한다.

4. 수필제재의 수업

(1) 수필제재의 수업모형을 위한 전제

(가) 수필의 장르적 특성

문학의 장르체계 속에서 수필이 차지하는 위치는 분명하면서도, 그 특성을 규정하기는 매우 어렵다. 수필은 원초적으로 기록의 형태를 취하는 것으로서 문학활동의 근본이 된다. 그러면서도 다른 장르들과 달리 정의적인 법칙성을 추출하기 어려울 정도로 형식이나 제재 면에서 다양성을 보인다. 형식의 자유로움이 '무형식의 문학'이란 규정을 받게도 하고, 수필적인 제재에 대한 감수성이 고유하게 존재하여서, 소설이나 시, 극과 구별하여 '이것은 수필감'이라는 말을 하기도 한다. 그러면서도 제재의 다양성이 수필 고유의 특징이라도 되는 것처럼 취급하기도 한다. 이와 같이, 수필의 장르적인 특성을 일반화하기는 지극히 어려운 일이지만 어느 정도의 특성은 개념적인 차원에서 추출해 볼 수 있다.

수필이 문학의 한 장르로 부각되기 시작한 것은 시기적으로 매우 뒤늦은 일이다. 그것은 전통적인 3분법적 장르론이 4분법적 장르론으로 시각을 확대한 데서 비롯된다. 서정(抒情), 서사(敍事, narrative), 극(劇)의 삼분법에 교술(didactic)을 추가함으로써 수필의 장르적인 위치정립이 가능해진 것이다. 뵈크(Joachim G. Boeckh)는 "문학연구의 새 과제"(1956)라는 글에서 수필, 신문의 문예란, 수수께끼, 공식적 담화, 신문기사, 논쟁적인 풍자, 속담 등과 같은 장르들을 수용하는 개념적인 틀의 확립을 주장한다. 플레밍(Willie

Flemming)은 "시학의 유개념(種概念)과 종개념(類概念)에 대한 문제"(1959)에서 기본장르에서 나온 잡종 혹은 세 기본장르에 들어가지 않는 무리들을 묶어 '명상문학'이란 장르를 설정할 것을 주장하고 있다. 젠글레(Friedrich Sengle : 1875~1975)는 「문학형태론」(1961)에서 3분법적인 구분 외에 여러 가지 목적문학에 주의를 기울일 것을 주장한다. 교훈적인 형태의 문학에 장르 명칭을 부여한 것은 자이들러(Herbert Seidler)의 「문학」(1960)에서이다. 그는 각 장르의 특징을 서정적 내성, 서사적 관찰, 극적 열정으로 대비하면서, 교훈적인 태도로서 관조(contemplation)를 대비시킨다. 또한 언어재료를 형상화하는 특수한 양식은 보여주기(showing)라고 하며, '하나의 질서화된 전체'로서의 교훈적인 구성을 수필의 장르적인 특성으로 지적하고 있다.[66]

이러한 4분법적인 장르론은 조동일에 의해 시도된 바 있다. 그에 의하면 '교술은 실제로 존재하는 사물을 서술 · 전달하는 것'으로서, '비전환표현(非轉換表現)'이며, '작품외적인 세계의 개입에 의해 이루어지는 자아의 세계화'라는 것이다. 달리 말하자면 객관적으로 존재하는 작품외적인 세계의 지식에 따라 작품내적인 논리가 규정된다는 것이다. 이는 교술 일반의 특성이지만 수필이 '존재'에 대한 토의적인 성격을 갖는다는 것과 대비적으로 이해가 가능하다. 이러한 장르에서는 작품외적인 세계의 질서에 대해 작자(수필을 쓰는 사람)는 수용적인 자세에 놓이게 된다. 그러니까 수필의 작품내적인 상황은 비허구적인 것이다.[67]

동양에서는 전통적으로 文(문) · 史(사) · 哲(철)이 유착되어 있었고, 서구적인 장르론과 다른 체계를 구축해 왔다. 시, 소설, 극 이외에 많은 양식이 독립성을 띠고 독자적인 형태로 이어져 내려왔다. 서, 발, 기, 명, 전, 론, 지 등 문체라는 용어로 지칭되는 것들이 그것이다.[68] 이들은 서구적인 3분법의 기본장르에 포함되지 않는 것들이다. 그러나, 이들을 다 수필이라고 할 수는 없다. 기본장르로서 교술에 속하는 것을 전제하고, 수필로 정립된 문학의 특질

66) Paul Hernadi, *Beyond Genre* : 김준오 역, 『장르론』(문장, 1985), pp. 49~50.
67) 조동일, 『한국소설의 이론』(지식산업사, 1977), pp. 94~102.
68) 유협, 최신호 역주, 『문심조룡』(현암사, 1975) 참조.

이 살펴져야 할 것이다.

수필의 장르적인 특징 중 먼저 지적될 수 있는 것은, 그것이 문학과 비문학의 속성을 함께 포괄한다는 것이다. 헤르나디(Paul Hernadi)는 클라우스(Carl H. Klaus)와 숄즈(Robert Scholes)의 공저 「수필의 제요소」(1969)에 전개된 장르론을 소개하고 이를 비판하고 있다. 우선 클라우스와 숄즈는 문학의 기본적인 장르를 다음과 같이 4분법으로 구분하고 있다.[69]

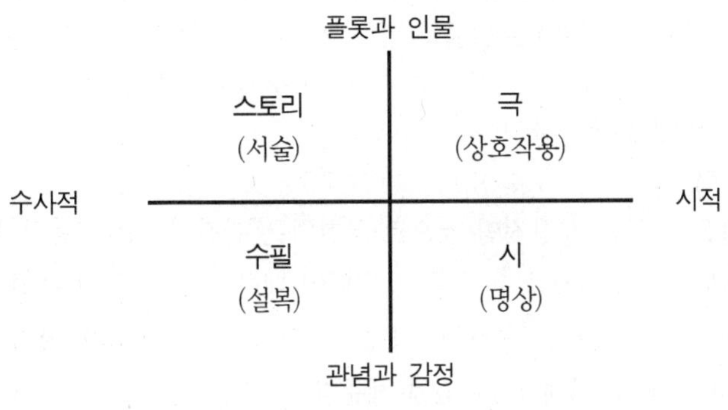

[그림 3] 문학장르의 기본영역

이 네 가지 범주는 '문학적 가능성의 연속체에다 네 가지 중요한 요점들'을 명시한 것이다. 수필의 경우, 작자와 독자는 문학형식들 중에서 가장 직접적이고 공리적인 형식에 속하는 인물이다.[70] 언어의 용법으로 보았을 때, 수필과 시의 언어는 사상과 감정을 표현하고, 수사학적인 상황에서 수필과 스토리는 직접적으로 독자에게 전달된다.

이러한 설명에 대하여 헤르나디는 비판을 가한다. 수필을 문학적인 설복의 형식으로 규정할 경우, 신탁과 율법, 격언과 경구, 수수께끼 같은 데서는 수필의 함축적인 작가처럼 직접적으로 말을 건네는 일이 전혀 없다는 것이다. 또한 수필을 주제적인 성격의 문학으로 제한하는 것에 대해서도 비판을 한다.

---

69) Paul Hernadi, 앞의 책, p. 179에서 재인용.
70) 위의 책, p. 178.

상상적인 문학의 속성을 띤다는 것을 강조함으로써 비판을 가한다.

> 수필을 스토리, 극, 시와 조응하는 중심적 범주로서 선택하는 것은 적어도 두 가지 이유로 해서 바람직하지 못하다. 어떤 수필들 심지어 인문과학 분야에서 수없이 발표된 연구보고서뿐만 아니라 대부분의 신문사설은 비예술적(非藝術的)이고 오로지 공리적인 언어전달의 예가 된다. 이와 같은 수필은 결코 상상적 문학작품이 아니다. 그러나 한 개성적인 설득자의 목소리가 예술적이고 '인격적'(personal)인 수필에서 즐겁게 들릴 수 있게 되는 경우에는 언제라도 이런 수필들의 질은 엄밀한 의미에서 더 이상 주제적이 아니다. 주제적 제시의 영역 내에서 이런 수필들은 서정시인이 비전을 설정하는 일에 접근한다.[71]

이러한 비판은 문학을 상상적인 것으로 국한하는 관점에서만 가능하다. 그리고 영어의 '에세이'(essay)란 용어를 그 내포에 대한 제한이 없이 폭넓게 적용한 무리가 있다. 그렇다고 하더라도 수필이 문학과 비문학(非文學)의 양편에 걸리기 쉽다는 점을 이해할 수 있게 해준다

일반적으로 지적되는 수필의 특성은 위에서 검토한 수필의 장르적인 특징을 세부적인 레벨에서 지적한 것이라고 할 수 있다. 이제 문학교육과 관련이 깊은 몇 가지 특성들을 검토해 보기로 한다.

첫째, 형식적 구속이 적다는 점을 들 수 있다. 시나 소설 혹은 극은 형식적인 조건을 갖추지 않으면 안된다. 시에서 운율을 고려해야 한다든지, 소설에서는 화자를 설정해야 한다든지, 극에서는 극적인 완결성을 갖도록 해야 한다든지 하는 법칙들을 지켜야 한다. 그러나 수필의 경우는 그러한 엄격한 형식적인 구속을 요하지 않는다. 물론 수필이라고 형식이 전혀 무시되는 것은 아니다. 수필을 '무형식의 문학'이라고 하는 것은 문학의 기본적인 형식개념마저 무시한다는 뜻으로 쓰인 말은 아니다. 수필의 형식적인 특징을 대우성(antithetic)으로 규정하는 것은 그 형식개념의 자유로움과 관련이 있다.[72]

---

71) 위의 책, pp. 180~181.
72) 백철, 『문학개론』(신구문화사, 1955), p. 354.

두 가지 이상의 아이디어를 확정적으로 제기하거나 결정을 내리는 것이 아니라 아직 확정되지 않은 아이디어를 반추하고 그 의미를 미확정적인 상태로 제시하는 것이 수필의 특징이다. 이 점에 대해 루카치는 다음과 같이 언급한다.

> (수필에서는) 하나의 의문이 제출되고 또 그 의문이 심화되어 그 의문이 자라서 모든 의문에 관한 의문이 되다 보면 드디어 모두가 미해결인 것으로 남게 된다.[73)]

수필이 여운을 갖는 것도 이러한 특성에서 유래되는 것이다. 수필의 형식적인 자유로움은 수필의 성격을 막연하게 하는 것이기도 하다. 수필을 순수한 수필, 스토리로서의 수필, 극으로서의 수필, 시로서의 수필 등으로 분류하는 숄즈와 클라우스의 견해도 수필의 형식적인 자유로움 때문에 가능한 것이다.[74)] 이러한 분류는 모든 문학의 기본을 수필로 잡은 데서 연유하는 것으로 수필의 특성을 무화시킬 염려가 있다. 오히려 다른 기본적인 장르들이 수필을 어떻게 흡인하는가를 검토하는 것이 유용성이 높다.

'인생, 인간과 숙명이 무엇인가라는 의문 앞에서 수필작가는 종종 최종적인 것에 가까이 있노라고 잘못 생각하는 자기 나름의 교만한 희망을 거부한다.' '수필에서 보는 모든 결과의 미해결성은 독자의 창조적인 반응, 독자의 지속적인 사색을 유발시킨다.' 수필의 이러한 미해결성은 사고자세와 사상의 전개태도의 문제이지 서술형식의 특성은 아니다. 아도르노는 '수필은 서술형식에 역점을 두는 까닭에 완결된다'고 지적하고 있다. 달리 말하자면 '수필 속에서 사상의 미해결성과 형태의 완성이 하나가 된다는 것이다.'[75)]

둘째, 수필은 산문(散文)의 문학이다. 수사적인 차원에서 산문을 논하는 것은 충분한 논의가 되기 어렵다. 리드(Herbert Read : 1893~1968)는 산문을 시와 대비하여, 시는 창조적인 표현이고 산문은 구성적인 표현이라고 한다. 산문은 인상을 기억의 축적에서 단순히 분산시키는 정신활동에 의하여 쓰여지

---

73) Gerhard Hass, *Die moderne Essaytheorie* : 오현일 역, 『현대수필의 이론』(삼중당, 1978), p. 76.

74) Paul Hernadi, 앞의 책, p. 179 참조.

75) G. Hass, 앞의 책, p. 94 등 참조.

는 것이다. 시가 응축의 과정에서 발생되는 것이라면 산문은 분산의 과정에서 발생하는 것이다. 달리 말해서 산문은 기성언어의 구조물이라고 한다.[76] 이는 산문이 의미 중심의 문장이고, 이지적이며 확산적이라는 지적이다. 이는 시의 응축적인 특성과 대립되는 것이다. 분석과 구성의 정신은 비판적인 정신으로 통한다. 새로운 이미지를 창조하거나 은유를 통해 새로운 세계를 형성하는 것이 시라면, 산문은 이른바 토의적인 성격을 지닌다.[77]

수필 속에 시가 삽입된다든지 시적인 톤을 활용한 수필의 경우, 그것을 수사적인 차원에서 이해할 것이 아니라, 산문정신의 변용이라는 측면에서 이해해야 할 것이다. 수사적인 기법의 레벨이 아니라 수필의 산문적인 특성 속에서 그 변용으로 이해해야 한다는 뜻이다. 이는 문학언어의 이해가 양식적인 고려 속에서 이루어져야 한다는 의미이기도 하다.[78]

셋째, 수필은 자기 목소리의 문학이다. '수필의 작자와 독자는 문학형식들 중에서 가장 직접적이고 공리적인 형식에 속하는 인물'[79]이라고 하듯이 수필의 화자는 허구화(虛構化)되지 않은 일인칭으로 표현된다. 나나 우리의 경험과 사고를 표현하는 것이 수필이다. 수필에 남의 일이 나타난다고 하더라도 그것은 나의 경험이나 사고의 내용으로 환치된 것이다. 수필을 개성의 문학이라고 하는 것도 이러한 점, 즉 작가 자신의 경험이 허구화되지 않고 드러난다는 점의 지적에 지나지 않는다. 소설가 이태준이 수필은 자기의 '심적 나상(心的 裸像)'이라고 한 것이나, 최대호가 자조문학(自照文學)이라고 한 것은 수필에는 자기다운 개성이 짙게 드러난다는 점을 지적한 것이다. 이러한 점은 수필의 독자가 작가를 신임하게 하는 요인이 되기도 한다. 몽테뉴(M. Montaigne : 1533~1592)가 수필과 자기를 동질동체(consubstantial)라고 한 것도 그의 수필에 자아의 면모가 고백적으로 나타나 있음을 말하는 것이다.

---

76) Herbert Read, *English Prose Style*(Beacon Press, 1957), X 및 XI 요약 인용.

77) 구인환·구창환, 『문학개론』(삼지원, 1987), p. 44.

78) 우한용, 「소설언어의 연구방법논고」, 『국어국문학』 제83호(국어국문학회, 1982). 문학의 언어를 연구함에 있어서 언어를 객체로 분리하여 분석할 것이 아니라, 그 언어가 쓰인 양식내에서 발휘하는 기능을 검토해야 한다는 논지를 펴고 있다.

79) Paul Hernadi, 앞의 책, p. 178.

수필이 자기 목소리의 문학이라는 점은 수필이 신변잡기로 전락하는 위험성을 지니게 한다. 단순히 자기의 체험이라고 해서 모든 것이 수필의 소재가 되는 것은 아니다. 자기의 개성적인 안목과 깊이 있는 사색이 담긴 것이라야 수필의 소재가 될 수 있다. 그리고 자기 목소리의 문학이라고 해서 사회적이고 공적인 성격의 제재를 다룰 수 없다는 것은 아니다. 그러한 제재들도 자기의 안목에서 새롭게 의미부여를 하고 문제를 제기하는 방식이 된다면 수필이 되기에 충분한 것이다.

넷째, 수필은 철학적인 가치와 관조(觀照)의 문학이다. 수필이 철학적인 가치를 가진다는 것은 수필이 문학과 비문학(非文學)의 두 영역에 걸쳐 있다는 데서 연유한다. 시나 극처럼 형상화에 역점을 두는 경우는 철학성보다는 창조적인 특성, 즉 상(Bild)이 보다 두드러진다. 이에 비하여 산문정신의 문학인 수필은 철학을 다른 장르와 달리 보다 심도깊게 추구할 수 있다. '기성의 언어에 의한 구성체'라는 산문적 특성은 어떠한 사상에 대해 깊은 성찰이 가능함을 뜻한다. 창조로서의 문학이 언어로 새로운 대상을 만들어 내는 것이라면, 그래서 존재에 플러스하는 것이라면, 기성의 언어로 새로운 구성을 한다는 것은 토의적인 성격을 뜻하는 것이다. 수필의 두 가지 성격, 상과 의미의 상관성을 논하는 자리에서, 루카치는 다음과 같은 언급을 하고 있다.

> 그 한 가지 원리는 제상(諸象)을 창조하는 것이며, 또 다른 원리는 의미를 설정하는 것이다. 따라서 전자의 원리에는 오직 사물이 존재하며 후자의 원리에는 오직 사물들의 연관, 오로지 개념과 가치들만이 존재한다.80)

이 개념과 가치의 추구라는 점에서 수필은 철학에 접근한다는 논지를 세울 수가 있다. 그러나 그것이 문학이 되기 위해서는 형상화를 요한다. 그리고 여기서 말하는 철학이란 비유의 차원임을 알 필요가 있다. 무질(R. Musil : 1880~1942)은 '수필은 철학이 아니다. 철학은 어떠한 군대로 다스리지는 않으나 어떤 체계 속에 봉쇄되도록 세계를 종속시키는 독재자이다.'라고 말한

80) G. Hass, 앞의 책, p. 75.

다.[81] 수필에서 말하는 철학은 엄격한 논리를 요하는 철학이 아니라 주제의 직접적인 제시와 반추를 뜻하는 것으로 이해해야 한다. 앞에서도 언급한 바이지만 수필은 결정적인 결론을 강요당하지 아니한다. 이는 다른 말로 관조적(觀照的) 성격이라고 할 수 있는 것이다. 관조란 마음의 평정성을 의미한다. 마음의 평정성은 사물과 거리를 취하는 데서 생겨난다. 사물과 거리를 취하는 데서 대상을 다른 의미로 바라볼 수 있는 것이다. 이를 넓은 의미의 비평정신이라고 할 수 있다. 수필의 특징으로 곧잘 지적되는 유머, 위트, 풍자와 해학 등은 지적인 요소에 해당하는 것으로 평정성을 바탕으로 하는 비평정신과 다르지 않다. 주체가 대상과 교착되어 있는 한 그러한 정신은 발휘될 수 없다. 이는 다른 말로는 '회의(懷疑)의 정신(精神)'이라고 할 수 있을 것이다.

수필의 장르적인 특징을 논하는 자리에서 수필에 대한 몇 가지 편견을 지적해 두고자 한다.

첫째, 수필의 이론과 수필을 수필작품으로 쓴 것을 혼동하지 말아야 한다. 특히 비유의 차원에서 쓰여진 수필에 유의할 필요가 있다. 예컨대 "수필은 청자연적이다."라고 한다든지, "수필은 인생의 중반을 넘은 이만 쓸 수 있는 글이다."라고 한다든지, "수필은 멋의 문학이다." 등으로 규정하는 것은 수필의 이론이나 논리가 아니라는 점을 분명히 할 필요가 있다.

둘째, 수필을 글자 뜻 그대로 해석하여 '수필은 붓 가는 대로 써지는 글'이라고 규정하는 태도는 지양되어야 한다. 이는 수필의 형식개념을 고려하지 않은 발언이다. 앞에서 언급한대로 수필의 서술은 완결성을 지향한다.

셋째, 수필에서 소재의 다양성은 무한한 것이 아니라 장르적인 제약을 받는다는 것을 이해해야 한다. 수필적인 소재는 시적인 혹은 소설적인 소재와 동일한 레벨에 위치한다. 수필적인 제재 영역이 있으되 그것이 개방성을 지닌다는 정도에서 수용해야 오해가 없을 것이다. 수필의 무형식성과 개성이라는 데 대해서는 앞에서 언급한 바대로 범주를 분명히 할 필요가 있다.[82]

---

81) G. Hass, 앞의 책, p. 98에서 재인용.
82) 정진권, 『한국현대수필문학론』(학연사, 1983), pp. 23~26.

(나) 수필교육의 목표

수필교육의 목표는 문학교육 일반의 목표에 수렴되면서 수필의 장르적인 특성이 살아날 수 있도록 설정되어야 한다. 이는 각 장르들의 목표가 문학교육 일반의 목표에 통합되어 문학교육의 종합적인 효과를 얻기 위해서이다. 이런 관점에서 수필 교육의 목표를 추출해 보면 다음과 같다.

첫째, 자기성찰(自己省察)과 표출(表出)의 체험이 수필교육의 일차적인 목표가 될 수 있다. 수필은 다른 장르와 달리 자기성찰과 표출이 자유로운 장르이다. 수필에 나오는 화자는 대리체험적으로 허구화된 것이 아니고 작가 자신이다. 다른 사람의 체험을 쓴다고 하더라도 작가가 자신의 사고 영역 안에서 반추하고 재의미화한 것을 표현하게 된다. 물론 그 표현방식은 기성의 언어로 구조물을 만드는 것이지만 체험을 자기화한 것임에는 변함이 없다. 이러한 점에서 수필의 교육은 자기성찰의 계기를 마련하는 것이 된다. 문학교육 일반의 특징이 자기교육적(自己教育的)인 성격을 짙게 드러내는 것처럼, 수필의 경우는 이 특징이 더욱 극명히 드러나게 된다.

다른 장르가 문학을 제도로 이해하게 하는 점이 특징이라면 수필은 제도의 압력이 비교적 적은 것이 특징이다. 자신의 사색과 감수성을 가식없이 표현하는 것이 수필의 특징이기 때문이다. 이는 뒤에 다른 항목에서 언급할 것이지만, 사물에 대한 평명한 시각을 가질 수 있는 눈을 길러 준다는 의미와 연관이 있는 것이다. 자기 표출은 창작지도(혹은 창작교육)와 관련이 있는 것으로 뒤에 언급하기로 한다.

둘째, 사물에 대한 감수성(感受性)과 비판의식(批判意識)을 목표화할 수 있다. 이는 수필의 산문성에서 연유하는 목표이다. 사물에 대한 감수성은 창조적인 것과 분산적인 것으로 크게 구분해 볼 수 있다. 시는 메타퍼를 기본적인 원리로 하고 있다. 그것은 융합의 정신이다. 동질성을 띤 두 사물에서 그 공통성을 묶어 내기도 하고 이질성을 띤 두 사상을 상상력으로 융합하여 제3의 의미를 만들어내는 것이 시의 은유적인 상상력이다. 그러나 수필은 언어를 그러한 방식으로 다루지 않는다. 기존의 언어를 가지고 사물을 분해하고 그 의미를 반추하는 가운데 미결정적인 상태의 사고를 전개하는 것이 수필이다. 이런 속에서 대상의 의미를 분석하기도 하고 비판을 하기도 하는 것이다. 비판이란 근본적으로 새로운 것의 창조는 아니다. 새로운 창조는 대상을 주관화하는 과정을 포함하고 있기 때문이다. 그에 비해 수필은 심적인 평명성으로 대상을 분석하고 비판할 수 있는 장르이다. 이는 수필을 통하여 현실을 비판하는 인식적인 상상력, 나아가 조응적 상상력을 기를 수 있음을 의미한다. 시는 초월적인 상상력으로 새로운 세계를 창조하는 데에 유리한 장르이다. 거기에 비해 수필은 현실의 파악과 비판에 그 기능이 집중되는 것이다. 각종 평론들이 수필의 넓은 영역에 포함되는 것은 이러한 이유에서이다.

셋째, 수필을 통하여 단편적인 체험의 종합화를 기할 수 있다. 글을 쓴다는 것 자체가 구성적인 개념을 밑바닥에 깔고 있는 것이며, 글을 이해하는 과정 또한 글쓰기의 구성적인 과정을 이해하는 것이다. 수필을 읽는 것은 분편화된 독자의 체험을 종합적으로 재구성할 수 있게 해 준다. 이는 수필교육만의 고유한 목표라고 하기는 어려운 점도 있다. 그러나 수필의 전달통로가 직접성을 갖는다는 점을 고려한다면 다른 장르에서 구하기 어려운 수필교육의 목표가 된다고 할 수 있을 것이다.

넷째, 수필교육을 통하여 기록(記錄)의 교육성(教育性)을 이해할 수 있다. 일상의 경험에서 기록을 한다는 것은 단순히 기억을 보조하기 위한 목적을 지니는 것은 아니다. 기록은 사물에 대한 이해와 평가의 두 요소를 함께 포괄한다. 아무리 형식적인 제약이 없는 글이라고 해도, 글을 쓴다는 것은 그 대상에 대한 구조가 드러나지 않으면 불가능하다. 대상의 구조를 이해한다는 것은 그 대상을 일정한 의미단위로 구분하는 데서 가능해진다. 설명(說明)과 서사(敍事)에서 글을 시작하고 마무리하는 것은 구조의 개념을 떠나서는 불가능하다. 서사의 경우 플롯이라는 것은 사고의 유형과 단위를 함께 드러내는 개념이다. 또한 글을 쓴다는 것은 대상에 대한 평가를 포함하지 않을 수 없다. 대상의 가치를 인정하지 않고는 기록의 의욕이 생기지 않기 때문이다. 기록의 의욕을 촉발하는 대상을 선택하고 그 대상의 속성을 바로 보려는 것이 곧 대상에 대한 평가이다. 인간표현행위의 근원으로서 기록은 가치를 지니는데, 이는 수필교육을 통해 성취할 수 있는 가장 유용한 목표가 되기도 한다.

다섯째, 수필교육은 창작지도를 위한 징검다리 역할을 한다. 이는 수필이 기록의 원초적인 형태라는 점과 관련이 있다. 보통 교육에서 창작의 지도는 시인이나 소설가, 수필가 등의 전문가를 양성하는 데에 교육의 초점이 놓이지는 않는다. 다만 감상이 적극화되고 표현의 경험이 자연스럽게 확장되는 내적 동기를 교육적으로 수용해 주자는 것이다. 달리 말하면 해당 단계의 교육의 과정에서 전인적 교양 수준의 문학적인 욕구를 충족시킬 수 있는 것이라면 충분하다. 그것을 바탕으로 전문적인 창작 수업을 하느냐 하지 않느냐 하는 것은 해당 학생 개인의 능력과 결단에 달린 것이다. 수필은 형식적인 제약성이 크지 않다는 점, 자기 체험의 표출이라는 점, 문학과 비문학의 두 영역을 넘나들 수 있다는 장르상의 특성 등으로 인하여 접근하기가 비교적 쉬운 영역이다. 그러한 점에서 창작교육의 도로(導路) 역할을 하기에 충분하다. 여기서 문학교사는 수필의 세련미만을 강요하지 말아야 할 것은 물론이다.

끝으로, 수필교육은 문화전승의 직접적인 매재가 될 수 있다. 고전수필의 경우 선인들의 진솔한 생활체험이 드러나 있는 것이므로 문화적인 내용을 수용하기가 용이함은 물론, 문학의 텍스트 상호성을 높이는 데에 기능적으로 역할을 할 수 있다. 수필을 중심으로 다른 장르와의 연관관계를 이해하기가 매우 쉽기 때문이다.

수필교육의 이러한 목표들은 수필작품의 특성에 따라 탄력적으로 조정되어야 한다. 수필장르의 일반적인 특성이 고려되어야 함은 말할 나위가 없지만, 문학은 일반화된 어떤 원리에 의해 만들어지는 것이 아니라 개별성(個別性)과 독자성(獨自性)이 중요하다는 것을 늘 염두에 둘 필요가 있다. 같은 수필이라고 하더라도 서정성이 짙은 피천득(1910~2007)의 〈봄〉과 전통적인 인간형을 이지적으로 드러낸 이희승(1896~1989)의 〈딸깍발이〉를 같은 논리로 설명하기는 어렵다. 이양하(1904~1963)의 〈나무〉에 나타난 달관과 이상의 〈권태〉에 나타난 인간에 대한 시각은 동일한 방식으로 설명되지 않는다. 이러한 분별의 안목을 가지고, 문학교사는 수필수업을 설계해야 한다.

(2) 수필수업의 절차모형

수필의 수업모형은 문학교육의 일반적인 절차를 바탕으로 하여 수필의 장르적인 특성을 고려한 것이 되어야 한다. 수필 텍스트가 요구해 오는 내적인 요소를 수업모형에 충실히 반영할수록 수업모형의 정체성은 강화된다고 할 수 있다. 문학수업의 일반 절차모형인 '계획–진단–지도–평가–내면화'의 단계에 따라, 수필수업의 절차모형의 틀을 다음과 같이 구안해 볼 수 있다.

Ⅰ. 계획 단계
  1. 수업목표의 설정
  2. 텍스트 분석에 따른 교육내용 선정
  3. 평가목표 설정
Ⅱ. 진단 단계
  1. 수필에 대한 지식, 감수성 등의 진단
  2. 수필 텍스트의 내용과 관련된 선체험 진단
Ⅲ. 지도 단계
  1. 수필 텍스트에 대한 개괄적 접근
    (1) 수필 텍스트 읽기
    (2) 수필 텍스트의 구성과 내용 개괄
    (3) 수필 텍스트 관련 경험의 재생과 교환
    (4) 수필 텍스트의 형성 배경 이해
  2. 수필 텍스트에 대한 분석적 접근
    (1) 수필 텍스트의 소재 특성 파악
    (2) 수필 텍스트의 구성적 효과 검토
    (3) 수필 텍스트의 표현 특성 파악
  3. 수필 텍스트의 종합적 재구성
    (1) 수필 텍스트에 나타난 고백적 정황 이해
    (2) 수필 텍스트의 작가가 가진 자세의 비판적인 수용
    (3) 수필 텍스트의 문학성 파악

(4) 수필 텍스트에 나타난 삶의 시각과 지향 이해

Ⅳ. 평가 단계

1. 수필교육 목표와 관련하여 평가내용 범주 설정
2. 텍스트의 특성 및 텍스트 감상 능력 평가
3. 평가 결과 송환하기

Ⅴ. 내면화 단계

1. 텍스트 상호성의 확대
2. 개인적 체험의 심화와 가치화 지속
3. 수필에 대한 감상문과 수필 쓰기

위에 제시한 절차에 따라 수업을 진행할 경우, 각 단계마다 유의할 사항을 점검해 보기로 한다. 목표와 관련된 사항은 뒤에 언급하기로 한다.

첫째, 계획 단계에서는 수업의 목표를 분명히 하고, 목표의 계열성을 살려 평가의 요목을 예시적으로 결정해야 한다. 학습 내용을 텍스트 특성에 따라 선정하는 일도 이 단계에서 행해진다. 학습할 수필 텍스트 및 교육내용선정은 문학교육과정에 준거하여야 하며, 문학교육과정 내 다른 단원 또는 다른 장르들과의 상호관계가 적절한 균형을 이룰 수 있도록 해야 한다. 이 계획과정에서 텍스트 상호성의 확대를 고려하여 수업목표에 포함시키는 것이 효과적이다.

수업의 평가는 목표의 성취여부를 확인하는 것이다. 그러므로 목표에 따라 평가의 요목이 마련되어야 한다. 그리고 설정된 목표를 효과적으로 구현할 수 있도록 평가의 방향이 배려되어야 하며, 수업의 질을 높일 수 있도록 해야 한다. 평가의 방법은 개방성(開放性)을 띤 수행성이 강한 평가를 균형있게 고려한다.

둘째, 진단 단계는 수용자인 학생들의 선지식(先知識)과 감수성(感受性), 선체험(先體驗) 등을 진단하는 단계이다. 이는 수필교육의 내용 및 경험들 사이의 연계성을 고려하여 학습의 효과를 높이기 위한 배려이다. 이 단계에서는 간편한 진단평가를 동원하여 수필적 정서를 확인하도록 한다. 학생들이 유사한 수필을 읽은 적이 있는가, 기행수필이라면 그러한 곳을 여행한 적이 있는가, 그리고 무엇을 보았는가 등을 구두로 물을 수도 있을 것이다. 그리고 진단

단계에서 확인한 내용은 지도 단계에 연결, 강화가 이루어질 수 있도록 하는 것이 바람직하다.

셋째, 수업의 핵심을 이루는 것은 지도 단계이다. 이 단계에서는 다음과 같은 점들을 고려하여 학습목표가 달성될 수 있도록 해야 한다.

수필작품에 대한 개괄적인 접근은, 전체적인 인상을 정착시킨 다음에 분석해 가는 방향을 택하는 것이 바람직하다. 하나의 수필 텍스트를 중심으로 〈인상의 포착–분석–종합–내면화와 의미부여〉의 단계를 거치도록 한다. 이 단계들이 서로 유리되지 않고 연계성을 가질 수 있도록 해야 한다. 작품의 인상적 재생은 규제성을 벗어나 개방적이고 자율성을 띨 수 있도록 수용적인 분위기가 마련되어야 한다. 인상을 교조적으로 고착시키면 분석의 단계에서 경직성을 벗어날 수 없다.

분석의 단계에서는 수필의 요소들이 어떻게 유기적으로 형성되어 있는가 하는 점의 파악에 중점이 놓여야 한다. 그리고 문학성이 해체되지 않도록 해야 한다. 이 단계에서 우선 제재의 영역과 특성을 정확히 파악할 필요가 있다. 수필은 다른 장르와 달리 제재의 영역과 특성의 파악 여부에 따라 글의 성패가 좌우되기 때문이다. 수필의 구성적인 효과에 대한 고려가 세심해야 한다. 수필이 무형식의 문학이라는 고정관념에서 벗어나 자유로운 사고를 형식으로 어떻게 완결성을 부여할 것인가를 알게 해야 한다. 서사성을 띠는 수필의 경우, 이 점은 매우 중요한 의미를 지닌다. 표현의 특이성은 언어적인 감수성과 관련된다는 점에서 학생들이 내면화할 수 있도록 지도되어야 한다. 삶에 대한 시각과 지향성은 수필의 톤이나 화자의 태도 등을 통하여 분석할 수 있을 것이며, 소설의 이론을 원용하는 것도 효과적일 것이다.[83]

수필감상의 종합적 재구성은 수필 텍스트 내적인 체험을 수용자의 체험으로 전환시키는 단계이다. 수필 내적인 정황을 이해할 필요가 있고, 작가가 가진 삶의 자세에 대해 수용자의 자율적인 판단과 비판이 가능하도록 개방적인

---

83) 한 장르의 이론을 다른 장르에 적용할 경우, 각 장르의 본질에 대한 고려가 반드시 있어야 한다. 소설에 나오는 은유가 시의 그것과 다른 기능을 하는 것처럼, 수필의 화자는 소설의 화자와 성격이 현저히 다르다는 점에 유의해야 한다.

분위기가 이루어져야 한다.

넷째, 평가의 단계에서는 목표의 달성 여부를 평가하는 것이지만, 방법에 대한 다각적인 고려가 이루어져야 한다. 그리고 평가 결과의 활용이 효과적으로 이루어져야 한다. 지식이나 분석에 치중할 것이 아니라 감수적인 이해와 비판의식을 확대할 수 있는 평가가 이루어져야 하고, 필답식의 방법을 벗어날 필요가 있다. 그리고 평가결과는 다음 수업을 위한 자료로 활용할 수 있도록 배려해야 한다.

다섯째, 내면화 단계는 일종의 자가발전의 단계이다. 학습한 텍스트와 연관되는 수필을 골라 읽어 텍스트 상호성을 확대하고, 개인적인 체험을 확대·심화하는 과정이다. 이 단계에서 수용자로서의 학생은 문학의 창조적인 경험을 하게 된다. 작품으로부터 받은 감동을 자기화하도록 안내해야 한다. 학습자의 레벨과 욕구에 알맞은 작품을 골라 읽도록 문학교사의 안내가 필요하다. 수필에 대한 감상문을 쓸 기회를 부여하되 독자적인 시각에서 비판이 가능하도록 해야 한다.

수필의 창작교육은 일정한 기준에서 제재(topic)를 부과하여 실시할 수도 있고, 학생들 자율로 수필을 써 보도록 할 수도 있다. 제재를 부여하는 경우는 대비적인 평가가 쉽고, 상호비정(相互批正)을 통하여 점검할 수 있는 이점이 있다. 학생들이 자율로 쓴 수필을 교사가 지도할 경우, 학생들의 수준과 감수성을 반드시 고려해야 한다. 기성인들의 수필을 모델로 해선 안된다. 특히 수필이 '사십대 이후에나 쓸 수 있는 글'이라든지 하는 수필론자들의 고정관념은 벗어나야 한다.

(3) 수업운용의 실제

문학수업에서 모형론(模型論)과 수업의 실제 사이에 격차가 있게 마련이다. 모형론의 보편지향성과 추상성은 문학의 개별성과 특수성에 의해 보완되어야 한다. 문학교사는 이러한 간극을 극복하면서 수업을 탄력적으로 운용해야 한다. 특히 수필의 경우 형식의 자유로움과 제재의 다양성 등으로 인하여 수업모형을 획일적으로 일반화하기는 힘들다. 또한 수용자로서의 교사가 수필을 수용하는 양상이 매우 다양할 수 있는 장르가 바로 수필 장르라는 것을 고려한다면 수필수업의 모형 운용의 일반화는 더욱 어려워진다. 수필수업의 목표모형(目標模型)을 중심으로 논의함으로써, 절차모형과 상응되는 수업이 운용될 수 있도록 해야 한다.

앞에서 언급한 바와 마찬가지로, 수필은 다양성과 자유로움을 장르적인 특징으로 한다. 이러한 장르 특징은 계획 단계에서부터 고려되어야 한다.

수필수업의 계획 단계에서 학습목표로 설정될 수 있는 항목들은 ① 분위기에 맞는 낭독, ② 전체적인 인상의 개괄적인 파악, ③ 텍스트의 제재(소재, 토픽)의 영역과 특성 이해, ④ 텍스트의 구조적인 특징과 효과 파악, ⑤ 고전적인 제재라면 정신의 전통성과 작품의 현대적 의의 점검 등이 될 것이다. 이들을 내용과 행동의 이원적인 방법으로 서술한다면 곧 평가요목(評價要目)이 된다. 예컨대 이희승의 〈딸깍발이〉를 가지고 수업을 설계할 경우, 다음과 같은 항목들이 평가될 수 있을 것이다. ① 지적인 분위기가 살아나는 근원에 대한 파악, ② 제재의 영역과 특성–전통적인 선비의 생활과 그 정신의 현대적 의미의 파악, ③ 구성상의 특징–사실의 제시와 평가, 그리고 교훈성에 따라 단락을 구분하기, ④ 작자의 인생을 보는 시각–전통의 계승과 변용을 자신의 시각으로 비판하기, ⑤ 표현의 특이성과 효과–치밀한 묘사와 관용적인 표현의 활용을 구분하고 그 효과를 말하기, ⑥ 창작의 배경–선비로서의 작가와 자기반성 등을 들 수 있을 것이다. 여기에 사물의 양면성을 함께 포착하는 산문정신, 현대적인 시각에서 샌님들의 의식과 정신을 비판하는 것 등으로 심화시킨 항목을 설정하는 것이 효과적이고, 현재에 보기 어려운 풍물에 대한 단답식의 물음도 가능하다. 이러한 방식은 절차모형을 우선 염두에 두면서 목표모형을 감안한 것이다. 수필의 장르특성에 따라 목표모형을 구성하는 것이 효율적이다.

수필은 어떤 장르보다도 솔직한 자기표현이 가능한 장르이다. 이는 문학과 체험의 거리가 가깝게 드러난다는 의미가 되기도 한다. 경험의 재생과 경험을 나누는 매개 역할을 하기에 수필처럼 친근한 장르는 드물다. 이러한 점을 고려한다면 학생들로 하여금 문학에 친화적인 태도를 형성하기 위한 목표별 수업모형을 구안해 볼 수 있는 것이다. 〈딸깍발이〉를 제재로 수업을 할 경우,

남산골 샌님과 닮은 인간형을 알고 있는가 하는 질문을 하여 그러한 인간형에 대해 토론해 볼 수 있을 것이다. 이상의 〈권태〉를 제재로 할 경우에는 그러한 권태감을 경험한 적이 있는가 하는 것을 물을 수도 있을 것이고, 이광수의 〈우덕송〉을 제재로 할 경우에는 소를 관찰해 본 적이 있는가, 소가 다른 동물과 달리 가지고 있는 특성은 무엇인가, 다른 작품에 나오는 소의 이미지를 들어본다든지 하는 활동으로 수업을 진행할 수도 있을 것이다. 그리고 〈권태〉와 〈우덕송〉을 제재 차원에서 비교하게 하는 것도 수필 수업 운영을 위한 좋은 착상이 될 수 있다.

수필이 개인적인 경험과 의견을 진솔하게 드러내는 것을 특징으로 하는 장르임을 감안하여 수필의 형성 배경에 대한 이해가 필요한 경우가 있다. 이런 경우 과제로 부여할 수도 있을 것이며, 교사가 예화로 보완하는 방법도 고려해 볼 수 있다. 이양하의 〈경이 건이〉 같은 경우 작자의 교우관계에 대한 조사가 필요할 수도 있다. 그러나 모든 수필의 창작배경을 논의할 필요는 없을 것이다.[84] 작품 이해에 도움이 되는 범위로 한정하여 수필이 상상적인 문학에 드는 것임을 알게 하면서, 생활 체험 모두가 수필이 되는 것은 아니라는 점도 인식하도록 하는 배려가 필요하다.

수필 텍스트를 분석적으로 이해함에 있어서 우선 제재(소재, 대상)의 영역과 특성을 파악할 수 있도록 해야 한다. 이희승의 〈딸깍발이〉, 조지훈의 〈지조론〉, 심훈의 〈조선의 영웅〉 등은 전통적인 제재의 수용과 변용 그리고 제재의 현대적인 의미 등을 이해할 수 있도록 수업을 설계할 필요가 있다. 제재의 특성에 따라, 전영택(1894~1968)의 〈나의 어머니〉, 김형규의 〈고향〉, 구인환(1929~)의 〈두 번 돌아온 가방〉 등 작가의 체험과 밀착된 제재는 그러한 제재에 대한 현대적인 의미를 먼저 토론하게 한 다음 작가는 어떠한 시각으로 그러한 제재를 다루었는가를 파악하는 식으로 수업을 설계하는 것이 효과적이다. 이는 가치관(價値觀)의 내면화(內面化)를 목표로 하는 수업이 된다.

수필을 통해서도 문학의 형식 개념을 이해시키기 위한 수업을 설계할 수 있

84) 수필에 대해서도 '작가론적 상관물(作家論的 相關物)'의 개념을 적용해 볼 수 있을 것이다. 우한용·김용성, 『한국근대작가연구』(삼지원, 1987) 제1장 참조.

다. 수필이 '무형식의 형식'을 지닌 문학이라든지 하는 고정관념을 우선 벗어날 필요가 있다. 수필의 성격이 대화적이고 대화체의 구조로 되어 있다는 점의 이해가 앞서야 한다. 벤제(Bense : 1910~)는 수필을 '극적인 성격을 지닌 반성적인 독백'이라고 구조적인 특성을 설명한다.

> 말로 표현하는 자아와 반성하는 자아 사이에 거리를 둔다는 사실, 그리고 언어표현 자세와 인식 자세를 역할에 따라 바꾼다는 사실이 대화적인 것으로 이해될 수 있다. 수필적인 주체는, 사회적인 대화의식을 바탕으로 한, 대화를 자기자신과 하게 된다.[85)]

이러한 형식적인 특징이 작품에 따라 변용되는 양상을 이해할 필요가 있다. 김소운(1907~1981)의 〈목근통신〉, 법정(1932~2010)의 〈무소유〉, 유주현(1921~1982)의 〈탈고 안 될 전설〉 등을 제재로 이러한 목표의 수필수업(隨筆授業)을 할 수 있을 것이다.

수필이 산문으로 되어 있다고는 하지만, 작자마다 그리고 제재에 따라서 다양한 문체를 구사하게 된다. 이는 수필을 통해서도 언어미를 가르칠 수 있다는 점을 시사한다. 표현의 특이성에서는 기본적으로 어휘와 구절을 이해하도록 하며, 문체적인 효과와 아울러 제재와의 상관성도 고려할 수 있도록 해야 할 것이다. 표현은 곧 삶의 시각을 구체화한 것이기 때문에, 어떤 특정 표현의 밑바닥에 깔린 사고의 원형을 발견할 수 있도록 수필 학습이 유도되어야 한다. 문체를 단순히 분류하는 정도로는 불충분하다. 이상의 수필들, 나도향(1902~1926)의 〈그믐달〉, 김동리의 〈만월〉, 이양하의 수필과 김진섭의 수필을 대비적으로 검토할 수 있을 것이며, 양주동이나 최남선의 수필을 통하여는 의고적인 문체의 효과를 찾을 수도 있을 것이다.

수필을 통하여 학생들이 문학작품과 자신의 동일시(identification)를 체험하도록 수업을 설계하는 것도 수필장르의 특성상 바람직하다. 여기서는 수필의 정황을 이해하는 것이 우선되어야 한다. 개인적인 고백의 성격을 띠는 경

85) G. Hass, 앞의 책, p. 92.

우는 그 고백의 정황을 이해할 필요가 있지만, 객관성을 띠는 경우는 일종의 극적인 상황을 설정하는 것도 가능할 것이다. 그런 다음에는 상황이 갖는 보편적인 의미 혹은 사회적인 의미로 확대 해석해 볼 수 있도록 한다. 이 단계에서 문학교사는 〈딸깍발이〉를 다루었을 경우, 조지훈의 〈돌의 미학〉이나 〈지조론〉 등을 제시하여 텍스트 상호성을 증대시킬 수 있도록 해야 한다.

수필수업의 평가단계는 학습목표의 달성 여부를 확인해야 한다. 문학교육에서는 인지적인 영역과 정의적인 영역이 함께 평가되어야 한다. 인지적인 영역의 평가는 지식(知識), 적용(適用), 분석(分析), 종합(綜合) 등의 능력을 평가한다. 수필과 에세이의 의미를 구분한다든지 하는 것은 지식에 해당한다. 해당 수필과 유사한 제재의 수필을 찾을 수 있다면 그것은 적용의 능력을 평가할 수 있는 항목이 된다. 분석은 수필의 구조나 문체, 요지의 전개방식, 글에 나타난 인생에 대한 시각 등이 될 것이다. 수필에 대한 자신의 감상을 글로 쓴다든지, 수필에 대한 평가를 한다든지 하는 것은 종합력에 해당하는 문항이다.

정의적인 영역에는 감수(感受), 반응(反應), 만족(滿足), 가치화(價値化), 조직화(組織化), 인격화(人格化) 등의 항목이 포함된다.[86] 학생들이 수필에 대해 관심을 가지는가, 주어진 작품을 의욕적으로 읽는가, 수필에 관련된 경험을 자발적으로 발표하고자 하는 의욕이 있는가, 관련된 작품을 골라 읽고자 하는가 등이 일단 평가되어야 한다. 이는 문학적인 체험의 지속을 위해 중요한 의미를 띤다. 수필에 대한 평가를 해보고자 한다든지, 주어진 수필의 유형이나 제재에 따라 자신의 체험을 써 보고자 한다든지 하는 것은 가치화의 영역에 속하는 평가문항이 될 것이다. 또한 수필에 나타난 가치결정의 근거나 배제의 근거를 탐색하는 것도 가치화의 방식으로 고려되어야 할 것이다. 예컨대, 〈딸깍발이〉를 제재로 수업을 할 경우, 한국적인 전통으로서의 선비정신의 중요성에 대한 인식을 확인할 수 있을 것이다. 가치선택의 합리화는 작자가 가치를 선택적으로 수용하는 까닭을 묻는다든지, 이를 비판하게 함으로써 학생들

86) B. Bloom, *Taxonomy of Educational Objectives*(Longmans, Green, 1956) : 임의도 외 공역, 『교육목표 분류학-정의적 영역』(배영사, 1967), pp. 115～228.

의 수필 감상 능력을 평가하는 방법이 효과적이다.

내면화 단계에서는 우선, 〈딸깍발이〉와 유사한 제재나 주제의 작품을 소개하고 비교하면서 읽도록 한다든지, 같은 작가의 다른 수필을 읽을 기회를 의도적으로 제공하여 텍스트 상호성을 증대시켜 주어야 한다. 그리고 이 수필의 주제와 자신의 삶의 태도를 비교하면서 삶을 반성하고 의미를 심화시킨다. 의기와 강직으로 사는 선비정신이 무엇인가를 이해하고, 지나친 청렴의 정신이 이기주의에 젖어 있는 현대인들에게 어떻게 수용될 수 있을 것인가를 따져 보도록 할 필요도 있다. 이러한 것들은 감상문을 쓰도록 한다든지, 비평문을 쓰도록 하는 방법을 이용할 수도 있을 것이다. 이양하의 〈경이 건이〉를 읽고 거기 나타난 어린이에 대한 사랑과 함께 어른으로서의 고독감을 추적해 볼 수도 있을 것이며, 김진섭(1903~?)의 〈백설부〉에서 현란한 문체가 산문에서 요구되는 주체의 행동적인 실천을 약화시킨다는 점을 이해할 수도 있다. 김교신(1901~1945)의 〈포플라 나무 예찬〉에서 기독교적인 세계관이 어떻게 상징화되어 나타나 있는가 하는 것을 찾아 볼 수도 있다.

내면화 단계의 마지막은 학생들로 하여금 수필을 쓰도록 하는 방법으로서 수필 학습의 최종적인 효과를 도모한다. 내면화 단계는 교실에서 행하도록 설계·통제된 수필수업 그 자체에 해당되는 것은 아니다. 수필교실에서의 가시적 활동이 끝나고 난 뒤에도 학생들의 내면에 수필작품의 여운이 하나의 인식과 감동으로서 자리잡아가는 일련의 과정을 말하는 것이다. 이러한 내면화 과정을 활성화하는 방법으로 여기서는 과제작문을 부여할 수도 있고, 학생들에게 자유로운 글쓰기를 하도록 하는 방법도 있을 것이다. 어떤 방법을 택하든, 그 결과에 대한 교사의 밀착지도가 필요하다. 이는 교사에게 시간적 부담이 되기도 한다. 그러나 교사의 문학적인 실천은 학생에게 모델 기능을 한다는 점, 정의적 영역의 지도에 유용하다는 점에서 그러한 내면화 과정의 실천적 활동을 주목하게 되는 것이다.

5. 2015년 교육과정과 문학수업

2015년 문학교육과정은 '교수 · 학습 방향'에서 문학 교수 · 학습의 계획과 운용 방법 등을 제시한다. 여러 내용 중에서 실제 문학수업과 관련된 사항을 '통합형 문학수업', '참여형 문학수업', '인성 함양 지향의 문학수업', '문학의 생활화를 위한 문학수업' 등으로 나누어 살펴본다.

첫째, 국어 활동의 총체성을 고려한 통합형 문학수업이다. 통합형 문학수업은 문학과 관련되는 매개 요소를 바탕으로 횡적 연계성과 종적 연계성을 고려하여 학습의 효율성을 높일 수 있는 수업 방식이다. 여기서 매개 요소는 주제, 학습 내용 요소, 학습 자료나 제재, 학습 과제 해결을 위한 사고나 기능, 교과 역량과의 관련성, 의사소통 상황 등이 될 수 있는데, 각 요소는 통합의 취지에 알맞게 선택한다. 통합형 문학수업은 교사와 학교, 그리고 지역 사회의 협력이 있어야 실현될 수 있다. 통합형 문학수업은 '문학'과 다른 교과 간 통합 및 학교 밖 생활과의 통합을 지향하기 때문이다. 특히 2015년 교육과정에서 특별히 강조하는 '한 학기에 한 권의 책을 긴 호흡으로 읽기'[87]를 제대로 수행하려면 교육과정의 공유나 학사 일정 조절 등 제도적 차원에서 통합형 수업의 여건을 내실 있게 조성할 필요가 있다.

둘째, 학습자 스스로 문학 활동을 선택하는 참여형 문학수업이다. 학습자는 자기 주도적으로 문학수업에 참여해 필요한 활동을 스스로 선택한다. 교사는 학습자의 수준, 관심과 흥미, 적성과 진로, 언어와 문화 배경 등을 고려하여 학습자에게 도움이 되는 활동을 개발해야 한다. 학습자는 스스로 문학 학습의 필요성을 인식하여 목표를 세우고, 그에 필요한 다양한 자료를 선택해 실행한

87) 2015년 국어과 교육과정에서 '국어'(공통 교육과정), '독서' · '문학'(선택 중심 교육과정-일반 선택), '실용 국어' · '심화 국어'(선택 중심 교육과정-진로 선택) 등은 '한 학기에 한 권의 책을 긴 호흡으로 읽기' 활동을 제시한다. '문학' 과목은 다음과 같이 제시한다. "한 학기에 한 권, 학년(군) 수준과 학습자 개인의 특성에 맞는 책을 긴 호흡으로 읽을 수 있도록 도서 준비와 독서 시간 확보 등의 물리적 여건을 조성하고, 읽고, 생각을 나누고, 쓰는 통합적인 독서 활동을 학습자가 경험할 수 있도록 한다."(교육부, 국어과 교육과정, 고시 제2015-74호, p.132 참조).

다. 2015년 교육과정은 학습자의 자기주도형 수업 과정에 문학 작품뿐만 아니라 그와 관련한 다양한 매체 자료를 활용하도록 요구한다. 그리고 '퀴즈, 면담, 매체 자료 제작 활동, 프로젝트 활동, 문제 해결 활동 등' 적절한 수업 방법을 선택해 학습자 참여형 교수·학습이 되도록 권장하고 있다.

셋째, 바람직한 인성 함양을 위한 문학수업이다. 학습자는 문학수업 과정에서 자아를 성찰하고 타자를 이해하는 활동을 통해 인간과 세계를 총체적으로 보는 안목을 기른다. 문학수업은 학습자에게 자기 경험과 생각을 성찰하는 기회를 제공하고, 학습자 간 상호 소통 과정에서 인성을 기르도록 계획되어야 한다. 학습자는 문학수업에서 배운 다양한 가치를 실제 생활에 적용하도록 권장한다.

넷째, 소통과 향유에 직접 참여하도록 문학을 생활화하는 수업이다. 학습자는 문학수업에서 배운 문학 활동을 일상생활에서도 적용할 수 있도록 한다. 즉 문학 작품을 읽고 글쓰기, 토론 등 다양한 방식으로 다른 사람과 소통을 도모한다. 교과서에 수록된 작품만이 아니라 관심과 흥미를 끄는 작품을 직접 선택해 문학 활동을 하는 습관을 기르도록 한다.

이처럼 2015년 문학교육과정은 통합적이고 자기주도적인 문학 활동을 강조한다. 이러한 교육과정의 이념을 실천할 수 있도록 문학교사는 다양한 수업 방법을 개발하고, 이를 교실에서 직접 적용함으로써 교육과정과 문학수업을 통합적으로 운용하도록 노력해야 한다. 학습자도 일상에서 자발적으로 문학활동을 수행하도록 한다. 바람직한 문학수업이 이루어지기 위해서는 구성원 모두의 끊임없는 성찰과 모색이 있어야 함은 물론이다.

Ⅳ ▸▸ 문학교육의 평가

1. 문학교육 평가의 역할과 지향점

문학교육의 평가는 전통적으로 답습된 계량평가, 총괄평가의 고정 패턴에서 과감하게 혁신을 해야 할 시점에 와 있다. 공학적 체제로서의 교육관에 입각해서 지식 습득의 효율성만 기준으로 삼던 평가관이 문학교육의 정합성을 오히려 훼손할지도 모른다는 우려가 생겨나고 있기 때문이다. 이른바 목표분류학의 관점으로는 더 이상 문학교육평가는 불가능하거나 의미없다는 주장에서부터 평가와 교수·학습활동의 혁신적 융합을 추구하는 평가 패러다임이 등장하고 있는 것이다. 문학교육의 평가이론을 다시 정립해야 하는 내·외적 요구들이 활발한 것도 이러한 사정에 연유한다.

교육이론의 변화와 더불어 새로운 평가관이 등장함에 따라 평가의 개념은 점차로 확장되어 왔다고 볼 수 있다. 전통적으로 교육평가에 대한 통념은 학습결과에 대한 성취수준을 점수 매기고 판정하고 심판하며, 인간을 실패군(失敗群)과 성공군(成功群)으로 유목화(類目化)하는 결과적 기능만 부각되어 왔다.[88] 특히 격심한 학력경쟁의 현실 속에서 개인별, 학교별, 점수화된 성적의 우열 판별에만 매달려 온 우리 교육의 풍토에서는 입시를 포함한 평가의 방식과 체제가 교육의 바람직한 발전을 저해하는 것으로 인식되고 있을 정도이다. 이러한 평가습관, 평가관이 지배하는 교육체제 속에서 학생들은 전체 학교교육 기간을 통하여 학력 신장의 성패와 관련없이 부정적 자아개념을 형성하게 되고 인성발달(人性發達)에 손상을 입게 된다.

교육평가는 학생 개인의 학업성적의 진보와 그 결과의 판정에만 관심을 갖는 관점을 벗어나야 한다. 교육평가의 과정이나 활동은 그것 자체로도 목적이 될 수 있는 것이다. 황정규는 교육평가란 '교수 프로그램에 관한 의사결정을 하기 위해서 학습자의 행동변화 및 학습과정에 관한 정보를 수집하고 이용하

---

88) 황정규, 『학교학습과 교육평가』(교육과학사, 1985), p. 53.

여 교육적 의사결정을 내리는데 도움을 주거나 혹은 의사결정을 하는 과정 바로 그 자체'라고 규정하고 있다. 이러한 교육평가의 시각(視角)은 평가가 인간규정의 역할이 아닌 인간이해의 역할과 관련됨을 의미하며 학습개선과 학생의 학습에 도움을 주는 것이라는 점을 강조한다.

문학교육에 있어서의 평가도 궁극적으로 인간이해를 지향하는 것이 되어야 한다. 물론 '문학'이라는 교과목이 학교교육과정의 실제적 틀 속에 놓여서 학업성취의 수준변별을 제도적으로 기록 보관해야 하는 메커니즘 속에 있지만, 문학교사가 이러한 평가 시각의 굴레 속에서 벗어나지 못하는 한 어떤 유용한 문학교육 커리큘럼의 운영도 성공적 결과를 가져올 수 없고, 더구나 문학교육의 본질적 이상에는 접근조차 할 수 없다. 우리가 문학교육의 의의로 규정했던 학습자의 '상상력 세련'이라든가 '삶의 총체적 체험', '문학적 문화의 고양' 등을 실현하기 위해서는 지식만이 아니라 모든 학생의 문학적 활동과 사고과정이 질적으로 관찰되고 평가되어야 한다. '상상력의 세련'이나 '삶의 총체적 체험' 등은 단순한 지식의 측정으로 다루어질 문제가 아니라 오히려 문학적 대상에 대한 수용자의 친화적 거리의 형성이 중시되어야 할 문제들이다. 학습 대상(텍스트를 포함한 문학적 경험)에 대한 학생의 태도상의 충실성과 그 대상을 자기화하는 과정이 얼마나 진지하고 열성적인지가 문학교육 성패의 중요 관건이 되기 때문이다.

문학이 일종의 '인간학'으로서의 성격을 지니는 것이라면 문학교육의 평가도 인간주의적 교육관이 그 철학적 기조(哲學的 基調)를 이루어야 하는 것이다. 아울러 문학을 가르치는 전 과정에 대한 반성적 평가가 문학교육 평가의 중요한 역할이 되어야 하는 것이다. 인간이해의 교육평가를 강조하는 문학교육에서의 평가관이 확립되자면 '인간에 대한 이해'를 어떻게 구체화시켜 나가야 할 것인가.[89] 이러한 관심과 관련하여 문학교육평가의 일반적 지향점을 밝

---

89) 황정규의 '교육평가의 개념'은 일관되게 교육평가의 인간이해적 기능을 규범적 정의로 삼고 있다. 문제는 이러한 규범적 정의를 그 자체로는 모두 공감하면서도 막상 평가의 현장에서는 무시하는 우리 교육현실에 있다. 이러한 규범적 정의가 현실적 제도를 운영하는 실질적인 힘으로 자리잡도록 해야 한다. 그런 실제적 시도가 가장 정합성 있고 현실감 있게 시도될 수 있는 분야가 바로 문학교육평가라고 본다.

혀보기로 한다.

첫째, 한 개인에게 내재되어 있는 잠재가능성으로서의 문학감상 역량, 개발될 수 있는 문학적 감수성, 문학에 대한 태도, 사물과 세계에 대한 문학적 인식의 습관 등을 현실적 지식 요소보다 더욱 중시하는 평가관에 입각해야 한다. 교육평가란 것이 한 인간의 정신행동 증거(精神行動 證據)를 수집하고, 거기에서 얻은 결과를 다시 그 다음의 형성적 목적(形成的 目的)에 이바지하도록 하는 것이라면, 문학교육에서의 평가도 한 개인에게 내재한 문학성과 관련되는 정신적 행동 증거들을 잘 발굴해 내어, 그 사람의 문학 향유를 더욱 높은 수준으로 끌어올려 주는 것이 되어야 하기 때문이다. 그리고 이를 바람직한 문학교육평가관으로 보아야 할 것이다.

둘째, 문학교육의 평가에서 평가의 자료와 대상, 평가에 투입되는 시간 개념 등을 가급적 확대하여 보도록 해야 한다. 우리가 답습해 온 평가운영은 어찌보면 행정적 관리 시스템으로서의 기능이 더 우선적이었다. 그래서 자칫하면 사무적 능률성만 앞세워 평가의 자료와 대상, 시간을 제한하게 된다. 이렇게 되면 이는 결국 인간이해의 평가가 아니라 인간규정의 평가라는 틀을 넘어서기가 어렵게 된다. 이른바 '인간이해자(人間理解者)'로서의 교사의 역할이 요구되는 이유가 여기 있다. 또 학생들의 일상적 대화나, 쓰기 활동, 가치선택 상황에서의 태도 등을 문학교육평가의 이차적 자료로서 동원, 조직할 수 있는 교사의 평가안목이 필요하다. 한 편의 간단한 생활수필이나 독서감상문을 두고 글의 짜임이나 수사의 기법, 정서법 등의 옳고 그름을 평가하는 것은 문학교육 평가의 본령을 반영한 평가라 하기 어렵다. 평가자로서의 문학교사는 그 작품을 통해 학생의 심리적 태도와 삶을 대하고 해석하는 눈을 발견하고 그것을 통해 학생으로 하여금 가치있는 인간상을 이해할 단서를 찾는 능력을 갖추도록 해 주어야 하는 것이다.

셋째는 평가의 과정이 계속적이고 종합적인 것이 되어야 한다. 특수한 장면이나 시간에만 국한될 것이 아니라 지속적으로 이루어져야 한다. 이 점과 관련해서 본다면 문학교육의 모든 학습활동은 어떤 형태이든 누가기록(累加記錄)에 의해 평가자료로 관리되어야 할 필요가 있다. 특히 초등학교, 중학교 단계에서 문학이 독립 교과목으로 분리되지 않고 운영되는 경우에는 더욱 그러하다.

평가에서의 종합성(comprehensiveness)이란 평가의 과정이 한 학생의 문학교육적 성취 및 학습능력 전반에 걸친 종합적인 면에서 이루어져야 한다는 뜻이다. 지필검사(紙筆檢査)에 의한 지식영역의 특성뿐 아니라 분석 종합력까지 골고루 포함되어야 하며, 특히 정의적 영역에 있어서 텍스트를 감수하고 그 텍스트에 자진반응하며 그것을 가치화하고 인격화하는 모든 단계에 걸쳐 평가 노력이 경주되어야 한다. 텍스트 수용의 내면화 과정을 관찰하고 변별하는 작업은 실제로 여러 가지 어려움을 수반하며 그에 따른 한계가 없는 것은 아니지만, 수업방법의 변형이나, 투입도구의 개발을 통해 상당 부분은 가능할 수 있다는 신념을 교사가 가져야 하는 것이다. 최근 현장을 중심으로 실천되고 있는 '수행평가'의 방법이 문학교육 평가의 한 해결점을 시사해 준다.

이상에서 살펴본 문학교육 평가의 지향점은 물론 이상적 수준을 전제로 한 것이다. 현실의 문학수업환경이나 문학교육여건을 결부시키면 상당한 부분은 시도나 접근이 어렵다는 것도 부정할 수 없는 사실이다. 그러나 문제는 문학교육의 평가가, 성적판정의 성격을 띠는 것이 아니라, 수업운영의 한 국면적 과정으로 자연스럽게 녹아들어야 한다는 것이다. 예컨대 문학을 배우는 학습상황에서 학생들로 하여금 문학 속에서 참다운 인간상을 스스로 발견해 나가는 것을 돕는 평가가 되어야 한다는 것이다. 따라서 위에 개진된 문학교육 평가의 과정지향은 문학교육 운영의 철학적 명제라고도 할 수 있다.

2. 문학수업 과정속에서의 평가활동

교육 활동에서 과정을 중시하는 패러다임이 강조되고 있는 것은 그만큼 학습자를 중심으로 한 교육의 필요성이 인정받기 시작했음을 의미한다. 평가에서 '과정'(process)의 개념이 강조되는 것은 인간의 동기와 태도를 결과적 지식 못지 않게 강조함을 의미한다. 이는 온당한 관점이다. 특히 문학을 배운다는 것은 결과적 지식을 습득하는 것과는 상당히 다른 성격의 학습을 의미한다. 따라서 수업 자체를 과정에 우선하여 접근하고, 그 과정의 주요 국면마다 평가를 운영하는 방식은 이미 오래 전부터 그 정합성을 인정받아 온 것이라 할 수 있다.

여기서 말하는 문학수업의 과정은 문학수업의 일반절차모형에 의한 문학수업 전개상의 일정한 흐름을 의미한다. 우리는 앞에서 문학교육 평가의 역할과 지향점을 인간이해의 가치관을 토대로 살펴보았는데, 이러한 평가관이 구체적 수업 설계 및 수업의 과정 속에서 의도적으로 녹아들어야 한다. 수업과정 속에서의 평가활동은 일반적으로 세 단계의 평가를 포함한다. 그것은 진단평가(diagnostic evaluation), 형성평가(formative evaluation), 총괄평가(summative evaluation)이다. 이러한 평가개념은 학교학습의 맥락을 전제로 한 것이다. 문학교육의 발생과 작용이 학교수업 맥락에서 벗어난 성격을 가질 경우에는 별도의 고려가 필요하다.

(1) 진단평가

문학교육평가에서 진단평가는 학생들이 선체험한 문학 텍스트의 종류와 양을 파악하는 과정의 성격을 띤다. 원래 진단평가는 일정한 학습 단원에 들어가기 전에 그 단원 내용과 관련하여 학생들이 어떠한 특성, 어떠한 지적 · 정의적 발달 수준, 어떠한 동기와 태도를 지녔는가에 대한 정보를 얻기 위한 평가이다. 다른 주지적 교과에 비해서 상대적으로 다소 느슨하기는 하지만 문학 과목도 그 나름대로 교육과정 내용의 범위와 위계의 체제를 지니고 있다. 이러한 체제를 구성하는 문학교과의 내적 질서와 학습상의 위계는 초등학교에서 고등학교에 이르기까지 하나의 연속상을 이루고 있다고 볼 수 있다. 문학교육에서의 진단평가는 이러한 연속상의 구조를 잘 파악하여 어떤 특정의 문학수업과정이 어떤 선체험적 토대를 필요로 하는지를 파악하는 데서 출발한다.

진단평가는 수업의 절차모형에 비추어 볼 때 진단단계에 이루어져야 할 수업활동이다. 진단평가라는 것이 하나의 수업과정 단위(또는 계열, 단원)에서 이전 수업과정 단위와 연결을 기하면서 동시에 출발점 행동을 진단하는 역할을 갖기 때문이다. 그런데 문학교육평가에서 문학교육의 내용 계열 또는 교수, 학습활동의 전체 과정을 어떤 절대적 구조로 나타내기는 어렵다. 즉, 초등학교에서 고등학교에 이르는 학교교육 체제내의 문학교육 운영의 내용 및 방법상의 위계와 흐름을 정밀하게 파악하고 구조화한다는 것은 쉬운 일이 아니다. 이는 수학, 과학, 사회과의 내용위계구조와 비교해 보면 문학과목의 그것이 단선적 위계나 흐름으로 파악될 성질의 것이 아니라는 것을 상대적으로 발견할 수 있다. 전술한 대로 문학교육이 그 나름대로 내용상의 위계와 흐름의 질서를 갖추고 있기는 하지만 그것이 단위수업과정 차원에서는 명쾌하게 구분·정리되지 않는 점이 있기에 그러하다.

한 가지 예로 3차 교육과정에서 고등학교 1학년 교과서에 실렸던 이호우의 〈살구꽃 핀 마을〉이라는 시조가 4차 교육과정에서는 국민학교 6학년 국어 교과서에 실렸다. 학습자의 인지적, 정의적 발달수준에 대한 고려가 어딘가 잘못되었다는 지적이 가능하지만, 이러한 제재 조직에 대해 결정적 거부감이나 수업진행의 모순을 지적한 경우는 거의 없었다. 이는 달리 생각해보면 그것이 문학교육의 내용(문학제재의 특성)과 관련된 것이기 때문에 허용될 수 있다고 볼 수 있다. 그리고 같은 대상이라고 하더라도 문학을 수용하는 주체의 수용능력에 따라 해석의 깊이는 달라질 수 있기 때문에 그러한 허용이 가능하다. 이러한 일이 수학이나 과학과 같은 교과에서는 일어날 수 없다. 즉, 문학교육에서의 학습내용 배열의 위계나 질서개념은 적어도 그것이 제재 차원에서는 매우 탄력적이고 유동적인 성향을 갖는다.

그것은 문학 텍스트가 고형적 지식의 양식으로 존재하는 것이 아니라 수용자의 스키마와 역동적으로 상호작용하는 작용태의 모습으로 존재한다는 것으로도 설명될 수 있다. 이렇게 볼 때 문학교육 평가에서 진단평가는 문학과 관련된 선행지식 진단의 속성과 관련하여 독특한 조건을 가진다고 하겠다.

따라서 평가에 임하는 문학교사는 문학과 관계된 학년별, 학교급별, 교육과정상의 내용 얼개를 보다 거시적으로 파악하고 문학 텍스트가 작가, 수용자, 사회와 갖는 상호작용적 변인을 우선 고려하여 진단평가의 자료로 가져올 수 있어야 한다. 문학 자체를 단순지식의 등가물로 보고 무리하게 체계화하여 이것을 미시적 수업과정 속에 상세화하여 진단평가의 자료나 대상으로 삼는 것은 문학경험을 일반 지식경험과 동일시하는 오류를 범하는 것이 될 수 있다.

문학교육의 진단평가에서는 문학용어, 지식, 이론 등에 못지 않게 수용자[학습자]의 문학접촉 환경이나, 문학적 태도와 관련된 정의적 요인의 것들이 중요하게 고려되어야 한다. 진단평가의 정보를 가장 예민하게 반영해야 하는 곳은 교수방법 투입과정이다. 문학교육의 교수학습 활동이 상당부분 정의적 요인에 의해 통제되고 있으며, 경우에 따라서는 문학 제재 자체가 정의적 접근에 의하여 효과적인 수용과정[학습과정]으로 인도되는 경우도 있기 때문이다. 그런데 이 정의적 시발행동(情意的 始發行動)은 지적 시발행동보다 정의(定義)하기가 훨씬 어려운 복합개념이다. 정의적 시발행동은 한 학습과제를 학습하려고 할 상태 이전에 형성된 개인의 정의의 총체이다. 그것은 대체로 흥미, 동기, 대상에 대한 친화성, 태도, 자아개념 등으로 나누어 생각해 볼 수 있다. 일반적으로 정의적 시발행동이 총괄평가에서의 성적의 변량을 약 25% 정도 결정한다는 연구 결과[90]는 문학교육에도 많은 시사를 준다. 문학 텍스트가 인간 정신작용의 언어예술적 형상화인 바, 그 형상화의 과정에 정의적 요소가 작용한다. 이러한 구조로 된 문학작품을 읽고 감상하는 경우에도 정의적 요소는 작품을 형상화의 구조물로 감응하게 하는 데 큰 기여를 한다. 지식을 얻기 위해서 문학을 읽는 것이 아니라는 점을 체험으로 우리는 느끼게 되는 것이다. 이 점을 감안한다면 문학교육 진단평가에서 학습자가 지니고 있는 정의적 요소들에 대한 시발점 행동 진단을 보다 중시해야 한다는 결론을 얻게 된다.

문학교육 진단평가의 도구는 가급적 다양하고 편리하게 개발되어야 할 필요가 있다. 물론 문학 담당교사들이 지역사회 특성과 학생집단특성을 통찰하고 각기 형편에 맞는 평가도구를 간편하게 작성 활용할 수 있으면 좋다. 그러나 최소한 학교급별 · 학년별 · 대단원별로 문학 흥미도검사, 문학에 대한 태도검사, 기존 문학경험검사, 문학관련 자아개념검사 등이 교육대상별로 검증과정을 거쳐 표준화검사 도구(標準化檢査 道具)로 개발되어야 한다. 그리고 이

---

90) 황정규, 앞의 책, 제5장 「학교학습의 모형」 참조.

러한 검사도구가 교사용 지도서에 제공되는 것이 바람직하다. 그리고 형편에 따라서 '문학환경에 대한 검사', '선행 문학체험에 대한 검사' 등도 학년별 단위평가계획의 기본프로그램으로 활용되는 것이 바람직하다. 대단원별 진단평가 도구는 장르 단위, 주제론적 단위 등으로 구분하여 보다 정교하게 개발 활용하는 노력도 요구된다. 문학교육평가에서 진단검사는 매 단원마다 실시하는 것보다는 학기 초에 1-2회 실시하는 것이 현실적으로 타당하고, 문학을 배우는 학생 개인에 대한 이해 정보로 활용할 수 있도록 한다.

(2) 형성평가

진단평가가 학습자의 시발행동에 관한 정보에 기초해서 학습자를 가장 적절한 출발점에 배치시키려는 것이라면, 형성평가는 학생이 학습단원(unit)을 하나하나 진행해 나감에 따라 발생하는 성취 정도를 파악하고, 그에 관한 정보를 교사 및 학생에게 송환(feed-back)함으로써 학업성취의 극대화를 지원하기 위한 평가이다.[91]

형성평가는 학습이 형성되고 있는 시기에 실시하는 평가이며 학습증진의 극대화(極大化)를 목적으로 하기 때문에 평가 자체가 학생이나 교사에게 부정적인 효과(效果)를 미치지 않도록 통제되어야 한다. 그러니까 형성평가는 수업활동의 연속선상에서 이루어지는 것으로 특별히 평가활동을 고립적으로 운영하지 아니하는 것이 바람직하다. 특히 문학교육평가에서는 이 점이 더욱 두드러진다. 이렇듯 문학교육 교수 · 학습 운영의 일정한 시공적 틀(frame) 속에서 설계되는 형성평가에 대해서는 다음과 같은 몇 가지의 원칙과 관심이 요청된다.

첫째, 문학교육에서의 형성평가는 문학수업의 구체적 과정과 일정한 학습단위(단원) 속에서 각 학생에게 필요한 문학학습을 개별화하기 위한 노력으로 보아야 한다. 그러니까 형성평가를 문학능력을 한 단계 한 단계 길러가기 위한 일종의 자아수정체제(自我修正體制)로서 보고 평가결과의 송환작용을 중시

91) 위의 책, p. 312.

하는 것이어야 한다. 따라서 구체적 문학 텍스트 경험의 자기정리, 이와 관련한 문학 지식, 문학적 장치에 대한 이해, 장르론이나 작품구조상의 기본용어들에 대한 이해가 형성평가의 일차적 대상이 되어야 한다. 이렇게 보면 문학교육에서 수용자의 감상능력이나 그 활동만을 중시하는 평가관은 형성평가의 장면에서는 종종 어려움을 겪을 수 있을지도 모른다. 감상능력이란 본질적으로 통합적이고 궁극적인 문학교육의 목표와 결부되기 때문이다. 이를 형성평가에서 고려할 때는 문학을 형식, 교과, 문화 등으로 성립시키게 하는 형식도야적 요소들과 유기적으로 잘 결합시키는 평가 안목이 요청된다.

형성평가는 문학교육의 내용을 상세화하고, 목표를 분류하고, 여러 단원을 조직할 수 있는 것 등등의 현실의 문학교육현상과 밀접한 연관을 맺고 있다. 또 문학이론이나 문학의 지식요소들이 문학감상과 별개의 영역으로 존재하는 것이 아니며, 감상과정의 충실도를 높이기 위해 문학 지식은 문학교육 내용 계열상 이해 · 감성의 전단계로 놓일 수도 있다는 원리가 고려되기 때문이다.

학교교육에서의 형성평가 내용이 일차적으로 이론, 용어, 지식, 문학적 장치 등에 관한 것이 되어야 한다는 것은 이들 내용을 개념이나 원리 그 자체로서만 가르쳐야 한다는 것을 뜻하지 않는다는 점을 강조하고자 한다. 이러한 지식수준의 내용들도 작품과 더불어 잘 구안된 활동(activity)으로 가르쳐야 효과적일 수 있음은 물론이다.

요컨대 문학교육의 형성평가는 다음의 원리에 따라야 한다.

첫째, 형성평가는 단원으로 단위화 해 놓은 문학경험을 학습하고 일정한 목표에 도달했는지를 평가하는 것이다. 단원으로 단위화된 문학학습의 내용은 문학의 이론, 원리, 개념, 용어들이 주를 이루게 되는데, 이를 대상화된 지식으로만 습득할 것이 아니라, 구체적 작품 경험 속에 녹여서 습득되도록 하라는 것이다. 이러한 내용요소를 평가함으로써 이후의 학습을 바른 궤도로 진입시킬 수 있는 것이며, 본격적 작품감상능력의 변별을 가능하게 할 수 있다. 만약 목표에서 준거화하고 있는 능력이 형성되어 있지 않다면 학습자 개인이나 수업의 과정 자체에 송환작용을 강화해야 한다. 흔히 교실현장에서 형성평가(形成評價)라는 이름으로 이루어지는 짧은 형태의 간단한 퀴즈, 쪽지시험 형식의 평가들에서 송환작용에 대한 조치를 무시하는 경우가 많은데 이는 형성평가의 본질적 기능을 간과한 경우이다.

둘째, 형성평가는 교수·학습이 진행중인 유동적인 시기에 교과내용, 교수·학습의 개선(改善)을 하기 위해 실시하는 평가이다. 이러한 원리에 비추어 볼 때 문학교육의 형성평가는 교재상에 구성된 대단원별로 평가를 실시하는 것이 무난할 것으로 판단된다. 대체로 문학교재의 대단원은 장르중심이거나 연대기 중심으로 되어 있는데, 이것은 문학교육 내용의 계열적 연속성을 고려한 구성으로 받아들인데서 나타나는 현상이다.

문학감상의 일반적 학습 행동단계－알고, 반응하고, 적용하고(apply), 선호하고(prefer), 가치를 수용하고(accept), 인격화하는－중에서는 '아는 단계'의 기본구조에 따라 문학교육의 내용영역(그것이 장르론에 의한 것이든, 주제론적인 것이든, 연대기적인 것이든)이 범주화, 계열화되는데, 그것이 교재상으로는 '단원(單元)'이라는 내용구성체로 나타난다.

실제로 '아는 단계' 이후의 문학감상학습의 행동과정들은 그러한 문학적 경험의 예를 얼마나 많이 제공하느냐 하는 양적인 차원의 지도문제 외에는 대체로 동질적이다.[92] 그렇기 때문에 문학교육의 내용구조가 범주화되는 대단원별로 형성평가 계획을 세우는 것이 좋다. 그러나 이는 어디까지나 일반론적인 원리이며, 특정의 목표화된 문학교육 프로그램을 설계할 때는 텍스트 감상의 개별적 심화가 이루어지기 전에 형성평가를 실시한다. 그리고 감상능력 확보를 위해 학습자 개인별 피드백 효과가 고려되어야 할 지점에서 형성평가를 계획할 수도 있다.

셋째, 문학 교수·학습활동에서 학습자의 행동단계가 시간적 순서에 의하여 정밀하게 위계화되어 있는 것이 아니라 상당부분이 동시적으로 작용한다는 점을 고려하여 형성평가에 임해야 한다. 즉, 문학교육에서 학습자의 학습행동은 행동적 연속성(behavioral continuity)은 있지만 그것이 철저히 위계화되어 행동의 인과적 연쇄(sequence of behaviors)로 이루어져 나타나는 것은

---

92) Alan C. Purves, "Evaluation of Learning in Literature", *Handbook on Formative and Summative Evaluation of Student Learning*(McGrow Hill, 1971) 참조.

아니라는 점을 고려해야 한다. 따라서 텍스트 수용의 내면화 과정을 하나의 인과적 연쇄구조로 파악하여 그 연쇄되는 과정마다 형성평가를 계획하는 것은 무의미할 수도 있다. 이 점은 문학지식의 축적에 있어서도 마찬가지이다. 퍼브스(Alan C. Purves : 1931~)는 문학교육에서도 지식의 축적이란 물론 가능하지만 그 축적이 반드시 체계적인 것은 아니라는 점을 강조하고 있다. 다만 공리적(公理的) 수준의 지식들을 새 작품에 적용하거나 비평적, 주제적 차원에서 새로운 일반화를 시도할 때 비로소 일정한 체계성의 의미를 띤다고 보는 것이다. 이러한 원리에 입각한다면 문학교육에서의 형성평가는 일정한 교수·학습에 의해서 학습자에게 형성된 것을 정확히 파악하는 데에 초점을 두어야 한다. 문학교육의 내용요소들을 기계론적 위계질서로 파악하여 임의의 단계마다 형성평가가 시도되어서는 곤란하다. 또 그때의 형성평가 결과는 학습자의 형성수준을 정확히 표지할 수도 없게 되며, 더구나 그것을 피드백 효과를 위해 사용한다는 것은 아무런 의미를 갖지 못하게 되는 것이다.

넷째, 형성평가에서는 학습자가 텍스트를 대하여 접근하고 관여하는 텍스트와의 연대성(engagement)이 형성되는 정도를 파악하는 사항이 반드시 포함되어야 한다. 앞에서는 주로 형성평가가 문학교육의 인지적 사항들을 중심으로 그 평가내용이 결정되어야 한다는 점을 밝혔지만, 형성평가에서도 학습자의 정의적 사항을 전혀 무시할 수는 없다. 여기서 '텍스트와의 연대성'의 개념은 학습자가 문학 텍스트에 접하여 얼마나 능동적 참여의 태도를 형성하고 있는가를 설명하는 개념이다. 학습자의 텍스트와의 연대성이 형성되어 있지 아니하면 문학교육의 기초적 인지적 단계의 학습들이 성적지표상으로는 성공적으로 이루어졌다 하더라도, 또 그러한 학습과정에 묵종적으로 따라오기는 해도 학습자는 무감각하고 냉담한(apathetic) 상태에 머무르고 마는 것이다.

다섯째, 형성평가의 도구는 제 일차적으로 문학교육의 교수·학습 과정을 이끌어가고 개선해 가야 할 문학교사가 제작하는 것이 원칙이다. 진단평가나 총괄평가는 그 방면의 측정전문가나 교과전문가가 제작한 평가도구가 더 유용하게 사용될 수 있지만, 형성평가는 지금 진행중인 문학수업 프로그램에 대한 어떤 정보를 얻으려는 것이기 때문에 수업상황의 역동성을 현실적으로 가장 잘 파악할 수 있는 교사 자신이 제작하는 것이 바람직하다.

형성평가 도구를 만들 때 일반적으로 고려해야 할 사항에 대해 살펴보면 다음과 같다.

① 장르론적 기초 이론들과 관련되는 중요한 학습요소는 모두 포함시키도록 한다. 또한 연대기 중심의 대단원일 경우에는 문학사적 중요 사실과 배경들을 기초적인 것을 중심으로 모두 포함시키도록 한다. 이러한 기초적 지식들을 항목화함에 있어 지나친 상세화는 피할 수 있도록 하는 것이 바람직하다.

② 텍스트의 이해 · 감상과 관련되는 학습과정의 형성평가는 이해 · 감상의 방법을 아는 것에 초점을 두고 문항과 도구를 개발하도록 한다. 개개 텍스트의 사실적 정보(factual information)를 아는 것을 평가하는 것은 비교적 덜 중요하다.

③ 문항의 형식은 다양하게 혼용할 수 있어야 한다. 즉, 해당 행동목표와 내용목표의 이원적 특성에 가장 적합하다고 판단되는 문항형식을 사용하도록 한다. 예를 들어 인지적으로 상위단계 유목이면서 정의적으로도 가치화단계에 해당하는 행동목표를, '시의 구조 이해'라는 내용목표와 결부해서 문항을 만들 때는 논술형 문항을 만드는 것이 바람직하다. 고전시가의 어휘표현을 내용목표로 그것을 단순한 지식차원의 행동목표와 결부해서 평가할 때에는 단답형이나 선다형이 효과적이다. 또한 문학교육에서는 대체로 텍스트 단위로 수업이 이루어지고 이러한 과정에 따라 형성평가가 이루어질 수도 있다. 이때는 형성평가라고 해도 감상영역, 즉 인지적, 정의적으로 높은 단계의 평가유목(評價類目)이 고려되어야 하므로 무조건 단답형이나 선다형으로 일관할 성질도 아니다.

④ 텍스트와의 연대성 또는 텍스트에 대한 학습자의 참여적 태도 형성을 평가할 때는 답항(答項)에 특별히 정답개념이 설정되지 아니하는 문항이 되도록 한다. 즉, 단순한 반응유형만을 답항으로 제시하여 정답을 고르는 성격의 문항이 되지 않도록 한다.

⑤ 감상력의 형성을 평가하는 문항제작에서 특정의 예시작문이 지문으로

삽입되어야 할 경우, 교과서에 수록되지 아니한 작품을 원용함으로써 보다 정확한 형성수준을 파악할 수 있다. 형성평가는 교과서 내용을 그대로 평가자료로 삼아야 한다는 것이 일부 감상력 형성평가의 경우에는 적절치 않을 수도 있다. 이러한 형성평가 모습은 대학수학능력시험이 본격적으로 시행된 1993년 이후에는 현저히 개선되고 있다.

⑥ 하위단계의 문항에서 정답을 맞추는 것이 상위단계의 문항을 학습하는 필요조건이 되도록 문항위계(問項位階)가 형성되어 있어야 한다. 그런데 문학교육의 형성평가에 있어서는 이를 일반화하여 획일적으로 적용하기에는 다소 문제가 있다. 엄밀한 의미에서 문학용어에 관한 지식, 명제화된 문학이론 등을 아는 것과 이것을 구체적 장르나 작품에 적용하는 경우에는 대체로 이러한 문항의 위계개념이 고려되어야 한다.

⑦ 형성평가의 결과분석은 교수목표의 형성기준을 어디로 잡느냐에 따라 학습자에게 상이한 강화를 줄 수 있다. 그러나 대체로 긍정적 강화를 줄 수 있는 적정선을 결정해야 한다. 또한 학습자가 반응한 답의 오류가 무엇인지를 직접적으로 피드백해 주어야 한다. 아울러 평가과정에서도 학생들이 불안, 긴장감을 갖지 않아도 되는 평가임을 주지시켜 문학 수용의 허용적 분위기를 유지해야 한다.

(3) 총괄평가

문학교육에서의 궁극적 목표들은 일종의 이념태 차원의 지향들이다. 이러한 목표들을 구체적인 평가문항의 목표와 일대일로 대응시키는 것은 무리일지 모른다. 이를테면 상상력의 세련, 삶의 총체적 체험 등 내면화의 과정들을 구체적 평가 행위 속에서 완벽하게 검색한다는 것은 문학교육내용으로서의 문학경험의 본질을 충분히 이해하지 못하는 데서 온다. 그러나 문학교육의 총괄평가가 지향해야 하는 평가내용에 대한 인식은 이러한 문학교육의 이념태 목표들에 결부되어 있어야 한다.

총괄평가라는 개념자체는 기능적이고 실천적인 것이다. 그런 관점에서 정의하자면, 총괄평가는 일련의 학습과제가 끝난 다음에 목표의 성취여부를 판단하기 위해 부과하는 시행빈도가 드문 검사이면서, 문항의 선택에서도 일반화 가능성이 높은 문항을 영역 모집단(領域 母集團), 교수목표 모집단(教授目標 母集團)에서 그 대표성이 보장되도록 선택하는 검사이다.[93] 문학교육에서 총괄평가는 대체로 한 학기를 최소의 시행단위로 보는 것이 타당하다. 이상적으로는 한 학년 또는 교육과정상의 '문학'과목이 이수되는 기간 전체를 총괄평가 실시의 단위기간으로 잡는 것이 바람직하다.[94] 문학교육의 학습성취과정이 비교적 긴 연속상을 드러내기 때문에 그러하다.

총괄평가는 보다 일반화되고 광범위한 목표를 평가하려는 데서 형성평가와 차이가 있다. 문학교육의 일반화된 목표는 상상력의 세련과 문학적 문화에의 창조적 적응을 강조하는 것으로서 매우 차원 높은 고등정신기능에 속하는 것이다. 이러한 것을 만족스럽게 습득했을 때, 그것은 그 자체의 습득에 그치지 않고 다른 상황, 다른 문학적 체험의 장에 수평적으로 전이되거나 수직적 전이효과를 갖게 된다. 총괄평가는 이와 같은 일반성의 수준이 높은 것을 포함해야 한다.

이와 같은 목표의 일반성, 광범위성 때문에 총괄평가는 학습된 과제를 평가하는 문항 전부를 망라해야 하나 현실적으로 이는 불가능하다. 그러기 때문에 총괄평가의 문항은 이같은 교육목표를 모집단으로 하는 문항 모집단(item population)에서 적절·적량한 대표적 문항을 표본해야 한다. 일반적으로 채택되는 원칙은 문항모집단을 가장 잘 대표할 수 있도록 골고루 표본한다는 것이지만 때에 따라서는 어느 일부분의 목표를 보다 더 중요시하고 거기에 비중을 두어 표본할 수 있다.[95] 총괄평가는 문학교육 교수 목표의 모든 영역에서 대표적인 문항을 가장 적절히 표본한다는 뜻에서 영역지향평가(domain-referenced test)의 성격을 갖는다. 문학교육 목표를 모집단으로 하는 문항모집단(問項母集團)의 제작을 위해서는, 평가하려는 평가목표를 확인 진술하고 그

93) 황정규, 앞의 책, p. 368.
94) 현재는 학기별로 학적부 관리가 되어야 하므로 문학과목이 이수되는 시간 전체를 단위로 평가하기는 어려운 실정이다.
95) 황정규, 앞의 책, p. 340.

것을 이원분류표(二元分類表)를 통해 총괄적으로 설계해 볼 수 있다.

이 때의 평가목표는 반드시 학습해야 할 내용과 이 내용을 통하여 나타내어야 할 정신행동(mental behavior)의 두 가지 요소가 갖추어져 있도록 진술되어야 한다. 그러기 위해서 이원분류표는 총합평가도구(總合評價道具)를 제작하기 위한 총괄적 범주의 표본상이 된다.

여기서는 IEA(The International Association for the Evaluation of Educational Attainment)의 프로젝트로 보고된 딜(Dill : 1940~)과 퍼브스(Purves)의 문학교육평가를 위한 내용 및 행동목표의 이원분류표를 〈표 1〉에서 소개해 보기로 한다. 이것은 미국을 중심으로 국제간의 문학교육평가 목표들을 비교할 수 있도록 하고자 하는 의도에서 설계된 것이다. 그렇기 때문에 전범적인 의미를 지닌다고 보아도 좋을 것이다.

이 표가 현재 우리나라 문학교육의 커리큘럼이나 또 그에 의한 총괄평가의 문항모집단 표본으로 바로 사용되기에는 물론 문제가 많다. 그러나 문학교육의 총괄평가의 설계 · 운영을 위한 평가유목의 전체적 모양이 어떻게 구성되어야 할 것인가에 대한 하나의 본보기가 될 수는 있을 것이다. 이 표를 근간으로 해서 학년별, 혹은 대단원별 총괄평가의 기본설계가 가능해지는 것이다. 또 특별한 관점에 의해 적용된 커리큘럼(예를 들면 장르론적 커리큘럼, 주제론적 커리큘럼, 태도접근적 커리큘럼 등)별 특성에 따라 문항의 유형별 채집 · 구성이 가능할 수 있다. 총괄평가에서 어려운 문제로 대두되는 것은 내용목표(內容目標)보다도 행동목표(行動目標)의 조직이다. 내용목표는 대체로 정해진 커리큘럼 또는 교과서의 내용 구성체제에 따라 비교적 무난하게 구성 · 조직할 수 있으나, 행동목표에 대한 조직체계는 문학교육에서의 교수 · 학습활동의 중핵적 과정을 어떻게 설정할 것인가에 따라 많은 연구와 검토가 필요하다. 근자에 왕성하게 논의되고 있는 인지이론, 상상력 이론, 텍스트 이론, 문화 이론 등등에서 문학교육 행동 목표를 정교화할 수 있는 근거들을 모색해야 할 것이다.

문학의 생산-구조-수용을 기본축으로 하면서 이것이 사회 · 현실을 반영하는 측면, 또한 표현의 미학과 교섭하는 측면 이 모두를 '문학현상(文學現象)'으로 파악하면서 이 문학현상을 바르게 이해하는 데에 문학교육의 내용을 두어야

〈표 1〉 Dill과 Purves의 문학교육 평가 이원분류표

행 동		지식	적용						반응	표현된 반응									참여		
내 용 ※ 고전과 현대의 기준은 제1차 세계대전(1915)으로 구분함. ※ 고등학교 과정을 대상으로 한 것임.		장르 알기	구체적 문학 텍스트의 지식 적용	전기상의 정보 적용	문학·문화·사회·정치 및 지성사의 적용	문학 용어 적용	비평체제 적용	문학적 정보 적용	반응하기	재창조	작품에의 연대성 표현	부분 분석	전체 분석(관계상·조직)	해석하기	평가하기	선호의 패턴 나타내기	반응의 패턴 나타내기	반응의 다양성 나타내기	자진 반응	반응에서의 만족 획득	의의 수용
		A	B	C	D	E	F	G	H	I	J	K	L	M	N	O	P	Q	R	S	T
장르(문학 작품)	1. 서사시(고전)	1	1	1	1	2	0	0	1	0	1	2	2	2	1	0	0	0	0	0	1
	2. 서사시(현대)	0	0	0	0	0	0	0	0	0	0	0	0	0	0	0	0	0	0	0	0
	3. 서정시(고전)	1	1	1	1	2	0	0	1	1	1	2	2	3	1	0	0	0	0	0	0
	4. 서정시(현대)	1	1	0	0	0	0	0	0	0	0	0	0	1	0	0	0	0	0	0	1
	5. 시극(고전)	1	1	1	1	3	1	0	3	1	2	3	3	3	2	0	0	1	1	1	2
	6. 시극(현대)	0	0	0	0	0	–	0	0	0	0	0	0	0	0	–	0	–	–	–	0
	7. 드라마(고전)	0	0	0	0	1	0	0	0	1	0	1	1	1	0	0	0	0	0	0	1
	8. 드라마(현대)	1	0	0	1	1	0	0	1	1	1	1	2	1	1	0	0	0	0	0	1
	9. 소설(고전)	1	1	1	1	0	0	0	1	1	1	2	2	3	1	0	0	0	0	0	1
	10. 소설(현대)	1	0	0	0	1	0	0	1	2	0	0	0	1	0	0	0	0	0	0	1
	11. 단편소설(고전)	0	1	1	1	1	0	0	1	0	1	1	1	2	0	0	0	0	0	0	1
	12. 단편소설(현대)	1	0	1	1	1	0	0	1	0	1	1	1	2	1	0	0	0	0	0	0
	13. 넌픽션(고전)	1	[illegible]	[illegible]	[illegible]	[illegible]	[illegible]	[illegible]	1	[illegible]	1	[illegible]	[illegible]	1	0	0	0	0	0	0	0
	14. 넌픽션(현대)	0	0	0	0	0	0	0	1	0	1	0	0	1	0	0	–	0	0	0	0
	15. 순문학(고전)	1	0	1	0	0	0	0	0	0	1	0	0	1	0	0	0	0	0	0	1
	16. 순문학(현대)	0	0	0	0	0	0	0	0	0	0	0	0	1	0	0	0	0	0	0	0
	17. 여타 문학작품	2	1	1	2	3	1	0	3	1	3	3	3	3*	3	1	0	2	3	3	1
	18. 영화와 텔레비전	1	0	–	–	–	–	–	–	–	0	–	–	0	0	–	0	0	0	0	0
	19. 기타 매스미디어	1	1	–	–	–	–	–	–	–	0	–	–	0	0	–	–	0	0	0	0
연계된 맥락적 지식	20. 작가의 전기	1	0	–	–	–	–	–	–	–	–	–	–	–	–	–	–	–	–		–
	21. 문학·문화·사회 정치 및 지성사	2	1	–	–	–	–	–	–	–	–	–	–	–	–	–	–	–	–		0
문학이론	22. 문학 용어	2	0	–	–	–	–	–	–	–	–	–	–	–	–	–	–	–	–		0
	23. 비평 체계	0	–	–	–	–	–	–	–	–	–	–	–	–	–	–	–	–	–		–
문화정보	24. 문화정보 및 민속	2	–	–	–	–	–	–	0	–	0	0	0	0	–	–	–	–	–		0

※ 각 숫자는 전체 문학교육 커리큘럼에서의 강조 정도를 나타낸 것임.

3* : 아주 중요하게 강조됨. 3 : 중요하게 강조됨. 2 : 많이 강조됨

1 : 적게 강조됨. 0 : 주목되기는 하나 강조되지는 아니함. – : 주목되지 아니함.

한다는 논의를 한 바 있다. 이런 방향으로 문학교육이 발전되어 나간다면 문학현상을 문학교육의 중심내용으로 파악하고자 하는 관점을 토대로 문학교육 총괄평가의 문항모집단 표본을 설계 · 모색해 볼 수 있다. '작용태로서의 문학현상'을 이해하고 그것의 바람직한 발전을 도모함으로써 문학적 문화의 고양을 기하자는 것을 문학교육의 목적으로 삼고 그것을 커리큘럼화했을 때는 당연히 이에 바탕을 둔 총괄평가의 문항집단 표본이 구안될 수 있어야 하는 것이다.

앞에서 문학교육과정을 논하는 자리에서 우리 문학교육 커리큘럼의 문학현상 중심의 설계가능성을 시사한 바 있다. 이 작업의 보다 정밀한 연구와 검증이 이루어진다면 문학교육 평가의 전반적인 문항모집단과 표본설계도 보다 구체적으로 검증될 수 있을 것으로 기대된다. 여기서는 다만 그 기본적 골격에 해당하는 것만 간략히 제시해 보고자 한다.

문학현상 중심의 문학교육 평가는 우선 그 내용 목표로 문학의 생산현상, 문학 텍스트의 구조, 문학의 여러 반영적 요소들이 설정될 수 있다. 그리고 문학의 수용현상은 수용자(학습자)의 텍스트를 수용하는 일련의 행동과정이기 때문에 행동목표로 치환되어 놓일 수 있다. 이렇게 함으로써 문학현상의 각 영역이 문학교육 평가의 내용목표, 행동목표로 이원분류적 구도를 갖추어 〈표 2〉와 같이 구안될 수 있다.

이와 같은 문학교육평가 체계는 우선 교육과정상으로 반영이 되고, 정교화를 위한 검토 · 보완이 필요하다. 그 중 하나는 내용목표로 설정된 문학 텍스트의 생산, 구조, 반영영역의 각 하위 내용요소를 일정위계와 내적 질서에 의해 상세화하여 배열하는 일이다. 이 경우 우리 문학교육의 현실적모습에 비추어 구조영역의 내용목표들이 크게 확장되어질 가능성이 많으며, 특히 국문학사상의 장르들이 모두 포괄되어야 할 것이다.

다른 하나의 문제점은 행동영역의 목표들을 이른바 블룸(Bloom)의 교육목표분류유목(教育目標分類類目)에 의해 그대로 준용하는 문제이다.[96] 여기에는 문학이해의 특수한 지적과정과 특성이 고려되어 행동목표의 조정이 따라야

96) 블룸(Bloom)의 교육목표 분류체계는 우리 현장 교육에 깊은 영향을 미치어 적어도 형식상으로는 일반화된 수준에 와 있다고 볼 수 있다.

할 것이다. 또 인지적 과정과 정의적 과정을 분화한 것은 평가유목(評價類目)의 대립적 분화를 명시하기 위한 것이 아니라, 이를 양자의 보완적 설계를 명시적으로 구조화하자는 의도를 살려 본 것이다. 종래 인지적 행동목표 중심의 평가운영 방식을 지양하고 정의적 영역의 평가유목들을 보완 · 강화하기 위한 의도가 고려된 것이다.

〈표 2〉 문학현상 중심의 문학교육 평가 이원목적 분류체계

내용 \ 행동		수용의 과정										
		인지적 과정						정의적 과정				
		지식	이해	적용	분석	종합	평가	감수	반응	가치화	조직화	인격화
텍스트 생산현상	· 텍스트 생산현상의 요소들 · 작가론적 사항 · 시대배경 · 생산배경											
텍스트의 구조	· 각 장르의 특성 · 각 장르의 문학적 장치 · 각 텍스트의 유형별 내적 구조 · 텍스트 상호성											
텍스트의 반영 현상	· 텍스트의 반영현상과 관련된 요소 · 문학사 · 문예사조 · 문화사적 접맥 · 사회사적 접맥 · 풍속사적 접맥 · 인접 예술장르와의 상관성 · 대중매체											

3. 문학교육 평가도구 운영의 기술적 문제

문학교육 평가도구 운영은 기본적으로 문학교육 평가의 전체적인 지형을 읽을 수 있는 눈을 갖추는 데서 비롯되어야 한다. 평가의 다양한 유형에 대한 거시 안목이 있어야 필요 적절한 평가 유형을 선택·배합할 수 있고, 그것에 따라 문항의 유형을 고를 수 있는 것이다. 문학교육 평가상황에서 얼마나 주도적이고 능동적인 평가 설계를 할 수 있느냐 하는 문제는 우선 교사 자신의 문학교육 평가철학이 확립되어 있어야 하며, 다음으로는 평가가 이루어지는 모든 국면에 대해서 입체적 이해를 하고 있어야 한다. 지극히 상식적인 문제이면서도 실제의 평가 상황에서는 소홀히 다루어지는 것이 있는데, 그것은 평가를 보는 거시 전략을 놓치고 있다는 점이다. 마치 이러한 거시 안목은 교사에게는 불필요한 것으로 보는 경향이 있는 듯하다. '지금 여기'가 요구하는 평가를 마련해 주기 위해서는 평가의 전체적 지형도를 익히고, 각 평가범주들 간의 연계를 늘 현장의 요구와 관련하여 새롭게 만들어내는 노력이 필요하다. 평가가 이루어지는 내·외적 현상과 관련하여 평가의 다양한 유형을 범주화해 보면 다음과 같다.

〈교수·학습 과정에 따른 범주〉

- □ 진단 평가
- □ 형성 평가
- □ 총괄 평가

〈평가방법에 따른 범주〉

- □ 지필 평가
- □ 수행 평가
- □ 관찰 평가

〈평가 요소에 따른 범주〉

- □ 지식 평가

□ 기능 평가
□ 태도 평가
□ 상위 인지 평가

〈평가 주체에 따른 범주〉

□ 교사 평가
□ 자기 평가
□ 상호 평가

〈평가 시기에 따른 범주〉

□ 예비 평가
□ 과정 평가
□ 결과 평가

〈평가 영역에 따른 범주〉

□ 교과내적 평가
□ 범교과적 평가

바람직한 문학교육 운영이 이루어지기 위해서는 평가운영에 혁신이 있어야 한다는 주장들이 많다. 그러나 이러한 주장들은 단순히 일반론 수준에서 반복적으로 제기될 뿐 구체적이고 실용적인 접근과 연구는 거의 없는 실정이다. 통념적으로 선택형 문항은 부적합하거나 나쁘다고 생각하는 경우가 많은데, 사실은 문항이 갖는 구조와 평가의 조건을 깊이 검토하면 그 나름의 효용이 발견된다. 문제는 평가의 목적, 조건, 능률, 평가의 전반적인 체제 등을 입체적으로 조망하면서 각각 그 정황에 맞는 문항을 기술적으로 정제 · 개발해 나가는 전문적인 노력이 필요하다. 하나의 정제된 선다형(multiple-choice type) 문항을 만드는 일이 오히려 평가의 실천적 조건이 불투명한 논문형(essay type) 문항보다 더 중요하고 가치있는 평가효과를 산출시키는 경우도 많다.

요컨대 문항유형에 대해서 맹목적 거부나 신뢰를 가지는 태도는 반성되어야 한다. 평가문항의 정교한 기술적 제작기법에 대한 전문적 식견과 이론을 문학교육담당자들이 재인식해야 할 단계에 와 있다.

문항유형의 갈래를 구별하면 다음과 같다.[97]

◉ 선택형(selection type)

•진위형(true-false type) – · 진위형 · 군집형

•배합형(matching type) – · 단순배합형 · 복합배합형 · 분류배합형
· 관계분석형 · 관계분류형 · 공변관계형

•선다형(multiple-choice type) – · 최선답형 · 정답형 · 불완전문장형
· 다답형 · 합답형 · 부정형

◉ 서답형(supply type)

•단답형(short-answer type)

•완성형(completion type) – · 불완전 문장형 · 불완전 도표형
· 제한완성형

•논술형(essay type) – · 단독과제형
· 자료제시형 – · 단일자료제시형
· 복합자료제시형

원론적으로 평가의 방향과 필요에 따라 문항유형이 결정된다. 이를테면 문항유형은 어디까지나 평가설계의 종속변인이 되는 것이다. 문항유형을 우선변인으로 평가설계를 시도하는 것은 현장에서의 편의주의적 평가 운영이다. 문학교육평가에서는 논술형 문항의 정교화를 위한 노력, 구체적으로는 도구의 실용성을 높이는 노력이 절실히 요구된다. 문학교육 평가문항의 기술적 개발·운영에 대해 관심가져야 할 사항들을 제시해 본다.

- 기본 독해력이 뒤떨어지는 학생들을 대상으로 하는 문학능력 평가에서 요구되는 문항유형의 개발
- 단위 검사시간에 많은 교수목표를 포함시키고자 하는 평가에서 유용한 문항유형의 개발

---

97) 황정규, 앞의 책, pp. 391∼442.

- 진위형문항의 단속적 누적(斷續的 累積)을 효과적으로 운용할 수 있는 평가(문항 및 도구체계) 형태의 개발
- 학생의 문학 감응의 진정성 또는 몰입의 정도를 측정하는 데 유용한 평가 문항유형의 개발
- 문학 텍스트와 연관된 문제해결과정에서 반응자의 이해 및 사고과정부여가 가능하도록 해주는 문항의 기술적 세련화 문제
- 텍스트 경험을 능동적으로 추구하고 문학 학습동기를 효과적으로 강화할 수 있도록 문학평가문항을 설계하는 기술
- 문학 문항의 문항 진술에서의 전제와, 답지에서의 내용 조직이 고도의 동질성, 계열성을 갖도록 하는 문항제작 기술
- 문학 텍스트의 분석, 종합, 평가 등의 이른바 고등정신 행동목표를 배합형 구조 속에서 효과적으로 조직할 수 있는 문항 제작기술
- 선다형 문항이 갖는 융통성 · 신축성을 극대화하여 문학 읽기를 통해 추리력, 비판력을 측정할 수 있도록 문항을 구조화하는 기술
- 선다형 문항의 답지의 내용 분량과 가지수를 확대함으로써 기대 가능한 문학교육 평가의 유목들을 확충시키는 기술
- 논술형 문항에서 문항의 내용 타당성 및 실용성을 객관적으로 확보하는 기술
- 현장에서의 문학교육 총괄평가의 적정 문항수를 표준화시키는 기술, 즉 문학교과 내용과 학습기능을 어떻게 고루 표본할 수 있겠는가를 산정하는 문제
- 단답형이나 완성형의 문항유형이 문학교육 평가의 문학이론적 단위지식 평가에 유용한 유형인지 아닌지를 검토하는 일
- 논술형 문항의 채점조건을 객관적으로 타당하게 제시 · 조직하는 일
- 논술형 문항의 반응에서 나타나는 제반 고등정신 기능을 범주화하고 변별할 수 있는 준거들을 마련하는 기술
- 글쓰기 생산 수행을 평가 상황으로 부과하고, 채점하고 피드백하는 것과 관련된 제반 평가기술

• 생산과 수용을 포괄적으로 아우르고 지속적 수행활동을 하기 위한 문학 영역 포트폴리오 평가의 기술

이러한 문제들이 문학교육 평가의 실천적 문제(實踐的 問題)들이라고 할 수 있는데, 문제의 본질은 결국 문항유형 그 자체에 있는 것이 아니라 문항제작 기술과 평가의 고유한 정황에 맞는 문항유형 적용기술에 있다.

이러한 문항 유형의 기술적 개발 및 준용과 병행하여 중요하게 대두되는 문학교육 평가상의 문제는 자유반응식(自由反應式)의 논술형 평가가 확충되어야 한다는 점이다. 사고과정과 내면화 과정의 모습을 온전히 반영하기 위해서는 논술형 평가의 장점들을 충분히 그리고 발전적으로 고려해야 한다. 논술형 문항은 흔히 출제의 용이함을 들지만 반드시 그렇지만은 않다. 평가유목 체제상의 문항모집단이 갖는 대표성을 적절히 포괄시켜 이를 알맞게 범주화하는 데서부터, 반응자의 반응을 효과적으로 통제하기 위한 조건들을 설정하는 문제, 평가의 결과를 어떤 방법으로 산출, 관리하느냐의 문제 등에 이르기까지 고려해야 할 것들이 많다.[98]

논술형 문항의 평가는 점수로 산정하기보다는 등급으로 처리하는 것이 바람직하며 그 등급도 지나치게 세분화하지 않는 것이 좋다. 세분화가 필요할 때는 마땅한 준거와 그 효용성을 감안해야 한다.

대단원 단위의 총괄평가에서는 논술형 문항을 반드시 일정비율 배정하는 것이 필요하다. 논술형 평가는 문학 텍스트 수용의 과정에서 학습자에게 형성된 문학감상 능력의 종합적 전이를 측정, 평가하는 데 가장 적합하다. 논술형 평가문항의 타당도에 관한 것은 각 장르별 교수·학습모형에서 제기한 장르 특성과 수업목표, 수업전개방식 등의 원리와 부합될 수 있는 평가내용이 될 수 있도록 해야 한다.

논술형 문항의 평가기준에서 특별히 고려해야 될 사항은 문항의 내용타당성과는 별도로 반응의 충실성－수용과정에서 반응자가 텍스트에 참여하는 태

98) 논술형 평가 문항의 개발과 운용에 관한 연구로는 박인기 외, 「논술평가에 관한 연구보고서」(서울대학교 교육종합연구원 국어교육연구소, 1997) 참조.

도의 성실성—을 감안하는 것이 바람직하다. 이것은 수용자의 정의적 측면에 대한 평가이기도 한데, 문학교육 평가의 인간이해적 측면을 강조하는 정신을 실천적으로 반영하는 의미를 가진다. 이 경우 한 개의 논술형 문항이 갖는 점수 중 20% 내외의 비중을 '반응의 밀도(또는 충실성)'에 배당하는 것이 적절할 것으로 판단된다.

형성평가에서도 경우에 따라 논술형 문항을 활용할 필요가 있다. 이 경우는 등급화된 평가방법 중에서도 등급구분을 최대한 줄여 2~3등급의 평가구분을 한다. 2등급 구분의 경우 '형성가능', '형성불가능'의 판정만을 구사할 수도 있다. 이러한 방식의 평가는 일회적인 것이 아니고 누가적(累加的)으로 기록될 수 있도록 관리만 된다면 평가의 변별적 기능도 충분히 기대할 수 있을 것으로 판단된다. 다만 이 경우 수업운영에 있어서 개별화학습(個別化學習)의 여건과 과정을 어떻게 마련하느냐하는 문제가 중요한 관건이 된다. 이를 위해서는 교사의 창의적 수업기술과, 제도적 차원에서의 행·재정적인 지원체제가 구비되어야 한다. 특히 교사의 수업기술 측면에 있어서는 학습목표별 수업모형이나 정의적 수업모형의 연구 적용이 있어야 한다.

끝으로 첨언할 것은 학교수업체제에서 평가단계 이후에도 지속될 것으로 예견되는 수용자의 내면화의 장기적 진행과정을 문학교육 평가가 어떻게 도울 것인가를 각별히 고려해야 한다는 점이다. 이를 위해서 총괄평가의 도구는 완결성과 개방성이 동시에 강조된다. 도구로서의 완결성이란 문항과 문항이 상호 내적인 유기성과 연관성을 가지고 문학교육의 궁극적 목적을 구현하는 데 기여할 수 있도록 조직되어야 함을 의미한다. 즉, 문학교육의 지향점과 목적의 총체상을 하나의 총괄평가 도구 속에 완결시킬 수 있도록 조직해야 한다. 개별문항이 아무리 잘 정제되고 완벽하게 타당도와 신뢰도를 갖추었다 하더라도 도구 속에서 하나의 큰 목적을 위해 유기적으로 통일되지 아니하면 평가의 효율성을 확보할 수 없게 된다. 그리고 이러한 완결성은 닫힌 완결성이 아니라, 평가 이후의 내면화과정에 어떤 형태로든지 긍정적으로 작용할 수 있도록 하는 배려까지 포함된다는 의미에서 열려진 분절성이 되어야 한다. 그러한 방향성을 살리기 위한 실제적인 방법으로는, 텍스트에 대한 참여의 충실도를 강화하는 자유반응식 논술형 문항의 조화로운 배열과 조직을 고려해야 한다. 이때 논술형 문항은 일반화해서 서술형 평가로 확대될 가능성을 지닌 평가 방법이 될 것이다.

4. 2015년 교육과정과 문학평가

2015년 국어과 교육과정은 평가 내용의 균형, 평가 방법 및 평가 도구의 타당성, 신뢰성, 적절성 등을 고려하여 평가 계획을 수립하고, 학습자의 국어 능력의 신장을 판단하고, 교수학습 방법 및 평가 도구 개선에 기여할 수 있도록 학습 과정과 결과를 균형 있게 평가할 것을 강조한다. 이러한 평가 결과를 학습자의 국어 능력의 발달 정도를 판단하고 교육 활동을 개선하는 데 활용하도록 하고 있다. 이러한 평가 방향을 바탕으로 '문학 영역'의 평가는 종합성, 통합성, 연계성 등을 고려하여 실행해야 한다.

종합성은 '문학에 대한 지식', '작품의 수용과 생산 능력', '문학에 대한 태도', '문학 활동 경험' 등을 종합하여 하는 평가를 말한다. 문학교사는 문학 지식을 활용하여 작품을 수용하고 생산하는 활동, 그 과정에서 형성되는 가치의 문제, 학습자의 삶 속에서 가치를 실천하는 방법 등을 종합해 평가할 수 있는 체계적인 기준을 세울 필요가 있다.

통합성은 학습자의 수준과 경험을 고려해 개인의 활동에 대한 독립적인 평가와 함께 모둠별 활동, 학교나 지역 사회의 문학 행사 등과 관련된 활동을 통합적으로 평가하는 것, 그리고 학습의 과정과 결과를 모두 중시하여 총체적으로 평가하는 것을 말한다. 문학교사는 개별 학습자의 능력을 확인하고, 그에 적합한 다양한 통합적 활동을 제시해야 하며, 학습자의 활동 결과뿐만 아니라 과정도 평가할 수 있는 명확한 기준을 마련할 필요가 있다. 또한 하나의 평가 방법만 지향할 것이 아니라 선택형, 서술형 평가 및 발표, 관찰, 질문, 비평문 쓰기, 과제 수행(프로젝트) 등의 다양한 평가 방법을 활용하는 것이 바람직하다.

연계성은 국어과의 다른 영역인 듣기·말하기, 읽기, 쓰기, 문법과 연계하여 문학의 수용과 생산 활동에 대해 평가하는 것을 말한다. 작품에 대한 비평문 쓰기는 읽기·쓰기의 평가와 연계할 수 있으며, 작품을 읽고 토론을 할 경우 읽기·듣기·말하기의 평가와 연계할 수 있다. 물론 각 활동을 하는 동안 언어 사용이 제대로 되었는가 등의 문법 평가와도 연계하는 방법도 유용하다.

2015년 문학교육과정은 이전의 교육과정에 비해 실제 평가 상황을 중시하여 평가 방법과 방향을 상세히 제시한다. 특히 각 영역별로 성취기준과 교수학습방법에 이어 곧바로 적용할 수 있는 평가 방법을 제시한다는 점이 새롭다. 영역별 평가 방법 및 유의 사항은 다음과 같다.

〈영역별 평가 방법 및 유의 사항〉

영역	핵심 개념
문학의 본질	① 학습자의 심리적, 문화적 요구에 부합하는 작품을 효과적으로 활용하여, 문학의 본질을 심도 있게 이해하고 문학 활동의 폭을 넓히도록 하는 데 평가의 중점을 둔다.
문학의 수용과 생산	① 형성 평가에서는 학습 목표 성취 여부에 초점을 두더라도 총괄 평가에서는 작품에 대한 전체적인 감상 능력을 측정한다. ② 양적 평가보다는 질적 평가를 도모하여, 평가 결과를 합리적인 기준에 따라 누가적으로 기록, 종합한다. ③ 작품의 수용 활동은 감상 내용 발표하기나 비평문 쓰기 등의 영역 통합적인 방법을 활용하여 수용의 창의성과 적절성을 평가하는 한편 수용 활동의 결과를 상호 공유하여 문학 소통이 활발하게 이루어지도록 안내한다. ④ 작품의 생산 활동은 창의성과 진실성을 중심으로 평가하되, 작품의 구성 요소를 분석적으로 평가하는 데 치우치지 말고 총체적인 평가가 이루어지도록 한다. ⑤ 작품의 생산 활동에 대한 평가는 학습자의 수준과 경험의 폭을 고려하고, 문학 활동에 대한 흥미를 떨어뜨리지 않도록 유의한다. ⑥ 문학적 창의성을 평가할 때에는 수렴적 사고를 요구하는 문항은 가급적 지양하고 발산적 사고를 요구하는 문항을 활용하도록 한다.

한국 문학의 성격과 역사	① 한국 문학의 성격과 역사에 대한 내용은 성취기준이 수용 중심이라 하더라도 다양한 생산 활동과 관련된 평가를 함께 실시하여, 평가 과정에서 학습자 스스로 문학 능력을 발전시키도록 안내한다. ② 한국 문학의 전통이나 특질과 관련된 내용을 평가할 때에는 단편적인 지식을 평가하기보다는 작품 전체에 대해 추론적, 비판적, 창의적 사고를 발휘하도록 하는 데 평가의 중점을 둔다. ③ 한국 문학의 갈래별 전개와 관련된 내용을 평가할 때에는 해당 갈래의 특성이 잘 드러난 작품 창작하기, 다른 갈래의 작품으로 재구성하기, 생산한 작품을 발표하고 상호 평가하기 등을 활용할 수 있다. ④ 한국 문학의 개념과 범위, 한국 문학의 발전상 등 다양한 의견 개진이 가능한 내용은 토의·토론·읽기·쓰기 등 다양한 언어 활동과 통합하여 평가할 수 있다.
문학에 대한 태도	① 학습자 개인의 활동에 대한 독립적인 평가와 함께 조별 활동, 학교나 지역 사회의 문학 행사 등과 관련된 활동에 대해서도 평가한다. ② 평가 결과에 대하여 학습자와 정서적으로 소통함으로써 학습자 스스로가 자신의 문학 능력을 인식하고 문학에 대한 긍정적인 태도를 형성하도록 한다.

2015년 문학교육과정은 영역별로 평가 방법과 유의 사항을 제시한 후 마지막에 문학 교과의 평가 방향을 제시한다. 이는 문학 교수학습 방법과 연계하여 평가에서 중점을 두어야 할 내용으로 평가계획, 평가 도구, 평가 결과의 활용, 문학 평가에서 유의할 사항 등으로 나누어 그 방향을 소개한다. 구체적인 내용은 다음과 같다.

(1) '문학' 교육과정과 연계하여, 평가 내용의 균형, 평가 방법 및 평가 도구의 타당성, 신뢰성, 적절성 등을 고려하여 평가 계획을 수립한다.

① '문학' 교육과정의 목표와 성취기준을 반영하여, 학습 목표 및 학습 내용을 평가 내용 및 평가 도구와 연계하여 평가 계획을 수립한다.

② '문학'에서 기르고자 하는 역량 및 창의·인성 등 평가 내용의 특성을 고려하되, 표현 능력과 이해 능력, 인지적·행동적·정의적 요소

가 균형을 이루도록 평가 계획을 수립한다.

③ '문학'에 관한 단순하고 지엽적인 지식보다는 작품 전체에 대한 감상과 창조적 표현 능력, 문학을 즐겨 향유하는 습관을 두루 평가할 수 있도록 계획한다.

④ 평가 목적, 내용, 상황 등을 고려하여 양적 평가와 질적 평가, 형식 평가와 비형식 평가, 간접 평가와 직접 평가, 과정 평가와 결과 평가, 지필 평가와 수행 평가 등을 적절히 활용하여 평가 계획을 수립한다.

⑤ 구술 평가, 서술형 평가, 논술형 평가, 연구 보고서 평가, 포트폴리오 평가, 관찰 평가, 컴퓨터 기반 평가 등 다양한 평가 방법을 적절하게 활용하여, 평가 과정에서도 배움이 일어날 수 있도록 평가 계획을 수립한다.

(2) 학습자의 문학 감상 및 창의적 표현 능력의 신장을 판단하고, 교수·학습 방법과 평가 도구 개선에 기여할 수 있도록 학습 과정과 결과를 적절하게 평가한다.

① 학습자의 수준, 관심, 흥미, 적성, 진로 등 개인차를 고려하되, '문학' 활동의 과정과 결과를 균형 있게 평가할 수 있도록 다양한 평가 방법을 모색한다.

② 문학 향유의 실제성이 드러나도록 교실 내부와 교실 외부의 활동 등 실제 삶의 맥락에서 다양한 평가 상황을 설정하여 평가한다.

③ 사전 지식이나 능력보다는 '문학'의 활동을 통해 얻은 학습의 내용과 과정을 중심으로 평가한다.

④ 평가 기준이나 방향을 학습자에게 미리 안내하여, 학습자가 무엇에 초점을 맞추어 학습해야 하는지를 알고 교수·학습 과정에서 평가를 준비할 수 있도록 한다. 또한 학습자가 수행한 평가 결과를 분석하여 교수·학습 내용 및 방법을 개선한다.

⑤ 평가 목적, 평가 내용, 평가 상황을 고려하여 교사 평가 이외에 자기 평가, 상호 평가를 적극적으로 활용한다.

(3) 학습자의 국어 능력의 발달 정도를 판단하고 교육 활동을 개선하는 데 '문학' 평가 결과를 활용한다.

① 학습자의 개인차를 고려하여 평가 결과를 해석하고 활용한다.

② 평가 결과는 교수·학습 방법이나 평가 방법, 평가 도구를 개선하기 위한 자료로 활용한다.

③ 평가 결과를 누적하여 학습자의 성장과 발달을 파악하거나 학습자에게 피드백을 할 수 있는 근거로 활용한다.

④ 학습자, 학부모 및 교육 관련자가 이해하기 쉽도록 '문학'이 목표로 하는 세부 능력과 성취 수준을 중심으로 평가 결과를 상세히 제공한다.

(4) '문학'을 평가할 때에는 특히 다음 사항에 유의한다.

① 형성 평가는 학습 목표 성취 정도에 초점을 맞추더라도 총괄 평가에서는 종합적인 이해와 감상 능력에 초점을 맞추어 평가한다.

② 수업 시간에 배운 작품뿐 아니라 학습자가 스스로 문학 작품을 찾아 읽고 감상한 내용을 활용하여 평가할 수도 있다.

③ 재구성 및 창작 능력에 대해 평가할 때에는 일회적으로 끝내지 말고 누가적으로 관찰하고 기록하여 학습자의 변화 과정도 함께 주목한다.

④ 한 편의 완성된 작품을 평가할 때에는 주제 면, 형식 면, 표현 면을 종합적으로 평가하되, 작품의 갈래에 따라 세부 요소와 강조점을 조절한다.

⑤ 일회적으로 평가를 실시하기보다는 수시로 자신의 문학 활동을 점검하고 성찰하도록 하되, 이 과정에서 문학 감상 및 표현 활동에 대한 흥미를 떨어뜨리지 않도록 유의한다.[99]

문학교육과정은 국어과교육과정과 마찬가지로 평가 내용의 균형, 평가 방

99) 교육부, 국어과 교육과정, 고시 제2015-74호, pp. 134-135.

법 및 평가 도구의 타당성, 신뢰성, 적절성 등을 고려하여 평가 계획을 수립하도록 요구한다. 그러면서도 감상이나 향유, 창의·인성이나 정의적 요소 등과 같이 문학의 본질적인 면을 고려하여 평가 계획을 세우도록 한다. 그리고 문학 활동의 과정과 결과를 종합적으로 평가하고, 학습자의 성장과 발달을 위해 평가 결과를 적극 활용하도록 권장하고 있다. 이 점은 교과의 보편성과 문학 교과의 특수성을 동시에 고려한 평가 방향으로 판단된다.

지금까지 2015년 국어과 교육과정의 '문학' 영역과 문학교육과정의 평가와 관련된 사항들을 살펴보았다. 작품에 대해 학습자의 동일한 반응을 기대하기 어렵고 학습자들의 문학적 반응을 위계화하는 것이 어렵기 때문에 문학 평가의 기준과 방법을 표준화하는 것은 힘들다는 인식이 일반적이었다. 하지만 문학교육의 본질을 고려하여 학습자의 동기나 내면화 등을 문학 평가와 연계하고 통합하는 심층적인 논의가 진행된다면 다원적이고 입체적인 문학 평가 방법을 개발할 수 있을 것이다.

3부

문학교육의 지평확대

제6장 문학교육의 영역 확충

I ▸▸ 문학교육과 문학비평

1. 문학교육과 문학비평의 지향점

문학현상은 텍스트를 사이에 두고 작가와 독자가 상호 역동적인 활동을 함으로써 이루어지는 소통작용이다. 이렇게 문학을 하나의 작용태(作用態)로 파악하는 자리에 설 때, 문학텍스트의 이해가 독자의 주관에 따를 수 있는 근거가 마련되며, 문학교육이 단편적인 지식 교육이 아닌 인간과 삶, 나아가 문화 습득을 가능하게 하는 지혜의 교육이 될 수 있다. 문학을 작용태로 파악하는 입장에 서면, 문학활동의 가장 중심 자리에 텍스트의 읽기, 즉 독서행위(讀書行爲)가 놓인다. 문학에 관한 논의는 문학텍스트의 읽기에서 시작되므로 이를 제외한 경우 그 논의는 관념에 지나지 않으며 결국 문학의 본질에서 제한된 수준에 놓이게 된다.

문학교육은 교육의 대상, 즉 학생들에게 문학 텍스트의 읽기 능력[1)]을 강화시키는 것이라고 단순화시켜 볼 수 있다. 이는 다른 말로 하여 학생들에게 문학텍스트를 이해하고 감상할 수 있는 능력을 배양하고 나아가 그 텍스트에 대한 평가의 능력을 길러 줌으로써 문학작품을 향유(享有)할 수 있게 하는 것이다.

문학교육의 목표가 문학 텍스트의 이해, 감상, 평가의 능력을 길러주는 데 있다는 점에서, 문학교육은 문학비평과 이론상 또는 현상적인 구조동일성(構

---

1) 여기서 읽기란 인지이론에 입각한 읽기이론(reading theory)과는 범주가 다르다. 읽기이론에서 읽기란 글을 읽고 그 의미를 이해하고 기억하여 재활용한다는 인지 과정상의 기능(skill)을 일컫는 것이다. 여기에서 읽기란 문학 작품을 읽고 감상과 평가에 이르는, 즉 문학을 향유하는 전 과정을 의미한다.

造同一性)을 보인다. 따라서 문학교육은 문학비평의 이론과 상호 교섭 작용이 있어 왔으며 또 문학비평으로부터 도움받은 바 크다. 문학교사가 하나의 문학 작품을 제재로 학생들에게 교육하고자 할 때, 그는 제재로 선택된 작품을 분석하여 그 제재에서 무엇을, 어떤 관점에서, 어떻게 가르칠 것인가를 결정해야 한다. 교사가 문학수업을 위한 준비단계에서 행하게 되는 이같은 과정은 비평가의 그것과 유사하다. 비평가 역시 하나의 문학 텍스트를 비평하고자 할 때 먼저 텍스트를 읽고 그 텍스트에서 어떤 점을 어떤 관점에서 어떻게 기술해 나갈 것인가를 결정해야 하는 것이다. 문학교사와 문학비평가가 텍스트를 앞에 놓고 행하는 이러한 유사한 과정에서 그들은 각자 자신이 처한 입장의 차이에 따라 서로 다른 방식으로 접근해 간다.

문학비평가는 문학작품 나아가 문학을 자신의 논리에 따라 설명하고 평가하는 존재다. 따라서 문학작품이 요구하는 작품접근의 방식이 자신의 문학관과 상치될 때 그 작품을 논외로 할 수 있고, 자신의 관점에 잘 맞는 작품만을 지속적으로 연구할 수도 있다. 문학의 사상적인 측면이나 현실과의 관련을 중시하는 비평가는 비평의 대상에서 이효석의 소설이나, 이상의 소설을 제외시킬 수 있다. 이는 문학비평가가 문학에 접근하거나 작품을 평가하는 기준이 비평가 자신의 주관적 판단에 의존한 결과이다.

그러나 문학교사는 문학비평가와는 달리 제재의 선택은 물론 작품의 해석에 있어 비평가와 같이 자유로울 수는 없다. 문학교사는 학생들에게 문학을 가르치는 존재로서, 대상 작품의 선정에서 자신의 기호에만 따를 수 없는 한계를 지닌다. 또 문학교육을 담당하는 교사는 문학에 접근하는 다양한 방법과 그에 따라 달라질 수 있는 평가의 다양한 양상을 제시하여, 학생들이 문학을 다방면에서 접근할 수 있는 능력을 함양시켜야 한다. 이런 점에서 문학교사는 문학작품에 접근하면서 문학비평가와는 달리 주관성을 배제할 의무를 지닌다.

즉, 문학교사는 아무리 이상의 문학이 자신의 관점에 잘 맞는다 해도 그의 작품만을 한 학기동안 가르칠 수는 없으며, 그가 싫어한다 하여 어느 작가의 작품을 임의로 제거하고 가르칠 수도 없다. 문학교사는 문학비평가와는 달리 공적으로 허용될 수 있는 수준에서 또는 교육과정이 허용하는 범주 내에서 문학작품을 선택하고 가르쳐야 하는 것이다.

문학비평의 과정과 방식이 문학교육의 과정에도 유사하게 적용된다는 점에서 문학교사는 문학에 대해 어느 정도 전문적인 비평적 감식안(鑑識眼)을 가지고 있어야 한다. 문학교사의 문학에 대한 감식안은 문학 텍스트가 요구하는 작품 접근 방향을 고려하여 작품을 분석하고 가르칠 수 있게 한다. 문학비평가의 주관적인 텍스트 분석의 결과들은 문학교육의 장에서 효과적으로 사용할 수 있으나, 이것은 문학교사의 문학비평에 대한 이해를 전제로 한다. 문학교사는 자신의 텍스트 분석과 이해의 결과를 문학비평가의 그것과 비교함으로써 텍스트에 대한 이해의 폭을 넓힐 수 있고 수업의 실제에서 원활히 수용할 수 있게 된다. 그러나 일반적으로 문학비평은 학생들의 문학감상수준을 훨씬 넘어서기 때문에 문학비평이 문학교육의 장에 그대로 수용되어서는 곤란하다. 문학교사가 문학비평의 수준과 주관성을 수업상황에 맞게 변용해 반영시킬 때, 문학 텍스트에 대한 학생들의 이해, 감상, 평가의 능력을 제고시킬 수 있을 것이다.

2. 문학비평의 개념과 연원

(1) 문학연구와 문학비평

문학 텍스트에 대한 초보적인 접근이 단순한 일차적 감수가 이루어지는 독서 차원의 이해와 감상이라면, 이 수준을 넘어선 문학 텍스트에의 접근 방식으로 비평이 놓인다. 비평의 목표는 텍스트에 대한 새로운 의미규정이다. 하나의 텍스트가 지닌 의미를 전혀 다른 진술체계로 바꾼다는 것은 사실상 불가능하기 때문에 비평은 그 텍스트가 말하지 않은 어떤 것을 이야기하게 마련이다. 바로 이 과정에 비평가의 문학관이나 주관성이 개입하는 것이다. 이러한 해석을 바탕으로 한 문학비평은 역시 비평가의 주관에 의해 텍스트의 가치를 평가하게 된다.[2)]

2) Tz. Todorov, *Qu'est-ce que le structualisme?: Poétique*, 곽광수 역, 『구조시학』(문학

비평가의 해석과 주관적인 평가의 범주를 벗어나 문학작품이 지니고 있는 객관적인 법칙을 찾아내는 것이 문학연구에 해당한다. 즉, 문학연구가 대상으로 삼는 것은 개별적인 문학작품의 특성이 아니다. 문학연구자들이 관심을 갖는 것은 문학적 진술이라는 특이한 진술이 가지고 있는 규칙, 어떤 글은 문학이라 하고 어떤 글은 문학이 아니라고 하는 기준, 즉 문학성(littérarité)을 찾아내는 데 있다. 따라서 문학연구는 구체적인 작품에 대한 자세한 언급보다는 구체적 작품을 통해 추상적 수준에서 문학의 규칙을 찾아 그 일람표를 만드는 데 목적이 있는 것이다.[3)]

문학비평과 문학연구는 문학 텍스트에 대한 접근방식이 서로 다르다. 예컨대 채만식의 〈태평천하〉를 다룰 때 문학비평가는 그 작품에 나타난 1930년대 식민지 한국현실에 대한 풍자에 대해 말하거나, 윤직원 영감의 성격상의 특징을 지적하거나, 작중화자의 서술방식이 판소리의 전통과 맥이 닿아 있음을 지적하여 그 작품의 우수성을 평가한다. 그러나 문학연구자들은 〈태평천하〉를 통해 문학에 있어 현실 풍자의 방식이나 서술방식의 한 양상 또는 문학이 당대 현실을 문학적으로 형상화하는 방식 등을 점검하여, 일반론적 수준에서의 소설의 원칙을 찾아내고 이를 문학적 진술방식의 일람표 속에 포함시키는 것이다.

이런 점에서 문학비평과 문학연구는 상보적인 자리에 놓이게 된다. 비평은 문학연구의 앞에 놓이며 동시에 문학연구의 뒤에 놓이게 된다. 문학적 진술이 지니는 특징 곧 문학성에 대한 연구는 개별작품의 검토에 의해 가능한 것이며, 또 문학연구에 의해 결정되는 문학성에 대한 정의는 문학작품의 해석과 평가의 기준이 된다는 점에서 그러하다.

이러한 문학연구와 문학비평의 상보성(相補性)은 문학교육의 장에서도 유의미하다. 문학텍스트의 올바른 읽기를 위해 학생들은 문학적 기술의 특성과 그 규칙을 알아야 함은 필수적이다. 기준이 없는 올바른 읽기란 불가능하기 때문이다. 그리고 문학교육의 기본이 되는 문학 텍스트 읽기는 이해와 감상,

---

과지성사, 1977), pp. 14~16.

3) 위의 책, pp. 19~30.

나아가 평가의 과정을 거치기 때문에 문학교육에서 비평적 시각의 필요성은 제거할 수 없다. 실제 문학교육의 장에서는 문학 연구의 결과 얻어진 문학적 진술의 규칙을 학생들에게 이해시키고 이를 활용하여 작품에 대한 심화된 이해와 평가가 가능해지도록 유도해야 할 것이다.

(2) 문학비평의 유형

문학비평은 비평가의 주관에 따라 작품에 접근해 가는 과정이며, 이 과정에서 문학연구의 업적으로부터 도움을 받는다. 또, 문학비평가가 작품을 평가하는 데에는 미학, 사회학, 심리학 등 주변 학문에 의존하는 바가 크기 때문에 문학비평의 방식은 매우 다양하게 나누어진다. 전통적으로 보아 문학비평은 문학이 지닌 두 속성, 즉 내용과 형식 중에서 어느 쪽에 중점을 두는가에 따라 역사주의비평(歷史主義批評)과 형식주의비평(形式主義批評)으로 나뉜다. 전자가 문학의 역사·사회적 기능에 초점을 두어 그런 사항들이 문학의 가치를 결정지어 준다는 관점이라면, 후자는 문학을 하나의 자족적인 미적 대상으로 보아 그 내적인 형식이나 구조의 완결성과 예술성이 문학의 가치를 결정지어 준다는 관점이다. 이 양자 중 어느 하나가 문학을 보다 완전한 모습으로 드러낸다는 지적은 불가능하다. 양자의 논리를 모두 수용해 문학의 양면을 모두 바라보려는 통합주의적(統合主義的)인 관점의 중요성이 지적되곤 한다. 문학이 본래 언어를 매재로 하여 이루진다는 점을 고려할 때 통합주의적 관점은 음성과 의미라는 언어의 양면성을 고려한다는 점에서 논리적 타당성을 지닌다.

문학을 인간의 총체성(總體性)과 관련지어 바라보는 역사주의비평은 문학 외적인 기준에 의해 문학을 바라본다. 이는 플라톤의 시인추방론 이후 현재까지 이어져오는 문학을 보는 중요한 한 관점이다. 반면에 형식주의비평은 문학을 자치적인 영역으로 보는 견해로 아리스토텔레스 이후 현재까지 이어온 문학관이다. 20세기에 이르기 전까지는 실증주의 철학에 영향을 받은 역사·전기적인 문학연구가 주를 이루었으며, 딜타이 이후 등장한 정신사적인 문학연구도 역시 역사주의적인 성격을 지녔다. 20세기에 들어 와 전대에 유행한 역사주의에 대한 비판으로 형식주의적인 문학관이 등장한다. 러시아 형식주의와 구조주의로 대표되는 서구의 형식주의는 문학적 진술에 대한 심도있는 연구와 함께 실제비평을 보여주었으며, 이와는 별도로 미국의 신비평은 문학작품의 형식을 분석하는 독자적 영역을 구축했다. 이러한 형식주의는 작품을 과학적이며 체계적으로 분석할 수 있게 하여 비평의 새로운 전기를 마련했다는 평을 받기는 하지만, 문학작품이 지닌 사회 · 역사적인 의미망을 살필 수 없다는 한계를 동시에 지닌다.

역사주의비평과 형식주의비평은 각각 문학교육에 유용하게 쓰일 수 있다. 문학교육이 문학의 교육이기 위해서는 문학적 진술이 지닌 독특한 언어적 구조와 문학적 장치(형식)에 대한 이해가 전제되어야 하며, 또한 문학작품의 올바른 이해를 위해서는 그 작품이 지닌 사회 · 역사적 의미도 알아야 하기 때문이다. 따라서 문학교육의 장에서는 역사주의와 형식주의의 두 관점을 모두 수용해야 한다. 즉, 문학에 대한 종합주의적 관점에 서는 것이 바람직하다는 뜻이다.

20세기에 들어서면서 문학비평의 방식은 다면화되어 간다. 20세기에 들어와 원전(原典)이 지닌 의미의 재구에 힘쓰는 해석학적 비평(解釋學的 批評)이나, 사회학의 이론을 바탕으로 하는 문학사회학적 비평(文學社會學的 批評), 심리학의 연구성과를 원용한 정신분석학적 비평(精神分析學的 批評)과 원형비평(原型批評), 언어학의 연구 방법론을 이용하는 미시적인 구조주의 비평(構造主義 批評) 등 다양한 비평 방법론이 등장했고 또 지속적으로 관심을 보이고 있다. 20세기에 들어오면서 문학비평의 방법론은 이론의 통합과 분리의 과정을 겪으면서, 비평가의 수만큼이나 많은 비평의 종류가 등장했다고 할 수 있을 정도로 다양성을 보이고 있는 것이다.

헤르나디(P. Hernadi)는 비평의 시대라 일컬어지기까지 하는 20세기의 다양한 비평의 양상을 재제시로서의 비평, 평가로서의 비평, 소통으로서의 비평으로 구분해 보고 있다.[4] 헤르나디 자신의 지적대로 비평을 이와 같이 삼분하는 것은 임의적이라는 비판이 가능하겠으나, 이해와 가치 평가가 비평가의 담

4) P. Hernadi, *What is Criticism?*(Indiana University Press, 1981) : 최상규 역, 『비평이란 무엇인가』(정음사, 1984), pp. 111~112.

화의 동기라는 점에서 또 20세기의 수많은 비평이 작품의 해석과 평가를 위한 객관적 기준의 마련을 위해 노력한 결과인 점에서 헤르나디의 이같은 비평의 유형 정리는 비평의 본질을 충분히 고려한 것으로 보인다.

문학교육의 장에서는 재제시의 비평과 평가로서의 비평이 모두 고려되어야 할 것이다. 문학교육이 비평의 과정과 유사한 과정인 작품을 읽고 이해하고, 감상하고, 평가할 수 있도록 해 주는 것이라는 점에서 두 비평에 대한 상호보완적인 고려가 충분히 이루어져야 할 것이다. 재제시로서의 비평이 작품의 해설에, 또 평가로서의 비평이 작품의 가치를 해명하는 데 치중하기 때문이다. 물론 이 양자에 도달하기 위해서는 다양한 비평의 방법론적 접근이 가능하다.

앞에서 보았듯이 역사주의적(歷史主義的)인 접근이나 형식주의적(形式主義的)인 접근이나 문학교육의 장에서는 그 나름대로 유용한 것이다. 그 어느 것이든 주어진 문학에 대한 일관된 이해나 평가의 척도를 제시해 줄 수 있다면 문학교육에 활용할 수 있다. 그러면 문학비평이 문학교육에 대해 지니는 교육적 가치에 대해 살피기로 한다.

3. 문학비평의 교육적 함의

(1) 비평의 과정과 감상 과정의 구조 동일성

감상과 비평은 읽기의 과정이라는 면에서 동일한 궤적을 지닌다. 문학작품을 감상한다는 것은 일반적으로 문학비평에 의해 초보적인 독서행위로 이해되나, 작품을 읽고 이해하고 해석하여 자신의 관점에서 평가를 하는 과정을 거친다는 점에서는 비평의 과정과 일치한다. 비록 그것이 세련되지 못했다거나 유치한 수준에서의 감상 수준이라는 평을 듣더라도, 그것의 과정은 비평의 그것과 동일한 것이다. 흔히 일반 독자수준의 감상은 객관성이 결여되고 논리화되지 못한 것으로 지적되곤 한다. 그러나 어떠한 인문과학에서도 사물은 사물 그대로가 아니라 주체에 의해 해석된, 즉 상대적인 것이며 가장 원시적인 지각이라도 나름대로 이론화된 것이어서 사물에 대한 해석 또는 진리란 상대적이며 주관적인 성격을 벗어날 수 없다는 점[5]을 고려한다면 일반 독자의 감상 과정과 비평의 그것은 동일한 과정으로 볼 수 있다.

그러나 문학교육의 장과 학생들의 문학감상의 과정에서 작품에 대한 학생들의 감상과 비평가의 해석과 평가는 그 과정상 동일하나 질적인 면에서는 현격한 차이를 보인다. 문학교육이 학생들이 문학작품을 감상하는 능력을 신장하는 데 그 목적을 둔다고 할 때, 문학비평이 교육적인 함의를 지니는 것은 위에 지적한 비평가의 비평행위와 문학교육에서의 감상과정이 지니는 과정상의 동일성 때문이다. 학생들의 문학작품 감상수준을 높인다는 것은 곧 학생들의 감상행위를 비평가의 비평행위와 구조적으로 동일한 수준에 이르게 하는 것이다. 즉, 문학교육은 학생들에게 비평가적인 안목을 길러주는 것이 된다.

비평가는 다른 누구를 위해서가 아니라 자신의 생각을 정리하기 위해서 문학작품을 읽고 비평한다. 따라서 그들은 실천적인 영역에서는 유해하다 하더라도 정신적 작업의 완전한 극치에 도달하기 위하여 글을 쓰는 것이다. 그러나 문학교사의 경우 실천적인 영역의 유해 여부를 고려하지 않을 수 없다. 바로 이 점에서 비평가가 독자를 위해 해설한다는 것은 비평가의 영역이 아니라 교사의 영역에 해당하며, 교사는 자기통제로 자신의 영역에 머무르지 않을 수 없게 된다는 지적이 가능하다.[6]

문학교사가 문학비평을 문학교육의 장으로 끌어들일 때는 비평가와 교사의 위와 같은 차이를 충분히 고려해야 한다. 감상과 비평이 그 과정상 동일한 것이어서 문학교육의 장에 문학비평을 그대로 수용한다는 논리에는 무리가 따른다. 교사는 전문가적인 시각에서 제재가 된 작품에 접근하여 학생들에게 해설할 수 있어야 하고, 학생들의 작품감상 능력을 강화시킬 수 있어야 한다. 또, 이 과정에서 교사는 비평가들의 전문적인 글들을 교육자료로 활용하여야 한다. 작품의 감상이란 결국 비평의 과정임을 이해시키기 위한 방법으로서 그러한 작업은 필요하다. 또한 문학교사는 비평가와 달리 공적인 수준에 대한 고려가 있어야 한다. 즉, 비평자료의 선정에서 수업 상황에서의 적용에 이르기

5) 박이문, 『시와 과학』(일조각, 1975), p. 58.
6) 김윤식, 『한국문학사논고』(법문사, 1973), pp. 448~449.

까지 세심하게 교육적인 배려를 잊지 않아야 하는 것이다.

(2) 독자로서의 개성과 창의성 발양

감상과 비평의 과정은 본질적으로 동일한 것이며, 문학교육은 학생들에게 문학작품을 비평할 수 있는 능력을 기르는 데 그 목적이 있다. 문학에 대한 전문적인 지식이 부족하고 문학적 감수성이 결핍된 일반 학생들의 경우 문학작품을 감상하고 평가하는 능력이 그 또래 다른 학생의 수준을 크게 넘어서지 못한다. 그러나 학생들의 선체험(先體驗)의 차이에 따라 문학 텍스트를 수용하는 능력에는 커다란 차이가 있을 것은 분명한 일이다. 이러한 선체험의 차이에 따른 작품 이해 능력의 차이는 수업 상황에서 집단탐구과정을 통해 상호 교환함으로써 학생들의 텍스트 수용능력이 확대하는 데 유용하게 적용될 수 있다. 학생들은 집단탐구과정을 통해 그들 각자가 가지고 있었던 작품 이해를 공유하게 된다. 이때 학생들은 스스로 자신의 작품을 이해하는 능력을 보다 강화할 수 있다. 여기에 적극 활용될 수 있는 것이 실제 비평의 자료이다. 이 자료는 물론 교사에 의해 의도적으로 조직된 것이거나 학생들의 자발적인 탐구로 얻어진 것이다. 어느 경우든 학생들은 비평 자료를 통해 작품에 대한 감상과 평가가 다양할 수 있음을 이해하고, 텍스트를 생산적으로 체험하는 기회를 갖게 된다.

학생들이 문학작품을 감상할 때 비평자료를 활용하는 것은, 문학을 학생들에게 역동적으로 체험시킴으로써 학생 스스로 작품에 창의적으로 접근할 수 있도록 도와준다. 문학적 감수성이 부족한 학생들은 문학작품을 처음 접할 때 그것을 문학작품으로 대하기보다는 일상적 글로 이해한다. 그 결과 그들은 작품을 읽고 줄거리를 요약하거나 그 글이 말하고자 하는 주제를 찾으려 시도한다. 이때 그들이 찾으려 하는 주제는 작품의 다양한 의미를 단일하고 추상화된 문장이나 단어로 전환시킨 것이다. 그러나 그들은 교육을 통해 문학작품은 독특한 언어체계를 가진 것이기 때문에 일상적인 글에서와 같은 접근이 곤란함을 깨달아 간다. 그들은 서서히 하나의 텍스트를 다양한 시각에서 접근하는 방식을 배워나가는 것이다.

그러나 문학작품의 감상이나 평가가 문학작품을 사이에 둔 작가와 독자의 대화이기는 하나, 작품의 이해와 감상에서는 작품이 요구하는 해석의 틀을 너무 심하게 벗어나지 않는 한 독자의 독창적인 해석이 요구된다. 이는 독자의 개성에 의해 작품을 이해한다는 뜻으로 문학이 지닌 불확정성의 중요한 근거가 된다. 흔히 문학교사나 학생들이 집단탐구를 통해 문학작품을 이해할 수 있는 여러 가능성의 목록을 마련하게 되지만, 이것은 단지 작품에 대한 학생들의 자유로운 이해와 감상과 평가를 강조하기 위한 방편일 뿐이다. 학생들은 집단탐구의 과정을 경험하고 비평자료를 접함으로써 문학작품에 대해 독자적으로 접근할 수 있는 능력이 함양되어야 한다. 단지 제재로 선정된 작품이 어떠하게 이해될 수 있다는 것을 아는 것만으로는 부족하다. 문학교육에서 선택된 제재는 텍스트상호성을 고려해 선택된 최소한의 자료이므로 교사들은 주어진 제재를 통해 학생들이 여타의 수많은 문학작품을 이해하고 감상할 수 있는 능력을 길러주어야 하는 것이다.

문학비평의 자료는 이를 위한 매우 중요한 자료가 된다. 이는 교사들의 비평가적인 재능이 학생들의 독자적인 작품 이해의 능력 함양에 우선적인 조건이 되며 비평자료는 이를 강화시키는 매우 중요한 자료가 된다는 뜻이다. 문학비평가들은 자신의 문학적 감수성과 문학에 관한 전문적인 지식 그리고 문학 외적인 수많은 이론과 경험을 바탕으로 문학작품을 이해하고 평가한다. 이러한 비평가들의 글을 읽으며 학생들은 문학감상과 평가에 내재하는 비평가의 주관성과 함께 문학비평이 갖는 이론지향성을 이해하게 된다. 이 과정에서 학생들은 작품에 대한 개성적이고 창의적인 이해 능력이 심화됨과 동시에 자신의 생각을 논리적으로 진술해 나가는 능력도 기르게 된다. 이것은 문학교육이 문학비평을 통해 학생들의 인간과 사회에 대한 사고 능력을 신장시킬 수 있음을 뜻한다. 이는 문학교육의 한 목표인 문학적 문화의 고양으로 나아가는 과정으로서의 의미를 지닌다.

(3) 문화교육의 가능성

작품에 대한 해석과 평가를 중심으로 한다는 점에서 문학비평과 문학 교육은 유사성을 지닌다. 문학작품은 그 본성이 허구적이기는 하나 인간 삶의 모습, 즉 현실세계에서 취재하여 허구화한 것이기 때문에 작품에 대한 해석과 평가는 인간의 삶에 대한 해석과 평가에 직결된다. 교육은 보수적인 기능을 지니면서 동시에 창조적인 기능을 지닌다. 교육의 보수성과 창조성은 보편적인 진리란 무엇인가라는 문제와 그같은 진리를 어떻게 파악할 것인가라는 점과 연관된다. 진리가 절대적인 어떤 것임을 가르치는 것이 교육의 보수적 기능이라면, 진리란 상대적이라는 전제 아래 현실 속에서 진리를 어떻게 파악할 것인가를 가르치는 것은 창조적인 교육의 관점에 선 것이다. 문학교육은 작품, 즉 허구적 세계에 대한 다양한 해석과 평가의 가능성을 학생들에게 제시하는 교육이다. 즉, 세계에 대한 절대적인 이해보다는 상대적이고 주관적인 이해와 함께 이론적 일관성을 요구한다. 바로 이 점이 문학교육의 인간교육으로서의 면모이다.

이같은 문학교육의 인간교육으로서의 특징은 나아가 문화교육(文化教育)으로 발전한다. 문학비평이란 문학작품에 대한 비평이자, 허구적 세계에 대한 비평이며, 인간과 문화에 대한 비평으로서의 성격을 지닌다. 문학작품은 한 시대의 역사적 · 사회적 의미가 용해되어 있는 인간정신의 위대한 유산이다. 그러면서 그것은 독자에 의해 읽혀 의미화될 것을 기다린다. 문학비평은 이러한 문화적 유산을 발굴해 새로운 의미를 부여하는 작업이다. 이것은 문학작품에 대한 평가이면서 인류문화에 대한 비판이기도 한 것이다. 〈보바리 부인〉을 비평하면서 인간이면 누구나 지닌 허영에 찬 결혼관을 비판하여 엠마콤플렉스를 언급한다거나, 유치진의 희곡 〈토막〉을 평가하면서 일제 강점기의 조선인의 열악한 삶을 운위하거나, 현실의 질곡을 견디어 내는 인간의 모습을 지적하는 것 등은 그것이 문학작품에 대한 비평이면서 인간과 인간의 문화에 대한 비평으로 나아가고 있음을 분명히 이해할 수 있게 해준다.

이 점에서 문학교육은 문학작품에 대한 감상과 평가 능력의 신장이라는 본래적인 목적을 넘어서서 문화교육으로 나아갈 수 있게 된다. 이는 문학비평이 개인적 삶의 내면화 과정으로 진행되는 절차와 동질적인 것으로 설명할 수 있다. 인문과학의 영역에서 개념적 지식이 아닌 체험적 지식을 가르치는 것은 문학교육밖에 없다.[7] 그런데 이 체험적인 지식은 작품이라는 구체화된 인간의 모습을 읽고 이해함으로써 가능하다. 문학작품의 이해와 감상은 인간의 삶에 대한 이해와 감상이며 이것은 바로 그에 대한 평가로 이어진다. 까뮈(A. Camus)의 〈페스트〉를 읽은 독자는 이 작품이 극한상황에서의 인간의 삶의 모습을 보편적 체험으로 형상화한 것이며 류 의사와 따루우, 랑베르 기자, 판느르 신부, 꼬따아르르로 대표되는 네 유형의 인물을 통해 극한 상황에 놓인 인간을 형상화한 것임을 이해한다. 이러한 작품의 이해에는 곧 이어 각 유형의 인물에 대한 평가와 비판이 수반된다. 판느르 신부와 꼬따아르르의 패배, 랑베르 기자의 결단, 그리고 따루우의 죽음 후의 류 의사의 독백에서 독자들은 인간이 어떻게 살아야 하는가에 대한 결단과 함께 인간에 대한 비판이 가능해지며, 나아가 카뮈로 대표되는 무신론적 실존주의라는 철학에 대한 비판도 가능해진다.

문학교육이 이같은 문화비평의 교육으로까지 나아가기 위해 문학교육은 문학비평이 지닌 설명적 기능과 평가적 기능을 문학교육의 장에 끌어들여야 한다. 작품의 해석과 평가의 능력을 바탕으로 문학 외적인 세계에 대해 설명과 비판을 할 수 있는 능력을 강화시키는 방향이 모색되어야 할 것이다. 이때 문학교육은 교육이 지니는 삶의 창조적 기능의 함양이라는 중요한 한 국면을 담당하게 될 것이다. 그리고 문학교육이 이렇게 문화 비평의 교육, 나아가 문화적 실천의 교육으로까지 진전해 나아갈 때 비로소 문학교육은 문학적 문화의 고양이라는 문학교육의 목표에 이를 수 있을 것이다.

---

7) 김윤식, 『한국문학사논고』(법문사, 1973), p. 455.

Ⅱ ▸▸ 문학교육과 문학사

1. 문학사의 교육성

자기의 임의대로 문학작품에 대해 소감을 피력하는 것은 하나의 직관적 비평의 가치를 갖는다. 비평가의 직관에 기대는 인상비평과 재단비평은 오랜 동안 비평의 한 방법으로 인정되어 왔다. 이러한 비평은 개인적 영감과 열광을 반영하는 대신 객관적 타당성을 얻기 어렵다는 점에서 현대비평의 주류에서 밀려나고 있다. 그렇지만 이러한 비평의 약화 현상이 그 비평의 방법이 잘못된 것임을 의미하는 것은 아니다. 오히려 우리의 문학적 풍토는 그러한 인상적, 재단적 방법을 가치있는 비평으로 신뢰하는 경향을 버리지 못하고 있다. 이러한 인상비평이나 재단비평을 인정하는 풍토는 문학과 문학교육의 발전에 제약으로 작용하는 것은 사실이지만, 하나의 비평 방법이 방법론적으로 문학작품의 정수를 완벽하게 드러내는 시기가 오기 전까지는 여전히 그 중요성을 인정받게 되는 것이다

그러나 문학사(文學史)에서는 인상주의나 재단주의가 존재하지 않는다. 만약 그런 측면에서 문학사를 기술한다면, 그것은 오류의 문학사가 될 것이므로 문학사 기술에는 엄밀한 방법론이 필요하다. 특히 문학사 연구는 엄청난 역사적인 사실과 작품의 자료더미에 부딪히게 된다. 고대부터 당대에 이르기까지 기억할 만한 작가와 나름대로 문학적, 역사적 가치를 지닌 작품은 사실 무한대로 많다. 문학사를 기술하기 위해서는 이 많은 자료 중에서 가치있는 작품을 선별하는 일이 필수불가결하다. 이때 중요한 것은 문학사관(文學史觀)이다. 역사를 기술함에 있어서도 끊임없이 생성 · 소멸하는 사건들을 역사적 가치와 발전방향에 기대어 선별해내는 역사관이 선행되어야 하듯이, 문학사 기술도 자료에 대한 가치판단과 문학사의 방향성에 대한 관점을 요구한다.

그런데 과거 문학사의 기준만으로 항구여일하게 새로운 문학을 재단할 수도 없다. 문학적 발전이란 근본적으로 전대의 문학을 낯설게 함으로써 가능하

기 때문이다. 쉽게 말해서, 역사는 미래의 바람직한 역사를 상정할 수 있지만, 문학은 미래의 바람직한 형태를 점칠 수 없다는 것이다. 그리하여 문학사는 완성될 수 없으며, 새로이 변모하는 문학관에 의하여 끊임없이 다시 쓰기를 되풀이하여야 하는 것이다. 김윤식이 "문학사의 방법론이란 엄밀한 의미에서 실제의 작업인 대상의 선택, 기술의 측면 그 자체 속에 포함되는 것이다."[8]라고 한 것은 문학사가 지닌 이러한 난점을 정확히 지적하고 있다. 더욱이 문학은 외면에 드러난 인간의 삶을 단순화, 추상화하는 역사나 사회과학과는 달리 일반화가 놓치기 쉬운 인간의 소외나 갈등 등 구체적인 인간문제를 중요한 대상으로 하고 있다. 문학은 정치 제도나 사회가 간과하는 중요하지 않는 개인의 억압된 삶을 형상화함으로써 제도화된 거창한 가치와 권위에 의문을 던지며, 그러한 개인의 왜곡을 통하여 제도의 모순을 검증한다. 이것은 문학이 역사나 제도에 대하여 스스로 부정의 위치에 섬으로써 삶의 정합(整合)을 가능하게 함을 뜻한다.

이렇게 볼 때 문학사는 역사와는 다른 관점과 방법론이 필요하다. 관점과 방법론이 없는 문학사는 성립될 수 없다. 그리하여 많은 문학사가들이 문학사를 정신사(精神史)와 양식사(樣式史)의 구조적 통합으로 접근하는 방법론을 제시하고 있다. 우리 문학사 연구에서 정신과 양식의 관련성을 체계적으로 파악한 것은 임화로부터 시작된다.

> 시대의 양식이란 것은 단순히 그것이 하나의 특이한 양식에 그치는 것이 아니라, 그 시대인의 고유한 체험과 생활에서 형성된 시대정신이 자기를 표현하는 형식에 지나지 않는 것이다. 그것은 한 작품이나 작가의 경우와 변함이 없다. 이리하여 한 양식의 발견은 곧 여러 가지 양식의 발견으로 진전하는 것으로 여러 가지 양식의 발견은 또한 양식의 역사란 것을 형성한다.
>
> 문학사는 외면적으로는 언제나 이 양식의 역사다. 모든 통속적 문학사가 이 양식의 역사를 기술하고 있다. 그러나 양식의 역사는 기실 정신의

8) 김윤식 · 김현, 『한국문학사』(민음사, 1973), p. 22.

역사의 형식에 지나지 않는다. 양식의 역사를 뚫고 들어가 정신의 역사를 발견하지 못하는 것이 언제나 과학적 문학사와 통속류 문학사와의 분기점이다.9)

임화가 밝힌 문학사적 명제는 후세의 문학사론에 절대적인 영향을 끼쳤다고 할 수 있다. 그러나 실천적인 작업에 들어갔을 때, 구체적으로 정신과 양식을 통합하는 장치는 아직도 완전히 해결되지 않았다. 그러나 우리는 여기서 그 문학사적 과제를 해결하는 것에 목적을 두는 것은 아니다. 우리가 문학사의 방법론을 논의하는 것은 이와 같은 문학사의 기본전제가 문학사와 문학교육의 관계를 검토하는 데 토대가 되기 때문인 것이다.

2. 문학사교육의 내용 범주

문학교육에 있어서 문학사가 중요한 의의를 지니는 이유는 대략 다음과 같이 정리될 수 있을 것이다.

문학교육은 주로 작품을 통하여 수행된다. 이때 개별작품의 의미분석에만 치중하다 보면, 나무는 보고 숲은 보지 못하는 우를 범하기 쉽다. 문학사는 일정한 사관과 방법론을 가지고 문학작품과 작가와 유파 등 문학의 흐름을 유기적 전체로 체계화한 것이다. 따라서 문학사는 단위문학을 전체적인 체계내에서 조망하는 안목을 길러 준다.

문학작품을 이해하기 위해서는 다양한 사전지식, 즉 스키마(schema)가 필요하다. 문학사는 작품이해에 필수적인 적정한 스키마를 제공한다. 비평과 작가 · 작품론은 문제해결을 위한 조작적 이론과 추상적 근거를 제공하지만, 문학사는 문학의 이해를 위한 전반적이고 원형적인 토대를 제공한다. 학문이란 해당 분야 고유의 지적 구조물이라고 할 때, 문학사는 문학교육의 학적 성립에 있어서 주요한 분야가 될 것이다.

---

9) 임화, 『문학의 논리』(학예사, 1940), pp. 836~837.

문학사는 문학의 발생론적 유기체성을 전체적 국면으로 보여 준다. 문학사는 장르나 유파의 생성, 발전, 소멸을 유기체적 맥락으로 파악한다. 이 과정은 양식으로서 드러나지만, 그것은 결국 정신사적(精神史的) 흐름을 내재화하고 있다. 문학이 정태적인 것이 아니고 동적이라는 점과, 고립체가 아니라 양식사와 정신사의 통합이라는 점은 우리의 현재가 어떻게 긴밀하게 문학사적 맥락에 닿아 있는지를 인식하게 한다.

문학사는 역사과정 속의 치열한 삶의 총체적 형상화이다. 문학사가 끊임없이 새롭게 생성된다는 것은 유토피아가 항상 유토피아로 진행되는 과정 속에 놓여지는 것과 우리의 삶이 답하기 이전의 물음의 연속인 것과 동질성을 가진다. 이것은 문학사가 엄밀한 체계를 결여해도 좋다는 의미는 아니다. 그것은 단지 삶의 진실을 표현한 것일 따름이다. 오히려 문학사는 엄밀한 방법론에 따라 기술됨으로써 임의적 · 개별적 삶과 개별 단위의 작품에 총체적 · 구조적 의미를 부여할 수 있게 된다.

우리의 역사가 근대로 진행하는 과정에서 나타난 질곡과 모순을 문학사는 보다 구체적인 방향에서 검증하고 있다. 외세의 침탈, 사상의 대결양상, 민족의 분단, 문화적 종속주의, 정치권력의 파행성 등에 대한 관심과 해결노력은 우리 문학사가 가장 치중한 아포리아였다. 문학교육의 참다운 목적이 민족 현실에 대한 인식과 무관할 수 없다면, 이런 문학사적 노력은 곧 문학교육의 실천 과제, 바로 그것일 것이다. 개별문학과 주변문학의 이론이 우리의 문학사를 보다 정당하게 조명하는 이론으로 사계의 조명을 받고 있다.[10] 이는 우리 문학사를 바라보는 정당한 시각을 확보하기 위한 새롭고도 중요한 관점이 아닐 수 없다.

이상에서 논의한 문학사는 지금의 문학사를 의미하는 것은 아니다. 지금까지의 문학사는 아직 방법론 모색의 단계를 완전히 뛰어넘었다고 보기 어렵다. 문학사 연구방법론이 상대적으로 어려운 분야이고, 여전히 개인적 취향과 정치적 요인이 비본질적 준거로 작용하여 문학사의 시대별, 유파별 편벽성이 시

10) 김윤식 · 김현, 앞의 책, pp. 22~25.

정되지 못하고 있다.[11] 이상의 논의는 문학사가 정상궤도에 들어선다는 것을 전제조건으로 달고 있다. 따라서 문학교육에서 문학사를 다룰 때, 기존의 문학사가 안고 있는 문제를 아울러 다루는 것은 불가피한 현실이다. 여기서는 문학사에 대한 논의를 전반적으로 검토하면서 거기에 수반되는 문학교육적 함의를 나름대로 모색하기로 한다.

3. 문학관의 정립

역사는 과거의 사실을 대상으로 현대의 삶을 재조명하고 미래를 전망한다. 문학사의 대상 역시 과거임에는 틀림이 없지만, 그 과거는 현재 우리 곁에 텍스트의 형태로 존속하는 과거이다. 즉, 문학이란 동시에 과거이며 동시에 현재라는 말이다. 작품과 문학사는 부분과 전체의 관계를 지니면서, 상호작용을 계속해 왔다. 작품은 텍스트 자체와 매 시대의 해석과정을 축적한 총화의 개념으로 파악하여야 한다. 이것을 해석의 역사성이라 한다. 문학사는 작품의 존재를 완성시키고 그 위치를 자리매김하며, 그리하여 자연히 작품해석의 바탕이 된다. 그리고 그것은 시대와 문학에 대한 비판기능도 함께 수행한다.

> 문학사는 그 스스로가 해석의 기능을 한다는 점에서 시대에 대한 비판일 뿐만이 아니라, 문학의 제 타이프에 대한 비판이 된다.[12]

작품이 다양한 구성요소의 총화이자 그 기능관계의 일관성 있는 구조라고 할 때, 문학사도 작품을 구성요소로 한 하나의 체계이다. 만약 문학교육이 어떤 확정적 문학사를 구비하고 있다면, 개별작품을 해석하고 판단하는 관점설

11) 한국문학사연구방법론의 여러 양상은 정종진, 『문학사방법론』(청주대출판부, 1989)과 송희복, 『한국문학사론연구』(문예출판사, 1995)에 잘 정리되어 있다. 그간의 한국문학사연구 방법에 대한 비판적 성찰을 보이는 김열규 외, 『한국문학사의 현실과 이상』(새문사, 1996)도 한국문학사연구방법론 마련을 위해 참고할 수 있을 것이다.

12) 김현·김주연 편, 『문학이란 무엇인가』(문학과지성사, 1980), p. 152.

정은 걱정할 필요가 없을 것이다. 그러나 이러한 절대성으로서의 문학사는 불가능하다. 텍스트가 생산되었을 때 이미 그 구조의 해명이 자동적으로 이루어지는 것이 아니라면 문학사도 초월적으로 미리 완성될 리가 없는 것이다. 그렇다면 문학사가 하나의 관점이나 준거를 마련하고 문학교육은 그 관점에 의하여 기계적으로 작품해석을 수행한다는 미망은 이제 문학교육에서 극복되어야 한다. 문학사를 통한 문학교육은 결정론적 시각이 아닌 변증법적 상호작용의 과정성 자체에 더 큰 교육적 의의를 부여하여야 할 것이다.

문학교육의 최초단계에서는 불완전하나마 하나의 관점을 선택한 임의의 문학사가 존재할 필요가 있다. 그리고 그것은 구체적 작품의 분석을 통해 의미있는 집단의식의 구조를 일관성 있게 통찰해 낸 것일수록 그만큼 효과적이다. 이 문학사는 교정을 전제로 한 상태에서 문학교육을 위한 최초의 준거를 제공하게 된다. 의도적 문학교육 이전의 상태에서, 하나의 문학작품은 이미 일정한 세계관을 바탕으로 성립된다고 보아 그 작품을 평가하여 사적으로 체계화한 문학사도 역시 마찬가지의 세계관적 자장(磁場) 속에 놓인 것이라 할 수 있다.

예컨대 김태준(1905~1949)의 「조선소설사」, 조윤제(1904~1976)의 「조선시가사강」은 저자가 지닌 유교적 세계관의 영향으로 전통문학의 유산을 문학사에 중요하게 수용하고 있다. 그들의 관점은 신민족주의(新民族主義) 세계관이라 이름할 수 있는 것으로, 그 속에는 일제의 강점에 대항하는 길은 민족의 오래된 전통을 탐구하여 정리하는 데 있다는 믿음이 내포되어 있다. 이와 반대로 일본을 매개로 받아들인 사회주의(社會主義) 세계관을 지니고 있었던 임화(1908~1953)는 「신문학사의 방법」에서 전대의 봉건적 유산을 청산의 대상으로 간주하고 우리 신문학이 서구문학의 영향 아래 전개되었다 하여 '신문학사란 이식문화의 역사'[13]라는 이식문학론(移植文學論)으로써 신문학을 고대의 그것과 구별한다. 한편 조연현(1920~1981)의 「한국현대문학사」와 백철(1908~1985)의 「신문학사조사」는 각각 해방 이후의 좌우익 대립에서 어느 한 관점을 선택한 결과로써 해당 문학의 비중을 편극적(偏極的)으로 높이고 있

13) 임화, 『문학의 논리』(학예사, 1940), p. 827.

다. 조연현은 좌익계열의 문학을 지나치게 폄하함으로써 이후의 문학사를 반쪽 문학사로 불구화시켰다는 비판을 면할 수 없다. 반면에 백철은 문예사조를 문학사의 중심항으로 설정함으로써 상대적으로 좌익문학에 비중을 많이 두게 되었다. 이들의 문학사는 파쟁의 양상마저 보이는 바 이것은 어떤 의미에서 주관적 판단에 근거를 둔 비평의 단계를 넘지 못하는 것으로 보여, 문학교육의 이론적 전거로 사용하기에는 한계가 있다. 문학사를 통한 문학교육이 하나의 절대적 독단론을 주입하는 것이 아니라고 한다면, 이러한 경직된 문학사적 관점이 배타적으로 대립하는 상황을 극복하는 진정한 문학사를 지향하는 과정은 문학교육의 중요한 한 장을 암시해준다.

문학사가의 관점은 독자가 문학작품을 처음 접할 때 가지게 되는 작품에 대한 최초의 관점과 대응구조를 보인다. 독자는 한 작품을 처음 읽으면서 일단 하나의 관점에 의거하여 일종의 해석학적 선입견을 형성한다. 그것은 독자의 기호에 의한 판단이라기보다 오히려 그의 존재의 역사적 현실에 입각한 정당한 시각일 수 있다. 그러나 이러한 최초 독서가 그대로 고정되거나 그것으로 완결된다면 그것은 교육적인 의미를 가질 수 없다. 앞에서 살펴본 대로 올바른 문학사란 하나의 관점이 다른 대립적인 관점을 전제함으로써 그 변증법적 통합을 이루어 나가는 과정에서 성립된다. 이것은 최초의 관점과 그 대립 관점이 다 과정적인 의미를 가짐을 뜻한다. 문학교육에 있어서도 최초의 관점은 그것에 대한 부정의 관점을 필수적으로 전제함으로써 관점교정이란 교육적 의의를 고려할 수 있게 된다. 이것은 최초독서와 부정독서의 변증법적 통합 과정이라 이름할 수 있는 것으로 이 과정이 바로 문학사교육의 핵심에 속한다. 문학교육의 목표는 작품에 대한 새로운 통합적 관점을 형성하는 것이지만 오히려 그 교육적 의의는 그 통합적 관점에 이르는 전 과정 자체에 더 큰 비중을 두어야 할 것이다. 올바른 문학사란 어느 한 절대적인 관점을 배제하고 다른 절대적, 불변적 관점을 그에 대체하는 폐쇄적인 작업이 아니라 그 지양·극복의 과정임을 고려할 때, 문학사의 정립과 문학교육의 과정성은 동일한 구조로 볼 수 있다.

이러한 과정을 거쳐 정당한 관점을 형성하는 문학사교육은 문학에 대한 모든 극단적인 논리를 검증하게 될 것이다. 그리고 그것은 또한 진정한 세계관을 확립하는 과정이기도 한 것이다. 문학을 역사적, 사회적 맥락과 절연시켜 현실의 모순 구조를 방기하는 무책임이나 문학을 지사적, 도덕적 무기로 편협화하여 공소한 사회과학의 한 분야로 왜곡하는 자세는 모두 지양되어야 한다. 정당한 문학교육은 이상적 문학사에 이르는 첩경이며, 민족의 정신사적 과제를 해결하는 바른 길이 되어야 하는 것이다.

4. 문학적 지식의 확대

문학사적 지식은 문학교육에 있어서 필수적인 것인가? 그것은 문학교육의 영역설정에 따라 상이한 대답이 가능하다. 문학교육을 단순한 허구적 구성 방식의 이해와 감상으로 한정하는 경우에는 그 주변지식이 비본질적이며 때로는 장애요소로 간주된다. 그러나 문학교육을 문화양상을 파악하는 보다 넓은 의미의 영역으로 확장할 경우에는 문학사적 지식이 중요하게 부각된다. 현재 문학교육은 위의 어느 경우를 위해서도 유용하지 않는 형해화한 지식을 문학교육의 장에서 중요하게 가르치고 있다. 근대문학의 기점이 되는 연도를 기계적으로 암기한다든지 최초의 근대소설이 무슨 작품인지 제목을 외우는 것은 진정한 문학교육과 거리가 멀다.

그렇지만 문학교육에 있어서 구조화한 문학사적 지식은 상당 정도 교육적 의의가 있다. 현행 문학교육에 있어서 번잡한 이론과 잡다한 지식 위주의 교육을 비난하는 시각이 없지 않지만, 그것은 부적절하고 계통성 없는 지식의 경우이며, 오히려 구조화한 지식은 상당한 수준과 깊이를 가질수록 좋다. 오늘날 우리 교육은 엄청난 단편적 지식의 홍수 속에서도 우중화(愚衆化) 교육이라는 비판을 면치 못하고 있다. 그것은 부정적 기능을 지닌 지식이 교육의 많은 비중을 차지한 결과로 볼 수 있다. 만약 무조건 지식의 절대량을 줄이자는 논자가 있다면, 그는 스스로 지금까지의 문학교육에서 정작 교육을 위해 필요한 지식은 금기시하고, 그 분야를 배제함으로써 단편화되고 체계없는 간단한 지식체계를 단지 시험문항을 만들기 위한 필요만으로 번쇄하게 가르쳐 오지 않았는지 반성할 일이다.

문학사적 지식은 문제해결을 위한 지식이 되어야 한다. 문학사적 지식이 박물지나 백과사전일 수는 없다. 문학사는 하나의 체계이다. 체계란 그 요소들의 모순과 충돌을 조정하여 질서화시킨 것이다. 이 질서화는 요소들의 다양한 속성, 분류양식, 지향가치 등의 불일치를 전제로 한다. 이러한 이질적 성향을 연결시키는 것이 문학사의 임무일 때, 그 질서화에 관한 문학사가의 관점은 극단적으로 다양할 수밖에 없다. 문학교육에서 중시하여야 할 지식은 이러한 문제들을 포괄할 수 있는 역동적인 것이어야 한다. 예컨대 18세기에서 20세기에 이르는 문학사적 지식을 다룰 때, 가장 유념하여야 할 것은 근대라는 개념과 우리의 근대문학의 기점(起點) 문제이다. 그렇다면 그 시대에 속하는 연대기적 사실과 지식적 요소들은 근대성의 고리 속에서 파악되어야 할 것이다.

근대의 기점을 논의하는 경우를 살펴보더라도 그것은 거의 모든 문학사적 지식이 동원된다. 〈심청전〉, 〈흥부전〉 등 판소리계 소설이 경제관계를 핵심적 갈등으로 삼는 근대적 요소를 가지고 있느냐 여부를 해결하기 위해서는 소설 발달론과 사회경제사적 지식이 필요하다. 근대소설의 특성이 경제적 하부구조의 변화에 따른 시민혁명의 영향으로 주인공과 작자의 기명성(記名性)을 강조한다고 한다면, 위에 든 소설은 일단 근대소설로 볼 수 없다. 그러나 〈홍길동전〉과 〈허생전〉을 고려해 보면 그것은 단순한 문제가 아니다. 연암과 다산을 근대적 작가로 본다고 할 때, 그들의 계층과 세계관을 파악하고, 그것이 근대의 한 준거라고 볼 수 있는 과학성과 얼마나 접근하는지 판단하기 위해서는 또다시 엄청난 지식이 필요할 것이다. 그리고 갑오농민전쟁과 3·1운동을 우리의 시민혁명으로 인정한다면, 그 역사적 단계에 일치하는 작품의 문학사적 실체성을 검증하는 과정이 다시 문학적 현상에 대한 많은 지식을 요구한다. 이것이 현재의 학문적 수준에서 충분히 규명된 상태라고 할 수는 없지만 그렇다고 그것이 불필요한 지식으로서 묵살된 성질의 것도 아니다.

문학사에서의 관점의 변화는 지식의 구조도 변화시킨다. 전통단절론과 전통계승론 중 어느 것을 문학사의 관점으로 선택하느냐에 따라 해당 문학현상에 관한 지식구조가 달라진다. 예컨대 이인직(1862~1916), 이광수, 김동인, 염상섭 등이 일본의 근대문학을 이식한 문학가들이라면, 그들의 문학과 일본의 동시대 문학에 대한 비교연구가 필수적이며, 따라서 문학사적 지식은 그런 연구의 자료를 망라하는 것이어야 한다. 그러나 창작방법의 근원을 명시적으로 우리의 고대소설에 두는 경우에는 그런 부류의 작가 및 작품에 관한 지식이 중요한 내용을 이루어야 한다. 지금 우리는 전통단절론을 이론적으로 극복하고 있는 입장이다. 그러나 그러한 관점의 변화를 수용할 만한 자료를 개발하는 작업이 경시되고 있다. 다시 말하면, 문학사의 거시적 이론틀과 그 구체적 내용요소가 상치되는, 즉 이론과 현실의 표리부동성이 문학사적 지식교육의 현주소이다. 이를 해결하기 위해서는 동학과 관련된 〈용담유사〉나 육전소설에 관한 연구와 그 자료에 관한 지식교육이 중요할 수도 있다. 그리고 이기영, 송영(1903~1978), 채만식 등 전통계승적 입장을 스스로 주장한 작가의 문학적 면모도 새롭게 조명하여야 할 것이다.

지금 우리 문학사가 안고 있는 시각의 편협성을 극복하는 작업은 상대적으로 불가피하게 문학사적 지식의 확대와 재편을 요구한다. 이 지식의 확대와 재편이 가치론적 차원에서 구조화될 때, 그 문학사적 지식교육은 문화 양상의 올바른 이해에 도달하는 길이 될 것이다. 또한 그것은 문학사적 관점을 보강하는 구체적인 자료로서 특정한 작품의 보다 정확한 이해와 감상의 스키마를 제공하여 문학교육의 수행에 긍정적인 효과를 가져다 줄 것이다.

5. 문학의 역동적 구조화

앞에서 살펴본 대로, 문학사란 문학을 보는 관점이자 각 지식구조의 체계화이다. 그러나 그 관점과 지식은 편의상 구별한 것일 뿐 사실상 별개의 국면이 아니며, 단지 문학현상을 유기체적, 역동적 구조로 파악하는 다양한 통로에 지나지 않는다. 문학작품의 문학사적 역동성은 텍스트 이해에 있어서 중요한 시각을 열어 준다. 야우스는 문학이 생산주체와 수용주체의 변증법적 과정으로 이해될 수 있다는 수용미학의 개념들을 창안하였다.

> 문학과 예술은 작품들의 상호성이 단지 생산적인 주체를 통해서만이 아니라, 소비적 주체를 통해서-작가와 독자의 상호작용을 통해서도 중재될 때 비로소 전진적인 역사로 변하는 것이다.[14]

야우스가 주장하는 것은 과거와 현재를 중재하는 문학사의 역동적 성격이다. 역사의 단계에 따라 개개의 작품이 수용된 양상은 문학의 일관성을 축으로 하여 문학사를 구성하고, 그것은 그 작품의 필수적인 선사(先史)로서 텍스트의 의미를 형성한다. 인가르덴에 의하면, 이러한 문학작품은 순수하게 의향적이거나 타율적인 대상, 즉 현실적인 대상과 함께 이상적인 대상이 그렇듯이 확정적이거나 자동적인 것이 아니라 의식적 행위에 의존하는 대상이다.[15] 이것은 허쉬(E.D. Hirsh : 1928)가 의미(meaning)와 의의(significance)를 구별하여 수많은 타당한 텍스트 해석이 가능함을 강조한 것처럼, 작품이 독자 앞에 끝없는 불확정성의 동적 구조로 나타남을 의미한다. 이 구조는 개인의 의식과 역사를 변별의 단위로 삼고 있다. 허쉬는 '의미'를 작가가 부여한 것으로, '의의'를 독자의 의식의 결과로 구별하고, 의미가 역사를 통하여 불변인 반면 의의는 역사를 통하여 끊임없이 변화하는 것임을 명백히 하였다.[16] 그리블(J. Gribble : 1845~1922)은 이러한 의미를 작가의 발생적 의도로, 의의를 효과적 의도로 구별하여 문학을 역동적으로 교육할 수 있는 가능성을 열고 있다.[17]

문학사는 이처럼 문학작품을 단선적으로 확정짓는 것을 거부하고 그 역사적 의의를 중요하게 고려한다. 그리하여 이러한 역동성은 정전(正典)의 조절

---

14) H. R. Jauß, *Literaturgeschichte als Provokation*(Frankfurt am Main : Suhrkamp, 1970) : 장영태 역, 『도전으로서의 문학사』(문학과지성사, 1983), p. 172.

15) R.C. Holub, *Reception Theory*(New York : Methuen, 1984) : 최상규 역, 『수용이론』(삼지원, 1985), p. 46 참조.

16) T. Eagleton, *Literary Theory ; An Introduction*(Oxford : Blackwell, 1983) : 김명환 외 역, 『문학이론입문』(창작사, 1986), p. 87 참조.

17) J. Gribble, 나병철 역, 『문학교육론』(문예출판사, 1987) 참조.

과 발굴을 통해 새로운 문학사를 편성하게 된다. 이 과정에서 문학사적인 작품의 해석은 역사성을 필수적 요건으로 삼는데, 가다머(H. G. Gadamer : 1900~2002)는 진정한 해석학은 이해 자체 내에 역사의 영향성을 드러낸다고 하여 소위 해석의 영향사를 주장하고 있다. 이런 이해의 과정을 가다머는 개인의 지평선과 역사의 지평선의 합입, 즉 지평혼융(地平混融)으로 부른다.[18] 야우스는 가다머의 지평선 개념을 이어받아 해석의 역사성을 다음과 같이 요약하고 있다.

> 미학적 의미는 독자에 의한 어떤 작품의 최초의 수용이 이미 읽은 작품들과의 비교에 의한 그 작품의 가치의 텍스트를 포함한다는 사실에 함축되어 있다. 또, 이 수용의 역사적 의미는 최초의 독자의 이해는 세대에서 세대로 이어지는 연쇄적인 수용에 의하여 지속될 뿐만 아니라 더욱 풍성해진다는 데에 있다. 이렇게 해서 한 작품의 역사적 의의는 결정되고 그 미적 가치는 명백해진다.[19]

이러한 문학의 역동적 구조화과정에서 텍스트 속에 인간 삶의 궤적이 이중적으로 포함된다. 즉, 문학 텍스트가 창작되는 당대를 살아간 인간들의 삶의 양상을 반영하는 것이라면, 그 수용사는 각 역사 단계에서의 인간의 삶을 함유한다. 프라그 학파의 수용 이론가 보디치카(F. Vodička : 1909~1974)는 상황의 변화가 작품의 구체화를 결정한다고 역설하고 있다. 그는 시간과 장소와 사회적 조건을 포함하는 외적 상황이 변경될 때에는 전체 작품의 구조가 새로운 성격을 띠게 된다고 주장한다.[20] 뢰벤탈(Leo Loewenthal)은 문학의 사회적 수용의 자료가 무시되고 있는 점을 중시하고 문학의 수용과 소비의 연구는 본질적인 문학의 문제에 관한 연구뿐만이 아니라 사회분석을 위해서도 기여하게 된다고 주장하였다.[21]

---

18) R. C. Holub, 앞의 책, pp. 71~72.
19) H. R. Jauß, 앞의 책, p. 20.
20) R. C. Holub, 앞의 책, p. 62.
21) 위의 책, p. 78 참조.

한편, 문학사는 문학수용 및 해석뿐 아니라 사회구조의 변화에 따른 독특한 양식의 변화를 보여 준다. 문학사회학에 의하면 소설의 발생은 원칙적으로 자본주의의 발생과 구조적 상동성(相同性)을 갖는다. 근대소설사는 자본주의의 발흥기, 융성기, 쇠퇴기를 계기성에 입각하여 드러내고 있다. 소설의 발생론적 구조주의가 일반 역사에 대한 문학의 동질성이 아니라 상동성을 강조하는 것일 때, 야우스는 문학과 일반사상사, 즉 정신사의 차이를 더욱 분명히 보여주고 있다. 양식의 교체와 형성을 사회적 관습의 도전으로 보는 한에 있어서, 그는 형식주의자와 같은 갈래에 놓인다. 그에 따르면, 문학은 사회적 관습과 계약에 대하여 끊임 없는 생성적 해방의 통로가 되는 것이다.

> 문학과 역사, 미적 인식과 역사적 인식 사이의 간격은 문학사가 단순히 작품들의 반영을 통해서 일반 역사의 과정을 다시 한번 기술하는 것이 아니라 인류를 자연적, 종교적, 사회적 기반으로부터 해방시킴에 있어서 본래적으로 문학에 속하는 사회적 형성의 기능이 다른 예술이나 사회적 세력과 필적한다는 것을 '문학의 진화'의 과정을 통해서 발견해 낼 때 메꾸어질 수 있다.[22]

이상에서 살펴본 문학의 역동적 구조로서의 문학사는 우리에게 새로운 역사와 문학의 패러다임을 모색하기 위해서는 새로운 문학사의 정립이 필수적임을 암시해 주고 있다. 우리의 문학교육이 민족사적 방향 모색에 따른 가치론적 측면(價值論的 側面)을 무시할 수 없을 때, 정전의 재편과 수용사의 새로운 해석이 필수적일 것이다. 일제의 강점으로 근대문학이 비롯하였다는 사관과 분단에 따른 절반 분량의 문학사의 유실은 근본적인 재검토가 필요하다. 그러나 그것은 국수적인 도덕론적 재단주의로서는 가능하지 않다. 거기에는 이론적 틀의 확립과 그에 따른 충실한 작품론적 연구가 선행되어야 한다. 이를 위하여, 우선적으로 고식적 인상비평은 정당한 문학교육론적 시각에 의하여 지양·극복되어야 할 것이다.

---

22) H. R. Jauß, 앞의 책, p. 45.

6. 민족문학의 특수성 이해

개별문학사는 그 범주개념으로서 민족을 요구한다. 우리의 민족문학사는 우리 민족의 특수성을 고려하여야 한다. 이때, 개별문학사로서의 우리 문학사를 주변문학사로 인식하는 것은 불가피하지만, 그것이 곧 다른 개별문학사에 종속된 것으로 파악하는 것은 재고하여야 한다. 우리의 문학사는 일본문학사나 미국문학사와 마찬가지로 주변문학사(周邊文學史)인 것이다. 우리의 문학사를 기술할 때, 일반문학사의 이론과 방법론을 준용하는 것은 필수적이지만 다른 개별문학사의 틀에 끼워 맞출 필요는 없다. 그리고 주변문학이라는 것을 문화적 사대주의로 오인해서도 안된다. 바흐찐(M. M. Bakhtin)이 라블레(F. Rabelais : 1483~1553)를 연구한 것이 이탈리아라는 중심문화를 충격하는 프랑스문화를 부각시킴으로써 상대적으로 러시아의 문화에 독자적 가치를 부여하였다는 사실에 주목할 필요가 있다. 주변문화란 중심문화의 종속개념이 아니라 새로운 문화생성의 가능성을 뜻하기도 하는 것이다.

우리의 문학사는 우리 민족문학의 특수성을 올바르게 인식하는 도구가 되어야 한다. 우리 문학의 특수성은 다양한 각도에서 접근할 수 있지만, 그 중에서도 절실한 것은 문학사적 강박을 해소하는 것이다. 특히 문학교육적 시각에서 볼 때, 문학사의 결손 부분을 보완하는 것은 그 자체가 중요한 교육과정이라 할 수 있다. 그 특수성이 지닌 교육적 효과를 고려할 때 우선적으로 해결할 사항은 근대성의 출발문제, 일제강점기문학사의 복원문제, 당대문학의 교육적 의의문제 등이다.

첫째, 근대성의 문제에서 고려할 것은 문학사에서 근대를 논하는 것이 단지 문학사기술의 편의를 위한 것이 아니라는 점이다. 그것은 우리 문학의 역사성을 바르게 이해하고 새로운 민족문학을 모색하는 계기로서 중요하다. 더욱이 어느 특정한 시기를 딱 잘라서 그 이전은 근대가 아니고 그 이후만 근대라는 단답식의 발상은 시정되어야 한다. 그런 점에서 영 · 정조 이후를 근대성의 시작으로 보고, 1894년의 갑오농민전쟁을 구체적인 계기로 보는 유연한 관점이 바람직하다. 이것은 더 깊은 연구가 따라야 할 문제이지만, 지금까지 신식문물(新式文物)을 수용하였는가의 여부나, 삼인칭 '피(彼)'나 '-하다'체의 사용 등 문체의 변화 등을 곧 근대문학의 지표로 삼는 경향은 재고되어야 한다. 이는 임화의 이식문학론을 답습한 것에 지나지 않는다. 신식문물이란 일본식 근대화의 모방일 뿐이며, '피(彼)'의 사용과 같은 문체 변화 역시 우리의 전통과는 동떨어진 것으로 진정한 근대의 의미와는 무관한 것이다.

둘째, 일제강점기에 유행한 사회의식이 강조된 문학을 포함시킬 것인가 또는 배제시킬 것인가 하는 문제이다. 1920년대 중반 이후 1930년대 중반까지 우리 문단의 주류를 이루었고, 당시 민중의 구체적 삶의 모순을 규명하고자 노력한 소위 경향문학의 존재는 어떠한 방식으로든 우리 문학사에 정당하게 수용되어야 한다. 이것은 분단된 민족현실을 검증하는 시금석이며, 앞으로 올바른 민족문학의 진로를 가늠케 하는 토대가 된다. 이것을 문학사와 문학교육에서 제외한다면, 그것은 문학의 총체적 현실인식을 가로막는 결과를 가져올 뿐만 아니라, 사고의 경직성과 이데올로기적 편벽성을 벗어날 수 없게 될 것이다. 이 문제는 우리 사회가 안고 있는 제반 갈등구조를 해소하기 위해서도 긴요한 일이 아닐 수 없다.

마지막으로, 문학교육의 목적이 결국 학습자의 현재적 삶의 문제해결에 있다면, 학습자가 살고 있는 당대의 문학이 중요한 교육적 자료로 취급되어야 하며, 그것이 문학사적 역동성과 절연되지 않은 상태로 구조화되어야 할 것이다. 흔히 제도교육에서는 고사한 전시대의 지식만 암기하는 것으로 인식되고 있는 바, 과거의 문학에 현재적 의식을 부여하고자 한다면 필연적으로 이 시대의 문학적 흐름과 대비되어야 한다. 이렇게 볼 때, 문학교육이 전적으로 교과서에 의존한다는 발상도 대폭적인 수정이 요구된다. 그러나 이 문제도 현장에 적용하기 위해서는 많은 연구가 뒤따라야 할 일이다. 그 이전에는 교사의 재량에 의하여 과거의 작품을 통하여 현재의 의미를 탐구하는 역사적 독법이 그 자리를 메워야 할 것이다.

문학사의 문학교육적 의미는 거의 모두가 해결해야 할 과제로 남아 있다. 그것은 문학사 연구방법의 미비와 그에 따른 문학사 연구의 부진을 이유로 들어야 할 것이다. 특히, 문학사는 민족문학교육에 관한 가치론적 장을 마련한다는 점에서 문학사의 문학교육적 연구가 문학사 연구의 한 부분을 능동적으로 담당할 필요가 있다.

Ⅲ ▸▸ 문학교육과 대중매체

1. 현대사회와 대중매체

현대사회의 구조적 특징의 하나로 대중매체의 활성화에 따른 대중문화의 범람을 든다. 인쇄술과 전자산업과 통신망의 발달에 힘입어 사회의 총아로 등장한 대중매체는, 현대인의 지식과 정보의 구득원으로, 의사결정(意思決定)의 근거로, 여가의 소요 방안으로 등 어떤 형태로든 현대인의 생활의 주요한 한 부분이 되고 있다. 대중매체의 범람은 대다수 대중들의 의식 수준을 제고시켰으며 사회의 급격한 변화와 정보의 홍수 속에 인간이 적응해 갈 수 있게 해 주었다는 긍정적인 평가와 함께 대중매체에 의한 대중조작(大衆操作)과 인류문화의 저속화(低俗化)라는 부정적인 평가를 수반한다.

대중매체가 등장하기 이전 시대에 문학은 지식인 그룹의 전유물로 인식되었으며, 일반대중은 그들 나름의 문화[23]를 지니고 있었다. 즉, 그 시기에는 고급문화와 평민문화가 양분되어 있었던 것이다. 그러나 인쇄술과 전자산업 등의 발달로 문화의 산물들은 무한한 복제가 가능해졌고 통신매체의 급격한 발달로 누구든 관심만 가지면 이들 문화에 접근할 수 있게 되었다. 이같은 문화의 대중화 현상에 대해 오르테가 이 가세트(Ortega y Gasset : 1883~

---

23) 대중문화가 등장하기 이전의 시대에 일반대중은 평민문화라 불리는 문화를 향유하는 바, 이들 문화는 대중매체가 등장하기 이전의 비지식인 계층이 향유한 것으로 현대의 대중문화와 구분해 평민문화(平民文化)라 지칭되며 이 평민문화는 세월이 지난 후에 민속문화(民俗文化)로 정착된다[R. B. Browne, 『대중문화의 정의』 : 강현두 역, 『대중문화의 이론』(민음사, 1980), pp. 2~30 참조].

1955)와 같은 학자들은 문화의 저급화 현상이라 하여 맹렬한 비판을 가하고 있으나, 최근에 이르러 많은 대중문화론자들은 이를 문화의 확대현상이라 하여 긍정적인 평가를 내리고 있기도 하다.

대중매체의 활성화는 통신의 발달과 대중교육의 확대와 함께 현대사회의 변화와 발전에 일익을 담당하게 되었다. 그리고 대중매체의 사회적 기능의 강화에 따라 매체 자체의 중요성과 교육적 효용성이 인정되어 매체 자체에 대한 교육과 매체에 의한 교육의 방법이 강조되고 있다.[24] 그러나 대중매체 특히 텔레비전의 교육적 효과에 대해서는 비판적 안목이 지배적이다. 예컨대, 텔레비전의 시청에 대해 아동의 시력 저하와 육체적 성장의 부진과 같은 악영향을 강조하는 것이 그것이다. 또, 텔레비전의 시청이 뇌파에 영향을 미쳐 아동의 정신적인 성장을 비정상적이게 하고 텔레비전의 현란한 아동교육 프로그램이 아동들에게 학교수업에 대한 거부감을 형성하게 하는 등 텔레비전의 부정적인 교육 효과가 보고되기도 한다.[25]

그렇지만 대중매체의 시대를 살아가는 우리는 그것을 접하고 살아갈 수밖에 없으며, 아무리 텔레비전이 유해하다 하더라도 그것이 지닌 재미와 필요성으로 인해 하루 두세 시간 정도는 텔레비전을 시청하게 된다. 또, 매체가 지니는 교육적 효과를 고려하여 교육공학(教育工學) 쪽에서는 매체를 통한 교육방법이 브루너 이후 다양하게 연구 활용되고 있다. 마찬가지로 문화교육으로서 문학교육의 경우에도 매체를 이용한 교육방법이 개발되어야 할 것이다. 문학적 체험(文學的 體驗)이란 본질적으로 독서를 전제로 하는 것이나, 대중매체에 의해 제공되는 많은 준문학적인 글이나 텔레비전 드라마를 통해 우리는 이질적인 문학적 체험을 하기도 한다. 또 최근에 와서는 비제도적 교육 현상이기는 하지만 인터넷을 위시한 컴퓨터 통신을 통해 사이버 공간에서 문자 또는 영상으로 전파되는 문학에 접하는 예가 많아지고 있다. 따라서 대중매체에 의해 전달되는 문학적 체험의 양상과 그것이 지니는 긍정적 · 부정적 성격을 함께 고려하여 그 역기능을 최소화하는 방안과 그 순기능을 적극 활용하는 방안

24) 최창섭, 『미디어 교육론』(나남, 1985), pp. 21～41 참조.
25) 김규, 『텔레비전 환경론』(나남, 1987), pp. 27～135 참조.

을 모색해 보는 노력이 필요하다. 대중문화에 대한 비판은 심정적이고 막연함을 벗어나 논리성을 지닐 때 비로소 의미가 있기 때문이다.

2. 대중매체에 의한 문학의 변용

신문, 잡지, 라디오, 텔레비전, 컴퓨터 통신 등 대중매체들은 수용자의 확보를 위하여 교양과 흥미를 고려한 문학작품의 수용을 광범위하게 시도한다. 이들에 의해 시도되는 문학의 수용은 수용자의 확보를 위해 대중의 취향에 영합하게 되어 원래의 문학작품을 변용한다. 그러면 이들 대중매체에 의해 수용되는 문학의 변용 양상을 살피기로 한다.

(1) 다이제스트화

대중매체에 의한 문학의 변용 양상으로 광범위하게 나타나는 원작의 다이제스트화를 들 수 있다. 신문이나 잡지의 경우 독자의 확보를 위해 상당한 면을 문학에 할애하고 있다. 이 경우 그들이 예상하는 독자의 수준에 맞추어 원작을 다이제스트화하여 독자에게 제공한다. 이러한 원작의 변용은 대중매체에 의해서만 이루어지는 것은 아니어서 다이제스트 문고판, 컴퓨터 통신 등에서도 광범위하게 나타나고 있다.

원작을 다이제스트화한 것을 읽는 일은 문학에 대한 관심과 흥미를 유발시켜 문학을 향유하는 능력을 길러 줄 수 있다는 점에서 고무적인 사실로 볼 수 있다. 그러나 문학은 하나의 완결된 자족체로서 그것이 부분으로 제시되거나, 패러프레이즈되어 제시되면 문학적 감동이 반감된다는 지적도 가능하다. 더욱이 원작의 패러프레이즈 과정에 편자의 시각이 첨가될 수밖에 없다는 사실에서 그것이 전혀 다른 작품으로 이해될 수도 있다. 이런 점에서 원작의 다이제스트가 갖는 문학적 의의 문제는 재검토되어야 한다.

대부분의 아동을 위한 동화책은 동화 작가들에 의해 재창조되어 편집된다.[26] 〈신데렐라 이야기〉나 〈걸리버 여행기〉 등은 원작을 변용하여 아동들이 흥미를 가지고 읽을 수 있게 한 점에서는 동일하다. 그러나 이 경우 양자는 매우 다른 의미를 지닌다. 설화는 장르적으로 보아 구비문학에 해당하므로 구연상황(口演狀況)에 따라 변개된다는 유동성(流動性)을 그 본질로 한다. 〈신데렐라 이야기〉가 설화임을 전제하면 동화책에 실린 이야기는 하나의 이본(異本)의 성격을 띠며 그런 이본을 통해 그 이야기를 이해하고 신데렐라류의 이야기 구조를 아는 것으로 충분한 의미를 지닌다. 그러나 후자의 경우는 그 의미가 다르다. 〈걸리버 여행기〉는 스위프트(Jonathan Swift : 1667~1745)라는 한 작가에 의해 창작된 것이며 작가 당대에 허식에 찬 영국사회를 풍자하고 있다는 점에 그 의의가 있다. 이 이야기가 동화책에 수록될 때는 주로 소인국에서 걸리버가 경험한 이상한 일들이 강조되어 원작이 지닌 의미는 무시되고 있다. 그 결과 동화책에서 걸리버 여행기를 읽은 것은 원작의 독서체험과는 거리가 있게 된다. 이런 현상은 문고판 세계명작전집이나 청소년 잡지에 실리는 고전에서도 쉽게 찾아진다. 이런 책에 실린 〈죄와 벌〉은 원작의 대강의 줄거리는 전해주나 작품 속의 인물들의 사고나 대화 속에 나타나는 심오한 사상적인 면은 생략되어 버린다. 이는 소설을 줄여 쓸 경우 줄거리 요약은 쉽지만 서술자나 인물에 의해 제시되는 사고적인 면은 요약하기 어려운 데 기인한 것이다.

소설은 그 사상적인 면을 간과하고 줄거리만으로 설명할 수 없다. 따라서 원작은 읽지 않고 다이제스트판만을 읽는 것은 문학의 이해와 감상이라는 면에서는 한계가 분명하다. 그러나 일반독자의 경우 원작을 읽는다는 것이 매우 어려운 경우도 있다. 이를 해소하기 위해 전문가가 작품을 개작하여 독자들이 쉽게 그 작품에 접근하게 하기도 한다. 예컨대, 셰익스피어의 원작을 개작한 찰스 램(Charles Lamb : 1775~1834)의 〈셰익스피어 이야기〉가 이에 해당할 텐데 많은 독자들은 램의 글을 통해 셰익스피어에 대한 이해와 함께 원작의 감동을 대리 체험한다. 이것이 독자들에게 좋은 입문서를 제공한다는 점에서 일반적인 다이제스트보다는 의의가 있는 일이라 평가될 수 있겠으나 이 역시

26) 물론 창작 동화집의 경우에는 그것이 원작이라는 특성을 지닌다. 창작 동화집이 아닌 세계 명작 동화집의 경우에는 거의 위의 지적이 적용된다.

램에 의해 해석된 세계를 감상한다는 점에서 원작을 감상하는 것과는 매우 이질적인 작품 감상이 되고 만다.

문학교육이 문학작품을 하나의 역동태(力動態)로 보아 작품이 지닌 가치가 작가와 독자가 상호작용을 통해 온전히 전달되는 것을 전제하는 것이라면[27] 현대사회의 특징인 문학작품의 다이제스트화에 따른 문학적 체험의 질적 저하는 크게 우려할 바이다. 독자, 문학교육의 장에서는 학생들은 원작은 접해보지도 않았으면서 그 작품의 인물과 배경과 줄거리를 미리 알고 있으며, 이러한 단편적인 지식들은 오히려 그 작품을 읽을 흥미를 잃게 한다. 문학교육의 본격화를 위해 문학의 다이제스트화가 독서경험에 미치는 영향을 세밀히 검토하고 그에 대한 대처 방안과 함께 그러한 자료를 문학교육의 효율적 전개를 위해 활용하는 방안도 모색되어야 한다.[28] 나아가 이러한 작업을 통해 다이제스트의 순기능을 고려하여 편집한 문학 작품의 다이제스트를 개발해내어야 할 것이다.

(2) 소통과정의 간접화

신문이나 잡지에는 그 시기의 베스트셀러나 고전작품에 대한 해설이 실린다. 이것은 전파매체의 경우에도 예외는 아니어서 대담 프로그램 등을 통해 문학작품에 대한 해설이 자주 방영된다. 문학작품에 대한 해설은 문학 전문가들이 일반 독자들에게 문학을 소개하여 문학에 관심과 흥미를 불러일으킨다는 의의를 부여할 수 있다. 실제 일반 독자들은 이런 해설을 통해 문학에 대한 정보를 얻고 어떤 작품을 읽어보겠다는 의욕을 갖게 되기도 한다.

그러나 해설에 의한 문학체험은 그것이 문학작품의 독서에 따르는 예술적 감동을 수반하지 않는다는 점에서 문학체험에는 이르지 못한다. 문학작품의 언어와 비평의 언어는 서로 다른 레벨에 속하는 언어로 그 본질이나 기능의

27) 이 책, 4장 Ⅰ 참조.

28) 아동들의 읽기 지도를 위해 개발된 이야기 문법(story grammar) 등을 심화, 확대시키면 축소 변용된 이야기를 규칙화하여 서사문학의 구조교육이 가능해질 것이다. K. Haberlandt, *Story Grammar and Reading Time of Story Constituent in Poetics V.9*(North-Holland Publishing Co., 1980), pp. 99～118.

면에서 상호 이질적이다. 문학작품의 언어는 대상언어(對象言語)로서의 속성을 지닌다. 즉, 작가가 세계를 언어화한 것으로 그 언어가 표현하고자 하는 대상의 내적 구조와 인상의 전달을 목표한다. 반면, 비평의 언어는 이차언어(二次言語)이다. 그것은 이미 언어화된 작품에 대해 언어로 대상언어를 해설한 언어이다.[29] 독자가 이차언어를 읽는다는 행위는 대상언어의 읽기와 완전히 다른 체험이 된다. 대상언어의 읽기가 독자가 바라본 세계에 대한 직접적인 접근으로서 작가와의 직접적인 의사 소통임에 비해 이차언어의 읽기는 비평가에 의해 해석된 내용의 이해가 된다. 즉, 작가와 독자 사이에 비평가의 시각이 개입한 것으로 작품과 독자 사이가 그만큼 멀어지는 독서이기도 하다. 비평가가 아무리 정교하게 해설했다 하더라도 그것은 비평가의 주관적 판단일 뿐이다. 야우스의 지적대로 문학작품은 불확정성을 지닌 존재[30]로 독자에게 늘 새로운 이해를 가능하게 하며, 독자에 의해 읽힐 때 예술로 구체화된다. 독자들이 작품은 읽지 않고 비평가의 해설만 읽고 그 작품을 이해한 것으로 생각하는 것은 작품의 이차적인 수용이라는 한계와 함께 속물적인 교양주의(敎養主義)로 함몰한다는 위험을 아울러 지적할 수 있다.

그러나 문학에 대한 해설은 문학에 대한 독자의 관심을 환기시키고 작품 이해의 단초를 제공한다는 점에서 문학교육의 면에서 충분한 가치를 지닌다. 문학교육이 올바른 독서 체험을 전제해야 한다는 점을 고려할 때, 문학교육의 정상화를 위해 문학체험의 간접화 현상의 한계가 문학교사나 학생들에게 명확히 인식되어야 한다. 그리고 문학교육의 효과를 극대화하기 위해 전문가가 행한 작품해설을 활용하는 방안이 모색되어야 한다. 이것은 학생들의 문학 작품의 이해능력을 심화 · 세련시키는 데 유용할 것이기 때문이다.[31]

---

29) 대상언어와 이차언어에 대해서는 Roman Jakobson, 『언어학과 시학』 : 신문수 편역, 『문학 속의 언어학』(문학과지성사, 1989), pp. 50~91을 참조.

30) 텍스트의 불확정성에 대해서는, R. Holub, *Reception Theory*(New York : Methuen, 1984) : 최상규 역, 『수용이론』(삼지원, 1985), pp. 46~48과 p. 118 이하 참조.

31) 문학교육에서 해설적 자료의 활용에 대해서는 이 책 제5장 Ⅰ절을 참조할 것.

(3) 문학의 오락물화

대중문화 비판론자들은 대중문화의 상업적 성격에 따라 수용자에게 미치는 악영향에 대해 커다란 우려를 표명하고 있다.[32] 대중문화 비판론자들의 견해는 엘리트주의라는 불평등 이론에 기반을 둔 한계는 있으나 대중문화가 대중의 재미나 취향에만 연결되어 진지한 삶의 제시라는 문학 본래의 범주를 벗어나고 있다는 점에서 어느 정도 설득력을 지닌다. 문학의 중요한 기능의 하나가 작품을 통해 고양(高揚)된 생을 간접체험함으로써 삶을 총체적으로 이해하고 허구적 상상력을 통해 현실을 초극할 수 있는 능력을 기르는 데 있다면, 대중문학이 갖는 현실도피적인 성향은 비판될 수밖에 없다.

경직된 유형적 인물들이 벌이는 삶의 모습을 과장되게 그린 문학작품들이 하이틴 문고 등 단행본으로 또는 주간지 등 저속한 잡지에서 수없이 산견된다. 삶에 대한 진지성보다는 언어유희(言語游戲)에 가까운 현란한 수사로만 채워진 시나 수필, 황당한 스토리로 일관하는 소설 등이 그것이다. 영웅적 인물이 사회의 부조리를 초인간적인 힘으로 일소한다거나, 애증에 사로잡힌 인물이 수단과 방법을 가리지 않고 출세하여 개인적인 한을 푼다거나, 지나치게 이상화된 도덕적 인물을 제시하는 등 이들 작품은 부도덕성과 현실과의 괴리 등으로 인해 문학의 본령에 못 미친다. 그러나 학생들은 재미있기 때문에 현실적인 불만과 불안을 잊기 위해 그 작품에 탐닉한다. 그 결과 학생들은 자신도 모르게 그 작품의 인물에 동화되어 삶에 대해 안이한 자세를 갖거나, 현실도피적 성향을 지니게 된다.

대중문화 비판론자들이 대중문화의 상업적 성격을 경계한다 하더라도 과거 소수가 독차지했던 정치, 경제, 사회의 제영역이 민주화되면서 진행되는 문화의 민주화 현상에 따라 나타나는 대중문화의 범람을 완전히 근절시킬 수는 없다. 맥루한(Marshall McLuhan : 1911~1980)이 지적하듯 대중문화가 후기산업사회(後期産業社會)의 문화창조에 있어 원동력이 되고 있음[33]을 부정할 수

32) 강현두, 『문화논쟁과 비판론 서설』, pp. 100~103.
33) 강현두, 『대중문화 긍정론 서설』, pp. 148~149.

는 없는 것이다.

문학교육은 오락물화되어 가는 대중문학으로부터 학생을 어떻게 보호할 것인가와 함께 그것을 어떻게 교육의 장에 수렴시킬 것인가에 관심을 기울여야 한다. 대중문학을 저급하다 하여 논외로 취급하거나, 비판하는 것만으로는 현대사회의 실상의 파악과 그 해결이 불가능하다. 실제로 학생들은 이미 대중문학에 깊이 빠져 있으며, 소위 고전이라 불리는 작품에 대해 흥미를 느끼지 못하고 있다. 실상 고전 읽기를 강조하는 교사 자신도 그 작품을 완전히 읽어본 적이 없는 경우도 있다. 또 문학교육의 장에서 대중문학을 일방적으로 폄하하는 것은 곤란하다. 문학교육은 문학작품의 읽기에서 시작되므로 문학작품을 읽는 즐거움이 가르쳐져야 한다. 그것은 문학작품을 통해 삶의 의미를 발견해 가는 즐거움이라 바꾸어 말할 수 있다. 이것은 대중문학이 지닌 말초적인 즐거움을 넘어선 고양된 즐거움을 학생들에게 이해시킬 때 비로소 가능하다. 이를 위해 문학교육의 제재를 소위 고전에만 한정시켜 오늘날의 좋은 작품을 외면해서는 안된다.[34] 이를 위해서는 소설교육에서 고전과 함께 청소년소설이나 공상과학소설을 함께 고려한 로드리게스와 바다체프스키의 견해는 시사하는 바가 매우 크다.[35]

(4) 텍스트의 시청각적 변용

텔레비전의 발명은 문학적 체험의 질적 변화를 초래했다. 문학의 독자는 작품을 읽을 때 인쇄된 종이뭉치에 지나지 않는 작품을 좌에서 우로, 위에서 아래로 읽어가면서 그 언어가 지닌 의미를 자신의 머리 속에서 해석하고 작품 속에 언급되는 장면을 자신의 상상력에 의해 정리해 간다.[36] 문학의 이런 속성은 문학감상에 있어 독자의 체험을 바탕으로 하여 작가가 묘사한 대상을 상상하게 한다. 바로 이런 점이 문학을 감상하는 과정에서 상상력이 세련될 수

34) 전영태, 「현대사회와 문학교육」, 『난대이응백박사회갑기념논문집』(보진재, 1983), p. 666.
35) R. J. Rodrigues & D. Badaczewski, *A Guidebook for Teaching Literature*(Boston : Bacon, c1978) : 박인기·최병우·김창원 역, 『문학작품을 어떻게 가르칠 것인가』(박이정, 2001), pp. 145～201.
36) 송면, 『소설미학』(문학과지성사, 1985), pp. 64～65.

있는 근거이다.

그러나 텔레비전의 등장으로 문학적 체험의 이런 특성은 크게 변화하고 있다. 독자의 의식 속에서 재구성되던 작품내용이 시각과 청각이 동반되는 화면으로 제시되어 직접 눈과 귀로 체험할 수 있게 된 것이다. 이러한 변화는 작품의 이해 과정에서 독자의 상상이 개입할 여지를 없앰으로써 독자에 의한 불확정성의 확정이라는 독서 과정의 한 특성을 제거하게 된다. 또 문학작품을 영상매체로 바꾸는 데에는 각색자나 연출가나 배우 등의 원작 체험이 개입되어 작품을 사이에 둔 작가와 독자의 직접적인 상호 만남이 변질되어 버린다. 그 결과 텔레비전 드라마나 영화로 감상하는 문학적 체험은 원작인 문학작품의 감상이 주는 감동과는 달라진다.

문학의 여러 장르 중에서 소설은 그것이 지닌 서사성(敍事性)이라는 본성 때문에 영상매체로 전환되는 일이 잦다. 소설이 근대소설 이후 소위 보여주기(showing)라는 방법이 강조되었으나 장르 특성상 이야기하기(telling)[37]를 벗어날 수 없다는 점에서 소설의 드라마화에는 많은 제약이 따른다. 흔히 소설을 읽고 받은 감동이 드라마에 살아 있지 못하다는 느낌을 받는 바, 소설의 감동이 인물의 사고나 작중화자에 의한 진술(陳述) 등에 포함된 사상의 깊이에 의존하는 부분이 많기 때문이다. 이같은 소설에서 자주 사용되는 이야기하기 방식의 부분은 보여주기에만 의존하는 드라마의 경우 그 처리가 곤란하다. 흔히 줄거리 위주의 추리소설이 드라마화된 작품은 소설을 읽었을 때와 그게 감동이 다르지 않으면서 개인의 심리나 사유 과정을 다룬 소설을 드라마화한 경우 그 감동이 이질적인 것은 바로 이 점에 기인하는 것이다.

근자에 많은 문학작품이 텔레비전에 의해 드라마화되고 있다. 많은 텔레비전 시청자들은 원작을 읽지 않은 상태에서 드라마를 시청하고 그것이 문학적 체험으로 치환되는 바, 이러한 준문학적인 체험의 문학교육적 의미가 검토되고 텔레비전 드라마나 영화 등 영상매체(映像媒體)를 문학교육의 장에서 활용

37) 보여주기와 이야기하기라는 용어는 W.C. Booth, *The Rhetoric of Fiction*(University of Chicago Press, 1969) : 이경우·최재만 역, 『소설의 수사학』(한신문화사, 1987), pp. 3~23을 참조할 것.

하는 방안이 구안되어야 할 것이다. 문학작품에 대한 시청각화된 체험이 문학작품의 독서체험과는 상호 이질적이기는 하나, 그것을 가치없는 것으로 속단해서는 안된다. 학생들이 문학작품을 읽고 또 드라마를 보면서 그것이 그렇게 이해될 수 있는지를 아는 것은 문학감상 능력의 확대와 심화에 기여할 것이다. 또, 드라마의 관람이 극과 서사의 차이를 이해하는 좋은 방법이 될 것이다. 이에 대한 세밀한 연구와 실험적인 작업이 필요하다.

3. 문학교육에서 대중매체의 활용

위에서 대중매체의 발달에 따른 문학의 변용 양상에 대해 알아 보았다. 그러면 문학교육의 활성화를 위해 대중매체의 문학변용을 문학교육의 장에서 어떻게 활용할 것인가를 구체적으로 검토해 보고자 한다.

(1) 교육제재의 다면화

일반적으로 문학교육의 제재로서 고전을 중시한다. 흔히 인류의, 민족의 문화유산으로서의 위대한 문학을 중시해 우리의 삶을 형상화하고 있는 우리 시대의 문학작품을 문학교육의 제재로 사용하는 것에 거부감을 느낀다.[38] 특히 현대 사회의 대중문학에 대해서는 극도의 비판적인 자세를 견지한다. 이는 당대 문학이 가진 변화 가능성과 문학의 전문화에 따른 난해성 때문에 전범으로서 교육되기 어렵다는 현실적 이유가 있다. 그리고 대중문학은 앞에서 언급된 바와 같은 저급성에서 그 근거를 찾을 수 있다.[39]

현대사회는 대중화를 지향하고 있으며, 정치 · 경제 · 사회의 민주화 과정의 영향으로 문화 역시 대중화를 지향하게 될 것이다. 이런 시점에서 현대사회의 구조적 모습을 드러낸 당대의 문학을 문학교육에서 제외한다는 것은 바람직하

38) 예를 들어 5차 교육과정에서는 1950년대까지의 작품을, 6차 교육과정에서는 1960년대까지의 작품을 교과서에 수록할 것을 허용하고 있다. 이 교육과정이 운영되던 시기가 1980~90년대라는 점을 생각하면 문학교육의 보수성을 짐작할 수 있게 한다.

39) 전영태, 앞의 글, pp. 662~665.

지 않다. 또 대중매체의 발달과 함께 대중의 취향에 알맞게 변용된 대중문학을 완전히 도외시하고 고전복고(古典復古)만을 주장하는 데도 무리가 있다. 그러나 교육이 보수적인 기능을 지니며 가치지향적일 수밖에 없다는 점을 생각하면 당대의 문학과 대중문학만을 문학교육의 제재로 사용하기도 어렵다. 문학교육의 목표인 문학적 문화의 고양이나 삶의 총체적인 체험을 위해서 문학교육은 고전과 당대의 문학에 대해 양자통합적인 자세를 견지해야 한다. 고전은 인류의 문화적 유산으로서 인류의 보편적인 가치의 세계를 보여준다는 데 의의가 있으나, 그것의 과도한 인류보편성 때문에 현재 우리의 삶과 직접적인 연관을 갖지 못해 삶의 총체적인 체험에 도달하지 못하게 할 위험이 있다. 문학교육이 학생들의 삶의 체험과 관련지어야 한다면 이런 점에서 고전 위주의 문학교육은 한계를 지닌다.

고전은 고전으로서의 가치가 존재하나 실제로 고전이 갖는 현대적 삶과의 괴리와 그 자체의 난해성 때문에 학생들은 고전읽기를 지루해 한다. 이 점을 고려하지 않고 고전작품(古典作品)만을 모아 문학교육에 임하는 것은 교육의 효과면에서 비판될 수 있다. 따라서 문학교육의 정상화를 위해서는 학생들의 생활과 관련이 있거나 당대적 삶과 밀접하게 연관되는 작품을 선정해 문학에 대한 흥미를 유발시킬 필요가 있다.[40]

고전은 학생들에게 교육되어야 하고 그 가치가 다음 세대로 전수되어야 하는 문화유산이다. 그러나 전대의 고전이 반드시 현대의 고전일 수는 없다는 시각에서 문학교육의 제재 선정을 다시 시도해야 할 것이며, 대중문학으로 취급되는 작품들 중에서도 어느 정도 문학적 가치가 인정되고 학생들의 흥미유발에 기여할 수 있는 작품도 문학교육의 제재로 선정해야 할 것이다.[41] 문학교육이 학생들의 문학에 대한 흥미에서 비롯되기 때문이다.

이 경우 반드시 염두에 두어야 할 것은 대중문학의 선택이 목적론적임을 전

---

40) 문학교육의 작품 선정에 있어 학생들의 삶과의 관련성의 강조는 문학교육연구회, 『삶을 위한 문학교육』(연구사, 1987)과 계간지 「함께 여는 국어교육」의 주된 논지가 되고 있다.

41) 이 점은 현행 중등학교의 음악교육이 좋은 선례를 보여준다. 음악교과서에 서양의 고전음악과 우리의 고전음악과 현대가곡이 함께 실리며 대중가요나 팝송 중에서 어느 정도 고전적 의의를 갖는 작품을 선별해 수록하고 있다.

제해야 한다는 점이다. 문학교육 나아가 교육은 가치를 전제해야 하기 때문에, 문학교육에 있어 대중문학의 선택은 고전을 가르치기 위한 도구이며 문학적 체험의 확대를 위한 자료라는 뜻이다. 플롯의 구조를 가르치고자 할 때 구조의 선명성이 돋보이는 추리소설을 선택한다거나, 인간의 삶을 이해하기 위한 제재로 고전과 함께 청소년 순정소설을 선택해 양자의 삶에 대한 진지성의 차이를 검토하게 할 수 있다. 문학교육의 제재를 다면화시킬 때, 학생들의 문학에 대한 관심이 보다 커지고, 이를 바탕으로 올바른 문학교육이 가능해질 것이다. 이를 위해 문학작품의 목록을 만들고, 이러한 목록과 교사나 연구자들이 가지고 있는 교재 사이에 얼마나 괴리가 있는가를 살펴, 적정 수준의 문학교육 제재목록(題材目錄)을 만들어 이를 배열하고 교육의 장에 활용하는 방안이 마련되어야 할 것이다.

(2) 문학적 체험의 다면화

문학교육은 교사에 의한 일방적인 지식의 전달이어서는 안된다. 문학교사는 비평가적인 안목을 가지고 문학작품을 이해한 다음 교육에 임하여 학생들이 작품을 이해하고 감상하며 평가하는 능력을 신장시켜야 한다. 그러나 이 과정에서 교사는 다양한 수업모형(授業模型)을 적용하여 학생들에게 그러한 여러 능력이 내면화될 수 있도록 노력하여야 한다.[42] 이를 위해 교사는 상호작용모형(相互作用模型)과 개인적 모형(個人的 模型)을 적극 활용하여야 할 것이다. 실제적인 문학교육의 장에서 문학감상능력의 내면화를 위해서 교사는 대중매체를 능동적으로 활용함으로써 교육의 효과를 얻을 수 있을 것이다.

우리 주위에는 신문이나 잡지가 산재해 있으며 여기에는 각종 사진과 그림이 게재된다. 이들 사진자료(寫眞資料)는 문학교육에서 효과적으로 사용할 수 있다. 하나의 작품을 읽고 난 후 학생들이 체험의 부족으로 머리 속에 하나의 상을 그리지 못할 경우 위의 사진자료를 학생 개개인이 모아 보게 하거나, 교사가 적절한 자료를 모아 제시하는 것은 효과적이다. 이들 사진자료가 작품의

42) 이 책, 5장 Ⅲ 참조.

분위기와 호응이 되는지, 어느 것이 작품과 가장 일치하는지를 집단 탐구하게 하거나, 그 결과 골라진 사진을 작품의 전개에 따라 배열하고 그 근거를 말하게 하는 것은 특히 저학년 과정에서 상호작용모델로 활용될 수 있다.

소설같은 경우 작품을 읽고 그 줄거리를 요약해 보는 것은 작품의 개괄적 이해를 위한 기본적인 단계다. 이 과정에서도 교사는 집단탐구모형(集團探究模型)을 이용할 수 있다. 학생들은 각자 작품을 요약하고 발표함으로써 작품에 대한 독자적인 이해를 하게 되고 작품이 개인에 따라 다른 관점에서 이해될 수 있음을 알게 된다. 이때 교사는 전문가에 의해 짧게 요약된 글을 제공함으로써, 학생들의 작품에 대한 이해를 제한하지 않고 전문가와의 비교를 통해서 작품에 관한 개괄적인 이해의 폭을 넓힐 수 있다. 전문가들의 글은 종합적 감상 단계에서도 효과적인 교육자료로 사용할 수 있다. 교사는 제재에 대한 문학비평가의 평문이나 해설을 소집단별 집단탐구가 끝난 후에 요약하여 소개하거나, 학생들이 스스로 읽어 보도록 한다. 이런 과정을 통해 학생들은 그들의 집단탐구과정의 결과를 보다 강화하고 작품의 감상과 평가의 능력을 심화하고 내면화하게 된다.

텔레비전의 드라마 등 시각화(視覺化)된 변용물도 동일한 활용이 가능하다. 수업시간의 제재가 드라마로 이미 제작되어 있을 때, 교사는 내면화 단계(內面化 段階)에서 방송국에서 비디오 테이프를 구해 학생들에게 시청하게 하여 소설의 장르적 특성인 서사성을 드라마의 극적 특성과 비교함으로써 직접 재현하도록 해 줄 수 있다. 또 학생 스스로 한 작품이 드라마화할 때 거기에 관계하는 많은 사람들의 원전 이해가 자신이 감상한 작품의 세계와 얼마나 다른 작품을 만들게 되었는가를 알게 하는 것도 문학의 이해를 넓히기 위한 좋은 방식이다. 이때 한 작품이 서로 다른 연출가에 의해 제작되었거나 한 연출가가 다른 배우들과 드라마를 만든 작품이 있다면 훨씬 효과적이다. 이 두 드라마와 원작을 학생들이 모두 감상하면 원작을 이해한 연출가와 배우의 시각이 전혀 다른 작품을 낳을 수 있음을 알게 된다. 이런 영상매체의 활용은 문학교육의 장에서 학생들의 호기심을 유발하여 학습동기를 높이는 기능과 함께 다양한 장르의 감상을 통해 문학해석의 개방성(開放性)을 이해할 수 있게 되고,

나아가 문학작품을 감상하고 평가하는 능력을 심화하는 데 크게 기여할 수 있을 것이다.

(3) 영상매체의 교육적 활용

위에 언급한 바, 문학교육의 장에서는 대중매체를 소극적으로 활용하는 방안을 넘어서서 매체의 적극적인 교육적 활용방안이 연구되어야 한다. 현대사회의 다양한 매체들 가운데 영상매체(映像媒體)는 그것이 지닌 시각적 직접성으로 하여 교육공학(教育工學)에서는 적극적으로 활용되어 왔다. 컴퓨터의 발전과 함께 교육공학에서는 독 · 서 · 산의 교육을 위해 티칭머신을 활용하는 프로그램 보조학습이 개발되고 있다. 교과목을 프로그래밍화하는 것은 어려운 일이기는 하나, 개별화수업(個別化授業)을 가능하게 하고 정적 강화(positive reinforcement)를 이용한 교실 분위기의 변화에 기여할 수 있다는 장점을 지닌다.[43)]

독 · 서 · 산과 같은 초보적인 인지교육(認知教育)의 단계에서 활용가능성이 점검된 프로그래밍화가 문학교육이라는 고도의 정의교육의 단계에서 활용될 수 있겠는가라는 의문이 들기도 한다. 또 최근 교육학의 동향이 인문주의교육 쪽에서 교육공학의 프로그래밍화를 비판하고 있음은 위의 의문을 가중시킨다.[44)] 문학작품을 영상으로 만들어 교육에 활용하는 것은 앞에서 살폈듯이 원작의 체험과 영상체험이 이질적임에 유의해야 한다. 그러나 교사나 교육전문가는 문학교육의 제재를 영상매체를 사용해 이해시키고 감상시키는 방안을 모색하여 교육현장에서 적극적으로 활용할 필요가 있다. 이의 효율적인 방안 마련을 위한 교육전문가와 문학교육 전공자, 그리고 영상매체 전문가의 공동연구가 기대된다.

학생들의 경우, 특히 저학년은 성장지(成長地)에 따라 체험의 폭이 한정된

---

43) 교육학자들은 인지적 영역의 교과에서 영상교육과 프로그래밍화의 효과와 전망에 대해 낙관하고 있다. 심재형 · 고형희, 『교육과정의 이론과 실제』(교육출판사, 1986), p. 299 이하.

44) 교육 공학에 대한 비판과 인간주의 교육의 동향과 방법에 대해서는 C.H. Patterson, *Humanistic Education*, 장상호 역, 『인간주의 교육』(박영사, 1980)을 참조할 것.

다. 또 그들이 살고 있는 현대라는 시간적 제약도 학생들의 상상력에 한계를 갖게한다. 문학교육에 있어 영상매체의 활용은 이러한 체험과 상상력의 한계를 극복시키는 좋은 방법이 된다. 그 구체적인 방안으로 문학작품의 창작배경이 된 역사적 · 지리적인 현장이나, 작품 내의 줄거리나 배경과 관련된 영상을 제공하는 방법이 있다. 문학교육에 있어 작품이해를 위한 선지식(先知識)의 중요성은 이미 여러 번 강조되었다. 선지식의 능동적인 활용을 위해 집단탐구 모형의 활용이 강조되었으나 학생들의 탐구결과를 강화하는 방안으로 영상매체를 활용한다. 예컨대 〈상록수〉의 이해를 위해 학생들의 자료모으기를 통한 집단탐구 활동 이후에 교육목적에 의해 특별히 제작된 작품의 창작배경과 관련된 브나로드 운동의 자료나, 작가 심훈과 관련된 자료의 제시 등은 작품 이해의 단초를 제공한다는 점에서 필요하다. 이런 영상매체가 효과적으로 제작이 된다면 학생들의 체험부족에 의한 작품 이해의 어려움을 극복시킬 수 있다. 또 작품의 개괄적 이해를 위한 줄거리나 배경 등도 위의 경우와 동일한 방법의 활용이 가능하다.

작품에 대한 분석적 접근을 위해서도 영상매체는 적극적으로 활용되어야 한다. 소설의 플롯을 이해시키기 위해 동일한 짧은 이야기를 각기 다른 방식으로 영상화한다거나, 소설의 시점을 이해시키기 위해 작품의 여러 다른 인물의 시각에 맞추어 영상화한 작품을 제시할 수도 있다. 물론 이러한 교육은 영상매체가 아닌, 변형시킨 여러 글에 의해서도 가능하다. 영상매체가 지니는 시청각적 효과와 그것이 지닌 재미 때문에 영상매체의 활용은 효과적일 수 있다. 또한 앞 장에서 언급했듯이 작품 이해의 다양한 가능성, 소설과 극의 차이 등을 이해시키기 위해서도 영상매체는 효과적으로 사용될 것이다. 영상매체의 효과적인 활용을 위해 이미 제작된 드라마의 활용은 물론 문학교육의 실제를 위해 제재로 선택된 모든 작품과 제재와 관련되어 읽혀져야 할 많은 작품들에 대해서도 다양한 영상매체가 제작되어야 한다. 이때 교사는 다양한 매체의 활용을 통해 보다 효과적으로 문학교육의 목적에 도달하게 될 것이다.

그러나 영상매체를 문학교육에 활용할 때에는 다음 몇 가지 사항을 고려해야 한다. 첫째, 영상 변용(映像 變容) 자체가 학생들의 동기 유발에 사용될 수 있다[45]고는 하나 영상매체에 의한 사상적 경험영역의 직접 제시는 학생들의 상상력 자체를 한정시켜 작품의 이해에 부정적으로 작용할 수 있다는 점이다. 이의 극복을 위해 영상매체의 제작시 작품의 개방성을 최대한 고려하여야 하고, 교사 역시 영상매체 자료를 사용할 때에는 학생들의 탐구과정과 상호 관련시켜 영상매체가 학생들의 이해를 돕는 보조자료의 선을 넘지 않도록 해야 한다.

둘째, 영상매체가 지닌 강렬한 재미의 결과 오히려 문학작품의 독서에서 느끼는 즐거움이 교육되지 못할 위험이 따른다는 점이다. 학생들은 이미 대중매체에 의해 제작된 드라마의 재미 때문에 문학작품은 읽기가 지루하다고 느끼고 있다. 이것은 문학제재의 영상 변용에 두 가지로 영향을 미치게 된다. 영상매체가 흥미를 고려하지 않을 경우 교육효과가 반감되고, 영상매체가 대중매체의 그것만큼 재미있다면 영상매체에 빠져 학생들의 문학에 대한 거부감이 강화될 위험성이 따른다. 이를 해결하기 위해, 영상매체의 제작에는 교육적 효과와 재미를 모두 고려한 영상의 마련이 필요하다.

셋째, 컴퓨터 활용에 의한 프로그램 학습에서도 제기되는 문제로 영상매체에 의한 교육이 그 신기성에 의해 일시적으로 효과가 있을 수 있으나 그것이 반복될 때 그 효과가 감소하지 않겠는가 하는 점이다. 아직 문학교육을 전제하여 문학제재를 영상으로 변용하여 교육에 직접 사용해 본 경험이 일천하며[46] 학교현장에서는 전무한 형편이기에 영상 변용의 한계에 대한 단정은 시기상조다. 문학교육에서의 영상매체 활용이 이러한 한계에 봉착하지 않기 위해서는 매체 제작의 기술과 함께, 교사들이 영상매체가 상호작용모델 적용시의 유용한 자료라는 점을 인식해 학생들의 자유로운 토론과정(討論過程) 속에 녹여 넣는 교육방법이 필요할 것이다.

문학제재의 영상매체에 의한 교육의 방법은 앞으로 좀더 깊은 연구가 이루어

---

45) 박인기, 『문학제재의 영상변용에 관하여』, 교육개발 9-2 (교육개발원, 1987. 4.), p. 117.

46) 우리나라의 경우 교육을 목표로 하여 문학제재에 대한 영상변용을 의도적으로 시도해 본 것은 1986년도 이후 교육개발원이 제작·방영한 TV 고교국어의 시(詩)프로그램을 들 수 있다. 이후 영상화된 각종 교육자료를 KBS를 비롯하여 한국교육학술정보원 등 다양한 기관에서 보급하고 있다.

져야 한다. 그것은 영상매체의 제작방법에서부터 수업방안까지 체계적으로 연구되고 이를 현장에서 지도해 보는 실험연구가 축적되어 갈 때 비로소 문학교육의 교육방법의 다양화와 그에 따른 교육적 효과를 기대할 수 있기 때문이다.

(4) 인터넷의 문학교육적 활용

이러한 영상매체에 의한 변용과 함께 인터넷의 문학교육적 활용에 대해 살펴볼 필요가 있다. 인터넷이 보편화되면서 많은 문학 애호가들이 인터넷 공간에 문학 동호회 사이트를 만들어 활발하게 문학 활동을 하고 있다. 대체로 이들 문학 동호회 사이트의 운영은 유명 문학작품을 소개하고, 유명 작품이나 자신이 읽은 작품을 해설하거나 평가하는 글을 실으며, 자신들이 창작한 작품을 게시판에 올려 독자들에게 읽을 수 있는 기회를 준다. 또 인터넷 포털사이트에도 문학작품을 읽을 수 있게 해주거나 문학 강좌를 하고 있는 전문 작가들의 문학 사이트가 적지 않다. 현재로서는 모니터로 작품을 보는 행위는 인터넷의 경우 간단한 영상이 제공되기는 하나, 문자로 된 텍스트를 접한다는 점에서 큰 차이가 없다. 그러나 책은 읽지 않으면서도 컴퓨터 앞에 달라붙어 사는 아이들이 적지 않다는 점을 감안할 때 인터넷을 통한 문학교육은 유의미한 것으로 생각된다.

인터넷 공간의 문학은 작품에 대한 독자의 개입이 자유롭다. 책의 형태로 작품이 존재하는 상황에서는 작가는 창조하고 독자는 읽는다는 관계가 성립되어 있다. 그러나 인터넷 공간에서는 그러한 관계는 의미가 없다. 독자는 작품을 접하는 순간 작품을 새롭게 해석하고 키보드 몇 개의 조작으로 수정해 버린다. 즉, 새로운 버전의 창작자가 된다. 인터넷 문단에서 독자는 이미 작품을 읽고 그 내용을 이해하고 감상하려 애쓰던 독자가 아니라 창작 과정에 참여하고 새로운 버전을 생산해 나가는 독자이다. 인터넷 문단의 독자는 문학에 관심을 갖고 문학작품을 읽음으로써 문학 현상을 이해하여 능동적으로 문학적 문화에 참여한다는 점에서는 다른 어떤 매체에서와는 다른 독자로 변모하게 되는 것이다.

문학의 개념을 책으로 된 텍스트를 한정하는 편협된 시각에 대해 재고할 필요가 있다. 문학이 독자들에게 허구적 상상력을 강화해 주고 문학적인 체험을 가능하게 해 주는 것이라면 반드시 그것이 책의 틀 속에 갇혀 있을 필요가 없다. 책의 벽을 넘어서 나아가 원작에 충실해야 한다는 당위론을 벗어나 새롭게 대응하는 방식이 필요할 것이다. 작가가 쓰면 독자는 읽는다는 작가 중심의 자세에서 벗어나 독자의 변화에 문학이 적극 대응할 필요가 있다.[47] 마찬가지로 문학교육도 새로운 지평을 열어야 할 때가 되었다. 문자로 이루어진 문학작품 또한 교재 – 책의 형태를 고집하는 문학교육은 재고되어야 할 것이다.

정보통신 기술의 발달로 언제 어디서든 인터넷에 접속이 가능한 현대사회에서 제도 교육 상황이든 비제도 교육 상황이든 교육 대상들에게 효과적으로 문학 현상을 알고 문학적 문화에 간여할 수 있도록 하기 위해 보다 많은 문학교육적인 의도가 반영된 문학 사이트의 확충이 필수적이다. 이를 위하여 인터넷 상에 다양한 형태로 존재하는 문학 관련 사이트들에 대한 교육적 검토가 필요하다. 더욱이 사회 교육차원에서는 인터넷 문단을 문학교육의 장으로 활용하는 방법을 고려할 수 있다.

현재 대부분의 인터넷 상의 문학 동호회의 메뉴는 대체로 비슷한 구성을 보이고 있다. 이들 동호회는 기성 작가와 작품을 소개하는 방, 기성 비평가들의 작품에 대한 소개와 비평적인 글을 싣는 방, 기성 작자들의 작품에 대한 동호회원들의 작품평을 올리는 방, 기성 유명 작품 원문을 제공하는 방 등을 통해 문학에 대한 이해를 넓히도록 하는 내용이 중요한 한 부분을 차지하고 있다. 그리고 다른 한 부분으로 회원 자신들의 창작품을 발표하는 공간이 설치되어 있다. 실제로 각 동호회에 제공되는 자료들 중에서 회원들의 창작품을 발표하기 위한 공간이 가장 왕성하게 읽기가 진행되는 것으로 보아 이들 동호회가 회원들 간의 공개적인 작품 발표 공간으로 잘 활용되고 있음을 알 수 있다. 이들 동호회는 비록 비공개 형태로 운영되고는 있지만 가입 절차가 간단하며 가입 신청을 한 경우 가입이 거부되는 일이 거의 없다는 점에서 일반 문학 애

47) 구효서, 「뛰는 독자, 걷는 작가」, 『현대비평과 이론』 4호(1992. 9.), p. 57 이하.

호가들에게 공개적인 창작 활동 공간을 마련해 준다. 우리가 공간되는 신문이나 잡지 지면에 한 편의 시나 소설을 발표하기 위해서 통과해야 하는 어려운 관문을 생각할 때, 컴퓨터 통신의 문학 동호회는 문학창작에 관심있는 많은 사람에게 강한 흡인력을 지니는 것은 당연하다 하겠다.[48)]

인터넷 문학 동호회에서 제시되고 있는 창작작품의 수준은 대체로 문학청년의 수준을 넘지 못하고 있다. 이는 인터넷 가입자들의 평균 연령에 기인하는 것이기도 하며, 전문 문학 종사자들이 아직은 컴퓨터를 본격적으로 사용하지 못하여 컴퓨터 통신 문학에 깊이 관여하지 못하는 현실과 관련된다.

인터넷을 문학교육의 장에서 활용하기 위해서는 다양한 방안이 모색될 수 있을 것이다. 가장 먼저 현재 여러 교육방송에서 사용하고 있는 문학 관련 프로그램을 인터넷을 이용하여 적극적이고 다양한 교육이 이루어지도록 하는 방안이 마련될 수 있을 것이다. 방송매체가 가진 일회성과 일방성을 극복할 수 있는 교육 방법으로 인터넷을 이용한 교육은 시급히 마련되어야 할 분야로 생각된다.

다음으로 개인적인 작업을 통해 이루어질 수 있는 방안으로 인터넷을 통해 문학비평가와 문학 교사들이 문학교실이나 문학 강좌를 개설하거나 독서 토론회를 능동적이고 조직적으로 운영하는 방안이 있다. 현재까지 개인들에 의해 소규모로 운영되고 있는 문학교육 관련 사이트를 뜻이 맞는 동호인이나 문학교사들이 주축이 되어 운영되고 그 규모나 내용에 있어 한계를 보인다. 앞으로 문인 단체나 문학 관련 학회 또는 잡지사나 문학관련 출판사들이 주축이 되어 문학교육이 고려된 문학 사이트들을 본격적으로 운영을 한다면 그 문학교육적인 효과는 극대화될 수 있을 것이다.

끝으로 앞에서 언급한 바와 같이 독서와 함께 작품을 개작할 수 있다는 인터넷의 독자 직접 관여성을 이용하여 창작 지도에 활용하는 방안이 있다. 인터넷을 통해 작품을 주고받으면서 전문 작가가 일반 대상에게 창작 지도를 하

---

48) 컴퓨터 문단의 현황에 대해서는 정과리, 『문학의 크메르루지즘』(문학동네 1995년 봄호)와 최병우, 「컴퓨터 통신 문학」, 『한국현대문학의 해석과 지평』(국학자료원, 1997), pp. 267~286, 김재국, 『사이버리즘과 사이버소설』(국학자료원, 2000)을 참조할 것.

는 것은 인터넷이 갖는 속도와 편집의 편이성 때문에 매우 효과가 클 것으로 예상된다.

인터넷에 의한 문학교육은 그 매체가 갖는 개방성으로 인해 제도권교육에 한정되기보다는 사회교육적인 방향으로 나아갈 것이다. 문학교육이 제도교육의 차원에 머무르지 않고 사회교육, 나아가 평생교육의 차원을 지향한다면 이에 대한 연구는 문학교육에 대한 새로운 가능성의 문으로 남아 있는 것이라 하겠다.

Ⅳ ▸▸ 문학교육과 미디어의 관계

1. 문학교육에서 미디어의 위치

현대사회에서 미디어는 일상적 의사소통은 물론이고 정보 수용과 심미적 체험 등 인간 삶의 거의 모든 분야에 작동하고 있다. 때로는 미디어의 영향력이 인간 삶을 전혀 새로운 국면으로 전환시키기도 한다. 이미 여러 분야에서 미디어의 인간 삶에 대한 폭넓은 영향력에 대한 관심과 연구가 이어지고 있다. 그렇다면 문학교육에서는 이와 같은 미디어, 그리고 미디어와 관련된 현상을 어떻게 바라보고 이해해야 할 것인가. 우선 미디어라는 용어를 살펴보기로 한다.

영어에서 매개체를 뜻하는 미디어(media)를 한자어로 번역한 것이 매체(媒體)이다. 그러나 일반적으로 매체라는 말은 전달 수단이라는 뜻이 강한 데 비해, 미디어라는 말은 사회문화적 소통 현상을 가리키는 뜻이 강하다. '미디어 비평', '미디어 창작' 등은 물론, 미디어 권력, 미디어 문화, 미디어 텍스트, 미디어 아트, 미디어교육, 미디어 리터러시 등의 용어에서 미디어는 전달 수단이라는 뜻을 넘어서, 기술과 소통과 앎과 삶과 문화가 복합된 사회문화적 현상을 의미한다.[49] 그래서 이 용어들에서 미디어를 매체로 바꾸면 표현이 부자연스러워진다. 따라서 미디어는 외래어이고 매체는 우리말이니 매체라는 용어로 통일하는 것은 무리가 따른다. 미디어와 매체의 의미론적 차이를 고려하여 적절히 선택해 사용할 필요가 있다. 여기에서는 미디어를 전달 수단이 아니라 사회 문화적 소통 현상의 측면에 주목하여 '미디어'로 쓰기로 한다.

미디어 기능이 확대되고 문학이 수행되는 데에 중요한 역할을 하게 됨으로써, 미디어는 문학현상의 현동화에 본질적 요건이 되었다. 다시 말하자면 미디어는 문학의 생태학을 형성하는 요인이 된 것은 물론 그 자체가 문학과 더불어 문학생태학을 구축하게 되었다. 그리하여 미디어 경험은 '현대인의 보편적 경험역으로 확장되는' 변화를 보인다. 미디어가 문학의 생태학적 조건이 된다는 인식을 문학교육에 대한 생태학적 관점으로 이어진다.[50)]

생태학적 관점은 문학을 고정된 실체나 완결된 텍스트로 보기보다는, 문학이 부단히 생성되어가는 현상이라는 인식과 통한다. 이 책에서는 이를 문학현상이라고 불러왔다. 이런 인식에서는 문학 텍스트가 다양한 경로의 소통을 거쳐 부단히 변모하는 데에 주목한다. 그러한 구성적 과정과 일련의 변모 양상에 관심을 가지고, 이를 학습의 조건으로 인식하여 교수학습의 기획과 실행에서 적극적으로 활용한다면 중요한 자원이 될 것이다.

문학을 문학현상으로 바라보고 또한 생태학적 관점에서 대응하는 관점에서, 미디어의 역할은 본질요건이 된다. 미디어가 독립된 것이 아니라 언어, 인간, 소통에 참여하고 이를 매개함으로써 '관계적 사고'에 대한 경험을 확충하게 된다. 아울러 '중심과 주변의 소통'에 관한 방향의 모색이 가능해진다. 이는 문학교육을 문학현상 중심으로 생태학적으로 기획하는 데에 중요한 요건이 된다. 이같은 맥락에서 미디어는 문학교육의 생태를 이루는 요소이자 문학교육의 생태를 교육할 수 있는 기반이라 할 만하다.

---

49) 박인기, 「미디어현상의 교육적 수용과 교육과정론적 의의」, 2005, p. 2 참조

50) 생태학적 관점은 본래 일원론적 세계관에 닿아 있는 것이다. 우주 안에 존재하는 무한한 삼라만상 가운데 그 어느 하나도 궁극적으로는 서로 떨어져 존재하지 않는다는 것이 일원론이다. 이러한 일원론은 수없이 다양한 생물체의 종(種) 가운데 어느 하나도 서로 독립되어 존재하지 않고 먹이사슬에 의해서 연결되었다는 생태학적 세계관으로 이어진다. (박이문, 『환경철학』 미다스북스, 2002, p. 157.)

2. 문학교육의 미디어 현상

이 책에서 문학을 작용태로 파악해야 한다든지, 문학작품이 아니라 문학현상을 중심으로 문학교육을 설계해야 한다는 관점은 미디어와 연관된 논의에서도 일관성을 지닌다. 부단히 새롭게 생성되어 가는 문학의 작용태를 문학현상이라 하는 것처럼, 생성과 소통에 과정에 있는 미디어의 작동상을 미디어현상이라 규정할 수 있다.[51] 미디어 현상과 문학교육의 연관성은 미디어 현상이 문학교육의 핵심적 요소와 어떻게 연관되는가 하는 문제로 전환된다. 미디어 현상이 문학교육의 생태로 인식될 수 있는 이유는 이렇다. 문학이 '언어', '사회', '문화' 등의 영역과 상호작용을 하고 이들을 가로질러서 통섭하게 하는 데에는 미디어의 작용을 반드시 고려해야 하기 때문이다. 즉 문학이 언어 현상으로 존재하는데, 이 언어 현상에는 미디어 현상도 함께 작용한다. 이러한 상호성은 문학과 사회와 미디어, 문학과 문화와 미디어 사이에도 마찬가지로 나타난다. 이를 좀더 자세히 살피기로 한다.

첫째, 문학교육은 독자가 문학현상에 참여하고 주체로서 문학현상을 정당하게 이끌어갈 수 있도록 하는 교육이라고 전제했다. 전통적으로 언어적 구조물인 '텍스트'를 다루는 문학교육 개념을 수정한 것이다. 미디어 현상 역시 언어 현상이면서 동시에 문학의 통합적 운용의 양태인 문학현상에 참여한다. 미디어의 역할을 문학생태학적 관점에서 본다면 문학의 운용구조에 주체로 참여하는 것이라 해야 한다. 역설적이지만 미디어는 문학현상의 매체이면서 주체로 부각된다. 이는 문학과 언어의 관계와도 유사한 구조이다. 어떤 미디어에서도 언어가 배제되는 의미 작용은 생각하기 어렵다. 오늘날 주류 언어학으로 부각되는 텍스트 언어학 이론 역시 언어의 존재 방식을 소통론적 입장에서 궁구한다. 언어의 의미 작용을 소통의 맥락에서 궁구함으로써 실제적 화용의 의미를 찾고 언어와 문화의 상관 범주를 설명할 수 있다고 보는 것이다. 미디어 현상이 언어현상의 요소를 한 축으로 하고 있음을 보여주는 예이다. 한마디

51) 박인기(2003), 「미디어 현상의 교육적 수용과 교육과정론적 의의」 참조.

로 미디어는 문학현상의 원동력이라는 의미를 획득하게 되었다.

둘째, 문학교육은 텍스트의 사회적 기능이나 텍스트가 유발하는 사회적 긴장관계 등에 대해 주목한다. 문학교육은 문학 텍스트를 텍스트 내적 논리로만 다루지 않는다. 이는 문학교육이 대상으로 하는 '문학'이라는 존재 자체가 사회적 존재이기 때문이다. 마찬가지로 미디어 현상은 사회 현상의 측면을 지닌다. 원론적 설명이지만 사회현상은 개인이 타자와 관계를 맺는 양상과 방식에서 발생되는 것이다. 그리고 그것이 공공의 영역으로 확장되어 마침내 제도나 관습의 차원으로 자리잡는다. 오늘날 미디어는 사람들의 가장 공적인 영역이 되었다. 사회적 함의가 높은 공공의 일들이 미디어를 통하여 이루어진다. 무엇보다 미디어를 통해 이루어지는 사회적 함의가 높은 공공의 일들에는 문학교육의 본질적 요소들이 중핵적 역할을 하고 있다. 가령, 전통적으로 비문학 텍스트로 분류되던 뉴스나 공공연설 등에서 드러나는 수사적 요소들에는 풍자, 비유 등의 문학교육 요소들이 깊이 관여하고 있다. 최근에는 분야를 막론하고 스토리텔링 관련 요소들을 소통의 기법으로 채택하고 있는데, 스토리텔링 관련 요소들은 또한 미디어와 깊숙이 결부되어 있다. 따라서 미디어 현상이 갖는 사회 현상의 측면은 역시 문학교육의 생태로 인식되어야 한다.

셋째, 미디어 현상은 문화 현상의 측면을 보여준다는 점에서 문학교육의 생태로 인식되어야 한다. 문화를 정의하는 방식은 여러 가지이지만 여기서는 의미를 공유하는 현상 또는 과정 그 자체를 문화 현상으로 본다. 어떤 공동체가 의미의 생성과 유지를 공유하고 그 의미의 소통에 공통된 관심과 가치를 부여하는 양상이 있다면 그것이 문화현상이다. 문학은 이러한 관점에서 대표적인 문화현상으로 인류 역사와 더불어 유지되어 내려온다. 오늘날 의미의 생성과 유지를 공유하는 일이 미디어와 무관하게 일어날 수 없다. 거의 대부분의 대중문화는 매스 미디어와 높은 상관성을 유지하면서 생성되고 소통된다. 뿐만 아니라 '고급문화'로 일컬어지는 문화 현상 역시 미디어와 긴밀한 관계를 형성하고 있다는 점에서 문학교육은 고전부터 현대 문학에 이르기까지 미디어 현상과의 관련성을 주목할 필요가 있다.

넷째, 문학교육은 문학 텍스트 자체의 완결성보다는 문학 텍스트가 어떠한 소통 과정을 거치는가에 주목한다. 미디어 현상은 바로 이러한 소통 현상의 측면에서 유의미하다. 미디어 현상이 소통 현상의 측면을 보여준다는 명제는 동어반복적인 면이 있다. 미디어 자체가 소통 기제 바로 그것이기 때문이다. 그럼에도 불구하고 이러한 측면을 강조하는 것은 우리 삶의 상당 부분이 미디어적인 생태나 그 기제를 따라가고 있다는 점을 강조하기 위해서이다. 정치도 예술도 그러하고 교육 또한 마찬가지이다. 즉 의사소통론적 접근으로 새로운 패러다임을 구축하려는 움직임이 강력하게 대두된 것이다. 문학교육이 의사소통론적 접근방법을 취함으로써 학습자의 실제 삶 속에서 채택되고 의미를 생성해나가는 문학형상을 다룰 수 있게 될 것이다.

3. 문화적 문식성을 함양하는 문학교육

사회학자를 비롯한 미디어 연구자, 문화연구자들은 '미디어 · 언어 · 문화'의 상관적 연속성에 주목한다. 이들은 미디어와 언어와 문화의 연관성을 바탕으로 연구 분야를 확장하고 연구 결과를 축적해 나가고 있다. 이제 문학교육 분야에서는 여기에 다시 '문학'과 '교육'의 변인을 상관시켜서 연속성의 범위를 한층 더 넓히는 방향으로 나아간다.[52]

이는 문학교육에 한정하는 현실인식을 넘어서는 것이다. 미래 지향적인 교과교육 연구와 설계를 위해서는 불가결한 인식론적 패러다임이며, 패러다임의 전환을 의미하는 것이다. 물론 지금까지도 교과교육학은 이른바 내용 학문과의 관계, 일반 교육학과의 관계를 새로운 방식으로 부단히 재설정해 왔다. 다만 새로운 연구 범주를 확장하기보다는 내용 학문의 지식 · 학문 요소들을 교육적으로 변용하는 데에 주력해 왔다. 또 그런 관점으로 일반 교육학을 활용하였다. 문학교육도 그러한 경향을 완전히 벗어난 것은 아니었다. 그러나 문학교육을 연구하는 이들은 문학교육의 이론 모색, 실천 방법의 탐구 등에서 인접 영역의 학문과 부단히 소통을 시도해 왔다. 적극적인 의미에서 새로운 연구 범주를

52) 박인기, 「국어교육과 매체 언어 문화」, 『국어교육학연구』 134호, 2010, p. 138.

확장해 나갔다. 미래의 교과교육학이 지향하는 학문의 이종 결합[convergence] 수준으로 나아가기 위해 문학을 중심으로 많은 시도를 해왔다.

문학교육 연구가 학문 간 컨버전스의 수준으로 나아가 새로운 연구 범주를 확충해 나가야 한다는 것은 우리 시대가 요구하는 학문적 소명이기도 하다. 실제로 국어교육에서 개발한 화법의 원리나 커뮤니케이션 스킬들이 경영학이나 상담학 등에서 다시 재편되어 활용되는 사례를 볼 수 있다. 문학연구가 문화연구로 진전되어 나아가고, 문학과 미디어의 결합이 새로운 매체를 만들어 내는 데 기여할 수 있어야 한다. 역으로 새로 개발되는 매체환경에서 언어와 문학이 양상을 달리하면서 전개되는 매체문화에도 주목해야 한다. 경쟁력 있는 학문들은 타 분야에 이론과 응용의 활용 기제를 마땅히 제공해야 한다. 이는 문학교육을 학교의 교실이라는 제한된 시공에만 묶어두고 보지 않으려는 개방적 인식론에 닿아 있는 관점이기도 하다.[53]

요컨대 문학교육은 문학 텍스트가 곧 교육의 질료이자, 공간이자 방법이기를 지향한다. 이는 미디어가 교육의 질료가 되기도 하며, 교육이 작용하는 공간이 되기도 하며, 교육의 방법에 관여하기도 한다는 점과 궤(軌)를 같이한다. 미디어 현상과 경험이 학습자에게 삶과 학습의 연계를 경험하는 시공(時空)이며, 사회 · 문화적 소통의 통로가 되기도 한다. 그 소통이 어떤 진정성의 기반을 확보하고 있는지 여부에 따라서 관계의 왜곡, 가치의 왜곡을 경험하기도 한다.

또한 미디어는 사회적·문화적 제도로서의 기능을 갖는다. 제도는 이념적 작용을 수반하며 권력 기제로 관여한다. 그런 면에서 미디어 현상에 대해서는 비판적 접근이 요구된다. 이처럼 다원적인 내용과 가치가 여러 중층의 구조를 가지고 작동하기 때문이다. 이 미디어 현상을 바람직한 '교육과정의 내용(content of curriculum)'으로 기획하기 위해서는 이러한 중층 구조에 대한 인식적 기반을 갖추어야 한다.

미디어 환경을 문학교육의 생태로 인식함으로써 문학교육은 궁극적으로 '문

---

53) 박인기, 「교과교육학의 학문위상과 현단계 도전 과업」, 『교과교육학연구』 제10권 1호, 이화여대교과교육연구소, 2006. 참조.

화적 문식성'[54]의 신장에 기여할 수 있게 된다. 문학적 인식은 넓은 의미의 '문화적 문식성(cultural literacy)'과 나란히 놓일 수 있다. 문화적 문식성은 개인이 사회 · 문화적 소통에 기본적으로 요구되는 문화 지식이라고 할 수 있다. 이 지식은 ㉠ 개인의 전통에 대한 인식, ㉡ 문화적 유산(cultural heritage)과 그 가치에 대한 인식, ㉢ 전통으로부터 무엇인가를 배울 수 있는 능력 ㉣ 어떤 문화의 장단점을 이해할 수 있는 능력 등으로 구체화된다. 그러나 문화는 수평적 범주에서 역동적으로 작용하는 면이 강하다. 즉 일상의 현재적 소통 속에서 어떤 의미를 공유하고 언어와 생활의 양식을 공유하게 하는 과정과 현상이 있다면 이는 수평적 범주의 문화라 할 수 있다. 문화를 보는 이론적 관점 가운데 문화 해석학이나, 문화 기호론 또는 현상학적 인류학 등의 관점은 문화의 수평적 범주를 드러나게 하는 접근들이라 할 수 있다. 유동적이고 역동적 진행성을 특징으로 하는 '문화적 문식성'은 문학적 문학적 문식성으로 전환되어 문학교육의 궁극적 지향점이 된다. 이를 위해 문화에 대한 수직적 범주와 수평적 범주를 아우르는 인식을 토대로 문학교육의 내용과 방법을 궁구해야 한다. 여기서 미디어 환경은 문학생태의 유의미한 요소로 작용하게 됨은 물론이다.

V 문학교육연구의 범위와 방향

1. 문학교육연구의 스펙트럼

문학교육연구에서 이론적 고찰과 실제적 처방이 어떤 내적인 관련 하에 놓

54) 문화적 문식성을 이와 같이 정의하는 것은 다분히 고전적 관점의 문화 개념이 주조를 이루는 것이라 할 수 있다. 이러한 관점에서는 문화의 개념이 '전통'이라는 수직적 범주를 중심으로 형성된다. 그래서 전통과 문화가 동일 레벨에서 교호하는 모습을 보여주는데, 이러한 입장의 문화적 문식성은 전통적 가치를 지닌 문화 텍스트들이 교육의 내용으로 선정되는 과정을 중시한다. (박인기, 「문화적 문식성의 국어교육적 재개념화」, 『국어교육학연구 제15집』, 국어교육학회, 2002)

이는 것이 합당한지를 구명하는 일은 중요하다. 이 문제는 문학교육연구의 학문적(연구적) 정체성에 값하는 것으로 금방 전이되기 때문이다. 또한 이러한 논의를 통하여 문학교육연구의 경향과 그 분포를 반성적으로 검토하는 데까지 나아갈 수 있다. 그 반성적 검토는 현재의 경향과 분포를 부정하는 것이라기보다는 그것을 현재의 성과로 승인하면서, 문학교육연구의 총체적 스펙트럼을 이상적으로 지향하기 위한 것이기도 하다.

원래 어떤 한 연구 분야의 연구 지도를 총체적으로 그려내는 데 있어서는 어떤 논리적 틀(frame)이 요청된다. 그것을 문학교육연구에 적용해 본다면, '연구의 이론성과 실제성'으로써 문학교육 연구의 지도 그리기(mapping)에 논리적 틀을 마련하는 것이 우선 중요하다. 이는 곧 문학교육연구가 일종의 응용학문적 연구로서, 배경 학문으로 쉽게 환원되지 아니하는 어떤 체계와 범주를 문학교육 나름으로 뚜렷하게 가질 수 있어야 한다는 발상과 궤를 같이 한다. 이는 교과교육학 일반의 보편적 원리이기도 하다.

우선 문학교육연구의 범주(scope)와 계열(sequence)에 대한 모형을 '이론성(理論性)과 실제성(實際性)'의 틀을 통하여 제시하고 논의하는 일은 중요하다.[55] 이러한 논의를 통하여 문학교육연구의 현상에서 나타나는 개별 연구들의 이론적(또는 실제적) 좌표를 매김할 수 있으리라고 생각된다. 연구의 전체적 성향들에 대한 메타적 조정의 시각을 형성할 수 있는 것이다. 이렇게 함으로써 이 분야 연구 주체들이 이룩한 연구의 세보를 유용하게 소망할 수 있고, 이를 토대로 생산적 비판의 산출을 기대할 수 있는 자리로 나아가게 되는 것이다.

그러나 무엇보다도 교육 현상으로서 실천이 배제되는 문학교육연구는 의미가 없고, 그 실천 현상에 의미있는 내용을 송환(feed back)하기[56] 위하여 문

55) 문학교육연구의 범주와 계열을 모형화하는 아이디어에는 여러 가지가 있을 수 있다. 문학 텍스트의 레벨과 분화에 따른 방식을 고려할 수도 있고, 수용자의 발달 계열성을 모형화해 볼 수도 있다. 또 이미 자리잡고 있는 교육연구방법론 체계를 그대로 모형화할 수도 있을 것이다. 그러나 연구범주와 연구계열의 총체성을 살린다는 점에서, 문학교육이 교과교육학으로서 지니는 응용과학적 기제를 효과적으로 드러낸다는 점에서 '이론성과 실제성'의 틀이 보다 유용하다고 본다.

학교육연구가 있어야 한다는 대전제에 충실하기 위해서는 이와 같은 접근이 중요하다. 그런 연후에 문학교육에서 검토될 수 있는 이론(또는 실천)의 면모와 그것의 형성 방식도 발전적 확충을 기대할 수 있을 것이다.

이상에서의 문제 및 탐구 과제에 효과적으로 접근할 수 있는 논리적 교두보로서 우선 문학교육연구의 스펙트럼 양상을 개관해 보기로 한다. 이는 물론 문학교육연구에서의 이론성과 실제성의 내적 관련을 합리적으로 구안하기 위한 전조적(前照的) 탐색에 해당하는 것이다.

(1) 당위성과 현상성

현상과 당위는 모든 교육연구의 대상과 귀결이라 할 수 있다. 대상에 대한 정사(精査)가 충실치 못하면 설득력 있는 귀결을 구축하기 힘들다.

문학교육에 관한 연구담론들이 어떤 당위적 진술에 치중되어 있느냐, 아니면 객관적 현상의 기술에 더 치중하고 있느냐에 따라 문학교육연구의 스펙트럼이 정사(精査)될 수 있다. 이 두 경향의 중간 지대에 많은 연구 담론이 적절한 비중치를 띠고 각자의 자리를 지키고 있다고 보아야 할 것이다.

문학교육연구의 내용 가운데 참다운 현상성을 기술하는 내용이 상대적으로 적다는 것은 문학교육연구의 학문적 정체성에 대한 중요한 장애라 할 수 있다. 상당수의 문학교육연구 담론들에서 그 요체를 이루는 화행(話行)이 당위적 진술로 일관되어 있다는 점은 쉽게 찾아 볼 수 있다. 교육 자체가 유의적 선택이라는 명분을 개입시켜서 당위성 지향의 연구를 옹호하더라도 그 당위가 충분한 현상적 기술에 기반하고 있지 아니하면, 이른바 학문적 담론이 되기는 어렵다는 점을 유의해야 할 것이다.

문학교육연구에서 연구 대상은 그리 간단히 논의될 문제는 아니지만, 연구 대상이 '문학교육현상'이라고 정의한다면, 현상에 대한 정사는 한결 심화된 방법론과 입체적 범주를 필연적으로 상정해야 한다.[57] 이는 문학교육연구 대상

---

56) 여기서의 '송환'을 반드시 좁은 의미의 교육공학적 개념으로 해석할 필요는 없다. 실천 현상에 기반을 둔 모든 응용 학문은 그 연구의 속성상 실천 현상에로의 송환적 기여를 본질로 한다.

을 단순히 교재(텍스트) 분석 차원에 묶어 두던 방식을 탈피해야 하고, 동시에 문학 교실의 가시적 운용만을 보이는 수업 연구에서 벗어나야 하는 것이다. 요컨대 고립적이고 정태적인 연구보다는 연구 내용 간의 계열적 상호성이 극대화되는 연구가 요청된다.

당위성 자체를 연구의 명분으로 삼는 연구들은 두 가지 경향을 보인다. 하나는 이념적 실천의 성격이 강한 이른바 페다고지로서의 문학교육론이라 할 수 있고, 다른 하나는 현장의 경험에 기반하는 규범적 논의들이다. 전자의 경우는 실천율의 차원을 넘어서서 학문적 공감역을 확보하기 위해서 사회학, 문화이론 등과 관련되는 학제적 기반을 강화해야 할 것이다. 그 학제적 기반강화가 곧 '현상에 대한 정밀한 탐색'으로 변환되는 것임을 경험하는 회로에서 연구의 지도는 확충될 수 있을 것이다. 후자의 경우에 속하는, 현장의 경험에 기반하는 규범적 논의들은 원래 처방적 기술에 속하는 것이다. 이들을 문학교육연구의 전체 범위 속에서 어디에 배치할 것인지가 문제이다. 이들을 막연하게 이론의 영역에 편입함으로 해서 문학교육연구의 계열적 합리성을 해치는 오류를 범해서는 아니될 것이다.[58] 문제는 실제 또는 현장의 경험칙 자체가 (또는 그것이 연구로 발전하여) 문학교육연구의 전체 마당 속에 허용되고 자리잡을 수 있는 구도와 체제를 문학교육 연구 공동체들이 합의해 나가야 할 것이다.

57) 박인기는 '문학현상'을 국어교육학의 중요한 이론화 토대로 설정하고 있으나, 문학교육 연구의 대상으로서의 문학교육현상 개념과 의도적 구분을 하지 아니한 채 사용하고 있다. 「문학현상과 국어교육학의 이론화 전략」(『한국초등국어교육』 제9집, 1993, pp. 63~72). 김상욱은 문학 능력의 개념을 제기하면서 문학교육현상이 문학교육연구의 대상이 되어야 함을 밝히고 있다(「문학교육의 목표 규정을 위한 시론」, 『국어교육연구』, 창간호, 1994, p. 42). 이들의 개념역을 밝히는 일은 세밀한 논구가 요청된다.
김상욱의 「담화, 이데올로기」, 『국어교육』(선청어문 제21집, 1992. 9.), 「담화의 이데올로기적 성격과 국어교육적 함의」(『국어국문학』 112호, 1994)는 언어 사용 현상으로서 한 담화 속에 개입해 오는 역사 사회적 맥락과 이데올로기적 자질 및 효과를 현상적으로 정사(精査)하면서 국어교육의 한 당위적 귀결을 몰고 간다. 문학교육의 연구 대상을 문학교육현상으로 보고자 하는 논리의 타당성을 유추할 수 있게 한다.

58) 국어교육연구의 이론적·실제적 자장(磁場)과 구조에 대해서는 『국어교육학이론 탐색』(최현섭 외, 일지사, 1995. 3) 참조. 초등국어교육을 경우로 하고 있지만 이론에 대한 위상적 관점을 드러내 보이고 있다.

'당위성과 현상성의 틀'에 의해 문학교육연구의 스펙트럼은 그 실체를 체계화하기가 쉽지 않다. 그것은 당위의 방향이 제각기이며 당위의 레벨이 여러 수준이기 때문이다. 현상성 역시 그것에 의하여 문학교육연구 성과들의 체계를 의미화하기 어렵다. 연구가 얼마나 현상 기술적인가 하는 것은 기실 모든 연구의 보편적 속성에 해당하는 것으로서, 연구의 질적 수준에 관여하는 자질일 뿐 문학교육 연구의 체계적 프레임을 보이는 것에는 의의 있는 시사(示唆)를 주지 못하기 때문이다.

(2) 학문성과 기술성

문학교육연구는 학문성(學問性)과 기술성(技術性)을 양극점으로 하는 스펙트럼의 모습을 드러낸다. 여기서의 학문성과 기술성은 문학교육현상에 대한 탐구가 일차적 통찰과 해결에서 점차 메타적 통찰과 해결로 진행될 수 있는 틀을 가지고 있음을 보여 주는 것이기도 하다.

학문성 추구의 문학교육연구는 문학교육의 이론을 정립하고 이론들 간의 체계를 합리적으로 구축하려는 의도에 부응한다. 이는 곧 문학 교육에 대한 연구가 단순한 처방이나 기술을 제공하는 것이 아니라, 그 자체로 문학 교육 실제에 대한 일정한 생성력(실제를 생성하고 통제하는 상위적 논리 체계로서의 힘)을 가지는 연구 분야라는 것을 보여주는 연구이다.

그런가하면 기술성에 기울어지는 문학교육연구도 일정한 필요성을 가지고 존재한다.[59] 문학교육연구에서 기술성을 다루는 것들은 문학교육현장에 대한 처방적 원리들에 관련되는 것이다. 문학교육과정이나 문학 수업의 개발에 관한 과제들은 기술성 그 자체를 연구의 목적으로 하는 연구들이다. 처방과 기

59) 수업으로서의 문학은 불가피하게 기술적 국면의 문학교육연구를 요청한다. 우리의 경우 이 국면에서의 기술성을 설명적 언어로 체계화하고 기술(記述)하는 데에 학문 공동체의 참여와 인식이 필요하다. Judith A. Langer(ed), *Literature Instruction : A Focus on Student Response* (NCTE, 1992)에서는 문학교육연구에서 기술적 국면에 대한 학자 집단의 노력이 얼마나 구체적일 수 있는지를 보여 준다. 여기에 게재된 Robert E. Probst(Georgia State University)의 "Five Kinds of Literary Knowing"과 같은 류의 논문은 교육과정적 시사와 문학 수업에의 시사를 구체화함으로써 기술적 국면에 대한 학문적 연계를 놓치지 않고 있다.

술은 현장의 문제를 즉시 그리고 효율적으로 해결할 수 있는 것이 되어야만 그 가치를 인정받을 수 있다. 이러한 기술적 연구는 임상성을 주목해야만 하고 상당한 양의 실험 연구를 온축시켜 나감으로써 가능해 지는 것이다.

기술성에 관련되는 연구들이 축적되지 못하는 상황에서는 학문성 연구의 발전도 영향을 받지 아니할 수 없다. 이른바 일차연구[research성 연구]가 사라지고 이차연구[review성 연구]만 남게 되는 형국이 된다. 이론에 대한 이론, 즉 메타 이론 이상의 연구들이 승해짐으로써 마침내 학문성 연구는 자족적·자폐적 성향을 드러내게 된다. 현장은 이론과 학문에서 실질적인 조회(照會)를 구하지 못하게 되는 것이다. 이는 인문학으로서의 문학연구에서와는 달리 응용학문으로서의 문학교육연구에서는 바람직하지 못한 현상이라 아니할 수 없다. 인문학으로서의 문학연구는 비평론과 같은 메타 언어에 대한 또 한 층의 메타 언어가 '이론학'으로서 그 가치를 인정받을 수 있지만, 이러한 구조가 그대로 문학교육연구 분야에 적용되는 것은 아니기 때문이다.

텍스트를 연원으로 하는 문학교육연구의 학문적 국면은 문학 수업 등의 실제적·기술적 국면과 항상 연계될 수 있다는 전제 하에서 그 스펙트럼적 분포를 살피고 의미화해야 할 것이다. 그러나 문학 수업 상황에 관여하는 문학 교실의 물리적, 심리적, 사회적 변인은 너무나 다양하고 복잡하기 때문에 지금까지의 전통적 문학교육연구의 접근과 발상만으로는 문학교육의 학문성과 현장적 기술성을 만족스럽게 연결하는 총체적 기반을 구축해 나가는 것이 어렵다는 것을 알아야 한다.[60] 그것은 교실 그 자체는 문학 바깥에 놓인 변인으로 설명해야 한다는 명제를 간과하는 경향이 있기 때문이다. 소위 기술성에 기반하는 연구류들은 사실상 학자 집단들로부터는 방치되고 있는 실정이다. 따라서 이 또한 많은 문제를 안고 있다. 그 대표적인 양상이 연구 내용의 복제적

60) 텍스트 사회학에 참조를 구하면서, 또는 담론적 실천의 양상으로 텍스트를 파악하면서 문학교육의 가능성을 구체화하는 작업으로는 우한용의 「리얼리즘 소설의 문학교육적 해석」(『국어국문학』 112호, 1994. 12.) 참조. 김동환의 「소설의 내적 형식과 문학교육의 한 가능성」(『국어교육』 83-84호, 1994. 6.)은 기술적·실천적 시사의 합리성을 구체적으로 구하고 있다. 그러나 이들 논의가 '함의'의 개진에 있음을 분명히 함으로써 교실 차원의 기술성 그 자체와는 거리를 두고 있다.

(複製的) 소통이다.

바로 이러한 문제가 문학교육연구의 연구 지도(研究 地圖)를 총체적으로 그려내고자 하는 이유로 작용하는 것이다. 그 총체적 지도는 단지 지도를 위한 지도가 아니라 문학교육 현상에 유용한 통제 방책으로 기능하는 것이 되어야 한다. 학문성과 기술성에 의한 스펙트럼 상정은 우리 문학교육연구의 이론성과 실제성을 체계화하는 반성적 자료가 된다.

(3) 사회성과 심리성

문학교육연구의 전체적 분포를 사회성과 심리성의 축을 대척된 축으로 하여 설명할 수 있다는 것은 무엇을 뜻하는가. 그것은 문학교육연구가 사회학적 배경과 심리학적 배경에 각각 강한 관련성을 지니고 있음에 연유한다. 이는 보다 근원적으로는 문학연구에서 사회학적 접근과 심리학적 접근의 방식이 있어 왔음과 상동의 관계를 보인다.

소설의 언어를 이념의 실천 내지는 사회적 실천으로 보면서, 텍스트 안에 갇힌 존재로 파악하는 것이 아니라 텍스트 내적, 외적인 역동성으로 드러나는 텍스트 연관성의 측면에서 파악하는[61] 지마류의 텍스트 사회학의 입지를 승인하게 되면 문학교육연구의 사회적 국면은 확장 심화된다.

문학교육연구에서 심리성의 국면은 문학 텍스트 내의 담론 주체들의 정서와 세계관을 이해하는 데 일차적으로 나타나지만, 더 본질적으로는 수용자의 수용 기제를 교육적으로 구명하고 원리화하는 데 기여한다. 독자 반응 이론의 문학교육적 전통과 현장 지배력은 그것에 대한 이론적 비판 및 정리와는 무관하게 힘을 발휘한다. 이론과의 교섭이라는 측면에서 문학교육의 현장성이 무엇인지를 되살피게 하는 현상이라 아니 할 수 없다.[62]

---

61) 우한용, 앞의 글, 1994, p. 404.

62) 최혜실, 학습자 중심의 문학교육이 주관적 자의적 작품 해석을 통제하지 못하는 한계를 가짐으로써 다시 문학교육은 문학 이론 지향으로 돌아서게 되었다는 지적이 있으나 (「문학이론과 문학교육이론과의 관계 규정을 위한 시론」, 『국어교육』 85-86호, 1994. 12, p. 5.), 이는 이론 집단 내의 경향성에 불과하다. 문학 현장에서 수용의 문제와 독자 반응의 경험적 탐구는 오히려 강화되고 있다. 즉, 이론가들의 이런 주장과 무관하게 수용과 반응의

개개의 많은 문학교육연구는 문학 텍스트의 사회적 소통과 심리적 수용 기제가 만들어 내는 스펙트럼 속에 각기 적절한 위상을 가진다. 이러한 스펙트럼 개념이 가지는 이점은 문학교육연구의 지평 이동을 확인할 수 있다는 점과, 문학과 교육 양쪽에서 요청해 오는 학제적(學際的) 압력을 사회학이나 심리학이 어떻게 대응하고 결합하는지를 보일 수 있다는 점이다. 이는 물론 이론과 실천 양면에서 모두 호응되는 것이어야 한다.

(4) 학제성과 비학제성

학제성과 비학제성의 스펙트럼은 문학교육연구가 가지는 응용학문적 속성을 어느 정도 적극적으로 반영해 내고 있는지를 검색해 보게 하는 구조라 할 수 있다. 학제성에 대한 전략이 의도적으로 마련된 연구가 학제성의 극점에 놓여 있다면 문학 일반의 연구나 교육 일반의 연구로 쉽게 환원될 수 있는 것들은 비학제성의 극점에 놓여 있는 것이라 할 수 있다.[63] 문학교육연구에서 학제성의 심화는 문학교육 원리의 새로운 가치 부여에 연관되며, 특히 현실 교육과정 속에서의 문학교육 실천의 역동적 힘을 보강할 수 있다는 점에서 의의를 지닌다. 어떤 학문 영역과의 상호성을 강구하느냐에 따라서 문학교육의 기술적 국면에 대한 효과를 제고할 수도 있다. 사실 이 부분은 현재의 우리 문학교육연구가 가장 소홀히 하고 있는 부분이기도 하다.

문학교육연구에서 학제적 특성이 두드러지지 아니하는 연구들이 문학교육연구의 울타리 속에서 여전히 살아남는 경우를 보게 되는데, 이를 낡은 방식이라고 폄하하는 것은 적절한 태도가 되지 못한다. 문학교육 연구의 항존성 부면에 반드시 관련되는 것일 가능성이 높기 때문이다. 이는 문학 연구나 교육연구 등에서 보편적으로 드러나는 것이다. 이런 항존성의 자질들을 의미있

문제는 문학교육의 실제 국면에서는 항존적 주제로 작용한다. 50년대 블룸의 목표 분류 이론 역시 이론계의 부정에도 불구하고 그것이 미국과 한국의 교육 현장에 미친 영향은 막강한 것이었다. 현장과 실제의 역동성을 포착하는 연구 모델의 필요성은 이런 점에서도 확인된다.

63) 문학교육연구의 학제적 구조에 대해서는 박인기, 『문학교육과정의 구조에 관한 연구』(서울대 박사논문, 1994) pp. 82~88 참조.

게 체계화해 둠으로써 학제성의 기반과 방향을 확보할 수 있게 된다. 문학교육연구에서 중심연구와 부심연구의 개념을 숙성시키는 데에도 항존성의 자질들과 더불어 학제성의 지도는 중요한 역할을 하기 때문이다. 그러나 이와 같은 측면에서의 스펙트럼 역시 문학교육연구에서 이론성과 실제성의 층위를 모형화하는 데 참조 준거가 된다.

2. 이론성과 실제성의 동태적 층위

(1) 이론과 실제의 층위적 상관

문학교육연구의 대상은 문학교육현상이다. 문학교육현상은 그 자체로서 하나의 실제이다. 문학교육연구는 이 실제로서의 현상을 분석하고 진단하고 예언하는 기능을 일차적으로 수행한다. 또 문학교육연구는 실제로서의 현상이 지니고 있는 문제에 대한 처방을 어떤 형태로든 가한다. 그것은 현상에 대한 투입 내지는 처치(treatment) 또는 개발(development)의 성격을 띤다. 특히 개발 연구는 응용학문이 가지는 운명이라고도 할 수 있으며 그것은 항상 사회적 공리성 또는 실용성의 명제에 걸려 있다. 개발 연구는 주로 사회적 현상과 관련된 총체적 요구를 반영하는 것이 되어야 하므로 작용 변인 개개에 대한 연구자의 철학적 통찰과 더불어 변인 간의 기술적 통제에 전문성을 발휘할 수 있어야 한다. 문학교육과정의 개발, 문학 교과서 개발, 특수 목적의 문학교육 프로그램 개발, 평가 도구 개발 등이 모두 이에 해당한다.

이러한 것이 일차적 문학교육현상에 대한 연구라고 한다면 이러한 일차적 현상에 직·간접적으로 영향을 미치는 배경 변인에 대한 정체를 문학교육의 입장에서 탐구하고 구명하는 것이 이차적 현상에 관한 연구이다. 그러니까 이차적 문학교육연구는 가시적 실제로서의 문학교육현상을 직접적 대상으로 한다기보다는 그 현상에 매개되는 변인들(그것은 상식적인 범주에서는, 적어도 표면적으로는 문학교육과 전혀 상관없이 보일 수도 있다.)에 대한 문학교육적 탐구이다. 이 국면의 연구를 '이차적'이라고 부르는 것은 문학교육현상의 일차적 장면을 연구 대상으로 하지 아니한다는 데서 연유한 것이지, 연구의 비중이 이차적이라는 뜻은 아니다. 이 국면에서의 연구는 문학교육연구의 전체 공간을 공명(共鳴)하게 함으로써 연구의 패러다임을 질적으로 관장하는 기능을 하게 한다. 그런 면에서 더 원형적이고 더 본질적이라 할 수 있다.

이렇게 보면 문학교육현상도 평면적 구도가 아님을 쉽게 알 수 있으며, 이차적 문학교육현상으로 범주화될 수 있는 이른바 '매개 변인들'도 문학교육 실제를 향해 다가오는 기점과 질량이 각기 다른 것임을 알 수 있다.

그러면 문학교육연구에서 이론성과 실제성은 어떤 위상으로 존재하고 작용하는 것으로 보아야 할 것인가. 이론과 실제의 관계를 규정하는 내적 합리성은 탄탄하게 구축될 수 있는가. 우리는 흔히 통념상 문학교육연구가 일차적 문학교육현상에 관여하고 있으면 실제성이 두드러진 연구로 분류하고, 그 일차적 문학교육현상 뒤에 배경 변인으로 매개되어 있는 것들에 대해서 논의하면 이론성이 강한 문학교육연구로 분류한다. 그러나 이론과 실제는 그런 층위로만 놓여 있는 것일까.

문학교육연구는 응용학문의 영역이면서 인문적 응용이 두드러지는 분야이다. 물론 개발 연구의 경우 사회과학적 변인의 관여도 나타나지만, 인문적 내용의 교육적 작용과 그것의 사회적 문화적 기제화에 관련되는 것이 문학교육연구인 것이다. 바로 이 점을 간과하고서는 이론성과 실제성의 관계를 합리적으로 정치(定置)하기가 쉽지 아니한 것이다. 자연과학 분야에서 과학이 기술에 대해서 가지는 관계를 문학교육연구 분야의 이론과 실제의 관계로 대체시키는 것은 신중한 고려를 요한다. 이론과 실제의 상호성이 점차로 확장되고 있으며, 절대 이론과 절대 실제가 승인될 수 없는 양상을 가지는 것이 문학교육연구의 조건처럼 되어 있기 때문이다. 문학교육현상의 실제를 설명하고 해석하는 원리가 바로 이론의 코드로 연결되고, 소위 이론화의 조건과 자질 속에 실제가 필수적으로 배합되는 모습이 불가피한 것이다.

가령 문학교육연구에서 순수 이론 연구의 전형을 어떻게 상정해야 할 것인가. 예컨대 스키마 이론이나 문화상대주의 이론은 거기에 해당할 수 있는가. 동화(同化)의 이론이나 감정이입(empathy) 이론은 문학교육연구에서도 순수

이론 연구로 자리잡을 수 있는가. 그렇다면 그것은 문학교육의 이론인가, 아니면 심리학의 이론인가. 아니면 분야와 상관없는 이론인가. 그람시의 헤게모니 이론이나 알뛰세의 중층성 이론은 문학교육이론으로 정치되자면 어떤 문학교육 내적 정련이 있어야 하는가. 그리고 그 정련(精鍊)의 과정은 또 다른 성격의 문학교육이론이 될 수는 없는가. 이론에 대한 이론, 즉 이론의 작용에 대한 이론이라 할 수 있는 소위 패러다임 이론은 문학교육에서 어떻게 자리잡을 수 있는가.

이러한 의문들은 문학교육연구에서 이론과 실제의 문제를 논구하고, 문학교육 이론의 정체성을 파악하고자 할 때 등장하는 의문이다. 그런데 이런 이론들은 소속의 정체가 불명료한 채로 문학교육연구의 여러 장면에서 아주 빈번하게 등장하는 것이다. 이론화에 대한 의도적 전략 없이 우리는 편리한 형편대로 빌려 쓰고 있는 것이다. 이는 문학이론과 문학교육이론의 상관성(또는 차별성)에 이르면 비로소 '이론화'의 문제가 문학교육연구의 고유한 과제로 대두됨을 알 수 있다.[64)]

잠정적 결론으로서 문학교육연구에서 이론성과 실제성은 절대적이고 고유한 실체로 설명되기보다는 '성향'의 개념으로 파악되는 것이 타당하다. 달리 표현하면 우리 문학교육연구에서는 이론화의 개념과 이론의 개념이 상당 부분 등치(等値)로 놓이는 것이 현실이다. 이는 문학교육학이 현실 사회에서 실제적 수용을 창출하여 지식사회적 파워를 확보하기까지는 그러할 것이다.[65)]

이상의 논의를 토대로 문학교육연구에서 이론과 실제의 층위적 상관을 모형화하여 다음과 같이 제시해 보기로 한다.

---

64) 학문 영역과 생성된 이론과의 관계가 독점적인가 전이적인가 하는 것에 대한 문제는 논점을 달리하여 고구되어야 할 문제이다. 본고에서 논의의 정면에 해당하는 사항이 아니기 때문에 미룬다.

65) 한 분야의 이론이 다른 분야에서 지배적 세를 정착시키는 경우를 상정할 수 있을 것이다. 문학교육학과 같은 연구 분야가 '이론화'를 '이론'과 같은 레벨에서 추구해야 되는 소이가 여기에 있다. 현대 경영학의 이론 구조를 파생과 전이의 측면에서 살펴보는 것은 좋은 예가 될 것이다. 근자의 예로는 환경학의 이론화 모델을 비판적으로 참조해 볼 만하다.

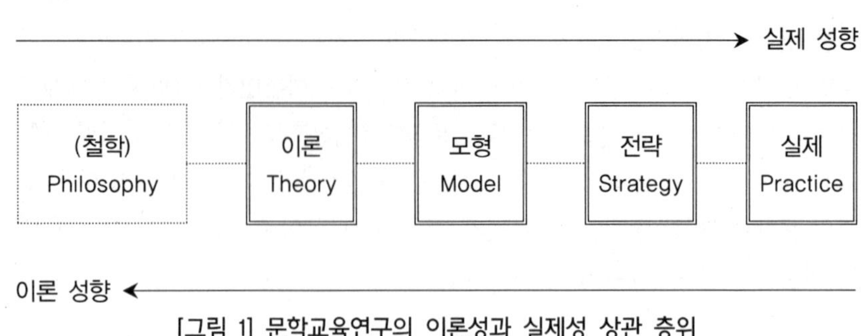

[그림 1] 문학교육연구의 이론성과 실제성 상관 층위

(2) 층위 간의 상대성과 분화성

문학교육연구는 위에서 제시한 다섯 가지 위상의 틀로 수렴된다. 이 틀은 물론 문학교육연구의 이론성과 실제성의 스펙트럼을 토대로 구안된 것이다. 모형이니 전략이니 하는 명명법이 원래는 공학적 발상에서 연유하는 것이기는 하지만, 오늘날 인문 사회 분야 응용 학문의 연구적 분절 단위로서 보편화되어 있는 점을 굳이 배척하는 것도 부자연스럽기는 마찬가지이다. 차후 학제적 호환성을 확보한다는 의미에서도 소화해 두는 것이 바람직하다고 생각한다.

이 층위 구조 속에서 모든 문학교육연구는, 이론과 실제를 하나의 연속체적으로 파악한 틀 속으로 수렴 배치됨으로써, 각기 위상을 비교적 명료하게 드러낼 수 있다. 층위와 층위 간의 배합을 인정하게 되면 개별 연구의 스펙트럼상의 위상을 드러내는 방식은 훨씬 다양해진다. 그리고 이렇게 드러난 위상은 다른 문학교육연구의 위상적 정체를 보다 분명하게 해 주는 데 기여할 수 있다. 앞장에서 거론한 다른 여타의 기준(예를 들면 ① 당위와 현상, ② 학문성과 기술성, ③ 사회성과 심리성, ④ 학제성과 비학제성)에 비해서 스펙트럼 효과가 매우 유용하게 연구 공동체에 피드백된다. 동시에 앞에서 거론한 기준들이 가지는 특성도 어느 정도 포괄할 수 있다. 그러나 무엇보다도 중요한 이점은 문학교육연구가 문학교육현상을 대상으로 하는 응용 학문으로서 지니게 되는 이론과 실제 사이의 내적 합리성을 설득력 있게 설명할 수 있다는 점이다. 그리고 그 설명은 이론의 자족(自足)으로 흐르지 아니하고 문학교육현상을 실제로 움직일 수 있는 현실적 힘으로 전화될 수 있다는 점에서 더 큰 의미를 가진다. 그것이 곧 응용 학문으로서의 문학교육의 실제적 수요를 창출해 나가는 것이 된다. 이것은 이른바 문화적 재생산의 구조를 이론과 실제의 순환 체계에서 바라다 보는 것에 해당될 것이다.

문학교육연구는 문학교육을 무엇으로 인식하고 그것에 어떤 가치를 부여할 것인가하는 관점에서부터 발생한다. 이러한 차원을 문학교육연구의 철학적 차원이라 할 수 있다. 이는 문학교육의 발생적 조건을 인식론과 가치론의 차원에서 논의하는 수준이 될 것이다. 그러나 이는 근본적으로 교육 자체에 대한 관점과 문학을 바라보는(또는 문학 내에서 교육을 바라보는) 관점이 어떤 이미지의 상태로 존재하는 것이 허용되는, 얼마간의 무정형(無定形)의 연구 담론으로 존재할 수도 있다. 따라서 외형적으로는 문학교육연구라는 표지를 띠지 않을 수도 있다([그림 1]의 개념도에서 점선으로 표시한 것이 바로 그런 속성을 표상함).

문학교육을 인식하고 가치화하는 문학교육의 철학적 정체(正體)를 바탕으로, 문학교육의 현상을 가장 상위적으로 체계화하는 가운데 정리될 수 있는 원리나 법칙성, 또는 이것에 관한 연구가 문학교육연구에서 이론의 국면에 해당한다. 그러나 이 이론의 층위는 반드시 무수히 많은 '실제'의 귀납에 의해서만 형성되는 것은 아니다. 다른 학문 영역의 기존 이론이 연역과 유추에 의해서 문학교육의 이론적 국면으로 전이될 수 있다. 문학교육연구에서의 '이론'은 기실 '이론화'[66]의 개념과 동질적이라고 앞에서 밝힌 대로, 인접 분야의 기존 이론을 문학교육의 관점에서 재개념화하여 문학교육의 이론으로 재정립하는 것이 문학교육연구의 이론 국면이 된다는 것이다.

---

66) 원래 '이론화'(theorizing)라는 용어는 1970년대 중반부터 교육과정 연구 분야에서 특별한 의미를 가지게 되었다. 그것은 교육과정 영역을 재개념화하려는 교육과정 이론가인 W. F. Pinar 등과 같은 재개념화론자(reconceptualist)들에 의해 사용되었다. 이들의 교육과정 철학은 '교육과정'의 어원인 "currere"라는 말을 조사하고 교육을 '외적 구조에 대한 나의 실존적인 경험'을 의미하는 동사형으로 강조하는 성향을 보였다. 이 글에서 '이론화'는 위에서 언급한 교육과정 이론가들의 개념 맥락과 직접적인 연관은 없다. 그러나 문학교육이라는 새로운 교육과정 현상을 이론적으로 정립하는 데 유효하게 적용되는 개념으로, 단순한 일반 명사는 아니다. 재개념화의 의미를 내포한다는 데서 일종의 상동성을 엿볼 수 있다.

문학교육연구에서 모형 국면은 이론의 탄력성을 바탕으로, 문학교육의 특정한 조건(교재, 교실, 교사, 학습자, 매체 등등) 속에서 그 이론을 한 단계 하위의 구체적 단위로 변용해 내는 것을 말한다. 한 단계 하위의 구체적 단위란 결국 이론의 적용에 해당하는 것이라 할 수 있다. 이 모형이란 것을 교육공학적 개념으로만 번역하여 지나치게 작위적 교육 기제로 파악하는 것은 일종의 편견이다. 문학교육이론이 특정의 교육 조건 속에서 구체적 가능태로 드러나는 차원의 연구가 곧 문학교육연구의 모형 국면이라 할 수 있다.

문학교육연구에서 전략 국면은 모형으로 단위화된 문학교육의 어떤 가능태를 실제로 현동화(actualize)할 수 있는 대안적 방법을 연구하고 적용하는 차원을 의미한다. 즉, '전략'은 모형과 실제 사이에 존재하는 현동화의 방법적 원리에 해당하는 것이다.

문학교육연구에서 실제는 문학교육현상 그 자체를 말한다. 일차적으로는 제도 교육 속의 문학 교실이 연구의 주된 대상으로서의 '실제'로 자리잡아 왔다. 그러나 문학의 교육적 작용이 발생할 수 있는 모든 국면, 즉 물리적 공간, 심리적 공간, 사회적 공간 등으로 문학교육연구의 대상 층위로서 '실제'를 확장해 나가면 '실제'는 지금보다 훨씬 큰 함의를 지니고 문학교육의 이론 체계에 질적인 충격과 변화를 줄 수 있을 것이다. '실제'는 그 위 층위의 것들에 의해서 부단히 조회되고, 변화되는 속성을 지닌다. 그리고 그 자신의 귀납적 수렴에 의해서 그 위 층위의 것들에 수정을 가하기도 한다.

이론성과 실제성의 상관적 틀을 이와 같이 파악하게 되면 적어도 형식 논리로는 다음과 같은 분화 체계를 함의한다고 할 수 있다. 이론 연구 층위에 있는 하나의 이론은 무수히 많은 문학교육모형을 생성해 낼 수 있어야 하고, 모형 층위에 있는 하나의 모형은 그것이 완성도 높은 것이라면 그 하위의 많은 전략을 파생해낼 수 있어야 한다. 그리고 하나의 전략은 그 하위에 있는 무수히 많은 실제를 통제할 수 있는 모습으로 나타나야 하는 것이다. 이는 물론 형식 논리상의 개념이다. 경험적 논리를 적용하면 예외와 조건이 첨부될 수도 있다. 그러나 문학교육연구의 이론/실제의 관계를 이성적으로 상정하는 구조라는 점에서 승인될 수 있다. 이를 도식화하면 다음과 같다.

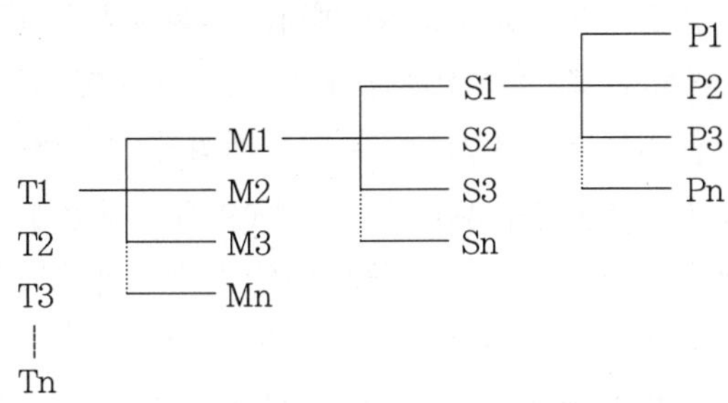

T : 이론, M : 모형, S : 전략, P : 실제

[그림 2] 연구 층위의 분화 체계

문학교육연구에서 이론과 실제의 상관적 체계를 연속적이고도 분화적인 체계로 파악하게 되면 연구자는 자기 자신의 연구가 전체의 연구 지도(地圖) 속에서 어떤 위상을 점하는 것이며, 그것이 상위의 어떤 연구 층위와 또는 하위의 어떤 연구 층위와 연계될 수 있는지를 조정하면서 연구를 기획하고 적용할 수 있다. 또 연구 공동체 차원에서 연구의 분류를 통한 지향점을 스스로 모색할 수 있게 된다.

그리고 이론과 실제를 단순 대응적 구조로 파악하는 오류를 교육 현장에서부터 바로잡아 나갈 수 있다. 모든 문학교육 실제에 그대로 대응되는 문학교육이론이 있다고 생각하는 사람들에게 중간 단계의 모형 차원과 전략 차원이라는 연구 국면이 있음으로 해서 이론과 실제가 호응된다는 사실을 인식시키는 일은 매우 중요하다. 학술 세미나에서나 공청회에서 이론과 실제의 레벨이 논자(論者)마다 임의적이어서 혼선을 일으키는 오류를 이제는 벗어나야 할 때가 된 것이다. 그리고 이론가들이 섣불리 실제의 국면을 적절한 방법론 없이 개입하는 것도 지양해야 할 것이다. 또 현장 실천가들이 '실제' 그 자체만을 고립적으로 집착하는 것도 그 나름의 심정적 · 태도적 의의는 있을지 모르지만 탐구적인 자세는 아니라는 점을 함께 인식해야 할 것이다.

우리가 가지고 있는 또 하나의 고정관념은 이론 연구와 실제 연구가 어떤 불변적 정형을 가지고 있다고 생각하는 것이다. 위의 개념도에서 설명된 바와 같이 응용 학문적 성격이 강한 교과 교육학에서는 이론성향의 연구나 실제성향의 연구가 있을 뿐이다. 즉, 이론성과 실제성은 그것이 어떤 절대적 성격을 띤다기보다 상대성을 띠는 것으로 파악하는 것이 합리적이다. 예를 들어 전략에 관한 연구는 실제에 관한 연구보다 이론성 연구이지만 모형에 관한 연구보다는 실제성 연구이다. 모형에 관한 연구는 이론에 관한 연구보다는 실제성 연구이지만 전략에 관한 연구보다는 이론성 연구인 것이다. 문학교육연구의 경우 대부분 이 네 층위의 연구 대상이 함께 포괄되는 경우가 많기 때문에(이를테면 이론과 모형, 모형 개발과 적용 등) 이론성과 실제성을 상대적 연속적 개념으로 파악하는 접근이 유용하게 동원되어야 한다. 문학교육연구에서 이론과 실제가 맞지 않는다는 사실의 검증은 중간 항목인 모형과 전략의 국면을 충분히 확인함으로써 성립될 수 있는 것이다.

3. 문학교육연구의 과제들

문학교육연구에서 이론과 실제의 스펙트럼을 연속체적 구조로 보면서, 연구의 중간 결절 국면인 모형과 전략의 차원을 개입시켜, 응용 학문으로서의 문학교육연구가 지니는 이론/실제의 상관 층위를 제시해 보았다. 그 결과로 이론성 연구와 실제성 연구가 상대적 관계에 놓임을 발견하였다. 그리고 그것의 이상적 체계는 상위 차원이 하위 차원을 다면적으로 분화시켜 나갈 수 있는 것이 된다는(되어야 한다는) 것도 지적할 수 있었다. 그리고 문학교육연구에서 이론 연구의 정체는 사실 여타 분야의 기존 이론을 문학교육의 입지에서 재개념화하는 '이론화'의 작업에 다름 아닐 수 있다는 점도 발견하였다.

이러한 발견점과 관련하여 우리 문학교육연구가 새롭게 과제화해야 할 문제를 간략히 제기하고자 한다.

첫째, 문학교육 이론화의 전략을 좀더 적극적이고 다양하게 개발해 나가야 할 것이다. 이 부분을 미루어 두면 문학교육연구는 인문학으로서의 연구 방법이나 이론에 환원될 수밖에 없는 위험을 여전히 안고 있게 된다. 문학 내의 이론을 문학교육이론으로 이론화, 즉 재개념화하는 데는 발상의 새로움이 방법의 정치함보다 더 중요하다고 생각한다.[67] 문학 바깥 영역의 이론들을 문학교육이론으로 재개념화하는 데는 발상의 새로움보다는 모형이나 전략의 정치함이 더 중요하다고 생각한다. 교육학의 이론을 문학교육의 이론으로 재개념화하는 데 있어서는 문학교육현상의 실제적 변인들에 현실감 있게 조회해 보는 것이 우선적으로 요청된다.[68]

둘째, 문학교육 실제에 관한 연구 기술이 세련되어 있지 아니하다는 점이다. 문학교육연구 공동체의 형성이 일천한 탓으로 그간 이론화 작업에 치중했기 때문이라고 볼 수도 있으나, 이는 앞으로 문학교육연구의 생동력과 현장 견인력을 위해서도 필요하다. 실제에 관한 연구 주체는 문학교사들이 된다 하더라도 그 연구 기술의 개발과 제공은 학자들의 몫이라는 점에 유의해야 할 것이다. 실제에 관한 연구 기술의 개발과 정련, 그것은 그 자체로 이론성 연구에 해당하는 것이다. 실제 차원의 연구가 가지는 검증 결과의 비생산성을 부정적으로 보는 우려도 있으나[69] 실제 연구는 그것대로 현장 문학교육의 질적 두께를 쌓아가는 데 기여하는 것이다. 대체로 실제성 연구는 연구와 교수가 배합되는 형태로 진행되기 때문에 학문적 성과만을 문제삼을 수는 없다.

셋째, 문학교육연구의 결과가 파편화되는 일부 경향에 대한 주목이 있어야 할 것이다. 산출된 연구들이 어떤 결집점을 가지고 패러다임화하지 못하고 분산 또는 고립화되는 경향이 없지 않다. 이는 물론 연구 자체의 내적 결함을 먼저 살펴야 하겠지만, 문학교육연구가 백화요란(百花燎亂)의 시기를 맞으면서 결집의 틀을 찾지 못하고 연구 자체가 개별적 소재주의로 나아간 면에서도

67) 이 경우에 해당하는 좋은 본보기로서 김대행의 「고전표현론을 위하여」(『선청어문』 제20집, 1992. 9.)를 들고자 한다. 고전 표현의 실체를 표현 주체들의 인식론적 지향과 관련하여 세밀하게 검증해 내면서 문화교육의 지평 하나를 제시한다. 고전표현론이 문학교육의 이론화 장면에 동원되면서 커리큘럼적 세력을 얻을 수 있는 자리에까지 나아갈 수 있다면 그것은 실제로 좋은 성공 사례가 될 것이다.

68) 한때 풍미한 수업 모형 이론의 경우가 대표적이다. 문학교육현상에 대입된 연후에 수업 모형 이론이 문학 수업에 적용되어야 했었다.

69) 김상욱, 「문학교육의 목표 규정을 위한 시론」, 『국어교육연구』 창간호(서울대학교 사범대 국어교육연구소, 1994), p. 62.

찾을 수 있을 것 같다. 철학–이론–모형–전략–실제의 연구 층위의 원용이 이 문제 해결의 한 단서가 될 수 있을 것으로 생각한다. 아울러 지향이 같은 연구자 간에 중심 연구와 부심 연구의 역할 분담을 의도적으로 고려하는 것도 좋을 것이다.

넷째, 문학 창작과 연관된 연구가 창작교육 측면에서 이루어져야 한다. 이는 문학과 문화의 생산이라는 관점에서 그 필요가 더욱 절실해진다. 이전에는 창작을 신비화하고 창작 능력을 타고난 사람이라야 창작을 할 수 있다는 고정관념에 휩싸여 있었다. 그 결과 창작을 이론하지 못하고, 창작을 교육하는 과정을 밝히지 못했다. 이제는 상황이 달라졌다. 문학의 생산을 이론화하는 논리가 개발되고 창작의 실제 과정을 밝힌 다음, 교육의 과정에서 창작을 어떻게 수행할 것인지 등의 연구가 있어야 문학현상의 완결된 상을 부각하게 될 것이다. 70)

실제를 연구하는 현장의 실천가들은 '실제'의 국면만을 대상으로 삼지 말고, 그 실제에 자동적으로 연계되는 '전략'의 국면까지를 실천가들의 탐구 몫이라고 생각하는 풍토가 일반화되어야 한다. 그리고 모형이나 전략 자체를 연구의 목표로 삼는 경우에는 문학교육 이론 집단과 실천 집단의 공동 연구 패턴이 자연스러운 추세가 될 수 있도록 해야 할 것이다.

---

70) 우한용, 『창작교육론』, 태학사, 2009 참조.

제7장 문학교육의 전망

I ▸▸ 논의의 개관

우리들은 이제까지 이 책의 전체적인 논의를 통하여 문학교육의 개념을 밝히고 문학교육의 가능성을 점검해 보았다. 아울러 문학교육의 입론을 위한 기초이론과 문학교육의 계획, 실천, 평가에 이르기까지 이론과 실천의 측면에서 검토해 왔다. 그러나 이로써 문학교육론의 완벽한 체계나 방법이 드러났다고 생각하지는 않는다. 문학교육은 아직 이론을 모색하는 단계에 있다. 문학교육을 위한 확고한 이론을 탐색하는 과정에 있기는 하지만, 문학교육의 현장적 실천에 활용할 만한 다양하고도 충분한 이론과 실천 방안이 개발되기까지는 시간을 기다려야 한다.

문학교육이 제대로 자리잡기 위해서는 인접 학문과의 연계가 본격적으로 이루어져야 한다. 문학은 물론 문학사회학, 문학의 심리학, 예술론, 언어미학, 교육학 등 인접 영역에 대한 연계가 요망된다. 연구의 전반적인 수준에서 오는 한계와 저간의 외부 여건, 그리고 우리들의 힘이 아직은 미치지 못하는 사정 등으로 인해 이 책에서는 당위적인 주장을 주로 폘친 느낌이 없지 않다.

문학교육은 문학현상이 구체화되는 과정에서 문학현상을 이해하고 그 속에서 문학을 실천하는 교육이다. 문학을 사이에 두고 작자와 독자가 만나 상호작용을 하는 가운데, 독자는 상상력이 세련되고, 삶을 총체적으로 체험하며, 문학적 문화 속에 포함되어 문화체험(文化體驗)의 주체로서 삶의 고양감을 맛보는 것이다. 여기에는 문학을 수용하고 창조하는 활동이 포함된다. 이는 문학교육이 문화교육의 한 양태라는 뜻이다. 문화적인 존재로서 인간이 자아를 완성하는 길을 모색하는 한 과정으로서, 문화적 실천 주체는 문학을 향유하는 제반 과정에, 문학교육은 그 자리를 잡는 것이다. 이는 문학을 살아 있는 작용태로 보는 관점을 뜻한다. 문학이 하나의 물적 대상(物的對象)으로 취급되는 것을 지양하고자 하는 우리들의 관점은 문학을 인간화하기 위한을 지향한다. 문학을 객체적 대상으로 놓고 분석하는 것은 문학학 혹은 문예학이란 용어 범위에서는 그 유용성을 의심할 여지가 없다. 그러나 교육은 유의적(有義的)인 선택이고 결단이라는 점에서, 작용태가 고려되지 아니하는 문학은 교육 밖으로 밀려나게 된다. 이러한 관점에서 문학교육의 중심 내용을 문학현상(文學現象)의 역동적 작용 전체를 포괄하는 개념으로 보고자 하였다. 이는 문학이 작가-작품-독자의 상호주관적으로 역동성 있게 작용하는 것을 고려한 관점이란 점을 다시 환기하고자 한다. 여기에 현실을 반영하는 문학의 속성을 고려하면 문학의 논리는 사원적(四元的)인 영역으로 나뉜다. 문학교육론을 위한 문학의 이론을 문학의 요소로 구분하지 않고 생산, 구조, 수용, 반영의 네 영역으로 나누어 설명한 것은 이러한 연유에서이다.

문학교육이 실천되자면 문학교육을 가능하게 하는 기본구도인 교육과정(敎育課程)이 만들어져야 하며, 구체적인 문학교육 운영을 위한 문학교육의 자료가 필요하다. 그리고 문학의 실제적인 수업을 위해서는 개별 수업의 설계가 필요하고, 이를 위해서는 일정 절차의 문학수업, 일정 범주의 문학수업, 또는 일정 목표의 문학수업 등을 전제로 한 문학수업의 방법이 필요하다. 이들을 위한 논의를 다소 세부적인 수준까지 전개한 것은 문학교육의 현장에서 이 책을 활용할 수 있도록 하기 위한 의도에서였다.

문학교육의 마지막 단계는 평가에 귀결된다. 문학교육의 평가에는 다소간의 유보사항을 두지 않을 수 없었다. 특별히 우리들은 교육을 공학적 체제(engineering system)로 접근하여 지식 습득의 효율성 측면에서 평가를 다루려는 경향에 대해서 유보적 시각을 가지기도 하였다. 문학을 수용하는 학생들의 수용구조(受容構造)가 정확히 밝혀지지 않은 것은 물론, 문학의 특성에서 기인하는 평가의 개방적인 성격을 고려하지 않을 수 없었기 때문이다. 우리들의 이러한 유보적 관점은, 21세기의 한국교육이 지향해야 할 새로운 평가철학과 그 평가방법들이 대두됨에 따라 새로운 의욕을 가져야 할 것으로 보인다. 학습자 중심의 평가, 문학활동과 관련된 학습자의 실제적 수행을 누가적으로 관찰해 주는 평가, 등급을 매기는 계량적 지표보다는 문학능력 발달의 특성을 기술적으로 송환해 주는 평가 등이 나타나고 있기 때문이다. 문학교육의 평가에 대한 탐색은 그 철학적 패러다임의 본질을 문학교육의 자리에서 재개념화하는 데서부터 평가도구의 개발에 이르기까지 많은 작업이 필요할 것이다.

문학교육은 문학의 연구와 분리하여 생각할 수 없다. 문학교육과 관련되면서 문학교육에 도움을 줄 수 있는 몇몇 영역에 대한 검토를 보강할 필요가 있었다. 문학교육과 문학비평, 문학교육과 문학사, 이런 항목들이 우선 직접적인 연관을 가질 것으로 판단된다. 문학교육 그 자체가 비평의 한 양태라는 것이 우리들의 전제이다. 문학교육이 문학비평의 한 양태라면 문학교사는 비평가와 동일한 작업을 한다고 볼 수 있다. 그리고 학습자들의 작품감상 또한 소박한 의미의 비평적 과정이라고 할 수 있다. 학습자의 비평적 안목과 감상능력은 별개의 것이 아니다. 그리고 문학교사가 비평적 안목을 가져야 한다는 것도 당위적 사실로 받아들여져야 할 것이다.

문학사에 대한 이해는 문학 학습자의 중요한 학습 내용이다. 또한 문학사는 문학교사가 갖추어야 할 소양 가운데 가장 총체적인 지식 체계이고, 인식론적 토대가 충분히 갖추어져야 하는 학문적 영역이다. 문학사 이해는 문학을 체계적으로 이해하는 데에 중요한 의미망과 지형도를 제공하는 역할을 한다. 동시에 문학사적 소양은 문학교육의 장면에서 문학의 텍스트 상호성을 증대해 주는 작용을 한다. 그리고 민족문학의 독자성을 이해하는 데에도 문학사적인 시각이 필요함은 물론이다. 문학사적 안목은 학습자의 문학적 문화의 이해를 촉구하는 데에 도움이 된다. 이 점은 문학의 상호텍스트성의 본질에 닿아 있다는 점에서 교육적으로 큰 의미를 지닌다.

문학교육이 궁극적으로 지향하는 것은 문학적 문화의 성취이며, 이는 현대사회의 요청을 문학에서 수용하는 데서 목표 달성이 가능하다. 그러한 점에서 현대사회와 문학교육의 관계는 점검되어야 할 사항으로 부각되는 것이다. 현대사회의 문학적인 환경을 검토하는 것은 문학현상이 드러나는 여건의 특성을 밝혀 보기 위한 것이다. 현대의 문학현상이 어떠한 상태에 있는가 하는 점을 장르의 생성과 변이라는 측면에서 검토했다. 장르는 문학의 창조와 수용 양편에 모두 연관되는 것으로, 문학의식의 표면구조에 해당하는 것이다. 현대의 문학은 대중매체(大衆媒體)의 영향으로 많은 변화를 거듭하고 있다. 영상매체와 컴퓨터 등의 다매체 환경으로 대표되는 매체환경 변화에 따른 문학의 변용을 검토해야 문학교육의 사회교육적 측면이 드러난다는 것을 상정하고 문학과 대중매체의 관계를 검토한 것이다.

II ▸▸ 유보 사항들

우리들의 작업에는 유보적(留保的) 의미를 띠는 것들이 있다. 원래 우리가 감당해 보기로 했던 과제들을 이 책에서 모두 해결하지는 못했다. 이들 유보사항을 여기에 다시 언급하는 것은 우리들의 작업에 많은 논의가 이어지길 기대하기 때문이다.

우선, 문학교육의 개념을 어떻게 설정할 것인가 하는 것부터가 과제로 제기할 수 있을 것이다. 문학에 대한 교육인가, 문학을 통한 교육인가 하는 대립적인 인식을 지양해야 한다는 것이 우리들의 논지이었다. 문학을 통한 다른 덕목의 교육으로 문학교육을 규정할 경우 문학의 자율성(自律性)이 저해될 우려가 있다. 자유로움을 본질로 하는 문학을 도구화하는 문학교육을 모색한다면 이는 자기모순이다. 그리하여 문학교육은 '문학의 교육'이라 규정하고 문학의 본질에서 연유하는 교육이 되어야 한다는 점을 강조하였다. 이런 방식은 문학의 본질을 내세우는 교육이 우선한다는 주장이라서 문학의 이데올로기적인 힘에 대한 경시라는 혐의가 없지 않다. 그러나 문학의 이데올로기적인 특성이 문학의 본질이라고 하더라도 문학의 형상성과 분리되는 것이 아니라면, '문학의 교육'이란 규정을 통하여 문학 본래의 기능이 발휘될 수 있다는 데에 생각이 이르게 된 것이다. 문학교육은 문학의 교육이되 문학의 창조와 수용을 동시에 포괄하는 것이라야 한다. 문학적 문화의 주체가 되는 길은 스스로 문학을 창조하고 수용하는 이중적인 향유(享有)를 통해서 가능하기 때문이다.

다음으로는 문학교육의 범위를 어떻게 한정할 것인가 하는 점과 관련된 문제이다. 이 책에서 문학교육의 범위를 비교적 넓게 잡은 것은 문학의 평생교육적인 특성을 고려한 때문이다. 이는 문학교육이 문화교육이라는 관점에 연유하는 것이다. 제도교육의 측에서는, 범위가 지나치게 확대된 것은 아닌가 하는 의문을 제기해 올 수도 있을 것이다. 문학의 수용은 개개인의 문화체험에 따라 그 양상이 다양할 수 있다. 시간적으로도 오랜 잠복기(潛伏期)를 거친 후에 문학적인 체험이 구체화될 수 있다는 점, 그리고 문학작품의 수용은 자각적인 자기교육의 형태를 띤다는 것을 고려한다면 문학교육은 사회교육적인 차원까지로 그 영역을 넓히지 않을 수 없는 것이다.[1)]

다음으로는 문학교육의 의의로 언급한 '총체적인 체험'이라는 것이 과연 문학을 통하여 가능한 것인가 하는 의문이 있을 수 있다. 이는 현대사회의 특징에서 비롯되는 의문이기도 하고, 인간의 체험을 어떻게 규정할 것인가 하는 데에 따라 '총체적 체험'의 성격이 달라질 수 있는 것이기도 하다. 인간이 개별화되고, 그 삶이 분편화되어 소외의 구렁에 빠지기도 하고, 배금주의와 메커니즘의 횡포에 무력하기 짝이 없는 현대에서 과연 삶을 총체적으로 체험할 수 있을 것인가 하는 의문의 여지가 있는 것이 사실이다. 그러나 도구적 이성을 요구하는 현대의 삶에서 그를 비판적으로 수용하고 인류의 유토피아를 세워 나가는 것은 인문적인 전통에 발판을 두어야 가능할 것이다. 그 핵심 영역에 문학이 놓일 수 있다는 것은 문학이 그러한 역할을 담당할 것을 요구받고 있다는 의미로 받아들일 수 있을 것이다. 단선적인 과학적 문화(科學的 文化)를 극복하기 위한 방향을 모색하고 인간의 가치를 실현하는 방식의 하나가 문학이라면, 문학교육은 총체적인 삶의 체험을 지향하는 매우 중요한 통로라 해야 할 것이다. 이러한 관점에서 문학교육에서는 문학을 문학현상으로 보자는 것이고, 체험의 구체성을 강조한 것이다.

문학 수업에서 수업모형이 지나치게 규범화되거나 전형성을 띠는 것은 문학교사들 스스로 경계해야 한다. 문학은 법칙성을 띠면서 체계로 존재하는 것이기도 하지만, 개개의 작품은 나름대로 문법을 가지고 있는 것이고, 그 문법

1) 우한용, 「문학교육의 제도화와 탈제도화」, 『문학교육과 문화론』(서울대 출판부, 1997) 참조.

에 따라 작품을 읽어 줄 것을 본질적인 속성으로 요구해 오는 특징이 있다. 이러한 점을 감안한다면, 문학수업에서 모형을 설정한다는 것 자체가 모순적인 발상일 수도 있다. 그러나 문학교육의 현장에서 이루어지는 수업을 위해서는 얼마간의 규범적인 틀은 제시해 주어져야 하는 것도 사실이다. 문학의 개별적인 독자성의 본질은 제재에 따라 적절하게 조정되어야 할 것이다. 교육과정 운영의 탄력성을 유지할 수 있는 방향이 바람직하기 때문이다.

문학교육의 평가에서도 가급적 결정론적 관점을 제시하기보다는 열린 시각을 선언하는 데서 그친 면이 많다. 이 역시 유보의 필요성을 발견했기 때문이다. 문학교육 평가에서 문제가 되는 것은 문학의 수용에 대한 이론적인 온축이 적다는 것은 물론, 교육제도와의 관련에서 심히 길항(拮抗)하지 않을 수 없다는 것이었다. 현행제도를 그대로 수용하는 한 우리들의 논의는 공소함을 면키 어렵다. 입시 위주의 학교교육 현실, 그리고 평가가 문학의 본질을 떠나 파행적으로 수행되는 상황에서 지나치게 이상적인 문학교육 평가를 제시하는 것은 아닌가 하는 스스로의 의혹이 일기도 했다. 우리들의 논의가 원론적인 것이라면, 현행 문학교육의 평가에 대한 비판은 우리의 문학교육을 반성하게 하는 계기가 되기도 할 것이다. 아울러 문학교육의 정체성에 부합하는 평가도구(評價道具) 개발이 시급하다는 것을 지적하지 않을 수 없다. 이는 문학교육 평가가 문학교육의 모든 과정을 더욱 고양해 주는 것이 되기 위해 필요하며, 진정한 문학적 문화의 공유가 '교육'이라는 통로를 통해 이루어지기를 바라기 때문이다.

다음으로 현대사회와 문학교육과의 관련을 논한 대목은 논의의 정체성을 어떻게 확보해야 할 것인가 하는 점은 계속 검토되어야 할 것이다. 이 책에서는 접근하기 유리한 국면만 다룬 듯한 느낌이 없지 않다. 문학이 당대와 맺는 관련을 무시할 수 없다는 것은 자명한 일이다. 그런 의미에서 현대사회와 문학교육의 관계를 검토하는 일은 필요불가결한 사항이다. 이 항목에서 문제가 되는 것은 문학과 사회와의 관계였다. 문학이 사회를 반영하는 것은 사실이지만, 문학이 사회를 형성하는 요인으로 작용하는 데는 얼마만한 힘을 가지는가 하는 데에 생각이 미치면 막연할 수밖에 없는 것이었다. 문학내적인 텍스트와 문학외적인 텍스트 사이의 상호관계에 대한 법칙성을 탐색하는 것이 어떻게 가능할 것인가 하는 문제가 제기된 것이다. 이 문학과 사회의 주고받기는 골드만이 개발한 문학사회학에서 법칙으로 정립되어 있다. 기호론적(記號論的)인 실천을 강조하는 크리스테바(Julia Kristeva, 1941~)의 경우, 이는 다른 방향에서 정교화되어 있다. 이러한 이론적인 업적을 중심으로 문학과 사회와의 관계는 새롭게 정립될 필요가 있을 것이다. 문학교사는 문학이 사회를 온통 변화시킬 수 있는 것처럼 일방적으로 생각하는 문학의 물신화(物神化)를 벗어나야 할 것은 물론이다. 문학은 변하는 시대의 방향을 감지하고 그 방향성의 의미를 반추하는 현실추수적(現實追遂的)인 속성이 사회를 형성하는 힘보다 크다는 것을 사실로 인정하고, 사회 변화에 작용하는 문학의 몫을 정확히 진단하는 안목이 긴요하다.

Ⅲ 문학교육의 실천적 과제

문학교육은 문학의 이론적 연구와 교육적 실천, 그리고 행정적인 차원의 지원이 원활히 이루어져야 그 본연의 역할을 다할 수 있다. 먼저, 이론의 차원에서 문학교육의 정상적인 수행을 위해서는 다음과 같은 점들이 검토 · 연구되어야 할 것이다.

문학교육을 위한 이론의 정치(精緻)한 탐구가 있어야 할 것이다. 문학교육을 단순 응용의 영역으로 보아 폄하하거나 도외시하는 태도는 지양되어야 한다. 문학교육을 통하여 문학적인 수준이 얼마만큼 향상되고 문학적인 문화의 성격에 얼마만큼 접근하는 것인가 하는 문제에 대한 성실한 추구가 앞서야 한다. 이는 교육과 학문발전이라는 차원에 연결되는 문제이다. 문학교육에 대한 이론이 왕성히 탐구되기를 우리는 기대한다.

다음은 문학교육의 실천과 관련한 문학교육의 전문성이 더욱 고양되어야 한다. 이러한 전문성은 이론적 토대를 제공하는 학자 집단의 전문성과 더불어, 문학교육 실천의 기술 차원에서도 확충해 나가야 한다. 문학교육의 교육과정(敎育課程), 문학교육의 교재(敎材) 개발, 문학교육의 모형, 문학교육의 평가 등을 위한 각종의 이론들을 정립하고, 그것을 바탕으로 문학교육의 실제적인 수행을 위한 기초를 마련해야 할 것이다. 이러한 문학교육 자체의 연구는 물론 인접 학문을 수용하는 자세와 노력 또한 긴요하다. 문학이론 일반은 물론 교육학, 심리학, 사회학, 해석학, 기호학, 행위이론, 언어학 등의 연구가 학제적으로 이루어져야 할 것이다. 학제적 연구는 현실적으로문학교육 분야가 당면한 난제를 해결하는 통로를 마련하게 한다. 특히 각 해당 분야의 이론을 정교하게 하고 그 성과를 실용의 측면에서도 상보적으로 가능한 수 있게 하는 데 유익하다.

문학교육의 실천적인 차원의 탐구 중에서도 문학교과서와 문학수업 그리고 문학교육평가에 대한 것은 그 기술적 정련을 더욱 강화해 나가야 한다. 문학교재 개발의 경우, 이론 분야에서 정립된 각각의 문학교육 이론을 중심으로 이를 실천 전략화할 수 있는 방식으로 교재가 만들어져야 할 것이다. 또한 문학교육의 교재와 함께 문학수업의 모형을 다양화 역동화하는 작업이 필요하다. 장르별로, 수용자별로, 그리고 작품의 성향별로 변인을 고려하여 어떠한 모형이 적합한 것인가 하는 탐구가 있어야 할 것이다. 이는 문학교육 현장에서 문학을 가르치는 문학교사들의 실천적인 연구가 절실히 요청되는 영역이라 하겠다. 아울러 실험연구(實驗研究)가 필요함을 언급하지 않을 수 없다. 우리 문학교육에 대한 논의가 공소하게 겉도는 이유 중의 하나는 이론을 뒷받침할 수 있는 실험연구가 적다는 데에 있다. 실천적 연구와 연관된 문학교육 평가도구(文學敎育 評價道具) 개발에 실천적인 모색이 있어야 한다. 문학교육 평가의 타당성과 문학교육의 정체성을 위한 가장 중요한 장치가 되기 때문이다.

다음으로는 문학수용의 매체 변용(媒體 變容)에 관한 실천적인 연구가 문학교육의 새로운 과제로 대두된다. 현대사회에서 문학은 인쇄매체를 통해서만 전달되지 않는다는 점을 감안하여, 영상매체, 컴퓨터 통신매체 등에 연관된 문학연구가 필요하다. 문학을 소통시키는 매체가 새롭게 확장되고 있는 현상에 대해서 연구하고, 그것이 시사하는 문학교육의 환경에 능동적으로 대응할 수 있는 방안을 마련해야 할 것이다. 문학이 새로운 매체에 의해서 변용되는 경우, 문학의 구조와 기능이 어떤 영향을 입게 되는지 연구되어야 한다는 것이다.

문학교육의 발전을 위한 중요한 과제로서 문학교사 양성의 교과과정(敎科課程)에 관한 문제를 반드시 생각해 보아야 한다. 교사 양성 대학의 국어교육과 교육과정에 아직도 '문학교육' 관련 강좌가 설치되지 않은 경우가 있다. 이는 문학이론과 언어이론에 대한 연구만 있으면 문학이나 언어의 교육이 된다는 안이한 발상이다. 문학교육 분야가 학문적으로나 실천차원에서나 왜 고유한 탐구 자질을 가지는지에 대한 이해가 선행되지 아니하면 바람직한 실천적 전문성을 갖춘 문학교사를 기대하기 어렵다는 점을 분명히 해야 한다. 흔히 이런 점은 가시적으로 포착되지 아니하는 점이라서 소홀히 하기 쉽다. 그러나 훌륭한 문학교사가 전개할 수 있는 구체적 교수 · 학습 현상과 그렇지 못한 경우를 대비적으로 생각해 보면, 문학교육의 질적 토대는 교사의 실천적 전문성이 얼마나 중요한지를 금방 알 수 있다. 문학교사의 양성 교육과정에 대한 문제는 '문학교육의 질적 토대 확보'라는 차원에서 의의를 탐조할 수 있는 안목을 가져야 할 것이다.

문학교육은 문학의 교육이며, 문학을 교육하는 가운데 상상력을 세련시키고, 삶을 총체적으로 체험하며, 문학적인 문화를 고양시키는 과정이다. 이러한 과정을 통하여 현대의 상황을 인식하고 정서적으로 공감하며 현대의 위기를 초극하기 위한 노력을 경주하는 인간존중의 윤리를 세우는 것이다. 이는 분편화되고 소외되어 메커니즘의 질곡에 빠져 방향성을 상실하고 있는 현대인들에게 삶의 방향을 모색하도록 하는 작업이다. 그 작업은 즐겁지만은 않을 수도 있다. 전망이 불투명할지도 모른다. 그러나 우리 시대의 미래에 대한 전망을 마련하는 것은 문학이어야 한다는 믿음이 필요하다. 문학은 엄격한 의미에서의 학문은 아닐지 모른다. 그러나 학문의 추상적인 아스라함보다는 평명성(平明性)을 견지한 실천에 믿음을 두고자 하는 것이 우리들의 관점이다. 이는 현대문명의 복잡한 질곡 속에서 문학교육의 진정한 역할을 다짐하는 우리들의 각서와도 같은 것이다.

Ⅳ ▸▸ 문학교육의 전망

'문학교육'이 이론과 실천면에서 독자적인 학문 분야로 공적인 인정을 받게 된 것은 제도로서의 학문 체제 속에 편입됨으로써 가능하게 되었다. 구체적으로는 1986년 서울대학교에 국어교육학 전공으로 박사과정이 설치되고, 그 과정 속에서 문학교육을 전공한 학자가 배출되면서부터이다. 그러나 이런 제도적 승인이 있기까지에는 '문학교육'에 대한 학문 차원의 연구와 접근이 줄기차게 성숙되어 왔던 풍토를 주목해야 할 것이다. 이 책이 3년 간의 탐구 · 집필 과정을 거쳐, 1988년 말에 초판본을 낼 수 있었던 것 자체가 그러한 문학교육 연구의 흐름을 단적으로 표상하는 것이라 할 수 있다.

이 책이 발간된 이후 지난 20여년 동안 문학교육은 연구와 실천에서 상당한 변화를 겪어 왔다. 그러한 성과가 구체적으로 반영된 것은 우선 문학교육 분야의 석 · 박사 학위 논문들을 비롯한 연구 담론이라 할 수 있는데, 이들은 대체로 ① 문학교육의 전체적인 방향과 틀을 이론화 · 체계화하는 작업들, ② 문학현상의 주요 개념들을 문학교육에서 재개념화하는 작업들, ③ 문학교육의 구체적 운영과 관련된 실천 도구를 개발하는 작업 등으로 범주화된다.

다음으로는 문학교육의 내용과 방법의 방향을 규정하는 교육과정의 변화 가운데, 문학교육의 변화를 읽을 수 있다. 우리 교육과정은 초기부터 제7차에 이를 때까지는 대체로 5년을 단위로 개성해왔다. 그 이후 수시 개정을 원칙을 해서 2015년에 개정된 최근의 교육과정까지 주기를 설정하지 않고 필요에 따라 수시로 개정하기로 정책 방향이 결정되어 있다.

교육과정 개정 작업의 흐름 속에 학교 제도를 중심으로 한 우리 문학교육의 흐름과 변화를 읽을 수 있다. 대체적인 방향은 문학을 객관적 지식 체계로 주입하려고 한 '학문중심 교육과정'의 이론과 관습에서 벗어나서 문학의 작용태적 의의와 문학교육 주체를 강조하는 방향으로 변화가 있었다. 굳이 명명하자면 인간중심 교육과정의 영향 하에 문학교육의 실천 방향이 자리잡아 간 것이라고 할 만하다. 7차 교육과정 이후 기본적으로 변화하지 않는 방향은 문학의 전체상을 고려하여 문학의 생산과 수용을 기본축으로 하고 있다는 점이다. 이는 교육과정별로 강조점이 조금씩 달라지기는 하지만, 큰 원칙에는 별반 변화가 없다는 점을 보여준다. 교육과정의 안정기에 접어들었다는 의미가 되기도 한다.

이와 같은 흐름과 이로부터 산출된 문학교육의 성과들은 이 책을 처음 펴내던 시점에서 전망했던 문학교육의 과제와 소명에 대체로 부합하는 것이라 볼 수 있다. 문학교육의 개념을 어느 정도 정밀하게 자리매김하고, 문학교육의 주요 개념과 범주를 밀도 있게 모색하여 가능한 대로 체계화해야 한다는 것이 그 당시로서 기대어린 전망에 해당하는 것이었다.

7차 교육과정(1997년 고시) 이후 2015 개정 교육과정에 이르기까지 지속된 변화는 대체로 문학교육의 바람직한 변화를 탄력성 있게 선도하는 역할을 했다. 실제로 실현된 교육과정(experienced curriculum) 차원에서 보면, 25년 전의 문학교육현장과 지금의 문학교육현장은 상당한 변화의 폭을 보이고 있다.

이제 우리는 이 책의 개정 증보판을 내는 현 시점에서, 문학교육에 대해 이전에 제시한 전망에 다소 손질을 해서 전망을 다시 제안하려 한다. 이는 장차 다가올 시대에 문학교육 연구 · 실천 공동체가 함께 고민하고 모색해야 할 새로운 도전의 성격이 무엇인지를 알고 대응한다는 의미를 가진다. 또한 전망을 부단히 살피는 일은 문학교육이라는 학문 영역의 생태적 조건을 거시적 안목으로 파악하는 작업이기도 하다. 동시에 '문학교육'이 자신을 생성하게 하는 사회적, 문화적, 교육적 현실과 어떤 교섭을 이루어 나가야 하는지를 성찰하게 하는 의미를 지니기도 한다. 대체로 전망을 하자면 회고를 기반으로 해야 한다.

1. 문화론적 관점이 확충되는 문학교육

이 책은 '대화문화'에서 문학교육의 성격을 규정하고 출발하였고, 문학교육의 최종 목표를 '문학적 문화의 고양'에 두었다. 문학교육을 문화론적 관점에서 모색한 것이다. 이후 문화론은 지속적인 논의의 대상이 되어 왔다.

지난 수 년간에 걸쳐 나타났던 문학교육 연구 가운데 문화론적 접근을 문학교육과 관련지어 보려는 노력들이 두드러졌었다. 문화 이론의 갈래는 매우 다양하고 그것이 보여주는 작용 범주도 상당히 넓다. 1970년대 이후 '문화학'의 발생은 그것의 원형쯤에 해당하는 영국 문화학 또는 문화연구(cultural studies)의 모습에서 잘 파악된다. 문화학 또는 문화이론은 20세기 후반, 후기 자본주의와 후기 산업사회와 문화를 좀 더 총체적으로, 좀 더 효과적으로, 좀 더 구체적으로 분석하기 위한 것으로, 원래는 전통적인 문학연구에서 출발한 것이다. 그 후 문화연구는 문학연구의 경계를 넘어서 역사, 정치학, 사회학 등을 끌어안으면서 새로운 지평을 넓혀 가는 탈방법적, 초장르적 성격의 새로운 이론이며 방법론으로 확장되었다.[2)]

문화학은 본질적으로 고정되거나 폐쇄된 체계가 아니며, 따라서 정태적 상태에 머물러 있지 않다. 문화학이 문화를 보는 근본 관점에 따르면, 문화는 부상(浮上)하고 역동적인 그리고 지속적으로 갱신되는 역동상으로 간주된다. 문화는 일련의 가공물이거나 얼어붙은 상징들이 아니고 오히려 하나의 과정인 것이다. 다시말하면 '현상'으로서의 문화를 중시하는 것이다. 물론 그 현상이란 표피적인 것이 아니라, 심층적 배후까지를 포괄하는 것이다. 그렇기 때문에 문화 연구는 주체성과 의식의 문제가 그림자처럼 따라 붙으며, 동시에 이데올로기와 헤게모니의 작용을 읽어 내는 작업으로 심화된다. 이러한 기능에 힘입어 문화연구는 궁극적으로 비판과 다의성을 추구하는 지적 지향성에 귀결된다고 할 수 있다. 문화연구의 본질과 효용은 문학연구 내지는 문학교육의 이념태와 상당 부분 궤를 같이 하는 것이다. 문학교육에서 '문학현상'에 주목하고자 한 것과 상통되는 어떤 성향을 발견할 수 있는 것이다.

오늘날 문학교육을 포함한 문학현상은 문화의 생산, 또는 문화의 재생산에 관여한다. 동시에 문학교육을 둘러싸고 있는 제반 문화현상들은 그 자체가 문학교육에 대한 중요 영향 변인이며, 우리가 실천하고 있는 문학교육 또한 어

---

2) 정정호, 「문화학」, 『현대비평과 이론』(11호, 1996 봄·여름호), p. 271.

떤 형태로든 오늘날의 우리 문화에 대한 한 영향요인으로 작용한다. 이러한 상호교섭성에 대한 관심이 문학교육 연구의 한 국면으로 자리잡는 것은 당연하다. 문학교육의 내용이 고립된 문학 지식 또는 고립된 텍스트가 아니라, 사회 문화와의 상호텍스트성 속에서 이루어져야 하는 필요성이 앞으로는 더욱 증대될 것이다. 문학교육과 문화의 상호성은 공시적 문화현상에서뿐만 아니라 통시적 문화현상과의 교섭에서 더 큰 의미를 드러낸다. 문화의 통시적 자질들은 민족문학, 민족문화라는 가치론적 명제에 닿아 있는 것이기 때문에 그러하다.

문화론적 관점은 주로 대중문화의 모든 양상들에 권위를 부여하고 찬양하고 정치화(政治化)한다. 또한 모든 문화적 재현의 각 단계들, 예컨대 특정 문화의 발단, 중재와 수용, 생산, 분배와 소비 등은 문화학의 관심 대상이 된다.[3] 따라서 가벼움의 징후들에 대해서도 관심의 끈을 놓지 않는다. 이렇게 본다면 문학교육연구에 문화론적 접근이 어느 정도 또 어떤 국면에서 원용되는 것이 바람직할지에 대한 논의 또한 풍성해질 것으로 보인다. 문학의 본질성을 강조하는 본질주의적 관점과의 길항이 예상되는 장면이라 할 수 있다.

2. 인문성의 본질이 강조되는 문학교육

과학 기술 문화의 지배는 이제 일상적인 것이 되었다. 기술적 조작이 지배하는 문화는 이미 자연과 인간의 갈등을 위기의 상황으로 몰고 가면서도, 첨단 정보화 사회로의 진입과 더불어 한 차원 더 심화되는 구도로 치닫고 있다. 정보의 생산과 소통, 그리고 그것의 기술적 통제가 고도의 첨단 공학에 의해 이루어지게 됨으로써 우리가 지식과 가치를 다루는 방식 그 자체에 크고 빠른 변화를 겪게 되었다. 그뿐만 아니라 생명체의 변이를 조작할 수 있다거나, 실제에 준하는 가상 경험 공간을 만들어 낸다거나 하는 일들이 가능해짐으로써 우리의 삶의 양식과 더불어 사회 · 문화에 급속한 변화가 생기고 있다. 이러한

3) Chris Jenkes, *Culture*(London : Routledge, 1993), pp. 157～158.

변화는 필연적으로 우리의 인식론적 틀과 가치론적 토대를 해체한다.

인문학의 위기는 이제 상징적 명제나 징후적 명제를 지나 실제의 사건으로 다가왔고, 이에 대한 대처 또한 다각적으로 모색되었다. 인문학이 위기라는 것은 무엇이겠는가. 그것은 인간이 자신의 존재와 세계에 대해서 총체적으로 성찰할 수 있는 기회와 통로가 상실되어 가고 있다는 것이다. 인간의 정신 문화가 과학 기술 문화에 압도되어, 모든 장면에서 물신주의가 지배하는 양상이 두드러지게 나타난다. 그리고 인간이 인간을 존중하지 못하고, 인간의 가치가 보호받지 못하며, 따라서 인간답게 생각하고 실천하는 영역이 황폐화되어 간다는 것이다. 인문학은 이러한 인간다움을 위한 인간의 정신을 계발하고, 그것에 대해서 사유하는 학문영역이다. 동양에서 전통적으로는 문학·역사·철학[文·史·哲]으로 통합되어 왔던 영역이다.

문학은 인문학의 중심 부분이다. 문학교육의 이념이나 목적 또한 인문학의 존재 의의와 무관하지 않다. 문학교육의 인문적 가치에 비추어서 그 '진정성'이 문제되는 이유가 바로 여기에 있다. 인문학의 위기가 고조되는 상황 속에서 문학교육연구는 새삼스럽게 원론적 화두를 부단히 재개념화하는 데 관심을 가져야 한다. '문학교육은 왜 하는가?'를 끊임없이 확인해야 하는 것이다. 이는 아주 진부한 화두일지도 모른다. 돌이켜보면 우리는 문학이 학교 안에 있으니까, 또는 문학이 교육과정 속에 있으니까, 그래서 문학교육을 운위해 온 일종의 자동화 경향이 있었다. 문학이 서점에 있고, 텔레비전 속에 있고, 월평을 비롯한 각종 서평 속에 있으니까, 그리고 그것을 수용하는 사람들이 있으니까 문학교육을 자동적으로 운위해 온 면이 없지 않다. 이것이야말로 과학기술적 조작 체제 속에서 문학교육을 다루는 아이러니일지도 모른다. 문학교육의 필요성과 의의를 논하는 담론이 진정으로 인문 정신의 위기를 인식하지 못한다면 이 역시 자동화된 문학교육론이 아닌지 검토해 보아야 할 것이다.

향후 문학교육은 인문학의 본질과 가치를 재정립하려는 노력과 밀접한 연관을 가지면서 발전해 갈 것이다. 따라서 문학교육은 첨단 과학·기술 문화가 빚어내는 몰인문가치의 징후에 대항하는 가치 체계로서 그 교육적 위상을 정립해 나가야 할 것이다. 이 과정에서 인문교육이 고답적 자폐로 일관하여, '지금 여기'의 정신 및 문화 현상과 역동성 있는 교섭력을 발휘하지 못했다는 비판이 검토될 것이고, 또한 이 점이 문학교육의 유효한 이념을 모색해 나가는데 어떤 역할을 할 수 있을 것인가 하는 점이 관심을 끌 것이다. 요컨대 인문학의 본질에 대한 성찰이 그 어느 때보다도 절실한 시점에 다다라 있다. 이는 인문학의 본질과 연관되는 사항이거니와, 이러한 요청에 대한 현실적 공인을 문학교육이 어떻게 얻어내느냐 하는 문제는 문학교육의 정책 또는 실천 차원에서 매우 중요한 의미를 띤다.

3. 새로운 교육과정의 지향과 문학교육

문학현상의 개념이 교육내용으로 자리잡는 문학교육을 현실태 차원에서 전망해 볼 수 있다. 21세기로 진입한 이래 벌써 10년이 지났다. 그 사이에 몇 차례 교육과정 변화를 겪었다. 각급 학교에서는 새로운 문학교육의 교육과정이 적용되고 있다. 우리의 경우 교육과정이 교육 내용과 방법을 현실적으로 규정하는 실천율(實踐律)로 작용하는 면이 강한만큼 문학교육의 전망에서 교육과정의 변화를 짚어 보지 않을 수 없다. 사실 교육과정의 변화는 세세한 내용의 숙지 이전에 그 지향과 철학을 제대로 인식하는 것이 중요하다. 그에 따른 내용과 방법의 구체적 항목은 문학교사의 전문성과 현장 조건에 맡겨 두는 것이 바람직하다. 이것이 교육과정의 잘못인지 문학교육현장의 미숙함에서 기인하는 것인지는 분명치 않지만, 문학교육의 경우 이처럼 교육과정을 탄력성 있게 운용할 필요는 문학교육을 문학교육답게 할 수 있는 기본 환경과 연결된다는 점에서 중요하다.

앞에서도 언급했지만, 2015년 문학교육과정에서는 2011년 개정 교육과정에 이어 '작품의 수용과 생산'을 하나의 연속된 문학현상으로 규정하고 있다. 이는 문학교육의 온전성을 교육과정의 공식적 체제 속에서 확인하게 한다는 점에서 그 의의를 찾을 수 있다. 창작교육의 영역을 교육과정이 수용했다는 점은 문학교육이 문학현상의 총체상을 대상으로 한다는 점을 환기한다. 문학교육에서 교육내용은 개념적 지식 차원의 '문학'이 아니다. 또한 다른 사람의 작품을 읽고 분석하는 분석 능력에 국한되는 것도 아니다. 문학교육의 내용인 '문학'은 바로 '문학현상'이 되어야 하고, 그것은 문학의 감상과 이해를 넘어서서 수용과 생산을 하나의 연속적 현상으로 파악하고 경험하는 것이 되어야 한다는 인식을 반영한 것이다. 이는 우리들이 일관되게 주장해 온 바 있는 문학현상의 사원적(四元的) 범주를 문학교육의 내용으로 일반화한 것이라 할 수 있다. 이 점이 바로 7차 문학교육과정 이후 2015년 문학교육과정의 중요한 지향점이라 할 수 있다.

문학현상의 개념이 교육내용으로 자리잡는 문학교육이란 현실태 차원에서 그다지 거창한 명제가 아니다. 문학현상은 누구나 향유할 수 있는 보편적 현상이라는 점에서 교육적 가치를 제고(提高)할 수 있다. 어떤 진정한 동기에 의해서 문학, 또는 문학적인 것을 창작해 내고, 문학텍스트의 구조를 들추어 볼 수 있고, 자신의 경험 및 감수성에 비추어 작품의 의미를 발견해 내고, 이런 모든 문학적 현상을 다시 현실과 삶에 되비추어 성찰하는 경험을 가지도록 하는 것, 그리고 그 경험 속에서 진정한 주체를 경험하는 것, 이것을 문학교육의 중핵 내용으로 삼자는 것이다.

그러나 이때까지 문학현상 네 범주와 그것의 연속성을 교육과정의 내용으로 갖추어 선정한 적이 없다. 당연히 문학교육의 연구와 실천이 이 부분을 여러 각도에서 접근해야 할 것이다. 인문학적 연구 관심에서의 문학과 문학교육에서의 문학이 어떤 변별성을 가지는지를 보이는 시금석이라 할 수 있다. 아울러 이때까지의 문학교육과정이 의도적으로 배제했던 창작교육 문제에 대해서는 기존의 고정관념을 탈피하여 이론 및 실천 전략 면에서 왕성한 연구가 있을 것으로 기대된다.

4. 다매체 환경과 교섭하는 문학교육

다매체 환경을 문학교육이 어떻게 효과적으로 활용할 수 있을 것인가에 대한 논의와 그 결과의 실용화가 문학교육의 한 전망으로 떠오르게 될 것이다. 우리가 체험하고 있는 매체 환경의 변화는 미래 사회의 변모 특징을 가장 첨예하게 보여주는 부분이 될 것이다. 특히 멀티미디어로 일컬어지는 다매체 시스템의 보편화는 문학의 존재방식과 작용방식에 적지 않은 변화를 초래할 것이다. 이러한 변화 중에는 바람직한 면도 있고 그렇지 못한 점도 있을 것이다.

문제는 이러한 매체 환경 변화를 원천적으로 부정할 수 없다는 데 있다. 엄연한 현실로 자리잡고 있고, 그로 인해 이미 교육적 영향을 끼치고 있는 매체 환경을 문학교육의 장면에서 효과적으로 이용할 수 있는 전략을 개발해야 한다. 우리가 연구하고 실천해야 할 과제가 단순히 텍스트로서의 문학이 아니고, 또 문학에 대한 메타 담론도 아니고, 학습자로 하여금 문학을 읽고, 창작하고, 감상하고, 비평하고, 인식할 수 있도록 하는, '문학교육'이란 매우 구체적이고 현실적인 과정과 관련되는 것이기 때문이다.

다매체 환경에서 이루어지는 문학교육에서는 원래의 문자로 구현되는 문학텍스트가 매체에 따라 변용되는 현상이 일어난다. 특히 교육의 구도 속에서 이러한 문학텍스트 변용은 그 나름의 발달상의 합리성을 내세우면서 일반화되거나 교육공학적 효과와 관련해서 강조될 가능성이 있다. 또한 다매체 환경 속에서는 문학의 소통에 큰 변화가 온다. 먼저 심리적 소통에서는 영상적 감수성이 일반화되는 형편에서 문학텍스트의 수용과 내면화에 영상적 침투 방식이 강조되고 중요 서사 텍스트의 서술 방식이나 기법도 이런 영향과 무관하지 않을 것이다. 문학텍스트의 사회적 소통에서는 생산과 소통의 공간이 사이버화되고 소통의 속도와 피드백이 즉시에 가능함으로써 문학의 양적 소비 뒤에 숨어 있는 문제들이 대두될 것이다. 일종의 '풍요 속의 빈곤'이 문제시됨으로써, 생산적 문학 읽기의 문제가 문학교육의 '새로운' 과제로 제기될 것이다.

이러한 변화는 기본적으로 문학교육의 탄력성과 관련되는 문제이다. 그리고 매체 환경은 앞에서 언급한 문화론적 관점의 문학교육과 불가분의 관련을 맺을 수밖에 없다. 이런 점에서도 문학현상을 새롭게 검토하고 개념화하는 문제가 문학교육 연구의 한 국면을 형성할 것이다.

5. 문학교육의 윤리성과 책무성

시대와 환경의 변화가 문학교육에 요청해 오는 여러 가지 압력으로 인해 문학교육은 그 기능적 차원에서의 발달과 변모를 거듭할 것이다. 그런데 문학교육의 기능성이 정교화될수록 문학교육의 이념적 정합성이 부단히 조명되어야 한다. '문학을 왜 가르치는가'에 대한 윤리적 판단이 문학교육의 연구와 실천 각 장면에서 더욱 중요한 의미를 가진다는 것이다.

문학교육의 윤리성과 책무성에 대한 관심이 문학교육 실천의 장에서 일관되게 통용되길 기대하기는 어렵다. 문학교육 실천 과정에서 우선 강조되는 기능적 효율성에 대한 관심 때문에 문학교육의 윤리성과 책무성이 밀려날 수 있는 소지를 미래 사회가 내포하고 있다는 점을 놓쳐서는 아니될 것이다. 이러한 기능적 효율성에 대응력을 갖추기 위해서는 문학교육의 윤리성 또는 문학교육의 본질적 책무성을 구체적 탐구과제로 파악할 필요가 있다. 일반적으로 교육은 윤리의 문제에 그 본질적 관련을 가진다는 점을 굳이 내세우지 않더라도, 상대주의의 다원성이 지배하는 미래 사회에서 문학 교과의 이념적 정합성을 윤리성과 책무성에서 구하는 노력이 필요하게 될 것이다.

이는 물론 단순한 도덕주의의 적용과는 차별화되는 것이다. 문학교육에 내포되는 문학의 지식들, 문학교육이 의도하는 문학적 경험들, 이 모두를 가치론의 차원에서 조명하는 것이므로 이를테면 문학 및 문학교육에 대한 또다른 차원의 인식론을 확립해 나가는 과정이라 할 수 있다. 지식과 경험의 가치를 인문 정신의 윤리에 비추어서 재조명하고 정립하는 것으로서, 이는 달리 말하면 문학교육의 철학을 정립하는 과제와 연결된다.

인문과학으로서의 문학연구는 문학교육연구와는 달리 학문 분야 자체의 윤리성을 달리 강조하지 않아도 된다. 그러나 실천적 현실태를 구체적으로 담당하고, 그 속에 인간을 기르는 과업과 연계된 문학교육은 자기 자신의 윤리성을 통제하는 스스로의 철학과 논리를 가져야 한다. 그런데 이러한 요청이 21세기의 시발점에서 각별히 요청되는 까닭은 인문학의 위기와 관련하여 인문교육의 본질에 대한 압력이 어느 때보다 드세기 때문인지도 모른다. 문학교육은 이러한 과정을 통하여 더욱 힘있는 이론을 구축하고 학문적 위상을 높일 수 있는 계기를 만들 수 있을 것이다.

6. 다문화사회의 문학교육

우리는 단일민족으로서의 긍지를 누렸고, 그것을 이데올로기 차원에서 강화해 나가기도 했다. 그러면서 민족적 정체성을 논의하기도 하였다. '단군신화'가 유별난 교육적 의의를 지니는 것 또한 그러한 민족적 순혈주의와 연관이 있다. 그러나 국제관계가 복잡해지고 외국과 교류가 빈번해지면서 상황은 달라졌다.

아니 아예 시대가 달라졌다. 외국인 노동자가 대거 입국하고 결혼 이민자가 늘어나면서 현재 우리나라에는 100만 명이 넘는 외국인이 거주하고 있다. 국내 거주 외국인의 90%에 가까운 이주노동자들이 장기 체류하면서 다문화적 사회로 변화가 이루어지고 있고, 결혼이민자들이 우리 사회의 일원으로 편입되어 들어오고, 결혼이민자들의 자녀가 학교에 들어가 우리 학생들과 함께 공부를 해야 하는 형편이 되었다. 또 수많은 외국 학생들이 한국의 대학으로 유학 와서 한국어로 강의를 듣고 있으며, 세계 여러 나라에서 한국어를 배우려는 열기가 매우 높다.

한편으로 한류가 형성되면서 외국에서 한국에 대한 인식이 달라지고 한국의 예술, 음식, 언어, 문화 등에 대한 관심이 높아지고 있다. 넓은 의미의 한국문화 가운데 문학이 포함되는 것은 자연스런 일이다. 이러한 시점에서 문학교육 또한 변하는 가운데 항구성이 있는 우리 사회의 특성과 맞물리는 방법과 절차를 개발해야 하는 사명을 지게 되었다. 다문화사회에서의 문학교육이 문학교육의 중요한 과제로 부상된 것이다. 교육과정에서는 이러한 사회변화를 이렇게 기술하고 있다.

> 인간은 다양한 층위의 공동체의 구성원이며, 다른 구성원들과 연대되어

있다. 공동체의 구성원으로서 우리는 환경 문제, 다문화의 문제, 사회적 약자의 문제 등 다양한 문제들에 직면해 있다.[4]

이같이 다문화사회에서 이루어지는 문학교육을 위해서는 다음과 같은 사항을 고려해야 할 것이다. 우선 다문화사회로 전이해 가는 과정에 빚어지는 문화충격이라든지, 문화의 몰이해로 빚어지는 문제 등을 소재로 한 문학작품에 대해 관심을 가지고 그러한 작품을 문학교육의 대상으로 삼아야 한다.[5] 그러한 작품이 모두 평명한 시작으로 형상화된 것은 아닐지 모른다. 그러나 그런 작품들은 현재의 우리 문화적 상황을 이해하는 자료적 가치가 충분하다. 우리 자신은 물론 외국인에게도 한국의 문화상황을 이해하는 데 크게 도움이 된다.

둘째, 한국문학 작품과 텍스트연관성을 지니고 있는 외국작품에 대한 이해도 필요하다. 중국의 〈삼국지〉를 베트남에서는 어떻게 받아들였고 한국에서는 어떻게 받아들였는지를 지식 차원에서 알고, 나라와 시대가 다르면 문화가 수용되는 양상이 다르다는 점을 이해할 필요가 있다. 그리고 자국의 문학교육을 통해 길러진 '문학능력'은 외국문학을 이해하는 데도 큰 도움이 된다. 한국에서 한국어 번역판으로 읽은 셰익스피어의 〈햄릿〉은 유럽에서 충분한 문화교류의 자산이 될 수 있다. 채만식의 〈태평천하〉는 중국의 노신이 쓴 〈아Q정전〉과 비교 연구가 되곤 한다.

셋째, 문학교육 연구의 방법론이 새로워져야 한다. 비교문화론적 관점이 유용성을 지닐 것으로 본다. 비교문학 방법론만으로는 다문화사회의 문학현상을 설명하기 어려운 점이 있다. 문화정책 차원에서 수행되는 한국어교육을 받은 사람들이 읽는 한국문학, 그리고 그들이 이야기하는 자국문학을 비교하는 데는 다른 방법론이 적용되어야 할 것이다. 비교문화학이라든지, 비교교육학 이론을 비교문학 이론과 접목하는 방법론 개발이 있어야 할 것이다.[6]

---

4) 교육부, 「선택교육과정에서의 문학교육과정」, p. 431

5) 이런 작품으로 박범신의 <나마스테>, 김재영의 <코끼리>, 김려령의 <완득이> 등을 예로 들 수 있다.

6) 이득기, 『비교교육학』(문음사, 1996)과 부산대 인문한국 고전번역 『고전번역 비교문화학 연구단 총서 1·2』(미다스북스, 2010) 참조.

7. 제4차 산업혁명과 문학교육

디지털 혁명을 기반으로 하는 제4차 산업혁명이 현실화되는 이 시대에 문학교육의 가치와 방향을 논하는 것은 때이른 감이 없지 않다. 프로바둑 기사 이세돌과 인공지능 알파고가 바둑 대결을 하는 과정에서 인공지능의 위력이 드러났다. 머지않아 자율주행자동차가 도로 위를 달릴 것으로 예상된다. 드론이 상품을 배달하는 등 삶의 환경은 눈부신 변화를 거듭하고 있다. 이러한 상황에서 문학의 미래를 점치기는 실로 난감한 일이다. 문학교육의 가치와 방향을 이야기하기는 더욱 어려운 실정이다.

문학은 시대변화를 반영하면서 동시에 그 변화를 창출하는 선도적 역할을 하기도 한다. 그런 점에서 제4차 산업혁명으로 일컬어지는 시대 변화와 문학과 문학교육의 연관성을 다시 짚고넘어갈 필요가 있다.

현재의 제4차 산업혁명에 대해 클라우스 슈밥(Klaus Schwab)은 인류의 발전 과정과 연관지어 도식화하여 보여준다. 그가 지적하는 산업 발전은 다음과 같이 도식화된다. 즉 '농업혁명→제1차 산업혁명→제2차 산업혁명→제3차 산업혁명→제4차 산업혁명'으로 전개되었다는 것이다. 농업혁명은 1만 년 전부터 18세기 이전까지 농경생활 중심의 시기를 말한다. 제1차 산업혁명은 1760~1840년경 증기기관의 발명과 철도 건설로 인한 기계적 생산으로 노동력을 대신한 시기이다. 제2차 산업혁명은 19세기 말에서 20세기 초까지 전기와 생산 조립 라인의 출현으로 대량생산이 가능했던 시기를 뜻한다. 제3차 산업혁명은 1960년대부터 20세기 말까지 반도체, 컴퓨터, 인터넷 등이 산업의 중심이 되던 시기를 가리킨다. 제4차 산업혁명은 21세기의 시작과 동시에 출현했는데, '유비쿼터스 모바일 인터넷, 더 저렴하면서 작고 강력해진 센서, 인공지능과 기계학습'[7]을 그 특징으로 한다.

제4차 산업혁명이 더 진전되면 빈부의 격차가 심화되고, 자동기계의 발달

---

7) Klaus Schwab, *The Fourth Industrial Revolution*(World Economic Forum, 2016), 송경진 역, 『클라우스 슈밥의 제4차 산업혁명』, 새로운현재, 2016. p. 25.

로 지금과는 다른 여가가 증대될 것으로 예상된다. 바이오 테크놀로지 등의 발달로 인간의 생명이 연장되고, 인간의 신체가 부속품의 조합으로 전환되어 인간의 정체성에 위기가 도래할 수도 있다. 이러한 시대의 문학은 여가생활에 기여하도록 방향이 잡힐 수도 있고, 인간의 자존감과 정체성을 다루는 철학적 속성을 띠는 문학이 나타날 것도 예상된다. 그렇게 되면 문학이 인문학의 총아로 등장할 것이 예상된다. 문학교육도 이러한 문학의 변화를 반영하는 방향으로 전개되어야 할 것이다.

여기서 우리는 애플 사(社)의 창업자인 스티븐 잡스(Steve Jobs)의 사례를 떠올리게 도니다. 그는 유년 시절부터 문학과 역사 철학 등을 접하면서 창의적으로 사고하는 방법을 배웠고, 그것이 후에 창의적인 제품을 만드는 데 도움이 되었다고 고백했다. 기술과 인문학적 교양의 관계를 고려하게 된다. 아울러 우리는 문학교육의 방향과 가치에 대해 시사점을 얻을 수도 있다.

문학을 비롯한 인문학의 역할은 세계 진전에 대한 통합적 시각을 확보하고, 현재 진행되고 있는 변화를 메타적으로 성찰할 수 있다는 점이다. 따라서 인문학은 제4차 산업혁명의 인공지능과 기계 문명 발전에 조력자 역할을 할 수 있음은 물론, 비판적 성찰을 동시에 수행할 수 있다. 문학은 그 영역 한 분야에 비평을 포함하고 있다. 비평이란 문학에 대한 자성을 뜻한다. 문학이란 무엇인가, 문학의 소통은 어떤 원리에 따라 이루어지는가, 문학은 인간 행복에 어떤 기여를 할 수 있는가 하는 등이 문학비평에서 수행하는 역할이다. 다른 말로 한다면 문학비평은 일종의 문학철학이라 할 수 있다. 문학이 인간의 삶을 다룬다면, 자연스럽게 비평은 인간 삶의 문제를 다루게 된다.

이러한 시각으로 본다면 인공지능과 기계문명은 근본적으로 인문학적 사유를 통해 정당화되고 가치를 부여받아야 한다. 아울러 비평적 시각으로 문제를 제기하고 그 문제를 해결하는 방법론이 마련되어야 한다. 철학과 역사, 그리고 문학에 내재된 인간의 본질적 지혜는 시대를 초월한 보편성을 지닌다. 그 지혜는 제4차 산업혁명에 대한 성찰을 통해 긍정적이고 바람직한 방향으로 이끈다. 인문학적 사유는 제4차 사업혁명 시대 인간의 자아개념을 정립하고 미래를 전망할 수 있는 지혜로 작용할 것이다.

문학교육학은 인문학적 사유와 상상력을 바탕으로 인간의 존재조건을 점검하고 삶의 가치를 드러내면서 성찰할 수 있는 방법을 교육하는 학문이다. 달리 말하자면 문학교육은 문학의 인문학적 가치를 탐구하고 실천한다. 인문학적 가치는 인간에게 창조적인 삶을 모색하게 하는데, 여기에는 상상력의 작용이 핵심 요건이다. 문학교육에서 상상력이 중요한 이유는 새로운 세계를 모색하고, 인간의 정서적 구체성을 확보해 주기 때문이다. 이론과 실천을 아우르되 정서차원의 삶의 구체성을 가능하게 해주기 때문이다.

제4차 산업혁명 시대 인간 삶의 조건과 정서의 문제에 대해 성찰하고, 이를 형상화할 수 있는 것이 상상력이다. 삶의 문제에 대한 성찰이란 인공지능의 발달로 인해 인간의 자아개념이 파탄에 이를 수 있는데, 인공지능과 인간의 정체성 사이에 어떤 관계를 설정할 것인가 하는 문제를 우선 꼽을 수 있다. 이는 윤리의 문제와 연관되는 사항이다. 기계에 조종당하는 인간의 정체성을 어떻게 확립할 것인가, 인공지능으로 인간의 지적능력을 능가한다면 그러한 시대에 윤리를 어떻게 정립할 것인가 하는 등의 문제가 성찰의 대상으로 부상할 것이다.

아울러 여가의 문제도 성찰의 대상이 된다. 인간은 일을 통해 가치를 실현한다는 전통적인 사고가 인간의 노동을 대신하는 기계로 인해 일자리를 잃고 빈민으로 전락할 경우, 이런 문제를 어떻게 해결할 것인가 하는 문제도 성찰의 대상이 된다.

인공지능과 자동기계기계 문명 발전에 비판적 역할을 수행할 수 있다. 제4차 산업혁명은 인간의 삶을 편리하게 해주지만, 인간이 인공지능(AI)과 로봇과 경쟁해야 하는 만큼 인류에게 위협이 되기도 한다. 기계의 막강한 정보력과 분석력 앞에 인간의 능력은 한계를 드러낸다. 이러한 상황에서 직관력과 상상력은 그 의미가 더욱 부각된다.그리고 윤리적 판단 능력을 바탕으로 인공지능과 기계 문명이 가져올 부정적인 상황을 뛰어넘을 수 있을 것으로 전망된다.

문학교육학은 문학에 내재한 윤리적 가치를 탐구하는 학문이다. 윤리적 가치는 타자를 존중하고 다양성을 인정하는 데서 비롯된다. 인공지능과 기계문명이 인간의 가치에 도전한다고 하더라도, 그것이 결국 인간의 가치개념과 상상력의 범주 안에 있다면 그 도전의 한계 또한 인간의 능력 안에 있게 된다. 문학교육은 인공지능과 기계 문명의 비인간화 현상을 비판하면서도 그것과 상생할 수 있는 윤리적 가치를 모색하게 해준다. 이런 점을 고려한다면 문학교육은 제4차 산업혁명이 지향하는 가치를 탐구하고, 이를 문학 교육내용으로 새롭게 구성할 방법을 모색해야 할 것이다.

부 록

2015년 문학교육과정 개관

2015년 국어과 교육과정 중 문학교육과정(발췌분)

문학교육 관련 서지목록

2015년 문학교육과정 개관

1. 문학교육의 교육과정

교육과정은 교육 내용을 명시할 뿐만 아니라 교육을 실천하는 지침 역할을 한다. 그리고 교육과정은 사회 문화적 맥락과 연관되기 때문에 사회문화의 변화에 따른 현실적인 요구를 반영하게 마련이다. 현실적 변화를 수용하기 위해서는 일정한 기간이 지나면 개정을 하게 된다. 2015년 교육과정은 2011년 교육과정의 취지를 계승했고, 시대 변화에 맞추어 새로운 내용을 추가했다. 그러나 개정의 논리적 근거가 취약하고, 교과 내부가 아니라 교과 외부의 요구 때문에 개정한 정황이 짙다. 그럼에도 불구하고 내용체계를 보다 체계적으로 구성하고, 성취 기준 그룹별로 '학습요소'를 제시하는 등 교과의 성격을 세심하게 반영하고 있다.

'문학'은 [공통 교육과정・선택 중심 교육과정(공통 과목)]의 〈국어〉 과목의 5개 영역(듣기・말하기, 읽기, 쓰기, 문법, 문학) 중 '문학' 영역과 [선택 중심 교육과정(일반선택)]의 〈문학〉 과목으로 구성되었다. 2011년 교육과정은 [공통교육과정]의 기간이 9년이었지만, 2015년 교육과정은 그 기간이 10년으로 늘었다. 이에 따라 학년군은 '초등학교 1-2학년', '초등학교 3-4학년', '초등학교 5-6학년', '중학교 1-3학년', '고등학교 1학년'과 같이 조정되었다. 그래서 초등학교 1학년부터 고등학교 1학년까지는 〈국어〉 과목의 '문학' 영역을 배우고, 고등학교 2학년부터는 〈문학〉 과목을 배운다. 여기서는 〈국어〉 과목의 '문학' 영역과 〈문학〉 과목의 내용을 개략적으로 살펴보기로 한다.

2. 국어과 교육과정 내의 '문학' 영역

교육과정의 변화를 살피기 위해서는 이전 교육과정과 비교하는 방법을 취하게 된다. 2011년 국어과 교육과정의 문학교육 목표는 "문학에 대한 기본적인 지식을 바탕으로 문학 작품을 수용하거나 생산하면서 인간의 다양한 삶을 총체적으로 이해하는 능력을 기르고 심미적 정서를 함양한다"로 되어 있다. 이에 반해 2015년 국어과 교육과정에서 문학교육의 목표는 별도로 제시되지 않고, "국어로 이루어지는 이해・표현 활동 및 문법과 문학의 본질을 이해하고, 의사소통이 이루어지는 맥락의 다양한 요소를 고려하여 품위 있고 개성 있는 국어를 사용하며, 국어문화를 향유하면서 국어의 발전과 국어문화 창조에 이바지하는 능력과 태도를 기른다"고 하여 다른 영역과 결합해 목표를 제시한다. 문학 영역과 다른 영역 간의 통합을 강조한 것으로 보인다.

2011년 국어과 교육과정과 2015년 국어과 교육과정에서 가장 눈에 띄게 바뀐 부분은 '내용 체계'이다. 2011년 국어과 교육과정의 '문학' 영역의 내용 체계는 '실제, 지식, 수용과 생산, 태도' 등의 4개의 요소로 되어 있다. 2015년 국어과 교육과정의 '문학' 영역의 내용 체계는 '핵심 개념, 일반화된 지식, 학년(군)별 내용 요소, 기능' 체계로 새롭게 구성하였다. 이 체계는 총론 팀의 지침으로 전 교과에 공통 적용되었다고 한다.[8] 기존의 '수용과 생산, 태도' 등은 '핵심 개념'의 하위 항목으로 나타나는 것도 특징이다. 목표와 마찬가지로 교수학습 및 평가의 방향에서 '문학'에 대한 내용을 별도로 제시하지 않고 타 영역과 종합해 제시한다. 이는 이전 교육과정과는 다르게 2015년 교육과정은 영역 간 통합을 실질적으로 지향하고 있다는 것을 말해준다.

3. [선택 중심 교육과정(일반선택)]의 〈문학〉 과목

2011년 국어과 교육과정은 공통교육과정의 기간을 9년으로 정했지만, 2015년 교육과정은 2007년 개정 7차 교육과정 때처럼 다시 10년으로 늘렸다. 이에 따라 [선택 중심 교육과정]은 고등학교 2학년부터 적용된다. [선택 중심 교육과정(일반선택)]은 〈화법과 작문〉, 〈독서〉, 〈언어와 매체〉, 〈문학〉 등과 같이 4개의 과목으로 구성되었다. 여기서는 [선택 중심 교육과정(일반선택)]의 〈문학〉 과목을 살펴본다.

〈문학〉 과목의 목표는 "문학 작품의 수용·생산 활동을 통해 창의적인 문학 능력을 기르고, 문학의 본질과 양상에 대한 이해를 심화하며, 타인 및 세계와 소통하며 자아를 성찰하고 문학문화의 발전에 기여한다"로 되어 있는데, 이는 2011년 국어과 교육과정의 〈문학〉 과목과 크게 다른 점은 없다. 〈문학〉 과목의 내용 체계의 요소는 2011년 교육과정에는 '문학의 수용과 생산, 한국 문학의 범위와 역사, 문학과 삶'이었지만, 2015년 교육과정에는 '문학의 본질, 문학의 수용과 생산, 한국 문학의 성격과 역사, 문학에 대한 태도'로 되어 있다. 2015년 교육과정에서는 문학의

8) 김창원, 「2015 교육과정을 통해 본 국어과 교육과정 발전의 논제」, 『국어교육학연구 51-1』, 국어교육학회, 2006. p. 27.

본질과 문학에 대한 태도 등이 강조된 것을 확인할 수 있다.

2015년 국어과 교육과정의 〈문학〉 과목의 교수·학습 및 평가의 방향은 종합성, 통합성, 연계성 등을 고려하도록 구성되었다. 특히 '문학' 과목과 다른 과목 간의 통합에 중점을 둔 점이 특징이다. 또한 한 학기에 한 권의 책을 골라 긴 호흡으로 읽는 활동을 제시한다. 자발적인 문학 활동과 문학의 생활화를 염두에 둔 활동으로 보인다.

4. 교육과정 운영의 효율화

교육과정은 교육 목표를 달성하기 위한 일체의 계획, 전략, 수단, 방법을 포괄한다. 따라서 교육실천의 지표 역할을 한다고 해도 과언이 아니다. 그러나 그 내용을 그대로 묵수할 것이 아니라 교육과정을 운용하는 교사들 편에서 탄력적으로 운용해야 한다. '주어진' 교육과정을 넘어 '만들어 가는' 교육과정이 필요한 것이다. 교사들은 교육과정을 입안하는 주체이기도 하다. 연구자들의 경우는 교육현장을 고려하여 교육과정을 이해하고 비판적으로 바라보아야 한다. 그래야 교육과정을 창조적으로 운용할 수 있게 된다.

아울러 교육과정의 구체화 과정에서 나타날 수 있는 교사와 연구자의 창조적 재구성 능력이 필요하다. 교사와 연구자 간의 활발한 소통이 이루어질 때 보다 정교하고 체계적이고 실천적인 교육과정이 개발될 수 있다. 문학교육은 문학에 대한 구체적 체험을 기본으로 한다. 작품 읽기와 글쓰기로 수행되는 창작을 문학교육의 중심에 두어야 한다. 최근 교육과정이 작품의 수용과 생산을 강조하는 것도 이러한 점을 반영한 것으로 보인다. 그리고 교육과정의 내용은 하나의 관점만을 강조할 것이 아니라 지식, 과정, 경험, 기능, 가치, 전략, 문화 등의 다양한 내용을 바탕으로 구성될 필요가 있다. 그래야 교육과정 운용의 효율화를 기할 수 있다.

2015년 국어과 교육과정 중 문학교육과정(발췌분)

교육부, 국어과 교육과정, 고시 제2015-74호

□ [공통 교육과정 · 선택 중심 교육과정(공통 과목)]

1. 국어 과목의 성격

국어는 대한민국의 공용어로서 사고와 의사소통의 도구이자 문화 창조와 전승의 기반이다. 학습자는 국어를 활용하여 자아를 인식하고 타인과 교류하며 세계를 이해한다. 또한 다양한 국어 활동을 통해 문화를 이해 · 향유하며 새로운 문화의 발전에 참여한다. 한편으로, 국어는 학습의 중요한 토대이기도 하다. 학교 안과 밖에서 이루어지는 대부분의 학습은 국어를 통해 이루어지므로 국어 능력은 학습의 성패를 결정하는 중요한 요인이 된다. 국어 능력이 부족하면 효과적인 학습이 어렵고 결과적으로 성공적인 삶을 영위하기도 어렵다. 따라서 학습자는 학교생활을 통해 폭넓은 국어 경험을 쌓으며 일상생활과 학습에 필요한 실질적인 국어 능력을 길러야 한다. 이를 바탕으로 학습자는 더 깊이 있는 사고와 효과적인 소통, 발전적인 문화 창조 능력을 갖추게 된다. 나아가 자신의 말이나 글에 책임지는 태도를 지니고, 바람직한 인성과 공동체 의식을 기름으로써 국어 교육의 목적을 달성할 수 있다.

初 · 중 · 고 공통 과목인 '국어'는 국어를 정확하고 효과적으로 사용하는 데 필요한 능력과 태도를 기르고, 비판적이고 창의적인 국어 사용을 바탕으로 하여 국어 발전과 국어문화 창달에 이바지하려는 뜻을 세우며, 가치 있는 국어 활동을 통해 바람직한 인성과 공동체 의식을 함양하는 과목이다. 학습자는 '국어'의 학습을 통해 '국어'가 추구하는 역량인 비판적 · 창의적 사고 역량, 자료 · 정보 활용 역량, 의사소통 역량, 공동체 · 대인 관계 역량, 문화 향유 역량, 자기 성찰 · 계발 역량을 기를 수 있다.

'국어'에서 추구하는 비판적 · 창의적 사고 역량은 다양한 상황이나 자료, 담화,

글을 주체적인 관점에서 해석하고 평가하여 새롭고 독창적인 의미를 부여하거나 만드는 능력이고, 자료 · 정보 활용 역량은 필요한 자료나 정보를 수집, 분석, 평가하고 이를 효과적으로 활용하여 의사를 결정하거나 문제를 해결하는 능력이다. 의사소통 역량은 음성 언어, 문자 언어, 기호와 매체 등을 활용하여 생각과 느낌, 경험을 표현하거나 이해하면서 의미를 구성하고 자아와 타인, 세계의 관계를 점검 · 조정하는 능력이며, 공동체 · 대인 관계 역량은 공동체의 가치와 공동체 구성원의 다양성을 존중하고 상호 협력하며 관계를 맺고 갈등을 조정하는 능력이다. 그리고 문화 향유 역량은 국어로 형성 · 계승되는 다양한 문화를 이해하고 그 아름다움과 가치를 내면화하여 수준 높은 문화를 향유 · 생산하는 능력이며, 자기 성찰 · 계발 역량은 삶의 가치와 의미를 끊임없이 반성하고 탐색하며 변화하는 사회에서 필요한 재능과 자질을 계발하고 관리하는 능력이다. 이들 역량은 미래 사회에서 필요한 핵심적인 능력 요소로서, '국어'는 이를 신장하기 위해 의미 있는 목표를 설정하고 적정한 성취기준 및 효과적인 교수 · 학습과 평가의 방향을 체계적으로 제시하였다.

'국어'의 하위 영역은 듣기 · 말하기, 읽기, 쓰기, 문법, 문학이다. 학습자는 이들 영역에 관한 지식을 갖추고 각 영역의 수행에 필요한 기능과 태도를 기름으로써 '국어'의 목표를 달성할 수 있다. 이를 위하여 '국어'는 담화나 글, 작품을 정확하고 비판적으로 이해하고 생각과 느낌, 경험을 효과적이고 창의적으로 표현하는 활동과, 국어가 쓰이는 실제 현상을 탐구하여 국어를 깊이 있게 이해하고 반성적으로 인식하는 활동, 그리고 문학 작품을 수용하거나 생산하면서 인간의 다양한 삶을 이해하고 정서를 함양하는 활동으로 내용을 구성하였다. 학습자는 이러한 활동에 능동적이고 적극적으로 참여하여 '국어'의 목표를 달성해야 한다.

'국어'가 지니는 또 하나의 특성은 국어 교과가 다른 교과의 학습 및 비교과 활동과 범교과적으로 연계된다는 점이다. '국어'는 범교과적 내용이나 주제를 담은 담화나 글, 작품을 듣기 · 말하기, 읽기, 쓰기의 활동 자료로 활용함으로써 미래 사회가 요구하는 융합형 인재를 기르는 데 이바지한다. 그러므로 '국어'의 교수 · 학습과 평가는 학습자가 다양한 차원의 통합적 활동을 통하여 교과 역량을 기반으로 한 실질적인 국어 능력을 기르도록 하는 데 중점을 두어야 한다.

2. 국어 과목의 목표

국어로 이루어지는 이해 · 표현 활동 및 문법과 문학의 본질을 이해하고, 의사소통이 이루어지는 맥락의 다양한 요소를 고려하여 품위 있고 개성 있는 국어를 사용하며, 국어문화를 향유하면서 국어의 발전과 국어문화 창조에 이바지하는 능력과 태도를 기른다.

가. 다양한 유형의 담화, 글, 작품을 정확하고 비판적으로 이해하고 효과적이고 창의적으로 표현하며 소통하는 데 필요한 기능을 익힌다.

나. 듣기·말하기, 읽기, 쓰기 활동 및 문법 탐구와 문학 향유에 도움이 되는 기본 지식을 갖춘다.

다. 국어의 가치와 국어 능력의 중요성을 인식하고 주체적으로 국어생활을 하는 태도를 기른다.

3. 내용 체계 및 성취기준

가. '문학' 영역의 내용 체계

핵심 개념	일반화된 지식	학년(군)별 내용 요소					기능
		초등학교			중학교	고등학교	
		1~2학년	3~4학년	5~6학년	1~3학년	1학년	
▸문학의 본질	문학은 인간의 삶을 언어로 형상화한 작품을 통해 즐거움과 깨달음을 얻고 타자와 소통하는 행위이다.			• 가치 있는 내용의 언어적 표현	• 심미적 체험의 소통	• 유기적 구조	• 몰입하기 • 이해·해석하기 • 감상·비평하기 • 성찰·향유하기 • 모방·창작하기 • 공유·소통하기 • 점검·조정하기
▸문학의 갈래와 역사 • 서정 • 서사 • 극 • 교술 ▸문학과 매체	문학은 서정, 서사, 극, 교술의 기본 갈래를 중심으로 하여 언어, 문자, 매체의 변화와 함께 시대에 따라 변화해 왔다.	• 그림책 • 동요, 동시 • 동화	• 동요, 동시 • 동화 • 동극	• 노래, 시 • 이야기, 소설 • 극	• 노래, 시 • 이야기, 소설 • 극 • 교술	• 서정 • 서사 • 극 • 교술 • 문학 갈래의 역사	
▸문학의 수용과 생산 • 작품의 내용·형식·표현 • 작품의 맥락 • 작가와 독자	문학은 다양한 맥락을 바탕으로 하여 작가와 독자가 창의적으로 작품을 생산하고 수용하는 활동이다.	• 작품 낭독·감상 • 작품 속 인물의 상상 • 말놀이와 말의 재미 • 일상생활에	• 감각적 표현 • 인물, 사건, 배경 • 이어질 내용의 상상 • 작품에 대한 생각과 느낌	• 작품 속 세계와 현실 세계의 비교 • 비유적 표현의 특성과 효과 • 일상 경험의	• 비유, 상징의 효과 • 갈등의 진행과 해결 과정 • 보는 이, 말하는 이의 관점 • 작품의 사회·문화적 배경	• 갈래 특성에 따른 형상화 방법 • 다양한 사회·문화적 가치 • 시대별 대표작	

		서 겪은 일의 표현	표현	극화 • 작품의 이해와 소통	• 작품의 현재적 의미 • 작품 해석의 다양성 • 재구성된 작품의 변화 양상 • 개성적 발상과 표현		
▸문학에 대한 태도 • 자아 성찰 • 타자의 이해와 소통 • 문학의 생활화	문학의 가치를 인식하고 인간과 세계를 성찰하며 문학을 생활화할 때 문학 능력이 효과적으로 신장된다.	• 문학에 대한 흥미	• 작품을 즐겨 감상하기	• 작품의 가치 내면화하기	• 문학을 통한 성찰	• 문학의 주체적 수용과 생활화	

나. '문학' 영역의 학년(군)별 성취기준

[초등학교 1~2학년]

[2국05-01] 느낌과 분위기를 살려 그림책, 시나 노래, 짧은 이야기를 들려주거나 듣는다.

[2국05-02] 인물의 모습, 행동, 마음을 상상하며 그림책, 시나 노래, 이야기를 감상한다.

[2국05-03] 여러 가지 말놀이를 통해 말의 재미를 느낀다.

[2국05-04] 자신의 생각이나 겪은 일을 시나 노래, 이야기 등으로 표현한다.

[2국05-05] 시나 노래, 이야기에 흥미를 가진다.

[초등학교 3~4학년]

[4국05-01] 시각이나 청각 등 감각적 표현에 주목하며 작품을 감상한다.

[4국05-02] 인물, 사건, 배경에 주목하며 작품을 이해한다.

[4국05-03] 이야기의 흐름을 파악하여 이어질 내용을 상상하고 표현한다.

[4국05-04] 작품을 듣거나 읽거나 보고 떠오른 느낌과 생각을 다양하게 표현한다.

[4국05-05] 재미나 감동을 느끼며 작품을 즐겨 감상하는 태도를 지닌다.

[초등학교 5~6학년]

[6국05-01] 문학은 가치 있는 내용을 언어로 표현하여 아름다움을 느끼게 하는 활동임을 이해하고 문학 활동을 한다.

[6국05-02] 작품 속 세계와 현실 세계를 비교하며 작품을 감상한다.

[6국05-03] 비유적 표현의 특성과 효과를 살려 생각과 느낌을 다양하게 표현한다.
[6국05-04] 일상생활의 경험을 이야기나 극의 형식으로 표현한다.
[6국05-05] 작품에 대한 이해와 감상을 바탕으로 하여 다른 사람과 적극적으로 소통한다.
[6국05-06] 작품에서 얻은 깨달음을 바탕으로 하여 바람직한 삶의 가치를 내면화하는 태도를 지닌다.

[중학교 1~3학년]

[9국05-01] 문학은 심미적 체험을 바탕으로 한 다양한 소통 활동임을 알고 문학 활동을 한다.
[9국05-02] 비유와 상징의 표현 효과를 바탕으로 작품을 수용하고 생산한다.
[9국05-03] 갈등의 진행과 해결 과정에 유의하며 작품을 감상한다.
[9국05-04] 작품에서 보는 이나 말하는 이의 관점에 주목하여 작품을 수용한다.
[9국05-05] 작품이 창작된 사회·문화적 배경을 바탕으로 작품을 이해한다.
[9국05-06] 과거의 삶이 반영된 작품을 오늘날의 삶에 비추어 감상한다.
[9국05-07] 근거의 차이에 따른 다양한 해석을 비교하며 작품을 감상한다.
[9국05-08] 재구성된 작품을 원작과 비교하고, 변화 양상을 파악하며 감상한다.
[9국05-09] 자신의 가치 있는 경험을 개성적인 발상과 표현으로 형상화한다.
[9국05-10] 인간의 성장을 다룬 작품을 읽으며 삶을 성찰하는 태도를 지닌다.

[고등학교 1학년]

[10국05-01] 문학 작품은 구성 요소들과 전체가 유기적 관계를 맺고 있는 구조물임을 이해하고 문학 활동을 한다.
[10국05-02] 갈래의 특성에 따른 형상화 방법을 중심으로 작품을 감상한다.
[10국05-03] 문학사의 흐름을 고려하여 대표적인 한국 문학 작품을 감상한다.
[10국05-04] 문학의 수용과 생산 활동을 통해 다양한 사회·문화적 가치를 이해하고 평가한다.
[10국05-05] 주체적인 관점에서 작품을 해석하고 평가하며 문학을 생활화하는 태도를 지닌다.

4. 교수 · 학습 및 평가의 방향

가. 교수 · 학습 방향

(1) '국어' 교육과정에서 제시한 목표와 성취기준을 고려하여 학습자가 미래 사회에서 요구하는 국어과 교과 역량을 기를 수 있도록 교수 · 학습을 계획하고 운용한다.

① '국어' 교수 · 학습은 국어과 교과 역량인 비판적 · 창의적 사고 역량, 자료 · 정보 활용 역량, 의사소통 역량, 공동체 · 대인 관계 역량, 문화 향유 역량, 자기 성찰 · 계발 역량을 함양하는 데 중점을 둔다.

② 국어과 교과 역량을 효과적으로 함양할 수 있도록 '국어' 교육과정의 목표와 성취기준에서 핵심적이고 필수적인 개념이나 지식, 전이력이 높은 기능 및 태도를 중심으로 교수 · 학습을 계획한다.

③ 다양하고 실제적인 삶의 맥락에서 학습자 간 상호 협력을 통해 문제를 해결하도록 하는 학습 과제를 제시하여, 학습자가 과제를 해결하는 과정에서 국어과 교과 역량을 함양하도록 교수 · 학습을 운용한다.

④ 교사가 교수 · 학습에서 의도한 교과 역량 이외에 학습자가 과제를 해결하는 과정에서 기르게 되는 교과 역량에도 주목하여 각각의 교과 역량이 상호 연결되도록 한다. 교과 역량을 중심으로 각각의 성취기준을 통합하여 운영함으로써 '국어'의 목표를 내실 있게 달성할 수 있다.

(2) 국어 활동의 총체성을 고려하여 통합형 교수 · 학습을 계획하고 운용한다.

① '국어' 교과 내, '국어' 교과와 다른 교과 간, '국어' 교과와 비교과 활동 및 학교 밖 생활과의 통합을 통해 국어 지식의 단절을 극복하고 삶의 연속성 위에 개성 있고 품위 있는 국어생활을 추구하는 데 중점을 둔다.

② 통합의 매개 요소로 주제, 학습 내용 요소, 학습 자료나 제재, 학습 과제 해결을 위한 사고나 기능, 교과 역량과의 관련성, 의사소통 상황 등, '국어'와 관련될 수 있는 매개 요소를 다양하게 탐색하여, 통합의 취지에 알맞은 교수 · 학습을 계획한다.

③ 통합 요소 간 공통점과 차이점, 영역 간 횡적 연계성, 학년(군)별 종적 연계성을 고려하여 학습의 효율성을 높이도록 교수 · 학습을 운용한다.

④ 국어 교과의 연계성과 총체성을 고려하여 하위 학년(군)과 상위 학년(군)의 성취기준을 적절히 활용할 수 있다.

⑤ 교사와 교사, 교사와 학교, 지역 사회가 서로 소통하고 협력하여 교육과정을 공유하거나, 교수 · 학습 시기 및 학사 일정을 조절하여 통합형 교수 · 학습의 여건을 내실 있게 조성한다.

⑥ 한 학기에 한 권, 학년(군) 수준과 학습자 개인의 특성에 맞는 책을 긴 호흡으로 읽을 수 있도록 도서 준비와 독서 시간 확보 등의 물리적 여건을 조성하고, 읽고, 생각을 나누고, 쓰는 통합적인 독서 활동을 학습자가 경험할 수 있도록 한다.

(3) 학습 활동 과정에서 의미 있는 배움이 일어날 수 있도록 학습자 참여형 교수 · 학습을 계획하고 운용한다.

① 학습자가 자기 주도적으로 수업에 참여하게 하기 위하여 학습자의 요구를 수용하고 학습자 스스로 활동을 선택하도록 한다. 이 과정에서 '국어'의 교육 목표 달성에 필요한 지식, 기능 태도를 기르는 데 중점을 둔다.

② 학습자가 흥미를 느끼고 몰입하여 유의미한 언어 사용 경험을 쌓을 수 있도록 학습자의 수준, 관심과 흥미, 적성과 진로, 언어와 문화 배경 등의 개인차와 학교 및 교실 환경 등의 물리적 조건을 고려하여 '국어' 수업 활동을 계획한다.

③ 학습자가 배우고 익혀야 할 내용과 과정을 구조화 · 위계화하여 제시하고, 나아가 '국어'와 다른 교과를 통합하여 학습자의 배움이 창의적으로 심화 · 확장되도록 한다.

④ '국어'의 교육 목표와 성취기준의 성격을 고려하여 직접 교수법, 토의 · 토론 학습, 탐구 학습, 문제 해결 학습, 프로젝트 학습, 역할놀이 학습, 거꾸로 학습 등 적절한 교수 · 학습 방법을 선택하여 운용하되, 학습자 참여형 교수 · 학습이 되도록 한다.

⑤ 학습자 스스로 자신의 수업 활동을 점검할 수 있도록 학습 목표와 학습 요소를 매 차시 환기하고, 학습자가 창의적으로 주도하는 활동을 적극적으로 조력하며, 수업에 참여하는 동기를 높인다.

(4) '국어'의 학습 목표를 달성하는 과정에서 바람직한 인성을 함양하도록 교수 · 학습을 계획하고 운영한다.

① 학습자가 교수 · 학습 과정에서 자기 자신과 타인, 사회 · 문화에 대해 바람직한 가치관과 태도를 기르도록 하는 데 중점을 둔다.

② 학습 자료나 제재의 선정, 학습 활동 설계, 교수 · 학습 방법의 선택과 활

용, 수업 과정에서의 발문 등 다양한 차원에서 인성 함양을 고려하며 교수·학습을 계획한다.

③ 국어 활동을 통해 자신의 경험과 생각을 성찰하고 학습자 간에 상호 소통하는 가운데 인성을 기르도록 교수·학습을 운용한다.

④ '국어' 수업에서 배운 정의적인 내용을 실제 언어생활에 적용하도록 하여, 인성 요소가 지식 학습으로 그치지 않고 학습자에게 내면화되도록 지속적으로 지도한다.

나. 평가 방향

(1) '국어' 교육과정과 연계하여, 평가 내용의 균형, 평가 방법 및 평가 도구의 타당성, 신뢰성, 적절성 등을 고려하여 평가 계획을 수립한다.

① '국어' 교육과정의 목표와 성취기준을 반영하여, 학습 목표 및 학습 내용을 평가 내용 및 평가 도구와 연계하여 평가 계획을 수립한다.

② '국어'에서 기르고자 하는 교과 역량 및 창의·인성 등 평가 내용의 특성을 고려하되, 표현 능력과 이해 능력, 인지적·행동적·정의적 요소가 균형을 이루도록 평가 계획을 수립한다.

③ '국어'에 관한 단순하고 지엽적인 지식보다는 학습자의 실제적인 국어 능력을 평가할 수 있도록 계획을 수립하되, 국어를 사회적 소통에 복합적으로 활용할 수 있는 능력을 함께 평가할 수 있도록 계획한다.

④ 평가 목적, 내용, 상황 등을 고려하여 양적 평가와 질적 평가, 형식 평가와 비형식 평가, 간접 평가와 직접 평가, 과정 평가와 결과 평가, 지필 평가와 수행 평가 등을 적절히 활용하여 평가 계획을 수립한다.

⑤ 구술 평가, 서술형 평가, 논술형 평가, 연구 보고서 평가, 포트폴리오 평가, 관찰 평가, 컴퓨터 기반 평가 등 다양한 평가 방법을 적절하게 활용하여, 평가 과정에서도 배움이 일어날 수 있도록 평가 계획을 수립한다.

(2) 학습자의 국어 능력의 신장을 판단하고, 교수·학습 방법 및 평가 도구 개선에 기여할 수 있도록 학습 과정과 결과를 균형 있게 평가한다.

① 학습자의 수준, 관심, 흥미, 적성, 진로 등 개인차를 고려하되, 학습자의 '국어' 활동의 과정과 결과를 균형 있게 평가할 수 있도록 다양한 평가 방법을 모색한다.

② 국어 사용의 실제성이 드러나도록 평가 과제, 평가 상황을 실제 삶의 맥락

에서 설정하여 평가한다.

③ 사전 지식이나 능력보다는 '국어'의 활동을 통해 얻은 배움의 내용과 과정을 중심으로 평가한다.

④ 평가 기준이나 방향을 학습자에게 미리 안내하여, 학습자가 무엇에 초점을 맞추어 학습해야 하는지를 알고 교수·학습 과정에서 평가를 준비할 수 있도록 한다. 또한 학습자가 수행한 평가 결과를 분석하여 교수·학습 내용 및 방법을 개선한다.

⑤ 평가 목적, 평가 내용, 평가 상황을 고려하여 교사 평가 이외에 자기 평가, 상호 평가를 적극적으로 활용한다.

(3) 학습자의 국어 능력의 발달 정도를 판단하고 교육 활동을 개선하는 데 '국어' 평가 결과를 활용한다.

① 학습자의 개인차를 고려하여 평가 결과를 해석하고 활용한다.

② 평가 결과는 교수·학습 방법이나 평가 방법, 평가 도구를 개선하기 위한 자료로 활용한다.

③ 평가 결과를 누적하여 학습자의 성장과 발달을 파악하거나 학습자에게 피드백을 할 수 있는 근거로 활용한다.

④ 학습자, 학부모 및 교육 관련자가 이해하기 쉽도록 국어과가 목표로 하는 세부 능력과 성취 수준을 중심으로 평가 결과를 상세히 제공한다.

□ [선택 중심 교육과정(일반선택)]의 〈문학〉 과목

1. 성격

'문학'은 초・중・고 공통 '국어'의 문학 영역을 심화・확장한 과목으로, 다양한 문학 경험과 활동을 통해 작품을 수용・생산하는 능력을 기르고 문학에 관한 소양과 태도를 함양하여 문학문화를 향유하고 발전시키는 데 목적이 있다.

문학은 인간의 체험과 상상력으로 이루어진 언어 예술이자 소통 행위이며, 개인과 공동체의 생활 경험 및 미의식을 담은 문화의 한 양식이다. 학습자는 문학 작품의 가치와 아름다움을 파악하는 활동을 통해 작품의 수용과 생산 능력을 기를 수 있다. 또한 문학 활동에 참여하여 이를 자신의 삶과 연계함으로써 자아를 성찰하고 정서를 함양하며 창의적인 언어 능력과 사고력을 기를 수 있다. 나아가, 개인과 공동체의 생활 경험과 미의식을 파악하고 공유함으로써 세계관을 확충하고 삶의 질을 높이며 문화의 발전에 기여할 수 있다.

'문학'에서 학습자는 다양한 사회・문화・역사적 맥락 속에서 생산된 문학의 제반 양상을 이해하고 향유하며 평생 독자로 성장하는 기초를 다진다. 이를 위하여 문학의 갈래, 문학의 역사, 작품의 수용과 생산 원리를 학습하는 한편 문학의 가치와 미를 느끼고 자신의 삶과 관련하여 감상하고 창작하는 활동을 한다. 아울러, 통합적 관점에서 인문학적 소양을 길러 삶의 질을 높이고 문화 발전에 기여하는 태도를 기른다.

'문학'에서 추구하는 역량은 비판적・창의적 사고 역량, 자료・정보 활용 역량, 의사소통 역량, 공동체・대인 관계 역량, 문화 향유 역량, 자기 성찰・계발 역량이다. 비판적・창의적 사고 역량은 다양한 상황이나 자료, 담화, 글을 주체적인 관점에서 해석하고 평가하여 새롭고 독창적인 의미를 부여하거나 만드는 능력이고, 자료・정보 활용 역량은 필요한 자료나 정보를 수집・분석・평가하고 이를 효과적으로 활용하여 의사를 결정하거나 문제를 해결하는 능력이다. 의사소통 역량은 음성 언어, 문자 언어, 기호와 매체 등을 활용하여 생각과 느낌, 경험을 표현하거나 이해하면서 의미를 구성하고 자아와 타인, 세계의 관계를 점검・조정하는 능력이며, 공동체・대인 관계 역량은 공동체의 가치와 공동체 구성원의 다양성을 존중하고 상호 협력하며 관계를 맺고 갈등을 조정하는 능력이다. 그리고 문화 향유 역량은 국어로 형성・계승되는 다양한 문화를 이해하고 그 아름다움과 가치를 내면화하여 수준 높은 문화를 향유・생산하는 능력이며, 자기 성찰・계발 역량은 삶의 가치와 의미를 끊임없이 반성하고 탐색하며 변화하는 사회에서 필요한 재능과 자질을 계발하고 관리하는 능력이다. 학습자는 작품에 대한 주체적 해석과 심미 체험을 바탕으로 하여 자료·정보 활용 역량과 자기 성찰·계발 역량, 문화 향유 역량을 기르고, 다양한 사람들과 작품 세계를 공유하고 소통하는 가운데 의사소통 역량과 공동체·대인 관계 역량을 기른다. 또한 작품의 수용과 생산 과정에서 창의적이고 복합적인 사고를 수행함으로써 비판적·창의적 사고 역량을 함양한다.

2. 목표

문학 작품의 수용·생산 활동을 통해 창의적인 문학 능력을 기르고, 문학의 본질과 양상에 대한 이해를 심화하며, 타인 및 세계와 소통하며 자아를 성찰하고 문학문화의 발전에 기여한다.

가. 문학의 본질과 가치, 한국 문학의 성격과 역사에 대해 체계적으로 이해한다.
나. 작품의 수용과 생산 활동을 중심으로 창의적·심미적·성찰적으로 사고하고 소통하는 능력을 기른다.
다. 문학을 통해 인간과 세계를 총체적으로 이해하고 공동체의 문화 발전에 기여하는 태도를 기른다.

3. 내용 체계 및 성취기준

가. 내용 체계

<table>
<tr><th>영역</th><th>핵심 개념</th><th>일반화된 지식</th><th>내용 요소</th><th>기능</th></tr>
<tr><td>문학의 본질</td><td>• 언어 예술
• 진·선·미</td><td>• 문학은 언어를 매재로 한 예술로서 인식적·윤리적·미적 기능이 있다.</td><td>• 인간과 세계의 이해
• 삶의 의미 성찰
• 정서적·미적 고양</td><td rowspan="2">• 작품 선택하기
• 맥락 이해하기
• 몰입하기
• 보조·참고 자료 활용하기
• 이해·해석하기
• 감상·비평하기
• 성찰·향유하기
• 모방·개작·변용하기
• 창작하기</td></tr>
<tr><td>문학의 수용과 생산</td><td>• 문학 능력
• 문학문화
• 작가와 독자
• 작품의 내재적·외재적 요소
• 문학의 확장</td><td>• 문학 활동은 다양한 맥락에서 작품을 수용·생산하며 문학문화를 향유하는 행위이다.</td><td>• 작품의 내용과 형식
• 작품의 맥락
• 문학과 인접 분야
• 작품의 수용과 소통
• 작품의 재구성과 창작
• 문학과 매체</td></tr>
</table>

한국 문학의 성격과 역사	• 한국 문학 • 문학사와 역사적 갈래 • 문학과 사회 · 문화	• 한국 문학은 공동체의 삶과 시대 상황을 담고 있는 민족 문화이다.	• 개념과 범위 • 전통과 특질 • 갈래별 전개와 구현 양상 • 문학과 시대 상황 • 한국 문학과 외국 문학 • 한국 문학의 발전상	• 공유 · 소통하기 • 점검 · 조정하기
문학에 대한 태도	• 자아 성찰 • 타자의 이해와 소통 • 문학의 생활화	• 문학을 통해 삶의 다양한 문제의식을 타인과 공유하고 소통할 때 문학 능력이 효과적으로 신장된다.	• 자아 성찰, 타자 이해 • 공동체의 문화 발전	

나. 성취기준

(1) 문학의 본질

'문학의 본질' 성취기준은 문학의 다양한 기능과 가치를 인식하고 문학의 수용과 생산 활동에 적극 참여하도록 하는 데 중점을 두어 설정하였다. 문학 작품의 수용과 생산을 통해 문학의 인식적, 윤리적, 미적 기능을 이해하고 다양한 문학 활동 속에서 삶의 질을 향상시키는 자세를 갖추는 데 주안점을 둔다.

[12문학01-01] 문학이 인간과 세계에 대한 이해를 돕고, 삶의 의미를 깨닫게 하며, 정서적 · 미적으로 삶을 고양함을 이해한다.

(가) 학습 요소

문학의 인식적 · 윤리적 · 미적 기능

(나) 성취기준 해설

[12문학01-01] 이 성취기준은 우리의 삶에서 문학이 지니는 의의를 살펴보고, 문학의 수용과 생산 활동이 인간의 삶에 어떻게 기여하는지를 이해하며 문학 활동을 하는 자세를 기르기 위해 설정하였다. 문학이 인간과 세계에 대한 이해를 돕는다는 것은 문학의 인식적 기능에 해당하며 문학을 통해 삶의 의미를 깨닫게 된다는 것은 문학의 윤리적 기능에 해당한다. 또한 문학이 정서적 · 미적으로 삶을 고양한다는 것은 문학의 미적 기능이라고 할 수 있다. 이러한 문학의 기능과 가치에 대한 이해를 통해 자발적으로 문학을 향유할 수 있는 기반을 마련하도록 지도한다.

(다) 교수·학습 방법 및 유의 사항

① 작품을 감상하는 과정에서 자연스럽게 문학의 다양한 기능과 가치를 파악하도록 지도한다.

② 등장인물 탐구하기, 작품 속에 그려진 세계의 양상 파악하기, 작품의 미적 특징 감상하기 등의 활동을 활용할 수 있다.

③ 작품 감상의 결과를 자신의 인생관, 가치관, 심미적 태도 등과 관련지어 보도록 함으로써 인간의 삶에서 문학이 지니는 의의를 이해하고 이를 토대로 문학의 수용과 생산 활동에 적극적으로 참여하도록 지도한다.

(라) 평가 방법 및 유의 사항

① 학습자의 심리적, 문화적 요구에 부합하는 작품을 효과적으로 활용하여, 문학의 본질을 심도 있게 이해하고 문학 활동의 폭을 넓히도록 하는 데 평가의 중점을 둔다.

(2) 문학의 수용과 생산

'문학의 수용과 생산' 성취기준은 문학 수용의 원리에 대한 이해를 바탕으로 하여 문학을 적극적으로 수용하고 창조적으로 재구성하며, 주체적인 관점에서 창작하는 능력을 기르는 데 중점을 두어 설정하였다. 문학의 수용과 생산 과정에서 다양한 문학 활동을 즐기고 그 결과를 자유롭게 소통하는 데 주안점을 둔다.

[12문학02-01] 문학 작품은 내용과 형식이 긴밀하게 연관되어 이루어짐을 이해하고 작품을 감상한다.

[12문학02-02] 작품을 작가, 사회·문화적 배경, 상호 텍스트성 등 다양한 맥락에서 이해하고 감상한다.

[12문학02-03] 문학과 인접 분야의 관계를 바탕으로 작품을 이해하고 감상하며 평가한다.

[12문학02-04] 작품을 공감적, 비판적, 창의적으로 수용하고 그 결과를 바탕으로 상호 소통한다.

[12문학02-05] 작품을 읽고 다양한 시각에서 재구성하거나 주체적인 관점에서 창작한다.

[12문학02-06] 다양한 매체로 구현된 작품의 창의적 표현 방법과 심미적 가치를 문학적 관점에서 수용하고 소통한다.

(가) 학습 요소

내용과 형식의 관계, 작품 감상의 맥락(작가, 사회·문화적 배경, 상호 텍스트성), 문학과 인접 분야의 관계, 작품의 공감적·비판적·창의적 수용, 작품의 재구성과 창작, 문학과 매체(창의적 표현 방법, 심미적 가치)

(나) 성취기준 해설

[12문학02-01] 이 성취기준은 문학 작품의 내용과 형식의 유기적 연관성을 이해하고 작품 자체를 하나의 언어 예술로서 감상할 수 있는 능력을 기르기 위해 설정하였다. 작품의 내용은 인간의 삶과 관련된 주제 의식으로 구현되며 이러한 주제 의식은 문화적, 관습적으로 형성된 문학 고유의 언어 형식으로 표현된다. 작품의 형식적 요소가 작품의 내용을 드러내는 데 어떻게 기여하는지를 살펴보거나 작품의 내용이 작품의 형식적 요소와 어떻게 어울리는지 감상하게 함으로써 내용과 형식의 유기적 관계를 파악할 수 있도록 지도한다.

[12문학02-03] 이 성취기준은 문학이 다양한 인접 분야와 밀접한 관련을 맺고 있음을 이해함으로써 문학의 외연에 대한 이해를 넓히고 입체적인 태도로 문학의 수용과 생산 활동에 참여하는 태도를 기르기 위해 설정하였다. 문학은 언어 예술이라는 점에서 음악, 미술, 연극, 영화, 무용 등 다양한 예술 분야와 밀접한 관계가 있다. 또한 인간의 삶을 탐구하는 언어 활동이라는 점에서 역사와 철학 등 인문 분야와 관련을 맺고 있으며, 인간을 둘러싼 시대적·사회적 상황을 반영한다는 점에서 사회, 문화 현상 등과도 깊은 관련을 맺고 있다. 문학과 인접 분야의 관계를 고려하여 작품을 수용하고 생산하게 함으로써 문학 활동의 범주가 깊어지고 넓어지도록 지도한다.

[12문학02-06] 이 성취기준은 다매체 시대의 특성을 반영하여, 전달 매체의 특성을 고려한 작품 감상의 능력과 태도를 기르기 위해 설정하였다. 오늘날 문학 작품의 소통은 신문, 잡지, 단행본 등 기존의 매체 외에 라디오, 텔레비전, 영화, 애니메이션, 인터넷, 휴대 전화 등 다양한 매체를 통해서 이루어진다. 동일한 작품이라도 이를 전달하는 매체의 성격에 따라 작품의 미적인 특성이나 감상 내용이 달라지기도 한다. 전달 매체의 특성이 작품의 창의적 표현 방법과 심미적 가치에 어떻게 반영되었는지를 살펴봄으로써 다양한 매체로 구현된 작품을 문학적 관점에서 수용하고 소통하도록 지도한다.

(다) 교수・학습 방법 및 유의 사항

① 문학의 수용과 생산이 듣기, 말하기, 읽기, 쓰기를 포함한 언어 활동 및 매체 활동과 통합될 수 있도록 지도한다.

② 작품을 수용할 때에는 성취기준에 명시된 내용만을 분절적, 지엽적으로 다루는 것은 지양하고 작품의 전체적인 감상이 이루어지도록 안내한다.

③ 학습자의 삶과 가까운 문학 작품을 선정하여 문학 감상의 긍정적인 경험을 가질 수 있도록 한다.

④ 수용에 초점이 있는 성취기준이라 하더라도 발산적 사고를 바탕으로 하여 창의적으로 재구성하거나 작품을 생산하도록 지도한다.

⑤ 감상 결과를 타인과 공유할 때에는 합리적이고 타당한 근거를 함께 제시하고 자신의 생각을 다른 사람과 나눔으로써 타자에 대해 개방적이고 포용적인 자세를 갖추도록 한다.

⑥ 전문적인 비평가의 시각보다는 학습자의 시각에서 작품의 내용, 주제, 형상화의 방법 등을 통해 작품을 감상하도록 지도하며 작품의 해석에 대한 이견이 있는 경우에는 특정한 해석에 치우치지 않고 다양한 해석 가능성을 열어 두도록 한다.

⑦ 작품의 내용과 형식의 유기적인 연관성을 지도할 때에는 발상의 참신함이나 창의성을 추구한 작품을 감상한 후 그러한 형식적인 특성이 작품의 주제를 효과적으로 드러내는 데 어떻게 기여하는지를 생각해 보는 활동을 구성할 수 있다.

⑧ 문학과 인접 분야의 관계를 고려한 작품 감상을 지도할 때에는 문학을 다른 예술로, 또는 다른 예술을 문학으로 변환하는 활동, 문학을 역사와 철학 등 인문 현상과 관련지어 보는 활동, 사회 현상을 문학의 방식으로 해석하고 비판하는 활동 등을 구성할 수 있다.

⑨ 작품을 다양한 시각에서 재구성하거나 창작하기를 지도할 때에는 내용, 형식, 맥락, 매체 등을 바꾸어 봄으로써 기초적인 문학 생산 능력을 기르고 문학적 표현의 동기를 신장하도록 한다.

⑩ 학습자가 작품에 대한 질문을 만들고, 함께 답을 찾아가는 대화로 수업이 진행될 수 있도록 한다.

(라) 평가 방법 및 유의 사항

① 형성 평가에서는 학습 목표 성취 여부에 초점을 두더라도 총괄 평가에서는

작품에 대한 전체적인 감상 능력을 측정한다.

② 양적 평가보다는 질적 평가를 도모하여, 평가 결과를 합리적인 기준에 따라 누가적으로 기록, 종합한다.

③ 작품의 수용 활동은 감상 내용 발표하기나 비평문 쓰기 등의 영역 통합적인 방법을 활용하여 수용의 창의성과 적절성을 평가하는 한편 수용 활동의 결과를 상호 공유하여 문학 소통이 활발하게 이루어지도록 안내한다.

④ 작품의 생산 활동은 창의성과 진실성을 중심으로 평가하되, 작품의 구성 요소를 분석적으로 평가하는 데 치우치지 말고 총체적인 평가가 이루어지도록 한다.

⑤ 작품의 생산 활동에 대한 평가는 학습자의 수준과 경험의 폭을 고려하고, 문학 활동에 대한 흥미를 떨어뜨리지 않도록 유의한다.

⑥ 문학적 창의성을 평가할 때에는 수렴적 사고를 요구하는 문항은 가급적 지양하고 발산적 사고를 요구하는 문항을 활용하도록 한다.

(3) 한국 문학의 성격과 역사

'한국 문학의 성격과 역사' 성취기준은 한국 문학의 개념과 범위, 전통과 특질을 이해하고 갈래별 전개 양상 등을 파악하여 한국 문학의 수용과 생산의 기반을 마련하는 한편, 한국 문학의 변화 및 발전상을 탐구하는 데 중점을 두어 설정하였다. 한국 문학의 성격과 역사를 이해함으로써 개별적인 작품을 심도 있게 수용하고 한국 문학의 과거와 현재, 그리고 미래를 살펴보는 데 주안점을 둔다.

[12문학03-01] 한국 문학의 개념과 범위를 이해한다.

[12문학03-02] 대표적인 문학 작품을 통해 한국 문학의 전통과 특질을 파악하고 감상한다.

[12문학03-03] 주요 작품을 중심으로 한국 문학의 갈래별 전개와 구현 양상을 탐구하고 감상한다.

[12문학03-04] 한국 문학 작품에 반영된 시대 상황을 이해하고 문학과 역사의 상호 영향 관계를 탐구한다.

[12문학03-05] 한국 문학과 외국 문학을 비교해서 읽고 한국 문학의 보편성과 특수성을 파악한다.

[12문학03-06] 지역 문학과 한민족 문학, 전통적 문학과 현대적 문학 등 다양한 양태를 중심으로 한국 문학의 발전상을 탐구한다.

(가) 학습 요소

한국 문학의 개념과 범위, 한국 문학의 전통과 특질, 한국 문학의 역사적 갈래, 문학과 시대 상황, 문학과 역사의 관계, 한국 문학의 보편성과 특수성, 한국 문학의 변화와 발전(지역 문학과 한민족 문학, 전통적 문학과 현대적 문학)

(나) 성취기준 해설

[12문학03-03] 이 성취기준은 한국 문학의 갈래와 그에 속하는 구체적인 작품의 특징을 이해하고 파악함으로써 한국 문학 작품에 대한 감상 능력을 높이기 위해 설정하였다. 구체적인 한국 문학 작품을 통해 문학의 기본 갈래가 언어의 성격에 따라 구비 문학, 한문학, 국문 문학의 세 영역 아래 다양한 역사적 갈래로 구현된 양상을 탐구하도록 한다. 너무 긴 고전 시가보다는 학습자의 흥미와 수준을 고려하여 적절한 길이의 작품을 선정한다. 역사적 갈래에 대한 전문적인 지식을 강조하기보다는 대표적인 작품 감상을 토대로 문학 갈래 전개의 큰 흐름을 파악하는 데 중점을 두어 지도한다.

[12문학03-06] 이 성취기준은 한국 문학의 내적 다양성과 외적 전개 양상을 살펴봄으로써 한국 문학에 대한 입체적이고 포괄적인 이해를 돕고 한국 문학의 발전상을 모색하는 태도를 기르기 위해 설정하였다. 공간적으로는 국가 단위의 한국 문학에만 국한하지 않고 지역 문학의 총체로서 한국 문학을 이해하는 한편, 분단 이후의 북한 문학과 재외 국민이 한국어로 생산한 문학을 한민족 문학의 범주에 포함하여 살펴봄으로써 통일 후 민족 문학의 발전상을 모색해 보도록 안내한다. 시간적으로는 문자로 기록된 전통적인 문학과 디지털화된 새로운 문학의 관계 및 변화 양상 등을 다양하게 살펴보고 미래의 한국 문학이 나아갈 바를 탐색해 보도록 지도한다. 나아가 세계화와 더불어 한국 문학의 개념이나 범위가 고정적이지 않고 역동적으로 전개될 것임을 예측해 보도록 한다.

(다) 교수·학습 방법 및 유의 사항

① 이론적인 배경보다는 문학사에서 중요하게 평가되어 온 작품을 중심으로 한국 문학의 성격과 역사를 이해하고 경험하도록 지도한다.

② 한국 문학의 성격과 역사를 과거에 국한하지 않고 현재의 전개 양상이나 발전 과정 등을 살펴보게 함으로써 한국 문학의 역사적 전개는 현대에도 계속 이루어지고 있음을 환기한다.

③ 한국 문학의 전통과 특질을 지도할 때에는 지나치게 학습 내용이 방대해지지

않도록 하고, 한국 문학의 배타적 우월성을 강조하지 않도록 유의한다.

④ 문학과 역사의 상호 영향 관계를 지도할 때에는 시대 상황이 직·간접적으로 반영된 작품이나 사회적 반향을 불러일으킨 작품 등을 제재로 활용할 수 있으며 작품에 나타난 시대 의식, 인물의 가치관, 배경, 표현 방법 등을 통해 당대의 사회를 살펴보는 활동, 작품의 역사적 배경을 오늘날의 사회 상황과 비교하거나 작품의 현재적 가치를 평가하는 활동을 구성할 수 있다.

⑤ 한국 문학의 보편성과 특수성을 지도할 때에는 동일한 소재, 유사한 주제 의식 등이 드러난 한국 문학과 외국 문학 작품, 학습자에게 친숙한 동화나 옛이야기 등을 제재로 활용하되, 균형 잡힌 시각으로 한국 문학과 세계 문학을 감상하도록 한다.

⑥ 학습자가 작품에 대한 질문을 만들고, 함께 답을 찾아가는 대화로 수업이 진행될 수 있도록 한다.

(라) 평가 방법 및 유의 사항

① 한국 문학의 성격과 역사에 대한 내용은 성취기준이 수용 중심이라 하더라도 다양한 생산 활동과 관련된 평가를 함께 실시하여, 평가 과정에서 학습자 스스로 문학 능력을 발전시키도록 안내한다.

② 한국 문학의 전통이나 특질과 관련된 내용을 평가할 때에는 단편적인 지식을 평가하기보다는 작품 전체에 대해 추론적, 비판적, 창의적 사고를 발휘하도록 하는 데 평가의 중점을 둔다.

③ 한국 문학의 갈래별 전개와 관련된 내용을 평가할 때에는 해당 갈래의 특성이 잘 드러난 작품 창작하기, 다른 갈래의 작품으로 재구성하기, 생산한 작품을 발표하고 상호 평가하기 등을 활용할 수 있다.

④ 한국 문학의 개념과 범위, 한국 문학의 발전상 등 다양한 의견 개진이 가능한 내용은 토의·토론·읽기·쓰기 등 다양한 언어 활동과 통합하여 평가할 수 있다.

(4) 문학에 관한 태도

'문학에 관한 태도' 성취기준은 문학을 통해 인간과 세계를 총체적으로 이해하고 공동체의 문화 발전에 기여하는 태도를 기르는 데 중점을 두어 설정하였다. 다양한 문학 활동에 적극적으로 참여하고 그 결과를 자신의 삶과 연계함으로써 개인과 공동체의 생활 경험이나 미의식을 공유하며 이를 통해 공동체의 삶과 문화의 발전에 기여하는 태도를 기르는 데 주안점을 둔다.

[12문학04-01] 문학을 통하여 자아를 성찰하고 타자를 이해하며 상호 소통하는 태도를 지닌다.

[12문학04-02] 문학 활동을 생활화하여 인간다운 삶을 가꾸고 공동체의 문화 발전에 기여하는 태도를 지닌다.

(가) 학습 요소

문학의 가치(자아 성찰, 타자 이해, 소통), 문학의 생활화, 문화 발전

(나) 성취기준 해설

[12문학04-02] 이 성취기준은 일상생활에서 꾸준히 작품의 수용과 생산 활동을 함으로써 국어에 대한 감수성을 높이고 공동체의 문화 발전에 능동적으로 기여하는 태도를 기르기 위해 설정하였다. 학습자는 문학 활동을 통해 자신을 성찰하고, 삶의 본질을 이해하며, 자아와 세계의 관계 속에서 인생의 가치를 파악할 수 있다. 또한 공동체 구성원과 정서적으로 교류하며 상호 존중감과 유대감을 높일 수 있다. 일상생활 속에서 지속적이고 자발적인 문학 활동을 실천함으로써 학습자 스스로 자존감을 높이고 상생과 공존의 문화를 발전시키는 데 적극적으로 참여하도록 지도한다.

(다) 교수·학습 방법 및 유의 사항

① 문학 독서 노트 쓰기, 감상문 쓰기, 비평문 쓰기, 작품 쓰기, 작품 발표하기, 발표된 작품 토의하기 등 교실에서의 문학 활동뿐 아니라 학교 행사나 교외 행사, 대중매체나 문학 단체에서 개최하는 문학 관련 행사에 참여하기 등을 통해 문학의 생활화를 경험하도록 한다.

② 일회적인 활동에 그치지 않고 문학 활동을 지속적으로 생활화하도록 학기 단위나 학년 단위의 프로그램 등을 마련하여 일상생활 속에서 교수·학습 활동이 이루어지도록 한다.

③ 문학을 통한 타자 이해의 태도를 지도할 때에는 작품에 반영된 작가의 가치관이나 작품 속 인물의 성격, 태도 등을 파악하는 활동, 작품 감상의 결과를 다른 사람과 공유하거나 비교하고 소통하는 활동을 구성할 수 있으며, 다양한 형태의 모둠 활동을 활용하는 등의 활동을 통해 이를 인성 교육의 장으로 활용할 수도 있다.

④ 학습자가 작품에 대한 질문을 만들고, 함께 답을 찾아가는 대화로 수업이 진행될 수 있도록 한다.

(라) 평가 방법 및 유의 사항

① 학습자 개인의 활동에 대한 독립적인 평가와 함께 조별 활동, 학교나 지역사회의 문학 행사 등과 관련된 활동에 대해서도 평가한다.

② 평가 결과에 대하여 학습자와 정서적으로 소통함으로써 학습자 스스로가 자신의 문학 능력을 인식하고 문학에 대한 긍정적인 태도를 형성하도록 한다.

4. 교수 · 학습 및 평가의 방향

가. 교수 · 학습 방향

(1) '문학' 교육과정에서 제시한 목표와 성취기준을 고려하여 학습자가 미래 사회에서 요구하는 국어과 교과 역량을 기를 수 있도록 교수 · 학습을 계획하고 운용한다.

① '문학' 교수 · 학습은 국어과 교과 역량인 비판적 · 창의적 사고 역량, 자료 · 정보 활용 역량, 의사소통 역량, 공동체 · 대인 관계 역량, 문화 향유 역량, 자기 성찰 · 계발 역량을 함양하는 데 중점을 둔다.

② 국어과 교과 역량을 효과적으로 함양할 수 있도록 '문학' 교육과정의 목표와 성취기준에서 핵심적이고 필수적인 개념이나 지식, 전이력이 높은 기능 및 태도를 중심으로 교수 · 학습을 계획한다.

③ 다양하고 실제적인 삶의 맥락에서 학습자 간 상호 협력을 통해 문제를 해결하도록 하는 학습 과제를 제시하여, 학습자가 과제를 해결하는 과정에서 국어과 교과 역량을 함양하도록 교수 · 학습을 운용한다.

④ 교사가 교수 · 학습에서 의도한 교과 역량 이외에 학습자가 과제를 해결하는 과정에서 기르게 되는 교과 역량에도 주목하여 각각의 교과 역량이 상호 연결되도록 한다. 교과 역량을 중심으로 각각의 성취기준을 통합하여 운영함으로써 '문학'의 목표를 내실 있게 달성할 수 있다.

(2) 국어 활동의 총체성을 고려하여 통합형 교수 · 학습을 계획하고 운용한다.

① '문학' 과목 내, '문학'과 국어과의 다른 과목 간, '문학'과 다른 교과 간, '문학'과 비교과 활동 및 학교 밖 생활과의 통합을 통해 문학 지식과 경험 요소

를 심화·확장함으로써 삶의 총체성을 구현하도록 하는 데 중점을 둔다.

② 통합의 매개 요소로 주제, 학습 내용 요소, 학습 자료나 제재, 학습 과제 해결을 위한 사고나 기능, 교과 역량과의 관련성, 의사소통 상황 등, '문학'과 관련될 수 있는 매개 요소를 다양하게 탐색하여, 통합의 취지에 알맞은 교수·학습을 계획한다.

③ 통합 요소 간 공통점과 차이점, 영역 및 과목 간 횡적 연계성, 학습 요소의 종적 연계성을 고려하여 학습의 효율성을 높일 수 있도록 교수·학습을 운용한다.

④ 국어 교과의 연계성과 총체성을 고려하여 공통 '국어'의 관련 성취기준을 적절히 활용할 수 있다.

⑤ 교사와 교사, 교사와 학교, 지역 사회가 서로 소통하고 협력하여 교육과정을 공유하거나, 교수·학습 시기 및 학사 일정을 조절하여 통합형 교수·학습의 여건을 내실 있게 조성하되, 특정 사회·문화적 가치에 경도되지 않고 다양한 가치가 공존할 수 있도록 포용적이고 관용적인 문학 활동의 분위기를 형성한다.

⑥ 한 학기에 한 권, 학년(군) 수준과 학습자 개인의 특성에 맞는 책을 긴 호흡으로 읽을 수 있도록 도서 준비와 독서 시간 확보 등의 물리적 여건을 조성하고, 읽고, 생각을 나누고, 쓰는 통합적인 독서 활동을 학습자가 경험할 수 있도록 한다.

(3) 학습 활동 과정에서 의미 있는 배움이 일어날 수 있도록 학습자 참여형 교수·학습을 계획하고 운용한다.

① 학습자가 자기 주도적으로 수업에 참여하게 하기 위하여 학습자의 요구를 수용하고 학습자 스스로 활동을 선택하도록 한다. 이 과정에서 '문학'의 교육 목표 달성에 필요한 지식, 기능이나 전략, 태도에 관한 배움이 일어나도록 하는 데 중점을 둔다.

② 학습자가 흥미를 느끼고 몰입하여 유의미한 언어 사용 경험을 쌓을 수 있도록 학습자의 수준, 관심과 흥미, 적성과 진로, 언어와 문화 배경 등의 개인차와 학교 및 교실 환경 등의 물리적 조건을 고려하여 최적의 '문학' 수업 활동을 계획한다.

③ 학습자가 배우고 익혀야 할 내용과 과정을 구조화·위계화하여 제시하고,

나아가 '문학'과 다른 국어 과목, 다른 교과를 통합하여 학습자의 배움이 창의적으로 심화·확장되도록 한다.

④ '문학'의 교육 목표와 성취기준의 성격을 고려하여 책, 신문, 전화, 라디오, 사진, 광고, 영화, 텔레비전, 컴퓨터, 인터넷, 이동 통신 기기 등으로 전달되는 다양한 매체 자료를 활용하고, 퀴즈, 면담, 매체 자료 제작 활동, 프로젝트 활동, 문제 해결 활동 등 적절한 교수·학습 방법을 선택하여 운용하되, 학습자 참여형 교수·학습이 되도록 한다.

⑤ 학습자 스스로 자신의 수업 활동을 점검할 수 있도록 학습 목표와 학습 요소를 매 차시 환기하고, 학습자가 창의적으로 주도하는 활동을 적극적으로 조력하며, 수업에 참여하는 동기를 높인다.

(4) '문학'의 학습 목표를 달성하는 과정에서 바람직한 인성을 함양하도록 교수·학습을 계획하고 운영한다.

① '문학' 교수·학습 과정에서 자아를 성찰하고 타자를 이해하는 정서 교류 활동을 통해 인간과 세계를 총체적으로 이해하고 상생과 공존의 문화를 발전시키도록 하는 데 중점을 둔다.

② 학습 자료나 제재의 선정, 학습 활동 설계, 교수·학습 방법의 선택과 활용, 수업 과정에서의 발문 등 다양한 차원에서 인성 함양을 고려하며 교수·학습을 계획한다.

③ '문학' 수업 활동을 통해 자신의 경험과 생각을 성찰하고 학습자 간에 상호 소통하는 가운데 인성을 기르도록 교수·학습을 운용한다.

④ '문학' 수업에서 배운 정의적인 내용을 실제 언어생활에 적용하도록 하여, 인성 요소가 지식 학습으로 그치지 않고 학습자에게 내면화되도록 지속적으로 지도한다.

(5) 문학에 관해 학습하는 과정에서 학습자가 어떻게 지식, 기능이나 전략, 태도를 획득하였는지에 중점을 두어 교수·학습을 계획하고 운영한다.

① 학습자가 문학 수용 및 창작의 과정에서 어떤 전략을 사용했으며 어떤 어려움을 겪었는지 등을 파악하는 데 관심을 갖는다.

② 문학 감상의 각 단계에서 필요로 하는 것을 충분히 이해할 수 있도록 발표나 비평문 쓰기 등의 활동을 통해 감상의 과정을 점검할 수 있도록 교수·학습

을 운용한다.

③ 문학 창작 활동에 대해 막연한 두려움을 갖고 있는 학습자에게는 친숙한 매체 자료를 예로 제시하여 창의적인 재구성 활동을 유도한다.

④ 작품 해석과 감상 및 창작의 결과를 다른 사람과 공유함으로써 작품의 수용·생산 과정을 성찰하고 문학의 소통과 향유에 직접 참여하며 문학을 생활화하도록 지도한다.

(6) 작품에 대한 다양한 접근을 통해 문학에 대한 흥미를 높이고 평생 독자로서 살아갈 수 있는 기반을 마련할 수 있도록 교수·학습을 운용한다.

① 학습자가 자신의 흥미나 수준에 맞추어 작품에 대한 내재적 접근과 외재적 접근, 속성 중심 접근과 실체 중심 접근, 활동 중심 접근, 비평이나 감상 등의 수용과 재구성 및 창작 등의 활동을 하도록 하는 데 중점을 둔다.

② 문학 독서와 창작의 경험은 그 자체로 학습자의 성장에 유의미한 계기를 줄 수 있으므로 학습자 개인의 취향이나 수준, 학습자가 처해 있는 환경을 고려하여 작품을 선정하고 교수·학습 활동을 제공한다.

③ 교과서에 수록된 작품만이 아니라 학습자의 요구를 반영하여 학교 도서관 소장 작품이나 지역 문화 콘텐츠 등을 두루 활용하여 교수·학습을 운용한다.

④ 교과서에 얽매이는 것은 바람직하지 않으며 계절, 학사 일정, 사회적 쟁점, 지역 사회의 관심사 등을 적극적으로 고려하여 그와 관련된 작품을 선정하여 교수·학습을 운용한다.

나. 평가 방향

(1) '문학' 교육과정과 연계하여, 평가 내용의 균형, 평가 방법 및 평가 도구의 타당성, 신뢰성, 적절성 등을 고려하여 평가 계획을 수립한다.

① '문학' 교육과정의 목표와 성취기준을 반영하여, 학습 목표 및 학습 내용을 평가 내용 및 평가 도구와 연계하여 평가 계획을 수립한다.

② '문학'에서 기르고자 하는 역량 및 창의·인성 등 평가 내용의 특성을 고려하되, 표현 능력과 이해 능력, 인지적·행동적·정의적 요소가 균형을 이루도록 평가 계획을 수립한다.

③ '문학'에 관한 단순하고 지엽적인 지식보다는 작품 전체에 대한 감상과 창조적 표현 능력, 문학을 즐겨 향유하는 습관을 두루 평가할 수 있도록 계획한다.

④ 평가 목적, 내용, 상황 등을 고려하여 양적 평가와 질적 평가, 형식 평가와 비형식 평가, 간접 평가와 직접 평가, 과정 평가와 결과 평가, 지필 평가와 수행 평가 등을 적절히 활용하여 평가 계획을 수립한다.

⑤ 구술 평가, 서술형 평가, 논술형 평가, 연구 보고서 평가, 포트폴리오 평가, 관찰 평가, 컴퓨터 기반 평가 등 다양한 평가 방법을 적절하게 활용하여, 평가 과정에서도 배움이 일어날 수 있도록 평가 계획을 수립한다.

(2) 학습자의 문학 감상 및 창의적 표현 능력의 신장을 판단하고, 교수·학습 방법과 평가 도구 개선에 기여할 수 있도록 학습 과정과 결과를 적절하게 평가한다.

① 학습자의 수준, 관심, 흥미, 적성, 진로 등 개인차를 고려하되, '문학' 활동의 과정과 결과를 균형 있게 평가할 수 있도록 다양한 평가 방법을 모색한다.

② 문학 향유의 실제성이 드러나도록 교실 내부와 교실 외부의 활동 등 실제 삶의 맥락에서 다양한 평가 상황을 설정하여 평가한다.

③ 사전 지식이나 능력보다는 '문학'의 활동을 통해 얻은 학습의 내용과 과정을 중심으로 평가한다.

④ 평가 기준이나 방향을 학습자에게 미리 안내하여, 학습자가 무엇에 초점을 맞추어 학습해야 하는지를 알고 교수·학습 과정에서 평가를 준비할 수 있도록 한다. 또한 학습자가 수행한 평가 결과를 분석하여 교수·학습 내용 및 방법을 개선한다.

⑤ 평가 목적, 평가 내용, 평가 상황을 고려하여 교사 평가 이외에 자기 평가, 상호 평가를 적극적으로 활용한다.

(3) 학습자의 국어 능력의 발달 정도를 판단하고 교육 활동을 개선하는 데 '문학' 평가 결과를 활용한다.

① 학습자의 개인차를 고려하여 평가 결과를 해석하고 활용한다.

② 평가 결과는 교수·학습 방법이나 평가 방법, 평가 도구를 개선하기 위한 자료로 활용한다.

③ 평가 결과를 누적하여 학습자의 성장과 발달을 파악하거나 학습자에게 피드백을 할 수 있는 근거로 활용한다.

④ 학습자, 학부모 및 교육 관련자가 이해하기 쉽도록 '문학'이 목표로 하는 세부 능력과 성취 수준을 중심으로 평가 결과를 상세히 제공한다.

(4) '문학'을 평가할 때에는 특히 다음 사항에 유의한다.

① 형성 평가는 학습 목표 성취 정도에 초점을 맞추더라도 총괄 평가에서는 종합적인 이해와 감상 능력에 초점을 맞추어 평가한다.

② 수업 시간에 배운 작품뿐 아니라 학습자가 스스로 문학 작품을 찾아 읽고 감상한 내용을 활용하여 평가할 수도 있다.

③ 재구성 및 창작 능력에 대해 평가할 때에는 일회적으로 끝내지 말고 누가적으로 관찰하고 기록하여 학습자의 변화 과정도 함께 주목한다.

④ 한 편의 완성된 작품을 평가할 때에는 주제 면, 형식 면, 표현 면을 종합적으로 평가하되, 작품의 갈래에 따라 세부 요소와 강조점을 조절한다.

⑤ 일회적으로 평가를 실시하기보다는 수시로 자신의 문학 활동을 점검하고 성찰하도록 하되, 이 과정에서 문학 감상 및 표현 활동에 대한 흥미를 떨어뜨리지 않도록 유의한다.

문학교육 관련 서지목록

Ⅰ. 단행본, 박사논문

강민규, 「독자 반응 조정 중심의 시 교육 연구」, 서울대 박사논문, 2016.
강인언 외, 『유아문학교육의 이론과 실제』, 양서원, 2002.
경규진, 「반응중심 문학교육의 방법 연구」, 서울대 박사논문, 1993.
고문숙·임영심, 『유아를 위한 문학 교육』, 정민사, 2000.
고영화, 「시조교육의 위계화 연구」, 서울대 박사논문, 2007.
고정희, 『고전시가 교육의 탐구』, 소명출판, 2013.
곽춘옥, 「초등학교 동화 감상 지도 방법에 관한 연구」, 한국교원대 박사논문, 2006.
구영산, 「초등국어수업담화에서 불연속 통어의 격률에 관한 연구」, 서울대 박사논문, 2011.
구인환, 『아동문학』, 서울대 출판부, 1975.
구인환 외, 『문학 교수·학습 방법론』, 삼지원, 1998.
국어국문학회, 「대학의 국문학교육」, 『국어국문학토론 3』, 지식산업사, 1993.
권혁준, 「문학비평이론의 시교육적 적용에 관한 연구 ; 신비평과 독자반응이론을 중심으로」, 한국교원대 박사논문, 1997.
______, 『문학이론과 시교육』, 박이정, 1997.
김근호, 「허구 서사 창작 교육 연구」, 서울대 박사논문, 2009.
김기창, 「국어과 교육에서의 구비문학 제재 수용양상 연구」, 교원대 박사논문, 1991.
김남희, 「현대시의 서정적 체험교육 연구」, 서울대 박사논문, 2007.
김대성, 「초등학교 문학교육을 위한 고전산문 제재의 교재화에 관한 연구」, 한국교원대 박사논문, 2001.
김대행, 『국어교과학의 지평』, 서울대 출판부, 1995.
______, 『노래와 시의 세계』, 역락, 1999.
______, 『문학교육 틀짜기』, 역락, 2006.
______, 『통일 이후의 문학교육』, 서울대학교 통일평화연구소, 2008.
김대행 외, 『문학교육원론』, 서울대출판부, 2000.
김덕현, 「시조문학 교육 연구 : 제7차 교육과정을 중심으로」, 창원대 박사논문, 2007.
______, 『시조문학 교육론』, 박이정, 2004.
김동환, 『문학연구와 문학교육』, 한성대출판부, 2004.

김미영, 『문학교육과 현대소설』, 깊은샘, 2005.
김미혜, 「지식구성적 놀이로서의 시 읽기교육 연구」, 서울대 박사논문, 2007.
김병희, 「한국현대성장소설연구」, 서울여대 박사논문, 2001.
김봉군, 『현대문학의 쟁점과제와 문학교육』, 새문사, 2004.
김상욱, 『국어교육의 재개념화와 문학교육』, 역락, 2006.
______, 『문학교육의 길찾기』, 나라말, 2003.
______, 『소설교육의 방법 연구』, 서울대학교 출판부, 1996.
______, 「소설 담론의 이데올로기 분석 방법 연구」, 서울대 박사논문, 1996.
김선민, 「시 창작 교육의 텍스트 변용 교수-학습에 관한 연구 : 초등교육을 중심으로」, 명지대 박사논문, 2002.
김선희, 「문학적 정서 함양을 위한 시조 교육 연구」, 한국교원대 박사논문, 2007.
김성진, 『문학교육론의 쟁점과 전망』, 삼지원, 2004.
______, 「비평 활동 교육의 내용 연구」, 서울대 박사논문, 2004.
______, 『문학비평과 소설교육』, 태학사, 2012.
김수이, 『문학연구와 문학교육의 소통 : 다문화 시대의 문학을 위하여』, 청동거울, 2008.
김슬옹, 『창의력과 상상력을 키우는 동화 읽기 쓰기』, 다른세상, 1999.
김승호, 『고전의 문학 교육적 이해』, 이회문화사, 2000.
김요섭, 「문학교육의 건설」, 『아동문학사상』 5 , 보진재, 1971.
김용성, 『문학교육 방법론』, 이회문화사, 2000.
김윤식, 『한국근대문학과 문학교육』, 을유문고 225, 1984.
______, 『현대시 교육의 쟁점과 전망』, 월인, 2001.
김은전 외, 『현대시교육론』, 시와시학사, 1996.
김이상, 『시교육론』, 육일문화사, 1991.
김인환, 『문학교육론』, 평민서당, 1979.
김인환·김건곤, 『대학문학교육론 1』, 한국정신문화연구원, 1985.
김정우, 「시 해석 교육 내용 연구」, 서울대 박사논문, 2004.
______, 『시 해석 교육론』, 태학사, 2006.
김중신, 『문학교육의 이해』, 태학사, 1997.
______, 「서사 텍스트의 심미적 체험의 구조와 유형에 관한 연구」, 서울대 석사논문, 1994.
______, 『소설감상방법론 연구』, 서울대학교 출판부, 1995.
______, 『한국 문학교육론의 방법과 실천』, 한국문화사, 2003.
김창원, 『시교육과 텍스트 해석』, 서울대학교 출판부, 1995.
______, 「시 텍스트 해석모형의 구조와 작용에 관한 연구」, 서울대 박사논문, 1994.

______, 『문학교육론 ; 제도화와 탈제도화』, 한국문화사. 2011.
김현희·박상희, 『유아 문학 교육』, 학지사, 1999.
김혜영, 「한국 모더니즘 소설의 글쓰기 방법 연구」, 서울대 박사논문, 2000.
남민우, 『문학교육의 역사와 성장의 시학』, 역락, 2006.
______, 『시교육의 해체와 재구성』, 역락, 2006.
______, 「텍스트 가치평가 활동을 위한 시교육연구」, 서울대 박사논문, 2006.
노금숙, 「중국인 고급 학습자를 대상으로 한 한국문학 읽기 교육 연구」, 서울대 박사논문, 2011.
노 철, 『시교육 방법과 실제』, 보고사, 2002.
류수열, 「판소리 구연성의 매체언어적 의의」, 서울대 박사논문, 2001.
______, 『문학@국어교육 = Literature@Korean_education』, 역락, 2009.
문영진, 「한국근대소설의 신체성 중심의 읽기에 대한 연구」, 서울대 박사논문, 2000.
______, 『동시대의 삶과 서사교육』, 한국문화사, 2007.
문학과문학교육연구소 엮음, 『창작교육, 어떻게 할 것인가』, 푸른사상, 2001.
문학과문학교육연구소 편, 『문학교육의 탐구』, 국학자료원, 1996.
__________________, 『문학독서교육, 어떻게 할 것인가』, 푸른사상, 2005.
문학교육연구회 편, 『삶을 위한 문학교육 ; 현장교사들이 분석한 국어교과서』, 연구사, 1987.
_______________, 『문학교육의 방법』, 한길사, 1991.
민재원, 「시 읽기 교육에서 정서 체험의 구조와 작용 연구」, 서울대 박사논문, 2013.
박기범, 「소설과 영화를 통한 서사교육 내용 연구」, 한국교원대 박사논문, 2007.
박대호, 「소설의 세계관 이해와 그 문학교육적 적용 연구」, 서울대 박사논문, 1991.
박삼서, 「문학교육의 도교사상적 배경 연구」, 서울대 박사논문, 1993.
______, 『한국의 도교사상과 문학교육 연구』, 국학자료원, 1996.
박인기, 「문학교육과정의 구조에 관한 연구」, 서울대 박사논문, 1994.
______, 『문학교육과정의 구조와 이론』, 서울대학교 출판부, 1996.
______ 외, 『국어교육과 미디어 텍스트』, 삼지원, 2000.
______ 외, 『국어과 수행평가』, 삼지원, 1999.
______ 외, 『문학을 통한 교육』, 삼지원, 2005.
______ 외, 『국어과 창의·인성교육』, 사회평론, 2013.
박정숙, 「소설 교육에 관한 연구」, 경성대 박사논문, 2001.
서명희, 「시교(詩敎) 전통의 문학교육적 의의 연구」, 서울대 박사논문, 2013.
서유경, 『고전소설교육 탐구』, 박이정, 2002.
______, 「공감적 자기화를 통한 문학교육 연구 : '심청전'의 이본 생성을 중심으로」, 서울대 석사논문, 2002.

선주원, 「대화적 관점에서의 소설교육 연구」, 한국교원대 박사논문, 2002.

손예희, 「시 교육에서 상상적 경험에 대한 연구」, 서울대 박사논문, 2011.

송지언, 「시조 의미구조의 경험 교육 연구」, 서울대 박사논문, 2012.

송지현, 『문학교육의 본질과 방법』, 푸른사상, 2003.

송희복, 『영상시대의 글쓰기와 문학교육』, 월인, 2005.

______, 『전환기의 문학교육』, 두남, 2001.

신종곤, 「영상텍스트를 통한 비판적 사고 교육 연구」, 고려대 박사논문, 2004.

신헌재 외, 『학습자 중심의 초등 문학 교육 방법』, 박이정, 2004.

신헌재·진선희, 『학습자 중심 시 교육론』, 박이정, 2006.

양왕용, 『현대시교육론』, 삼지원, 1997.

양정실, 「해석텍스트 쓰기의 서사교육 방법 연구」, 서울대 박사논문, 2006.

엄해영·채명식, 『소설교육론』, 느티나무, 1995.

염은열, 『고전문학과 표현교육론』, 역락, 2000.

______, 「대상 인식과 내용 생성의 관계에 대한 표현교육론적 연구」, 서울대 박사논문, 1999.

오판진, 「가면극 연행 체험 교육 연구」, 서울대 박사논문, 2012.

우신영, 「현대소설 해석교육 연구」, 서울대 박사논문, 2015.

우한용, 『문학교육과 문화론』, 서울대학교 출판부, 1997.

______, 『한국 근대문학교육사 연구』, 서울대학교 출판부, 2009.

______, 『(우한용 교수의) 창작교육론 : 삶 읽기, 글 읽기, 글 쓰기』, 태학사, 2009.

______, 『한국 근대문학교육사 연구』, 서울대출판부, 2009.

______, 『소설장르의 역동학』, 서울대학교 출판문화원, 2011.

우한용 외, 『소설교육론』, 평민사, 1993.

________, 『문학교육과정론』, 삼지원, 1997.

________, 『서사교육론』, 동아시아, 2001.

________, 『실용과 실천의 문학교육』, 새문사, 2009.

________, 『언어·문학 영재교육의 가능성 탐구』, 한우리북스, 2010.

________, 『근대, 삶 그리고 서사교육』, 한국문화사, 2013.

________, 『국어과 창의·인성교육』, 사회평론, 2013.

유덕제, 「소설텍스트의 문학교육 방법 연구 ; 수용이론의 적용을 중심으로」, 경북대학교 박사논문, 1995.

유영희, 「이미지 형상화를 통한 시 창작교육 연구」, 서울대 박사논문, 1999.

유정아, 「웹 기반 아동문학 교육 모형 개발」, 이화여대 박사논문, 2003.

육길나, 『아동문학교육에 기초한 동화 구연』, 대한, 2006.

윤여탁, 『리얼리즘의 시 정신과 시교육』, 소명, 2003.

______, 『시교육론』, 태학사, 1996.
______, 『시 교육론 Ⅱ』, 서울대출판부, 1998.
이나향, 「시조의 생산적 수용 교육 연구」, 서울대 박사논문, 2016.
이대규, 「교과로서의 문학의 구조」, 서울대 박사논문, 1988.
이대규, 『문학교육과 수용론』, 이회문화사, 1998.
이상구, 『구성주의 문학교육론』, 박이정, 2002.
______, 「학습자 중심 문학 교육 방안 연구」, 한국교원대 박사논문, 1998
이상우, 『(소설방법론을 통한)소설교육』, 집문당, 1999.
이상익 외, 『고전문학 어떻게 가르칠 것인가』, 집문당, 1994.
이상일, 「고전소설의 인물 이해 교육 연구」, 서울대 박사논문, 2014.
이성은, 『아동문학교육』, 교육과학사, 2003.
이수미, 「텍스트성에 기반한 한국어 쓰기 교육 방법 연구 : 자기 표현적 쓰기 텍스트를 중심으로」, 서울대 박사논문, 2010.
이오덕, 『삶·문학·교육』, 종로서적, 1987.
이인화, 「소설 교육에서 해석소통의 구조와 실천에 대한 연구」, 서울대 박사논문, 2013.
이주영, 「자기 이미지 구성을 중심으로 한 강호가사 교육 연구」, 서울대 박사논문, 2013.
이지호, 「연암 박지원의 글쓰기 방법론 연구 ; '열하일기'의 대상 해석을 중심으로」, 서울대 박사논문, 1997.
이흔정, 「내러티브 교육과정의 적용에 대한 연구」, 고려대 박사논문, 2004.
임경순, 「경험의 서사화 방법과 그 문학교육적 의의 연구 : 유소년기소설을 중심으로」, 서울대 박사논문, 2003.
______, 『국어교육학과 서사교육론』, 한국문화사, 2003.
______, 『문학의 해석과 문학교육』, 역락, 2003.
______, 『서사, 연대성 그리고 문학교육』, 푸른사상, 2013.
임수경, 「현대시 창작교육의 실천적 연구」, 단국대 박사논문, 2006.
임성규, 『아동문학 비평과 초등 문학교육』, 한국문화사, 2008.
______, 『초등 문학교육의 담론과 아동문학의 지평』, 한국문화사, 2008.
임원재, 『아동문학 교육론 : 창작이론과 실제』, 신원문화사, 2000.
장도준, 『한국 현대시 교육론』, 국학자료원, 2003.
정래필, 「기억 재형상화 원리 중심의 소설 읽기 연구」, 서울대 박사논문, 2013.
정병헌, 『한국고전문학의 교육적 성찰』, 숙명여대출판국, 2003.
정재찬, 『문학교육의 사회학을 위하여』, 역락, 2003.
______, 『문학교육의 현상과 인식』, 역락, 2004.

______, 「현대시 교육의 지배적 담론에 관한 연구」, 서울대 박사논문, 1996.
정정순, 「시적 형상성의 교육 내용 연구」, 서울대 박사논문, 2005.
정주원, 「그림책을 활용한 상위언어인식 활동이 유아의 상위언어인식, 읽기능력, 마음이론 발달에 미치는 영향」, 덕성여대 박사논문, 2005.
정진석, 「윤리적 가치 중심의 소설 읽기 연구」, 서울대 박사논문, 2013.
조하연, 「문학 감상 교육 연구-고려속요를 중심으로」, 서울대 박사논문, 2010.
조희정, 「사회적 문해력으로서의 글쓰기 교육 연구 : 조선 세종조 과거 시험을 중심으로」, 서울대 박사논문, 2002.
______, 『고전문학 교육 연구』, 한국문화사, 2011.
주재우, 「설(說) 양식을 활용한 설득적 글쓰기 교육 연구」, 서울대 박사논문, 2011.
김선희, 「문학교육의 설계와 실천을 위한 문학체험연구」, 박이정, 2006.
______, 「학습 독자의 시적 체험 특성에 따른 시 읽기 교육 내용 설계 연구」, 한국교원대 박사논문, 2006.
차호일, 『시연구와 시교육』, 역락, 1999.
청관고전문학회 편, 『고전문학과 교육』, 태학사, 2000.
최미숙, 「한국 모더니즘 시의 글쓰기 방식에 관한 연구 ; 이상과 김수영을 중심으로」, 서울대 박사논문, 1997.
최병우, 『다매체 시대의 한국문학 연구』, 푸른사상, 2003.
최순열, 「문학교육론 연구-이론의 정립을 중심으로」, 동국대 박사논문, 1987.
최승권, 「지역 문학의 교육 방법 연구 : 광주·전남 현대시를 중심으로」, 전남대 박사논문, 2005.
최시한, 『소설의 해석과 문학교육』, 문학과지성사, 2005.
최운식, 『전래동화 교육론』, 집문당, 1988.
외, 『문학교육론』, 집문당, 1986.
______ 외, 『설화·고소설 교육론』, 민속원, 2002.
최인자, 「한국 현대소설 담론 생산 방식 연구 ; 반영론과 문학교육의 연관성을 중심으로」, 서울대 박사논문, 1997.
______, 『서사문화와 문학교육론』, 한국문화사, 2001.
최지현, 『문학교육과정론』, 역락, 2006.
______, 「한국 근대시 정서 체험의 텍스트 조건 연구」, 서울대 박사논문, 1997.
최홍원, 「시조의 성찰적 사고 교육 연구」, 서울대 박사논문, 2008.
최현섭, 「소설교육의 사적 고찰」, 성균관대 박사논문, 1988.
최효섭, 『동화교육』, 대한기독교교육협회, 1964.
한국고소설학회, 『고전소설교육의 과제와 방향』, 월인, 2006.
한국문학교육학회, 『문학교육의 새로운 구도와 실천』, 태학사, 2000.

__________, 『한국 문학연구와 문학교육』, 국학자료원, 2002.
한귀은, 「문학교육의 교육연극론적 연구」, 부산대 박사논문, 2001.
_____, 『연행을 통한 문학교육』, 박이정, 2001.
_____, 『현대소설교육론』, 삼지원, 2003.
한명숙, 「독자가 구성하는 이야기 구조 교육에 관한 연구」, 한국교원대 박사논문, 2003.
_____, 『이야기 문학교육론』, 박이정, 2007.
한주섭, 「한국문학교육연구－초중고교 국어과 교육을 중심으로」, 원광대 박사논문, 1987.
한창훈, 「강호시가의 문학교육적 가치에 관한 연구」, 고려대 박사논문, 2001.
허왕욱, 『고전문학교육론』, 보고사, 2005.
_____, 「지봉 이수광 시론의 특성과 시교육적 적용 연구」, 한국교원대 박사논문, 2000.
홍흥기, 「시창작교육의 방법론적 연구」, 중앙대 박사논문, 2002.
황정현, 『동화교육의 이론과 실제』, 박이정, 2007.
_____, 『아동문학교육론』, 박이정, 2007.
황혜진, 「가치경험을 위한 소설교육내용 연구 : 조선시대 애정소설을 대상으로」, 서울대 박사논문, 2006.

James Gribble, 나병철 역, 『문학교육론』, 문예출판사, 1987.
Karen D. Bromley, 이현섭 외 역, 『웹구성활동을 통한 아동문학교육』, 양서원, 2001.
R.J. Rodrigues & & D. Badaczewski : 박인기·최병우·김창원 역, 『문학작품을 어떻게 가르칠 것인가』, 박이정, 2001.
Robert Scholes, 김상욱 역, 『문학이론과 문학교육 ; 텍스트의 위력』, 하우, 1995.
Tzvetan Todorov 외 편, 윤희원 역, 『문학의 교육』, 하우, 1996.

Ⅱ. 논문·석사논문

1. 문학교육 일반론

강진호, 「교과서·문학교육·교사」, 『문학교육학』 제9호, 한국문학교육학회, 2002.
_____, 「"국어"교과서의 형성과 일제 식민주의－〈국어독본〉(1907)과 〈조선어독본〉(1911)을 중심으로－」, 『현대소설연구』 vol. 46, 한국현대소설학회, 2011.
고광수, 「고전문학 교육의 한 방향」, 『문학교육학』 제10호, 한국문학교육학회,

2002.

______, 「문학 감상의 경험 교육적 성격에 대한 예비적 고찰」, 『문학교육학』 제16호, 한국문학교육학회, 2005.

고정희, 「고전문학의 두 윤리적 여성에 대한 고찰-호랑이 처녀와 심청-」, 『선청어문』 vol. 36, 서울대학교 국어교육과, 2008.

고형진, 「고등학교 『국어』 교과서의 '학습활동'에 대한 비판적 검토-시와 소설 단원을 중심으로」, 『문학교육학』 제16호, 한국문학교육학회, 2005.

______, 「「문학」교과서의 '갈래' 서술에 대한 비판적 검토」, 『문학교육학』 제13호, 한국문학교육학회, 2004.

곽동훈, 「중등학교 문학교육의 기초 연구」, 『배달말교육』 vol. 30, 배달말교육학회, 2009.

곽경숙, 「대학의 사고와 표현 관련 교육에서 스토리텔링의 활용에 대한 연구」, 『한국언어문학』 vol. 76, 한국언어문학회, 2011.

곽춘옥, 「심미적 듣기를 통한 문학교수-학습 방안 연구」, 한국교원대 석사논문, 2002.

______, 「교실 문화 개선을 위한 국어과 교수, 학습 방법 : 초등학교 문학 수업의 유형」, 『국어교육학연구』 vol. 32, 국어교육학회, 2008.

구인환, 「문학교육과 문학교사」, 『인산 김원경박사 회갑기념논문집』, 1988.

______, 「문학교육과 사회적 연관」, 『난대 이응백박사 회갑기념 논문집』, 1988.

구자황, 「문학교육에서 바라본 일제강점기의 기억과 체험 : 일제강점기 제도권 문학교육-교과서와 민간 독본의 양상을 중심으로-」, 『문학교육학』 vol. 34, 한국문학교육학회, 2011.

구재진, 「영화 텍스트의 시간과 기억-임순례 초기 영화를 중심으로」, 『문학교육학』 vol. 31, 한국문학교육학회, 2011.

구창환, 「문학교육의 당면 문제」, 『한국언어문학』 11, 한국언어문학회, 1973.

권성우, 「영상시대의 문학교육」, 『문학교육학』 제15호, 한국문학교육학회, 2004.

권순긍, 「고전에서의 일생생활과 문학」, 『문학교육학』 제7호, 한국문학교육학회, 2001.

권순희, 「언어, 문학 영재교육의 방향 모색을 위한 외국 사례 비교」, 『국어교육』 vol. 128, 한국어교육학회, 2009.

권용덕, 「고전문학 교육에 관한 연구」, 고려대 석사논문, 2000.

권혁준, 「목표 중심 단원 체제의 문제점과 개선 방안-초등학교 문학영역을 중심으로」, 『문학교육학』 제21호, 한국문학교육학회, 2006.

______, 「아동문학 관련 정기간행물의 내용 고찰」, 『문학교육학』 제12호, 한국문학교육학회, 2003.

김경연, 「문학 영역 협동학습 모형 연구-중학교 3학년을 대상으로-」, 『배달말교육』 vol. 30, 배달말교육학회, 2009.

김경훈, 「조선족 초중 〈조선어문〉교재 연구-소설과 시 교육을 중심으로-」, 『문학교육학』 vol. 26, 한국문학교육학회, 2008.

김경회, 「다문화 가정의 자녀 교육을 위한 한국어문화 교육의 문학 텍스트 활용 방안 연구」, 『인문연구』 vol. 58, 영남대학교 인문과학연구소, 2010.

김근호, 「비평 논쟁 글쓰기의 방법 연구 : '1960년대 순수·참여 논쟁'을 대상으로」, 서울대 석사논문, 2004.

______, 「'영화 대 영화' 형(型) 방송 프로그램에 대한 미디어 서사교육적 연구-KBS의 「배칠수의 종횡무진」 분석을 중심으로」, 『문학교육학』 제16호, 한국문학교육학회, 2005.

______, 「허구 서사 창작 교육의 내용 체계화-세계 경험을 중심으로-」, 『문학교육학』 vol. 30, 한국문학교육학회, 2009.

김기창, 「구비문학교육의 바람직한 방향」, 『미원 우인섭선생 정년기념 논문집』, 1991.

______, 「유아기의 문학교육」, 『미원 우인섭선생 회갑기념 논문집』, 집문당, 1986.

김남희, 「현대시 수용에 관한 문화기술적 연구」, 서울대 석사논문, 1997.

______, 「아동기 문학교육에서 장르의 문제」, 『문학교육학』 vol. 27, 한국문학교육학회, 2008.

______, 「구술 생애담에 나타난 자기 표현에 관한 연구」, 『선청어문』 vol. 36, 서울대학교 국어교육과, 2008.

______, 「PISA 2009 결과를 통해 살펴본 문학교육의 과제」, 『문학교육학』 vol. 34, 한국문학교육학회, 2011.

김대진, 「저작도구를 활용한 전자말 문학교육 현장 연구」, 『문학교육학』 vol. 27, 한국문학교육학회, 2008.

김대행, 「문학의 개념과 문학교육론」, 『국어교육』 59·60호, 1987.

______, 「국어교육과 '언어, 사용, 교육'」, 『사대논총』 40집, 서울대 사대, 1989.

______, 「언어사용의 구조와 교육」, 『국어교육』 71·72호, 1990.

______, 「손가락과 달-시조 형식을 통해 본 문학교육의 지표론」, 『선청어문』 23집, 1995.

______, 「문학교육론의 시각」, 『문학교육학』 제2호, 한국문학교육학회, 1998.

______, 「思考力을 위한 文學敎育의 設計」, 『서울대국어교육연구』 5, 1998.

______, 「문학 생활화의 패러다임」, 『문학교육학』 제7호, 한국문학교육학회, 2001.

김대희, 「호주의 자국어 교육과정에서의 매체 언어 교육에 대한 연구」, 『국어교육학연구』 vol. 32, 국어교육학회, 2008.

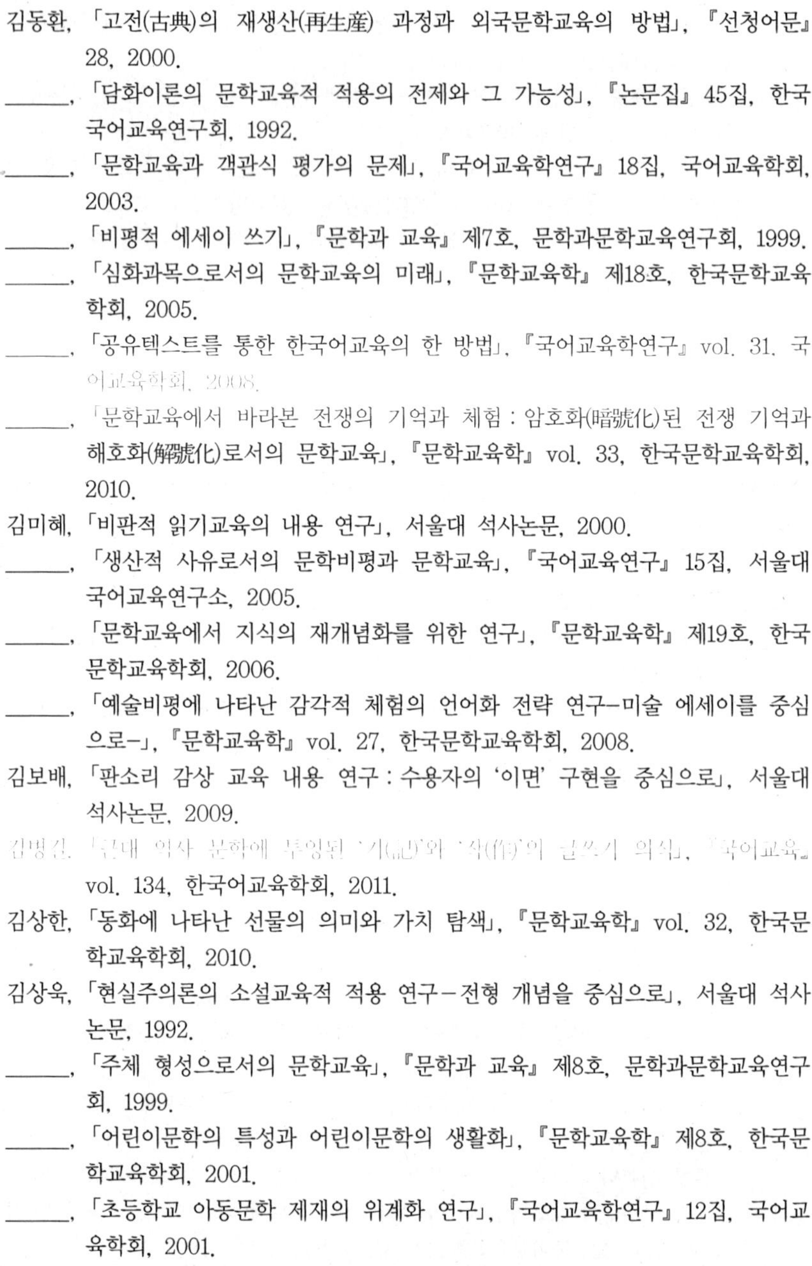

김동환, 「고전(古典)의 재생산(再生産) 과정과 외국문학교육의 방법」, 『선청어문』 28, 2000.

______, 「담화이론의 문학교육적 적용의 전제와 그 가능성」, 『논문집』 45집, 한국국어교육연구회, 1992.

______, 「문학교육과 객관식 평가의 문제」, 『국어교육학연구』 18집, 국어교육학회, 2003.

______, 「비평적 에세이 쓰기」, 『문학과 교육』 제7호, 문학과문학교육연구회, 1999.

______, 「심화과목으로서의 문학교육의 미래」, 『문학교육학』 제18호, 한국문학교육학회, 2005.

______, 「공유텍스트를 통한 한국어교육의 한 방법」, 『국어교육학연구』 vol. 31, 국어교육학회, 2008.

______, 「문학교육에서 바라본 전쟁의 기억과 체험 : 암호화(暗號化)된 전쟁 기억과 해호화(解號化)로서의 문학교육」, 『문학교육학』 vol. 33, 한국문학교육학회, 2010.

김미혜, 「비판적 읽기교육의 내용 연구」, 서울대 석사논문, 2000.

______, 「생산적 사유로서의 문학비평과 문학교육」, 『국어교육연구』 15집, 서울대 국어교육연구소, 2005.

______, 「문학교육에서 지식의 재개념화를 위한 연구」, 『문학교육학』 제19호, 한국문학교육학회, 2006.

______, 「예술비평에 나타난 감각적 체험의 언어화 전략 연구—미술 에세이를 중심으로—」, 『문학교육학』 vol. 27, 한국문학교육학회, 2008.

김보배, 「판소리 감상 교육 내용 연구 : 수용자의 '이면' 구현을 중심으로」, 서울대 석사논문, 2009.

김병길, 「근대 역사 문학에 투영된 '기(記)'와 '작(作)'의 글쓰기 의식」, 『국어교육』 vol. 134, 한국어교육학회, 2011.

김상한, 「동화에 나타난 선물의 의미와 가치 탐색」, 『문학교육학』 vol. 32, 한국문학교육학회, 2010.

김상욱, 「현실주의론의 소설교육적 적용 연구—전형 개념을 중심으로」, 서울대 석사논문, 1992.

______, 「주체 형성으로서의 문학교육」, 『문학과 교육』 제8호, 문학과문학교육연구회, 1999.

______, 「어린이문학의 특성과 어린이문학의 생활화」, 『문학교육학』 제8호, 한국문학교육학회, 2001.

______, 「초등학교 아동문학 제재의 위계화 연구」, 『국어교육학연구』 12집, 국어교육학회, 2001.

______, 「초등 문학교육의 발전 방향」, 『문학교육학』 제12호, 한국문학교육학회, 2003.

______, 「실천적 이론과 이론적 실천 : 문학 교사를 위한 제언」, 『문학교육학』 제18호, 한국문학교육학회, 2005.

______, 「문학을 통한 국어교육의 재개념화」, 『문학교육학』 제19호, 한국문학교육학회, 2006.

______, 「2007 개정 국어과 교육과정 속 문학 영역의 비판적 검토」, 『국어교육』 vol. 128, 한국어교육학회, 2009.

______, 「문학교육에서 바라본 시민 혁명의 기억과 체험 : 문학교육과 민주주의」, 『문학교육학』 vol. 32, 한국문학교육학회, 2010.

김서형, 「영화를 활용한 한국의 언어와 문화 교육-교육용 영화 선정의 원리와 기준을 중심으로-」, 『우리어문연구』 vol. 35, 우리어문학회, 2009.

김선민, 「문학교육의 창의성에 관한 연구」, 『문학교육학』 제13호, 한국문학교육학회, 2004.

______, 「"원 스쿨, 원 북(One School, One Book)"을 통한 가족창작 교육에 관한 연구」, 『문학교육학』 vol. 32, 한국문학교육학회, 2010.

김선배, 「반응중심학습법의 현장 적용에 대한 비판적 고찰」, 『문학교육학』 제21호, 2006.

김성란, 「맥락의 중학교 개정교과서 수용 양상 연구-'교학사', '비유와 상징', '미래엔 컬처 그룹' 교과서를 중심으로」, 『새국어교육』 vol. 85, 한국국어교육학회, 2010.

김성룡, 「문학교육과 문학능력 : 고전 비평과 문학능력」, 『문학교육학』 vol. 28, 한국문학교육학회, 2009.

김성빈, 「아리스토텔레스 「시학」연구-제6장 '비극의 본질'을 중심으로」, 『새국어교육』 vol. 82, 한국국어교육학회, 2009.

김성수, 「창의적 글쓰기 교육의 구성 방안 연구-대학 글쓰기의 경우-」, 『현대문학의 연구』 vol. 38, 한국문학연구학회, 2009.

김성진, 「비평의 논리로 본 문학 수행 평가의 철학」, 『문학교육학』 제3호, 한국문학교육학회, 1999.

______, 「문학 작품 읽기 전략으로서의 비평에 대한 시론」, 『문학교육학』 제9호, 한국문학교육학회, 2002.

______, 「문학 교수·학습 방법론 연구」, 『국어교육학연구』 21집, 국어교육학회, 2004.

______, 「아동청소년 문학의 정전과 권정생의 '한국전쟁 3부작'」, 『문학교육학』 vol. 125, 한국문학교육학회, 2008.

______, 「서사 교육에서 맥락과 장르의 관계에 대한 연구」, 『문학교육학』 vol. 30, 한국문학교육학회, 2009.

김수업, 「고등학교용 새 '문학' 교과서를 위하여」, 『중등교육연구』 3집, 경상대 중등교육연구소, 1991. 12.

김수이, 「논술교육의 토대로서 비평교육의 필요성과 방안」, 『국어교육』 vol. 125, 한국어교육학회, 2008.

______, 「문학비평 방법론의 적용, 변주를 통한 문학교육-『작가비평,주제비평,복수의 비평적 관점을 적용한 문학교육에 대한 상상』-」, 『한국문예비평연구』 vol. 25, 한국현대문예비평학회, 2008.

김수진, 「문학작품을 활용한 한국언어문화교육 연구-맥락 활성화에 기반한 수업사례를 중심으로-」, 『한국어 교육』 vol. 20 No. 3, 국제한국어교육학회, 2009.

______, 「문학작품을 활용한 한국언어문화교육 연구-맥락 활성화에 기반한 수업사례를 중심으로-」, 『한국어교육』 vol. 20 No. 3, 국제한국어교육학회, 2009.

김승환, 「문학교육과 대중문화」, 『문학교육학』 제7호, 한국문학교육학회, 2001.

______, 「한국문학교육의 타자성 인식 방법론」, 『문학교육학』 제17호, 한국문학교육학회, 2005.

김신정, 「미디어 시대의 문학 능력 : 다매체 문화 환경과 문학 능력」, 『문학교육학』 vol. 27, 한국문학교육학회, 2008.

______, 「2010년 한국어교육 국제학술회의 : 다문화 시대의 문학과 대중문화; 다문화 공간의 형성과 '이주'의 형상화-한국 시에 나타난 다문화의 양상」, 『국어교육연구』 vol. 26, 서울대학교 국어교육연구소, 2010.

김연수, 「고등학교 문학교육에 있어서 구비문학교육의 문제점과 개선 방향에 관한 연구」, 전남대 석사논문, 1995.

김인규, 「대학의 문학교육 — 그 당위와 현실」, 『문예중앙』, 1986 가을.

김영란, 「전인교육을 위한 문학교육의 방향 연구 ; 중학교 1학년 국어교과서의 문학작품을 중심으로」, 충남대 석사논문, 1991.

김영한, 「국어교육에 있어 가치관에 관한 연구 - 문학교육을 중심으로」, 동국대 석사논문, 1980.

김용재, 「문학작품 감상력 신장을 위한 방략」, 『논문집』 44집, 한국국어교육연구회, 1992.

김윤식, 「문학을 어떻게 가르칠 것인가 - 왜 문학을 배워야 하는가」, 『한국문학사논고』, 법문사, 1973.

김은전, 「국어교육과 문학교육」, 『사대논총』 19집, 서울대 사대, 1979.

______, 「문학교육이란 어떠한 것이어야 하는가」, 『문학사상』, 1991년 2월호.

______, 「초·중·고교에서의 문학교육」, 『제5차 국어과·한문과 교육과정 개정을 위

한 세미나』, 한국교육개발원, 1986.
김인환, 「교양교육으로서의 글쓰기 프로그램」, 『어문논집』 vol. 61, 민족어문학회, 2010.
김장호, 「중·고등학교에서의 문학교육론 서설」, 『교육문제연구』, 동국대학교, 1983.
김정우, 「국어과 교육과정에서의 정의교육 범주에 대한 연구」, 『문학교육학』 제12호, 한국문학교육학회, 2003.
_____, 「고등학교 문학 과목 교육과정의 내용과 구조」, 『국어교육』 vol. 131, 한국어교육학회, 2010.
_____, 「어휘 교육의 발전 방향 탐색; 문학교육과 어휘교육」, 『국어교육학연구』 vol. 40, 국어교육학회, 2011.
김주환, 「국어과 교육과정의 통합성 연구」, 『새국어교육』 vol. 85, 한국국어교육학회, 2010.
김종철, 「고전문학교육의 방향과 교과서」, 『민족문학사연구』 12, 1998.
_____, 「대학 교양 교육으로서의 문학교육의 방향」, 『문학교육학』 제10호, 한국문학교육학회, 2002.
_____, 「대학 교양교육으로서의 한국고전문학교육의 과제」, 『한국고전연구』 vol. 22, 한국고전연구학회, 2010.
김종철 외, 「고전소설 이해 교육 연구--중고등학교 학습자의 삽화 이해를 중심으로」, 『국어교육연구』 vol. 27, 서울대학교 국어교육연구소, 2011.
김중신, 「문학교육의 내적 범주와 외적 가능성」, 『논문집』 43집, 한국국어교육연구회, 1991.
_____, 「리얼리즘의 문학교육적 磁場」, 『표현』 22호, 표현문학회, 1992.
_____, 「외국어로서의 한국어 교육과 문학적 정서의 관계」, 『文學과敎育』 2호, 1997.
_____, 「문학교육에서의 인지의 문제」, 『문학교육학』 제11호, 한국문학교육학회, 2003.
_____, 「청소년 문학의 재개념화를 위한 고찰」, 『문학교육학』 제9호, 한국문학교육학회, 2002.
_____, 「문학교육 정전의 재구성 : 문학교육에서 정전 형성 요건에 관한 시론(試論)-이상(李霜)을 중심으로-」, 『문학교육학』 vol. 25, 한국문학교육학회, 2008.
_____, 「2011, 한국문학교육의 현황과 과제」, 『국제학술제』 vol. 1, 고려대학교 한국어문교육연구소, 2011.
_____, 「통일 시대 어문 교육의 방향」, 『국어국문학』 168, 국어국문학회, 2014.
김정애, 「〈아기장수〉 설화에 나타난 말겨루기의 서사적 특성과 그 문학치료적 의의」, 『문학교육학』 vol. 29, 한국문학교육학회, 2009.

김정우, 「문학교육과 문학 능력 : 문학능력 평가의 방향—학습과 평가의 연계를 중심으로—」, 『문학교육학』 vol. 28, 한국문학교육학회, 2009.

김정은 외, 「2010년 한국어교육 국제학술회의 : 다문화 시대의 문학과 대중문화; 개혁개방 이후 다문화시대 중국조선족 문학에서의 정체성에 대한 모색」, 『국어교육연구』 vol. 26, 서울대학교 국어교육연구소, 2010.

김지영, 「한국과 프랑스의 문학 교과서 비교 연구」, 한국교원대 석사논문, 2004.

김창원, 「문학 교과서 개발에 대한 비판적 점검」, 『문학교육학』 제11호, 한국문학교육학회, 2003.

______, 「문학교육 목표의 변천 연구(1)—광복 이후 고등학교 국어과 교육과정을 중심으로」, 『국어교육』, 73·74호, 1991.

______, 「문학교육과정 발전의 논리와 개선 방안」, 『문학교육학』 제12호, 한국문학교육학회, 2003.

______, 「미디어 시대의 문학 능력 : 문학 능력과 교육과정, 그리고 매체—교육과정 목표를 통해 본 문학 능력관과 매체의 수용—」, 『문학교육학』 vol. 27, 한국문학교육학회, 2008.

______, 「문학 문화의 개념과 문학교육」, 『문학교육학』 vol. 25, 한국문학교육학회, 2008.

______, 「문학 평가의 방법 연구—문학 경험 평가를 위한 시론(試論)」, 『국어교육』 vol. 130, 한국어교육학회, 2009.

김향연, 「영화 서사 이해 교육 방법 연구」, 서울대 석사논문, 2011.

김혜경, 「학생 포트폴리오 구성을 위한 글쓰기 지도 연구—공학교육인증에서 요구하는 학생 포트폴리오를 중심으로—」, 『한국언어문학』 vol. 75, 한국언어문학회, 2010.

김혜련, 「식민지기 문학교육과 정전 논의—제2차 조선교육령기(1922~1938) 국어 교과서를 중심으로—」, 『문학교육학』 vol. 30, 한국문학교육학회, 2009.

______, 「"격물치지론"의 문학교육적 함의」, 『국어교육』 vol. 134, 한국어교육학회, 2011.

김혜숙, 「사회문화적 의사소통과 국어교육 : 사회 방언과 국어 교육」, 『국어교육학연구』 vol. 35, 국어교육학회, 2009.

김혜영, 「문학교육과정 표준의 개념과 개발 방향」, 『문학교육학』 제15호, 한국문학교육학회, 2004.

______, 「이미지의 작용 방식과 상상력 교육」, 『국어교육』 105호, 한국어교육학회, 2001.

______, 「문학교육 정전의 재구성 : 현대문학 정전 재검토」, 『문학교육학』 vol. 25, 한국문학교육학회, 2008.

______, 「사회문화적 의사소통과 국어교육 : 방언과 현대문학교육」, 『국어교육학연구』 vol. 35, 국어교육학회, 2009.

______, 「문학교육과 언어적 상상력」, 『국어교육』 vol. 128, 한국어교육학회, 2009.

김혜진, 「한국어 학습자의 문화 능력 향상을 위한 설화 교육 연구」, 서울대 석사논문, 2009.

______, 「2010년 한국어교육 국제학술회의 : 다문화 시대의 문학과 대중문화; 시집살이 노래 수용에서 공감의 양상 연구–결혼 이주 여성을 대상으로」, 『국어교육연구』 vol. 26, 서울대학교 국어교육연구소, 2010.

김효정, 「문학 수용에서의 공감 교육 연구」, 서울대 석사논문, 2007.

김흥규, 「시조문학 교육의 통시적 연구」, 『현대비평과 이론』, 한신문화사, 1992.

나윤숙, 「문학 번역 교육 : 타자와의 신비한 만남」, 『번역학연구』 vol. 10 No. 1, 한국번역학회, 2009.

남민우, 「'사이버-청소년문학'의 문학교육적 의미 연구-문학교육적 비평의 정립을 위한 시론」, 『문학교육학』 제19호, 한국문학교육학회, 2006.

노진한, 「문학사 교육 방법론 연구」, 서울대 석사논문, 1992.

노철, 「문학 수업에서 교사화법과 감상능력의 상관성 고찰」, 『문학교육학』 vol. 25, 한국문학교육학회, 2008.

도홍찬, 「문학교육과 도덕교육의 연계 방안」, 『문학교육학』 제14호, 한국문학교육학회, 2004.

류수열, 「문학교육과정의 경험 범주 내용 구성을 위한 시론」, 『문학교육학』 제19호, 한국문학교육학회, 2006.

______, 「문학 지식의 교육적 구도」, 『국어교육학연구』 25집, 국어교육학회, 2006.

______, 「사회성 발달을 위한 문학교육의 방향」, 『문학교육학』 제13호, 한국문학교육학회, 2004.

______, 「사회문화적 의사소통과 국어교육 : 고전문학의 사회, 문화적 소통과 방언의 행방」, 『국어교육학연구』 vol. 35, 국어교육학회, 2009.

______, 「국어과 교육과정의 지역화 시론-〈춘향전〉과 〈정읍사〉를 중심으로」, 『한국언어문학』 vol. 68, 한국언어문학회, 2009.

민병곤, 「초등학교 논술 교육 내용 구성 방안」, 『청람어문교육』 vol. 38, 청람어문교육학회, 2008.

박기범, 「문학 교과서의 영화 수용 양상에 대한 비판적 검토」, 『문학교육학』 제18호, 한국문학교육학회, 2005.

______, 「제7차 교육과정에 따른 문학 교과서의 내용 분석 연구」, 『문학교육학』 제11호, 한국문학교육학회, 2003.

______, 「다매체 시대의 국어교육의 목표와 방향 : 국어 교과서의 영화 수용 양상에

대한 비판적 검토-2007년 개정 교육과정에 따른 중학교 1학년 교과서를 중심으로-」, 『청람어문교육』 vol. 42, 청람어문교육학회, 2010.

박기수, 「문학교육 정전의 재구성 : 문화콘텐츠 정전 구성을 위한 시론」, 『문학교육학』 vol. 25, 한국문학교육학회, 2008.

박대호, 「문학교육의 자리매김」, 『국어교육』, 61·62호, 1987.

박문수, 「프랑스 각급 학교의 문학교육」, 『불어불문학연구』, 1980.

박배식, 「한국어 문학교육의 실행 방안」, 『현대문학이론연구』 vol. 37, 현대문학이론학회, 2009.

박선애, 「한국 근,현대문학의 동,식물 상징 기호를 활용한 문화콘텐츠 창작 소재로서의 가능성 연구」, 『우리어문연구』 vol. 30, 2008.

박소영, 「국어과 영화 제작 수업의 실제와 반성적 고찰」, 『배달말』 vol. 46, 배달말학회, 2010.

박숙자, 「스토리텔링을 활용한 외국어로서의 한국어 교육—문학제재 활용 방안과 관련하여」, 『새국어교육』 vol. 86, 한국국어교육학회, 2010.

박순원, 「국어교육 : 독서지수의 활용 방안 연구」, 『새국어교육』 vol. 87, 한국국어교육학회, 2011.

박영기, 「해방기 아동문학교육 연구」, 『청람어문교육』 vol. 41, 청람어문교육학회, 2010.

______, 「일제강점기 아동문예지 『별나라』 연구—송영과 임화를 중심으로-」, 『문학교육학』 vol. 33, 한국문학교육학회, 2010.

박윤우, 「미디어 시대의 문학 능력 : 기호/ 소통/문화로 본 매체언어와 문학어, 문학능력」, 『문학교육학』 vol. 27, 한국문학교육학회, 2008.

박용권, 「문학 이론의 교수학적 변환 연구-반영론을 중심으로」, 『문학교육학』 제18호, 한국문학교육학회, 2005.

박인기, 「문학제재의 수용 특성과 교수-학습의 조건」, 『先淸語文』 14, 15合輯, 서울대 사대 국어과, 1986.

______, 「문학 교과 교재론의 이론적 접근과 방향」, 『雲堂 丘仁煥先生 回甲論文集』, 1989.

______, 「문학 텍스트의 종합적 감상을 위한 교육 TV 設計 方略」, 『국어교육』 65·66집, 1989.

______, 「口碑文學 資料의 國語科 教材變容」, 『초등교육연구』, 청주교대, 1991.

______, 「문학교육과정 개념의 이론적 함의」, 『선청어문』 제21집, 서울사대 국어과, 1993. 9.

______, 「초,중등학교 국어과 평가의 실태와 개선 방안; 국어과 평가의 반성과 전망」, 『국어교육학연구』 vol. 32, 국어교육학회, 2008.

______, 「문학교육 정전의 재구성 : 문학교육과 문학 정전의 새로운 관계 맺기」, 『문학교육학』 vol. 25, 한국문학교육학회, 2008.

______, 「국어교육과 매체 언어 문화 : 『국어교육학연구』 vol. 134, 국어교육학회, 2010.

______, 「독서정책의 방향과 과제」, 『독서연구』 31, 한국독서학회, 2014.

______, 「국어교육의 융,복합교육 기능과 작용」, 『국어교육』 152, 한국어교육학회, 2016.

박재승, 「문학교육론 서설」, 『개신어문연구』 제7집, 충북대 개신어문연구회, 1990.

박종철, 「국어학과 한국문학교육」, 『시학과 언어학』 vol. 18, 시학과 언어학회, 2010.

박진숙, 「국어학 작문교육 : 첨삭지도라는 공통감각과 대학 글쓰기 교육의 개선방향」, 『반교어문연구』 vol. 26, 반교어문학회, 2009.

박희진, 「반응 활성화를 위한 문학 토의 방법 연구」, 한국교원대 석사논문, 2004.

배수찬, 「근대 초기의 논란을 통해 본 문학교육의 방향 탐구」, 『문학교육학』 제17호, 한국문학교육학회, 2005.

______, 「김소운의 글쓰기 환경과 번역 작업에 대한 고찰」, 『문학교육학』 vol. 34, 한국문학교육학회, 2011.

백순철, 「국어교육, 어떻게 할 것인가?; 여행체험 고전문학 텍스트의 교육적 의의」, 『학과창립기념학술대회』 vol. 1, 고려대학교 한국어문교육연구소, 2008.

변미애, 「문학 반응 활성화를 위한 자기 평가 방안 연구」, 한국교원대 석사논문, 2004.

변지윤, 「문화 간 의사소통능력 활성화를 위한 〈흥부전〉 교육 연구」, 서울대 석사논문, 2011.

서민정, 「문학 비평 교수-학습 방안 연구」, 한국교원대 석사논문, 2007.

______, 「초등 학습독자의 문학 반응 쓰기 양상 분석 연구-자유 반응 쓰기와 관점 선택 반응 쓰기를 중심으로-」, 『청람어문교육』 vol. 41, 청람어문교육학회, 2010.

서순옥, 「문학교육의 정의적 영역에 관한 평가 방법 연구」, 이화여대 석사논문, 1998.

서연주, 「현대문학 : 한국 문화에 나타난 다문화 인식 양상 고찰-인권영화를 중심으로-」, 『국어문학』 vol. 47, 국어문학회, 2009.

서유경, 「인터넷 매체를 활용한 통합적 문학교육 연구」, 『문학교육학』 제10호, 한국문학교육학회, 2002.

______, 「문학과 독서의 상생적 조망 : 읽기 교육에서의 문학 텍스트 활용 탐색」, 『문학교육학』 vol. 30, 한국문학교육학회, 2010.

서은아, 「〈장화홍련전〉의 가족갈등과 문학치료적 활용」, 『국어교육』 vol. 129, 한국어교육학회, 2009.

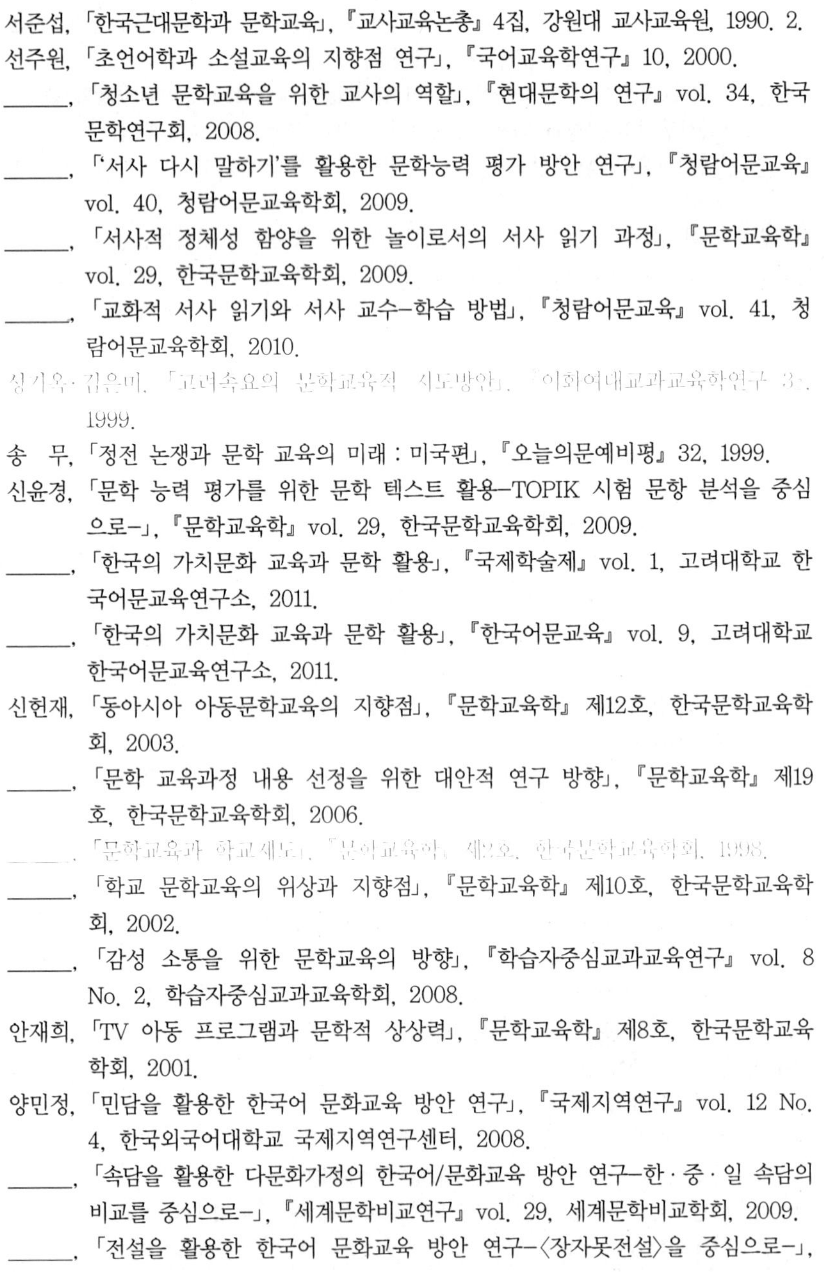

서준섭, 「한국근대문학과 문학교육」, 『교사교육논총』 4집, 강원대 교사교육원, 1990. 2.

선주원, 「초언어학과 소설교육의 지향점 연구」, 『국어교육학연구』 10, 2000.

______, 「청소년 문학교육을 위한 교사의 역할」, 『현대문학의 연구』 vol. 34, 한국문학연구회, 2008.

______, 「'서사 다시 말하기'를 활용한 문학능력 평가 방안 연구」, 『청람어문교육』 vol. 40, 청람어문교육학회, 2009.

______, 「서사적 정체성 함양을 위한 놀이로서의 서사 읽기 과정」, 『문학교육학』 vol. 29, 한국문학교육학회, 2009.

______, 「교화적 서사 읽기와 서사 교수-학습 방법」, 『청람어문교육』 vol. 41, 청람어문교육학회, 2010.

성기옥·김은미, 「고려속요의 문학교육적 시도방안」, 『이화여대교과교육학연구』 3-1, 1999.

송 무, 「정전 논쟁과 문학 교육의 미래 : 미국편」, 『오늘의문예비평』 32, 1999.

신윤경, 「문학 능력 평가를 위한 문학 텍스트 활용-TOPIK 시험 문항 분석을 중심으로-」, 『문학교육학』 vol. 29, 한국문학교육학회, 2009.

______, 「한국의 가치문화 교육과 문학 활용」, 『국제학술제』 vol. 1, 고려대학교 한국어문교육연구소, 2011.

______, 「한국의 가치문화 교육과 문학 활용」, 『한국어문교육』 vol. 9, 고려대학교 한국어문교육연구소, 2011.

신헌재, 「동아시아 아동문학교육의 지향점」, 『문학교육학』 제12호, 한국문학교육학회, 2003.

______, 「문학 교육과정 내용 선정을 위한 대안적 연구 방향」, 『문학교육학』 제19호, 한국문학교육학회, 2006.

______, 「문학교육과 학교제도」, 『문학교육학』 제2호, 한국문학교육학회, 1998.

______, 「학교 문학교육의 위상과 지향점」, 『문학교육학』 제10호, 한국문학교육학회, 2002.

______, 「감성 소통을 위한 문학교육의 방향」, 『학습자중심교과교육연구』 vol. 8 No. 2, 학습자중심교과교육학회, 2008.

안재희, 「TV 아동 프로그램과 문학적 상상력」, 『문학교육학』 제8호, 한국문학교육학회, 2001.

양민정, 「민담을 활용한 한국어 문화교육 방안 연구」, 『국제지역연구』 vol. 12 No. 4, 한국외국어대학교 국제지역연구센터, 2008.

______, 「속담을 활용한 다문화가정의 한국어/문화교육 방안 연구-한·중·일 속담의 비교를 중심으로-」, 『세계문학비교연구』 vol. 29, 세계문학비교학회, 2009.

______, 「전설을 활용한 한국어 문화교육 방안 연구-〈장자못전설〉을 중심으로-」,

『세계문학비교연구』 vol. 29, 세계문학비교학회, 2009.
______, 「결혼 이주여성을 위한 야담 활용의 한국 문화교육 방안 연구-〈치부담〉〈출세담〉 중심으로-」, 『국제지역연구』 vol. 14 No. 3, 한국외국어대학교 국제지역연구센터, 2010.
양정실, 「문학 교육과정의 '본질' 범주에 대한 비판적 검토」, 『국어교육』 116호, 한국어교육학회, 2005.
______, 「반응 일지(response journal)쓰기의 문학교육적 함의」, 『국어교육』 102, 2000.
양지선, 「민간신앙을 활용한 한국어와 문화 교육-문학작품을 중심으로-」, 『이중언어학』 vol. 42, 이중언어학회, 2010.
엄혜숙, 「어른의 문학 생활화와 어린이의 문학」 『문학교육학』 제10호, 한국문학교육학회, 2002.
염은열, 「고전문학교육과 신화적 상상력」, 『선청어문』 28, 2000.
______, 「문학교육과 학습자의 발달 단계」, 『문학교육학』 제11호, 한국문학교육학회, 2003.
______, 「국어 활동 영역과 문학 영역의 관계 설정에 대한 연구」, 『문학교육학』 제18호, 한국문학교육학회, 2005.
______, 「학습자의 자기 이해를 위한 문학교육 평가 방안 탐색」, 『국어교육학연구』 vol. 34, 국어교육학회, 2009.
______, 「문학교육과 문학능력 : 문학능력의 신장을 위한 문학교육 지식론의 방향 탐색」, 『문학교육학』 vol. 28, 한국문학교육학회, 2009.
염창권, 「초등학교 문학 수업의 문화기술적 연구」, 『문학교육학』 제9호, 한국문학교육학회, 2002.
______, 「문학교육과 문학능력 : 문학 수업을 통해 본 초등학생의 문학능력」, 『문학교육학』 vol. 28, 한국문학교육학회, 2009.
오문석, 「문학과 교육 : 문학교육의 위기와 문학교육이론의 성장」, 『인문학연구』 vol. 41, 조선대학교 인문학연구원, 2010.
오선영, 「연구 윤리를 위한 교양 교육 방안 연구」, 『한국언어문학』 vol. 67, 한국언어문학회, 2008.
오세영, 「국어교육과 문학」, 『문학교육학』 제7호, 한국문학교육학회, 2001.
______, 「동유럽에 있어서 한국문학 수용과 한국문학교육」, 『문학교육학』 제13호, 한국문학교육학회, 2004.
오윤선, 「다매체 시대의 국어교육의 목표와 방향 : 교과서 제재로서의 〈옛날 옛적에 훠어이 훠이〉 일고찰」, 『청람어문교육』 vol. 42, 청람어문교육학회, 2010.
오정미, 「한국어교육에서 문학작품 선정에 관한 문제」, 『한말연구』 vol. 22, 한말연

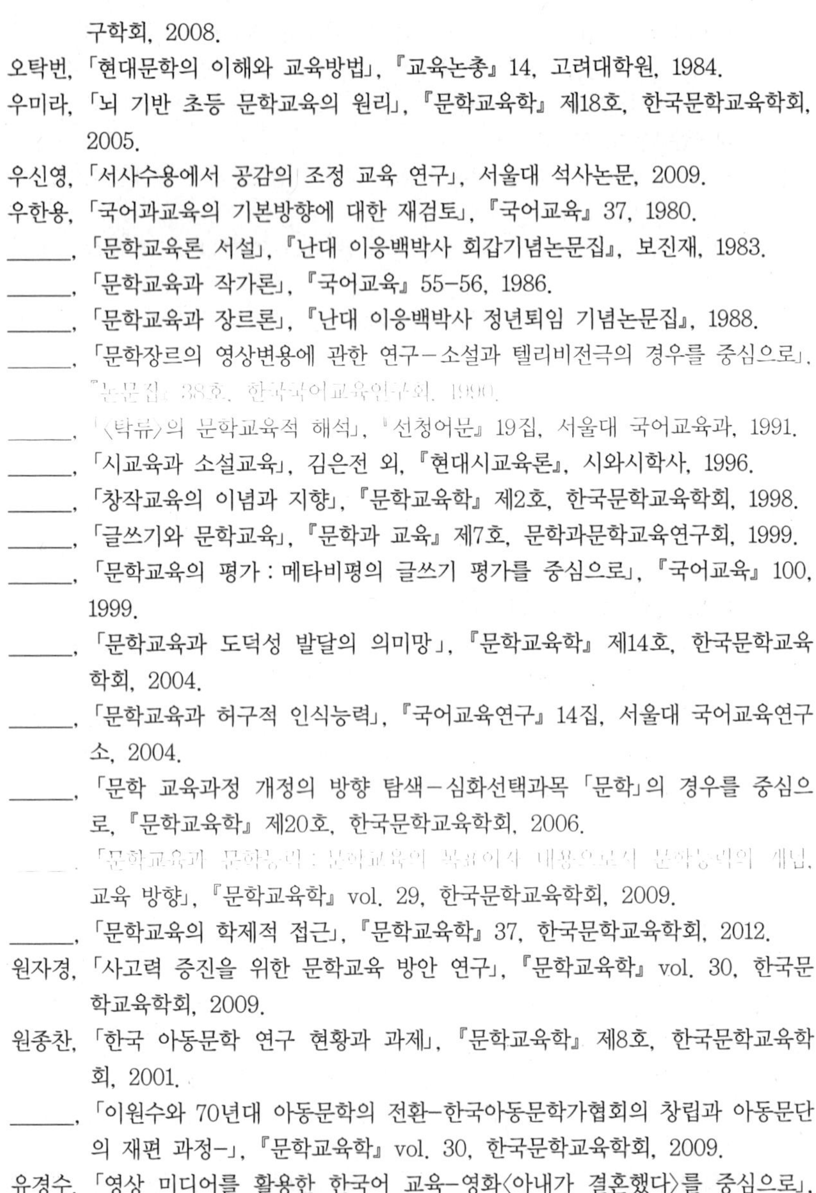

구학회, 2008.

오탁번, 「현대문학의 이해와 교육방법」, 『교육논총』 14, 고려대학원, 1984.

우미라, 「뇌 기반 초등 문학교육의 원리」, 『문학교육학』 제18호, 한국문학교육학회, 2005.

우신영, 「서사수용에서 공감의 조정 교육 연구」, 서울대 석사논문, 2009.

우한용, 「국어과교육의 기본방향에 대한 재검토」, 『국어교육』 37, 1980.

______, 「문학교육론 서설」, 『난대 이응백박사 회갑기념논문집』, 보진재, 1983.

______, 「문학교육과 작가론」, 『국어교육』 55-56, 1986.

______, 「문학교육과 장르론」, 『난대 이응백박사 정년퇴임 기념논문집』, 1988.

______, 「문학장르의 영상변용에 관한 연구-소설과 텔리비전극의 경우를 중심으로」, 『논문집』 38호, 한국국어교육연구회, 1990.

______, 「〈탁류〉의 문학교육적 해석」, 『선청어문』 19집, 서울대 국어교육과, 1991.

______, 「시교육과 소설교육」, 김은전 외, 『현대시교육론』, 시와시학사, 1996.

______, 「창작교육의 이념과 지향」, 『문학교육학』 제2호, 한국문학교육학회, 1998.

______, 「글쓰기와 문학교육」, 『문학과 교육』 제7호, 문학과문학교육연구회, 1999.

______, 「문학교육의 평가 : 메타비평의 글쓰기 평가를 중심으로」, 『국어교육』 100, 1999.

______, 「문학교육과 도덕성 발달의 의미망」, 『문학교육학』 제14호, 한국문학교육학회, 2004.

______, 「문학교육과 허구적 인식능력」, 『국어교육연구』 14집, 서울대 국어교육연구소, 2004.

______, 「문학 교육과정 개정의 방향 탐색-심화선택과목 「문학」의 경우를 중심으로, 『문학교육학』 제20호, 한국문학교육학회, 2006.

______, 「문학교육과 문학능력 : 문학교육의 목표이자 내용으로서 문학능력의 개념, 교육 방향」, 『문학교육학』 vol. 29, 한국문학교육학회, 2009.

______, 「문학교육의 학제적 접근」, 『문학교육학』 37, 한국문학교육학회, 2012.

원자경, 「사고력 증진을 위한 문학교육 방안 연구」, 『문학교육학』 vol. 30, 한국문학교육학회, 2009.

원종찬, 「한국 아동문학 연구 현황과 과제」, 『문학교육학』 제8호, 한국문학교육학회, 2001.

______, 「이원수와 70년대 아동문학의 전환-한국아동문학가협회의 창립과 아동문단의 재편 과정-」, 『문학교육학』 vol. 30, 한국문학교육학회, 2009.

유경수, 「영상 미디어를 활용한 한국어 교육-영화〈아내가 결혼했다〉를 중심으로」, 『한국언어문학』 vol. 75, 한국언어문학회, 2010.

유기룡, 「문학교육에서의 상상력과 원형적 실감」, 『대구교육』 15호, 대구직할시 교육위원회, 1989.
유성호, 「제도로서의 문학교육-대학에서의 문학교육을 중심으로-」, 『국어교육』 vol. 125, 한국어교육학회, 2008.
______, 「문학교육 정전의 재구성 : 문학교육과 정전 구성」, 『문학교육학』 vol. 25, 한국문학교육학, 2008.
______, 「문학과 독서의 상생적 조망 : 발견으로서의 문학 읽기-성장 개념을 중심으로-」, 『문학교육학』 vol. 30, 한국문학교육학회, 2010.
유병학, 「문학교육연구 1」, 『공주교대논총』, 22-1, 1982.
______, 「문학교육의 이론적 고찰」, 『웅진 어문학』 4호, 1996.
유영희, 「교과서 문학 제재의 수용 양상 및 특성」, 『문학교육학』 제11호, 한국문학교육학회, 2003.
______, 「교과서와 아동문학 생활화」, 『문학교육학』 제8호, 한국문학교육학회, 2001.
______, 「국어과 교육과정 개정 논의의 현황-문학 교육과정과 관련하여」, 『문학교육학』 제18호, 한국문학교육학회, 2005.
______, 「창작교육의 필요성과 가능성」, 『문학과 교육』 제7호, 문학과문학교육연구회, 1999.
유정아, 「인터넷 활용 문학교육에 대한 초등학교 교사 및 학습자들의 인식 분석」, 『문학교육학』 제11호, 한국문학교육학회, 2003.
______, 「인터넷 활용 아동문학 창작 교육」, 『문학교육학』 제17호, 한국문학교육학회, 2005.
유철상, 「영향 개념의 문학교육적 함의와 그 적용 가능성」, 『문학교육학』 제19호, 2006.
윤대석, 「문학교육에서 바라본 일제강점기의 기억과 체험 : '친일문학'과 문학교육」, 『문학교육학』 vol. 34, 한국문학교육학회, 2011.
______, 「문학 교육에서 바라본 문학사」, 『민족문학사연구』 56, 민족문학사학회 · 민족문학사연구소, 2014.
윤여탁, 「문학교육에서 상상력의 역할」, 『문학교육학』 제3호, 한국문학교육학회, 1999.
______, 「해방 정국 및 전후 문학 작품의 교육」, 『문학과 교육집』 제10호, 문학과문학교육연구회, 1999.
______, 「문학사의 시대 구분과 문학교육」, 『선청어문』 28, 2000.
______, 「문학교육에서 언어의 문제에 대한 연구」, 『문학교육학』 제15호, 한국문학교육학회, 2004.
______, 「한국어 교육에서 문학교육 방법 연구」, 『국어교육연구』 14집, 서울대 국어

교육연구소, 2004.

______, 「한국의 문학교육과 정전 : 그 역사와 의미」, 『문학교육학』 vol. 27, 한국문학교육학회, 2008.

______, 「2010년 한국어교육 국제학술회의 : 다문화 시대의 문학과 대중문화; 다문화 사회 : 한국문학과 대중문화의 대응」, 『국어교육연구』 vol. 26, 서울대학교 국어교육연구소, 2010.

______, 「문학 문식성의 본질, 그 가능성을 위하여 -문화, 창의성, 정의(情意)를 중심으로」, 『문학교육학』 51, 한국문학교육학회, 2016.

이강옥, 「문학교육에서 바라본 문학의 힘 : 문학교육과 비판, 성찰, 깨달음」, 『문학교육학』 vol. 29, 한국문학교육학회, 2009.

이나향, 「사경(寫景)의 원리를 활용한 여행체험 표현 교육 연구 : 日東壯遊歌를 중심으로」, 서울대 석사논문, 2010.

이대규, 「문학교육론」, 『어문교육론논총』 6, 부산대 사대논문집, 1982.

이동재, 「중학교 현대 문학사 교육의 현황과 문제점 고찰」, 『어문논집』 vol. 59, 민족어문학회, 2009.

이미경, 「문학교육에 있어서 문학사 교육의 위상과 역할」, 『국어교육』 104호, 한국어교육학회, 2001.

이병호, 「국어과 교육과정 문학영역 지도론」, 『한국국어교육연구회 논문집』 22, 1982.

이병찬, 「고전문학 : 한국(韓國) 신화(神話)의 교육적(教育的) 의의(意義)」, 『반교어문연구』 vol. 29, 반교어문학회, 2010.

이상구, 「구성주의적 학습자 중심 문학교육의 원리와 방법」, 『문학교육학』 제10호, 한국문학교육학회, 2002.

______, 「학습자중심 문학교육 방안 연구」, 한국교원대 석사논문, 1998.

이상금, 「외국어 독서와 문학텍스트의 독서전략」, 『문학교육학』 제8호, 한국문학교육학회, 2001.

이상섭, 「현행 문학교육의 큰 문제점-고교문학을 중심으로-」, 『외국문학』, 1987 봄호.

이상옥, 「문학교육의 문제점에 대하여」, 『현대비평과 이론』, 1992년 봄.

이상익, 「고전문학 교육의 회고와 전망(1)-3, 4차 교과서의 고전내용을 중심으로」, 『국어교육』 제67·68호, 한국국어교육연구회, 1989.

이상호, 「문학교육의 정체성 개념 연구」, 『선청어문』 vol. 36, 서울대학교 국어교육과, 2008.

이성순, 「국어학, 한국어교육 : 이주여성과 자녀의 한국어교육 현황과 과제-대전지역 한국어교실 운영사례를 중심으로-」, 『우리어문연구』 vol. 35, 우리어문학회, 2009.
이성준, 「다문화가정 자녀의 학문 인지 언어능력 신장을 위한 한국어 교육과정 연구」, 서울대 석사논문, 2010.
이소운, 「페미니즘 비평과 문학교육」, 한국교원대 석사논문, 2004.
이시욱, 「문학과 교육 : 스펙터클의 힘, 그 정치적 가능성-장이머우〈홍등〉, 〈황후화〉를 중심으로」, 『인문학연구』 vol. 41, 조선대학교 인문학 연구원, 2011.
이승렬, 「'근대문학의 죽음'과 이론교육」, 『문학교육학』 제18호, 한국문학교육학회, 2005.
이아라, 「글쓰기 과정의 '숨은 독자(Hidden Reader)'-글쓰기 과정에서 독자의 작용에 관한 새로운 이해-」, 『국어교육학연구』 vol. 31, 국어교육학회, 2008.
이영미, 「1960년대 북한 문학교육의 일동향-아동문학교육양장기의 변동기적 위상을 중심으로-」, 『문학교육학』 vol. 30, 한국문학교육학회, 2010.
이용주, 「국어교육에 있어서의 문학의 위치」, 『봉죽헌 박붕배박사 회갑 기념논문집』, 배영사, 1986.
______, 「국어교육에 있어서의 본질과 비본질」, 『서울대사대논문집』 12, 1975.
이은숙, 「한국어 교육 : 외국인을 위한 문화체험 중심의 한국 문화 교육 방안 고찰」, 『국어문학』 vol. 40, 국어문학회, 2010.
이은실, 「초등학교 문학 수업의 비계설정 유형과 반응 양상 연구」, 한국교원대 석사논문, 2005.
이은정, 「과정 중심 읽기 지도 방안 연구」, 한국교원대 석사논문, 2000.
이인화, 「패러디 기법을 활용한 서사 표현 교육 연구」, 서울대 석사논문, 2008.
______, 「서사적 사고를 통한 시각 이미지 해석 원리에 관한 연구」, 『문학교육학』 vol. 30, 한국문학교육학회, 2010.
이종섭, 「소설과 영화를 통한 상상력 신장 교육의 한 방법」, 『국어교육학연구』 vol. 35, 국어교육학회, 2009.
이주영, 「도식성의 창작교육적 의미」, 『문학교육학』 제11호, 한국문학교육학회, 2003.
이주행, 「국어교과의 수업모형연구-문학지식의 구조화」, 『국어교육』 37호, 1980.
이지영, 「대화 일지의 내용 분석에 관한 연구-교대생과 초등학생의 대화 일지 교류를 중심으로-」, 『문학교육학』 vol. 30, 한국문학교육학회, 2010.
이지호, 「고전문학교육의 주제론적 탐색」, 『文學과敎育』 3호, 1998.
______, 「문학교육에서의 '이해'와 '감상'」, 『논문집』 57집, 한국국어교육연구회, 1996. 3.
______, 「연행을 통한 아동의 문학 향유」, 『문학교육학』 제8호, 한국문학교육학회, 2001.

이평전, 「문학교육과 문화정치학적 읽기 교육을 위한 시론」, 『국어교육』 vol. 125, 한국어교육학회, 2008.

이 현, 「문학교육의 기본방향 설정을 위한 서설－그 기초단계를 중심으로」, 『봉죽헌 박붕배박사 회갑기념논문집』, 배영사, 1986.

이현주, 「국어교육 : 외국인을 위한 한국 문학 교육 연구-설화를 통한 초급 과정 문학 교육」, 『새국어교육』 vol. 82, 한국국어교육학회, 2009.

이형래, 「국가 수준 '국어/언어 능력 검사'의 비판적 검토; 직업문식성 평가로서의 9급 공무원 임용 국어 시험 분석 연구」, 『국어교육학연구』 vol. 31, 국어교육학회, 2008.

이희정, 「초등학교의 반응중심 문학교육 방법 연구」, 한국교원대 석사논문, 1999.

이희중, 「문학교육과 창작 능력 : 창작 교육의 현재적 조건과 그 한계」, 『문학교육학』 vol. 26, 한국문학교육학회, 2008.

임경순, 「 문학 수업에서 글쓰기 교육의 방향과 유형」, 『문학교육학』 제15호, 한국문학교육학회, 2004.

_____, 「총체적 언어교육으로서의 국어교육과 문학교육의 중요성」, 『문학교육학』 제19호, 한국문학교육학회, 2006.

임성규, 「권정생 아동문학의 흐름과 연구 방향」, 『문학교육학』 vol. 25, 한국문학교육학회, 2008.

_____, 「아동문학의 작가, 작품 구조 및 아동상 연구 : 방정환 아동문학론의 문학교육적 함의(含意)-초등학교 문학 교육의 시각에서-」, 『한국아동문학연구』 vol. 14, 한국아동문학학회, 2008.

_____, 「어린이와 어린이 문학에 대한 역사적 질문-근대 어린이 문학의 형성과 현재적 과제-」, 『국어교육학연구』 vol. 31. 국어교육학회. 2008.

임승빈, 「1950년대 신세대론 연구」, 『새국어교육』 vol. 83, 한국국어교육학회, 2009.

임재생, 「국어 교육과정 문학교육의 내용 분석과 평가」, 부산대 석사논문, 1996.

장두식, 「효과적인 중등학교 문학교육의 모색 : 고등학교 '문학' 과목을 중심으로」, 『중등교육연구』 vol. 56 No. 2, 경북대학교 중등교육연구소, 2008.

장 미, 「심층적 갈등 중심의 플롯 이해 교육 연구 : 〈사씨남정기〉를 중심으로」, 서울대 석사논문, 2010.

장미영, 「여성결혼이민자의 자기정체성 형성을 위한 한국문화교육 방안」, 『한국언어문학』 vol. 64, 한국언어문학회, 2008.

장석규, 「구비 문학 교육 현실의 진단과 처방(1)」, 『문학과언어』 21, 1999.

_____, 「구비 문학 교육 현실의 진단과 처방(2)」, 『어문학』 67, 1999.

장용수, 「이야기를 활용한 한국어교육의 가능성과 방법」, 『건지인문학』 vol. 3, 전북대학교 인문학 연구소, 2010.
장희경, 「문학치료 과정에서 나타나는 아동의 정서체험 양상」, 한국교원대 석사논문, 2006.
전봉관, 「문학교육에서 바라본 일제강점기의 기억과 체험 : 일제강점기 비제도권 문학교육의 양상–독서, 동인, 동인지, 멘토, 문예강연, 현상문예–」, 『문학교육학』 vol. 34, 한국문학교육학회, 2011.
전영태, 「우리 문학의 사회적 조건(3) – 문학교육의 제문제」, 『한국문학』, 1987.
______, 「현대사회와 문학교육」, 『난대 이응백박사 회갑기념논문집』, 보진재, 1983.
전은주, 「다문화 사회와 국어교육 : 다문화 학습자와 일반 학습자의 국어과 교수–학습에 관한 비교 연구」, 『국어교육학연구』 vol. 35, 국어교육학회, 2009.
전한성, 「문학교육 목표의 적정성에 대한 비판적 고찰–고등학교 문학교육과정을 중심으로–」, 『국어문학』 vol. 50, 국어문학회, 2011.
정경주, 「동양고전의 문학교육론 연구(1) : 시 교육의 목표에 관련하여」, 『어문학교육』 21, 1999.
정구향, 「문학교육의 방안」, 『교육개발』 7권 1호, 한국교육개발원, 1985.
정미진, 「개념 은유를 활용한 외국인 학부생 대상 교양 글쓰기 수업 연구」, 『한국언어문학』 vol. 76, 한국언어문학회, 2011.
정운채, 「고전문학 교육과 문학치료」, 『국어교육』 113호, 한국어교육학회, 2004.
______, 「'무왕설화'와 '서동요'의 주역적 해석과 문학치료의 구조화」, 『국어교육』 106호, 한국어교육학회, 2001.
______, 「'시교설(詩敎說)'의 문학치료적 해석」, 『국어교육』 104호, 한국어교육학회, 2001.
정유경, 「문학작품에 나타나는 의미함축 현상 연구」, 한국교원대 석사논문, 2002.
정재찬, 「문학교육과 도덕적 상상력」, 『문학교육학』 제14호, 한국문학교육학회, 2004.
______, 「문학교육에서 바라본 문학의 힘 : 문학교육을 통한 개인의 치유와 발달」, 『문학교육학』 vol. 29, 한국문학교육학회, 2009.
______, 「문학교육과 문학능력 : 미디어 시대의 문학교육」, 『문학교육학』 vol. 30, 한국문학교육학회, 2009.
______, 「문학사교육의 현상과 인식」, 『민족문학사연구』 vol. 43, 민족문학사학회, 민족문학사연구소, 2010.
정재찬 외, 「문학교육과정 실천태(實踐態)로서의 문학 교재와 수업에 관한 고찰」, 『문학교육학』 vol. 30, 한국문학교육학회, 2010.
정충권, 「판소리계 작품의 문학교육적 성찰」, 『문학교육학』 vol. 30, 한국문학교육학회, 2009.

정현선, 「동화와 애니메이션 “보기(viewing)”를 중심으로 한 멀티리터러시의 국어교육적 고찰」, 『국어교육』 114호, 한국어교육학회, 2004.

______, 「문학교육과 문학능력 : 이야기의 문화적 가치 탐구를 중심으로 한 컴퓨터 게임 서사 교육에 관한 고찰」, 『문학교육학』 vol. 29, 한국문학교육학회, 2009.

정호웅, 「현대문학 교육과 삶의 질 – 부분 읽기에서 전체 읽기로」, 『국어교육』 113호, 한국어교육학회, 2004.

정혜승 외, 「중등학생 필자의 독자 고려 전략」, 『청람어문교육』 vol. 41, 청람어문교육학회, 2010.

정혜영, 「대학의 교양교육과 학술적 글쓰기」, 『현대문학이론연구』 vol. 39, 현대문학이론학회, 2009.

조상수, 「전통 수사에서의 비유적 글쓰기 방법 연구 : 燕巖 朴趾源의 글쓰기 방법을 중심으로」, 한국교원대 석사논문, 2002.

조윤형, 「옛이야기 변용 교육의 가능역(可能域) 연구」, 『문학교육학』 vol. 29, 한국문학교육학회, 2009.

조재윤, 「이러닝 체제에서의 학습자 중심 문학교육 방법 탐색–듣기, 말하기 활동을 중심으로」, 『새국어교육』 vol. 84, 한국국어교육학회, 2010.

조하연, 「‘鑑賞’의 개념 정립을 위한 小考」, 『문학교육학』 제15호, 한국문학교육학회, 2004.

조희정, 「고전 제재의 교과서 수록 시각 검토(1) – ‘홍길동전’과 ‘관동별곡’을 중심으로」, 『국어교육연구』 15집, 서울대 국어교육연구소, 2005.

______, 「교과서 수록 고전 제재 변천연구」, 『문학교육학』 제17호, 한국문학교육학회, 2005.

______, 「사회적 문해력 교육 구안을 위한 역사적 고찰」, 『문학교육학』 제13호, 한국문학교육학회, 2004.

______, 「심화 과목으로서의 고전 교육과정 개정 방향」, 『문학교육학』 제20호, 한국문학교육학회, 한국문학교육학회, 2006.

______·서명희, 「교과서 수록 고전 제재 변천 연구 (1)–건국 과도기부터 제7차 교육과정기까지 문헌 제재를 중심으로」, 『문학교육학』 제19호, 한국문학교육학회, 2006.

주세형, 「교실 문화 개선을 위한 국어과 교수, 학습 방법 : 교실 문화 개선을 위한 문법 교수 학습 방법 개발의 방향」, 『청람어문교육』 vol. 38, 청람어문교육학회, 2008.

주재우, 「인간 탐구로서의 고전문학교육연구–이인성불담(二人成佛譚)을 중심으로–」, 『국어교육연구』 vol. 23, 서울대학교 국어교육연구소, 2009.

진선희, 「학습독자 반응 연구의 문학교육적 함의 및 연구 방향」, 『문학교육학』 제16호, 한국문학교육학회, 2005.
______, 「문학 소통 '맥락'의 교육적 탐색」, 『문학교육학』 vol. 26, 한국문학교육학회, 2008.
차봉희, 「독어독문학과의 문학교육」, 『한신논문집』 3, 1986.
천경록, 「차기 국어과 교육과정의 발전적 방향 : 국어 문화 교과 담론에 대한 비판적 고찰」, 『청람어문교육』 vol. 41, 청람어문교육학회, 2010.
최경희, 「문학 경험이 아동의 가치 형성에 미치는 영향」, 『문학교육학』 제14호, 한국문학교육학회, 2004.
최광석, 「맥락을 활용한 고전문학 교수-학습 방법론」, 『문학교육학』 vol. 30, 한국문학교육학회, 2009.
최규홍, 「다매체 시대의 국어교육의 목표와 방향 : 초등학교 매체 언어 교육의 방향 탐색」, 『청람어문교육』 vol. 42, 청람어문교육학회, 2010.
최기숙, 「문학교육과 환상 : 조선시대 사대부 문인의 '환상' 인식과 문학적 향유」, 『문학교육학』 vol. 30, 한국문학교육학회, 2009.
최동호, 「현대의 사회변화와 문학교육의 의의」, 『문학교육학』 제7호, 한국문학교육학회, 2001.
최명환, 「문학교육의 쟁점」, 『국제어문』 제9·10집, 1989.
______, 「문학교육의 현황과 개선방향」, 『공주교대논총』 22권 2호, 1986.
최미숙, 「문학적 글쓰기에 있어서의 '창조성'」, 『문학교육학』 제15호, 한국문학교육학회, 2004.
______, 「문학 텍스트의 수사학적 읽기」, 『文學과敎育』 2호, 한국교육미디어, 1997.
______, 「성인의 문학생활화 방안」, 『문학교육학』 제10호, 한국문학교육학회, 2002.
최병우, 「문학교육과 매체의 문제」, 『인문학보』 17, 강릉대, 1994.
______, 「문학교육에 있어 다매체 환경의 활용」, 문학교육학 2, 한국문학교육학회, 1998.
______, 「문학교육의 이론적 범주와 문학교육의 방법」, 『문학교육학』, 제40호, 2013.
최성수, 「교육현실과 문학교육」, 『교과교육』 1, 푸른나무, 1988.
최숙기, 「읽기 전략에 대한 독자의 상위인지 인식 양상에 관한 연구」, 『청람어문교육』 vol. 41, 청람어문교육학회, 2010.
______, 「다매체 시대의 국어교육의 목표와 방향 : 국어교육과 매체 언어 이해 교육」, 『청람어문교육』 vol. 42, 청람어문교육학회, 2010.
최순열, 「문학교육을 어떻게 할 것인가」, 『경기어문학』 7, 1986.
______, 「문학교육의 방법 모색」, 『국어국문학 논문요지집』 제5집, 동국대 국어국문학회, 1989.

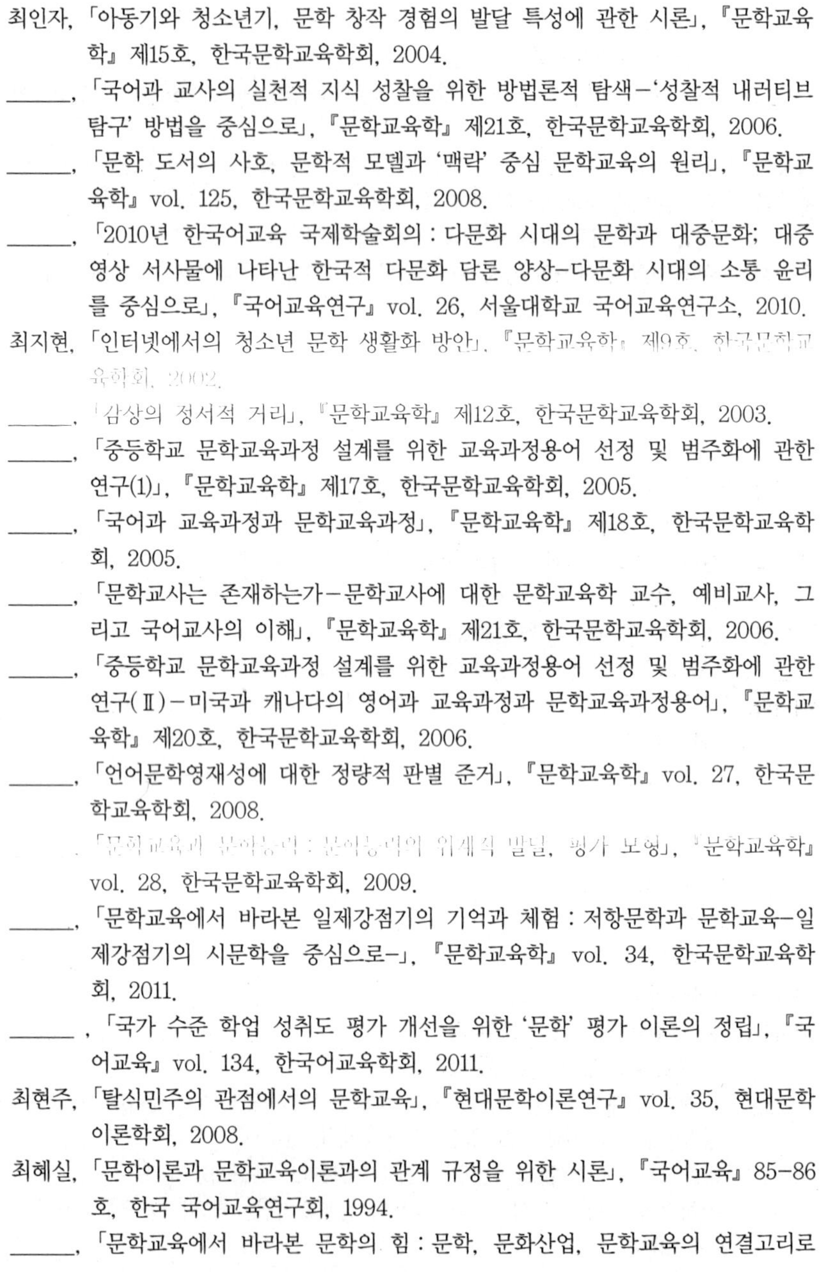

최인자, 「아동기와 청소년기, 문학 창작 경험의 발달 특성에 관한 시론」, 『문학교육학』 제15호, 한국문학교육학회, 2004.

______, 「국어과 교사의 실천적 지식 성찰을 위한 방법론적 탐색－'성찰적 내러티브 탐구' 방법을 중심으로」, 『문학교육학』 제21호, 한국문학교육학회, 2006.

______, 「문학 도서의 사호, 문학적 모델과 '맥락' 중심 문학교육의 원리」, 『문학교육학』 vol. 125, 한국문학교육학회, 2008.

______, 「2010년 한국어교육 국제학술회의 : 다문화 시대의 문학과 대중문화; 대중영상 서사물에 나타난 한국적 다문화 담론 양상-다문화 시대의 소통 윤리를 중심으로」, 『국어교육연구』 vol. 26, 서울대학교 국어교육연구소, 2010.

최지현, 「인터넷에서의 청소년 문학 생활화 방안」, 『문학교육학』 제9호, 한국문학교육학회, 2002.

______, 「감상의 정서적 거리」, 『문학교육학』 제12호, 한국문학교육학회, 2003.

______, 「중등학교 문학교육과정 설계를 위한 교육과정용어 선정 및 범주화에 관한 연구(1)」, 『문학교육학』 제17호, 한국문학교육학회, 2005.

______, 「국어과 교육과정과 문학교육과정」, 『문학교육학』 제18호, 한국문학교육학회, 2005.

______, 「문학교사는 존재하는가－문학교사에 대한 문학교육학 교수, 예비교사, 그리고 국어교사의 이해」, 『문학교육학』 제21호, 한국문학교육학회, 2006.

______, 「중등학교 문학교육과정 설계를 위한 교육과정용어 선정 및 범주화에 관한 연구(Ⅱ)－미국과 캐나다의 영어과 교육과정과 문학교육과정용어」, 『문학교육학』 제20호, 한국문학교육학회, 2006.

______, 「언어문학영재성에 대한 정량적 판별 준거」, 『문학교육학』 vol. 27, 한국문학교육학회, 2008.

______, 「문학교육과 문학능력 : 문학능력의 위계적 발달, 평가 모형」, 『문학교육학』 vol. 28, 한국문학교육학회, 2009.

______, 「문학교육에서 바라본 일제강점기의 기억과 체험 : 저항문학과 문학교육-일제강점기의 시문학을 중심으로-」, 『문학교육학』 vol. 34, 한국문학교육학회, 2011.

______ , 「국가 수준 학업 성취도 평가 개선을 위한 '문학' 평가 이론의 정립」, 『국어교육』 vol. 134, 한국어교육학회, 2011.

최현주, 「탈식민주의 관점에서의 문학교육」, 『현대문학이론연구』 vol. 35, 현대문학이론학회, 2008.

최혜실, 「문학이론과 문학교육이론과의 관계 규정을 위한 시론」, 『국어교육』 85-86호, 한국 국어교육연구회, 1994.

______, 「문학교육에서 바라본 문학의 힘 : 문학, 문화산업, 문학교육의 연결고리로

서의 스토리텔링」, 『문학교육학』 vol. 29, 한국문학교육학회, 2009.
하인숙, 「국어교육에서 문학교육의 중요성」, 『국내학술제』 vol. 1, 고려대학교 한국어문교육연구소, 2009.
한계전, 「문학교육과 수사학」, 『선청어문』 17집, 서울대사대 국어과, 1986.
한귀은, 「문학교과서의 해석과 활용에 관계하는 변인들」, 『문학교육학』 제11호, 한국문학교육학회, 2003.
_____, 「문화적 문식력 신장을 위한 문학교육의 방법－미니홈피와 블로그를 중심으로」, 『문학교육학』 제18호, 한국문학교육학회, 2005.
_____, 「타자와 온몸으로 만나는 문학교육」, 『문학교육학』 제10호, 한국문학교육학회, 2002.
_____, 「관계맺기로서의 문학비평교육」, 『배달말교육』 vol. 30, 배달말교육학회, 2009.
_____, 「서간체 글쓰기의 문학치료 및 문학교육적 효과」, 『배달말교육』 vol. 31, 배달말교육학회, 2010.
한명숙, 「교육과정과 교과서를 극복하는 초등문학교육 방법－제7차 교육과정과 교과서를 중심으로」, 『문학교육학』 제18호, 한국문학교육학회, 2005.
_____, 「미디어 문학 환경의 아동문학교육」, 『문학교육학』 제12호, 한국문학교육학회, 2003.
_____, 「읽기 교육과정과 문학 교육과정의 공통점과 차이점」, 『문학교육학』 제19호, 한국문학교육학회, 2006.
_____, 「창의적 사고를 수용한 초등 문학교육 연구」, 한국교원대 석사논문, 1996.
한상각, 「국어과 교육에 있어 문학교육의 방법론적 고찰」, 『공주교대 논문집』 13-2, 1977.
한상무, 「문학(산문)감상 수업 개선방향」, 『교육개발』 2, 한국교육개발원, 1979.
_____, 「한국소설의 기법적 특징과 문학교재 선정상의 문제점」, 서울대 석사논문, 1979.
한재남, 「읽기를 통한 세계화 교육-인문학으로서의 세계문학 과목 개발하기-」, 『인문학지』 vol. 39, 충북대학교 인문학연구소, 2009.
한주섭, 「국어과 교육을 통한 인간형성에 관한 연구－문학교육의 지도를 중심으로」, 『전주교대 논문집』 12, 1976.
_____·최경희, 「국어과교육과 문학교육고」, 『논문집』 26집, 전주교대, 1990.
한창훈, 「고전문학 감상 교육에 있어서 역사적 상상력의 역할에 관한 시론」, 『문학교육학』 제9호, 한국문학교육학회, 2002.
_____, 「중등학교 문학교육에서 정의적 영역 평가의 문제」, 『문학교육학』 제12호, 한국문학교육학회, 2003.

______, 「삶의 통합으로서의 문학과 문학교육」, 『선청어문』 vol. 36, 서울대학교 국어교육과, 2008.

한철우·가경신, 「문학교육의 변화와 독자 반응」, 『文學과敎育』 창간호, 한국교육미디어, 1997.

허영자, 「현대 사회와 문학·문학교육」, 『성신여대인문과학연구』 19, 1999.

허왕욱, 「고전문학교육과 도덕적 가치」, 『문학교육학』 제14호, 한국문학교육학회, 2004.

홍미애, 「국어과 교육에서의 문학교육 현황에 대한 고찰 ; 고등학교 교과 과정을 중심으로」, 고려대 석사논문, 1994.

홍정선, 「문학교육과 사회」, 『외국문학』 12호, 1987 봄.

______, 「문학교육의 제문제」, 『역사적 삶과 비평』, 문학과지성사, 1986.

황윤성, 「상상적 이해의 문학교육 방법 연구 : 서사무가 〈바리데기〉를 중심으로」, 서울대 석사논문, 2010.

황정현, 「아동문학 본질의 이해」, 『문학교육학』 제8호, 한국문학교육학회, 2001.

______, 「초등학교 문학교육의 정의적 영역의 문제와 교육방법」, 『문학교육학』 제12호, 한국문학교육학회, 2003.

황혜진, 「문학교육학과 문학치료학의 차이와 습합에 대한 소고-창작교육 연구의 한 사례를 대상으로-」, 『국어교육』 vol. 129, 한국어교육학회, 2009.

______, 「〈구시마문(驅詩魔文)〉의 표현론적 전통과 그 효용」, 『문학교육학』 vol. 33, 한국문학교육학회, 2010.

Frye, Northrop(김인환 역), 「문학교육」, 『문학과 해석』, 홍성사, 1978.

Mary Kalantzis & Bill Cope, 정현선 역, 「교육의 역사와 학교교육의 문화」, 『文學과敎育』 창간호, 1997.

카스파르 하인리히 슈피터, 이광복 역, 「90년대의 문학교수법」, 『文學과敎育』 2호, 1997.

Ronald Carter & Michael N. Long, 염은열 역, 「문학 가르치기」, 『文學과敎育』 3호, 1998.

2. 시교육

강민규, 「비평을 비계로 활용한 시 읽기 교육 연구」, 서울대 석사논문, 2010.

강현재, 「시교육의 수용론적 방법에 관한 연구」, 서울대 석사논문, 1991.

강혜연, 「고려시가 경험 교육 연구」, 서울대 석사논문, 2008.

고광수, 「굿의 대신 말하기 방식 연구」, 서울대 석사논문, 1999.

고영화, 「용비어천가 텍스트의 구성 원리 연구」, 서울대 석사논문, 1997.
______, 「미래사회와 고전시가 교육-향가 교육을 중심으로-」, 『문학교육학』 vol. 125, 한국문학교육학회, 2008.
고형진, 「교과서에 수록된 지용 시 〈향수〉의 표기와 뜻풀이의 정립을 위한 고찰」, 『문학교육학』 vol. 30, 한국문학교육학회, 2009.
구영산, 「서정 시학 교육을 위한 서정 정신 연구」, 『국어교육학연구』 18집, 국어교육학회, 2003.
______, 「서정적 자아상 형성의 문화적 의미에 관한 연구」, 『국어교육학연구』 20집, 국어교육학회, 2004.
권순정, 「고전시가의 어휘교육 연구」, 서울대 석사논문, 2006.
김경희, 「협동 학습을 통한 시쓰기 지도 방안 연구」, 한국교원대 석사논문, 1998.
김남희, 「현대시 수용에 관한 문화 기술적 연구」, 서울대 석사논문, 1997.
______, 「서사적 연행으로서의 시 읽기」, 『국어교육』 105호, 한국어교육학회, 2001.
______, 「서정적 체험을 위한 시 교육 연구 시론」, 『문학교육학』 제14호, 한국문학교육학회, 2004.
______, 「국어교육에서 무의미시의 문제」, 『국어교육학연구』 vol. 32, 국어교육학회, 2008.
김동섭, 「독자의 이미지 형상화를 돕는 시 수업 모형 연구」, 한국교원대 석사논문, 2005.
김명철, 「현대시의 저변 확대를 위한 시 창작 교육 시론(試論)」, 『우리어문연구』 vol. 34, 우리어문학회, 2009.
______, 「"언어 지향성의 시" 창작 교육 시론(試論)」, 『어문논집』 vol. 61, 민족어문학회, 2010.
김문수, 「중·고교 현대시 교육에 대한 연구-그 지도상의 난점과 문제점을 중심으로」, 경북대 석사논문, 1975.
김미혜, 「비판적 읽기 교육의 내용 연구」, 서울대 석사논문, 2000.
______, 「놀이로서의 '은유'의 교육 내용에 대한 연구-현대시 텍스트의 은유 표현을 중심으로」, 『문학교육학』 제16호, 한국문학교육학회, 2005.
______, 「수사적 지식의 교육 내용 연구-현대시 텍스트의 설의적 표현을 중심으로」, 『국어교육학연구』 26집, 국어교육학회, 2006.
______, 「〈만인보〉의 시적 서사와 민중성 연구」, 『국어교육연구』 vol. 22, 서울대학교 국어교육연구소, 2008.
______, 「시 교육에 있어서 이미지 이해의 문제에 대한 고찰-박목월 초기 시의 이미지를 중심으로-」, 『문학교육학』 vol. 25, 한국문학교육학회, 2008.
______, 「다문화 교육의 관점에서 본 북한 서정시와 문학교육」, 『국어교육학연구』

vol. 34, 국어교육학회, 2009.

______, 「창의성 신장을 위한 초등 시 쓰기 과제 구성 연구」, 『문학교육학』 vol. 34, 한국문학교육학회, 2011.

김상욱, 「고등학교 현대시 제재의 문제점과 대안」, 『선청어문』 19집, 서울대 국어교육과, 1991.

김상진, 「시조교육의 효율적 방안에 관한 고찰-〈도산십이곡(陶山十二曲)〉과 〈고산구곡가(高山九曲歌)를 대상으로-」, 『온지논총』 vol. 24, 온지학회, 2010.

김석회, 「고전시가 연구와 국어교육」, 『국어교육』 107호, 한국어교육학회, 2002.

김선민, 「"소리" 표상을 통한 시어 생산 교수 – 학습 전략 : 초등학교를 중심으로」, 『국어교육』 111호, 한국어교육학회, 2003.

김성배, 「시조 텍스트 교육의 문제점과 새로운 접근 방향」, 『文學과敎育』 창간호, 한국교육미디어, 1997.

김성란, 「시비평문 쓰기 교육의 방향에 대한 연구」, 『문학교육학』 vol. 29, 한국문학교육학회, 2009.

김성룡, 「이중 텍스트의 시학과 중층 독해의 이론에 관한 연구」, 『문학교육학』 제12호, 한국문학교육학회, 2003.

______, 「중세시대의 대구(對句) 학습과 문학교육」, 『문학교육학』 제9호, 한국문학교육학회, 2002.

김수이, 「현실비판적 해체시의 교육방법론과 기대효과–황지우의 시를 중심으로–」, 『현대문학이론연구』 vol. 33, 현대문학이론학회, 2008.

김신정, 「동시 교육과 인지발달」, 『문학교육학』 제11호, 한국문학교육학회, 2003.

김연수, 「중학교 현대시교육의 실태와 수업모형」, 고려대 석사논문, 1988.

김영희, 「시 창작을 위한 발상 지도 방법 연구」, 한국교원대 석사논문. 2003.

김은전, 「시지도에 관한 몇 가지 제안 - 고등학교 '국어' 교과서 편찬인의 한 사람으로」, 『논문집』 42호, 한국국어교육연구회, 1991.

김정우, 「상호텍스트적 시교육에 관한 연구 ; 정지용의 시텍스트를 중심으로」, 서울대 석사논문, 1998.

______, 「시 이해를 위한 시 창작교육의 방향과 내용」, 『문학교육학』 제19호, 한국문학교육학회, 2006.

______, 「시 형식의 의미에 대한 시 교육적 고찰」, 『문학교육학』 제16호, 한국문학교육학회, 2005.

김정희, 「시텍스트 수용 능력 평가 연구」, 서울대 석사논문, 1999.

김종훈, 「현대문학 : 서정성과 시교육」, 『우리어문연구』 vol. 35, 우리어문학회, 2009.

김종태, 「시교육과 역사주의비평의 문제–제7차 교육과정 18종 『문학』 교과서 수록 작품을 중심으로-」, 『한국문예비평연구』 vol. 26, 한국문예비평학회, 2008.
김주향, 「시교육방법연구」, 서울대 석사논문, 1991.
김창원, 「수수께끼의 시학과 초기 시교육」, 『文學과敎育』 2호, 1997.
______, 「시 연구와 시교육 연구 사이의 거리」, 『국어교육』 114호, 한국어교육학회, 2004.
______, 「중핵 텍스트에 대한 다중 접근을 통한 시교육 방법」, 『국어교육학연구』 12집, 국어교육학회, 2001.
김현수, 「현대시 정전의 교육내용에 관한 고찰-〈님의 침묵〉의 교과서의 학습활동을 중심으로-」, 『문학교육학』 vol. 27, 한국문학교육학회, 2008.
______, 「문학 제재와 학습자의 흥미-7차 중학교 국어교과서에 수록된 현대시를 중심으로-」, 『문학교육학』 vol. 30, 한국문학교육학회, 2009.
______, 「교과서 시의 난이도에 관한 연구」, 『새국어교육』 vol. 83, 한국국어교육학회, 2009.
나희덕, 「문학교육과 환상 : 김춘수의 무의미시와 환상」, 『문학교육학』 vol. 30, 한국문학교육학회, 2009.
남민우, 「기교주의 논쟁에 대한 문학소통이론적 연구」, 서울대 석사논문, 1998.
______, 「여성시의 문학교육적 의미 연구」, 『문학교육학』 제11호, 한국문학교육학회, 2003.
______, 「임화 시의 문학교육적 의미 연구」, 『문학교육학』 제12호, 한국문학교육학회, 2003.
______, 「창의성 신장을 위한 시교육과정 연구」, 『문학교육학』 제15호, 한국문학교육학회, 2004.
______, 「현대시교육과 성장시(成長詩)」, 『국어교육학연구』 16집, 국어교육학회, 2003.
______, 「시 교육 평가의 개선 방안 연구」, 『문학교육학』 vol. 34, 한국문학교육학회, 2011.
노금숙, 「다문화 사회의 (한)국어 수업 : 노래와 시의 상호텍스트성을 활용한 한국어 교육-김소월의 시와 마야의 '진달래꽃'을 중심으로-」, 『국어교육학연구』 vol. 38, 국어교육학회, 2010.
노자연, 「경험의 시적 인식과 구조화 교육 연구」, 서울대 석사논문, 2010.
노창수, 「교재의 수업과정 연구-고등학교 국어(상)〈6. 시의 세계〉를 중심으로」, 『국어교육』 73·74호, 한국교육연구회, 1991.
______, 「현대시 교재의 수용적 이해를 위한 전체적 접근 단계의 수업전개방법」, 『미원 우인섭박사 회갑논문기념집』, 집문당, 1986.
노 철, 「시 감상교육에서 상상력 활용에 관한 연구」, 『문학교육학』 제14호, 한국문학교육학회, 2004.

______, 「시 교육에서 이미지·비유의 교육과정과 교재의 설계 방향」, 『문학교육학』 제19호, 한국문학교육학회, 2006.

류수열, 「사설시조의 텍스트 구성 원리 연구 ; 선행 텍스트 수용 작품을 중심으로」, 서울대 석사논문, 1996.

______, 「관동별곡의 교재사(敎材史)적 맥락」, 『국어교육』 120호, 한국어교육학회, 2006.

______, 「시조 스토리텔링의 교육적 가능성-애정 시조를 중심으로-」, 『시조학논총』 vol. 28, 한국시조학회, 2008.

문광영, 「한국·일본의 초등학교 童詩 교재 비교 연구」, 『문학교육학』 제15호, 한국문학교육학회, 2004.

문민영, 「중학교 시교육의 비판적 검토와 개선 방안」, 고려대 석사논문, 1998.

문 신, 「시 창작교육을 위한 정서체험 표현양상 연구」, 『문학교육학』 vol. 32, 한국문학교육학회, 2010.

민재원, 「현대시 리듬 인식 교육 연구」, 서울대 석사논문, 2006.

______, 「현대시 교육에서 학습자의 활동 촉진을 위한 지식의 구체화 방향 고찰」, 『국어교육』 154, 한국어교육학회, 2016.

박관수, 「문학 교과서에 나타난 민요 교육의 문제점 연구」, 『국어교육학연구』 vol. 32, 국어교육학회, 2008.

박대홍, 「고등학교 시교육의 실태와 개선방안」, 고려대 석사논문, 2000.

박승희, 「북한에서 서정시 교육의 현실적 의미 연구」, 『문학교육학』 제13호, 한국문학교육학회, 2004.

박윤우, 「중등과정 시 교육의 현황과 개선 방향 연구」, 『문학교육학』 제18호, 한국문학교육학회, 2005.

______, 「'이야기시'의 화자 분석과 시의 해석 방법」, 『문학교육학』 제21호, 한국문학교육학회, 2006.

______, 「전후 모더니즘 시의 가치 인식과 문학사 교육」, 『문학교육학』 vol. 34, 한국문학교육학회, 2011.

박은미, 「한국 현대시의 '다시쓰기' 교육 연구」, 서울대 석사논문, 2006.

박인기, 「시교육과 평가」, 김은전 외, 『현대시교육론』, 시와시학사, 1996.

박재근, 「중등학교에서의 고시조 감상지도와 그 수용에 관한 연구」, 연세대 석사논문, 1991.

박호영, 「현대시 해석 오류에 관한 문학교육적 고찰, 『국어교육』 99, 1999.

백순철, 「규방가사의 문화적 의미와 교육적 가치」, 『국어교육학연구』 14집, 국어교육학회, 2002.

서명희, 「시조 교육에서 태도의 개념-태도의 두 가지 양상을 중심으로」, 『국어교육』 119호, 한국어교육학회, 2006.

______, 「用事의 언어 문화론적 연구」, 서울대 석사논문, 1999.

______, 「교육을 위한 노래, 〈도산십이곡〉 '언지(言志)'의 뜻」, 『고전문학과 교육』 32, 한국고전문학교육학회, 2016.

선주원, 「비평적 읽기와 시 교육에서의 수행평가」, 『문학교육학』 제11호, 한국문학교육학회, 2003.

손예희, 「시 수용자의 상상적 독서공간 구성에 대한 연구」, 『문학교육학』 vol. 30, 한국문학교육학회, 2009.

______, 「상상적 경험의 시교육 연구를 위한 시론」, 『국어교육연구』 vol. 26, 서울대학교 국어교육연구소, 2010.

송여주, 「사진을 이용한 시쓰기 교육 연구」, 『문학교육학』 vol. 30, 한국문학교육학회, 2009.

______, 「매체 간 상호텍스트성을 통한 현대시교육 연구」, 『문학교육학』 vol. 33, 한국문학교육학회, 2010.

신민섭, 「'낯설게 하기'의 시적 표현 교육 연구」, 서울대 석사논문, 2008.

안수진, 「모더니즘 시의 부정성 형성 연구 ; 박인환과 김수영을 중심으로」, 서울대 석사논문, 1997.

양왕용, 「시, 어떻게 가르칠 것인가!」 1-5, 월간 『시문학』 (통권 231~235호), 시문학사, 1990.

염은열, 「고려속요의 미적 구조에 관한 연구 ; 내적 형식의 이야기성과 그 효과를 중심으로」, 서울대 석사논문, 1993.

염창권, 「시조 텍스트의 수용과 창작 지도 방법」, 『문학교육학』 제14호, 한국문학교육학회, 2004.

오정훈, 「시 의미 읽기 방법 연구」, 『문학교육학』 vol. 30, 한국문학교육학회, 2009.

______, 「해체시 읽기 방법에 관한 연구」, 『문학교육학』 vol. 33, 한국문학교육학회, 2010.

오지혜, 「한국어 학습자의 리터러시(Literacy) 교육을 위한 문학 제재 연구-현대 시 작품을 중심으로-」, 『시학과 언어학』 vol. 18, 시학과 언어학회, 2010.

오지혜 외, 「한국어교육에서 비교문학을 활용한 현대시 교육 연구」, 『국어교육』 vol. 131, 한국어교육학회, 2010.

우재영, 「외국인 학습자의 시 이해에 관한 연구-역설적 표현을 중심으로」, 『문학교육학』 제21호, 한국문학교육학회, 2006.

유덕제, 「텍스트의 해석과 문학교육의 방향」, 『文學과敎育』 창간호, 한국교육미디어, 1997.

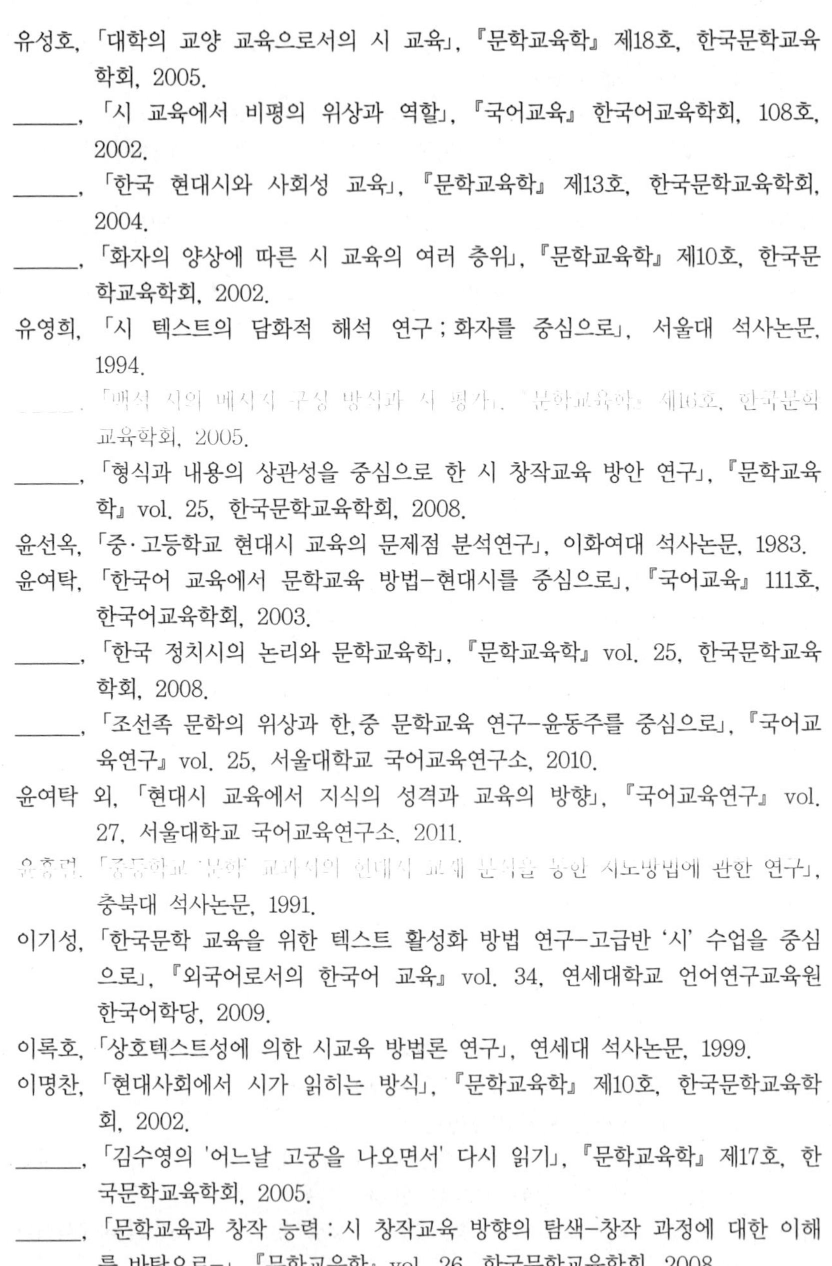

유성호, 「대학의 교양 교육으로서의 시 교육」, 『문학교육학』 제18호, 한국문학교육학회, 2005.

______, 「시 교육에서 비평의 위상과 역할」, 『국어교육』 한국어교육학회, 108호, 2002.

______, 「한국 현대시와 사회성 교육」, 『문학교육학』 제13호, 한국문학교육학회, 2004.

______, 「화자의 양상에 따른 시 교육의 여러 층위」, 『문학교육학』 제10호, 한국문학교육학회, 2002.

유영희, 「시 텍스트의 담화적 해석 연구 ; 화자를 중심으로」, 서울대 석사논문, 1994.

______, 「백석 시의 메시지 구성 방식과 시 평가」, 『문학교육학』 제16호, 한국문학교육학회, 2005.

______, 「형식과 내용의 상관성을 중심으로 한 시 창작교육 방안 연구」, 『문학교육학』 vol. 25, 한국문학교육학회, 2008.

윤선옥, 「중·고등학교 현대시 교육의 문제점 분석연구」, 이화여대 석사논문, 1983.

윤여탁, 「한국어 교육에서 문학교육 방법–현대시를 중심으로」, 『국어교육』 111호, 한국어교육학회, 2003.

______, 「한국 정치시의 논리와 문학교육학」, 『문학교육학』 vol. 25, 한국문학교육학회, 2008.

______, 「조선족 문학의 위상과 한,중 문학교육 연구–윤동주를 중심으로」, 『국어교육연구』 vol. 25, 서울대학교 국어교육연구소, 2010.

윤여탁 외, 「현대시 교육에서 지식의 성격과 교육의 방향」, 『국어교육연구』 vol. 27, 서울대학교 국어교육연구소, 2011.

윤홍련, 「중등학교 「문학」 교과서의 현대시 교재 분석을 통한 지도방법에 관한 연구」, 충북대 석사논문, 1991.

이기성, 「한국문학 교육을 위한 텍스트 활성화 방법 연구–고급반 '시' 수업을 중심으로」, 『외국어로서의 한국어 교육』 vol. 34, 연세대학교 언어연구교육원 한국어학당, 2009.

이록호, 「상호텍스트성에 의한 시교육 방법론 연구」, 연세대 석사논문, 1999.

이명찬, 「현대사회에서 시가 읽히는 방식」, 『문학교육학』 제10호, 한국문학교육학회, 2002.

______, 「김수영의 '어느날 고궁을 나오면서' 다시 읽기」, 『문학교육학』 제17호, 한국문학교육학회, 2005.

______, 「문학교육과 창작 능력 : 시 창작교육 방향의 탐색–창작 과정에 대한 이해를 바탕으로–」, 『문학교육학』 vol. 26, 한국문학교육학회, 2008.

______, 「문학교육에서 바라본 시민 혁명의 기억과 체험 : 현대시 교육과 4.19 혁명」, 『문학교육학』 vol. 32, 한국문학교육학회, 2010.

이상아, 「모더니즘 시의 맥락적 읽기 교육 연구 : 김수영과 박인환을 중심으로 」, 서울대 석사논문, 2011.

이승원, 「시 연구와 시 교육의 관계」, 『국어교육』 107호, 한국어교육학회, 2002.

______, 「정지용 시 「琉璃窓」 읽기의 반성」, 『문학교육학』 제16호, 한국문학교육학회, 2005.

이은희, 「모더니즘 시의 수사학적 읽기 교육 연구」, 서울대 석사논문, 2009.

이정환, 「현대시조에 나타난 자연 표상의 양상과 교육적 적용 방안 연구」, 한국교원대 석사논문, 2005.

이주영, 「19세기 희작시의 문화론적 의미 연구」, 서울대 석사논문, 1999.

이지호, 「시·동시·어린이시」, 『문학교육학』 제12호, 한국문학교육학회, 2003.

이혜영, 「소집단 활동을 통한 시조문학의 교수·학습」, 고려대 석사논문, 2004.

이혜원, 「현대시 운율의 이해와 교육 방법」, 『문학교육학』 vol. 30, 한국문학교육학회, 2009.

장동찬, 「윤동주 시교육 방법론 연구」, 연세대 석사논문, 1999.

장창영, 「방언과 시교육 방법론」, 『문학교육학』 제17호, 한국문학교육학회, 2005.

장화심, 「사진을 활용한 시 창작 교육 방안 연구」, 한국교원대 석사논문, 2006.

전윤이, 「시 텍스트 생산의 관습 수용 방식 연구 : 1920년대 민요조 서정시를 중심으로」, 서울대 석사논문, 2001.

전해연, 「歌辭教育에 관한 연구-현행 고등학교 교과서의 문제점과 개선방안을 중심으로」, 고려대 석사논문, 1991.

정기철, 「새로운 시조 교육을 위한 질문 제시의 기법-중,고등학교 국어 교과서에 실린 시조를 중심으로-」, 『시조학논총』 vol. 30, 한국시조학회, 2009.

정끝별, 「21세기 시문학의 미학적 특성과 시교육 방법론(1)」, 『문학교육학』 제9호, 한국문학교육학회, 2002.

정병헌, 「가사 교육의 현황과 창작의 필요성」, 『고시가연구』 vol. 21, 한국고시가문학회, 2008.

정재찬, 「신비평과 시교육의 연관에 대한 비판적 검토」, 『선청어문』 20집, 서울사대 국어과, 1992.

______, 「현대시 교육의 방향」, 『문학교육학』 제19호, 한국문학교육학회, 2006.

정정순, 「시 담론의 이데올로기성에 관한 연구 ; 청록파 시의 담론 형식을 중심으로」, 서울대 석사논문, 1997.

______, 「운율 실현의 원리를 활용한 시쓰기 교육 연구」, 『문학교육학』 제18호, 한국문학교육학회, 2005.

______, 「맥락 중심의 시 창작 교육 -비유적 발상을 중심으로-」, 『문학교육학』 vol. 30, 한국문학교육학회, 2009.

______, 「유머시 연구」, 『문학교육학』 vol. 29, 한국문학교육학회, 2009.

______, 「시교육에서 알레고리 문제-김기림의 〈바다와 나비〉를 중심으로-」, 『문학교육학』 vol. 33, 한국문학교육학회, 2010.

정지민, 「체험의 대화적 재구성을 통한 시쓰기 교육 연구」, 서울대 석사논문, 2011.

정창희, 「향가교육 내용 연구 : 주술성을 중심으로」, 서울대 석사논문, 2005.

정현선, 「모더니즘 시의 문화교육적 연구 ; 이상과 김수영을 중심으로」, 서울대 석사논문, 1995.

조고은, 「동일작가 작품군의 상호텍스트적 시 읽기 교육 연구」, 서울대 석사논문, 2010.

조영복, 「시적 언어의 상징적 해석과 문학교육의 방향」, 『국어교육』 114호, 한국어교육학회, 2004.

조영숙, 「중·고등학교 교과서에 나타난 시의 분석 연구」, 이화여대 석사논문, 1976.

조하연, 「시조에 나타난 청자지향적 표현의 문화적 의미 연구」, 서울대 석사논문, 2000.

조하연, 「"술" 소재 시조를 통해 본 시조교육의 한 방향」, 『문학교육학』 vol. 30, 한국문학교육학회, 2010.

조희정, 「고려시대 시화집에 드러난 詩 意識 연구 ; 시의 효용론을 중심으로」, 서울대 석사논문, 1996.

______, 「고전시가를 활용한 투사적 글쓰기 방법 연구-〈오우가〉를 중심으로-」, 『문학교육학』 vol. 30, 한국문학교육학회, 2009.

______, 「고전시가교육평가연구(1)-평가 프레임을 중심으로-」, 『문학교육학』 vol. 31, 한국문학교육학회, 2010.

진선희, 「대도시와 읍면이하 지역 학습독자의 시적 체험 대비 연구-시 「엄마는 진짜 애쓴다」, 「벌」 읽기에서 「구체화」와 「주제화」 양상을 중심으로」, 『문학교육학』 제21호, 2006.

______, 「시 텍스트에 대한 초등학생들의 반응 양상 연구」, 『문학교육학』 제14호, 한국문학교육학회, 2004.

______, 「초등학생의 시 읽기 과정에 드러난 시적 체험 특성 연구(Ⅰ) : 학년별」, 『문학교육학』 제18호, 한국문학교육학회, 2005.

최명환, 「초등문학교육의 문제점과 개선 방안-서정갈래 용어의 통일 방안」, 『공주교대논총』 27권, 1991.

최미숙, 「대화 중심의 현대시 교수·학습 방법」, 『국어교육학연구』 26집, 국어교육학회, 2006.

______, 「시 텍스트 해석 원리에 관한 연구」, 서울대 석사논문, 1993.
______, 「현대시 교육 방법에 대한 고찰-국어 교과서의 '학습 활동'을 중심으로」, 『국어교육학연구』 22집, 국어교육학회, 2005.
최소영, 「치료적 시문학 교육이 청소년의 정신건강에 미치는 영향 연구-시치료의 이해와 임상사례 연구를 중심으로」, 『문학교육학』 제20호, 한국문학교육학회, 2006.
최은숙, 「고전시가의 텍스트 변이를 활용한 문화 읽기 교수 학습 방안-〈계녀가〉류 가사를 중심으로」, 『동방학』 vol. 20, 한서대학교 동양고전연구소, 2011.
최지현, 「한국 현대시교육의 담론 분석 ; 1940년대 '저항시'를 중심으로」, 서울대 석사논문, 1994.
______, 「현대시 리듬 범주의 재설정을 위한 기초 논의-문학교육에서 운율 개념 사용의 문제점-」, 『문학교육학』 vol. 125, 한국문학교육학회, 2008.
최홍원, 「성찰적 사고의 문학교육적 구도- 「도산십이곡」과 「어부사시사」를 대상으로」, 『문학교육학』 제21호, 한국문학교육학회, 2006.
______, 「신흠의 시조와 경험교육 연구」, 『문학교육학』 vol. 25, 한국문학교육학회, 2008.
______, 「고전시가 관계 치환의 교육 내용 연구-남성 작자의 여성 화자 작품을 중심으로-」, 『문학교육학』 vol. 30, 한국문학교육학회, 2009.
______, 「고대가요에 대한 국어교육적 탐색-사고와 경험의 문제를 중심으로-」, 『국어교육학연구』 vol. 38, 국어교육학회, 2010.
______, 「문제해결적 사고에 대한 문학교육적 탐색」, 『국어교육연구』 vol. 26, 서울대학교 국어교육연구소, 2010.
한창훈, 「'관동별곡' 해석의 문학교육적 의미망」, 『문학교육학』 제16호, 한국문학교육학회, 2005.
______, 「고전시가 교육의 가치론적 접근 : 이이(1536~1584)의 '고산구곡가'를 예로 하여」, 『국어교육학연구』 12집, 국어교육학회, 2001.
______, 「시가문학 장르의 교육과정 개정 방안」, 『문학교육학』 제20호, 한국문학교육학회, 2006.
허왕욱, 「여성 시조의 설정과 교과서에서 여성 시조 읽기」, 『문학교육학』 제13호, 한국문학교육학회, 2004.
황규수, 「재만조선인 심연수 시의 디아스포라 문학 특성 연구」, 『새국어교육』 vol. 86, 한국국어교육학회, 2010.
황윤정, 「상상적 이해의 문학교육 방법 연구 : 서사무가 〈바리데기〉를 중심으로」, 서울대 석사논문, 2010.

3. 소설 교육

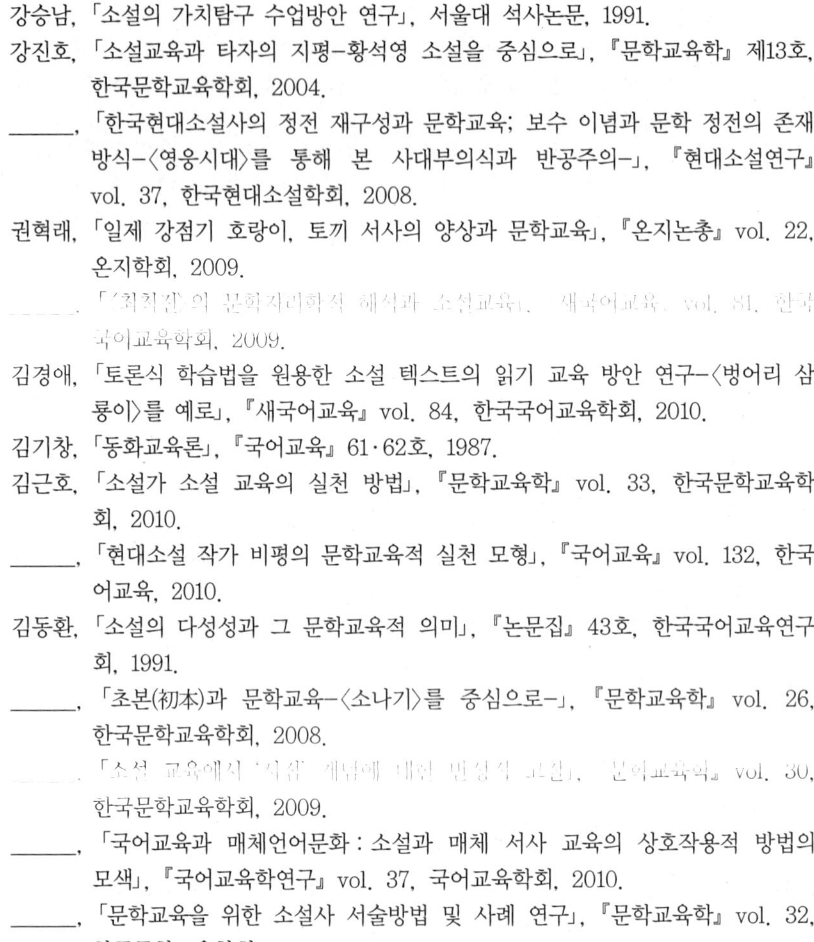

강승남, 「소설의 가치탐구 수업방안 연구」, 서울대 석사논문, 1991.

강진호, 「소설교육과 타자의 지평-황석영 소설을 중심으로」, 『문학교육학』 제13호, 한국문학교육학회, 2004.

______, 「한국현대소설사의 정전 재구성과 문학교육; 보수 이념과 문학 정전의 존재 방식-〈영웅시대〉를 통해 본 사대부의식과 반공주의-」, 『현대소설연구』 vol. 37, 한국현대소설학회, 2008.

권혁래, 「일제 강점기 호랑이, 토끼 서사의 양상과 문학교육」, 『온지논총』 vol. 22, 온지학회, 2009.

______, 「〈최척전〉의 문학지리학적 해석과 소설교육」, 『새국어교육』 vol. 81, 한국국어교육학회, 2009.

김경애, 「토론식 학습법을 원용한 소설 텍스트의 읽기 교육 방안 연구-〈벙어리 삼룡이〉를 예로」, 『새국어교육』 vol. 84, 한국국어교육학회, 2010.

김기창, 「동화교육론」, 『국어교육』 61·62호, 1987.

김근호, 「소설가 소설 교육의 실천 방법」, 『문학교육학』 vol. 33, 한국문학교육학회, 2010.

______, 「현대소설 작가 비평의 문학교육적 실천 모형」, 『국어교육』 vol. 132, 한국어교육, 2010.

김동환, 「소설의 다성성과 그 문학교육적 의미」, 『논문집』 43호, 한국국어교육연구회, 1991.

______, 「초본(初本)과 문학교육-〈소나기〉를 중심으로-」, 『문학교육학』 vol. 26, 한국문학교육학회, 2008.

______, 「소설 교육에서 '시점' 개념에 대한 반성적 고찰」, 『문학교육학』 vol. 30, 한국문학교육학회, 2009.

______, 「국어교육과 매체언어문화 : 소설과 매체 서사 교육의 상호작용적 방법의 모색」, 『국어교육학연구』 vol. 37, 국어교육학회, 2010.

______, 「문학교육을 위한 소설사 서술방법 및 사례 연구」, 『문학교육학』 vol. 32, 한국문학교육학회, 2010.

김명순, 「청소년 소설의 문학적 성격과 문제점」, 『현대문학이론연구』 vol. 36, 현대문학이론학회, 2009.

김미영, 「모더니즘 소설교육에 관한 연구」, 『문학교육학』 제14호, 한국문학교육학회, 2004.

______, 「문학교육과 환상 : 현대소설에 나타난 변신 모티프와 환상」, 『문학교육학』 vol. 30, 한국문학교육학회, 2009.

______, 「다문화 사회와 소설교육의 한 방법-김려령의 〈완득이〉를 중심으로」, 『한국언어문화』 vol. 42, 한국언어문화학회, 2010.

김상욱, 「국어교육의 방향과 서사적 상상력」, 『문학교육학』 제15호, 한국문학교육학회, 2004.

______, 「문학교육 연구방법론의 확장과 그 실제－서사 텍스트의 표현 능력을 중심으로」, 『문학교육학』 제21호, 한국문학교육학회, 2006.

______, 「신비평과 소설 교육 방법의 재검토」, 『국어교육』 79-80호, 1992.

김서윤, 「소설 수용의 흥미 경험 교육 연구」, 서울대 석사논문, 2011.

김성진, 「동화교육에서 환상성의 역할에 대한 연구 – 초등학교 저학년 동화를 중심으로」, 『국어교육』 117호, 한국어교육학회, 2005.

______, 「서사 이론과 읽기 교육의 소통을 위한 시론」, 『문학교육학』 제19호, 한국문학교육학회, 2006.

______, 「아이러니를 통한 소설의 현실 인식 연구 ; '삼대', '태평천하'를 중심으로」, 서울대 석사논문, 1994.

______, 「인물 중심의 장편소설 감상 교육 연구」, 『국어교육』 118호, 한국어교육학회, 2005.

______, 「문학교육과 문학능력 : 작품 읽기와 비평 이론-〈고향〉에 대한 재평가와 관련하여-」, 『문학교육학』 vol. 28, 한국문학교육학회, 2009.

김영민, 「한국현대소설사의 정전 재구성과 문학교육; 한국 근대문학과 원전(原典) 연구의 문제들-정전 재구성 논의의 기초 작업-」, 『현대소설연구』 vol. 37, 한국현대소설학회, 2008.

김용성, 「문학교육론－소설교육 지도 시론」, 『전북대 논문집, 인문·사회』 15집, 1973.

김원희, 「문학과 교육 : 문학교육을 위한 정미경 〈밤이여, 나뉘어라〉의 인지론적 연구」, 『인문학연구』 vol. 41, 조선대학교 인문학연구원, 2010.

______, 「문학 교육을 위한 강경애 〈인간문제〉의 인지론적 연구」, 『한국문학이론과 비평』 vol. 49, 한국문학이론과 비평학회, 2010.

______, 「문학 교육을 위한 백신애 소설세계의 인지론적 연구」, 『현대문학이론연구』 vol. 41, 현대문학이론학회, 2010.

김유미, 「초등학생을 위한 교육연극 수업의 실제－전래동화를 활용한 경우」, 『문학교육학』 제18호, 한국문학교육학회, 2005.

김종철, 「17세기 소설사의 전환과 소설교육론」, 『한국학보』 96, 1999.

김종태, 「창작교육적 관점에서 본 추리소설의 서사 구조」, 『한국문예비평연구』 vol. 34, 한국현대문예비평학회, 2011.

김중신, 「서사 장르의 교육과정 개정에 관한 한 제언－작품의 축약과 도식화를 중심으로」, 『문학교육학』 제20호, 한국문학교육학회, 2006.

김지영, 「'독자 역할가장놀이' 구조를 통한 서사적 심미체험 내용 분석」, 한국교원대 석사논문, 2007.

김지혜, 「결혼 이주민을 위한 문화 교육 방안-양귀자의 〈원미동 사람들〉읽기를 중심으로-」, 『시학과 언어학』 vol. 18, 시학과 언어학회, 2010.

______, 「한국어 고급 학습자를 위한 소설 텍스트의 정서 이해 교육 연구」, 서울대 석사논문, 2011.

______, 「〈옥루몽〉을 통해 본 한국 전통 대화의 원리 및 교육적 함의」, 『고전문학과 교육』 31, 한국고전문학교육학회, 2016.

김진영, 「〈춘향전〉을 통한 고전소설 교육의 다양화 방안 모색-제7차 교육과정 고등학교 국어를 중심으로-」, 『한국언어문학』 vol. 75, 한국언어문학회, 2010.

김태기, 「맞춤식 소설 교육 연구 : '메밀꽃 필 무렵'을 중심으로」, 『배달말』 25, 1999.

______, 「소설지도 연구」, 경상대 석사논문, 1983.

김현주, 「정전(正典)의 재구성을 통한 한국 문화 교육 방안-'일제강점기-분단이후' 김소엽 소설을 중심으로-」, 『반교어문연구』 vol. 26, 반교어문학회, 2009.

김혜련, 「문학교육에서 바라본 시민 혁명의 기억과 체험 : 4.19와 현대 소설 교육-제2차 국어과 교육과정(1963~1973)을 중심으로-」, 『문학교육학』 vol. 32, 한국문학교육학회, 2010.

김혜영, 「서사적 상상력의 작용 방식 연구」, 『문학교육학』 제14호, 한국문학교육학회, 2004.

______, 「소설 창작 교육의 방향」, 『문학교육학』 vol. 30, 한국문학교육학회, 2009.

______, 「상호텍스트성의 관점에서 다문화 소설 읽기-〈나마스테〉와 〈영원한 이방인(Native Speaker)〉을 중심으로」, 『새국어교육』 vol. 86, 한국국어교육학회, 2010.

나병철, 「한국현대소설사의 정전 재구성과 문학교육; 탈식민주의 시각에서의 정전 재구성」, 『현대소설연구』 vol. 37, 한국현대소설학회, 2008.

______, 「청소년 환상소설의 문학교육적 의미와 '가치의 세계'」, 『청람어문교육』 vol. 42, 청람어문교육학회, 2010.

나정연, 「'읽기와 쓰기'를 중심으로 살펴본 소설 교육 연구-김안수 「다시 한달을 가서 설산을 넘으면」과 한 강 『바람이 분다, 가라』 를 대상으로-」, 『한국어 문교육』 vol. 9, 고려대학교 한국어문교육연구소, 2011.

노지승, 「문학교육에서 바라본 전쟁의 기억과 체험 : 전후 소설에 나타난 남성 정체성의 문제와 문학교육적 함의-서기원, 손창섭 소설을 중심으로-」, 『문학교육학』 vol. 33, 한국문학교육학회, 2010.

류동규, 「웃음의 맥락을 활용한 풍자소설 교육」, 『문학교육학』 vol. 30, 한국문학교육학회, 2010.

류종렬, 「고등학교 문학 교육에 있어 '보편성과 고유성'의 문제-전후소설을 중심으로-」, 『문학교육학』 vol. 27, 한국문학교육학회, 2008.

류홍렬, 「문학교육에서 욕망의 이해에 관한 연구」, 서울대 석사논문, 1999.

명형대, 「현대소설 연구와 국어교육」, 『국어교육』 107호, 한국어교육학회, 2002.

문영진, 「아이러니와 아이러니 서사의 읽기 문제」, 『국어교육학연구』 25집, 국어교육학회, 2006.

문유경, 「근대 단편 소설의 결말구조 유형화 연구」, 서울대 석사논문, 1995.

민원정, 「문학을 활용한 한국문화수업-공지영의 〈꿈〉을 중심으로-」, 『한국어교육』 vol. 19 No. 3, 국제한국어교육학회, 2008.

박기범, 「시점-서술 교육의 반성과 개선 방향」, 『국어교육학연구』 vol. 31, 국어교육학회, 2008.

박남철, 「문학교육에 있어 1930년대 소설의 수용 문제」, 『한양어문연구』 9집, 한양대학교, 1991. 2.

박선혜, 「소설 이해의 사고 원리에 대한 연구 : '무정'을 중심으로」, 서울대 석사논문, 2006.

박인기, 「문학교육의 목표설정에 관한 연구 – 고등학교 과정 소설제재를 중심으로」, 서울대 석사논문, 1985.

______, 「小說 텍스트 受容의 內面化 構造」, 『논문집』 29집, 청주교대, 1992.

박찬용, 「탐색적 서사 쓰기의 교육 연구」, 서울대 석사논문, 2005.

박태진, 「문학교육과 창작 능력 : 서사 능력과 서사물 쓰기의 새로운 방법 모색-고등학교 자기서사 창작교육의 활성화를 중심으로-」, 『문학교육학』 vol. 26, 한국문학교육학회, 2008.

박혜경, 「소설작품의 학습지도 방법 연구」, 서울대 석사논문, 1990.

배수찬, 「고전 국문소설의 서술 원리 연구 : 낭독이 서술에 미친 영향을 중심으로」, 서울대 석사논문, 2001.

______, 「고전 서사문학의 교육 방법론 연구-인간관계 양상 분석을 중심으로-」, 『국어교육』 vol. 126, 한국어교육학회, 2008.

______, 「1910년대의 소설쓰기 원리 연구-모티프 분석을 중심으로-」, 『문학교육학』 vol. 33, 한국문학교육학회, 2010.

변화영, 「열림과 소통의 글쓰기 교육-소설에 등장하는 소수자를 중심으로-」, 『현대문학이론연구』 vol. 35, 현대문학이론학회, 2008.

서미선, 「소설의 구조적 수업 방략 연구」, 서울대 석사논문, 1991.

서민정, 「자아존중감 향상을 위한 소설 읽기 방법 연구」, 한국교원대 석사논문,

2007.
서보영, 「역사소설의 역사적 상상력 교육 연구 : '임진록'을 중심으로」, 서울대 석사논문, 2006.
서유경, 「고전문학의 인물 형상화와 향유방식 연구 ; 임경업에 관한 傳, 傳說, 小說을 중심으로」, 서울대 석사논문, 1997.
______, 「'임경업전'의 비극성에 대한 표현 문화론적 고찰」, 『문학교육학』 제13호, 한국문학교육학회, 2004.
______, 「'심청전'에 나타난 기도의 문학교육적 효용성 연구」, 『문학교육학』 제15호, 한국문학교육학회, 2004.
______, 「귀신 등장 이야기의 문화적 변화와 문학교육– 「귀신이 산다」와 「시실리 2km」를 중심으로」, 『문학교육학』 제19호, 한국문학교육학회, 2006.
______, 「향유 문화의 관점에서 본 '옹고집전'의 교육적 의미」, 『국어교육』 119호, 한국어교육학회, 2006.
______, 「판소리를 통한 문화적 문식성 교육 연구–이청준의 〈남도사람〉 연작을 중심으로–」, 『판소리연구』 vol. 28, 판소리학회, 2009.
______, 「〈주봉전〉을 읽는 시간」, 『문학교육학』 50, 한국문학교육학회, 2016.
서인석, 「고전산문 연구와 국어교육」, 『국어교육』 107호, 한국어교육학회, 2002.
선주원, 「대화적 관점에서의 소설교육 교수–학습 전략 연구」, 『국어교육학연구』 14집, 국어교육학회, 2002.
______, 「뒷이야기 이어쓰기를 활용한 소설 창작교육 연구」, 『문학교육학』 제14호, 한국문학교육학회, 2004.
______, 「상상력 형성을 위한 이해와 표현으로서의 소설교육」, 『문학교육학』 제10호, 한국문학교육학회, 2002.
______, 「이해와 표현을 위한 소설교육 – 초점화를 중심으로」, 『문학교육학』 제13호, 한국문학교육학회, 2004.
______, 「크로노토프를 활용한 타자 인식과 소설교육」, 『국어교육』 116호, 한국어교육학회, 2005.
______, 「'타자'의 서사적 기능과 서사교육의 내용」, 『국어교육학연구』 26집, 국어교육학회, 2006.
______, 「대학생의 소설 텍스트 해석의 타당성과 소설교육」, 『문학교육학』 vol. 125, 한국문학교육학회, 2008.
______, 「서사적 대화와 서사 교수–학습 모형 연구」, 『새국어교육』 vol. 82, 한국국어교육학회, 2009.
______, 「확장된 장르 개념을 활용한 비평문 쓰기와 서사교육」, 『현대문학의 연구』 vol. 42, 한국문학연구학회, 2010.

손예운, 「화자 서술특성을 위한 소설교육연구」, 서울대 석사논문, 1993.
송은영, 「문학과 교육 : 1970년대 하위 주체와 합법적 폭력의 문제-최인호의 〈미개인〉과 〈예행연습〉을 중심으로」, 『인문학연구』 vol. 41, 조선대학교 인문학연구원, 2011.
송현호, 「다문화 사회의 서사 유형과 서사 전략에 관한 연구」, 『현대소설연구』 vol. 44, 한국현대소설학회, 2010.
신승희, 「채만식의 〈여인전기〉 론(論)-〈어머니〉 〈여자의 일생〉과의 상관관계」, 『새국어교육』 vol. 85, 한국국어교육학회, 2010.
신원기, 「설화(說話)의 교재화(教材化) 양상(樣相)에 대한 고찰-교육과정의 '내용' 영역과 고등학교 『국어』 교과서를 중심으로」, 『문학교육학』 제21호, 한국문학교육학회, 2006.
______, 「설화의 문학교육적 가치에 대한 고찰」, 『국어교육』 120호, 한국어교육학회, 2006.
양정실, 「서사적 시각의 소설 이해 기능에 관한 연구 ; 1930년대 후반 소년 주인공 소설을 중심으로」, 서울대 석사논문, 1997.
염은열, 「아동을 위한 설화 교육의 과제」, 『문학교육학』 제8호, 한국문학교육학회, 2001.
오윤주, 「성장소설의 서술 원리를 활용한 서사 표현 교육 연구」, 서울대 석사논문, 2008.
우동식, 「문학교재 선정기준의 설정과 적용에 관한 연구」, 교원대 석사논문, 1991.
우한용, 「장편소설 교육의 방법」, 『모국어교육』 8호, 모국어 교육학회, 1990.
______, 「문학교육과 담론 방법의 원용」, 『국어교육』 75·76호, 1991.
______, 「〈獨流〉의 문학교육적 解釋」, 『선청어문』 19집, 서울대 국어교육과, 1991. 12.
______, 「서사능력의 구조와 기능, 그리고 그 교육에 대한 이론적 탐구」, 『문학교육학』 제13호, 한국문학교육학회, 2004.
______, 「오영수 문학의 생산성 그 몇 국면」, 『선청어문』 vol. 36, 서울대학교 국어교육과, 2008.
윤주현, 「판타지 그림책에 대한 어린이와 어른의 반응 양상 비교 : 초등학교 4학년과 초등학교 교사를 대상으로」, 한국교원대 석사논문, 2006.
이규철, 「문학교과서의 소설 창작 단원 비교 분석」, 한국교원대 석사논문, 2005.
이병관, 「풍자적 표현 활동의 서사교육 연구」, 서울대 석사논문, 2006.
이상일, 「몽유록의 비평적 읽기 교육 연구」, 서울대 석사논문, 2006.
이승준, 「고등학교 문학 교과서의 '시점'과 '서술자' 이론에 대한 고찰-7차 교육과정 문학 교과서를 중심으로」, 『우리어문연구』 vol. 30, 우리어문학회, 2008.

이영호, 「문학을 활용한 논술 쓰기 사례 분석-이문열의 〈우리들의 일그러진 영웅〉을 대상으로-」, 『국어교육학연구』 vol. 36, 국어교육학회, 2009.

이은주, 「우화소설의 인물 교육 연구 : 인물 형상화 방식을 중심으로」, 서울대 석사논문, 2010.

이인화, 「문학토론에서 소설 해석의 양상에 관한 연구」, 『새국어교육』 94, 한국국어교육학회, 2013.

이종섭, 「장편소설의 교과서 수용 방안 연구 : 최인훈의 〈광장〉을 예로 들어」, 『중등교육연구』 vol. 57, 경북대학교 중등교육연구소, 2009.

이주희, 「7차 국어 교과서 지도 실태 분석 및 개선방안 연구 : 소설 단원을 중심으로」, 고려대 석사논문, 2004.

이지호, 「고전 소설의 대화유형 연구 : 남원고사의 대화유형과 서사 형식의 관련성을 중심으로」, 서울대 석사논문, 1994.

이향숙, 「소설교육의 방법 연구－수용이론의 적용 방안을 중심으로」, 서울대 석사논문, 1988.

이형빈, 「고백적 글쓰기의 표현 방식 연구」, 서울대 석사논문, 1999.

임경순, 「소설의 담론윤리적 특성에 대한 연구」, 『문학교육학』 제2호, 한국문학교육학회, 1998.

______, 「이야기 구연의 방법과 의의에 대한 연구」, 『국어교육』 114호, 한국어교육학회, 2004.

______, 「인물 형상화 양상을 통한 소설교육 연구 ; 채만식 풍자 소설을 중심으로」, 서울대 석사논문, 1995.

장동규, 「허구서사의 추론적 읽기 교육 연구」, 서울대 석사논문, 2009.

장춘식, 「2010년 한국어교육 국제학술회의 : 다문화 시대의 문학과 대중문화; 원주민에 대한 이미지와 [illegible]」, 『국어교육연구』 vol. 26, 서울대학교 국어교육연구소, 2010.

전병화, 「협동 학습을 통한 소설 지도 방안 연구」, 한국교원대 석사논문, 1999.

전성운, 「'구운몽'의 서사 전략과 텍스트 읽기」, 『문학교육학』 제17호, 한국문학교육학회, 2005.

전점이, 「성장소설 읽기 지도 방법 연구」, 한국교원대 석사논문, 2004.

______, 「소설 수업의 한 방법, 하이퍼링크로 즐기는 이야기의 유희」, 『문학교육학』 vol. 27, 한국문학교육학회, 2008.

전한성, 「〈운수 좋은 날〉에 나타나는 '아이러니(Irony)'의 교육 연구」, 『국어문학』 vol. 46, 국어문학회, 2009.

정래필, 「동화 읽기의 놀이적 성격 연구」, 『문학교육학』 제15호, 한국문학교육학회, 2004.

______, 「플롯구성을 활용한 이야기 쓰기 교육 연구」, 서울대 석사논문, 2001.
______, 「문화적 기억의 문학교육적 가능성」, 『국어교육』 143, 한국어교육학회, 2013.
정선주, 「소설교육의 평가방법 연구」, 서울대 석사논문, 1993.
정선희, 「고전소설 속 여성 생활 문화의 교육적 활용 방안 연구-국문장편소설을 중심으로」, 『한국고전연구』 vol. 22, 한국고전연구학회, 2010.
정진석, 「문학교육에서 서사의 극화 원리에 대한 연구」, 서울대 석사논문, 2006.
______, 「서사적 정체성의 문학교육적 접근에 대한 비판적 고찰」, 『청람어문교육』 59, 청람어문교육학회, 2016.
정현숙, 「초점화에 대한 인식과 소설교육」, 『국어교육』 118호, 한국어교육학회, 2005.
정호웅, 「문학교육에서의 경향소설 수용에 대하여」, 『영남국어교육』 제2호, 영남대학교 국어교육과, 1990. 2.
______, 「김동리 소설과 화개-〈역마(驛馬)〉에 대한 새로운 해석을 중심으로-」, 『문학교육학』 vol. 30, 한국문학교육학회, 2009.
______, 「문학교육에서 바라본 시민 혁명의 기억과 체험 : 문학교실에서의 〈광장〉 읽기」, 『문학교육학』 vol. 32, 한국문학교육학회, 2010.
조남현, 「소설교육의 정향(定向)과 대중소설 문제」, 『문학교육학』 제7호, 한국문학교육학회, 2001.
조윤아, 「문학과 교육 : 박경리 소설에 나타난 폭력 희생자들의 원죄의식」, 『인문학연구』 vol. 41, 조선대학교 인문학연구원, 2011.
조윤형, 「국어과 교육과정 해석의 상황과 양상 연구-구전설화 제재 활용 단원을 중심으로」, 『문학교육학』 제20호, 한국문학교육학회, 2006.
조현우, 「고전소설의 현재적 가치 모색과 교양교육」, 『한국고전연구』 vol. 22, 한국고전연구학회, 2010.
조현일, 「리쾨르의 서사이론과 서사 교육」, 『국어교육학연구』 22집, 국어교육학회, 2005.
주재우, 「전(傳)을 중심으로 한 전기 쓰기 교육 연구」, 서울대 석사논문, 2004.
진중섭, 「인물의 성장과정을 통한 장편소설교육 연구」, 서울대 석사논문, 1992.
차혜영, 「문학교육에서 바라본 전쟁의 기억과 체험 : 신자유주의적 생존경쟁과 한국전쟁의 소설적 전유-6,7차 교육과정기 국어, 문학 교과서를 중심으로-」, 『문학교육학』 vol. 33, 한국문학교육학회, 2010.
천정환, 「한국현대소설사의 정전 재구성과 문학교육; 한국문학전집과 정전화 : 한국문학전집사(초)」, 『현대소설연구』 vol. 37, 한국현대소설학회, 2008.
최경미, 「정체성 형성을 위한 소설 읽기교육 연구 : 전후소설을 중심으로」, 서울대 석사논문, 2010.
최시한, 「소설 읽기지도 방법의 모색 - 사건을 중심으로」, 『국어교육』 116호, 한국

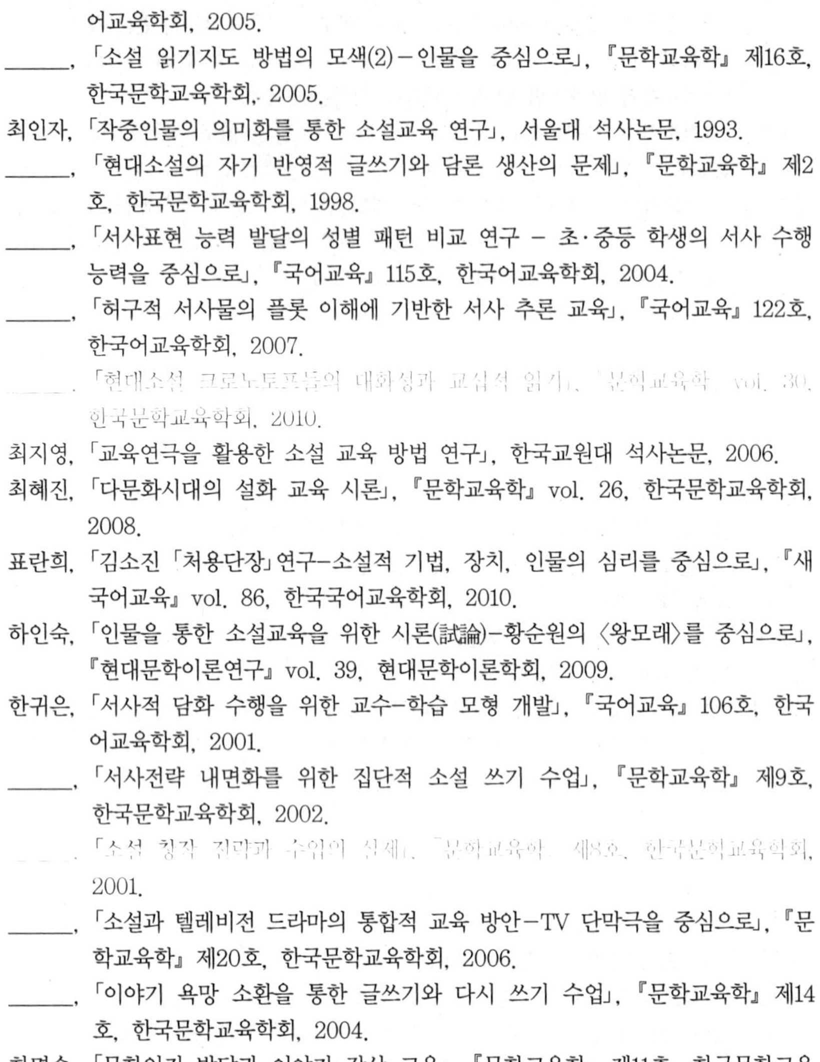

어교육학회, 2005.

______, 「소설 읽기지도 방법의 모색(2)-인물을 중심으로」, 『문학교육학』 제16호, 한국문학교육학회, 2005.

최인자, 「작중인물의 의미화를 통한 소설교육 연구」, 서울대 석사논문, 1993.

______, 「현대소설의 자기 반영적 글쓰기와 담론 생산의 문제」, 『문학교육학』 제2호, 한국문학교육학회, 1998.

______, 「서사표현 능력 발달의 성별 패턴 비교 연구 - 초·중등 학생의 서사 수행 능력을 중심으로」, 『국어교육』 115호, 한국어교육학회, 2004.

______, 「허구적 서사물의 플롯 이해에 기반한 서사 추론 교육」, 『국어교육』 122호, 한국어교육학회, 2007.

______, 「현대소설 크로노토프들의 대화성과 교섭적 읽기」, 『문학교육학』 vol. 30, 한국문학교육학회, 2010.

최지영, 「교육연극을 활용한 소설 교육 방법 연구」, 한국교원대 석사논문, 2006.

최혜진, 「다문화시대의 설화 교육 시론」, 『문학교육학』 vol. 26, 한국문학교육학회, 2008.

표란희, 「김소진 「처용단장」연구-소설적 기법, 장치, 인물의 심리를 중심으로」, 『새국어교육』 vol. 86, 한국국어교육학회, 2010.

하인숙, 「인물을 통한 소설교육을 위한 시론(試論)-황순원의 〈왕모래〉를 중심으로」, 『현대문학이론연구』 vol. 39, 현대문학이론학회, 2009.

한귀은, 「서사적 담화 수행을 위한 교수-학습 모형 개발」, 『국어교육』 106호, 한국어교육학회, 2001.

______, 「서사전략 내면화를 위한 집단적 소설 쓰기 수업」, 『문학교육학』 제9호, 한국문학교육학회, 2002.

______, 「소설 창작 전략과 수업의 실제」, 『문학교육학』 제8호, 한국문학교육학회, 2001.

______, 「소설과 텔레비전 드라마의 통합적 교육 방안-TV 단막극을 중심으로」, 『문학교육학』 제20호, 한국문학교육학회, 2006.

______, 「이야기 욕망 소환을 통한 글쓰기와 다시 쓰기 수업」, 『문학교육학』 제14호, 한국문학교육학회, 2004.

한명숙, 「문학인지 발달과 이야기 감상 교육」, 『문학교육학』 제11호, 한국문학교육학회, 2003.

한승대, 「과정 중심 고소설 읽기 활동 방안 연구」, 한국교원대 석사논문, 2005.

한태구, 「환상소설의 이해방법 교육 연구」, 서울대 석사논문, 2009.

허순범, 「과제 분담 협동학습을 통한 소설 교수 학습 방법 연구」, 한국교원대 석사논문, 2000.

홍덕건, 「플롯을 중심으로 한 소설독해 지도」, 부산대 석사논문, 1980.
홍인영, 「서사의 이미지화를 통한 상상력 교육 연구」, 『학습자중심교과교육연구』 16-9, 학습자중심교과교육학회, 2016.
홍지연, 「서사의 인물 형상화 교육 연구」, 서울대 석사논문, 2005.
홍혜원, 「이광수 초기 논설에 나타난 "문학"과 "교육"의 미」, 『한국언어문학』 vol. 74, 한국언어문학회, 2010.
황혜진, 「춘향전 개작 텍스트의 서사 변형 연구」, 서울대 석사논문, 1998.
______, 「독자 비평 자료를 통해 본 고전소설의 효용에 대한 연구」, 『문학교육학』 제15호, 한국문학교육학회, 2004.
______, 「문화적 문식성 교육을 위한 고전소설과 영상변용물의 비교 연구 - '장화홍련전'과 영화 '장화 홍련'을 중심으로」, 『국어교육』 116호, 한국어교육학회, 2005.
______, 「설화를 통한 자기 성찰의 사례 연구」, 『국어교육』 122호, 한국어교육학회, 2007.
______, 「문학교육과 창작 능력 : 고전서사를 활용한 창작교육의 가능성 탐색-〈수삽석남(首揷石枏)의 소설화 자료를 대상으로-」, 『문학교육학』 vol. 26, 한국문학교육학회, 2008.
황희종, 「소설텍스트의 윤리적 이해 방법에 대한 연구」, 서울대 석사논문, 2000.

4. 수필교육

강소영, 「수필 문학을 활용한 한국 언어·문화 통합 교육 방법 연구」, 『한국문예창작』 13-2, 한국문예창작학회, 2014.
권 호, 「고전수필교육의 문제」, 『대진논총 인문사회과학』, 1995.
김대행, 「수필과 문학교육론 ; 故유병석 교수의 수필을 중심으로」, 『한양어문연구』, 1995.
서인석, 「장한철의 '漂海錄'과 수필의 서사적 성격」, 『국어교육』, 1989.
이승복, 「記와 說의 수필문학적 성격 ; 이규보의 작품을 중심으로」, 『한국국어교육연구회논문집』, 1995.
이지호, 「'윤복이의 일기'의 재평가」, 『문학교육학』 제17호, 한국문학교육학회, 2005.
정진권, 「수필문학의 교육 내용 시론-그 기초 단계를 중심으로」, 『봉죽헌 박붕배박사 회갑기념 논문집』, 배영사, 1986.
조재수, 「중학교 국어교과서의 수필 작품 분석」, 부산대 석사논문, 1986.
최경숙, 「수수께끼 소통 구조의 연구」, 서울대 석사논문, 1995.

최시한, 「이야기의 본질과 교육」, 『우리말교육현장연구』 6-1, 우리말교육현장학회, 2012.

5. 극교육

강진우, 「희곡교육 정전 요소의 재개념화-탈권위주의 시대의 극 읽기를 위하여-」, 『문학교육학』 vol. 27, 한국문학교육학회, 2008.

고성욱, 「초등학교 희곡 교육 연구」, 중앙대 교육대학원, 2000.

김민자, 「중학교 희곡교육의 위계화에 관한 연구」, 경북대 석사논문, 1999.

김순규, 「문학적 상상력의 형상화 방법 연구 : 연극적 표현을 중심으로」, 한국교원대 석사논문, 2005.

김영미, 「아동의 극놀이 역할유형과 대인 문제 해결 능력과의 관계」, 숙명여대 석사논문, 1994.

나종기, 「극본 분석과 놀이를 통한 연기 지도의 효율성 제고」, 『어문학교육』 13집, 한국어문교육학회, 1991. 5.

박명숙, 「스토리텔링을 통한 극문학 교육」, 『배달말』 vol. 47, 배달말학회, 2010.

서종문, 「희곡문학교육의 문제-중고교 국어교육을 중심으로」, 『어문학』 52호, 한국어문학회, 1991. 3.

신지호, 「봉산탈품 지도 내용 고찰」, 『한국어문교육』 5집, 고려대 국어교육과, 1991. 12.

안치운, 「교육과 연극」, 『문학교육학』 제2호, 한국문학교육학회, 1998.

오판진, 「비판적 사고교육을 위한 연극적 교수-학습 방법에 관한 시론」, 『문학교육학』 제11호, 한국문학교육학회, 2003.

______, 「초등학교 교육연극의 유형과 특징 연구」, 『교육연극학』 4, 한국교육연극학회, 2012.

윤금선, 「희곡교육, 교육연극의 연구 동향」, 『국어교육』 119호, 한국어교육학회, 2006.

이경숙, 「놀이구조를 통한 희곡해석방법 연구 ; 양주별산대놀이와 제18공화국의 대조 분석을 중심으로」, 서울대 석사논문, 1994.

이수동, 「詩敎育의 演劇的 方法 適用 硏究」, 서울교대 석사논문, 1999.

이현숙, 「주제 공상극 놀이 경험이 유아의 문제해결 증진에 미치는 영향」, 이화여대 석사논문, 1992.

조길예, 「브레히트의 교육극론」, 서울대 석사논문, 1982.

조병진, 「연극의 교육적 활용」, 『문학교육학』 제2호, 한국문학교육학회, 1998.

한귀은, 「문학교육의 교육연극론적 연구」, 부산대 박사논문, 2000.

홍재범, 「'극적'인 것의 개념과 교수-학습 모형」, 『문학교육학』 제11호, 한국문학교육학회, 2003.

황정현, 「드라마의 인지 과정 이해」, 『문학교육학』 제3호, 한국문학교육학회, 1999.

______, 「희곡문학 장르의 교육과정 개정 방안」, 『문학교육학』 제20호, 한국문학교육학회, 2006.

사항색인

인명색인

작품색인

저/자/소/개

■ 구인환

서울대학교 명예교수, 문학박사(서울대), 소설가, 저서 ; 「문학개론」(공저), 「고등학교 문학」, 「한국근대소설연구」, 「이광수소설연구」, 「한국근대문학의 비평적탐구」, 장편소설 ; 「일어서는 山」, 「움트는 겨울」, 「별들의 영가」, 「하늘을 가리는 손」, 단편집 ; 「촛불결혼식」, 「산정의 신화」 등

■ 박인기

경인교육대학교 명예교수, 청주교육대학 교수 역임, 교육학박사(서울대), 저서 ; 「언어와 교육」(공저), 「고등학교 문학」(공저), 「문학교육과정의 구조와 이론」, 「국어교육학의 이론화 탐색」(공저), 「문학교육과정론」(공저), 「국어교육과 미디어텍스트」(공저) 등

■ 우한용

서울대학교 명예교수, 전북대 교수 역임, 문학박사(서울대), 소설가, 저서 ; 「소설교육론」(공저), 「한국현대소설구조연구」, 「채만식소설 담론의 시학」, 「한국현대소설담론연구」, 「문학교육과 문화론」, 「창작교육론」, 「한국 근대문학교육사 연구」, 「소설장르의 역동학」 장편소설 「생명의 노래 1, 2」와 소설집 「초연기」, 「호텔 몽골리아」, 「도도니의 참나무」 등

■ 최병우

강릉원주대학교 인문대학 교수, 문학박사(서울대), 저서 ; 「한국 근대 일인칭소설연구」, 「한국현대문학의 해석과 지평」, 「한국현대소설의 미적 구조」, 「다매체 시대의 한국문학 연구」, 「이범선 소설연구」, 「조선족 소설의 틈과 결」, 「이산, 이주 그리고 한국현대소설」 등

문학교육론 (제 7 판)

1988년 12월 10일 1판 발행
1994년 2월 25일 2판 발행
1998년 7월 10일 3판 발행
2001년 6월 20일 4판 1쇄 발행
2004년 9월 10일 4판 4쇄 발행
2007년 8월 30일 5판 1쇄 발행
2010년 8월 30일 5판 4쇄 발행
2012년 2월 15일 6판 1쇄 발행
2013년 2월 12일 6판 2쇄 발행
2017년 2월 24일 7판 1쇄 인쇄
2017년 3월 3일 7판 1쇄 발행

저 자 구 인 환 박 인 기
우 한 용 최 병 우
발행인 고 성 익
조 판 플 러 스

05027
발행처 서울특별시 광진구 아차산로 335 삼영빌딩
도서출판 三 英 社
등 록 1978년 6월 2일 제2013-22호
전 화 737-1052 · 734-8979 FAX 739-2386

정가 28,000원

ISBN 978-89-7490-023-6-93800